HÉLIODORE

LES ÉTHIOPIQUES

THÉAGÈNE ET CHARICLÉE

LIVRES IV - VII

COLLECTION DES UNIVERSITÉS DE FRANCE
publiée sous le patronage de l'ASSOCIATION GUILLAUME BUDÉ

HÉLIODORE

LES ÉTHIOPIQUES

THÉAGÈNE ET CHARICLÉE

TOME II

LIVRES IV-VII

TEXTE ÉTABLI
PAR
R. M. RATTENBURY ET RÉV. T. W. LUMB

TRADUIT
PAR
J. MAILLON

Cinquième tirage

PARIS
LES BELLES LETTRES
2025

Conformément aux statuts de l'Association Guillaume Budé, ce volume a été soumis à l'approbation de la commission technique, qui a chargé MM. G. Dalmeyda et J. R. Vieillefond d'en faire la révision et d'en surveiller la correction en collaboration avec MM. T. W. Lumb, R. M. Rattenbury et J. Maillon.

95, boulevard Raspail, 75006 Paris
www.lesbelleslettres.com

Premier tirage 1960

ISBN : 978-2-251-00131-9
ISSN : 0184-7155

PRÉFACE

En terminant l'Introduction de notre premier volume (tome I, p. LXIV) nous avons fait mention de la dissertation de M. H. Dörrie intitulée *De Longi Achillis Tatii Heliodori memoria* dont les conclusions principales nous ont été gracieusement communiquées par l'auteur avant sa publication, qui eut lieu à Gœttingen vers la fin de 1935. Il était à espérer que notre travail lui serait redevable de quelques détails. Il n'en est rien. Un examen sérieux de l'histoire de la transmission des *Éthiopiques* telles que M. Dörrie la conçoit nous a convaincu que son travail n'a ni l'utilité ni l'importance auxquelles prétendaient les conclusions inédites qu'il a bien voulu nous communiquer. Les preuves dont il les appuie sont peu satisfaisantes, peu convaincantes, là même où elles ne sont pas inexactes. La théorie émise dans notre Introduction, ainsi que les principes sur lesquels notre texte se fonde, peuvent sans doute venir en question à plus d'un égard : mais M. Dörrie n'a pas réussi à les ébranler ; la solution du problème qu'il veut proposer ne nous semble pas plus plausible que la nôtre — voire elle nous le semble moins[1] —. Nous n'avons donc pas cru devoir changer de méthode. La nôtre reste la même pour ce volume que pour le précédent[2].

Les assertions gratuites que M. Dörrie se permet, se fiant à des collations peu exactes et sommaires de quelques passages tirés au hasard, doivent justifier la longueur de nos notes critiques. Bien que les variantes que nous citons soient souvent sans grande importance pour l'établissement du texte, nous continuons à donner des collations à peu près complètes des six principaux MSS.. parce que, vu le manque de collations antérieures, c'est là le seul moyen de faire ressortir les caractéristiques des *codices* et de fournir des matériaux qui peuvent servir de base pour former une opinion soutenable.

Les notes qui accompagnent la traduction contenue dans notre tome I sont pour la plupart de la plume de M. Maillon; M. Rattenbury y a ajouté quelques remarques supplémentaires. Les notes du tome II, sauf celles qui sont expressément attribuées à M. Maillon (M), sont exclusi-

1. Voir *Gnomon*, XIII (1937), pp. 358-365.

2. Dans les *Rendiconti della R. Accademia Nazionale dei Lincei*, classe di scienze morali, storiche e filologiche, serie sesta, vol. XII (1936), pp. 352-363, M. A. Colonna désapprouve notre travail ainsi que celui de M. Dörrie. Nous ne disposons pas ici de place suffisante pour répondre en détail à ses objections. Nous devons nous contenter pour le moment de renvoyer le lecteur à notre Introduction, laquelle, si on veut bien l'étudier attentivement, fera tomber, nous croyons, plusieurs des critiques émises par M. Colonna.

vement de M. Rattenbury qui désire reconnaître ici sa dette, qui n'est pas médiocre, à Coraÿ.

Pour conclure, nous voulons exprimer de nouveau notre gratitude envers le Conseil du collège de la Trinité à Cambridge lequel par un nouveau don tiré du fonds Rouse-Ball a rendu possible la continuation de cette édition, dont le troisième et dernier volume doit suivre prochainement. Nous voulons de plus remercier M. Mazon de ses bons offices en ce qui concerne la préparation typographique du livre.

R. M. R. et T. W. L.

Novembre 1937.

SIGLA

V = Vaticanus 157 .... saec. XI.
Z = Marcianus 409 .... saec. XI-XII.
C = Vaticanus 1390 .... saec. XIII-XIV.
M = Monacensis 157 .... saec. XV in.
B = Vindobonensis 130 .... saec. XV ex.
P = Palatinus 125 .... saec. XV-XVI.
m = codicum VMCBPZ et, post codicis C defectum (Z VII 1),
codicum VMBPZ vel omnium vel uno excepto consensus.
A = Vindobonensis 116 .... saec. XVI.
T = Taurinensis B III 29 .... saec. XVI.
Bas. = editio princeps .... a. MDXXXIV.

Lb. = Thomasii W. Lumb
Ry. = Roberti M. Rattenbury
} sive coniectura sive sententia ab altero editore non approbata.

LES « ÉTHIOPIQUES » D'HÉLIODORE

LIVRE IV

I 1 Le lendemain était le dernier jour des jeux Pythiques, mais le jeu d'amour des deux jeunes gens était dans toute l'ardeur de ses débuts. Le grand maître, je pense, et l'arbitre en était Eros[1], jaloux de montrer, en accouplant ces deux athlètes, que les luttes amoureuses sont les plus sérieuses de toutes. Voici en effet ce qui se passa. Toute la Grèce était là pour regarder les jeux que dirigeaient les Amphictyons[2]. Lorsque furent achevés magnifiquement les autres exercices : courses, enlacements de la lutte, gesticulations du pugilat[3], à la fin le héraut cria : « Les hommes en armes, avancez[4]. » 2 La servante d'Artémis, Chariclée, soudain au bout du stade apparut resplendissante. Elle était venue, non sans se faire violence, pour sauver la tradition, ou plutôt, je crois, dans l'espoir de voir Théagène. Sa main gauche portait un flambeau allumé, sa droite tenait une branche de palmier. Quand elle parut, elle attira les yeux de l'assistance entière ; mais j'imagine que nul ne l'aperçut plus vite que Théagène. Un amant a l'œil vif pour voir l'objet de

1. Φιλονεικία est un trait caractéristique d'Éros. Cf. Chariton, A I, 4 ; Ϛ IV, 5 ; Xénophon d'Éphèse, A II, 1.

2. En réalité les hiéromnémons, délégués des Amphictyons (M.).

3. Χειρονομεῖν et χειρονομία étaient usités pour les gestes de la pantomime (Elien, *Varia Historia*, XIV, 22) et pour la danse. Χειρονομία est associé à la boxe comme συμπλοκαί l'est à la lutte. Pausanias emploie χειρονομεῖν dans le sens de πυκτεύειν (VI, 10, 3). Héliodore (Θ XVI, 2) donne à χειρονομία le sens de « combat corps à corps ».

4. L'ὁπλίτης δρόμος était la dernière épreuve du concours. Elle était en effet de création récente, tandis que les autres épreuves remontent aux temps les plus anciens : cf. *Odyssée*, VIII, 118-130.

ΗΛΙΟΔΩΡΟΥ ΑΙΘΙΟΠΙΚΩΝ ΒΙΒΛΙΟΝ

ΒΙΒΛΙΟΝ ΤΕΤΑΡΤΟΝ

I 1 « Τῇ δὲ ὑστεραίᾳ ὁ μὲν Πυθίων ἀγὼν ἔληγεν ὁ δὲ τῶν νέων ἐπήκμαζεν ἀγωνοθετοῦντος, οἶμαι, καὶ βραβεύοντος Ἔρωτος καὶ δι᾿ ἀθλητῶν δύο τούτων καὶ μόνων οὓς ἐζεύξατο μέγιστον ἀγώνων τὸν ἴδιον ἀποφῆναι φιλονεικήσαντος. Γίνεται γάρ τι τοιοῦτον· ἐθεώρει μὲν ἡ Ἑλλὰς ἠθλοθέτουν δὲ οἱ Ἀμφικτύονες. Ἐπειδὴ τοίνυν τὰ ἄλλα μεγαλοπρεπῶς ἐτετέλεστο, δρόμων ἅμιλλαι καὶ πάλης συμπλοκαὶ καὶ πυγμῆς χειρονομίαι, τέλος ὁ μὲν κῆρυξ « Ἄνδρες ὁπλῖται παριόντων » ἀνεβόησεν. 2 Ἡ ζάκορος δὲ ἡ Χαρίκλεια κατ᾿ ἄκρον τὸ στάδιον ἀθρόον ἐξέλαμψεν, ἀφιγμένη καὶ ἄκουσα διὰ τὸ πάτριον ἢ πλέον, ἐμοὶ δοκεῖν, ὄψεσθαί που τὸν Θεαγένην ἐλπίζουσα, τῇ λαιᾷ μὲν ἡμμένον πυρφοροῦσα λαμπάδιον θατέρᾳ δὲ φοίνικος ἔρνος προβεβλημένη, καὶ φανεῖσα πᾶν μὲν τὸ θέατρον ἐφ᾿ ἑαυτὴν ἐπέστρεψεν, ἔφθη δὲ τάχα οὐδεὶς τὸν Θεαγένους ὀφθαλμόν, ὀξὺς γὰρ ἰδεῖν ὁ ἐρῶν τὸ ποθούμενον. 3 Ἐκεῖνος δὲ

Tit. Ἡλιοδώρου (om. Z) αἰθιοπικῶν βιβλίον (om. M) Δ′ vel τέταρτον VMZT λόγος τέταρτος BP deest in C Ἡλιοδώρου αἰθιοπικὸν βυβλίον · λόγος τέταρτος A.

I 1 2 ἐπήκμαζεν (ἐπίκμ. P) mAT : ἀπέκμ. B || 3 δύο τούτων mAT : τούτων δύο P || καὶ μόνων mAT (cf. XVIII, 2 2 et al.) : καὶ om. C || 4 τὸν CBPZT : τὸ VMA || 5 τι MAT : τοι m || 7 μεγαλοπρεπῶς mAT : -έστερα B || ἐτετέλεστο mA : τετ. B τετέλεσται T || 8 χειρονομίαι B (Naber) : -ομία mT -υμία A || τέλος ὁ mAT : πολὺ B || 9 ἄνδρες CBPZT : om. VMA || 2 3 τὸ πάτριον mAT : τῷ πατρὶ B || 4 ἐλπίζουσα mAT : -οντα B || 6 καὶ φανεῖσα mAT : om. B || πᾶν mAT : πῆ B || 7 ἔφθη mAT : ἔφη B || post οὐδεὶς add. τὸ στάδιον T || 8 ἰδεῖν ὁ ἐρῶν CBPZ : ὁ ἐρῶν ἰδεῖν VMAT.

son désir. 3 Et le nôtre, qui n'ignorait pas ce qui devait se faire, ne songeait qu'à épier le moment où elle apparaîtrait. Aussi ne put-il se retenir de parler ; il me dit tout bas (il s'était assis à côté de moi) : « C'est elle, Chariclée. » Je l'invitai à se tenir tranquille.

II 1 A l'appel du héraut voici venir un homme revêtu d'une armure légère, plein de fierté et fameux entre tous[1]. Il avait été plus d'une fois couronné dans de précédents combats[2] : et ce jour-là aucun rival ne se présentait, nul, je pense, n'ayant le courage d'affronter la lutte. Les Amphictyons le renvoyaient donc, la loi ne permettant pas de couronner celui qui n'a pas lutté. Mais il réclama une nouvelle proclamation du héraut pour appeler ceux qui voudraient se mesurer avec lui. Sur l'ordre des arbitres, le héraut invita les rivaux à se présenter. 2 Alors Théagène me dit : « C'est moi qu'il appelle. » — « Comment dis-tu cela ? » répliquai-je. — « Je le dis et je le ferai, mon père. Car nul autre, quand je suis là, et sous mes yeux, ne recevra le prix des mains de Chariclée[3]. » — « Mais le danger d'être vaincu et le déshonneur d'une défaite, y songes-tu ? » — 3 « Et qui donc brûle d'un désir assez ardent de voir et d'approcher Chariclée pour me distancer ? Quel est celui à qui le regard de cette femme peut, comme à moi, donner des ailes pour voler auprès

1. Phrynichos condamne l'emploi de ἐπίδοξος dans le sens de ἐπίσημος. Pourtant on le trouve avec cette signification dans Pindare, *Néméennes*, IX, 46 et fréquemment en grec post-classique. Cf. Plutarque, *Moralia*, 239 d, ὁ περιγενόμενος ἐν τοῖς μάλιστα ἐπίδοξός ἐστι, et Diodore de Sicile, XIII, 83.

2. L'expression ἀγῶνας ἀναδήσασθαι est bâtie sur le modèle de νίκας ἀναδήσασθαι (Simonide 21 Diehl). On trouve ce verbe, dans le grec post-classique, employé métaphoriquement avec un complément, par exemple ἀρχήν (Appien, *La Guerre civile*, I, 84) et κλέος (Procope, *Vand.*, II, 27).

3. Peut-être souvenir d'Homère, *Iliade*, I, 88 sqq.

οὔ τις ἐμεῦ ζῶντος καὶ ἐπὶ χθονὶ δερκομένοιο
σοὶ κοίλῃς παρὰ νηυσὶ βαρείας χεῖρας ἐποίσει
συμπάντων Δαναῶν.

ἆρα καὶ προακηκοὼς τὸ ἐσόμενον πρὸς μίαν τὸν νοῦν ἠσχόλει τὴν παρατήρησιν ὥστε οὐδὲ σιωπῶν ἐκαρτέρησεν ἀλλ' ἠρέμα πρός με, καθῆστο δέ μου πλησίον ἐξεπίτηδες « Αὕτη ἐκείνη » ἔφη « Χαρίκλεια ». Καὶ τῷ μὲν ἠρεμεῖν ἐπέταττον.

II 1 Πρὸς δὲ τὴν κλῆσιν τοῦ κήρυκος παρῄει τις εὐσταλῶς ὡπλισμένος μέγα τε φρονῶν καὶ μόνος ἐπίδοξος, ὡς ἐδόκει, καὶ πολλοὺς ἤδη πρότερον ἀγῶνας ἀναδησάμενος τότε δὲ τὸν ἀνταγωνιούμενον οὐκ ἔχων, οὐδενὸς οἶμαι θαρσήσαντος τὴν ἅμιλλαν· Ἀπέπεμπον οὖν αὐτὸν οἱ Ἀμφικτύονες, οὐ γὰρ ἐπιτρέπειν τὸν νόμον οὐκ ἀγωνισαμένῳ στέφανον ἀποκληροῦν. ὁ δὲ καλεῖσθαι τὸν βουλόμενον ὑπὸ τοῦ κήρυκος εἰς τὴν ἀγωνίαν ἠξίου· ἔταττον οἱ ἀθλοθέται καὶ ἀνεῖπεν ὁ κῆρυξ ἥκειν τὸν ἐπελευσόμενον. 2 Ὁ δὴ Θεαγένης « Οὗτος ἐμὲ καλεῖ » πρός με ἔφησεν· ἐμοῦ δὲ « Πῶς τοῦτο λέγεις ; » εἰπόντος « Οὕτως » εἶπεν « ὡς ἔσται, ὦ πάτερ· οὐ γάρ τις ἐμοῦ παρόντος καὶ ὁρῶντος ἕτερος ἐκ τῶν Χαρικλείας χειρῶν τὸ νικητήριον ἀποίσεται. » « Τὴν δὲ ἀποτυχίαν » ἔφην « καὶ τὴν ἐκ ταύτης ἀδοξίαν οὐδαμοῦ τίθεσαι ; » 3 « Καὶ τίς οὕτως » εἶπεν « ἰδεῖν καὶ πλησιάσαι Χαρικλείᾳ μανικῶς ἐσπούδακεν ὥστ' ἐμὲ παραδραμεῖν ; Τίνα δὲ οὕτως ἡ ὄψις ἐκείνης τάχα καὶ πτερῶσαι δύναται καὶ μετάρσιον ἐπισπάσασθαι ; Οὐκ οἶσθα

3 2 ἆρα VMCPAT : ἄρα Z ἦρα B || 3 οὐδὲ codd. : οὔτε Bas. et edd. praeter Hirsch. et Bekk., cf. III, 3 5 || 5 τῷ CBT : τὸ PZ τὸν VMA || ἐπέταττον (-τε B) mA : προσεπ. ZT

II 1 1 παρῄει CBPZAT : -είη VM || 2 ὡπλισμένος mAT : ὡς πλεόμενος B || ἐπίδοξος mAT : ἐπὶ δόξης B cf. Z XIX 1 7 || 4 δὲ CBPZA : δὴ VMT || ἀνταγωνιούμενον mAT : ἀγων. B || 5 ἅμιλλαν mAT : ἀκαίλαν B || 6 οὐκ mAT : om. B || 7 ὁ δὲ VMCBA : ὡς δὲ PZT || ὑπὸ mAT : ἀπὸ B || 8 ἔταττον CPZ : ἐπέτ. VMBAT || 9 ἥκειν mAT : ἥξειν B || 2 1 δὴ VMCZA : δὲ PT om. B || 2 με mAT : εμὲ Z || 3 πῶς mAT : πρὸς B || οὕτως mAT : οὗτος B || 6 ἐκ mAT : om. C || 7 τίθεσαι mT : -σθαι BA || 3 1 οὕτως (οὗτος CB) ante εἶπεν CPT post εἶπεν VMBZA : malimus ante μανικῶς positum || 2 Χαρικλείᾳ mAT : -ίκλειαν B || 2-3 ὥστ' ἐμὲ nos : ὥστε με codd. || 3 τάχα VMPZAT : οὐ τάχα CB || 4 οἶσθα mAT : εἴσεται B.

d'elle ? Ne sais-tu pas que si les peintres donnent des ailes à Eros[1], c'est pour symboliser la légèreté de ceux qu'il a vaincus ? Et s'il m'est permis de me vanter quelque peu, j'ajouterai que nul n'a pu se glorifier de m'avoir vaincu à la course. »

III 1 Il dit et s'élança. S'étant avancé, il se nomma et déclara de quel pays il était. Puis il tira au sort la place qu'il occuperait au départ. Revêtu d'une armure complète, il se tenait debout devant la corde, haletant d'impatience, et ayant peine à attendre le signal de la trompette. Magnifique spectacle et digne d'admiration. Tel Homère nous dépeint Achille livrant combat au Scamandre[2]. 2 Émue par ce merveilleux spectacle, toute la Grèce ici faisait des vœux pour la victoire de Théagène, comme si chacun eût été lui-même engagé dans la lutte. Car la beauté ne laisse pas d'incliner à la sympathie les spectateurs. L'émotion de Chariclée dépassait toute mesure. Et je la vis, moi qui depuis longtemps l'observais, passer par tous les états. 3 Lorsque le héraut qui proclamait, assez haut pour être entendu de tous, le nom des coureurs, eut annoncé : « Orménos Arcadien et Théagène Thessalien » et que, la corde abaissée, les coureurs partirent à une allure si vive qu'à peine les yeux pouvaient les apercevoir, alors la jeune fille, incapable de rester en place, se mit à trépigner et à sauter[3], comme si son âme eût

1. Cf. Philostrate, *Imagines*, I, 29. γέγραπται δὲ (ὁ Ἔρως) πτηνὸς μὲν τὸ εἰωθός, et Platon, *Phèdre*, 252 b. Hiéron avait fait dorer les ailes du fameux Éros de Praxitèle à Thespies (M.).

Pour l'interprétation symbolique donnée par Héliodore, cf. Alexis, *Frag.* 20 (Kock) :

λέγεται γὰρ λόγος
ὑπὸ τῶν σοφιστῶν μὴ πέτεσθαι τὸν θεὸν
τὸν Ἔρωτα, τοὺς δ' ἐρῶντας.....

2. *Iliade*, XXI, 203-384. La comparaison de Théagène avec Achille est arbitraire, car il n'y a rien de commun entre les exploits des deux héros.

3. Cf. Homère, *Iliade*, XVIII, 571-2 :

τοὶ δὲ ῥήσσοντες ἁμαρτῇ
μολπῇ τ' ἰυγμῷ τε ποσὶ σκαίροντες ἕποντο.

ὅτι καὶ τὸν Ἔρωτα πτεροῦσιν οἱ γράφοντες, τὸ εὐκίνητον τῶν ὑπ' αὐτοῦ κεκρατημένων αἰνιττόμενοι; Εἰ δὲ δεῖ τι καὶ κόμπου προσεῖναι τοῖς εἰρημένοις, οὐδεὶς ἐς τὴν σήμερον ποσί με παρελθὼν ἐσεμνύνατο. »

III 1 Ταῦτα εἶπε καὶ ἀνήλατο, παρελθών τε εἰς μέσους τό τε ὄνομα προσήγγελλε καὶ τὸ ἔθνος ἐδήλου καὶ τοῦ δρόμου τὴν χώραν ἐκεκλήρωτο καὶ τὴν πανοπλίαν ἐνδὺς ἐφειστήκει τῇ βαλβῖδι τὸν δρόμον ἀσθμαίνων καὶ τὸ παρὰ τῆς σάλπιγγος ἐνδόσιμον ἄκων καὶ μόγις ἀναμένων, σεμνόν τι θέαμα καὶ περίβλεπτον καὶ οἷον Ὅμηρος τὸν Ἀχιλλέα τὴν ἐπὶ Σκαμάνδρῳ μάχην ἀθλοῦντα παρίστησιν. 2 Ἐκεκίνητο μὲν δὴ καὶ πᾶσα πρὸς τὸ παράδοξον ἡ Ἑλλὰς καὶ Θεαγένει νίκην ηὔχετο καθάπερ αὐτός τις ἕκαστος ἀγωνιζόμενος, ἐπακτικὸν γάρ τι καὶ πρῶτον δρώντων εἰς εὔνοιαν τὸ κάλλος· ἐκεκίνητο δὲ ἡ Χαρίκλεια πρὸς πᾶσαν ὑπερβολὴν καὶ εἶδον ἐκ πολλοῦ παρατηρῶν παντοίας μεταβαλλομένην ἰδέας. 3 Ὡς γὰρ εἰς ἀκοὴν πάντων ὁ κῆρυξ τοὺς δραμουμένους κατήγγειλεν ἀνεῖπέ τε « Ὅρμενος Ἀρκὰς καὶ Θεαγένης Θετταλός », ἔσχαστο μὲν ἡ ὕσπληξ τέτατο δὲ ὁ δρόμος μικροῦ καὶ τὴν τῶν ὀφθαλμῶν κατάληψιν ὑποτέμνων· ἐνταῦθα οὔτε ἀτρεμεῖν ἔτι κατεῖχεν ἡ κόρη ἀλλ' ἐσφάδαζεν ἡ βάσις καὶ οἱ πόδες ἔσκαιρον ὥσπερ,

6 ὑπ' mAT : ἐπ' B || αἰνιττόμενοι mAT : ἐλαττώμ. B || δεῖ τι CBPZT : τι δεῖ VMA || 7 προσεῖναι BPZT : -ιέναι VMCA || 8 ποσί mAT : πρός B.

III 1 2 ἔθνος mAT : om. B || 3 ἐκεκλήρωτο C : ἐκληροῦτο mAT || 5 ἄκων mAT : ἀκὴν B || μόγις mAT : μόλις C || 7 παρίστησιν mAT : περιίστ. C || 2 1-2 ἐκεκίνητο CP : κεκίν. VMBZAT || 2 τὸ mAT : om. B || 3 νίκην mAT : ἥκειν P || 3-4 textus valde dubius. πρῶτον A : πρὸ τῶν VB πρὸς τῶν MCPZT || ὁρώντων codd. : ὁρώμενον coni. Ry. || εἰς εὔνοιαν mAT : om. C || 3 2 κατήγγειλεν(-ελλεν B) mAT : ἀνήγγ. C || Ὅρμενος et Θεαγένης transpos. C || 3 ἔσχαστο CPM²A : -ατο ZM¹ (-ατον V) -ετο B ἔσχαζε T || 4 τὴν τῶν Coraes : τὴν mAT τῶν Z || 4-5 κατάληψιν mAT : μετάλ. C || 5 ὑποτέμνων mAT : ὅποτέ μου B || 6 κόρη VMBPT (-ης A) : Χαρίκλεια CZ || ἔσκαιρον CBPZAT (cf. I XXX, 4) : ἐσκίρτων VM et Z^mg.

été emportée avec Théagène et eût voulu le suivre et l'aider dans sa course. 4 Tous les spectateurs étaient suspendus dans l'attente du résultat et anxieux, et moi plus que tout autre, moi qui avais résolu de m'occuper de lui désormais comme d'un fils. » — « Je ne suis pas étonné, Cnémon, que les spectateurs présents à la course fussent anxieux lorsque moi-même maintenant j'ai peur pour Théagène. Aussi je te supplie de me dire au plus vite s'il a été proclamé vainqueur. »

IV 1 « Arrivé, mon cher Cnémon, au milieu du stade [1], il se retourna un instant et jeta un regard méprisant sur Orménos, puis, le bouclier haut, la tête dressée et les yeux fixés sur Chariclée, comme un trait il se précipita au but, où il parvint avec une avance sur l'Arcadien de plusieurs toises, qui furent plus tard mesurées exactement [2]. 2 Il court à Chariclée et vient exprès tomber lourdement dans ses bras comme emporté malgré lui par son élan. En recevant la palme je le vis baiser la main de la jeune fille. — « Me voilà ranimé, dit Cnémon, par cette victoire et par ce baiser. Mais que se passa-t-il ensuite ? » — « Vraiment, Cnémon, tu es non seulement insatiable de récits, mais encore réfractaire au sommeil. Voilà certes une grande partie de la nuit écoulée [3], et tu tiens bon, tu ne dors pas et une si longue narration ne te rebute pas. » — 3 « Pour moi, mon père, je reproche à Homère d'avoir

1. La longueur de la course des hoplites était variable. En divers endroits, y compris Olympie (Pausanias, II, 11, 8), elle était d'un δίαυλος. Mais à Némée la longueur était double, d'après Philostrate qui (*Gymn.*, 7) appelle ἵππιος une course de deux δίαυλοι (cf. Euripide, *Electre*, 824-5, θᾶσσον ... ἢ δρομεὺς δισσοὺς διαύλους ἱππίους διήνυσε). La mesure ne saurait être fixé pour Delphes.

2. La phrase grecque est si étrange qu'on peut difficilement la tenir pour exacte. On attendrait soit l'indication d'un chiffre défini, au lieu de τοσοῦτον (mais les mots ὃ διαλεῖπον κτλ. deviennent alors bien faibles), soit la mention d'une distance telle qu'on a cru devoir la mesurer après coup, pour établir l'importance du « record ». C'est à cette dernière idée que répond la conjecture de R. M. Rattenbury.

3. Cf. Homère, *Iliade*, X, 252-3.

οἶμαι, τῆς ψυχῆς τῷ Θεαγένει συνεξαιρομένης καὶ τὸν δρόμον συμπροθυμουμένης. 4 Οἱ μὲν δὴ θεαταὶ μετέωρος ἅπας ἐπὶ τὸ μέλλον καὶ ἀγωνίας ἀνάμεστος, ἐγὼ δὲ καὶ πλέον ἅτε μοι λοιπὸν ὡς παιδὸς ὑπερφροντίζειν προηρημένον. » « Οὐδὲν θαυμαστὸν » ἔφη ὁ Κνήμων « ὁρῶντας καὶ παρόντας ἀγωνιᾶν, ὅτε κἀγὼ νυνὶ περὶ τῷ Θεαγένει δέδια καί σου δέομαι θᾶττον εἰ νικῶν ἀνηγορεύθη διελθεῖν. »

IV 1 « Ἐπεὶ δὴ μέσον, ὦ Κνήμων, ἠνύετο τὸ στάδιον, ὀλίγον ἐπιστρέψας καὶ ὑποβλέψας τὸν Ὅρμενον ἀνακουφίζει τὴν ἀσπίδα πρὸς ὕψος καὶ τὸν αὐχένα διεγείρας τό βλέμμα τε ὅλον εἰς τὴν Χαρίκλειαν τείνας καθάπερ βέλος ἐπὶ σκοπὸν ἐφέρετο καὶ τοσοῦτον παρέφθη τὸν Ἀρκάδα ὀργυιῶν πλῆθος ὃ διαλεῖπον εἰς ὕστερον ἐμετρήθη. 2 Προσδραμὼν οὖν τῇ Χαρικλείᾳ πολύς τε ἐξεπίτηδες εἰς τὸ στέρνον ἐμπίπτει, τοῦ δρόμου δῆθεν τὴν ῥύμην οὐκ ἐνεγκών, καὶ τὸν φοίνικα κομιζόμενος οὐκ ἔλαθέ με τὴν χεῖρα τῆς κόρης φιλῶν. » « Ἀπέσωσας » εἶπεν ὁ Κνήμων « ὅτι καὶ ἐνίκησε καὶ ἐφίλησεν· ἀλλὰ τίνα δὴ τὰ ἑξῆς ; » « Οὐ μόνον ἀκουσμάτων ἀκόρεστος ἄρα ἦσθα, ὦ Κνήμων, ἀλλὰ καὶ ὕπνῳ δυσάλωτος· ἤδη γοῦν οὐκ ὀλίγης μοίρας τῆς νυκτὸς παρῳχηκυίας ἀντέχεις ἐγρηγορὼς καὶ τὴν διήγησιν καὶ μηκυνομένην οὐκ ἀποκναίει. » 3 « Ἐγὼ καὶ Ὁμήρῳ μέμφομαι,

7 συνεξαιρομένης VMCZT : -ουμένης PA συνεσκαιρωμένης B || 4 3 καὶ πλέον mAT : πλέον C || μοι CBPZT : δή μοι VMA || 3-4 προηρημένον H. Richards (fort. mel. προειρ- cf. Γ XI fin.) : προη- (προει- A) ρημένος VMA -μένῳ CBPZT || 5 ὅτε VMPZAT : ὅτι B ἅτε C || κἀγὼ mAT : καὶ ἀγὼν B

IV 1 2 ἐπιστ- (ἐπιτ- A) ρέψας mAT : ὑποστρ. Z || 2-3 ἀνακουφίζει mAT : ἀλόγου φιλίας B || 4 καθάπερ CBZT : om. VMPA || βέλος CBPZT : τέλος VMA || 5 τοσοῦτον mAT : τοσούτων P || παρέρθη mAT : παρελήφθη B || 6 ἐμετρήθη mAT : μετρηθῆναι C locus vix sanus. pro τοσοῦτον coni. τεσσάρων Lb.; πλῆθος, ὡς τὸ διαλ. εἰς ὕστ. μετρηθῆναι scribere malit Ry. || 2 7 ἄρα ante ἀκόρεστος P || 9-10 καὶ μηκυν. BPAT (δὲ καὶ μηκυν. post ἀποκναίεις C) : καὶ om. VMZ || 10 ἀποκναίει coni. Coraes qui πρὸς quoque ante τὴν διήγησιν addere voluit : ἀποκναίεις codd. ἀποκνεῖς Struvius.

dit qu'on peut être rassasié de l'amour [1], comme d'autre chose ; à mon avis on n'en a jamais assez, qu'on en jouisse soi-même ou qu'on en entende parler. Et si l'on raconte les amours de Théagène et de Chariclée, y a-t-il cœur de fer ou d'acier [2] qui ne se laisse attendrir et charmer par ce récit, quand il durerait une année entière ? Continue donc. » **4** « Théagène, cher Cnémon, fut donc couronné, proclamé vainqueur et accompagné d'unanimes acclamations. La défaite [3] de Chariclée était éclatante, et sa passion avait redoublé de violence depuis qu'elle avait revu Théagène. A se voir les amants sentent se réveiller leur passion et leur cœur s'embraser comme bois mis au feu [4]. **5** Chariclée, rentrée chez elle, passa une nuit comme les précédentes, et même plus pénible. De mon côté je ne pus, cette fois encore, trouver le sommeil. Je me demandais où nous pourrions fuir sans qu'on s'en aperçût, et dans quel pays le dieu voulait que j'emmène les jeunes gens. Je comprenais seulement que notre départ devait se faire par mer, en m'inspirant de ces paroles de l'oracle : *fendant les flots, ils atteindront la terre sombre brûlée par le soleil.*

V **1** Mais où devais-je les emmener ? Il n'y avait pour moi qu'un moyen de le savoir ; c'était, si possible, de

1. Homère, *Iliade*, XIII, 636 sqq.

   Πάντων μὲν κόρος ἐστί, καὶ ὕπνου καὶ φιλότητος
   μολπῆς τε γλυκερῆς καὶ ἀμύμονος ὀρχηθμοῖο....

2. Comparaison classique depuis Homère (*Odyssée*, IV, 293 οὐδ' εἴ οἱ κραδίη γε σιδηρέη ἔνδοθεν ἦεν) (M.). Cf. Pindare, Frag. 123 (Schroeder) κεῖνος ἐξ ἀδάμαντος ἢ σιδάρου κεχάλκευται μέλαιναν καρδίαν.

3. Héliodore, Γ XIX, 1 1 δεδούλωτο .... τῷ πάθει (M.).

4. Cf. Achille Tatios, Ϛ XVIII, 1-2 ἐπεὶ δὲ εἶδε τὴν Λευκίππην, ἀνεφλέγη τὴν ψυχήν ... θρέψας γὰρ ὅλης τῆς νυκτὸς τὸ πῦρ .... ἀνεζωπύρησεν ἐξαίφνης ὕλην λαβὼν εἰς τὴν φλόγα τὴν θέαν. Les personnages des romans grecs tombent amoureux dès qu'ils se voient (Héliod., Γ V, 4 ; Chariton, A I, 6 ; Xénophon d'Ephèse, A III, 1 ; Ach. Tat., A IV, 4) et ce rôle de la vue est noté par Héliodore (Γ VII, 3-5) comme par Achille Tatios (A IV, 4 ; IX, 4 ; B XIII, 1) et Xénophon d'Éphèse (A III, 3). L'idée première en est peut-être empruntée à Platon, *Phèdre*, 251 b.

ὦ πάτερ, ἄλλων τε καὶ φιλότητος κόρον εἶναι φήσαντι, πράγματος δ κατ' ἐμὲ κριτὴν οὐδεμίαν φέρει πλησμονὴν οὔτε καθ' ἡδονὴν ἀνυόμενον οὔτε εἰς ἀκοὴν ἐρχόμενον· εἰ δέ τις καὶ τοῦ Θεαγένους καὶ Χαρικλείας ἔρωτος μνημονεύοι, τίς οὕτως ἀδαμάντινος ἢ σιδηροῦς τὴν καρδίαν ὡς μὴ θέλγεσθαι καὶ εἰς ἐνιαυτὸν ἀκούων; ὥστε ἔχου τῶν ἑξῆς.» 4 «Ὁ μὲν Θεαγένης, ὦ Κνήμων, ὧδ' ἐστεφανοῦτο καὶ νικῶν ἀνηγορεύετο καὶ παρεπέμπετο ὑπὸ ταῖς πάντων εὐφημίαις, ἡ Χαρίκλεια δὲ ἥττητο λαμπρῶς καὶ δεδούλωτο τῷ πόθῳ πλέον ἢ πρότερον, αὖθις ἰδοῦσα τὸν Θεαγένην. Ἡ γὰρ τῶν ἐρωτικῶν ἀντίβλεψις ὑπόμνησις τοῦ πάσχοντος γίνεται καὶ ἀναφλέγει τὴν διάνοιαν ἡ θέα καθάπερ ὕλη πυρὶ γινομένη. 5 Κἀκείνη μὲν οἴκαδε ἐλθοῦσα συνήθη νύκτα ταῖς προτέραις ἢ καὶ δριμυτέραν διῆγεν, ἐγὼ δὲ αὖθις ἄυπνος ἦν τήν τε φυγὴν ὅποι τραπόμενοι λάθοιμεν ἂν ἐπισκοπῶν καὶ πρὸς τίνα χώραν ἄρα παραπέμπει τοὺς νέους ὁ θεὸς ἐννοῶν. Τὸν μὲν δὴ δρασμὸν μόνον ἔγνων κατὰ θάλατταν εἶναι ποιητέον, ἀπὸ τοῦ χρησμοῦ τὸ συνοῖσον λαβὼν ἔνθα ἔφασκεν αὐτοὺς

κῦμα τεμόντας
ἵξεσθ' ἠελίου πρὸς χθόνα κυανέην.

V 1 Τὸ δὲ ὅποι παραπεμπτέον αὐτοὺς μίαν μόνην λύσιν εὕρισκον, εἴ πῃ δυνηθείην ἐπιτυχεῖν τῆς συνεκτεθει-

3 4 οὔτε (1) PZT : οὐδὲ VMCBA || καθ' CBPZT : τὸ καθ' VMA || ἀνυόμενον mAT : ἀνιώμενον B || 5 τις mAT : τι εἰς B || ἔρωτος mAT : -τα B || **4** 1 ὧδ' C : om. mAT || 3 πάντων mAT : ἁπ. C || δὲ ante Χαρίκλεια B || 7 ὕλη πυρὶ codd. : ὕλῃ πῦρ malit Lb. || **5** 1 μὲν mAT : δὲ B || 3 αὖθις VMPZAT : om. CB || 4 ἂν ἐπισκοπῶν VA (ἀνεπ. M) : ἂν ἐπεσκόπουν BT (ἀνεπ. Z ἐναπ. C) ἐνεπώπουν P || ἄρα mAT : om. Z || 5 παραπέμπει CZ : πέμπει VBPAT -οι M || τὸν μὲν δὴ δρασμὸν mAT : om. Z || 6 μόνον post δρασμὸν posuimus, olim excidisse rati, deinde post θάλατταν a C, post ἔγνω (*sic*) a B restitutum sed a ceteris praetermissum esse || 7 αὐτοὺς CBPT (-ὸς Z) : ἀκτὰς VMA || 8 ἵξεσθ' CZT : ἵξεθ' B ἵξεσθαι VMPA.

V **1** 1 ὅποι edd. recc. : ὅπου codd. || μόνην post λύσιν Z.

découvrir la bande exposée avec Chariclée et sur laquelle était brodée son histoire comme Chariclès affirmait l'avoir entendu dire. Sans doute cette bande m'apprendrait quel était le pays de la jeune fille, quels étaient ses parents, ce que je soupçonnais déjà, et c'était là-bas apparemment que le destin voulait les envoyer. **2** Je me rendis donc de bon matin chez Chariclée. Je trouve toute la maison en larmes, Chariclès surtout. Je l'aborde et lui demande pourquoi cet affolement. « Le mal a empiré [1], me dit-il ; ma fille a passé une nuit encore plus mauvaise que la précédente. » « Pars d'ici, lui dis-je, et que tout le monde sorte. Que l'on m'apporte seulement un trépied, du laurier, du feu et de l'encens. Que personne ne me dérange, jusqu'à ce que j'appelle. » **3** Chariclès fit exécuter mes ordres. Quand je fus tranquille, je me mis à jouer la comédie [2], faisant brûler de l'encens, marmottant des prières du bout des lèvres, secouant sans arrêt ma branche de laurier sur Chariclée, de la tête aux pieds, bouche bée devant elle comme si je baillais de sommeil ou plutôt comme une vieille édentée [3]. Je continuai longtemps ce jeu, ridicule pour moi comme pour la jeune fille. **4** Celle-ci ne cessait de secouer la tête, et souriait d'un air narquois, pour me signifier que je perdais bien ma peine et que son mal m'échappait. Je m'assis à côté d'elle : « Ne t'inquiète pas, ma fille, lui-dis-je. Le mal est bénin et facile à guérir. Tu as été ensorcelée [4], sans doute pendant la procession, et surtout quand tu as donné le prix au vainqueur de la course.

1. Ἐπιτείνω est un terme technique. Cf. Hippocrate, 133 c (M.).

2. Comparer avec la scène de charlatanisme jouée par Calasiris avec Théagéne (Γ XVII). Chariclée, moins naïve, ne se laisse pas duper comme son crédule fiancé (M.).

3. Γραώδης est un mot post-classique qui qualifie ordinairement μῦθος ou un terme similaire (Strabon, I, p. 16). L'expression μᾶλλον δὲ qu'on retrouve XVIII, 4 2, XX, 2 4, etc., est classique (p. ex. Démosthène, *Sur la Couronne*, 65. ἀλλὰ καὶ τούτων πολλοὶ μᾶλλον δὲ πάντες χεῖρον ἡμῶν ἀπηλλάχασιν). — Ἐπιχασμᾶσθαι ne se retrouve nulle part ailleurs.

4. Cf. Γ' VII-VIII et la note à ce passage.

σης τῇ Χαρικλείᾳ ταινίας, ἐν ᾗ τὸ κατ' αὐτὴν διήγημα κατεστίχθαι ὁ Χαρικλῆς ἀκηκοὼς ἔλεγεν· εἰκὸς γὰρ εἶναι καὶ πατρίδα καὶ τοὺς ὑπονοηθέντας ἤδη παρ' ἐμοὶ γεννήτορας τῆς κόρης ἐντεῦθεν ἐκμαθεῖν καὶ ἴσως ἐκεῖ πέμπεσθαι αὐτοὺς ὑπὸ τῆς εἱμαρμένης. 2 Ὄρθριος οὖν παρὰ τὴν Χαρίκλειαν ἥκων ἄλλους τε τῶν οἰκείων καταλαμβάνω δεδακρυμένους καὶ οὐχ ἥκιστα τὸν Χαρικλέα· πλησιάσας οὖν « Τίς ὁ θόρυβος » ἠρώτων· ὁ δὲ « Ἐπέτεινεν ἡ νόσος » ἔφη « τῆς θυγατρὸς καὶ χαλεπωτέρας ἢ πρότερον πεπείραται τῆς παρῳχηκυίας νυκτός. » « Ἀνίστω » ἔφην « καὶ οἱ λοιποὶ πάντες ἔξιτε· τρίποδά τις καὶ δάφνην καὶ πῦρ καὶ λιβανωτὸν παραθέσθω μόνον, ὀχλείτω δὲ μηδὲ εἷς ἕως ἂν προσκαλέσωμαι. » 3 Προσέταττε ταῦτα ὁ Χαρικλῆς καὶ ἐγένετο. Κἀπειδὴ σχολῆς ἐλαβόμην, ἠρχόμην ὥσπερ ἐπὶ σκηνῆς τῆς ὑποκρίσεως καὶ τόν τε λιβανωτὸν ἐθυμίων καί τινα δῆθεν ψιθύροις τοῖς χείλεσι κατευξάμενος τὴν δάφνην ἐκ κεφαλῆς εἰς πόδας ἄνω καὶ κάτω πυκνὰ τῆς Χαρικλείας ἐπεσόβουν καὶ ὑπνῶδές τι μᾶλλον δὲ γραῶδες ἐπιχασμώμενος ὀψὲ καὶ βραδέως ἐπαυσάμην, πολύν τινα λῆρον ἐμαυτοῦ τε καὶ τῆς κόρης καταχέας. 4 Ἡ δὲ πυκνὰ τὴν κεφαλὴν ἐπέσειε καὶ σεσηρὸς ὑπεμειδία, πλανᾶσθαί με τὴν ἄλλως καὶ τὴν νόσον ἀγνοεῖν ἐνδεικνυμένη· καθεσθεὶς δὴ πλησίον « Θάρσει θύγατερ » ἔλεγον « εὐτελὴς ἡ νόσος καὶ ἰαθῆναι ῥᾳδία. Βασκανία σου καθήψατο, τάχα μὲν καὶ ὅτε ἐπόμπευες πλέον δὲ ὅτε

3 αὐτὴν mAT : - ὸν C || 5 ἐμοὶ VCBPAT : ἐμοῦ MZ || 5-6 γεννήτορας post κόρης C || 6 ἐντεῦθεν mAT : om. C || 7 αὐτοὺς CBPZT : om. VMA || **2** 1 οὖν CPZT : γοῦν VMBA || 2 ἥκων mAT : ἧκον B || 2-3 ἄλλους ... δεδακρυμένους mAT : ἄλλα ..... -μένα B || καταλαμβάνω mAT : -ων B || 4 ἠρώτων CBPZT : διηρ. VMA || 7 ἔφην mAT : ἔφη B || 8 καὶ πῦρ post δάφνην VMPZAT : post τις (7) B post μόνον C || 9 δὲ mAT : om. P || προσκαλέσωμαι mT : προκαλ. VA || **3** 2 ταῦτα mAT : om. P || 8 πολύν mAT : καὶ πολύν M || **4** 1 ἐπέσειε VMZAT (ἔπεσέ τε B) : ὑπ. CP || 2 νόσον mAT : νῆσον B ut inf. 4 || 3 δὴ VMCZT : δὲ BPA || 4 ῥᾳδία mT : -ίως B ῥᾴδιον B || 5 καὶ ὅτε mAT : ὅτε καὶ C || ὅτε mAT : om. B.

Et je soupçonne fort le principal coupable. C'est Théagène, celui qui courut tout armé[1]. Je l'ai parfaitement vu t'épier souvent et te jeter des regards un peu vifs. »
5 « Que cet homme, dit-elle, m'ait ou non regardée comme tu le dis, grand bien lui fasse ! Quels sont ses parents ? D'où est-il ? J'ai remarqué qu'il faisait sensation. » — Il est Thessalien, lui dis-je, tu le sais déjà ; le héraut l'a bien annoncé. Il fait remonter sa famille à Achille, et cette prétention paraît justifiée, si l'on en juge par sa haute stature et sa beauté qui témoignent d'une naissance noble et digne d'Achille. Cependant il n'est pas, comme ce héros, orgueilleux et emporté[2] ; chez lui, la hauteur du caractère est tempérée par la douceur. 6 Mais, tel qu'il est, je voudrais le voir souffrir un traitement plus méchant encore que celui qu'il t'a infligé, lui qui a le mauvais œil et qui t'a ensorcelée par sa vue. » « Père, dit-elle, je te remercie de ta compassion. Mais pourquoi maudire sans raison un homme sans doute innocent ? Mon mal ne vient pas d'un ensorcellement, c'est une autre maladie qui me tient, ce me semble. » — 7 « Comment, lui dis-je, petite dissimulée, ne veux-tu pas me confier ton mal, pour que nous lui trouvions un remède ? Ne suis-je pas pour toi un père, par l'âge et encore plus par l'intérêt que je te porte ? Ne suis-je pas un familier de ton père, en parfait accord avec lui ? Découvre-moi ce qui te fait souffrir. Je te promets le secret, et même, si tu le veux, par serment. Parle sans crainte et n'aggrave pas ta peine en la taisant. Toute maladie rapidement connue est aisée à guérir[3], tandis que négligée elle

1. Ὁ τὸ ἐνόπλιον δραμών représente ὁ ὁπλιτοδρόμος (cf. XXI, 1 4). Peut-être ἐνόπλιον devrait-il se corriger en ἔνοπλον (cf. Philostrate, *Gymn.*, 7 οἱ δρόμοι οἱ ὁπλῖται ... οὓς ἐνόπλους ὀνομάζουσι). Mais bien que les écrivains classiques n'emploient ἐνόπλιος que joint à ῥυθμὸς ou quelque mot de ce genre, la confusion avec ἔνοπλος était inévitable (cf. Callimaque, *Hymne à Déméter*, 241 ; Denys d'Halicarnasse, *Antiquités Romaines*, XX, 2).

2. Diomède dit d'Achille (Homère, *Iliade*, IX, 609) ὁ δ'ἀγήνωρ ἐστὶ καὶ ἄλλως.

3. Εὐβοήθητος a ici un sens médical. Cf. Hippocrate, 397, 22) (M.).

ἐβράβευες· ἐγὼ δὲ καὶ ὑπονοῶ τὸν μᾶλλον βασκήναντα·
Θεαγένης ἐστίν, ὁ τὸ ἐνόπλιον δραμών· οὐκ ἔλαθέ με παρατη-
ρῶν σε πολλάκις καὶ τὸν ὀφθαλμὸν ἰταμώτερον ἐπιβάλλων. »
5 Ἡ δὲ « Ἐκεῖνος μὲν εἴτε οὕτως εἶδεν εἴτε μή, πολλὰ
χαιρέτω · τίνων δέ ἐστιν ἢ πόθεν; ὅτι πολλοὺς ἑώρων
περὶ αὐτὸν ἐπτοημένους. » « Ὡς μὲν Θετταλὸς τὸ γένος »
ἔφην « ἔφθης ἀκούσασα καὶ τοῦ κήρυκος ὅτε αὐτὸν ἀνη-
γόρευεν· ἀναφέρει δὲ ἑαυτὸν εἰς Ἀχιλλέα πρόγονον καί
μοι καὶ ἐπαληθεύειν ἔοικεν, εἰ δεῖ τῷ μεγέθει καὶ τῷ
κάλλει τοῦ νεανίου τεκμαίρεσθαι, πιστουμένων τὴν Ἀχίλ-
λειον εὐγένειαν· πλὴν ὅσον οὐχ ὑπέρφρων οὐδὲ ἀγήνωρ
κατ' ἐκεῖνον ἀλλὰ τῆς διανοίας τὸν ὄγκον ἡδύτητι κατα-
πραΰνων. 6 Ἀλλὰ καίπερ τοιοῦτος ὢν πάθοι δριμύτερα
ὧν δέδρακεν, ἐπίφθονον ἔχων τὸ βλέμμα καὶ σὲ τῇ θέᾳ
καταβασκήνας. » « Ὦ πάτερ » ἔφη « σοὶ μὲν χάρις ὑπερ-
αλγοῦντι τὰ ἡμέτερα, τί δὲ καταρᾷ μάτην τῷ τάχα οὐδὲν
ἠδικηκότι ; Νοσῶ γὰρ οὐ βασκανίαν, ἀλλ' ἑτέραν τινά, ὡς
ἔοικε, νόσον. » 7 « Εἶτα ἀποκρύπτεις » ἔφην « ὦ τέκ-
νον, ἀλλ' οὐχὶ θαρσοῦσα λέγεις, ὅπως ἂν καὶ βοηθείας εὐπο-
ρήσαιμεν ; οὐχὶ πατήρ εἰμί σοι τὴν ἡλικίαν καὶ πλέον τὴν
εὔνοιαν ; οὐ πατρὶ τῷ σῷ γνώριμος καὶ ὁμόψυχος ; ἔκφαινε
8 κάμνεις· ἔχεις ἐν ἐμοὶ τὸ πιστόν, εἰ βούλει, καὶ ἐνώ-
μοτον · λέγε θαρσήσασα μηδὲ χορήγει τῷ λυποῦντι μέγε-
θος σιωπῶσα· πάθος γὰρ ἅπαν τὸ μὲν ὀξέως γινωσκό-
μενον εὐβοήθητον, τὸ δὲ χρόνῳ παραπεμπόμενον ἐγγὺς

6 δὲ καὶ VMT : δὲ CDA καὶ PZ || 5 1 μὲν CBPZAT : με VM || 2 ἢ mAT : καὶ B || 4 ἔφην VCBZAT : om. MP || ἀκούσασα mAT : ἄκουσα Z || 4-5 ἀνηγόρευεν CPZT (-ον B) : -ευσεν VMA || 6 μοι καὶ VMBAT : καὶ om. CPZ || δεῖ mT : δὲ BA || τῷ (τὸ V) μεγέθει VMCPA : τῷ τε μεγ. BZT || 7 πιστουμένων CB (cf. Θ IX, 3) : -μένῳ VMPZAT || 6 2 ὧν mAT : om. B || δέδρακεν mAT : πέπρακεν C || 4 καταρᾷ μάτην CBPZT : μάτην κατ. VMA || 5 οὐ βασκανίαν mAT : om. B || τινὰ VMCZAT : τι P om. B || 7 1 ἔφην mAT : ἔφη P || 2 λέγεις mAT : λέγειν B || ὅπως mAT : ὅπερ P || 3 καὶ πλέον mAT : πλέον δὲ C || 5 ὃ mAT : ἃ B || 6 θαρσήσασα VMCZAT : -ήσας BP || 7 σιωπῶσα mAT : -ῶτα P σιωπῆς T || 7-8 γινωσκόμενον mAT : γινόμενον P.

empire avec le temps et devient presque incurable. Le silence nourrit les maux[1] ; mal avoué est facile à guérir. »

VI 1 Elle resta un moment silencieuse, agitée de mille sentiments divers qui se lisaient dans ses yeux. « Accorde-moi cette journée, dit-elle enfin. Je te dirai plus tard ce qu'il en est, si tu ne le sais déjà, toi qui te déclares devin. » Je me levai et partis aussitôt, afin de laisser à la jeune fille le loisir de se préparer à un aveu qui lui faisait tant de peine[2]. 2 Chariclès vint à moi. « Qu'en dis-tu? me demanda-t-il. — Tout va bien, dis-je. Demain elle sera débarrassée de son mal. Et il y aura même pour toi une autre bonne nouvelle. Rien n'empêche d'ailleurs de faire venir un médecin. » A ces mots, je m'enfuis, pour éviter d'autres questions. 3 A peine sorti de la maison, je vois Théagène qui était là près du temple à faire les cent pas autour de l'enceinte. Il parlait tout seul, et semblait déjà satisfait de contempler seulement la demeure de Chariclée. Je passai à côté de lui en me détournant et en faisant semblant de ne pas le voir. « Bonjour, Calasiris, me dit-il. Écoute. Je t'attendais. — 3 Je me retourne brusquement. — « Ah ! le beau Théagène ; je ne l'avais pas vu. — Comment peux-tu, reprit-il, appeler beau un homme qui ne plaît pas à Chariclée? » — Je pris un air fâché. — « Veux-tu bien, lui

1. Cf. Achille Tatios, B XXIX, 5 ἀλγεινότερα γίνεται τὰ ἕλκη σιωπῇ. Aristénète (I, 16) applique cette réflexion à l'amour : πέφυκε τοῖς ποθοῦσι μᾶλλον ἐπαύξειν ὁ λαθραίως ἅμα καὶ σιγώμενος ἔρως· ἅπας γάρ, δι' ὁτιοῦν ἀχθόμενος τὴν ψυχήν, τὸ λυποῦν ἐκλαλῶν ἐπικουφίζει τῆς ἀδημονίας τὸ βάρος.

2. Τὸ αἰδούμενον est pour τὴν αἰδῶ. Cet usage du participe neutre remplaçant un nom, est courant chez Héliodore (p. ex., B XV, 1 6 τῆς ψυχῆς τὸ λογιζόμενον, Z XXVIII, 1 3 τὸ δεδηγμένον τῆς ψυχῆς, H XVII, 5 τὸ ἐπισπεῦδον τῆς πορείας. Il est d'ailleurs classique et constitue un trait caractéristique de Thucydide.

Pour le sentiment, un rapprochement s'impose avec la psychologie amoureuse des Précieuses. (Cf. Molière, *Les Précieuses ridicules*, sc. 4.) (M.).

ἀνίατον· τροφὴ γὰρ νόσων ἡ σιωπή, τὸ δὲ ἐκλαλούμενον εὐπαραμύθητον. »

VI 1 Ὀλίγον οὖν ἐπισχοῦσα πρὸς ταῦτα καὶ μυρίας τοῦ νοῦ τροπάς τε καὶ ὁρμὰς ἐκ τῶν ὄψεων ἐμφήνασα « Συγχώρησον » ἔφη « μοι τὸ τήμερον, ἀκούσῃ δὲ εἰσαῦθις εἰ μὴ γνοίης προλαβών, ἅτε μαντικὸς εἶναι βουλόμενος. » Ἐξῄειν αὐτόθεν ἀναστάς, ἐνδιδοὺς τῇ κόρῃ διαιτῆσαι ἐν τῷ μεταξὺ τῆς ψυχῆς τὸ αἰδούμενον. 2 Ὁ δὲ Χαρικλῆς ὑπήντα καὶ « Τί φράζειν ἔχεις ; » ἠρώτα. « Πάντα δεξιῶς » ἔλεγον· « εἰς γὰρ τὴν ὑστεραίαν τοῦ μὲν ὀχλοῦντος πάθους ἀπαλλάξεται, ἕτερον δέ τι τῶν σοι καθ' ἡδονὴν ὑποστήσεται· κωλύει δὲ οὐδὲν καὶ ἰατρῶν τινα εἰσκαλεῖν. » Ἀπέτρεχον ταῦτα εἰπὼν τοῦ μή τι πλέον τὸν Χαρικλέα πυνθάνεσθαι. 3 Μικρὸν δὲ ὅσον τοῦ δωματίου προήκων ὁρῶ τὸν Θεαγένην αὐτοῦ που περὶ τὸν νεὼν καὶ τὸν περίβολον εἱλούμενον καὶ πρὸς ἑαυτὸν διαλεγόμενον ὥσπερ ἀποχρῶν αὐτῷ καὶ μόνην τὴν οἴκησιν τῆς Χαρικλείας περισκοπεῖν· ἐκτραπόμενος οὖν παρῄειν ὥσπερ οὐχ ἑωρακώς. Ὁ δὲ « Χαῖρε » εἶπεν « ὦ Καλάσιρι, καὶ ἄκουε, σὲ γάρ τοι περιέμενον. » 4 Ἀνέστρεφον ἀθρόον καὶ « Θεαγένης » ἔλεγον « ὁ καλός· ἀλλ' οὐχ ἑωράκειν. » « Ποῖος » ἔφη « καλὸς ὁ Χαρικλείᾳ μὴ ἀρεστός ; » Ἠγανάκτουν ἐγὼ μέχρι τῶν ὄψεων καὶ « Οὐ παύσῃ »

9 ἐκλαλούμενον VBPZAT : ἐκκαλούμενον MC || 10 εὐπαραμύθητον mAT : ἀπαραμ. B.

VI 1 2 τε VMBZAT : om. CP || ἐμφήνασα VMBPATZ[mg] : ἐκφήν. C ἐμφανίσασα Z || 4 εἶναι βουλόμενος mAT : ὤν C || 2 2 φράζειν mAT : -ων Z || ἔχεις VMBZAT : ἔχει P ἔχιν (?) C || 4 μὲν ὀχλοῦντος VCBZAT : ἐνοχλ. P μὲν ἐνοχλ. M || τι mAT : om. M || 5 ἰατρῶν CBZT : -όν VMPA || 6 εἰσκαλεῖν mAT : προσκ. Z || 7 πυνθάνεσθαι CBPZT : πυθέσθαι VMA || 3 1 δὲ ὅσον mAT : ὅσῳ τε B || 1-2 τοῦ δωματίου (δωμ. om. T) mAT : τῷ -ίῳ B || 2 περὶ mAT : om. B || 3 εἱλούμενον post νεὼν C || 4 καὶ VBPZAT : om. MC || μόνην CBPZT : μόνον VMA || 5 περισκοπεῖν mAT : -ῶν Z || ἐκτραπόμενος mAT : ἐκτρεπ. B || 5-6 verba οὖν — ὁ om. C || 7 τοι CPZT : τι B om. VMA || 4 3 ἔφη καλὸς CBPZT : καλὸς ἔφη VMA.

dis-je, cesser ces propos injurieux pour moi et pour mon talent. Grâce à moi, la voilà déjà prise, contrainte à t'aimer, et désireuse de te voir, comme si tu venais du ciel. — 5 Que dis-tu, ô père, Chariclée m'aime-t-elle ? Que tardes-tu à me mener auprès d'elle ? » — Et ce disant, il s'élançait. Je l'attrape par sa casaque[1]. — « Eh ! arrête-toi, le fin coureur. Ce n'est pas une de ces marchandises d'occasion dont on se saisit au vol, que l'on obtient à bon prix parce qu'elles foisonnent au marché[2]. Cette affaire demande mûre réflexion pour la mener à bonne fin et beaucoup de précautions, si l'on veut éviter un échec. 6 Ne sais-tu pas que le père de cette jeune fille est le personnage le plus important de Delphes ? Ne songes-tu pas aux lois qui punissent de mort de telles entreprises ? — La mort, dit-il, m'est bien indifférente, pourvu que Chariclée soit à moi. Cependant, si tu le veux, allons la demander en mariage à son père. Je ne serais certes pas indigne d'entrer dans la famille de Chariclès. — Nous ne l'obtiendrons pas, répliquai-je ; non pas qu'il ait rien à te reprocher, mais Chariclès a promis la jeune fille au fils de sa sœur. — 7 Malheur à lui, dit Théagène, quel qu'il soit. Nul autre, moi vivant, n'emmènera Chariclée dans la chambre nuptiale. Mon bras et mon épée ne seront pas assez lâches pour le permettre[3]. — Tais-toi, lui dis-je, tu n'auras pas besoin de recourir à de tels moyens. Écoute-moi seulement et suis bien mes instructions. Pour le moment, retire-toi et garde bien qu'on

1. La χλαμύς, manteau court et sans manche, avait été importé en Grèce de Macédoine et de Thessalie. Or Théagène est justement thessalien (M.).

2. Cf. Z XX, 2 1 καὶ οὐχ ἅρπαγμα οὐδ' ἕρμαιον ποιεῖται τὸ πρᾶγμα. Le jeu de mots est intraduisible. Pour l'expression τῶν ἐν μέσῳ τῷ βουλομένῳ προκειμένων cf. Démosthène, *Philippiques* A 5, ἀλλ' εἶδεν, ὦ ἄνδρες Ἀθηναῖοι, τοῦτο καλῶς ἐκεῖνος, ὅτι ταῦτα μέν ἐστιν ἅπαντα τὰ χωρί' ἆθλα τοῦ πολέμου κείμεν' ἐν μέσῳ, φύσει δ' ὑπάρχει τοῖς παροῦσι τὰ τῶν ἀπόντων καὶ τοῖς ἐθέλουσι πονεῖν καὶ κινδυνεύειν τὰ τῶν ἀμελούντων.

3. Cf. A II, 4 8 et Euripide, *Les Phéniciennes*, 625
ὡς τάχ' οὐκέθ' αἱματηρὸν τοὐμὸν ἀργήσει ξίφος.

ἔλεγον « ὑβρίζων ἐμέ τε καὶ τὴν ἐμὴν τέχνην, ὑφ' ἧς ἥλωκεν ἤδη καὶ ἐρᾷν σου κατηνάγκασται καὶ ὁρᾷν ὥσπερ τινὰ τῶν κρειττόνων εὔχεται; » 5 « Τί λέγεις » ἔφη « ὦ πάτερ; ἐρᾷ μου Χαρίκλεια; τί οὖν οὐκ ἄγεις ἤδη παρ' αὐτήν; », καὶ ἅμα προέτρεχεν· ἐπιλαβόμενος οὖν τῆς χλαμύδος « Στῆθι » ἔφην « οὗτος, εἰ καὶ ὀξὺς δραμεῖν. οὐ γὰρ ἅρπαγμα τὸ πρᾶγμα οὐδὲ εὔωνον καὶ τῶν ἐν μέσῳ τῷ βουλομένῳ προκειμένων ἀλλὰ πολλῆς μὲν βουλῆς ὥστε πρεπόντως ἀνυσθῆναι πολλῆς δὲ διασκευῆς ὥστε ἀσφαλῶς πραχθῆναι δεόμενον. 6 Ἢ τὸν πατέρα τῆς κόρης ἠγνόηκας, ὡς Δελφῶν ἐστι τὰ πρῶτα; Τοὺς δὲ νόμους οὐκ ἐννοεῖς οἳ θάνατον τοῖς τοιούτοις ἐπιβάλλουσιν; » « Ἐγὼ μὲν » εἶπε « καὶ τελευτᾶν οὐ διαφέρομαι τυχὼν Χαρικλείας· ἀλλ' ὅμως, εἰ δοκεῖ, καὶ πρὸς γάμον αἰτῶμεν τῷ πατρὶ προσιόντες· οὐ γὰρ δὴ μὴ ἀνάξιοί γε ὄντες τῷ Χαρικλεῖ κηδεύσωμεν. » « Οὐκ ἂν τύχοιμεν » ἔφην, « οὐχ ὅτι τῶν κατὰ σέ τι δυνατὸν ἐπιμέμψασθαι, ἀλλ' ὁ Χαρικλῆς ἀδελφῆς ἑαυτοῦ παιδὶ τὴν κόρην πάλαι κατηγγύησεν. » 7 « Οἰμώξει » ἔφη Θεαγένης « ὅστις ποτέ ἐστιν· οὐ γάρ τις ἐμοῦ ζῶντος ἕτερος θαλαμεύσει Χαρίκλειαν· οὐχ οὕτως ἥδε ἡ χεὶρ καὶ ξίφος τοὐμὸν ἀργήσει. » « Παῦσαι » ἔφην, « οὐδενὸς δεήσει τοιούτου· μόνον ἐμοὶ πείθεσθαι καὶ πράττειν ὡς ἂν ὑφηγήσωμαι, νῦν δὲ ἀποχώρει καὶ φυλάττου

5 τε m : om. AT || **5** 1 ἔφη mAT : om. C || 2 ἐρᾷ CBT : ἐρᾶν A ὁρᾶν VMPZ || μου CBT : ἐμοῦ A ἐμὲ VMPZ || Χαρίκλεια CBPT : -αν VMZA || 3 ἐπιλαβόμενος CBZT : ἐπιλαμβανόμ. VMPA || 6 προκειμένων nos : -είμενον codd. || ὥστε mAT : ὥσπερ B || **6** 2 ὡς mAT : εἰ B || τοὺς (τὰ B) δὲ νόμους CBPZAT : τοῖς δὲ νόμοις VM || 3 ἐπιβάλλουσιν post θάνατον M || 4 μὲν CBPZT : om. VMA || τελευτᾶν mA -ῶν T τελετῆς B || 5 καὶ CBPZAT : om. VM || πρὸς γάμον mAT : προσίωμεν B || αἰτῶμεν mAT : αὐτῷ μὲν B || 6 ἀνάξιοι mAT : -ον B || 7 κηδεύσωμεν PZ : -σομεν VMCBAT || ἔφην mAT : ἔφη P || 8 ἐπιμέμψασθαι mAT : ἐπιπέμψ. B || ὁ m : ὅτι PAT || 9 ἑαυτοῦ ante ἀδελφῆς C || παιδὶ CBZT : -ίον VMPA || **7** 1 ὅστις CBPZT : εἴ τις VMA || 3 ἀργήσει CBPZT : -ῆσαι VMA || 4 δεήσει VMCAT : -ῃ BPZ || πείθεσθαι CBZT : πείθου VMPA.

te voie habituellement en ma compagnie. Viens me voir secrètement et sans bruit, tout seul. » Il s'en alla la tête basse.

VII 1 Le lendemain je rencontrai Chariclès qui, en me voyant, courut à moi et me baisa la tête à plusieurs reprises. — « En voilà un savant, en voilà un ami, répétait-il sans arrêt. Tu as réussi magnifiquement. Elle est prise l'imprenable, elle est vaincue l'invincible. Chariclée est amoureuse. » — 2 Je me rengorge à ce compliment, les sourcils hauts et l'allure fière et nonchalante[1]. — « Il était évident, dis-je, qu'elle céderait dès le premier assaut, sans avoir besoin de déchaîner contre elle un de mes grands dieux[2]. Mais, Chariclès, comment as-tu reconnu qu'elle était amoureuse ? — 3 En suivant tes conseils. Je fis appeler, comme tu me l'avais suggéré, les médecins les plus en renom et les amenai auprès d'elle pour l'examiner, leur promettant toute ma fortune, s'ils pouvaient la guérir. Dès qu'ils furent entrés, ils lui demandèrent ce qu'elle avait. — 4 Elle se détourna sans leur répondre un seul mot, et se mit à déclamer ce vers de d'Homère : « O Achille, fils de Pélée, le plus brave des Grecs[3]. » Le savant Acésinos[4], que tu connais sans doute, lui prit le poignet de force, et pour découvrir sa maladie lui tâta le pouls, pour y lire, je pense les mouvements du cœur. Après une longue observation du pouls et un examen minutieux et complet : « Chariclès, dit-il enfin, il

1. Héliodore emploie le verbe βλακεύεσθαι dans le sens de τρυφᾶν (Z XXVII, 5 5) et le verbe ἐθρυπτόμην indique peut-être que βλακῶδες ici a le sens de τρυφερόν. Pour la phrase, βλακῶδες βαίνων cf. Euripide, *Médée*, 1164. ἁβρὸν βαίνουσα.

2. Τῶν μειζόνων n'est pas synonyme de τῶν κρειττόνων qui, chez Héliodore, signifie θεοὶ et δαίμονες en général (p. ex., Δ XV, 2 ; etc.).

3. Homère, *Iliade*, XVI, 21. Apostrophe de Patrocle à Achille, quand il explique à son ami la cause de ses larmes et la situation critique de l'armée grecque (M.).

4. Nom dérivé de ἀκεῖσθαι, guérir. Cf. Ἀκουμενής, père d'Erysimaque (Platon, *Phèdre*, 268 a, *Protagoras*, 315 c).

συνεχῶς φαίνεσθαι πλησιάζων, ἀλλ' ἐφ' ἡσυχίας καὶ μόνος ποιοῦ τὰς ἐντεύξεις. » Ἀπῄει κατηφής.

VII 1 Ὁ δὲ Χαρικλῆς εἰς τὴν ὑστεραίαν ἐντυχὼν ὁμοῦ τε εἶδε καὶ προσδραμὼν ἐφίλει πολλὰ τὴν κεφαλὴν « Τοῦτο σοφία, τοῦτο φιλία » συνεχῶς ἀναβοῶν· « ἤνυσταί σοι μέγα ἔργον, ἑάλωκεν ἡ δυσάλωτος καὶ νενίκηται ἡ δυσκαταμάχητος· ἐρᾷ Χαρίκλεια. » 2 Πρὸς ταῦτα ἐθρυπτόμην ἀνέσπων τε τὴν ὀφρὺν καὶ βλακῶδες βαίνων « Εὔδηλον ἦν » ἔλεγον « ὡς οὐδὲ πρὸς τὴν πρώτην ἀνθέξει προσβολὴν ἐμοῦ, καὶ ταῦτα μηδενὸς τῶν μειζόνων ὀχλήσαντος· ἀλλὰ πόθεν, ὦ Χαρίκλεις, ἐρῶσαν ἐγνωρίσατε ; » 3 « Σοὶ πεισθέντες » ἔφη· « τοὺς γὰρ εὐδοκίμους τῶν ἰατρῶν, ὡς αὐτὸς ὑπέθου, παρακαλέσας ἦγον εἰς τὴν ἐπίσκεψιν, ἀμοιβὴν τὴν προσοῦσαν οὐσίαν ὑπισχνούμενος εἴ τι δύναιντο ἐπικουρεῖν. Οἱ δὲ ὡς τάχιστα εἰσῆλθον ἠρώτων ὅ τι πάσχοι. 4 Τῆς δὲ ἀποστρεφομένης καὶ πρὸς μὲν ἐκείνους οὐδ' ὁτιοῦν ἀποκρινομένης ἔπος δὲ Ὁμηρικὸν συνεχῶς ἀναβοώσης

Ὦ Ἀχιλεῦ Πηλῆος υἱέ, μέγα φέρτατ' Ἀχαιῶν,

ὁ λόγιος Ἀκεσῖνος (οἶσθα δὲ δήπου τὸν ἄνδρα,) τῷ καρπῷ τὴν χεῖρα καὶ ἀκούσης ἐπιβαλὼν ἀνακρίνειν ἀπὸ τῆς ἀρτηρίας ἐῴκει τὸ πάθος ὥσπερ οἶμαι τὰ καρδίας κινήματα μηνυούσης· οὐκ ὀλίγον τε χρόνον βασανίσας τὴν ἐπίσκεψιν

7 ἀπῄει mAT : -είη P.

VII 1 4 σοι VMBPA : σου CZT || ἑάλωκεν mAT : ἑάλω P || 2 1 πρὸς mAT : καὶ πρὸς P || 3 πρὸς τὴν mAT : om. B || 4 μηδενὸς CBZ : -ενὶ VMPAT || μειζόνων mA : νομιζομένων T || 3 1 εὐδοκίμους mAT : ἀδοκ. P || 2 παρακαλέσας mAT : -εύσας B || 4 1-2 καὶ πρὸς — ἀποκρινομένης om. VMBA || 2 μὲν PZT : om. C (VMBA) || 3 συνεχῶς CBPZT : om. VMA || ἀναβοώσης mAT : -ῶμεν B || 4 = Hom., *Il.*, XVI, 21 Ἀχιλεῦ Commelinus : Ἀχιλλεῦ codd. || Πηλῆος nos : Πηλ-(Πιλ-Z) έως codd. || 5 Ἀκεσῖνος CT : -σσῖνος VBPZA -στῖνος M. in margine ἔνθα ὁ ἰατρὸς Ἀκεσῖνος CP (Ἀκεσσῖνος VZ) ἐσκέψατο τὴν Χαρίκλειαν VPZ (τὴν Χαρ. ἔγνω ἐρῶσαν C) || 8 βασανίσας mAT : ἐμβασαν. B.

était inutile de nous faire venir. La médecine ne peut lui être d'aucun secours. — 5 Dieux, m'écriai-je, que dis-tu ? elle est donc perdue ma petite fille ? il n'y a plus d'espoir ? — Pas d'affolement, dit-il, écoute moi. Et me tirant à part loin de la jeune fille et de tous les autres, il ajouta : « Notre science fait profession de guérir les maladies du corps, et non celles de l'âme, en principe, sinon lorsque celle-ci se ressent d'une affection du corps et se trouve soulagée en même temps que le corps est guéri. 6 La maladie de la jeune fille est réelle, mais ce n'est pas une maladie du corps. Pas de pléthore, pas de maux de tête qui l'accablent, pas de fièvre qui la brûle, ancun malaise général ou particulier. Il en est ainsi et pas autrement, sois-en sûr. » — 7 Comme j'insistais et le pressais de me dire s'il avait découvert quelque chose. — « Un enfant, me dit-il, ne reconnaîtrait-il pas qu'elle souffre moralement et que sa maladie est manifestement l'amour[1] ? Ne vois-tu pas ses paupières gonflées, ses yeux égarés, la pâleur de son visage, alors qu'elle ne se plaint pas de douleurs internes ? Ne vois-tu pas qu'elle a l'esprit troublé et chante ce qui lui passe par la tête, qu'elle a des insomnies sans cause apparente[2] et a perdu tout d'un coup son embonpoint ? Il te faut chercher, Chariclès, le médecin, seul capable de la guérir : celui qu'elle désire. » 8 Il dit et s'en alla. Et moi de courir aussitôt vers toi, mon sauveur, mon dieu, toi qui seul peux nous être utile. Ma fille elle-

1. Bien que la situation soit différente et que dans le détail on remarque des changements, ce passage est apparemment inspiré de la fameuse histoire d'Antiochus et de Stratonice qui est racontée par Plutarque, *Démétrius*, 38, Lucien, *La déesse syrienne*, 17-18, et reprise par Aristénete, I, 13. Dans chacun de ces récits, le médecin diagnostique le mal d'amour d'après l'état d'épuisement général du patient et en particulier en lui tâtant le pouls. Il n'est pas téméraire de voir dans cette scène une légère satire du ton doctoral qu'affectent parfois les praticiens.

2. Achille Tatios note la tendance à l'insomnie comme un symptôme d'amour (A VI, 2 οὐδὲ ὕπνου τυχεῖν ἠδύνατο ; IX, 1 ὅλος γάρ μοι προσέπεσεν ὁ ἔρως καὶ αὐτόν μου διώκει τὸν ὕπνον τῶν ὀμμάτων). Cf. Longus, *Daphnis et Chloé*, B VII, 4 ; VIII, 2.

ἄνω τε καὶ κάτω πολλὰ ἐπιθεωρήσας « Ὦ Χαρίκλεις » ἔφη « περιττῶς ἡμᾶς ἐνθάδε εἰσκέκληκας· ἰατρικὴ γὰρ οὐδὲν ἂν οὐδαμῶς ἀνύσειε πρὸς ταύτην. » 5 Ἐμοῦ δὲ « Ὦ θεοί, τί τοῦτο λέγεις ; » ἀναβοήσαντος « οἴχεται οὖν μοι τὸ θυγάτριον καὶ ἐλπίδος ἐκτὸς γέγονεν ; » « Οὐ θορύβου δεῖ » φησὶν « ἀλλ' ἄκουε. » Καὶ παραλαβών με τῆς τε κόρης καὶ τῶν ἄλλων ἄποθεν « Ἡ καθ' ἡμᾶς » ἔφη « τέχνη σώματος πάθη θεραπεύειν ἐπαγγέλλεται ψυχῆς δὲ οὐ προηγουμένως, ἀλλὰ τότε μόνον ὅταν συμπάσχῃ μὲν τῷ σώματι κακουμένῳ συνωφελῆται δὲ θεραπευομένῳ. 6 Τὸ δὲ τῆς κόρης νόσος μέν, ἀλλ' οὐ σώματος, οὐ γὰρ χυμῶν τις περιττεύει, οὐ κεφαλῆς ἄλγημα βαρύνει, οὐ πυρετὸς ἀναφλέγει, οὐκ ἄλλο τι τοῦ σώματος, οὐ μέρος, οὐχ ὅλον νοσεῖ που · τοῦτο οὐκ ἄλλο τι νομιστέον. » 7 Ἐμοῦ δὲ λιπαροῦντος καὶ φράζειν εἴ τι κατέμαθεν ἀξιοῦντος « Οὐ γὰρ καὶ παιδὶ γνώριμον » ἔφη « ψυχῆς εἶναι τὸ πάθος καὶ τὴν νόσον ἔρωτα λαμπρόν ; οὐχ ὁρᾷς ὡς κυλοιδιᾷ μὲν τοὺς ὀφθαλμοὺς καὶ τὸ βλέμμα διέρριπται καὶ τὸ πρόσωπον ὠχριᾷ, σπλάγχνον οὐκ αἰτιωμένη, τὴν διάνοιαν δὲ ἀλύει καὶ τὸ ἐπελθὸν ἀναφθέγγεται καὶ ἀπροφάσιστον ἀγρυπνίαν ὑφίσταται καὶ τὸν ὄγκον ἀθρόον καθῄρηται ; Ζητητέος σοί, Χαρίκλεις, ὁ ἰασόμενος · γένοιτο δ' ἂν μόνος ὁ ποθούμενος. » 8 Ὁ μὲν ταῦτ' εἰπὼν ἀπῄει, πρὸς σὲ δὲ ἐγὼ ⟨ ἥκω ⟩ δρομαῖος τὸν ἐμὸν καὶ σωτῆρα καὶ θεόν, ὃν μόνον εὐεργετῆσαι δύνασθαι

10 ἰατρικὴ CPZT : -ῶς VM -ός B (M superscr.) ἰατρός A || **5** 4 δεῖ mAT : δὴ M || 5 τε mAT : om. C || καὶ τῶν ἄλλων mAT : om. C || **6** 1-2 σώματος mAT : τοῦ σώμ. B || 2 χυμῶν CBPZT : χυμός VMA || 4 μέρος et ὅλον transp. C || **7** 3 ἔρωτα mAT : -τι B || 4 κυλοιδιᾷ CBP : κοιλοιδιᾷ Z κοιλιδιᾷ T κοιλυδηᾶ A κυλλοιδιᾷ VM || τοὺς ὀφθαλμοὺς mAT : ὁ ὀφθαλμός C || 5 σπλάγχνον mT : -ων PA || 8 ἀθρόον BPZ : -ως VMCAT (cf. A XXII, 4 2) || ὁ ἰασόμενος (-άμενος A) CBPZAT : om. VM || **8** 1 ὁ μὲν mAT : καὶ ὁ μὲν C || 2 εἰπὼν mAT : om. V || ἥκω addidimus (cf. XIX, 1 3) || δρομαῖος mAT : om. Z || 3 καὶ (1) mT : om. BA || σωτῆρα mAT : πατέρα B || ὃν mAT : οἳ B || μόνον BPZT : om. C μόνον ἐγὼ VMA.

même le reconnaît. En effet, comme je la suppliais instamment de me dire ce qu'elle avait, elle me répondit seulement qu'elle ignorait son mal, mais qu'elle savait bien que Calasiris seul la saurait guérir. Et elle m'a prié de te faire venir auprès d'elle. D'où j'ai conclu sans hésitation que ta science en avait eu raison. **9** « Tu me dis qu'elle aime, repris-je, mais pourrais-tu aussi bien me dire qui elle aime ? — Non certes, par Apollon ; comment et d'où pourrais-je le savoir ? Je voudrais pour tout l'or du monde que ce fût Alcamène, ce fils de ma sœur, que depuis longtemps je lui destinais pour mari, autant que cela dépendait de moi. » **10** Je lui dis qu'on pouvait toujours faire une tentative, amener le garçon chez elle et le lui présenter. Il approuva et me quitta. Le lendemain, vers midi[1], je le rencontre. « Tu vas apprendre, me dit-il, une bien triste histoire. Je crois que ma fille est possédée, tant sa conduite est étrange. **11** Suivant ton conseil, j'amenai Alcamène et le lui présentai délicatement paré[2]. Mais elle, comme si elle eût aperçu la tête de la Gorgone[3] ou quelque monstre encore plus horrible, poussa un cri perçant et tourna les yeux de l'autre côté de la chambre. Elle avait mis les deux mains autour de son cou, menaçait et jurait de s'étrangler si nous ne partions au plus vite. **12** Nous la quittâmes, plus vite qu'on ne saurait dire. Que faire en effet devant une attitude

1. Ἀγορὰ πλήθουσα est usité en prose comme en vers pour désigner les heures actives de la journée. Héliodore emploie également une métaphore pour désigner le soir, περὶ βουλυτόν (B XIX, 6 1 ; cf. E XXIII, 2 2-3), mais cette expression était, chez les écrivains antérieurs, réservée à la poésie.

2. Ἁβρός est régulièrement employé par Héliodore pour parler des soins que prend de sa personne et de ses atours celui qui veut faire une conquête amoureuse. Cf. A XVII, 1 2. (M.).

3. Lucien explique (*Dialogues des dieux*, 19) que Minerve est la seule divinité qui fasse peur à Éros à cause de la figure couronnée de serpents qu'elle a sur son bouclier. (M.) La Gorgone pétrifie tous ceux qui la regardent ; cf. Euripide, *Oreste*, 1520 μὴ πέτρος γένῃ δέδοικας; ὥστε Γοργόν' εἰσιδών ; Achille Tatios Γ VII, 7-8 fait une description de la Gorgone représentée sur un tableau.

κἀκείνη γινώσκει· πολλὰ γοῦν ἐμοῦ δεομένου καὶ ἐξειπεῖν ὅ τι πάσχοι παρακαλοῦντος ἓν μόνον ἀπεκρίνατο, ὡς ἀγνοεῖ μὲν ὃ πέπονθεν εἰδέναι δὲ ὡς Καλάσιρις ἰάσεται μόνος· καὶ εἰσκαλεῖν σε παρ' αὐτὴν ἱκέτευεν· ἐξ οὗ δὴ καὶ μάλιστα συνέβαλλον ὡς ὑπὸ τῆς σῆς σοφίας ἑάλωκεν. »
9 « Ἆρ' οὖν ὥσπερ ὅτι ἐρᾷ » πρὸς αὐτὸν ἐγὼ « καὶ τὸ τίνος ἔχοις ἂν λέγειν ; » « Οὐ μὰ τὸν Ἀπόλλω » ἔφη· « πῶς γὰρ ἂν τοῦτο ἢ πόθεν εἰδείην ; Ηὐχόμην δὲ Ἀλκαμένους αὐτὴν ἐρᾶν ἢ πάντα χρήματα, τοῦ τῆς ἀδελφῆς παιδὸς τῆς ἐμῆς, ὃν πάλαι αὐτῇ νυμφίον ὅσα γε εἰς βούλησιν ἥκει τὴν ἐμὴν κατηγγύησα. » 10 Ἐμοῦ δὲ εἰπόντος ὡς ἔξεστι πεῖραν λαμβάνειν εἰσάγοντα παρ' αὐτὴν καὶ δεικνύντα τὸ μειράκιον, ἐπαινέσας ἀπῄει· καὶ περὶ πλήθουσαν ἀγορὰν αὖθίς μοι συντυχὼν « Ἀνιαρὸν ἀκούσῃ πρᾶγμα » ἔλεγεν· « ἡ παῖς δαιμονᾶν ἔοικεν, οὕτως ἀλλόκοτόν τι τὸ κατ' αὐτήν. 11 Εἰσῆγον ὡς ἐκέλευσας τὸν Ἀλκαμένην καὶ ἁβρότερον ἐδείκνυον· ἡ δὲ ὥσπερ τὴν Γοργοῦς θεασαμένη κεφαλὴν ἤ τι τῶν ἀτοπωτέρων, ὀξύ τι καὶ μέγα ἀνέκραγε καὶ τὴν ὄψιν πρὸς θάτερα τοῦ οἰκήματος ἀπέστρεφε καὶ τὰς χεῖρας ὡς βρόχον ἐπάγουσα τῷ τραχήλῳ διαχρήσεσθαι ἠπείλει καὶ ἐπώμνυεν εἰ μὴ θᾶττον ἐξίοιμεν. 12 Ἐκείνης μὲν δὴ καὶ λόγου θᾶττον ἀπηλλάγημεν, τί γὰρ καὶ ἔδει ποιεῖν ἀτοπίαν τοσαύτην ὁρῶν-

5 πάσχοι mAT : -ει B || 6 ἀγνοεῖ mT : -εῖν VA || ἰάσεται C : -αιτο B ἂν ἰάσαιτο VMAT -ατο P -ετο Z || 8 συνέβαλλον CBZT : -αλον VMPA || σῆς CBPZAT : om. VM || 9 1 τὸ mAT : om. B || 2 ἔχοις ἂν VMCZA : ἂν ἔχοις (ἔγχοις B) BPT || Ἀπόλλω VMCPAT : -ωνα BZ || 3 τοῦτο post ἂν CBPZT : post πόθεν VMA || ηὐχόμην mAT : ἠυλούμην B || 5 ὃν mAT : οὐ B || 6 ἥκει BPZT (εἴη C) : ἥκειν VMA || 10 2-3 sic mAT : ἔξεστι παρ' αὐτὴν εἰσάγοντα τὸ μειράκιον πεῖραν λαμβάνειν ἐπαινέσας κτλ. C || 3 ἀπῄει mAT : -ειν C || 5 δαιμονᾶν VMPAT : -ιᾶν CBZ || 11 2 Ἀλκαμένην CBZT : -μένη VMPA (cf. XI, 2 8) || 2-3 γοργοῦς VMCZAT : -οῦν P -ὸς B || 4 θάτερα mAT : -ον P || 5 ὡς βρόχον (-ους B) post χεῖρας VMBZAT : post τραχήλῳ (6) CP || 6 διαχρήσεσθαι VCPZA : -ασθαι MBT || 7 ἐξίοιμεν mAT : ἀξ. B || 12 2 καὶ mAT : om. P || ἀτοπίαν mAT : ἀδικίαν P.

si étrange ? Me voici donc encore à te supplier de ne pas la laisser périr et de ne pas abandonner un ami déçu dans ses espérances. — Chariclès, tu ne te trompes pas en disant que la jeune fille est possédée. Elle est en proie aux puissances célestes que j'ai fait descendre sur elle ; et naturellement, j'ai dû faire appel aux plus terribles démons[1] pour la forcer à agir contre sa nature et sa volonté. **13** Mais il y a quelque dieu ennemi[2] apparemment qui contrarie mon action et lutte contre les démons qui me prêtent leur aide. Aussi bien est-ce le moment ou jamais de me montrer la bandelette qui fut exposée avec ta fille, et que l'on t'a donnée, me disais-tu, avec les autres objets qui devaient la faire reconnaître. Je crains fort que cette bande ne soit pleine de sorcellerie et couverte de formules maléfiques qui lui donnent ce caractère âpre et sauvage : peut-être est-ce là l'embûche d'un ennemi désireux de la voir toute sa vie rebelle à l'amour et privée de postérité. »

VIII **1** Il y consentit et vint m'apporter bientôt après la bande. Je lui demandai de l'examiner à loisir, ce qu'il m'accorda. Rentré chez moi, sans différer un instant, je lus l'inscription qui était en écriture éthiopienne, non pas celle dont use le peuple, mais celle qui est réservée aux rois et qui est semblable à l'écriture des livres saints des Égyptiens[3]. Voici ce que ma lecture me révéla : « Moi Persinna reine d'Éthiopie, à celle qui n'a pas

1. A première vue δυνάμεων οὐκ ἐλαχίστων semble en contradiction avec VII, 2 4, où Calasiris dit qu'il n'est pas besoin de faire appel aux puissants démons pour troubler Chariclée. Mais Coray remarque avec raison que s'il était aisé de rendre Chariclée vulnérable à l'amour, il est en vérité plus difficile de lui faire aimer Alcamène.

2. Ἀντίθεος chez Homère signifie « semblable à un dieu ». Pour le sens de « dieu ennemi », cf. Jamblique, *de Mysteriis*, III, 31 δαίμονας πονηρούς.... οὓς δὴ καὶ καλοῦσιν ἀντιθέους.

3. Cf. Hérodote, II, 36 sur les deux écritures égyptiennes. D'après Diodore de Sicile, III, 3-4, les prêtres-égyptiens comprenaient seuls l'écriture hiéroglyphique, tandis qu'en Éthiopie elle était intelligible à tous : opinion que ne partage pas Héliodore (XI, 4 6-7).

τας ; σοῦ δὲ ἱκέται καὶ πάλιν γινόμεθα μήτε ἐκείνην περιιδεῖν ἀπολλυμένην μήτε ἡμᾶς τῶν κατ' εὐχὰς ἀποτυγχάνοντας. » « Ὦ Χαρίκλεις » ἔφην « οὐ διήμαρτες εἰπὼν δαιμονᾶν τὴν κόρην· ὀχλεῖται γὰρ ὑπὸ δυνάμεων ἃς αὐτὸς κατέπεμψα καὶ τούτων οὐκ ἐλαχίστων, ἀλλ' ἃς εἰκὸς ἦν ἐκείνην ἃ μήτε ἐπεφύκει μήτε ἐβούλετο καταναγκάσαι πράττειν. 13 Ἀλλά μοι ἀντίθεός τις ἔοικεν ἐμποδίζειν τὴν πρᾶξιν καὶ διαμάχεσθαι πρὸς τοὺς ἐμοὺς ὑπηρέτας, ὥστε ὥρα σοι πάντως ἐπιδεικνύναι μοι τὴν ταινίαν ἣν τῇ παιδὶ συνεκτεθεῖσαν ὑποδεδέχθαι μετὰ τῶν ἄλλων γνωρισμάτων ἔλεγες, ὡς ἔγωγε δέδοικα μή τινος ἐμπέπλησται γοητείας καὶ μαγγανείαις τυγχάνει τραχυνούσαις τὴν ψυχὴν ἀνάγραπτος, ἐχθροῦ τινος αὐτὴν ἐξ ἀρχῆς ἀνέραστον ἀποβιῶναι καὶ ἄγονον ἐπιβουλεύσαντος. »

VIII 1 Ἐπήνει ταῦτα καὶ ἧκε φέρων οὐ μετὰ πολὺ τὴν ταινίαν· ἐνδοῦναι δή μοι σχολὴν πρὸς αὐτὸν εἰπών, ὡς εἶχον πειθόμενον ἐλθών τε οὗ κατηγόμην οὐδὲ ὅσον ἐλάχιστον ὑπερθέμενος ἐπελεγόμην τὴν ταινίαν γράμμασιν Αἰθιοπικοῖς οὐ δημοτικοῖς ἀλλὰ βασιλικοῖς ἐστιγμένην, ἃ δὴ τοῖς Αἰγυπτίων ἱερατικοῖς καλουμένοις ὡμοίωται· καὶ ἐπερχόμενος τοιάδε ηὕρισκον τὸ γράμμα διηγούμενον. « Περσίννα Βασίλισσα Αἰθιόπων τῇ ὅ τι

3 ἱκέται maT : ἱκέτω B || 5 Χαρίκλεις VMBAT : Χάρικλες CPZ || 6 ὑπὸ mAT : ἀπὸ B || ἃς mAT : οὓς B || 7 ἃς Canter : ὡς codd. || 7-8 ἐκείνην BZAT : -η VMCP || 13 3 πάντως mAT : πάντα B || μοι mAT : σοι B || 4 ὑποδεδέχθαι mAT : ὑποδέχεσθαι post γνωρισμάτων C || 6 μαγγανείαις — τραχυνούσαις Coraes : -είας — -ούσης codd. || τυγχάνει VMBAT : om. C ἐντυγχάνει Z || 7 αὐτὴν VMPZAT : om. B post ἀρχῆς C.

VIII 1 1 ἐπήνει mAT : ἐπόνει B || 2-4 ἐνδοῦναι — ταινίαν om. M || 2 δὴ VCPZAT : δὲ B || σχολὴν πρὸς αὐτὸν CBPZT : πρ. αὐτ. σχολ. VA || 3 εἶχον CBPZ (ἔσχον T) : εἶχε VA || ἐλθών τε VBPZAT : ἐλθόντες C τε secl. Coraes || 4 ἐλάχιστον mAT : -τα B || 5-6 ἐστιγμένην mAT : κατεστ. B || 7 ὡμοίωται CBPZT : -ωνται VMA || καὶ ἐπερχόμενος mAT : ἐπερχ. δὲ P || 8 Περσίννα ut fere semper VCBPZAT : Περσίνα ut solet M || τῇ mAT : τοῦ B.

encore de nom et qui n'est plus ma fille depuis que je l'ai enfantée dans la douleur j'offre ce dernier présent sur lequel je brode ce lamentable récit. » **2** Je sursautai, mon cher Cnémon, en voyant le nom de Persinna. Je poursuivis néanmoins ma lecture. « Ce n'est point parce que j'avais été une femme coupable, mon petit enfant, que je t'ai exposée dès ta naissance, et que je t'ai dérobée à la vue même de ton père Hydaspe. J'en prends à témoin l'auteur de notre race, le Soleil [1]. Il faut pourtant me justifier devant toi, ma fille, si tu survis, devant celui qui te recueillera, si le ciel te suscite un sauveur, et devant tous les hommes en expliquant pourquoi je t'ai abandonnée. **3** Notre famille a eu pour ancêtres parmi les dieux le Soleil et Dionysos, parmi les demi-dieux Persée et Andromède, et avec eux Memnon [2]. Ceux qui, suivant les circonstances, ont contribué à l'édification du palais royal l'ont orné de peintures tirées de l'histoire de ces divinités. Les tableaux qui les représentent eux et leurs exploits sont dans les appartements des hommes et dans les galeries ; seules les images des héros Andromède et Persée ornent les chambres à coucher. **4** C'est là qu'un jour nous nous trouvions, Hydaspe et moi. Dix ans passés après notre mariage nous n'avions pas encore d'enfant. Nous faisions la sieste, endormis par la chaleur de l'été. Ton père vint s'unir à moi, pour obéir, jurait-il, à un songe. Je sentis aussitôt qu'il m'avait engrossée. **5** Jusqu'à la naissance, ce ne furent que fêtes publiques et sacrifices pour rendre grâces aux dieux. Le roi attendait un

1. La maison royale de Perse prétendait aussi remonter au Soleil. Toute l'Afrique au sud de la Libye et de l'Égypte était pour les Grecs le pays des Éthiopiens et à l'extrémité est de cette région, en bordure de la Mer Rouge et de l'Océan Indien, ils plaçaient la demeure du Soleil. Ἕω φαεννὰς Ἡλίου θ' ἱπποστάσεις (Euripide, *Frag.*, 771 Nauck). Cf. Strabon, I, p. 33, où il cite Eschyle, *Frag.*, 192.

2. Cf. Hésiode, *Théogonie*, 984-5.

Τιθωνῷ δ' Ἠὼς τέκε Μέμνονα χαλκοκορυστήν,
Αἰθιόπων βασιλῆα.

δὴ κληθησομένῃ καὶ μέχρι μόνων ὠδίνων θυγατρὶ δῶρον ἔσχατον χαράττω τόνδε τὸν ἔγγραφον θρῆνον. » 2 Ἐπάγην, ὦ Κνήμων, ὡς τοῦ Περσίννης ὀνόματος ἤκουσα, τὰ δὲ ἑξῆς ὅμως ἐπελεγόμην ὄντα τοιάδε· « Ὡς μὲν οὐδὲν ἀδικοῦσα, παιδίον, οὕτω σε γενομένην ἐξεθέμην οὐδὲ πατέρα τὸν σὸν Ὑδάσπην τὴν σὴν θέαν ἀπεκρυψάμην, ἐπικεκλήσθω μάρτυς ὁ γενεάρχης ἡμῶν Ἥλιος· ἀλλ' ὅμως ἀπολογοῦμαι πρός τε σέ ποτε, θύγατερ, εἰ περισωθείης, πρός τε τὸν ἀναιρησόμενον, εἴ τινά σοι θεὸς ἐπιστήσειε, πρός τε αὐτὸν ὅλον τὸν τῶν ἀνθρώπων βίον, ἀνακαλύπτουσα τὴν αἰτίαν τῆς ἐκθέσεως. 3 Ἡμῖν πρόγονοι θεῶν μὲν Ἥλιός τε καὶ Διόνυσος ἡρώων δὲ Περσεύς τε καὶ Ἀνδρομέδα καὶ Μέμνων ἐπὶ τούτοις. Οἳ δὴ τὰς βασιλείους αὐλὰς κατὰ καιροὺς ἱδρυσάμενοι ταῖς ἀπὸ τούτων γραφαῖς ἐκόσμησαν· τὰς μὲν δὴ τῶν ἄλλων εἰκόνας τε καὶ πράξεις ἀνδρῶσί τε καὶ περιδρόμοις ἐνέγραφον, τοὺς δὲ θαλάμους τοῖς Ἀνδρομέδας τε καὶ Περσέως ἔρωσιν ἐποίκιλλον. 4 Ἐνταῦθά ποτε ἡμᾶς, δεκάτου παρήκοντος ἔτους ἐξ οὗ με γαμετὴν Ὑδάσπης ἐγνώρισεν οὔπω τε παίδων ἡμῖν γεγονότων, ἠρεμεῖν τὸ μεσημβρινὸν συνέβαινεν ὕπνου θερινοῦ κατακλίναντος, καί μοι προσομιλεῖ τότε ὁ πατὴρ ὁ σός, ὄναρ αὐτῷ τοῦτο κελεύειν ἐπομνύμενος, ᾐσθόμην δὲ παραχρῆμα κυοφορήσασα τὴν καταβολήν.

5 Ὁ μὲν δὴ μέχρι τοῦ τόκου χρόνος ἑορτὴ πάνδημος ἦν καὶ χαριστήριοι θυσίαι τοῖς θεοῖς ὡς τοῦ βασιλέως

9 μόνων VMCBAT (P superscr.) : μόνον PZ || **2** 1-2 ἐπάγην mAT : ἐπλήγην B || 3 ἐπελεγόμην mAT : ἀπελ. B || 4 ἀδικοῦσα mAT : -αν C || οὕτω CB : οὔτε Z οὕτε PAT ὅτε VM || 6 γενεάρχης VCZ : γεναρ. MBA γενναρ. PT cf. I vi **3**, XI **3**, XXIV **1** || **3** 1-2 πρόγονοι VMCPA : πρόγ. τε BZT || 2 μὲν mAT : om. B || τε mAT : om. C || 3 οἱ C : οἳ mAT || 4 καιροὺς mA : -ὸν PT || 6 τε (1) mAT : om. P || 7 τοῖς mAT : τῆς B (T superscr.) || τε mAT : om. B || **4** 2 ἐξ οὗ με VMCBAT : ἐξοῦμαι Z ἐξοῦμου P || Ὑδάσπης mAT : ὁ Ὑδ. B || οὔπω τε VMA : οὔποτε CBPZT || 4 μοι CBT : μοι καὶ VMPZA || 5 ὁ πατὴρ ὁ σὸς mAT : ὁ σὸς πατὴρ Z || 6 δὲ CPZT : τε VMBA || **5** 2 τοῦ βασιλέως mAT : τὸν βασ. C.

héritier de son sang. Tu vins au monde blanche, ton teint clair n'était pas celui de la race éthiopienne. J'en savais bien la raison. Pendant l'étreinte de mon mari, j'eus sous les yeux une peinture qui représentait Andromède, complètement nue, au moment où Persée[1] la fait descendre du rocher, et le germe avait pris malheureusement la ressemblance de l'héroïne. **6** Je pris le parti de me soustraire à une mort ignominieuse, car j'étais sûre que la couleur de ta peau me ferait soupçonner d'adultère et que personne n'ajouterait foi au récit de cette aventure extraordinaire. Je décidai de te confier à un hasard incertain, préférable selon moi à une mort certaine ou en tout cas au nom de bâtarde qui t'était réservé. Je fis croire à mon mari que tu étais morte tout de suite, et je t'exposai dans le plus grand secret, avec toutes les richesses que je pus déposer avec toi, afin de récompenser celui qui te sauverait. Je te couvris de parures et t'enveloppai de cette bande sur laquelle j'ai tracé ta lamentable histoire et la mienne, la marquant des larmes et du sang d'une mère à qui son premier enfant a coûté bien des pleurs. **7** Mais, toi, ma douce fille d'un jour, si tu survis, n'oublie pas ta noble origine ; honore la chasteté qui est la vertu distinctive des femmes[2] ; garde les sentiments d'une reine et reste digne de ceux qui t'ont mise au monde. Souviens-toi surtout de rechercher et de conserver avec soin, parmi

1. Philostrate (*Imagines*, I, 29) dans la description d'un tableau représentant Persée délivrant Andromède écrit : « La jeune fille a un aspect ravissant, car elle est blanche parmi les Éthiopiens (de couleur étrange)... » Cf. Achille Tatios, Γ VII (M.).

2. Chariclée montre bien pendant tout le récit qu'elle entend rester fidèle aux exhortations de sa mère (Δ XVIII, 4-6 ; Ϛ VIII, 6, etc.). Si Chariclée est un exemple idéal de chasteté, cette vertu se retrouve en général chez les héroïnes des romans grecs. Callirhoé, croyant son mari mort, se laisse difficilement persuader, dans l'intérêt de son enfant, de promettre sa main à Denys (cf. Chariton, Γ XI, 5). De même Leucippé est heureuse de s'entendre dire par Artémis : μενεῖς παρθένος ἔστ᾽ ἄν σε νυμφοστολήσω (Achille Tatios Δ I, 4). Les fragments du Roman de Ninus montrent que Sémiramis a beaucoup de points communs avec Chariclée.

διάδοχον τοῦ γένους ἐλπίζοντος· ἐπειδὴ δέ σε λευκὴν ἀπέτεκον, ἀπρόσφυλον Αἰθιόπων χροιὰν ἀπαυγάζουσαν, ἐγὼ μὲν τὴν αἰτίαν ἐγνώριζον ὅτι μοι παρὰ τὴν ὁμιλίαν τὴν πρὸς τὸν ἄνδρα προσβλέψαι τὴν Ἀνδρομέδαν ἡ γραφὴ παρασχοῦσα καὶ πανταχόθεν ἐπιδείξασα γυμνήν, ἄρτι γὰρ αὐτὴν ἀπὸ τῶν πετρῶν ὁ Περσεὺς κατῆγεν, ὁμοιοειδὲς ἐκείνῃ τὸ σπαρὲν οὐκ εὐτυχῶς ἐμόρφωσεν. 6 Ἔγνων οὖν ἐμαυτήν τε ἀπαλλάξαι τοῦ μετ᾽ αἰσχύνης θανάτου, πεπεισμένη τὴν σὴν χροιὰν μοιχείαν ἐμοὶ προσάψουσαν (οὐ γὰρ πιστεύσειν οὐδένα λεγούσῃ τὴν περιπέτειαν) καὶ σοὶ τὸ ἐκ τῆς τύχης ἀμφίβολον χαρίσασθαι θανάτου προδήλου ἢ πάντως ὀνόματος νόθου προτιμότερον· γενομένην τέ σε τεθνάναι παραχρῆμα πρὸς τὸν ἄνδρα πλασαμένη λάθρα καὶ ἀπορρήτως ἐξεθέμην, ὅσον πλεῖστον ἠδυνάμην πλοῦτον τῷ περισῴζοντι μισθὸν συνεκθεμένη ἄλλοις τέ σε κοσμήσασα καὶ ταινίᾳ τῇδε, [καὶ] ἐλεεινῷ διηγήματι τῷ σῷ τε κἀμαυτῆς, ἐνειλήσασα, ἣν ἀπὸ δακρύων τῶν ἐπὶ σοὶ καὶ αἵματος ἐχάραττον ὁμοῦ πρωτοτόκος καὶ πολύθρηνος γενομένη. 7 Ἀλλ᾽ ὦ γλυκεῖα καὶ μέχρις ὥρας θύγατερ, ὅπως εἰ περιγένοιο μεμνήσῃ τῆς εὐγενείας τιμῶσα σωφροσύνην, ἣ δὴ μόνη γυναικείαν ἀρετὴν χαρακτηρίζει, καὶ φρόνημα βασίλειον καὶ πρὸς τοὺς φύντας ἀναφέρον ἀσκοῦσα· μεμνήσῃ δὲ πρὸ πάντων τῶν συνεκτεθέντων σοι

3 ἐπειδὴ mAT : ἐπεὶ C || 4 ἀπρόσφυλον VMCZ : -φιλον BPAT || 5 μοι mAT : μὴ B || 6 προσβλέψαι CBPZAT : προβλ. VM || 8 πετρῶν mA : περσῶν C πτερῶν T || 8-9 ὁμοιοειδὲς CBPZAT : ὁμοειδὲς VM || 9 σπαρὲν VCBZAT : σπέρμα P παρόν M || οὐκ εὐτυχῶς mAT : om. P || **6** 2 τε mAT : τι C || 3 σὴν mAT : γάρ B || 4 πιστεύσειν VCAT (-σιν PZ) : -εύειν MB || 5 τύχης VMPAT : ψυχῆς CBZ || χαρίσασθαι mAT : om. C || θανάτου mAT : -ῳ B || 6 ἢ MCBA (ἣ V) : ὃ PZT || πάντως CBPZAT : παντὸς VM || προτιμότερον mAT : -τατον C || 6-7 γενομένην CBPZT : -ομένη VM -όμενον A || 7 τέ σε ZT : σε B σέ τε VMCPA || παραχρῆμα post ἄνδρα B || 8 ἠδυνάμην VMBPAT : -αίμην CZ || 9 σε mAT : om. B || 10 [καὶ] om. C : habent mAT secl. Coraes || 11 τε mAT : om. M || 12 πρωτοτόκος Coraes : -ότοκος codd. || **7** 1-2 θύγατερ CBPZAT : θυγάτηρ VM || 3 μόνη mAT : μόνην B || 5 ἀσκοῦσα BP[2]AT : -αν VMCP[1].

les objets exposés avec toi, un anneau. C'est la bague de fiançailles que ton père m'a donnée ; la devise royale est gravée tout autour ; le chaton est orné d'une pierre appelée pantarbe, douée d'une secrète vertu [1]. 8 Voilà ce que j'aurais voulu te dire de vive voix ; je dois me contenter de l'écrire, puisque le sort m'a privée de ta présence et de ta vivante société. Je ne sais si mon message restera muet et inutile ou s'il doit un jour te rendre service. L'avenir est incertain et échappe à la connaissance des hommes. O toi dont la jeune beauté n'aurait servi qu'à me faire soupçonner, ce que je viens d'écrire permettra du moins de te reconnaître, si tu es sauvée ; sinon, les dieux me préservent de le savoir, cette bande te servira d'inscription tombale et les pleurs de ta mère seront ton chant funèbre. »

IX 1 A cette lecture, Cnémon, je reconnus l'admirable sagesse des dieux qui avaient tout ordonné. Rempli de contentement et de chagrin, je me trouvais dans un état d'âme extraordinaire ; j'étais partagé entre les larmes et la joie. Mon cœur se fondait à la pensée que le mystère était découvert et l'oracle éclairci, mais il était rongé par le souci d'un avenir incertain et pleurait sur la misérable condition de l'homme, instable et inconstante, toujours ballottée en tous sens [2] : vicissitudes dont Chariclée offrait alors un singulier exemple. 2 Toutes sortes de pensées me venaient à l'esprit : quelle illustre naissance et quels parents on lui attribuait ! A quelle distance elle

1. Ctésias (dans Photius, p. 45 a 28 Bekker) et Philostrate, *Vie d'Apollonius*, III, 46, disent que la pantarbe a le pouvoir d'attirer à soi toutes les autres pierres quand on la plonge dans l'eau, et d'absorber toutes choses. Héliodore (H IX-XI) lui attribue la propriété plus étonnante encore de préserver du feu ceux qui la portent.

2. Pour la forme de l'expression, cf. E IV, 7 1-2. L'importance de la Τύχη dans les affaires humaines est un trait caractéristique de la Comédie Nouvelle (cf. Euripide, *Oreste*, 981). Souvent notée chez les orateurs du IVe siècle, elle n'est nulle part mise en relief autant que dans les romanciers grecs. Cf. Rohde, *Der griechische Roman*, pp. 296 sqq.

κειμηλίων δακτύλιόν τινα ἐπιζητεῖν καὶ σεαυτῇ περιποιεῖν, ὃν πατὴρ ὁ σὸς ἐμοὶ παρὰ τὴν μνηστείαν ἐδωρήσατο βασιλείῳ μὲν συμβόλῳ τὸν κύκλον ἀνάγραπτον λίθῳ δὲ παντάρβῃ καὶ ἀπορρήτῳ δυνάμει τὴν σφενδόνην καθιερωμένον. 8 Ταῦτά σοι διείλεγμαι τὸ γράμμα διάκονον εὑραμένη, τὰς ἐμψύχους καὶ ἐν ὀφθαλμοῖς ὁμιλίας τοῦ δαίμονος στερήσαντος, τάχα μὲν κωφὰ καὶ ἀνήνυτα τάχα δὲ καὶ εἰς ὄφελός ποτε ἥξοντα, τὸ γὰρ ἄδηλον τῆς τύχης ἀνθρώποις ἄγνωστον· καὶ ἔσται σοι τὰ τῆς γραφῆς, ὦ μάτην ὡραία καὶ ἔγκλημα τὸ κάλλος ἐμοὶ προσάψασα, εἰ μὲν περισωθείης, γνωρίσματα, εἰ δ' ὅπερ καὶ ἀκοὴν λάθοι τὴν ἐμήν, ἐπιτύμβια καὶ μητρὸς ἐπικήδεια δάκρυα. »

IX 1 Ταῦτα, ὦ Κνήμων, ὡς ἀνέγνων, ἐγνώριζον μὲν καὶ τὴν ἐκ θεῶν οἰκονομίαν ἐθαύμαζον ἡδονῆς δὲ ἅμα καὶ λύπης ἐνεπλήσθην καὶ πάθος τι καινότερον ὑπέστην ὁμοῦ δακρύων καὶ χαίρων, διαχεομένης μὲν τῆς ψυχῆς πρὸς τὴν τῶν ἀγνοουμένων εὕρεσιν καὶ τῶν χρησθέντων ἤδη τὴν ἐπίλυσιν, ἀδημονούσης δὲ πρὸς τὴν τῶν ἐσομένων ἔκβασιν, καὶ τὸν ἀνθρώπινον βίον οἰκτειρούσης ὡς ἄστατόν τι καὶ ἀβέβαιον καὶ ἄλλοτε πρὸς ἄλλα τρεπόμενον τότε δὲ ὑπερβαλλόντως ἐν ταῖς Χαρικλείας τύχαις γνωριζόμενον· 2 Εἰσῄει γάρ με πολλῶν ἔννοια, τίνων μὲν γενομένη τίνων ἐνομίσθη πόσῳ δὲ τῷ μεταξὺ τῆς ἐνεγκούσης ἀπήχθη,

6 σεαυτῇ VMCZAT : -ην BP || 7 πατὴρ mAT : ὁ πατὴρ P || ἐμοὶ mAT : μοι C (post ἐδωρήσατο) || 9 τὴν VMCBAT : εἰς PZ || 9-10 καθιερωμένον VMA : -ούμενον CBPZT || **8** 2 εὑραμένη mT : -ομένη PA || 3 ἀνήνυτα mAT : ἀνόητα P || 4 καὶ mAT : om. P || τῆς τύχης mAT : τοῦ κακοῦ C || 5 ὦ mAT : ὡς B.

IX **1** 3 ἐνεπλήσθην mAT : ἀνεπλ. P || 6 πρός mAT : τὴν πρός P || 7 ἀνθρώπινον mT : -πειον PA || οἰκτειρ- (ηρ- P) ούσης CBPZT (-άσης A) : οἰκτιζούσης VM || 8 τι VMBPT et A ex τε : τε CZ || ἄλλα mAT : -ον P || 9 Χαρικλείας MZT et VB ex -είαις (τῆς Χαρικλείας P) : -είαις CA || **2** 1 γενομένη mT : γιν. VA || τίνων (2) mA : τίνων δὲ ZT || 2 ἐνομίσθη mAT : ἐγνωρίσθη P || πόσῳ mAT : -ων B || τῷ VMCAT : τῶν B τὸ PZ.

était de sa patrie, cette enfant à qui le sort avait donné un père qui n'était pas le sien et qu'il avait privée de sa véritable famille éthiopienne et royale ! **3** Longtemps je restai perplexe, partagé entre la pitié que devait m'inspirer le passé, et une joie inquiète de l'avenir. Enfin, m'étant ressaisi, je me décidai à agir avec ardeur. J'allai trouver Chariclée. Elle était seule, en proie à sa passion, malgré tous les efforts de son âme pour la vaincre. Son corps, envahi par le mal, avait ployé, trop faible pour résister à ses violentes atteintes.

X **1** Je congédiai ceux qui étaient là, et donnai ordre que personne ne me dérangeât, pendant les prières et les invocations que j'avais à faire pour la jeune fille. « Il est temps, dis-je à Chariclée, de révéler ton mal. Tu l'as promis hier. Ne cache rien à un homme qui te veut du bien et qui d'ailleurs est fort capable de tout savoir, même si tu ne veux rien dire. » — **2** Elle me prit la main qu'elle baisa en pleurant : « Sage Calasiris, prouve-moi d'abord ta bienveillance en me laissant souffrir en silence. Tu peux à ton aise étudier et découvrir mon mal. Laisse-moi du moins, pour sauver ma pudeur, taire une peine qu'il est honteux d'éprouver et plus encore de raconter[1]. **3** Je souffre d'un mal qui maintenant est dans toute sa force, mais je souffre surtout de n'en avoir pas su triompher à ses débuts et d'avoir succombé à une passion qui m'avait toujours fait horreur, parce que le si beau nom de vierge[2] est terni d'en entendre seulement parler. **4** — Ma fille, lui dis-je pour la réconforter, tu as doublement raison de garder ton secret, car je n'ai nul besoin d'être informé de

1. Cf. Z XXI, 5 4 et Sophocle, *Œdipe roi*, 1409
'Αλλ' οὐ γὰρ αὐδᾶν ἔσθ' ἃ μηδὲ δρᾶν καλόν.

2. Il semble invraisemblable qu'Héliodore ait écrit τὸ παρθενίας ὄνομα σεμνότατον pour τὸ παρθενίας σεμνότατον ὄνομα. Bien qu'il ait pu employer l'adjectif comme attribut sans ὄν, il est peut-être plus probable qu'il avait écrit ici σεμνότατον ὄν. La chute de ὄν est facile (cf. XI, 1 6 note critique).

κεκλήρωτο δὲ θυγατρὸς ὄνομα νόθον ἀποβαλοῦσα τὸ γνήσιον Αἰθιόπων καὶ βασίλειον γένος. 3 Ἐπὶ πολύ τε ἀμφίβολος εἱστήκειν τῶν μὲν παρελθόντων οἰκτείρειν ἔχων τῶν δὲ ἐσομένων εὐδαιμονίζειν οὐ θαρσῶν, ἕως τὸν λογισμὸν πρὸς τὸ νῆφον ἀνακαλεσάμενος ἔγνων μὴ ἀμελεῖν ἀλλ' ἔργου ἔχεσθαι· καὶ παρὰ τὴν Χαρίκλειαν ἐλθὼν καταλαμβάνω μόνην, ἀπειρηκυῖαν ἤδη πρὸς τὸ πάθος καὶ τῷ μὲν φρονήματι βιαζομένην ἀναφέρειν, τῷ σώματι δὲ πάντῃ πεπονημένην ἐνδόντι πρὸς τὴν νόσον καὶ ἀντέχειν ἀσθενήσαντι πρὸς τὸ δεινόν.

X 1 Μεταστησάμενος οὖν τοὺς παρόντας καὶ μηδένα διοχλεῖν ἐπιστείλας ὡς δή τινας εὐχὰς καὶ ἐπικλήσεις τῇ κόρῃ προσάξων « Ὥρα σοι » ἔφην « ὦ Χαρίκλεια, λέγειν ὃ πάσχεις, οὕτω γὰρ ὑπέσχου τῇ προτεραίᾳ, καὶ μὴ κρύπτειν ἄνδρα σοί τε εὔνουν καὶ γνῶναι τὰ πάντα καὶ σιωπώσης οὐκ ἀδύνατον. » 2 Ἡ δὲ λαβομένη μου τῆς χειρὸς ἐφίλει τε καὶ ἐπεδάκρυε καὶ « Ὦ σοφὲ Καλάσιρι, τοῦτο πρῶτον εὐεργέτησον » ἔλεγεν, « ἔασόν με σιωπῶσαν δυστυχεῖν, αὐτὸς ὡς βούλει γνωρίσας τὴν νόσον, καὶ τὴν γοῦν αἰσχύνην κερδαίνειν, κρύπτουσαν ἃ καὶ πάσχειν αἰσχρὸν καὶ ἐκλαλεῖν αἰσχρότερον. 3 Ὡς ἐμέ γε λυπεῖ μὲν καὶ ἡ νόσος ἀκμάζουσα, πλέον δὲ τὸ μὴ κρατῆσαι τῆς νόσου τὴν ἀρχὴν ἀλλ' ἡττηθῆναι πάθους ἀπειρημένου μὲν ἐμοὶ τὸν πρὸ τούτου πάντα χρόνον λυμαινομένου δὲ καὶ μέχρις ἀκοῆς τὸ παρθενίας ὄνομα σεμνότατον. » 4 Ἐπιρρωννὺς οὖν αὐτὴν « Ὦ θύγατερ » ἔφην « δυοῖν ἕνεκεν εὖ ποιεῖς ἀποκρύπτουσα

3 κεκλήρωτο (-οτο P) mAT : -ωται C || νόθον codd. et Bas. : νόθου typographi errore Commelinus quem secuti sunt omnes || ἀποβαλοῦσα mA : -βάλλουσα PT || 3 4 ἀμελεῖν C (ἀμέλλειν A) : διαμελεῖν PT διαμέλλειν VMBZ || 6 μόνην mAT : -ος B || μὲν mAT : om. C.

X 3 2 γε mAT : om. P || 4 πάθους mA (τοῦ π. T) : πάθη B || 6 ὄνομα σεμνότατον (-τερον B) mA : σεμν. ὄνομα PT || 4 2 ἔφην mAT : om. C || ἕνεκεν (-κα P) mAT : ἕνεκεν ἔφην M || post ἀποκρύπτουσα add. ἔλεγον C.

ce que ma science m'a appris il y a beau temps, et il est fort naturel que tu rougisses de déclarer ce qu'il est plus honnête à une femme de cacher. **5** Mais du moment que tu es tombée amoureuse et que tu t'es laissée prendre par la vue de Théagène (les dieux me l'ont fait savoir)[1], sache bien que tu n'es pas la seule[2], ni la première à succomber à cette passion ! tu partages ce sort avec plusieurs femmes illustres et plus d'une vierge d'ailleurs très sage. C'est un très puissant dieu qu'Eros, et à qui les dieux mêmes doivent parfois céder, dit-on[3]. **6** Vois donc ce que tu as de mieux à faire dans cette circonstance. Ne jamais éprouver l'amour, c'est une chance ; mais une fois touché, le plus sage est de prendre le bon parti. Aussi bien si tu veux m'en croire, il t'est facile d'éviter le mauvais renom qui s'attache au désir sensuel, en contractant une union légitime et en guérissant ta maladie par le mariage[4]. »

XI **1** Elle suait beaucoup à écouter mon discours, mon cher Cnémon, et éprouvait les sentiments les plus variés : à la joie de m'entendre parler ainsi se mêlait l'inquiétude de ne pas voir se réaliser ses espérances et la honte de la passion qui s'était emparée d'elle. « Père, dit-elle enfin, après un long silence, tu me parles de mariage et tu m'y exhortes, comme s'il était évident que mon père y consentira, et que mon ennemi lui aussi a des prétentions au mariage. » **2** « Pour le jeune homme, lui dis-je, c'est une affaire dont je suis sûr, il est épris d'amour plus que toi peut-être, et pour les mêmes raisons que toi. Vos âmes,

1. Cf. Homère, *Iliade*, II, 41 θείη δέ μιν ἀμφέχυτ' ὀμφή (M.).
2. Cf. Euripide, *Hippolyte*, 439

ἐρᾷς ; τί τοῦτο θαῦμα ; σὺν πολλοῖς βροτῶν.

3. Cf. Euripide, *Frag.*, 431 (Nauck) et *Frag.*, 136 σὺ δ' ὦ θεῶν τύραννε κἀνθρώπων Ἔρως .... Voir également Chariton ϛ III, 2, Longus B VII, 2 et Achille Tatios, A V, 7.

4. Cf. Chariton, ϛ III, 7 Φάρμακον γὰρ ἕτερον Ἔρωτος οὐδέν ἐστι πλὴν αὐτός ὁ ἐρώμενος. Τοῦτο δ' ἄρα καὶ τὸ ᾀδόμενον λόγιον ἦν ὅτι ὁ τρώσας αὐτὸς ἰάσεται (M.).

τὰ κατὰ σαυτήν· ἐγώ τε γὰρ οὐδὲν δέομαι μανθάνειν ἃ πάλαι παρὰ τῆς τέχνης ἔγνωκα σύ τε εἰκότα πάσχεις ἐρυθριῶσα λέγειν ἃ γυναιξὶ κρύπτειν εὐπρεπέστερον. **5** Ἀλλ' ἐπειδήπερ ἅπαξ ἔρωτος ἐπῄσθου καὶ φανείς σε Θεαγένης ᾕρηκε, τοῦτο γὰρ ὀμφή μοι θεῶν ἐμήνυσε, σὺ μὲν ἴσθι μὴ μόνη καὶ πρώτη τὸ πάθος ὑποστᾶσα ἀλλὰ σὺν πολλαῖς μὲν γυναιξὶ τῶν ἐπισήμων σὺν πολλαῖς δὲ παρθένοις τῶν τὰ ἄλλα σωφρόνων· μέγιστος γὰρ θεῶν ὁ Ἔρως καὶ ἤδη καὶ θεῶν αὐτῶν ποτε κρατεῖν λεγόμενος. **6** Ἐπισκόπει δὲ ὅπως ἄριστα διαθήσῃ τὰ παρόντα, ὡς τὸ μὲν ἀπείρατον γενέσθαι τὴν ἀρχὴν ἔρωτος εὔδαιμον, τὸ δὲ ἁλόντα πρὸς τὸ σῶφρον τὸ βούλημα περιποιῆσαι σοφώτατον· ὃ δὴ καὶ σοὶ βουλομένῃ πιστεύειν ἔξεστι καὶ τὸ μὲν ἐπιθυμίας αἰσχρὸν ὄνομα διώσασθαι τὸ δὲ συναφείας ἔννομον συνάλλαγμα προελέσθαι καὶ εἰς γάμον τρέψαι τὴν νόσον. »

XI **1** Ἱδρῶτι πολλῷ διερρεῖτο τούτων εἰρημένων, ὦ Κνήμων, καὶ δήλη παντοίως ἦν χαίρουσα μὲν ἐφ' οἷς ἤκουεν ἀγωνιῶσα δὲ ἐφ' οἷς ἤλπιζεν ἐρυθριῶσα δὲ ἐφ' οἷς ἑάλωκεν· οὐκ ὀλίγον οὖν ἐφησυχάσασα χρόνον· « Ὦ πάτερ » ἔφη « γάμον ὀνομάζεις καὶ τοῦτον αἱρεῖσθαι προτρέπεις ὥσπερ δῆλον ὂν ἢ τὸν πατέρα συνθησόμενον ἢ τὸν ἐμοὶ πολέμιον ἀντιποιησόμενον. » **2** « Τὸ μὲν κατὰ τὸν νεανίαν ἔρρωται ἡμῖν » ἔφην « καὶ πλέον ἢ σὺ τάχα

4 τε BA : δὲ mT || 5 πάσχεις 5 mAT : -ειν C || **5** 1 ἐπῄσθου mAT : ἔπαθον B || 2 ᾕρηκε VMCZT : εἴρηκε BPZA || μοι mAT : με M || 6 καὶ ἤδη mAT : om. C || ποτε mAT : ἤδη ποτὲ C || λεγόμενος mAT : βουλόμ. C || **6** 1-2 ὡς τὸ μὲν codd. : ὡς del. et γὰρ post μὲν add. Z² || 3 περιποιῆσαι codd. : περιστῆσαι coni. Coraes, cf. B VI, **4** 2 || 4 βουλομένῃ VMPAT : -ης CBZ.

XI **1** 1 διερρεῖτο (-ερεῖτο B) mAT (cf. I XIII, **1**) : περιερρεῖτο C fort. recte, cf. Plut., *Aemilius*, 25 || εἰρημένων post Κνήμων C || 3 ἤκουεν CP : -σεν VMBZAT || 4 οὐκ ὀλίγον οὖν mAT : καὶ οὐκ ὀλίγον Z || 6 δῆλον ὂν (ὃν VBZ) mA : δῆλον CT || 7 ἐμοὶ CPZT : ἐμὸν VMB (ἢ τὸν ἐμ. πολ. ἀντιπ. om. A) || **2** 1 τὸ mAT : τὸν B || 2 ἔρρωται mAT : ἔρωτα B.

ce me semble, dès la première rencontre se sont reconnues dignes l'une de l'autre et ont succombé à une même passion. J'ai, par amitié pour toi, employé mes talents pour enflammer ses désirs. Quant à celui qui passe pour ton père, il a en réserve un autre mari, Alcamène, que tu connais bien. » 3 « Alcamène ? s'écria-t-elle, qu'il lui réserve plutôt un tombeau, et non pas ma main ! Quant à moi, je serai à Théagène, ou deviendrai la victime d'un fatal destin. Mais, dis-tu, Chariclès n'est pas mon véritable père, bien qu'il passe pour tel, explique-moi, de grâce, comment tu l'as su. » « Par cette bande, dis-je, en la lui montrant. » « Et de qui la tiens-tu? et comment as-tu pu l'avoir ? Depuis le moment où, après m'avoir recueillie en Égypte des mains de celui qui m'avait élevée, il m'a amenée, je ne sais comment, jusqu'ici, il me l'a enlevée, et l'a toujours tenue serrée au fond d'un coffret, pour la préserver des injures du temps. » 4 « Comment je l'ai obtenue, répondis-je, tu le sauras plus tard. Pour le moment, dis-moi si tu sais ce qui est écrit sur cette bande? » « Non, dit-elle, et comment le saurais-je [1] ? » « Eh ! bien, lui dis-je, elle révèle ta famille, ton pays et raconte tes aventures. » Elle me supplia de lui en dire tout ce que je savais ; j'accédai à son désir en lui faisant lire la bande que je traduisais au fur et à mesure scrupuleusement.

XII 1 Quand elle sut qui elle était, montrant un cœur plus digne de sa race [2], elle s'empressa de me demander :

1. Ici comme à E XXXIII, 3 5, il semble préférable d'écrire πόθεν ; (= πόθεν γάρ ;) plutôt que ποθεν sans accent. Dans un autre passage (Δ VII, 9) l'expression employée est plus normale « οὐ μὰ τὸν 'Απόλλω » ἔφη, « πῶς γὰρ ἂν τοῦτο ἢ πόθεν εἰδείην ; »

2. Coray rapporte avec raison τῷ γένει au participe (cf. A XX, 1 4-5 τὸ φρόνημα πρὸς τὴν ἐξ ἀρχῆς ἀναφέρει τύχην) et supplée ἐμοὶ avec προσέδραμε. Διανιστᾶσα diffère à peine de ἀνιστᾶσα (par ex. Denys d'Halicarnasse, *Ant. Rom.*, Ϛ, XII 1 τὸ φρόνημα τῆς πόλεως .... ἀναστήσας), cf. Philon, I, 669 (Mangey).

κἀκεῖνος ἑάλωκεν ἀπὸ τῶν ὁμοίων σοι κεκινημένος. Ὡς γὰρ ἔοικεν αἱ ψυχαί πως ὑμῖν ἀπὸ πρώτης ἐντεύξεως τὰς ἀλλήλων ἀξίας ἐγνώρισαν καὶ πρὸς τὸ ἴσον πάθος κατηνέχθησαν· ἐπέτεινα δὲ αὐτῷ κἀγὼ σοὶ χαριζόμενος σοφίᾳ τὴν ἐπιθυμίαν, ὁ δὲ νομιζόμενός σοι πατὴρ ἄλλον εὐτρεπίζεται νυμφίον, Ἀλκαμένην ὃν οὐκ ἠγνόηκας. »
3 Ἡ δὲ « Ἀλκαμένει μὲν » ἔφη « τάφον πρότερον ἢ γάμον τὸν ἐμὸν εὐτρεπιζέτω, ἐμὲ γὰρ ἢ Θεαγένης ἄξεται ἢ τὸ τῆς εἱμαρμένης διαδέξεται· σὺ δ' ὅτι μή ἐστι μοι πατὴρ ἀλλὰ νομίζεται Χαρικλῆς, ἱκετεύω λέγε πόθεν ἐγνώρισας. » « Ἐκ ταύτης » ἔφην ἐπιδείξας τὴν ταινίαν. « Ἔσχες δὲ πόθεν ἢ ὅπως; ἐξ οὗ γάρ με κατὰ τὴν Αἴγυπτον παρὰ τοῦ θρεψαμένου λαβὼν οὐκ οἶδ' ὅπως δεῦρο ἤγαγεν, ἀφελόμενος εἶχεν ἀποκειμένην ἐν κοιτίδι τοῦ μὴ τὸν χρόνον αὐτῇ λυμήνασθαι. » 4 « Τὸ μὲν ὅπως ταύτην ἐκομισάμην εἰσαῦθις » ἔφην « ἀκούσῃ, τὸ δὲ παρόν, εἰ τὰ ἐγγεγραμμένα γνωρίζεις εἰπέ μοι. » Τῆς δὲ οὐκ εἰδέναι, πόθεν; ὁμολογούσης, « Γένος » ἔλεγον « καὶ ἔθνος τὸ σὸν καὶ τύχην φράζει. » Ὡς δὲ ἀνακαλύπτειν ὅσα ἔχω γινώσκειν ἱκέτευεν, ἔλεγον ἅπαντα τήν τε γραφὴν ἐπιὼν ἐν μέρει καὶ πρὸς ἔπος ἑρμηνεύων.

XII 1 Ὡς δὲ ἐγνώρισεν ἑαυτήν, καὶ τὸ φρόνημα διανιστᾶσα πλέον τῷ γένει προσέδραμε καὶ « Τί οὖν χρὴ

3 σοι mAT : om. M || 4 ὑμῖν mAT : ἡμῖν B || ἐντεύξεως mAT : om. C || 6 ἐπέτεινα (-ε A) mAT : ἐπέχ. B || 8 Ἀλκαμένην mA : -μένη BT (cf. VII, 11 2) || ἠγνόηκας VMCBP²AT : -ησας P¹Z || 3 1 ἡ δὲ mAT : om. C || Ἀλκαμένει m (-η A) : -μένης ZT || 5 ἐπιδείξας mAT : ὑποδ. B || 6 ἔσχες mT : ἔσχε P ἔσχεν A || δὲ mAT : om. P || με mAT : om. C || 8 κοιτίδι CBA : κιστίδι VZP²T κυστίδι MP¹. optimum videtur κοιτίς cf. Menand. *Epitrep.* 164, Philostr., *Vit. Ap.*, IV, 39, Luc. *Epp. Satt.*, 21 (codd.) et Hesych. || 9 αὐτῇ mA : -ῷ B -όν T || 4 3 γνωρίζεις CBPZAT et M ex -ίσεις : -ίσεις V || 5 φράζει mA : -ειν BT.

XII 1 1 ἑαυτὴν CBPT (-ῇ Z) : αὐτὴν VMA || τὸ φρόνημα mA : ἐν φρονήσει C || 2 διανιστᾶσα Coraes : διαναστᾶσα (-στάσα BZ) codd.

« Que faut-il faire ? » Alors, je commençai à découvrir mon jeu, en lui racontant tout ce qu'il en était. « J'étais allé, ma fille, chez les Ethiopiens, pour m'instruire de leur science. Je devins un familier de Persinna, ta mère. La cour du roi est toujours hospitalière aux savants, et j'y étais reçu avec plus d'honneur et l'on m'accordait plus d'autorité, parce que j'avais donné à ma sagesse égyptienne la consécration de la sagesse éthiopienne. **2** Quand elle sut que je me disposais à partir, elle me raconta toute ton histoire, après m'avoir fait jurer le secret. Elle n'osait pas, me dit-elle, en parler aux sages de son pays. Elle me pria de demander aux dieux si tu étais toujours vivante et dans quelle région de la terre tu te trouvais. Dans le pays, malgré toutes ses recherches[1], elle n'avait jamais trouvé de fille qui te ressemblât. **3** Les dieux me révélèrent tout : ton existence et le lieu où tu vivais. Je le lui dis. Alors elle me supplia d'aller te chercher et de te ramener dans ta patrie. Elle n'avait pas eu d'enfant après ta douloureuse naissance, et se déclarait prête, si tu revenais un jour, à avouer à ton père ce qui s'était passé. Il la croirait, elle en était sûre, car il avait eu le temps au cours d'une longue vie commune d'éprouver la fidélité de sa femme, et le grand désir qu'il avait d'une postérité lui ferait accepter avec empressement cette héritière inespérée.

XIII **1** Telles furent ses paroles ; telle fut la mission dont elle me pria de me charger, en m'adjurant à plusieurs reprises au nom du Soleil, serment qu'aucun sage

1. Persinna étant le sujet des verbes introduits en style indirect, la correction demande que les participes et adjectifs se rapportant à elle soient au nominatif. Nous avons donc adopté περιεργασαμένη (2 8) et écrit ἄγονος γὰρ καὶ ἄτεκνος (3 4). Il faut cependant noter qu'Héliodore, Z XXVII, 4 écrit ἀντιτέτρωτο ὁ Ἀχαιμένης ... ὡς μηδὲ λανθάνειν τὴν Ἀρσάκην ὑποβλέψαντα... ; et que dans le grec récent ἑαυτὸν ποιεῖν φησι remplace souvent αὐτὸς ποιεῖν φησι [cf. Schmid, *Atticismus*, II, 57, III, 81, IV, 83].

ποιεῖν ; » ἠρώτα, τότε ἤδη συμβουλῆς τῆς φανερωτέρας ἠρχόμην, ἅπαντα ὡς ἔσχεν ἀνακαλύπτων, « Ἐγὼ » λέγων « ὦ θύγατερ, ἦλθον καὶ εἰς Αἰθίοπας ἐπιθυμίᾳ τῆς παρ' ἐκείνοις σοφίας· ἐγενόμην καὶ Περσίννῃ τῇ σῇ μητρὶ γνώριμος, οἰκειοῦται γὰρ ἀεὶ τὸ σοφῶν γένος ἡ βασίλειος αὐλὴ καὶ ἄλλως εἶχόν τι καὶ δόξης πλέον τὴν Αἰγυπτίων σοφίαν προσθήκῃ τῆς Αἰθιόπων ἐκθειάζων. 2 Ἐπεὶ δὲ ἀπαίρειν μέλλοντά με οἴκαδε ᾔσθετο, τὰ κατὰ σέ μοι πάντα διηγεῖτο τὸ πιστὸν τῆς σιωπῆς ὅρκῳ πρότερον κομισαμένη καὶ ἔλεγε τοῖς μὲν ἐγχωρίοις σοφοῖς οὐ θαρσήσειν εἰπεῖν, ἐμὲ δὲ ἱκέτευεν ἐρωτᾶν τοὺς θεοὺς εἰ πρῶτα μὲν ἐκτεθεῖσα διεσώθης, ἔπειτα ὅπῃ γῆς οὖσα τυγχάνεις, οὐ γὰρ πυθέσθαι κατὰ τὸ ἔθνος οὐδεμίαν τοιαύτην, πολλὰ περιεργασαμένη. 3 Ἐμοῦ δὲ ἅπαντα μαθόντος ἐκ θεῶν καὶ εἶναί τε καὶ ὅπου φράσαντος αὖθις ἱκέτευεν ἐπιζητεῖν καὶ προτρέπειν ἥκειν εἰς τὴν ἐνεγκοῦσαν, ἄγονος γὰρ καὶ ἄτεκνος ἐκ τῶν ἐπὶ σοὶ διατελεῖν ὠδίνων ἑτοίμως τε ἔχειν, εἴ ποτε φανείης, ὁμολογεῖν τῷ σῷ πατρὶ τὸ συμβεβηκός· εἰδέναι γὰρ αὐτὸν πεισθησόμενον χρόνῳ τε τῆς συμβιώσεως τὴν ἐπ' αὐτῇ δοκιμασίαν ἔχοντα καὶ τῆς ἐκ παίδων διαδοχῆς τὴν ἐπιθυμίαν ἀπροσδοκήτως λαμβάνοντα.

XIII 1 Ταῦτα ἐκείνη μὲν ἔλεγε καὶ ποιεῖν ἱκέτευεν, ἐπισκήπτουσά μοι πολλὰ τὸν ἥλιον, ὅρκον ὃν οὐδενὶ σοφῶν

3 ἠρώτα mT : διηρ. BA || 5 λέγων codd. : λέγω Bas. male et edd. omn. || τῆς mAT : τοῖς V || 6 ἐκείνοις CBPZAT : -ης VM -ων Bas || καὶ mAT : δὲ καὶ P || 7 σοφῶν m : -ὸν VAT || 8 τι mAT : om. C || Αἰγυπτίων m : -ύπτιον AT || 9 προσθήκῃ τῆς Αἰθιόπων mT : om. BA sed add. in marg. B τῶν pro τῆς scripto || 2 2 μέλλοντά με mAT : om. C || 3 διηγεῖτο C : -εῖται VMBZAT -εῖσθαι P || 4 σοφοῖς mAT : om. C || 6 ὅπῃ B (Bas.) : ὅποι mT ὅπου A || 7 πυθέσθαι mT : πιθ. P πείθ. A || ἔθνος CBPZA : ἔθος VMT || οὐδεμίαν mAT : οὐ γὰρ μίαν B || 8 περιεργασαμένη B : -μένην mAT || 3 4 ἄγονος et ἄτεκνος nos : ἄγονον et ἄτεκνον codd. || 5 φανείης mAT : διαφ. Z || 6 τὸ mAT : om. B || γὰρ mAT : τε γὰρ M || 8 τὴν mAT : om. C.

XIII 1 1 ἱκέτευεν mAT : ἐκέλευεν B || 2 post πολλὰ add. καὶ P.

ne peut transgresser. Je suis venu ici pour accomplir la promesse jurée et répondre à sa prière. A la vérité, ce ne fut pas précisément le motif de mon voyage, mais, du moins, le meilleur profit que j'en aie tiré, grâce à la providence divine. Dès longtemps, tu le sais, je demeure auprès de toi ; jamais je ne me suis départi de la sollicitude que je te dois. Je te taisais la vérité, car j'épiais l'occasion et le moyen de me procurer cette bande qui confirmerait mes paroles. **2** Il t'est donc permis maintenant, si tu veux bien te laisser persuader de partir d'ici avec nous, sans attendre qu'on t'impose quelque parti contraire à tes vœux comme ce mariage avec Alcamène dont Chariclès s'est déjà fort occupé, il t'est permis de retrouver ta famille, ta patrie, et tes parents et de t'unir à Théagène qui est tout prêt à nous suivre n'importe où. Et ainsi, au lieu de cette existence sur une terre étrangère dans une famille qui n'est pas la tienne, tu seras une haute et noble dame, l'épouse d'un prince que tu aimes entre tous : s'il faut en croire les dieux et l'oracle d'Apollon [1]. **3** Je lui rappelai cet oracle et lui expliquai sa signification. Chariclée le connaissait déjà pour l'avoir souvent entendu chanter [2] par des gens qui cherchaieut à l'interpréter [3]. Elle m'avait écouté pétrifiée. « Puisque telle est la volonté des dieux — tu l'affirmes et je te crois, — que faut-il faire, mon père ? — Faire semblant, répondis-je, de consentir au mariage avec Alcamène. » **4** Ce m'est une chose bien pénible, dit-elle, et d'ailleurs malhonnête, que d'accepter, même par feinte, un mari qui ne soit pas Théa-

1. L'oracle rapporté en B XXXV, 5.

2. D'après Thucydide (II, 8) il y avait une distinction entre les λόγια qui étaient simplement « dits » et les χρησμοί qui étaient en vers et « chantés ». On confondait souvent les deux expressions (cf. Aristophane, *Chev.*, 999-1002). Il n'en reste pas moins que seuls les oracles en vers devaient être chantés ou psalmodiés par les chresmologues (M.).

3. Cf. B XXXVI, 1 3-5, ἄλλος γὰρ πρὸς ἄλλο τι τὸ λόγιον ἔσπα καὶ ὡς ἕκαστος εἶχε βουλήσεως, οὕτω καὶ ὑπελάμβανεν.

ὑπερβῆναι θεμιτόν· ἐγὼ δὲ ἥκω τὴν ἐνώμοτον ἱκεσίαν ἐκτελέσων, οὐ διὰ τοῦτο μὲν τὴν ἐπὶ τάδε σπουδάσας ἄφιξιν θεῶν δὲ ὑποθήκῃ μέγιστον ἐκ τῆς ἄλης τοῦτο κερδήσας, ἐκ πολλοῦ τε ὡς οἶσθα προσεδρεύω χρόνου, θεραπείας μὲν τῆς περί σε καὶ πάλαι τῆς πρεπούσης οὐδὲν ἀπολιπὼν σιωπῶν δὲ τὰ ὄντα, καιροῦ λαβέσθαι καὶ τὴν ταινίαν μηχανῇ τινι κομίσασθαι εἰς πίστιν τῶν πρός σε ῥηθησομένων περιμένων. 2 Ὥστε ἔνεστί σοι πειθομένῃ δρασμόν τε τὸν ἐνθένδε σὺν ἡμῖν αἱρουμένῃ, πρίν τι καὶ πρὸς βίαν σε τῶν παρὰ γνώμην ὑποστῆναι, τοῦ Χαρικλέους ἤδη σοι τὸν Ἀλκαμένους γάμον ἐσπουδακότος, γένος μὲν καὶ πατρίδα καὶ τοὺς φύντας κομίζεσθαι Θεαγένει δὲ ἀνδρὶ συνεῖναι γῆς ὅποι καὶ βουλόμεθα συνέπεσθαι παρεσκευασμένῳ, ξένου τε καὶ ὀθνείου γνήσιον καὶ ἄρχοντα βίον ἀνταλλάξασθαι σὺν τῷ φιλτάτῳ βασιλεύουσαν, εἴ τι δεῖ θεοῖς τε τοῖς ἄλλοις καὶ τῷ χρησμῷ τοῦ Πυθίου καταπιστεύειν. »

3 Καὶ ἅμα ὑπεμίμνησκον τὸν χρησμὸν καὶ ὅ τι βούλοιτο ἔφραζον· οὐ γὰρ ἠγνόητο τῇ Χαρικλείᾳ παρὰ πολλῶν καὶ ᾀδόμενος καὶ ζητούμενος. Ἐπάγῃ πρὸς ταῦτα « Κἀπειδὴ θεοὺς » εἶπεν « οὕτω βούλεσθαι σύ τε φῂς ἐγώ τε πείθομαι, τί χρὴ πράττειν ὦ πάτερ ; » « Πλάττεσθαι » εἶπον « ὡς ἐπινεύουσαν τὸν Ἀλκαμένους γάμον. » 4 Ἡ δὲ « Βαρὺ μὲν » ἔφη « καὶ ἄλλως αἰσχρὸν τὸ καὶ μέχρις ἐπαγγελίας ἕτερον πρὸ Θεαγένους αἱρεῖσθαι, πλὴν ἀλλ'

3 ἱκεσίαν mAT : ἱκετείαν C || 4 σπουδάσας mAT : συνάξας C || 5 μέγιστον BPZAT : μεγίστῃ VM om. C || ἐκ τῆς ἄλης post κερδήσας C || ἄλης (vel ἅλης) VMCZAT : ἄλλης BP || 6 τε mAT : om. C || προσεδρεύω codd. : -εύων male Bas. || χρόνου mAT : -ον B || 7 τῆς (2) mAT : om. C || 8 δὲ mAT : om. B || 9 τινὶ ante μηχανῇ C || 10 περιμένων mAT : om. P || 2 1 πειθομένῃ mAT : περιμένων B || 2 ἐνθένδε post ἡμῖν C || αἱρουμένῃ mAT : ἀπαιρομένῃ C || 5 δὲ CBPZAT : τε VM || 6 συνέπεσθαι mAT : -έσεσθαι P || 8 βασιλεύουσαν BA : -ουσα mT || 9 τε CBPZAT : τε καὶ VM || 3 2 ἔφραζον CBPZAT : -εν VM || 3 ᾀδόμενος mAT : ἀγόμ. C || 4 θεοὺς mAT : θεοῖς C || 4-5 πείθομαι mAT : βούλ. C || 6 ἐπινεύουσαν mT (-ουσα A) : ἔστιν νεύουσαν P || Ἀλκαμένους mAT : -ένῃ B || 4 2 ἔφη mAT : om. C.

gène. Mais puisque je m'en suis remise à la volonté des dieux et à la tienne, quel est le but de cette feinte et comment sortir de là, sans aller jusqu'aux réalités? **5.** « Les faits te l'apprendront. Il arrive dans certaines circonstances qu'nne femme, prévenue à l'avance de ce qu'elle doit faire, hésite à agir, tandis que mise au pied du mur, à l'improviste, elle le franchit délibérément. Suis seulement mes conseils toujours, et, pour le moment, sur la question du mariage, empresse-toi de tomber d'accord avec Chariclès qui, d'ailleurs, n'a rien fait[1] sans moi. » Elle m'approuva et je la quittai toute en larmes.

XIV **1** A peine sorti de la maison, j'aperçois Chariclès plongé dans un chagrin extraordinaire et en pleine détresse. « Tu es admirable, lui dis-je. Quand tu devrais te couronner[2], te réjouir et offrir aux dieux des sacrifices d'actions de grâces, au moment où tes désirs sont enfin réalisés et où j'ai réussi, en employant tout mon art et toute ma science, à fléchir Chariclée et à la décider au mariage, te voilà sombre et mélancolique, prêt à pleurer. Qu'est-ce qui t'est donc arrivé ? » **2** « N'ai-je pas raison de pleurer ? me dit-il. Ma fille bien-aimée est sans doute sur le point de passer dans l'autre vie[3], au lieu de contracter mariage, comme tu le prétends, si du moins il faut ajouter foi aux songes et notamment à celui qui m'a épouvanté la nuit dernière. J'ai cru voir un aigle s'échapper de la main d'Apollon et fondre sur moi. M'arrachant ma chère fille

1. Il est difficile de dire s'il faut écrire un participe futur ou un participe aoriste. L'un et l'autre donnent un sens également satisfaisant.

2. Le mot que nous proposons au lieu de l'expression altérée ἕπεσθαι semble paléographiquement admissible et bien dans le sens de la phrase. En effet les prêtres se couronnaient quand ils offraient un sacrifice, et on portait lors des fêtes une couronne en signe de réjouissance.

3. La phrase τὸν βίον μεταστησομένης est étrange ; mais la conjecture de Coray τοῦ βίου ne se justifie pas. Coray renvoie à H V, 3, qui ne prouve rien, car le verbe est là au passif, tandis qu'ici il est au moyen (comme en Z XII, 4 3 μεταστησαμένη τοὺς παρόντας).

ἐπεὶ θεοῖς τε καὶ σοί, πάτερ, ἐμαυτὴν ἐπέτρεψα, τίνα σκοπὸν ἔχει τὸ πλάσμα καὶ τίνα τρόπον ὥστε μὴ εἰς ἔργον ἀχθῆναι διαλυθήσεται ; » **5** « Γνώσῃ τοῖς ἔργοις » ἔφην· « τινὰ προαγορευόμενα μὲν γυναιξὶν ἔστιν ὅτε καὶ ὄκνον ἤνεγκεν ἐπιτελούμενα δὲ ἐκ τοῦ παραχρῆμα θαρραλεώτερον ἠνύσθη πολλάκις · ἕπου μόνον ταῖς ἐμαῖς ὑποθήκαις τά τε ἄλλα καὶ τὸ παρὸν τῷ Χαρικλεῖ σύντρεχε τὰ πρὸς τὸν γάμον, ὡς οὐδὲν ἐκείνου πράξαντος ἄνευ τῆς ἐμῆς ὑφηγήσεως. » Ὡμολόγει ταῦτα καὶ τὴν μὲν ἀπολείπω δακρύουσαν.

XIV **1** Ἄρτι δὲ τοῦ δωματίου προελθὼν ὁρῶ τὸν Χαρικλέα πρὸς ὑπερβολὴν περίλυπον· καὶ ὅλης κατηφείας ἀναπλέων καὶ « Ὦ θαυμάσιε » πρὸς αὐτὸν ἔφην « ὅτε σε ἐχρῆν ἐστέφθαι καὶ χαίρειν ἀποθύειν τε χαριστήρια τοῖς θεοῖς ἐπιτυχόντα τῶν πάλαι σοι δι' εὐχῆς καὶ Χαρικλείας ὀψέ ποτε καὶ σὺν τέχνῃ πολλῇ καὶ σοφίᾳ τῇ ἐμῇ πρὸς ἐπιθυμίαν γάμων ἐπικλασθείσης, τότε σκυθρωπὸς καὶ σύννους καὶ μόνον οὐ θρηνεῖς οὐκ οἶδ' ὅ τι πεπονθώς. » **2** Καὶ ὃς « Τί δὲ οὐ μέλλω, τῆς φιλτάτης μοι τὸν βίον τάχα πρότερον μεταστησομένης ἢ πρὸς γάμον, ὡς φῄς, συναφθησομένης, εἴ τι δεῖ προσέχειν ὀνείρασι τοῖς τε ἄλλοις καὶ οἷς τῆς παρῳχηκούσης ἐξεδειματώθην νυκτός, καθ' ἣν ἀετὸν ᾤμην ἐκ χειρὸς ἀφεθέντα τοῦ Πυθίου καὶ ἀθρόον καταπ-

4 ἐπεὶ mT : ἐπειδὴ PA || σοί mAT : σύ Z || ἐμαυτὴν mAT : -όν B || **5** 3 παραχρῆμα mA : παρὰ τὸ χρῆμα B παραυτίκα T || 5 ἄλλα mAT : om. B || τὸν mAT : om. P || 6 πράξαντος MCBPA : -οντος VZT || 7 μὲν mAT : Χαρίκλειαν C.

XIV **1** 2 post ὑπερβολὴν add. ὅλον Z || ὅλης VCZT (πάσης M) : ὅλον BPA || 4 ἐχρῆν mAT : χρὴ P || ἐστέφθαι nos : ἕπεσθαι mA τέρπεσθαι T || 6 τῇ ἐμῇ VMBZAT : τινὶ CP || 7 σύννους (σύνους M) καὶ mAT : σύνους P || **2** 2 τὸν βίον codd. : τοῦ βίου Coraes || 3 μεταστησομένης mT : -αμένης PA || 3-4 ἢ πρὸς — συναφθησομένης mAT : om. VM || 4 εἴ τι δεῖ mAT : ἢ τίς εἶ B || τοῖς τε mAT : καὶ C || 5 παρῳχηκούσης CBPZAT : παρούσης VM || 6 ἀφεθέντα VMCZAT : ἀφέντα BP.

que je tenais, hélas, dans mes bras, il l'emporta au bout du monde, dans un lieu rempli de fantômes sombres et noirs[1]. A la fin, je n'ai pu savoir ce qu'il en a fait, car il s'éloigna à dessein à une distance infinie, pour que je ne puisse pas suivre des yeux son vol. »

XV 1 A ce récit, je vis bien ce que devait signifier ce songe, mais je voulus lui rendre confiance et détourner ses soupçons de ce qui allait arriver. « Pour un prêtre, lui dis-je, et qui sert le plus prophétique des dieux, tu ne m'as pas l'air très versé dans l'art d'interpréter les songes. Ce rêve[2] t'annonce le futur mariage de ta fille, car cet aigle figure le mari[3] qui l'enlèvera, et ce mariage sera heureux, puisqu'Apollon l'approuve et de sa propre main amène le mari. Et te voilà furieux de cette vision et découragé par ce songe ! **2** Gardons-nous de toute parole impie, Chariclès, et hâtons-nous d'agir selon la volonté des dieux tout puissants ; tâchons d'obtenir le plein consentement de la jeune fille. » Il me demanda comment on pourrait y arriver. « Si tu as, lui répondis-je, quelque riche souvenir en réserve, une robe brodée d'or, un collier de prix, apporte lui celà comme un cadeau de fiançailles de la part de son prétendant, et par ce présent fléchis les dernières résistances de Chariclée. Irrésistible est en effet pour les femmes l'attrait de l'or et des pierres précieuses.

1. Achille Tatios (B XII-XVIII) décrit les ravages prédits par l'apparition d'un aigle et le présage de l'enlèvement de Calligone par les pirates. Coray suggère qu'Héliodore a choisi un aigle comme symbole de rapidité, car ἀετὸς σημαίνει τὸν ἐνεστῶτα ἐνιαυτόν· ἔστι γὰρ ὄνομα αὐτοῦ γραφὲν οὐδὲν ἄλλο ἢ πρῶτον ἔτος (Artémidore, *Onirocritie*, II 20). Explication purement fantaisiste ; cf. Aristophane, *Guêpes*, 15-18 :

ἐδόκουν ἀετὸν
καταπτόμενον ἐς τὴν ἀγορὰν μέγαν πάνυ
ἀναρπάσαντα τοῖς ὄνυξιν ἀσπίδα
φέρειν ἐπίχαλκον ἀνεκὰς ἐς τὸν οὐρανόν.

2. Calasiris l'interprète dans le sens de l'oracle de Delphes. Chariclée sera entraînée vers une région sombre (l'Éthiopie) (M.).

3. Est-ce là un souvenir d'Homère, *Odyssée*, XIX, 538, où Pénélope en songe voit un aigle qui représente Ulysse ? Ce n'est pas sûr.

τάντα τό τε θυγάτριον ἐκ κόλπων, οἴμοι, τῶν ἐμῶν ἀναρπάσαντα γῆς ἐπ' ἔσχατόν τι πέρας οἴχεσθαι φέροντα, ζοφώδεσί τισιν εἰδώλοις καὶ σκιώδεσι πλῆθον, καὶ τέλος οὐδὲ γνῶναι ὅ τι ποτὲ καὶ δράσειε, τοῦ μεσεύοντος ἀπείρου διαστήματος συνεκδραμεῖν τῇ πτήσει τὴν θέαν ἐνεδρεύσαντος ; »

XV 1 Ταῦτα ὡς εἶπεν, ἐγὼ μὲν ὅπῃ τείνει τὸ ὄναρ συνέβαλλον, ἐκεῖνον δὲ ἐκ τῆς ἀθυμίας ἀπάγων καὶ ὑποψίας εἶναι πόρρω τῶν ἐσομένων παρασκευάζων « Ἱερεὺς » ἔφην « καὶ ταῦτα τοῦ μαντικωτάτου τῶν θεῶν ὀνειροπολεῖν μοι δοκεῖς οὐκ ἔχειν ἐπιτηδείως, ὃς τῶν ἐνυπνίων σοι τοὺς ἐσομένους τῆς παιδὸς γάμους προμηνυόντων καὶ ἀετὸν μὲν τὸν ληψόμενον νυμφίον αἰνιττομένων, ταῦτα δὲ ἔσεσθαι, τοῦ Πυθίου νεύοντος καὶ ὡς ἐκ χειρὸς τὸν συνοικήσοντα προσάγοντος, εὐαγγελιζομένων ἀγανακτεῖς τὴν ὄψιν καὶ πρὸς τὸ ἄθυμον ἄγεις τὸ ὄναρ. 2 Ὥστε, ὦ Χαρίκλεις, εὔφημον ἔχωμεν στόμα καὶ συντρέχωμεν τῇ βουλήσει τῶν κρειττόνων πρὸς τὸ πείθειν ἔτι καὶ μᾶλλον τὴν κόρην τραπόμενοι. » Τοῦ δὲ ἐρομένου τί ἂν πράττων ἔχοι πλέον πειθομένην « Εἴ τί σοι κειμήλιόν ἐστι πολυτελές » ἔφην, « ἐσθὴς διάχρυσος ἢ ὅρμος ἐρίτιμος, ταῦτα ὡς ἕδνα παρὰ τοῦ νυμφίου πρόσαγε καὶ δωρούμενος ἐξιλεοῦ τὴν Χαρίκλειαν · ἀπαραίτητον ἔχει πρὸς γυναῖκα ἴυγγα χρυσὸς καὶ

7-8 ἀναρπάσαντα mAT : -ος B || 8 ἐπ' mAT : om. M || 9 τισιν mAT : om. B || πλῆθον VM : πλήθον A πλήθοντα CBPZT.

XV 1 1 ὡς mAT : om. B || 2 συνέβαλλον mAT : -έβαλον P || ἐκεῖνον mAT : ἐκείνων C || ἐκ mT : om. BA || 4 ἔφην mAT : ἔφη M || 5 ὅς BA : ὡς mT || σοι post ἐνυπνίων C : post ἐσομένους (6) mAT || 5-6 τοὺς ἐσομένους mAT : τε ἐσομένη B || 6 γάμους mA (-ων T) : τοὺς γαμ. B || 7 νύμφιον mAT : νυμφίων P || αἰνιττομένων mAT (M^{mg}) : προμηνυόντων M || 7-8 ἔσεσθαι mAT : ἔσται P || 8 συνοικήσοντα VMPT : -αντα CZA συνοικοῦντα B || 9 προσάγοντος mAT : -άγων C || 2 2 στόμα mAT : τὸ στ. B || 4 ἂν mAT : ἄν τοι B || 5 εἴ τί CA : εἴ πή VMPZ εἴ ποί T εἰπέ B || ἔφην mAT : om. C || 8 γυναῖκα CP : -ας VMBZAT || ante ἴυγγα exstat in B ἕλιξιν ποιοῦσιν.

3 Eh ! puis, il faut que tu songes dès maintenant à tout préparer pour la cérémonie. Nous devons la marier au plus tôt, tandis-qu'elle est encore sous l'empire des sentiments et de la passion que j'ai réussi à lui inculquer. » « Crois bien, me dit il, que je ferai tout ce qui est en mon pouvoir. » Joyeux et empressé il partit pour joindre l'action à la parole. 4 Il fit, je le sus après, ce que je lui avais recommandé, et, sans différer un instant, apporta à Chariclée, en lui disant que c'était des présents d'Alcamène, le riche vêtement et les colliers éthiopiens que Persinna avait exposés avec sa fille pour qu'on pût la reconnaître.

XVI 1 Je rencontrai Théagène et lui demandai où résidaient ceux qui avaient en même temps que lui pris part à la procession. « Les jeunes filles, me dit-il, sont déjà parties ; on les a envoyées en avant parce qu'elles vont moins vite. Quant aux jeunes gens, je ne puis contenir leur impatience de se mettre eu route pour rentrer chez eux. » 2 Ainsi renseigné, je lui prescrivis ce qu'il avait à leur dire et à faire, et lui recommandai de se tenir prêt au signal que je lui donnerais, quand le moment et l'heure seraient venus. Je le quittai et je me dirigeai vers le temple d'Apollon pour aller prier ce dieu de me révéler par un oracle la façon dont je devais ménager mon départ avec les jeunes gens. 3 Mais assurément la divinité, plus prompte que toute pensée, favorise les entreprises conformes à sa volonté et avant qu'on l'invoque sa bonté devance nos prières. C'est ce que fit alors Apollon : je n'avais pas encore formulé ma demande, il me donna[1]

1. Dans le texte grec donné par les mss. la forme régulière φθάνον τὴν αἴτησιν est suivie dans la phrase de ἔφθη τὴν ἀπόκρισιν, bien que le sens réclamé soit non « anticipa la demande » mais « donna la réponse avant que la question eût été posée ». Comme cela ne peut autoriser un pareil emploi de φθάνειν, surtout après l'usage régulier qui vient d'en être fait, nous avons suivi H. Richards et inséré δούς après Πύθιος, mot qui a pu aisément tomber.

λίθος. 3 Καὶ τἆλλα δέ σοι τὰ πρὸς τὴν πανήγυριν εὐτρεπιστέον, συνέχειν γὰρ δεήσει τοὺς γάμους ἕως τὸ κατηναγκασμένον τῆς ἐπιθυμίας ἀμετάβλητον ἔχει παρὰ τῆς τέχνης ἡ κόρη. » « Μηδὲν ἀπολείπεσθαι νόμιζε τῶν ἐπ' ἐμοί » φήσας ὁ Χαρικλῆς ἀπέτρεχεν, ἔργον ἀποφῆναι τοὺς λόγους ὑφ' ἡδονῆς ἐπειγόμενος. 4 Καὶ ἔπραξέ γε, ὡς ὕστερον ἔγνων, ἅπερ ὑπεθέμην οὐδὲν ὑπερθέμενος, ἐσθῆτά τε ἄλλην πολύτιμον καὶ δὴ καὶ τοὺς ὅρμους τοὺς Αἰθιοπικοὺς τοὺς συνεκτεθέντας ὑπὸ τῆς Περσίννης εἰς γνωρίσματα τῇ Χαρικλείᾳ ὡς ἕδνα δῆθεν παρὰ τοῦ Ἀλκαμένους προσκομίσας.

XVI 1 Ἐγὼ δὲ τῷ Θεαγένει συντυχών, ποῦ τυγχάνουσιν ἐπιδημοῦντες οἱ τὴν πομπὴν αὐτῷ πληρώσαντες ἠρώτων· ὁ δὲ τὰς μὲν κόρας ἔφασκεν ἐξωρμηκέναι τοῦ σχολαίτερον βαδίζειν ἕνεκεν προαπεσταλμένας, τοὺς δὲ ἐφήβους οὐδὲ φέρειν ἔτι δι' ὄχλου γινομένους καὶ πρὸς τὴν ἐπάνοδον τὴν οἴκαδε συνελαύνοντας. 2 Ἅπερ ὡς ἔγνων, παρεγγυήσας τά τε ἐκείνοις ῥητέα καὶ αὐτῷ πρακτέα καὶ τὸ παρ' ἐμοῦ δοθησόμενον τοῦ καιροῦ καὶ τῆς ὥρας ἐνδόσιμον ἐπιτηρεῖν ἐπιστείλας τοῦ μὲν ἀπεχώρουν ἐπὶ δὲ τὸν νεὼν τοῦ Πυθίου τὴν ὁρμὴν ἐποιούμην, τὸν ἅμα τοῖς νέοις δρασμὸν ὑφηγήσασθαι χρηστηρίῳ τὸν θεὸν ἱκετεύσων. 3 Ἀλλ' ἦν ἄρα καὶ νοῦ παντὸς ὀξύτερον τὸ θεῖον καὶ τοῖς κατὰ βούλησιν αὐτῷ δρωμένοις ἐπίκουρον γίνεται καὶ ἄκλητον εὐμενείᾳ πολλάκις φθάνον τὴν αἴτησιν · ὡς δὴ καὶ τότε πρὸς τὴν οὐδέπω γενομένην πεῦσιν ἔφθη τὴν ἀπόκρισιν ὁ Πύθιος

3 3 ἔχει MBAT : ἔχοι VCPZ || 5 φήσας mAT : φύσας B || 4 2 οὐδὲν (οὐθὲν P) mAT : μηδὲν C || 5 ἕδνα post δῆθεν B || παρὰ mAT : ὑπὸ C || 6 προσκομίσας VCBZAT : προκομ. M προσμίσας P.

XVI 1 2 ἐπιδημοῦντες mAT : -μήσαντες C || πληρώσαντες VMCZAT : -ώσοντες BP || 3-4 σχολαίτερον mT : σχολαιότερον A (-αίουερον *sic* Z) || 5-6 τὴν ἐπάνοδον mAT : om. C || 2 5 τὴν ὁρμὴν ἐποιούμην mAT : om. C || 6 ὑφηγήσασθαι (ὑφιγήσ. P) mAT : -ήσεσθαι B || 34 πρός τὴν mAT : τὴν om. C.

d'avance la réponse et me fit savoir ce que je devais faire par l'aventure qui m'arriva. Tout à mes préoccupations, je me hâtais, te disais-je, vers la prophétesse, quand une voix m'arrêta : « Viens faire des libations avec nous, mon ami. » Or, ceux qui m'invitaient étaient en train de faire un banquet au son des flûtes en l'honneur d'Héraclès. **4** Je n'allais pas plus loin, comprenant l'avertissement. C'eût été une impiété de passer outre à un appel divin. En me voyant faire brûler de l'encens et répandre une libation d'eau pure, ils parurent bien un peu surpris de la somptuosité[1] de mes offrandes ; ils m'invitèrent néanmoins à prendre part au festin. **5** J'acceptai, et me couchant sur le lit jonché de myrte et de laurier, préparé pour les hôtes, je goûtai aux mets que j'avais l'habitude de manger. « Eh ! bien, mes bons amis, leur dis-je, la bonne chère ne manque pas, mais je ne connais encore rien de vous. Il est temps de me dire qui vous êtes et d'où vous venez. C'est bon pour les gens vulgaires et sans éducation, de participer aux mêmes libations, de partager la même table et de recevoir le sel sacré[2] de l'hospitalité et de l'amitié, pour se quitter après sans même avoir fait la connaissance de ses convives. » **6** Ils me dirent alors qu'ils étaient des commerçants phéniciens de Tyr, qu'ils étaient en route vers Carthage, avec un gros bateau chargé de marchandises indiennes, éthiopiennes et phéniciennes. Pour le moment ils offraient ce banquet à Héraclès Tyrien[3], pour célébrer la victoire du jeune homme (ils me le montrèrent assis en face de moi) qui avait remporté le prix au concours de lutte à Delphes

1. L'ironie de πολυτελές est un peu forcée. Mais Héliodore dans ce genre a fait aussi mal B VII, 3 et bien pis B XI, 3 (voir note).

2. Homère (*Iliade*, IX, 214) applique une épithète analogue au sel, πάσσε δ' ἁλὸς θείοιο, mais sa signification exacte reste obscure.

3. Ce dieu était particulièrement vénéré à Tyr (cf. Hérodote, II, 43-44 et Achille Tatios, B XIV, Z XIV, H XVIII). Héraklès avait été identifié là avec le dieu phénicien Melkart. Parmi ses attributions figurait celle de protecteur des jeux (M.).

<δούς> καὶ τοῖς ἔργοις ἐπεσήμαινε τὴν ὑφήγησιν. Ἐσπουδακότα γάρ με τὰ φροντιζόμενα καὶ παρὰ τὴν πρόμαντιν, ὡς ἔφην, ἐπειγόμενον ἐπεῖχέ τις βοὴ παριόντα « Σύσπενδε ὦ 'γαθέ » ξένων καλούντων· ἔθυον δὲ ἄρα σὺν αὐλήμασιν Ἡρακλεῖ τὴν εὐωχίαν. 4 Ἐπέσχον τὴν ὁρμὴν ὡς τούτων ᾐσθόμην, οὐδὲ γὰρ ἦν μοι θεμιτὸν ἱερὰν κλῆσιν παραδραμεῖν, κἀπειδὴ τοῦ λιβανωτοῦ λαβὼν ἀπέθυσα καὶ ὕδατος ἔσπεισα, θαυμάζουσι μὲν ἐῴκεσαν τὸ πολυτελὲς τῶν ἐμῶν θυμάτων ὅμως δ' οὖν καὶ τῆς εὐωχίας συμμετέχειν ἠξίουν. 5 Ὑπήκουον καὶ πρὸς τοῦτο, καὶ κατακλιθεὶς ἐπὶ τῆς στιβάδος ἣν μυρρίναι καὶ δάφναι τοῖς ξένοις ἐστρώκεσαν τῶν τε ἐξ ἔθους ἀπογευσάμενος « Ἀλλ' ὦ 'γαθοὶ » πρὸς αὐτοὺς ἔφην « δαιτὸς μὲν ἡδίστης οὐκ ἐνδεὴς ἀκοῆς δὲ ἔτι τῆς περὶ ὑμῶν ἀμαθής, ὥστε ὥρα λέγειν ὑμῖν οἵτινες ἢ ὁπόθεν ἐστέ· δημῶδες γὰρ οἶμαι καὶ τῶν ἀγροικοτέρων σπονδῶν καὶ τραπέζης κοινωνήσαντας μὴ οὐχὶ καὶ τὴν περὶ ἀλλήλων γνῶσιν ἔχοντας ἀπελθεῖν, φιλίας ἀρχὴν ἱεροὺς ἅλας ποιησαμένους. » 6 Ἔλεγον δὴ οὖν εἶναι μὲν Φοίνικες Τύριοι τέχνην δὲ ἔμποροι πλεῖν δὲ ἐπὶ Καρχηδόνα τὴν Λιβύων, ὁλκάδα μυριοφόρον Ἰνδικῶν τε καὶ Αἰθιοπικῶν καὶ τῶν ἐκ Φοινίκης ἀγωγίμων φέροντες, τὸ δὲ παρὸν Ἡρακλεῖ Τυρίῳ τήνδε νικητήριον ἀποθύειν τὴν εὐωχίαν, τοῦδε τοῦ νεανίου (δειξαντες τὸν προκατα-

6 δοὺς add. H. Richards || ἐπεσήμαινε m : ὑπ. BAT || 8 σύσπενδε CBA (σὺ σπένδε Z) : σύσπευδε VT (σὺ σπεῦδε MP) quod mavult Lb. || 9 ἔθυον mAT : ἔσθιον B || **4** 3 ἀπέθυσα CBZAT : ἐπ. VMP || 4 ἔσπεισα m : ἀπέσπ. BT ἐπέσπ. A || θαυμάζουσι mAT : -μάζειν C || 5 καὶ mAT : om. P || **5** 1 ὑπήκουον mAT : add. δὲ P || 2 ἐπὶ mAT : ὑπὸ C || στιβάδος mAT : λιβ. B || μυρρίναι VMCZ : μυρίναι BP μυρίνναι AT || 4 μὲν mAT : om. B || 5 ἔτι mA : τι T ἄρα Z || **6** ὁπόθεν CZA (ὄπιθεν B) : πόθεν VMPT || 7 κοινωνήσαντας VMPZAT : -ες CB || 7-9 μὴ οὐχὶ (οὐ CA) καὶ .... ἀπελθεῖν, φιλίας ἀρχὴν ἱερούς (-ᾶς PZT) ἅλας (ἄλλας B) ποιησαμένους (-άμενοι C) CBPZAT : καὶ φιλίας ..... ποιησαμένους μὴ οὐχὶ καὶ ..... ἀπελθεῖν VM || **6** 1 δὴ οὖν mAT : δὲ οὖν B || 3 μυριοφόρον mAT : -φόρων C || 6 τὴν εὐωχίαν mAT : εὐωχίαν C ante ἀποθύειν || δείξαντες mAT : δείσαντες B.

même et avait fait triompher chez les Grecs sa ville de Tyr. 7 « Nous avions, ajoutèrent-ils, dépassé le cap Malée, mais arrêtés par des vents contraires, nous dûmes aborder sur le rivage des Céphaloniens. C'est alors qu'un songe lui prédit qu'il serait vainqueur aux jeux Pythiques; il l'affirma en jurant au nom du dieu national que nous fêtons aujourd'hui et nous décida ainsi à nous détourner de notre route et à descendre ici. Les évènements ont confirmé la prophétie. Celui qui n'était jusque là qu'un marchand s'est révélé à nous un glorieux vainqueur. 8 Et il célèbre cette fête en l'honneur du dieu qui l'avait prévenu en songe, pour le remercier de sa victoire, et en même temps pour obtenir une heureuse traversée [1]. Nous devons lever l'ancre demain à l'aurore, très cher ami, si les vents favorisent notre départ. » « Vous partirez bien demain? leur dis-je. » « Mais oui, répondirent-ils. » 9 « Eh! bien, vous me prendrez comme passager, si vous le voulez bien [2]. Une affaire m'appelle en Sicile. Cette île, vous le savez, est sur votre chemin puisque vous allez en Afrique. » « C'est nous qui te demandons de vouloir bien venir avec nous ; si tu y consens, nous nous tiendrons pour les plus heureux des hommes de voyager en compagnie d'un sage et d'un Grec qui, ce que nous avons vu nous le fait croire, est sans doute aimé des dieux. » « J'y consentirai donc volontiers, leur dis-je, si vous m'accordez un jour pour faire mes préparatifs. » 10 « Tu auras, dirent-ils, toute la journée de demain. Trouve-toi seulement demain soir au bord de la mer. La nuit est très favorable à la navigation à cause des vents de terre qui poussent les navires sans soulever de fortes vagues. » Je promis que j'y serais, et leur fis jurer de ne pas partir avant l'heure convenue.

1. Cf. E XV, 3 6 (ἐμβατήρια τῷ Διονύσῳ καὶ ᾖδον καὶ ἔσπενδον) et Philostrate, *Vie d'Apollonius*, V, 43 (ἐμβατήρια πλοῦ θύσαντες). Cf. τὰ διαβατήρια (ἱερά) dans Thucydide, V, 54, etc.

2. Coray interprète εἰ γὰρ βουληθείης dans le sens d'un souhait, peut-être avec raison (cf. A XI, 5) ; mais rien ne s'oppose à lui donner le sens hypothétique.

κεί(μενον) ἀναδησαμένου τὸν ἀπὸ τῶν παλαιστῶν ἐνθαδὶ στέφανον καὶ νικῶσαν τὴν Τύρον ἐν Ἕλλησιν ἀναγορεύσαντος. **7** « Οὗτος γάρ, ἐπειδὴ Μαλέαν ὑπερβαλόντες ἀνέμοις τε ἐναντίοις χρησάμενοι τῇ Κεφαλληναίων προσέσχομεν, ὄναρ αὐτῷ προμαντεύειν τὴν μέλλουσαν Πυθιονίκην τὸν πάτριον ἡμῶν τόνδε θεὸν ἐπομνύμενος ἐκτραπῆναί τε τοῦ προκειμένου πλοῦ καὶ τῇδε καταῖραι πείσας ἔργοις ἐπιστώσατο τὴν μαντείαν καλλίνικος ἡμῖν ὁ τέως ἔμπορος ἀναδειχθείς. **8** Καὶ τήνδε τὴν θυσίαν ἄγει τῷ θεῷ τῷ φήναντι νικητήριόν τε καὶ χαριστήριον, ἅμα δὲ καὶ ἐμβατήριον· εἰς ἕω γὰρ ἀφήσειν, ὦ λῷστε, μέλλομεν, εἰ τὰ ἐκ τῶν ἀνέμων τῇ βουλήσει συμπνεύσειε. » « Μέλλετε δῆτα ἀληθῶς ; » ἔφην. « Ναὶ μέλλομεν » ἀπεκρίναντο. **9** « Συνέμπορον ἄρα ἕξετέ με βουλόμενοι, πλοῦς γάρ μοι πρόκειται κατά τι χρέος εἰς Σικελίαν· ἡ δὲ νῆσος, ὡς ἴστε, παράπλους ὑμῖν ἐπὶ τὴν Λιβύων ἐσπουδακόσιν. » « Εἰ γὰρ βουληθείης » ἔλεγον « ἀγαθὸν οὐδὲν ἀπεῖναι νομιοῦμεν ἀνδρὶ σοφῷ τε καὶ Ἕλληνι καὶ ὡς δίδωσιν ἡ πεῖρα συμβάλλειν τάχα που καὶ θεοῖς κεχαρισμένῳ συνόντες. » « Βουλήσομαι » πρὸς αὐτοὺς ἔφην « εἰ μίαν ἐνδοίητε πρὸς παρασκευὴν ἡμέραν. » **10** « Ἕξεις » ἔφασαν « τὴν αὔριον· μόνον εἰς ἑσπέραν γοῦν ἐπὶ θάλατταν εἶναι, πολὺ γάρ τι καὶ νύκτες εἰς πλοῦν ἀνύουσιν ἀπογείοις αὔραις ἀκύμονα τὰ σκάφη παραπέμπουσαι. » Συνετιθέμην οὕτω ποιήσειν ὅρκῳ πρότερον ὅτι μὴ προαναχθήσονται τὴν ἐπαγγελίαν πιστωσάμενος.

7 1 ὑπερβαλόντες mT (-βαλλόντες A) : -ος B || 2 Κεφαλληναίων CZT (-αληναίων P) : κεφαλήνων VM (-ινων B -λλήνων A) || 3 προμαντεύειν VMBZA : -εύει PT om. C || **8** 2-3 ἅμα δὲ καὶ ἐμβατήριον mAT : om. M || 3 ὦ λῷστε mAT : ὅλως τε Z || 5 δῆτα mAT : δὴ C || ἀπεκρίναντο MCBZT : -ατο VPA || **9** 1 βουλόμενοι mA : -ον T an recte ? || 3 ὑμῖν mAT : ἡμῖν C || 5 νομιοῦμεν mAT : add. ὧν Z || 6 κεχαρ (κεχωρ- B) ισμένῳ mAT : -μένων C || 6-7 συνόντες mAT : -εῖναι C || 8 παρασκευὴν mAT : κατασκ. B || **10** 2 γοῦν post μόνον B || 3 ἀνύουσιν CBPZAT : -ονται VM || 5 οὕτω mAT : οὔπω B || ποιήσειν mAT :-ήσασθαι C || 6 πιστωσάμενος mAT : μισθωσ. P.

XVII 1 Quand je les quittai, ils en étaient encore à la musique et aux danses. C'était une danse assyrienne[1], accompagnée par les flûtes[2] qui jouaient un air de vive cadence. Tantôt ils sautaient en l'air avec légéreté, tantôt, accroupis près du sol, ils tournaient sur eux mêmes comme des possédés[3]. 2 J'allai trouver Chariclée, qui avait encore sur elle et contemplait les souvenirs que lui avait remis Chariclès, puis je me rendis chez Théagène. Je les informai l'un et l'autre de ce qu'ils devaient faire et du moment où il faudrait agir, et je rentrai chez moi attentif à ce qui allait se passer. 3 Or, voici ce qui arriva le lendemain. Au milieu de la nuit, alors que la ville était plongée dans le sommeil, des hommes en armes attaquaient la demeure de Chariclée. Théagène, le chef de cette expédition amoureuse, avait formé une troupe guerrière des jeunes gens de la procession. 4 Soudain ils se mirent à pousser de grands cris et à heurter leurs boucliers dont le bruit retentissant frappait d'épouvante[4] tous ceux qui l'entendirent. Avec des torches allumées, ils se précipitèrent dans la maison dont ils forcèrent la porte aisément attendu que le verrou avait été à dessein mal fermé, pour qu'on pût entrer facilement. Chariclée, toute prête et au courant de tout, se laissa enlever sans résistance. Ils emportèrent en même temps de nombreux objets que leur indiqua la jeune fille. 5 Une fois hors de la maison, ils poussèrent des cris de victoire et firent retentir leurs boucliers. Ils traversèrent toute la ville, répandant une indi-

1. Danse sur le mode phrygien rapide et gai. Lucien, *Salt.*, 34 : « La danse phrygienne accompagne les buveries, les festins et l'ivresse ; cette danse grossière, au son de la flûte, exige des mouvements violents et pénibles et est encore en usage à la campagne ». (M.).

2. Πηκτίς qui dans la langue classique est le nom d'un instrument à cordes (la lyre) ne peut désigner ici qu'un instrument à vent. Cf. *Anth. Pal.*, IX, 586, Πὰν φίλε, πηκτίδα μίμνε τεοῖς ἐπὶ χείλεσι σύρων.

3. Les derviches tourneurs continuent une vieille tradition (M.). Xénophon (*Anabase*, VI, 1, 10) décrit une dance analogue qu'il appelle τὸ Περσικόν. Cf. Aristophane, *Thesm*, 1175.

4. Cf. Achille Tatios, I' XV, 6.

XVII **1** Καὶ τοὺς μὲν αὐτοῦ καταλιπὼν πρὸς αὐλοῖς ἔτι καὶ ὀρχήσεσιν ὄντας, ἃς ὑπὸ πηκτίδων ἐπίτροχον μέλος Ἀσσύριόν τινα νόμον ἐσκίρτων ἄρτι μὲν κούφοις ἅλμασιν εἰς ὕψος αἰρόμενοι ἄρτι δὲ τῇ γῇ συνεχὲς ἐποκλάζοντες καὶ στροφὴν ὁλοσώματον ὥσπερ οἱ κάτοχοι δινεύοντες, **2** ἀφικόμενος δὲ παρὰ τὴν Χαρίκλειαν ἐπὶ τῶν κόλπων ἔτι τὰ παρὰ τοῦ Χαρικλέους κειμήλια φέρουσάν τε καὶ ἐπισκοποῦσαν καὶ παρὰ τὸν Θεαγένην μετ' ἐκείνην, ἅ τε δεήσει καὶ ὁπότε πράττειν ἑκάτερον ὑποθέμενος, οἴκαδε ἐλθὼν ἐφήδρευον τοῖς ἐσομένοις. **3** Καὶ εἰς τὴν ἑξῆς τοιάδε ἐγίνετο· ἐπειδὴ μέσαι νύκτες ὕπνῳ τὴν πόλιν ἐβάπτιζον, ἔνοπλος κῶμος τὴν οἴκησιν τῆς Χαρικλείας κατελάμβανεν, ἐστρατήγει δὲ Θεαγένης τὸν ἐρωτικὸν τοῦτον πόλεμον εἰς λόχον ἀπὸ τῆς πομπῆς τοὺς ἐφήβους συντάξας. **4** Οἳ δὴ μέγα τι καὶ ἀθρόον ἐμβοήσαντες καὶ δούπῳ τῶν ἀσπίδων τοὺς κατὰ μικρὸν αἰσθομένους ἐμβροντήσαντες ὑπὸ λαμπάσιν ἡμμέναις εἰσήλαντο εἰς τὸ δωμάτιον, τὴν αὔλειον οὐ χαλεπῶς ἐκμοχλεύσαντες, ἅτε τῶν κλείθρων εἰς ῥᾳδίαν ἄνοιξιν ἐπιβεβουλευμένων, καὶ τὴν Χαρίκλειαν εὐτρεπῆ καὶ ἅπαντα προειδυῖαν καὶ τὴν βίαν ἑκοῦσαν ὑφισταμένην ἀναρπάζουσιν οὐκ ὀλίγα τῶν ἐπίπλων ὅσα κατὰ βούλησιν ἦν τῇ κόρῃ συνεκφορήσαντες. **5** Κἀπειδὴ τῆς οἰκίας ἐκτὸς ἐγεγόνεισαν, οἱ μὲν τὸν ἐνυάλιον ἀλαλάξαντες καὶ βαρύν τινα πάταγον

XVII **1** 1 αὐλοῖς mAT : -οὺς B || 2 ὑπὸ mAT : ἀπὸ P || πηκτίδων VBZT : πυκτ. MCPA || 3 ἀσσύριον VMPZT : ἀσύρ. CBA || μὲν mAT : μὲν οὖν B || 4 συνεχὲς (-εσχὲς P) mA : -εχῶς BT || 5-6 δινεύοντες mT : διαν. CA || **2** 2 τῶν κόλπων mAT : τὸν κόλπον B || τὰ CBPZAT : om. VM || **3** 4-5 τὸν ἐρωτικὸν τοῦτον πόλεμον mAT : τῶν ἐρωτικῶν τούτων πολέμων C || 5 λόχον mAT : λόγον B || **4** 1 δὴ mAT : δή τι B || τι mAT : τε P || 2 κατὰ VMCPA : καὶ κατὰ BZT || 4 οὐ χαλεπῶς mAT : οὐχ ἁπλῶς Z || 6 προειδυῖαν mAT : εἰδ. C || 7 ὑφισταμένην mAT : ἐφ. B || 8 κόρῃ mAT : Χαρικλείᾳ B || 8-9 συνεκφορήσαντες mAT : συνεκφράσαντες ἢ συνεκφορ. B || **5** 1 ἐγεγόνεισαν CT (-εσαν A) : γεγόνεσαν m || 2 τὸν VMCA : τὸ BPZT || τινα mAT : τε B || πάταγον mAT : πατάγων M.

cible terreur parmi les habitants. Ils avaient à dessein choisi le milieu de la nuit pour inspirer plus de frayeur [1], et l'écho du Parnasse [2] faisait résonner leurs voix qu'accompagnait le retentissement de l'airain [3]. Ils parcourent ainsi Delphes, en acclamant à tour de rôle et sans arrêt Chariclée.

XVIII 1 Quand ils furent sortis de la ville, ils gagnèrent à cheval [4], au plus vite, la région montagneuse de la Locride et de l'Oeta. Théagène et Chariclée, comme il avait été convenu, laissent les Thessaliens et se réfugient secrètement auprès de moi. Ils se jettent en même temps à mes genoux qu'ils tiennent longtemps enbrassés. Tremblants, ils me répétaient sans cesse : « Père, au secours ! » 2 Chariclée ne put m'en dire davantage, la tête penchée vers le sol et honteuse de l'acte qu'elle venait d'accomplir. Théagène ne s'en tint pas là dans ses prières. « Calasiris, disait-il, sauve des suppliants sans foyer et sans patrie, qui se sont retranchés du monde pour ne plus connaître qu'eux-mêmes et se donner l'un à l'autre. Sauve notre existence désormais le jouet du destin, sauve les prisonniers d'un chaste amour, des fugitifs volontaires, mais innocents, qui attendent de toi seul le salut. » 3 Ces paroles me bouleversèrent. Je pleurais dans mon cœur

1. Cf. B XX, 5 6 πρὸς τὸ φοβερώτεροι φαίνεσθαι.

2. Justin, *Histoires philippiques*, XXIV, 6, media saxi rupes in formam theatri recessit. Quamobrem et hominum clamor et si quando accedit tubarum sonus, personantibus inter se rupibus, multiplex audiri, ampliorque quam editur resonare solet. (M.).

3. Cf. Philostrate, *Vie d'Apollonius*, III, 8 οἱ δὲ ὄρειοι δράκοντες ... ὑπόχαλκον ἠχὼ φέρουσιν ἐπειδὰν τῇ γῇ ὑποκυμαίνωσιν.

4. La leçon de BA (voir note critique) est confirmée par Z XXIX, 2 3, où aucun manuscrit ne donne la forme ἀφιππεύειν. 'Αφιππάζεσθαι est courant, mais ἀφιππεύεσθαι (moyen) ne se rencontre que dans Chariton, Γ VII, 2, où ἀφιππασάμενος doit probablement être restitué au lieu de ἀφιππευσάμενος. Ἱππεύειν et ses composés sont normalement employés à la forme active, bien qu'Hérodote use parfois de ἱππεύεσθαι.

ἐκ τῶν ἀσπίδων ἐπικτυποῦντες διὰ πάσης ἐχώρουν τῆς πόλεως εἰς ἄφραστόν τι δεῖμα τοὺς ἐνοικοῦντας ἐμβαλόντες ἅτε νυκτός τε ἀωρίᾳ τὸ φοβερώτεροι δοκεῖν προειληφότες καὶ τοῦ Παρνασοῦ πρὸς τὴν βοὴν ὑπόχαλκον αὐτοῖς συνεπηχοῦντος· καὶ οἱ μὲν οὕτω τοὺς Δελφοὺς διεξῆλθον ἐπάλληλόν τι Χαρίκλειαν καὶ συνεχὲς ἀναφθεγγόμενοι.

XVIII 1 Κἀπειδὴ τοῦ ἄστεος ἐκτὸς ἦσαν ὡς τάχους εἶχον ἐπὶ τὰ Λοκρῶν ὄρη καὶ Οἰταίων ἀφιππάσαντο. Ὁ δὲ Θεαγένης καὶ ἡ Χαρίκλεια τὰ προδεδογμένα πράττοντες ὑπολείπονται μὲν τῶν Θετταλῶν, ὡς ἐμὲ δὲ λαθραῖοι καταφεύγουσι καί μου τοῖς γόνασιν ἅμα προσπεσόντες ἐπὶ πλεῖστον εἴχοντο τρόμῳ τε παλλόμενοι καὶ « Σῷζε πάτερ » συνεχὲς ἐπιφθεγγόμενοι. 2 Ἀλλ' ἡ μὲν Χαρίκλεια τοῦτο καὶ μόνον, εἰς γῆν τε νεύουσα καὶ τὴν πρᾶξιν ἄρτι καινοτομουμένην ἐρυθριῶσα· ὁ δὲ Θεαγένης καὶ ἕτερα προσεπέσκηπτε « Σῷζε » λέγων « ὦ Καλάσιρι, ξένους καὶ ἀπόλιδας ἱκέτας πάντων ἀλλοτριωθέντας, ἵν' ἐκ πάντων μόνους ἀλλήλους κερδήσωσι· σῷζε τύχης λοιπὸν ἀγώγιμα σώματα καὶ σωφρονοῦντος ἔρωτος αἰχμάλωτα, φυγάδας αὐθαιρέτους μὲν ἀλλ' ἀνευθύνους καὶ πᾶσαν εἰς σὲ προσδοκίαν σωτηρίας ἀναρρίψαντας. » 3 Συνεχέθην τοῖς εἰρημένοις καὶ

3 ἐπικτυποῦντες mAT : ἐπιδουποῦντες M || 5 φοβερώτεροι mAT : -ον B || 5-6 προειληφότες VMCPT : προσειλ. BZA || 6 Παρνασοῦ CPZ : -νασσοῦ VMAT (cf. B XXVI, 2 5, E I, 2 7) Παρ cum brevi lacuna B || 7 αὐτοῖς mAT : -οὺς B || συνεπηχοῦντος mAT : -ες B.

XVIII 1 2 ἀφ (ἐφ- A) ιππάσαντο BA (cf. Z XXIX, 2 3) : ἀφ (ἀμφ- Z) ιππεύσ. mT || 4 λαθραῖοι mAT : -ον B || 5 μου mAT : μοι C || 6 εἴχοντο mAT : ἔχονται B || 7 συνεχὲς mT : -ῶς CA || ἐπιφθεγγόμενοι mAT : ἐπιβοώμενοι C || 2 2 πρᾶξιν mAT : τάξιν C || 2-3 καινοτομουμένην mAT : -μένη B || 3 ἐρυθριῶσα mAT : -ῶσαν B || 4-5 ἀπόλιδας mT : ἐπήλυδας A || 5 ἱκέτας CBPZT : οἱ (οἱ- V) κέτας VMA || ἀλλοτριωθέντας mAT : add. προσέταττεν B || 6 ἀλλήλους mAT : ἄλλους B || 8 ἀλλ' ἀνευθύνους CPZAT (ἀλλὰ εὐθύνους B) : ἀλλ' εὐθύμους VM || 3 1 συνεχέθην CPA (vid. Introd., vol. I, p. LXII) : συνεσχέθην BT συνεχύθην VMZ.

des larmes qui ne venaient pas jusqu'à mes yeux, et je pouvais ainsi, sans qu'ils s'en aperçussent, soulager ma peine. Je les relève, les réconforte, et leur donne bon espoir dans l'heureuse issue d'une aventure commencée sous les auspices d'Apollon. « Pour moi, leur dis-je, je vais sortir afin d'ordonner ce qui nous reste à faire. Vous m'attendrez ici-même, en ayant le plus grand soin de ne pas vous faire voir. » Et ce disant je partais. **4** Mais Chariclée, me saisissant par mon manteau, m'arrêta : « Père tu serais déjà coupable, ou plutôt traître envers moi, si tu me laissais seule au pouvoir de Théagène. Ne songes-tu pas au peu de confiance que doit inspirer un gardien qui est amoureux et qui dispose librement de l'objet de son amour, surtout quand il n'est plus surveillé par ceux qui peuvent le maintenir dans les limites du respect. **5** Il s'enflamme encore plus, j'imagine, quand il voit livrée à lui sans défense celle qu'il désire. Aussi ne te laisserai-je pas partir, avant que Théagène ne se soit engagé par serment, pour le moment et surtout pour l'avenir, à ne pas avoir de relations avec moi avant que j'aie recouvré ma famille et ma maison, ou du moins, si le destin me refuse cette satisfaction, pas avant que je consente pleinement à devenir sa femme ; sinon, jamais[1]. »
6 J'admirai de telles paroles et jugeai qu'une telle précaution s'imposait absolument. J'allumai, en guise d'autel, la foyer de la maison[2] et fis brûler de l'encens[3]. Théagène prononça son serment, tout en protestant contre l'injure qu'on lui faisait d'exiger la garantie d'un serment, ce qui l'empêchait de manifester la loyauté de son caractère. Il

1. La phrase ὅρκῳ τὸ ἀσφαλὲς ἐμπεδωθείη ὡς οὔτε ὁμιλήσει .... ἢ .... βουλομένην γυναῖκα ποιεῖσθαι ἢ μηδαμῶς contient une anacoluthe hardie, mais non pas forcée au point qu'on doive suspecter le texte.

2. Cf. A XXX, 5 9 ἑστίοις θεοῖς. L'emploi de l'adjectif ἕστιος dans le sens de τῆς ἑστίας est particulier à Héliodore.

3. On faisait ordinairement brûler l'encens sur un autel (ara turicrema) ou sur un foyer portatif (focus turicremus) réservé à cet usage (M.).

νῷ πλέον ἢ ὀφθαλμῷ τοῖς νέοις ἐπιδακρύσας καὶ ὅσον ἐκείνους μὲν ἐλάνθανεν ἐμὲ δὲ ἐπεκούφιζεν ἀνίστων τε καὶ ἀνελάμβανον · καὶ χρηστὰς ὑποθέμενος τὰς ἐλπίδας τῶν ἐσομένων, σὺν γὰρ θεῷ τὴν ἀρχὴν ἐπικεχειρῆσθαι, « Ἐγὼ μὲν ἐπὶ τὰ ἑξῆς τῆς πράξεως ἄπειμι » ἔφην, « ὑμεῖς δέ με κατὰ χώραν περιμένειν τοῦ μὴ τισιν ὀφθῆναι πλείστην ὅσην φροντίδα ἔχοντες » · καὶ εἰπὼν ἀπέτρεχον. 4 Ἀλλ' ἡ Χαρίκλεια θοιματίου τε ἐλαμβάνετο καὶ ἐπεῖχε καὶ « Ὦ πάτερ, ἀδικίας » ἔλεγεν « ἀρχὴ τοῦτο μᾶλλον δὲ προδοσίας, εἰ μόνην οἰχήσῃ με καταλιπών, Θεαγένει τὰ καθ' ἡμᾶς ἐπιτρέψας, οὐδὲ ἐννοήσεις ὡς ἄπιστον εἰς φυλακὴν ἐραστὴς εἰ γένοιτο τῶν ἐρωτικῶν ἐγκρατὴς καὶ οὐχ ἥκιστα τῶν καταιδέσαι δυναμένων μονούμενος. 5 Ἀναφλέγεται γάρ, ὡς οἶμαι, πλέον ὅταν ἄνευ προμάχου βλέπῃ τὸ ποθούμενον προκείμενον, ὥστε οὐ πρότερόν σε μεθίημι πρὶν δή μοι τῶν τε παρόντων ἕνεκα καὶ ἔτι μᾶλλον τῶν μελλόντων ὅρκῳ πρὸς Θεαγένην τὸ ἀσφαλὲς ἐμπεδωθείη ὡς οὔτε ὁμιλήσει τὰ Ἀφροδίτης πρότερον ἢ γένος τε καὶ οἶκον τὸν ἡμέτερον ἀπολαβεῖν ἤ, εἴπερ τοῦτο κωλύει δαίμων, ἀλλ' οὖν γε πάντως βουλομένην γυναῖκα ποιεῖσθαι ἢ μηδαμῶς. » 6 Ἐμοῦ δὲ τὰ εἰρημένα θαυμάσαντος καὶ οὕτω ποιητέον εἶναι πάντως ἐπικρίναντος τήν τε ἑστίαν ἐσχάραν εἰς βωμὸν ἀνάψαντος καὶ λιβανωτὸν ἀποθύσαντος ἐπώμνυεν ὁ Θεαγένης, ἀδικεῖσθαι μὲν φάσκων εἰ προλήψει τοῦ ὅρκου τὸ πιστὸν τοῦ τρόπου

3 ἐπεκούφιζεν mAT : ἐκούφ. P || 4 καὶ mAT : om. C || 4-5 τὰς ἐλπ. τῶν ἐσομ. C : τὰς τῶν ἐσομ. ἐλπ. BA τῶν ἐσομ. τὰς ἐλπ. VMPZT || 5 ἐπικεχειρῆσθαι CBPZT (-εῖσθαι A) : ἐπικεχρῆσθαι VM || 6 τῆς mAT : om. P || 7 ὑμεῖς mAT : ἡμεῖς B || 8 ὅσην VMPZAT : ὅσον P ὅτι C || ἔχοντες mAT : -ας C || **4** 1 θοιματίου mAT : -άτιον B || ἐλαμβάνετο mAT : ἐπελ. M || 3 με mAT : μόνῳ B || 4 τὰ mAT : τί P || 5 εἰς mAT : ὡς B || **5** 1-2 ἄνευ προμάχου nos : ἀπρόσμαχον codd. ἀπρόμαχον Bekker || 2 βλέπῃ mAT : -ει V || οὐ mAT : οἱ B || 3 ἕνεκα mAT : -εν C || 5 ἐμπεδωθείη mT : ἐπενδοθείη B ἐμὸν ἐμπεδοθείη A || 8 ποιεῖσθαι mAT : πενεῖσθαι B || ἢ CBP : εἰ δὲ μὴ VMZAT || μηδαμῶς mA : οὐδαμῶς T || **6** 4 μὲν mAT : om. C.

ne lui était plus possible de montrer qu'il était capable spontanément d'une vertu à laquelle seule la crainte de la puissance divine paraitrait le contraindre. Il jura pourtant par Apollon Pythien, Diane, et Aphrodite [1] elle-même ainsi que par les Amours [2], qu'il ferait tout selon la volonté et les ordres de Chariclée [3].

XIX 1 Ils échangèrent ensuite d'autres serments et d'autres promesses. Et moi, je courus chez Chariclès. Je trouve la maison dans le trouble et la désolation. Les serviteurs étaient déjà venus lui annoncer l'enlèvement de la jeune fille. Il y avait autour de Chariclès en larmes grande affluence de visiteurs ignorant ce qui s'était passé et ne sachant que faire. 2 « Malheureux, leur criai-je, vous m'avez l'air stupides. Combien de temps, muets et inactifs, allez-vous rester assis ? Le malheur vous a-t-il fait perdre l'esprit ? Qu'attendez-vous pour prendre des armes et poursuivre l'ennemi ? Qu'attendez-vous pour saisir et châtier les coupables ? » 3 Chariclès se mit à dire : « Il est inutile sans doute de lutter contre le malheur présent. Je vois bien que c'est une vengeance de la colère divine.

1. A l'époque classique le serment se faisait au nom de Zeus, de la Terre et du Soleil. Pour un engagement solennel on associait toujours plusieurs dieux (divinités locales ou, comme ici, spécialement intéressées) (M.).

2. Le pluriel est rare dans le Roman, où Éros est un dieu redoutable et où les mignons Cupidons ne sont pas à leur place. Achille Tatios emploie le pluriel une seule fois, dans la description d'une peinture et il distingue les Ἔρωτες d'Ἔρως lui-même (Ach. Tat., A I, 13 περὶ τὸν βοῦν ὠρχοῦντο δελφῖνες, ἔπαιζον Ἔρωτες .... Ἔρως εἷλκε τὸν βοῦν). Le pluriel est également rare à l'époque classique ; mais Anacréon et Simonide dans une épitaphe d'Anacréon l'emploient (*Anthologie Palatine*, VII, 25). D'après une mythologie plus récente Ἔρως éta fils d'Aphrodite, les Ἔρωτες des enfants des Nymphes. Cf. Philostrate, *Imagines*, I, 6, ἐνταῦθά μοι τὴν Ἀφροδίτην νόει, νυμφῶν, οἶμαι, αὐτὴν ἱδρυμένων, ὅτι αὐτὰς ἐποίησεν Ἐρώτων μητέρας καὶ διὰ τοῦτο εὔπαιδας, et Claudien, *de Nupt. Honor.* 73 sqq.

3. Cette soumission de l'homme à la volonté de la femme, ainsi promise et affirmée, est un trait nouveau de civilisation. (M.).

προὔποτέμνεται, οὐ γὰρ ἔχειν ἐπιδείξειν προαίρεσιν φόβῳ τοῦ κρείττονος κατηναγκάσθαι νομιζόμενος· ἐπώμνυε δ' ὅμως Ἀπόλλω τε Πύθιον καὶ Ἄρτεμιν καὶ Ἀφροδίτην αὐτὴν καὶ Ἔρωτας, ἦ μὴν ἅπαντα οὕτω ποιήσειν ὡς ἠβουλήθη Χαρίκλεια καὶ ἐπέσκηψε.

XIX 1 Οἱ μὲν ταῦτα καὶ ἕτερα ἄττα πρὸς τούτοις ἐπὶ μάρτυσι τοῖς θεοῖς ὡμολόγουν ἀλλήλοις, ἐγὼ δὲ ὡς τὸν Χαρικλέα δρομαῖος ἥκων θορύβου τε πλήρη καὶ ὀδυρμοῦ καταλαμβάνω τὴν οἰκίαν, οἰκετῶν τε ἤδη παρ' αὐτὸν ἀφιγμένων καὶ τὴν τῆς κόρης ἁρπαγὴν ἐξαγγειλάντων καὶ πολιτῶν εἰς πλῆθος συρρεόντων καὶ τὸν Χαρικλέα θρηνοῦντα περιεστοιχισμένων, ἀγνοίᾳ δὲ τῶν γεγονότων καὶ ἀμηχανίᾳ τῶν πρακτέων συνεχομένων. 2 Ἐμβοήσας δ'οὖν « Ὦ δυσδαίμονες » ἔφην « ὑμεῖς δὲ ἐνεοῖς προσεοικότες ἄχρι τίνος ἄναυδοι καὶ ἄπρακτοι καθεδεῖσθε ὥσπερ ἅμα τῷ δυστυχεῖν καὶ τὸ φρονεῖν προσαφῃρημένοι; Οὐκ ἐν ὅπλοις ἤδη ἐπιδιώξετε τοὺς πολεμίους; οὐ καταλήψεσθε καὶ τιμωρήσεσθε τοὺς ἐξυβρικότας; » 3 Καὶ ὁ Χαρικλῆς « Περιττὸν μὲν ἴσως » ἔφη « διαμάχεσθαι πρὸς τὰ παρόντα, συνίημι γὰρ ὡς ἐκ θεῶν μήνιδος ταυτηνὶ τίνω

6 ἔχειν mAT : ἔχει C || 7 νομιζόμενος Hercher : -ομένην codd. || 8 Ἀπόλλω mAT : -ωνα B || 9 οὕτω mAT : om. B || 10 Χαρίκλεια m : ἡ Χαρ. BAT (ἡ post erasum in T).

XIX 1 1 οἱ μὲν CPZ : καὶ οἱ μὲν VMBAT || ἕτερα mAT : -οι B || 4 τε mAT (δὲ malo Bas.) : om. P || αὐτὸν VMPZAT : ὧν CB || 6 εἰς mAT : τὸ B || 6-7 θρηνοῦντα mAT : -ούντων B || 7 περιεστοιχισμένων B : -μένον VMPZAT -μένοι C || δὲ CBPZAT : τε VM || γεγονότων CBPZAT : γινομένων VM || 8 συνεχομένων B : -όμενον mAT quod fortasse retinendum est ut ad Χαρικλέα spectet; quo tamen facto τε melius sit quam δὲ post ἀγνοίᾳ (7) || 2 1 δ'οὖν mA : οὖν PT || 2 ἐνεοῖς VCZA : ἐννεοῖς MBPT || 3 ἄναυδοι (ante ἄχρι T) mAT : ἄνανδροι C || καθεδεῖσθε (-σθαι A) mAT : καταιδεῖσθε B || ἅμα mAT : ἤδη C || 4 τῷ mT : τὸ A || τὸ mAT : τῷ B || 5 ἤδη CBT : ἤδη καὶ VMPZA || ἐπιδιώξετε mAT : διώξετε C || 5-6 οὐ — ἐξυβρικότας om. Z || 3 2 μὲν ἴσως mAT : γε λοιπὸν ἴσως μὲν M || ἔφη mT : om. PA || 3 ὡς mAT : om. B || τίνω VMBPT : τείνω CZA.

Un jour je suis entré dans le sanctuaire[1] à une heure indue et mes yeux sacrilèges ont vu ce qu'il est interdit de voir. Apollon alors m'a annoncé que, pour me punir de ma curiosité coupable, je serais privé de voir mes plus chères amours[2]. Cependant rien ne nous empêche de lutter, comme on dit, contre la volonté divine elle-même[3], si du moins nous savions qui il faut poursuivre, et quel est l'auteur de cette terrible agression. » **4** « C'est le Thessalien, dis-je, que tu admirais tant et que tu voulais me faire accepter pour ami, c'est Théagène avec ses jeunes gars. On ne trouverait dans la ville aucun de ceux qui, hier soir, étaient ici. Lève-toi donc et convoque les habitants. » **5** Il fut fait comme je l'avais dit. Les stratèges firent annoncer à son de trompe dans toute la ville une assemblée extraordinaire. Le peuple se réunit aussitôt dans le théâtre pour y tenir une séance de nuit[4]. Chariclès s'avança et la foule incontinent se mit à pleurer à la vue de cet homme habillé de noir, la figure et la tête couvertes de cendre. **6** « Delphiens, dit-il, peut-être croyez-vous que je m'avance au milieu de vous et que j'ai fait convoquer cette assemblée pour vous entretenir de moi-même : la vue des malheurs qui m'accablent vous le font sans doute penser. Non, concitoyens ; pourtant je subis des épreuves cent fois mortelles, seul et en proie à la vengeance divine : ma maison est privée désormais de tous les êtres chers qui

1. Dans l'ἄδυτον ne pouvaient pénétrer que les prêtres officiants. Le temple d'Apollon à Delphes comprenait le pronaos, la cella, la salle de consultation, l'adyton (où se tenait la Pythie) et l'opisthodome. (M.).

2. Tirésias devint aveugle pour avoir vu Athéné au bain. Cette légende, qu'Apollodore (*Bibliotheca*, III, 6, 7) attribue à Phérécyde, est reprise par Callimaque (*Hymnes*, V, 57 sqq.). Tirésias, dit-il (v. 78) οὐκ ἐθέλων εἶδε τὰ μὴ θεμιτά. Le châtiment de Chariclès est comparable à celui du devin : il perd celle qu'il appelle (8 5) ses yeux.

3. Cf. Homère, *Iliade*, XVII 103-4 ἄμφω κ' αὖτις ἰόντες ἐπιμνησαίμεθα χάρμης | καὶ πρὸς δαίμονά περ ....

4. Cette scène à Delphes est imaginée d'après les usages athéniens. A Athènes, une σύγκλητος ἐκκλησία était une réunion extraordinaire de tous les citoyens convoqués par les stratèges (cf. Démosthène, *Sur*

τὴν δίκην, ἣν ἐξ οὗπερ εἰς τὸ ἄδυτον ἀωρὶ παρελθὼν εἶδον ὀφθαλμοῖς ἃ μὴ θέμις ὁ θεός μοι προεῖπεν, ἀνθ' ὧν οὐ προσηκόντως εἶδον τῆς τῶν φιλτάτων ὄψεως στερήσεσθαι. Ὅμως δὲ οὐδὲν κωλύει καὶ πρὸς δαίμονα, φασί, μάχεσθαι, εἴ καὶ τίνα χρὴ μεταθέειν, εἰ τίς ὁ τὸν βαρὺν τοῦτον ἐπενεγκὼν πόλεμον ἐγινώσκομεν. » 4 « Ὁ Θετταλὸς » ἔφην « καὶ παρὰ σοὶ θαυμαστός, ὃν κἀμοὶ φίλον εἰσεποίεις, Θεαγένης ἐστὶ καὶ οἱ σὺν αὐτῷ μείρακες· οὔκουν εὕροις ἄν τινα τούτων κατὰ τὴν πόλιν οἳ μέχρι τῆσδε τῆς ἑσπέρας ἐπεχωρίαζον, ὥστε ἀνίστασο καὶ εἰς βουλὴν κάλει τὸν δῆμον. » 5 Ἐγίνετο ταῦτα καὶ οἵ τε στρατηγοὶ σύγκλητον ἐκκλησίαν ἐκήρυττον σάλπιγγι τὸ κήρυγμα πρὸς τὴν πόλιν ἐπισημαίνοντες καὶ ὁ δῆμος αὐτίκα παρῆν καὶ τὸ θέατρον ἐγίνετο νυκτερινὸν βουλευτήριον, ὅ τε Χαρικλῆς εἰς μέσους παρελθὼν πρὸς οἰμωγήν τε ἀθρόον ἐκίνει τὸ πλῆθος καὶ μόνον ὀφθείς, ἐσθῆτά [τε] μέλαιναν ἀμπεχόμενος, καὶ κόνιν τοῦ τε προσώπου καὶ τῆς κεφαλῆς καταχεάμενος τοιάδε ἔλεγεν. 6 « Ἴσως μέν, ὦ Δελφοί, προσαγγεῖλαί με βουλόμενον ἐμαυτὸν ἥκειν εἰς μέσους καὶ ταύτην συγκεκληκέναι τὴν ἐκκλησίαν ἡγεῖσθε, πρὸς τὴν ὑπερβολὴν τῶν ἐμῶν συμφορῶν ἀφορῶντες· ἔχει δὲ οὐχ οὕτως· πράττω μὲν γὰρ θανάτου καὶ πολλάκις ἀξίως [τὸ δὲ νῦν] ἔρημος καὶ θεήλατος, καὶ μόνη λοιπὸν ⟨ἡ⟩ οἰκία

4 τὴν δίκην mAT : τὸν δίκον B || 7 δαίμονα mAT : -ας M || 8 τίνα : τινα CP τινας VMBZAT || εἰ τίς : εἴτις CPZT ἢ εἴτις VM ἤ τίς BA fort. recte at cf. Z XXVIII, 6 3 || 9 πόλεμον (ante τοῦτον C) CBPZAT : κίνδυνον VM || 4 2 ἔφην mAT : ἔφη M || 3 οὔκουν mT : οὐκοῦν PA || 5 ἑσπέρας mAT : ἡμέρας M || ἐπεχωρίαζον mAT : ἀπ. B || 5-6 κάλει τὸν mAT : καὶ εἰς B || 5 1 καὶ mAT : om. B || 2 σάλπιγγι mAT : -γα Z || τὸ κήρυγμα mAT : om. Z || 3 αὐτίκα ante ὁ δῆμος B || 4 νυκτερινὸν mAT : κοινὸν C || 5 μέσους mAT : -ον B || ἐκίνει mAT : ἐκείνη P || 6 καὶ μόνον ὀφθεὶς cf. E V, 2 2 || τε seclusimus, quod necesse videtur nisi melius cum Immanuele Bekker καὶ ante τοιάδε (8) addere || 6-7 ἀμπεχόμενος mAT : -έχεσθαι B || 6 1 Δελφοὶ mAT : ἀδελφοὶ Z || 2 προσαγγεῖλαι mAT : -ήγγελλε B || 5 πράττω μὲν VMPA²T : πράττομεν CBZA¹ || 5-6 ἀξίως ἔρημος (ἐρώμενος B) CBA : ἀξ. τὸ δὲ νῦν ἔρ. VMPZT || 6 ἡ οἰκία nos (T) : οἰκία mA.

faisaient ma société. **7** Et pourtant un vain espoir, illusion commune des hommes, me persuade de supporter encore l'existence : peut être ma fille n'est-elle pas à jamais perdue. Mais si je veux vivre, c'est surtout à cause de cette ville, que je voudrais, avant de mourir, voir tirer vengeance de ceux qui nous ont outragés. A moins que ces jeunes gens de Thessalie n'aient emporté en fuyant le fier sentiment que vous aviez de votre liberté et le ressentiment des injures faites à votre patrie et à vos dieux. **8** En effet, et c'est là ce qu'il y a de plus intolérable, quelques jeunes danseurs, faciles à compter, simples servants dans une cérémonie religieuse, s'en vont après avoir foulé aux pieds la première ville de la Grèce et dépouillé le temple d'Apollon de son trésor le plus précieux, Chariclée, hélas ! mes yeux et ma joie [1]. Oh ! inexorable acharnement du sort contre moi ! Ma première fille, la seule, vous le savez, qui fût de mon sang, s'est éteinte en même temps que le flambeau de ses noces [2], et sa mère l'a suivie emportée par l'excès de sa douleur. Et moi j'ai fui ma patrie. **9** Mais tous ces maux étaient devenus supportables depuis que j'avais trouve Chariclée. Chariclée était ma seule consolation et mon ancre de salut [3]. Cette ancre a été coupée et arrachée par la tempête qui s'acharne contre moi, provoquée exprès par un destin qui cette fois encore

la Couronne, 37 et 73), et le théâtre était parfois utilisé pour les assemblées politiques (cf. Thucydide, VIII, 93, Lysias, *Contre Agoratos*, 32, Athénée, 213 d).

1. Cf. Eschyle, *Les Choéphores*, 934, ὀφθαλμὸν οἴκων μὴ πανώλεθρον πεσεῖν, et Euripide, *Andromaque*, 406. εἷς παῖς ὅδ' ἦν μοι λοιπὸς ὀφθαλμὸς βίου.

2. Cf. B XXIX, 4, où Chariclès, parlant de la mort de son fils, emprunte également une image aux flambeaux des noces (M.).

3. Cf. Z XIV, 1. L'emploi métaphorique du mot ἄγκυρα est courant, par ex. Sophocle, *Frag.*, 623 (Nauck) ἀλλ' εἰσὶ μητρὶ παῖδες ἄγκυραι βίου et Euripide, *Hélène*, 277, ἄγκυρα δ' ἥ μου τὰς τύχας ὤχει μόνη. Héliodore en employant ὡς εἰπεῖν au lieu de ὥσπερ pour excuser la métaphore ne se conforme pas aux règles du grec classique qui emploie seulement cette expression avec un superlatif ou πᾶς, οὐδείς, etc. Héliodore en use correctement, par ex., Ϛ XV, 4 9.

πάντων ἅμα τῶν φιλτάτων κεκενωμένη μοι συνομίλων.
7 Ὅμως δ'οὖν ἥ τε κοινὴ πάντων ἀπάτη καὶ μάταιος
ἐλπὶς ἔτι με καρτερεῖν ἀναπείθει, τὴν εὕρεσιν τῆς θυγα-
τρὸς ἐνδεχομένην ὑποτιθεμένη, καὶ ἔτι πλέον ἣ πόλις ἣν
ἰδεῖν πρότερον τιμωρίαν εἰσπεπραγμένην παρὰ τῶν ἐξυβρι-
σάντων ἀναμένω, εἰ μὴ ἄρα καὶ ὑμῶν τὸ φρόνημα τὸ
ἐλεύθερον καὶ τὴν ὑπὲρ τῆς ἐνεγκούσης καὶ θεῶν τῶν
πατρῴων ἀγανάκτησιν τὰ Θετταλὰ μειράκια προσαφῄρηται.
8 Τὸ γὰρ δὴ πάντων βαρύτατον ὅτι χορευταὶ παῖδες
εὐαρίθμητοι καὶ θεωρίας ὑπηρέται πόλιν οἴχονται τῶν
Ἑλληνίδων τὴν πρώτην πατήσαντες καὶ τὸν νεὼν τοῦ
Πυθίου τοῦ τιμιωτάτου κτήματος ἀποσυλήσαντες, Χαρι-
κλείας οἴμοι τῶν ἐμῶν ὀφθαλμῶν. Ὦ τῆς ἀμειλίκτου καθ'
ἡμῶν τοῦ δαίμονος φιλονεικίας· τὴν πρώτην μοι καὶ γνη-
σίαν, ὡς ἴστε, θυγατέρα ταῖς νυμφικαῖς λαμπάσι συναπέσ-
βεσε, τὴν μητέρα μοι τὴν ἐκείνης ἐπὶ νεαρῷ τῷ πάθει
συναπήγαγεν, ἐμὲ τῆς ἐνεγκούσης ἐξήλασεν. 9 Ἀλλ' ἦν
πάντα φορητὰ μετὰ τὴν Χαρικλείας εὕρεσιν· Χαρίκλειά
μοι βίος ἦν, ἐλπὶς καὶ διαδοχὴ τοῦ γένους, Χαρίκλεια μόνη
παραψυχὴ καὶ ὡς εἰπεῖν ἄγκυρα· καὶ ταύτην ὑπετέμετο
καὶ παρήνεγκεν ὅ τί ποτέ ἐστι τὸ εἰληχός με κλυδώνιον

7 τῶν mAT : τὸν τῶν P || μοι συνομίλων VMT ; om. C nec male μοι συνόμιλος Z συνόμιλος BA μοι ὅμιλον P || 7 1 κοινὴ mAT : κακὴ B || μάταιος VMBZAT : ματαία CP || 2 ἀναπείθει mAT : ἀνατίθει B || 3 ἐνδεχομένην mAT : -μένη B || ὑποτιθεμένη mAT : -μένης B || 4 εἰσπεπραγμένην (-μένη B) mAT : om. C || παρὰ τῶν ἐξυβρ. ante ἣν (3) C || 5 ἀναμένω mAT : αἰσχυμένω B || μὴ mAT : μὲν B || ὑμῶν M^{1}CPZAT : ἡμῶν VM^{2}B || 6 θεῶν mAT : θεὸν Z || 7 θετταλὰ mAT : -ικὰ B || προσαφῄρηται mAT : -ηνται B || 8 1-2 χορευταὶ παῖδες εὐαρίθμη spatio relicto om. B || 2 τῶν MPZAT : τὴν VCB || 3 ἑλληνίδων spat. rel. om. B || πατήσαντες mA : ἀπατ. BT || 4 τοῦ τιμιωτάτου mAT : τοῦ om. Z || ἀποσυλήσαντες (ante τοῦ τιμ. C) mAT : ὑποσυστήσαντες B || 5 ἐμῶν post ὀφθ. B || 6 φιλονεικίας m : -τιμίας BAT || 7 νυμφικαῖς λαμπάσι mAT : συμφοραῖς B || 8 τὴν mAT : τῆς P || 9 1 ἀλλ' VMZT : om. CBPA || 4 ὑπετέμετο mAT : -τέμνετο B || 5 καὶ mAT : om. B || με mAT : om. B || post κλυδώνιον add. ἢ δαιμόνιον B.

s'est fait un jeu cruel de me frapper dans les moments les plus inopportuns. Elle l'enlève presque du lit nuptial, quand tous vous venez d'apprendre son prochain mariage. »

XX 1 Il parlait encore, s'abandonnant tout entier à sa douleur et à ses lamentations, quand le stratège Hégésias l'arrêta et le repoussant assez rudement déclara : « Citoyens, libre à Chariclès de pleurer maintenant et plus tard. Mais ne nous laissons pas submerger par sa douleur et entraîner par le torrent de ses larmes [1] ; ne laissons pas échapper l'occasion qui, en toutes choses, et surtout à la guerre, a une influence décisive [2]. 2 Si nous quittons à l'instant l'assemblée, nous avons des chances de rattraper l'ennemi, qui ne se presse pas, persuadé que nous en sommes encore à faire nos préparatifs. Mais si, perdant notre temps à nous apitoyer, ou pour mieux dire à pleurer comme des femmes, nous leur laissons prendre une plus grande avance, il ne nous restera plus qu'à servir de risée à ces gars-là. Moi je dis qu'il faut au plus vite [3] se saisir d'eux, les empaler [4], frapper d'infamie leurs descendants et ainsi étendre à toute leur race le châtiment. 3 Ce serait chose facile ; il nous suffira de soulever l'indignation des Thessaliens contre les coupables qui pourraient nous échapper et contre leur postérité, en leur interdisant de faire la procession et le sacrifice en l'hon-

1. Héliodore développe et prolonge la métaphore avec un mauvais goût digne d'un Trissotin. (M.)

2. Cf. Démosthène, *Olynthiennes*, B 22. μεγάλη γὰρ ῥοπή μᾶλλον δὲ τὸ ὅλον ἡ τύχη παρὰ πάντ' ἐστὶ τὰ τῶν ἀνθρώπων πράγματα.

3. Le redoublement ὡς ὅτι avec le superlatif, bien qu'un des deux mots soit superflu, se trouve chez Platon, *Lois*, 908 a, et il est régulier chez Héliodore, par ex., A XVII, 4 2, B VI, 1 4. Il est commun dans le grec post-classique. Cf. Achille Tatios, Γ XXI, 2 ; E XVII, 2.

4. Invention du romancier ou simple exagération oratoire prêtée à Hégésias. Le supplice du pal était oriental et non grec. Il est possible, d'ailleurs, que le verbe ἀνασκολοπίζειν veuille dire ici *mettre en croix*, et non *empaler* : cf. Lucien, *Prométhée*, 7. (M.)

οὐχ ἁπλῶς τοῦτο οὐδ' ὅτε ἔτυχεν ἀλλά, καθ' ὃν εἴωθε καιρὸν ἀωρὶ καὶ ὠμὰ κατ' ἐμοῦ κωμάζειν, ἀπ' αὐτῶν μικροῦ τῶν παστάδων, ἄρτι τῶν γάμων ἅπασιν ὑμῖν προκεκηρυγμένων. »

XX 1 Ἔτι λέγοντα ταῦτα καὶ ὅλον εἰς θρῆνον παραφερόμενον ὁ στρατηγὸς Ἡγησίας ἐπεῖχέ τε καὶ ἐξεκρούετο καὶ « Ὦ παρόντες » ἔφη, « Χαρικλεῖ μὲν ἐξέσται νῦν τε καὶ τὸ μετὰ ταῦτα θρηνεῖν, ἡμεῖς δὲ μὴ συμβαπτιζώμεθα τῷ τούτου πάθει μηδὲ λάθωμεν ὥσπερ ῥεύμασι τοῖς τούτου δάκρυσιν ὑποφερόμενοι καὶ τὸν καιρὸν προϊέμενοι, πρᾶγμα ὃ μεγίστην ἐν ἅπασιν ἔχει καὶ πολέμοις οὐχ ἥκιστα τὴν ῥοπήν. 2 Ὡς νῦν μὲν καὶ ἀπὸ τῆς ἐκκλησίας ἐξιόντων ἐλπὶς καταληφθῆναι τοὺς πολεμίους ἕως ῥᾳθυμοτέραν αὐτοῖς τὴν πορείαν ἡ προσδοκία τῆς ἡμετέρας ἐμποιεῖ παρασκευῆς· εἰ δὲ οἰκτιζόμενοι μᾶλλον δὲ γυναικιζόμενοι πλείονα τῇ μελλήσει τὴν προτέρησιν αὐτοῖς παρασχοῖμεν, οὐδὲν ἄλλ' ἢ καταγελᾶσθαι πρὸς μειρακίων καὶ ταῦτα περιλείπεται, οὓς ἐγώ φημι χρῆναι αὐτούς τε ὡς ὅτι τάχιστα καταλαβόντας ἀνασκολοπίσαι καὶ τοὺς ἐξ αὐτῶν ἀτιμῶσαι διαβιβάσαντας καὶ εἰς τὸ γένος τὴν τιμωρίαν. 3 Τοῦτο δ' ἂν γένοιτο ῥᾳδίως εἰ πρὸς ἀγανάκτησιν κινήσαιμεν Θετταλοὺς τὴν κατ' αὐτῶν τε τούτων, εἴ τινες διαφύγοιεν, καὶ τῶν ἐξ αὐτῶν, ἀπειπόντες αὐτοῖς ἐκ ψηφίσματος τὴν θεωρίαν καὶ τὸν ἐνα-

6 ὅτε VMCZAT : ὅτι P ὡς B || 7 post ἀωρὶ deficit B usque ad XXI, 3 6 (ὑπὸ τῆς προθυμίας) spatio haud parvo relicto || αὐτῶν VMT : -οῦ CPZA.

XX 1 1 ταῦτα mT : om. PA || 1-2 ὅλον εἰς θρ. παραφερόμενον mAT : ὅλων εἰς θρ. παραφερομένων Z || 2 Ἡγησίας mAT : Ἡγεσίας hic et inf., XXI, 2 2 P || 4 τὸ C : om. mAT || 5 συμβαπτιζώμεθα (-όμεθα Z) mAT : βαπτιζ. C || τῷ τούτου mAT : τοιούτῳ C || 2 1 καὶ mAT : om. P || 2 καταληφθῆναι mAT : -λειφθῆναι Z || 4 ἐμποιεῖ (-ῇ P) mAT : -εῖται M || εἰ mAT : οἱ P || 6 ἄλλ' mT (ἄλλο A) : om. C || 7 καὶ ταῦτα ante πρὸς μειρ. P || 8 αὐτοὺς ante χρῆναι C || τε ὡς Coraes : ὡς C τέως mA || καταλαβ (-λαμβ- P) όντας CPZAT : -λαμβάνοντας VM || 9 διαβιβάσαντας mAT : -άσοντας M || καὶ (2) VMZAT : om. CP || 3 3 τῶν mAT : τοῦ C || 4 αὐτοῖς mAT : om. C || τὴν m : τήν τε ZAT.

neur du héros, et en décrétant que nous y pourvoirons nous-mêmes aux frais du trésor public. »

XXI 1 Tandis que le peuple, favorable à cette proposition, votait le décret, le stratège déclara : « Par un vote à mains levées décidez aussi, s'il vous plait, que désormais la servante d'Artémis ne se montrera plus à ceux qui se disputent le prix de la course en armes. J'ai tout lieu de croire en effet que c'est là ce qui a donné l'occasion à Théagène de commettre son acte sacrilège et que dès l'abord, en la voyant, il eut envie de l'enlever. Il serait bon d'empêcher à l'avenir [1] le retour de pareilles entreprises. » 2 Toutes les mains se levèrent pour voter aussi cette proposition. Alors Hégésias donna l'ordre du départ, la trompette sonna l'alarme; tous les assistants quittèrent le théâtre pour aller guerroyer, et ce fut une course irrésistible du lieu de l'assemblée tout droit vers la bataille. On vit se précipiter non seulement les hommes assez forts pour porter les armes, mais aussi beaucoup d'enfants, à peine arrivés aux limites de l'adolescence, qui suppléaient au défaut de l'âge par leur courage et eurent la hardiesse de prendre part à l'expédition. 3 Plus d'une femme aussi, montrant un cœur plus viril que ne le comporte son sexe, se saisit de la première arme venue et se mit à courir à la suite des hommes : efforts vains, car elles furent distancées et durent reconnaître que la faiblesse est le lot naturel de la femme. On pouvait voir même, luttant contre son âge, quelque vieillard dont l'âme vaillante entrainait un corps débile et accablait de reproches son impuissante faiblesse : tellement la ville entière était indignée par l'enlèvement de Chariclée. Tous, mus par un même ressentiment, à la première alerte, sans attendre le jour, étaient partis immédiatement à la poursuite de l'ennemi.

1. Cet emploi du génitif pour marquer la durée n'est pas classique On le retrouve ailleurs (H I, 4) ainsi que chez Philostrate, *Vie d'Apollonius*, VI, 17, etc., Xénophon d'Éphèse, Γ I, 3 etc., Achille Tatios Γ IX, 1, etc.

γισμὸν τοῦ ἥρωος, ἐκ τοῦ δημοσίου τοῦ ἡμετέρου τελεῖσθαι τοῦτον ἐπικρίναντες. »

XXI 1 Ἔτι τούτων ἐπαινουμένων καὶ δόγματι τοῦ δήμου κυρουμένων « Ἐπικεχειροτονήσθω » ἔφη ὁ στρατηγὸς « εἰ δοκεῖ, κἀκεῖνο, μηκέτι τὴν ζάκορον ἀναφαίνειν τοῖς τὸ ἐνόπλιον τρέχουσιν· ὡς γὰρ ἔχω συμβαλεῖν ἐκεῖθεν ἡ ἀρχὴ Θεαγένει τῆς ἀσεβείας ἐξήφθη καὶ τὴν ἁρπαγήν, ὡς ἔοικεν, ἐκ τῆς πρώτης θέας ἐνεθυμήθη· καλὸν οὖν περιγράψαι τῶν ἑξῆς χρόνων τὴν ὁμοίαν τινῶν ἐπιχείρησιν. » 2 Ὡς δὲ καὶ ταῦτα μιᾷ ψήφῳ καὶ χειρὶ τῇ πάντων ἐκράτησεν, ὁ μὲν Ἡγησίας ἐδίδου τῆς ἐξόδου τὸ σύνθημα καὶ πολεμικὸν ἡ σάλπιγξ ὑπεσήμαινε, τὸ δὲ θέατρον εἰς τὸν πόλεμον διελύετο καὶ δρόμος ἀκάθεκτος ἀπὸ τῆς ἐκκλησίας ἐπὶ τὴν μάχην ἠνύετο, οὐ τῆς ἐνόπλου μόνον καὶ ἰσχυούσης ἡλικίας, ἀλλὰ πολλοὶ μὲν παῖδες καὶ ἀμφιβόλως ἔφηβοι τὴν προθυμίαν εἰς ἀκμῆς προσθήκην ποιησάμενοι τῆς ἐξόδου μετασχεῖν ἐκείνης ἐθρασύνοντο. 3 Πολλαὶ δὲ γυναῖκες ἀνδρειότερον τῆς φύσεως ἐφρόνησαν καὶ τὸ προστυχὸν εἰς ὅπλον ἁρπασάμεναι μετέθεον ἀνήνυτα καὶ τὸ θῆλυ καὶ οἰκεῖον ἀσθενὲς ὑστερίζουσαι τῶν ἔργων ἐγνώριζον· εἶδες ἂν καὶ πρεσβύτου πρὸς τὸ γῆρας μάχην καὶ ὥσπερ ἕλκουσαν τὸ σῶμα τὴν διάνοιαν καὶ ὀνειδιζομένην τὴν ἀσθένειαν ὑπὸ τῆς προθυμίας. Οὕτως ἄρα πᾶσα ἡ πόλις ὑπερήλγησε τὴν Χαρικλείας ἀφαίρεσιν καὶ ὥσπερ ἑνὶ πάθει κεκινημένη πρὸς τὴν δίωξιν αὐτοβοεὶ καὶ οὐδὲ ἡμέραν ἀναμείνασα πάνδημον ἑαυτὴν ἐπαφῆκεν. »

[deficit B usque ad XXI, 3 6 ὑπὸ τῆς προθυμίας]

XXI 1 2 ἐπικεχειροτονήσθω VCZT : -είσθω MPA || 4 ἐνόπλιον mAT : ἔνοπλον P || 7 περιγράψαι mAT : ἐπιγρ. C || τῶν ἑξῆς χρόνων CPZT : τὸν ἑξ. χρόνον VMA || 2 7 ἀκμῆς προσθήκην mAT : ἀκμὴν προσθήκης P || 3 3 ἀνήνυτα mAT : ἀνήνυκτα P || 4 ἐγνώριζον CPZ : -ώρισαν VMAT || πρὸς τὸ mAT : πρὸς Z || 5 τὸ σῶμα mAT : πρὸς τὸ σ. M || 7 οὕτως ἄρα his verbis rursus incipit B || τὴν mAT : τὴν τῆς P || 8 ἑνὶ mAT : ἐπὶ P || κεκινημένη mAT : -μένοι M.

LIVRE V

I 1 La ville de Delphes partit donc en expédition et je ne sais quel en fut le résultat [1]. Cette poursuite me parut venir à point pour favoriser notre fuite. Je pris les jeunes gens, et les conduisis à la mer, en pleine nuit, sans préparatifs, pour les embarquer sur le navire phénicien prêt à lever l'ancre. L'aube commençait à poindre, et les Phéniciens ne croyaient pas transgresser leur serment, puisqu'ils avaient promis de m'attendre seulement une nuit et un jour [2]. 2 Ils nous virent arriver avec grand plaisir et nous accueillirent sur le bateau qui partit sur le champ. Ils durent ramer pour sortir du port. Puis un vent léger s'éleva du côté de la terre, soulevant de faibles vagues qui couraient derrière la poupe et semblaient sourire [3] au navire. Alors ils mirent à la voile. Le golfe de Cirrha, le pied du mont Parnasse, les promontoires d'Étolie et de Calydon filaient devant le bateau qui paraissait

1. Héliodore, à la différence des autres romanciers grecs, ne se laisse pas entraîner à des digressions. (M.)

2. L'accusatif ἡμέραν καὶ νύκτα μόνην marque la durée « pendant un jour et une nuit seulement ». Il y a là une contradiction avec Δ XVI, 9-10. Calasiris a demandé un jour de grâce et les Phéniciens ont promis de l'attendre jusqu'au lendemain (c'est-à-dire la nuit et le jour suivant), à condition qu'il se trouve prêt pour le départ à la tombée de la nuit. Or le départ a lieu à l'aube du jour suivant. Si Héliodore avait écrit « une nuit et un jour (entier) seulement », on comprendrait. Point n'est besoin de remanier le texte en supprimant soit καὶ νύκτα (Hirschig) soit ἡμέραν καί. Il est préférable d'admettre qu'Héliodore, tel Homère, s'endort quelquefois.

3. Cf. Eschyle, *Prométhée*, 89-90, ποντίων τε κυμάτων ἀνήριθμον γέλασμα. Mais Héliodore une fois de plus manque de touche et alourdit une image splendide. (M.)

ΒΙΒΛΙΟΝ ΠΕΜΠΤΟΝ

I 1 « Ἡ μὲν δὴ πόλις ἡ Δελφῶν ἐν τούτοις ἦν καὶ ἔδρασεν ὅ τι δὴ καὶ ἔδρασεν, οὐ γὰρ ἔχω γινώσκειν· ἐμοὶ δὲ τὸν καιρὸν τῆς φυγῆς ἡ ἐκείνων ἐπιδίωξις ὑπέβαλεν, ἀναλαβὼν τε τοὺς νέους ἦγον ὡς ἐπὶ θάλατταν αὐτῆς ὡς εἶχον τῆς νυκτὸς ἐνεβίβαζόν τε εἰς τὴν ναῦν τὴν Φοίνισσαν ἄρτι τὰ πρυμνήσια λύειν μέλλουσαν· καὶ γάρ πως λοιπὸν καὶ ὄρθρου ὑποφαίνοντος οὐδὲ ὑπερβαίνειν ᾤοντο τὸν πρός με ὅρκον οἱ Φοίνικες ἡμέραν καὶ νύκτα μόνην ἀναμεῖναι συνθέμενοι. 2 Λίαν οὖν χαίροντες ἥκοντας ἡμᾶς ὑποδέχονται καὶ παραχρῆμα λιμένων ἐκτὸς ὑπ' εἰρεσίᾳ τὸ πρῶτον ἀνήγοντο· ὡς δὲ λείου πνεύματος ἐκ γῆς προσπνεομένου κῦμα χθαμαλὸν ὑπέτρεχέ τε καὶ οἷον προσεγέλα τῇ πρύμνῃ, τότε δὴ τὴν ναῦν τοῖς ἱστίοις ὑποφέρειν ἐπέτρεπον. Κιρραῖοι μὲν δὴ κόλποι καὶ Παρνασοῦ πρόποδες Αἰτωλοί τε καὶ Καλυδώ-

Tit. αἰθιοπικῶν βιβλίον πέμπτον VZ Ἡλιοδώρου αἰθ. βιβ. (βιβ. om. M) πέμπτον MT ε' C deest in B λόγος πέμπτος P Ἡλιοδώρου αἰθιοπικὸν βυβλίον λόγος πέμπτος A.

I **1** 1 δὴ mAT : om. B || 2 δὴ mAT : om. C || 4 ὑπέβαλεν Coraes : ἐπέβ. (post ἐκείνων C) MCPT ἐπέβαλλεν VBZA || ὡς ἐπὶ (cf. B XXXV, **4** 1 et al.) C : ἐπὶ mAT || 6 ναῦν τὴν mA (ναῦν ἄρτι τὴν T) : αὐτὴν P || 7 λοιπόν καὶ ὄρθρου (καὶ om. C) m : καὶ ὄρθ. λοιπ. BAT || ὑποφαίνοντος mAT : -τας C || 9 καὶ νύκτα codd. : secl. Hirschig cf. Δ XVI, **9-10** || μόνην mA : om. T μόνον post ἀναμεῖναι M || συνθέμενοι mAT : -ος B || **2** 2 χαίροντες mAT : -τος B || 4 προσπνεομένου codd. : προσγενομ. J. Jackson || κῦμα mAT : καὶ κῦμα C || 6 ὑποφέρειν ἐπέτρεπον mAT : ἐπιφ. ὑπέτρ. B || 6-7 κιρραῖοι ... κόλποι mAT : κιρραῖον ... κόλπον B || 7 παρνασοῦ CBPZ : -ασσοῦ VMAT, cf. Δ XVII, **5** 6.

voler. Les îles Pointues[1], de forme et de nom, et la mer de Zanthe apparurent au moment où le soleil allait se coucher[2]. 3 Mais, est-ce bien le moment de raconter tout au long cette traversée[3]? Vais-je étourdiment me lancer sur l'océan d'un récit qui ne fait que commencer? Il faut suspendre ici notre narration et dormir un moment. Je sais bien, Cnémon, que tu m'écoutes avec beaucoup d'intérêt et luttes avec force contre le sommeil. Mais je pense que maintenant tu commences à fléchir, épuisé par l'effort de m'entendre narrer mes aventures jusqu'à une heure avancée de la nuit. Moi-même, d'ailleurs, mon enfant, je suis un vieillard accablé par l'âge, et le souvenir de mes malheurs paralyse mon esprit et l'entraîne au sommeil. 4 « Arrête toi, mon père, dit Cnémon. Ce n'est pas que je sois fatigué de t'entendre, et m'est avis que tu pourrais continuer plusieurs nuits et plusieurs jours de suite, sans qu'il m'arrive rien de pareil, à me narrer une histoire si captivante dont je ne puis me rassasier. Mais il y a déjà un moment que j'entends dans la maison des voix confuses et comme un bruit de foule. Je ne laissais pas de m'en inquiéter, mais je me retenais d'en parler, tant j'avais envie de connaître la suite de ton récit. » 5 « Je n'ai rien entendu, dit Calasiris, sans doute parce que l'âge m'a rendu un peu dur d'oreilles, — c'est là une des infirmités de la vieillesse, — et sans doute aussi parce que j'étais absorbé par mon récit. Ce doit être, pour moi, Nausiclès, le

1. Strabon, X, 2, 19 (p. 458) : « Les Echinades... dont font partie les îles dites Pointues que le poète (Homère, *Odyssée*, XV, 299) appelle Thoes. » Elles se trouvaient à l'entrée du Golfe de Corinthe, près de l'embouchure de l'Achéloos (Strabon VIII, 3, 26).

2. La distance parcourue par le navire phénicien du lever au coucher du soleil paraît considérable, surtout pour un navire marchand lourdement chargé, comme il est dit Δ XVI, 6. Cf. Scylax, *Périple d'Hannon*, 34 sqq. (M.)

3. Nouvelle suspension du récit. Héliodore pratique avec une réelle habileté l'art des suspensions et des retours. L'unité du récit n'est jamais compromise. Noter aussi la manie de Calasiris qui toujours se fait prier pour continuer sa narration. (M.)

νιοι σκόπελοι μόνον οὐ διιπταμένην τὴν ὁλκάδα παρημείβοντο, νῆσοι δὲ Ὀξεῖαι καὶ σχῆμα καὶ ὄνομα θάλαττά τε Ζακύνθιος ἄρτι πρὸς δύσιν ἡλίου νεύοντος ἀνεφαίνοντο. 3 Ἀλλὰ τί ταῦτα ἀωρὶ μηκύνω; τί δὲ λανθάνω τὴν διήγησιν εἰς πέλαγος ὄντως ἀφεὶς τῶν ἑξῆς; Ἐνταῦθά ποι τὸν λόγον ἐπίσχωμεν ὀλίγον δὲ καὶ ὕπνου σπάσωμεν· εἰ γὰρ καὶ λίαν ἄοκνος ὑπάρχεις τὴν ἀκοὴν καὶ ἐρρωμένως ἀπομάχῃ πρὸς τὸν ὕπνον, ὦ Κνήμων, ἀλλ' ἡγοῦμαί σε λοιπὸν ὀκλάζειν ἐμοῦ τἀμαυτοῦ πάθη μέχρι πόρρω τῶν νυκτῶν ἀποτείναντος· κἀμὲ δὲ λοιπόν, ὦ τέκνον, γῆράς τε βαρύνει καὶ ἡ τῶν συμφορῶν ὑπόμνησις παραλύουσα τὴν διάνοιαν εἰς ὕπνον καταφέρει. » 4 « Ἐπίσχες » εἶπεν ὁ Κνήμων « ὦ πάτερ, οὐχ ὡς ἐμοῦ τὴν διήγησιν ἀποσκευαζομένου, δοκῶ γάρ μοι μηδ' εἰ πολλὰς μὲν νύκτας πλείους δὲ ἡμέρας ἐπισυνάπτοις τοῦτο ἄν ποτε παθεῖν, οὕτως ἀκόρεστόν τι καὶ σειρήνειον τὸ κατ' αὐτήν. Ἀλλά με πάλαι θροῦς τις καὶ βόμβος ὄχλου κατὰ τὴν οἰκίαν περιηχεῖ, καὶ ἦν μὲν οὐκ ἐκτὸς τοῦ θορυβεῖσθαι σιωπᾶν δὲ ἐβιαζόμην ἐπιθυμίᾳ τῶν ἀεὶ πρὸς σοῦ λεχθησομένων ἑλκόμενος. » 5 « Ἐγὼ μὲν οὐκ ᾐσθόμην » ἔφη ὁ Καλάσιρις « τάχα μέν που καὶ δι' ἡλικίαν νωθρότερος ὢν τὴν ἀκοήν, νόσος γὰρ ἄλλων τε καὶ ὤτων τὸ γῆρας, ἴσως δὲ καὶ πρὸς τὴν διήγησιν ἠσχολημένος· ἔοικε δέ μοι Ναυσικλῆς ἥκειν ὁ τῆς οἰκίας δεσ-

8 διιπταμένην (διεπτ. C) mAT : -μένη B || 10 ἀνεφαίνοντο VCPZAT : -ετο MB || **3** 1 post μηκύνω add. τὸν λόγον C || post λανθάνω addunt ἐμαυτὸν καὶ ὑμᾶς καὶ ἐκτείνω VM || 2 ἀφεὶς τῶν VMZT : ἀφιστῶν CPA ἀφιεὶς τῶν B || 2-3 ποι τὸν mAT : τοι τὸν B λοιπὸν Bas. || 3 ἐπίσχωμεν VMBAT : -ωμαι Z -ομαι C -ομαι[εν] P || σπάσωμεν VMAT (πάσ. B) : -ωμαι Z -ωμαι[εν] P -ομαι C (cf. B XVI, **1** 1) || 4 καὶ ἐρρωμένως mAT : ἐρρ. τε C || 5 λοιπὸν mAT : om. C || 6 τῶν νυκτῶν CPZAT (τῶν νησῶν B) : τῆς νυκτός VM || 7 ἀποτείναντος mT : -είνοντος A -ειϊόντος B || 9 καταφέρει mAT : μεταφ. C || **4** 2 ἐμοῦ mAT : ἐμῶν V || 3 εἰ mAT : εἰς P || 5 σειρήνειον VCBZ : -νιον MPAT || 5-6 ἀλλά με — κατὰ τὴν mAT : om. Z || 5 πάλαι VMBPAT : πάλιν C || 6 κατὰ τὴν οἰκίαν post πάλιν (*sic*) C || 7 ἐκτὸς mAT : ἐκ τοῦ B || σιωπᾶν mAT : σιωπῆς B || **5** 2 μὲν mAT : γὰρ C fort. recte || οὐκ mAT : εἰκῇ P || 4-5 ἠσχολημένος mAT : ἐσχολ. B.

maître du logis qui rentre. Mais, grands Dieux, quel a donc été le résultat de ses recherches ? » 6 « Excellent, j'ai obtenu tout ce que je voulais, dit Nausiclès, en se montrant soudain à leur yeux. Je savais bien, mon bon Calasiris, que tu t'inquiétais de mon entreprise et que tu étais de cœur avec moi dans mon expédition. Ta sollicitude à mon égard, que j'avais déjà observée, m'est apparue une fois de plus dans les paroles que j'ai surprises en entrant. Quel est cet étranger ? » — « Un Grec, dit Calasiris ; le reste, tu le sauras plus tard. Si tu as remporté quelque heureux succès, hâte-toi de nous en faire part, pour que nous puissions nous en réjouir avec toi. » 7 « Eh ! bien, dit Nausiclès, vous le saurez quand le jour sera revenu. Pour le moment, qu'il vous suffise de savoir que j'ai trouvé Thisbé, mais en mieux. Le voyage et les soucis m'ont harassé, il faut que je dorme un moment pour me reposer. »

II 1 Il dit et partit aussitôt faire ce qu'il avait dit. Cnémon avait été pétrifié [1] en entendant nommer Thisbé. Perplexe, ne sachant que faire, il roulait mille pensées, poussait sans arrêt de lourds gémissements et achevait sa nuit dans une pénible agitation. Si bien qu'à la fin Calasiris s'en aperçut, malgré le profond sommeil qui s'était emparé de lui. 2 Le vieillard se souleva sur son coude [2], lui demanda ce qu'il avait et pourquoi il s'agitait ainsi « comme s'il n'avait plus tout son bon sens ». « Comment ne pas être fou [3], repartit Cnémon, quand je viens

1. Αὖος signifie littéralement *sec*. L'image se retrouve en français dans le langage familier. (M.)

2. Cf. Homère, *Iliade*, X, 80

ὀρθωθεὶς δ' ἄρ' ἐπ' ἀγκῶνος, κεφαλὴν ἐπαείρας.

3. Le tour grec est remarquable. Οὐ μή avec le subjonctif signifie « il n'y a pas de danger que ». Cet usage est connu d'Héliodore, par ex., Δ VI, 6 6-7 οὐ μὴ ἀνάξιοί γε ὄντες τῷ Χαρικλεῖ κηδεύσωμεν. Mais ici le contexte impose un sens opposé « il est impossible que je ne devienne pas fou ». Héliodore a dû songer à un tour interrogatif. Cet exemple n'en reste pas moins unique et assez étrange.

πότης, ἀλλὰ τί ἄρα ποτὲ ὦ θεοὶ διαπεπραγμένος ; »
6 « Ἅπαντα ὡς ἐβουλόμην » ἔφη ὁ Ναυσικλῆς ἀθρόον
αὐτοῖς ἐπιφανείς· « οὐ γάρ με ἔλαθες, ὦ 'γαθὲ Καλάσιρι,
φροντίζων τὰς ἐμὰς πράξεις καὶ ὥσπερ τῇ διανοίᾳ συνεκ-
δημῶν, ἀλλά σε ἐφώρασα τῷ τε ἄλλῳ σου περὶ ἐμὲ τρόπῳ
καὶ οἷς ἐνταῦθα εἰσιὼν κατείληφα διαλεγόμενον· ἀλλὰ τίς
ὅδε ὁ ξένος ; » « Ἕλλην » ἔφη ὁ Καλάσιρις· « τὰ δ' ἄλλα
εἰσαῦθις ἀκούσῃ· σὺ δὲ εἴ τί σοι κατώρθωται δεξιὸν ἀπάγ-
γελλε θᾶττον, ὡς ἂν τοῦ χαίρειν γ' ἔχοις ἡμᾶς κοινωνοῦν-
τας. » 7 « Ἀλλὰ καὶ ὑμεῖς » εἶπεν ὁ Ναυσικλῆς « εἰς
ἕω μαθήσεσθε, τὸ δὲ παρὸν ὑμῖν ὅτι βελτίονα Θίσβην ἐκτη-
σάμην ἀπόχρη μαθεῖν· ἐμοὶ γὰρ τήν τε ἐκ τῆς ὁδοιπορίας
καὶ τῶν ἄλλων φροντίδων κάκωσιν ὕπνῳ βραχεῖ γοῦν ἐστι
παραμυθητέον. »

II 1 Ὁ μὲν ταῦτα εἰπὼν ἀπέτρεχεν ὡς εἰρήκει ποιή-
σων, ὁ δὲ Κνήμων αὖος ἐγεγόνει πρὸς τὴν ἀκοὴν τῆς Θίσ-
βης ὑπό τε ἀμηχανίας πᾶσαν ἔννοιαν διαπορῶν ἀνέστρεφε
βαρύ τε καὶ συνεχὲς ἐπιστένων τὸ λειπόμενον ἐταλαιπώρει
τῆς νυκτός, ὥστε οὐδὲ τὸν Καλάσιριν ἐλάνθανε τελευτῶν,
ὕπνῳ καὶ ταῦτα βαθεῖ κατεσχημένον. 2 Ἀλλὰ ἀνασχὼν
ἑαυτὸν ὁ πρεσβύτης κἀπὶ τοῦ ἀγκῶνος ἐρείσας ὅ τι πεπόν-
θοι διηρώτα καὶ δι' ἣν αἰτίαν οὕτως ἐκτόπως ἀλύοι σχεδόν
τι τῶν μεμηνότων οὐκ ἀποδέων· εἶτα « Οὐ μὴ μανῶ » πρὸς

6 2 ὦ 'γαθὲ mT (ὦ ἀγ. A) : ὦ καλὲ P || 4 ἐφώρασα mAT : -εσα B || 5 καὶ mAT : om. P || 6 ἕλλην mAT : ἄλλην B || 7 σὺ VCPZAT : σοὶ MB || 7-8 ἀπάγγελλε VMCBP^{2}AT : -γελε PZ || 8 ἔχοις VMCZT : ἔχῃς DA ἔχεις P || ἡμᾶς C : om. mAT || 7 1 ὑμεῖς mAT : ἡμ. P || εἶπεν mAT : ἔφη Z || 2 ὑμῖν mAT : ἡμῖν B.

II 1 1 εἰρήκει mAT : εἴρηκε P || 4 συνεχὲς mAT : -ῶς C || 5 τελευτῶν mAT : om. C || 6 ὕπνῳ καὶ ταῦτα mAT : καὶ τ. ὑπ. C || κατεσχημένον VMPZA : κατισχ. CT κατιστ. B || 2 2-3 πεπόνθοι VMCZAT : πεπόνθει P πεπονθὼς B || 3 καὶ mAT : om. C || ἐκτόπως VMBZA : ἀτόπως CPT || ἀλύοι mA : ἀλύει PT || 4 ἀποδέων VMCBAT : -δέον PZ || εἶτα mAT : om. C || οὐ μὴ μανῶ codd. mire : expectes μὴ μανῶ vel οὐ μέμηνα. an ποῦ μὴ μανῶ? (Ry.)

d'apprendre que Thisbé est vivante ? « Qui est cette Thisbé, reprit Calasiris ; comment la connais-tu et pourquoi, en apprenant qu'elle est vivante, es-tu inquiet ? »
3 — « Je t'expliquerai tout plus tard, quand je te raconterai mon histoire. Sache seulement que mes yeux l'ont vue morte et que mes mains l'ont ensevelie chez les Pâtres[1]. » — « Dors, lui dit Calasiris, nous saurons sous peu ce qu'il en est. » 4 « Cela m'est impossible, reprit Cnémon. Toi, reste bien tranquille. Quant à moi, je ne saurais vivre, si je ne sors au plus vite pour chercher à savoir par n'importe quel moyen de quelle aberration est victime Nausiclès et comment il se fait que chez les Égyptiens, et chez eux seulement, les morts ressuscitent. » 5 Calasiris, à ces mots, sourit légèrement et se rendormit. Cnémon sortit de la chambre et commença une exploration, naturellement fort pénible et aventureuse à travers une maison inconnue dans la nuit et les ténèbres. Cependant il endurait tout, tant il avait hâte de se délivrer de la terreur que lui inspirait Thisbé et de l'idée qu'elle pouvait être vivante. 6 Après avoir parcouru plusieurs fois la maison, retournant dans les mêmes lieux et croyant toujours qu'il en découvrirait de nouveaux, il finit par entendre une voix de femme qui, invisible, se lamentait, tel le rossignol qui, au printemps, fait entendre, la nuit, son chant plaintif[2]. Guidé par cette lamentation il se dirigea vers la chambre d'où sortait la voix et approchant son oreille à l'endroit où les deux battants se joignaient, il écouta. Il entendit la femme qui

1. Événements racontés, B V, 4 et XVIII 2. C'est la deuxième fois que Cnémon, dont la crédulité va croissant, confond Chariclée avec Thisbé. Héliodore renouvelle ici son effet de surprise, au mépris d'ailleurs de toute vraisemblance. (M.)

2. La comparaison avec le rossignol et l'emploi de γοερόν font supposer qu'Héliodore très probablement s'est souvenu de Sophocle, *Ajax*, 622 sqq. (οὐδ' οἰκτρᾶς γόον ὄρνιθος ἀηδοῦς ἥσει δύσμορος 628-630). Αἴλινον est donc une correction qui s'impose. Sophocle use d'αἴλινον comme d'un nom, mais il semble fort vraisemblable que l'inutile ᾠδήν est une glose du manuscrit d'Héliodore.

αὐτὸν ὁ Κνήμων « Θίσβην ὅτι περίεστιν ἀκηκοώς ; » « Καὶ τίς ἡ Θίσβη » ἔφη ὁ Καλάσιρις « ἢ πόθεν γνωρίζεις τε ἀκούσας καὶ ζῶσαν ἀγγελλομένην φροντίζεις ; » 3 Καὶ ὃς « Τῶν μὲν ἄλλων ἀκούσῃ μετὰ ταῦτα ὅταν ποτὲ καὶ τὰ ἐμαυτοῦ σοι διηγῶμαι· ἐκείνην δὲ ἀνῃρημένην τούτοις ἐγὼ τοῖς ὀφθαλμοῖς ἐγνώρισα καὶ παρὰ τοῖς βουκόλοις χερσὶ ταυταισὶ ταῖς ἐμαῖς κατέθαψα. » « Κάθευδε » εἶπεν ὁ Καλάσιρις· « ταῦτα δὲ ὅπῃ ποτὲ ἔσχεν οὐκ εἰς μακρὰν εἰσόμεθα. » 4 « Οὐκ ἂν δυναίμην » ἔφη, « ἀλλὰ σὺ μὲν ἀτρέμας ἔχε σαυτόν, ἐγὼ δὲ οὐκ ἔστιν ὅπως ἂν βιῴην εἰ μὴ θᾶττον ὑπεξελθὼν τρόπον ὅντινα δὴ πολυπραγμονήσαιμι τίς ποτε πλάνη τὸν Ναυσικλέα κατείληφεν ἢ ὅπως παρὰ μόνοις Αἰγυπτίοις οἱ τεθνεῶτες ἀναβιοῦσιν. » 5 Ἐμειδίασε πρὸς ταῦτα μικρὸν ὁ Καλάσιρις καὶ αὖθις ὑπηνέχθη τῷ ὕπνῳ, ὁ δὲ Κνήμων τοῦ δωματίου προήκων ἔπασχε μὲν οἷα εἰκὸς ἦν τὸν νύκτωρ καὶ σκότους καὶ κατ' οἰκίαν ἄγνωστον ἀλύοντα, πλὴν ἀλλὰ πάντα γε ὑπέμενε τὸ δεῖμα τὸ ἐκ τῆς Θίσβης καὶ τὴν ὑπόνοιαν ἀποδύσασθαι σπεύδων· 6 ἕως ὀψέ ποτε καὶ πολλάκις τοὺς αὐτοὺς ὡς ἄλλοτε ἄλλον ἀνελίττων τόπους ᾔσθετο γυναικὸς λαθραῖόν τι καὶ γοερὸν οἷον ἠρινῆς ἀηδόνος αἴλινον ᾠδὴν ἐν νυκτὶ μυρομένης, ἐπί τε τὸ δωμάτιον ὑπὸ τοῦ θρήνου χειραγωγούμενος ὥρμησε καὶ ταῖς θύραις καθ' ὃ συνέπιπτον ἀλλήλαις τὸ οὖς παραθέμενος ἐπηκροᾶτο καὶ τοιάδε κατελάμ-

5 Θίσβην mAT : Θίσβη P post ἀκηκοώς || 6 πόθεν mAT : πόθεν γε C || τε BA : γε VMCPT καὶ Z || 7 ἀκούσας mAT : -σεις B || **3** 2 μὲν mAT : νῦν B || ὅταν mAT : ὅτε B || ποτὲ VBPZAT : om. MC || 3 διηγῶμαι CPZ : διηγήσωμαι VMBT -σομαι A || 4 παρὰ mAT : om. C || 5 ταυταισὶ VBPZA (-ησὶ T) : om. M post ἐμαῖς C || **4** 1 ἂν mAT : ἐγὼ B || 3 δὴ mAT : δ'οὖν C || 4 κατείληφεν mAT : κατέχει C || **5** 2 τοῦ δωματίου προήκων mAT : om. C || ἔπασχε CBPZAT : ἐπέσχε VM || 4 γε VMBAT : τε Z om. CP || 5 ἀποδύσασθαι mAT : -δύεσθαι P || **6** 1 ὡς mAT : om. C || 2 ἄλλον C : ἄλλους mA ἄλλως T || 3 αἴλινον Commelinus (cf. Eur., *Hel.*, 171 ; at ᾠδὴν fort. secludendum est, cf. Soph. *Aj.* 627) : αἴλιον VA ἄλιον B ἔλ (ἐλ- CPT) ειον MCPZT ἐλεινὸν Coraes αἴδιον Lb || 4 θρήνου mAT : θρόνου B.

continuait à se plaindre et disait : 7 « Je suis vouée à tous les malheurs [1]. Je croyais avoir échappé à la main des brigands et évité la mort cruelle qui me menaçait. J'espérais vivre désormais avec mon bien-aimé une vie vagabonde et errante sans doute, mais que sa société m'eût rendue si douce. Car il n'est pas d'épreuve que je ne puisse supporter, si je suis avec lui. Maintenant le mauvais génie, qui me harcèle depuis ma naissance, n'est pas encore rassasié. Il n'a fait luire un instant le bonheur à mes yeux, que pour me décevoir ensuite. 8 Je croyais avoir échappé à l'esclavage, et m'y voilà retombée ; à la prison, et me voilà de nouveau prisonnière. J'étais captive dans une île et dans une caverne ténébreuse. Ma situation actuelle est aussi malheureuse, et même, pour dire la vérité, plus amère encore ; car je suis séparée de celui qui seul avait le désir et le pouvoir de me consoler. Hier encore, une caverne de brigands était ma retraite, un gouffre infernal, et un véritable tombeau étaient ma demeure. 9 Pourtant tous ces maux étaient allégés par la présence de celui que j'aime plus que tout au monde. Là-bas, j'avais, encore vivante, la satisfaction d'être pleurée comme une morte, car il croyait m'avoir perdue. Et maintenant me voici privée même de ces larmes. Il est parti le compagnon de mes misères, celui qui se chargeait du poids de mes douleurs. Je reste seule et abandonnée, captive déplorable, à la merci d'un amer destin [2]. La vie me serait insupportable si je n'avais l'espoir qu'il vit encore mon très doux ami [3]. 10 Mais, ô mon âme, où es-tu donc maintenant ? quel est ton sort ? N'es-tu pas, toi aussi, dans l'esclavage,

1. Πανάθλιος est un mot de la langue tragique. Cette lamentation où règnent la rhétorique et un pathétique de mauvais aloi ressemble à une parodie d'Euripide. (M.)

2. Cf. XXVII, 8 5 ἀθέσμοις βουλήμασι ληστῶν ἐκκειμένους.

3. Pour l'idée, cf. A II, 4 6-9 ἐν σοὶ τὰ ἐμὰ σῴζεσθαί τε καὶ μή· τοῦτο γοῦν ὁρᾷς ; εἰς δεῦρο ἤργησεν ὑπὸ τῆς σῆς ἀναπνοῆς ἐπεχόμενον. Héliodore emploie ordinairement ἀνέχεσθαι avec l'infinitif au lieu du participe qui est plus normal. Cf. A II, 4 5 ; XXXI, 4 5 ; E IV, 5 8.

θανεν ἔτι θρηνοῦσαν. 7 « Ἐγὼ δὲ ἡ παναθλία χεῖρα ληστρικὴν ἐκπεφευγέναι καὶ μιαιφόνον ᾤμην θάνατον ἐλπισθέντα διαδεδρακέναι βιώσεσθαί τε τὸ λειπόμενον ἅμα τῷ φιλτάτῳ, ξένον μὲν καὶ ἀλήτην βίον ἀλλὰ μετ' ἐκείνου γινόμενον ἥδιστον, οὐδὲν γὰρ οὕτως ἐμοὶ χαλεπὸν ὃ μὴ μετ' ἐκείνου φορητόν· νυνὶ δὲ ὁ μηδεπώποτε κεκορεσμένος ἐμὲ δὲ ἐξ ἀρχῆς εἰληχὼς δαίμων μικρὸν τῶν ἡδονῶν ὑποθέμενος εἶτα ἠπάτησε. 8 Δουλείαν ᾤμην ἐκπεφευγέναι, δουλεύω πάλιν· δεσμωτήριον, καὶ φρουροῦμαι· νῆσος εἶχέ με καὶ σκότος· ὅμοια τὰ νῦν ἐκείνοις, ἀληθέστερον δὲ εἰπεῖν καὶ πικρότερα, τοῦ καὶ βουλομένου καὶ δυναμένου παραμυθεῖσθαι ταῦτα κεχωρισμένου· σπήλαιον ἦν μοι ληστρικὸν εἰς τὴν παρελθοῦσαν τὸ καταγώγιον, ἄδυτον καὶ βάραθρον καὶ τί γὰρ ἄλλ' ἢ τάφος ἡ οἴκησις ; 9 Ἐπεκούφιζε καὶ ταῦτα παρὼν ὁ πάντων ἐμοὶ φίλτατος· ἐκεῖ με καὶ ζῶσαν ἐθρήνησε καὶ τεθνεῶσαν, ὡς ᾤετο, ἐδάκρυσεν, ὡς ἀνῃρημένην ἐπένθησεν· ἀπεστέρημαι νυνὶ καὶ τούτων, οἴχεται ὁ κοινωνὸς τῶν δυστυχημάτων καὶ ὡς ἄχθη τὰ πάθη πρός με νεμόμενος· ἐγὼ δὲ μόνη καὶ ἔρημος, αἰχμάλωτος καὶ πολύθρηνος, τύχης βουλήμασι πικρᾶς ἐκκειμένη, καὶ ζῆν τέως ἀνεχομένη διότι μοι περιεῖναι τὸν γλυκύτατον ἐλπίζω. 10 Ἀλλ' ὦ ψυχὴ ἐμή, ποῦ ποτε ἄρα τυγχάνεις ; τίς δέ σε διεδέξατο τύχη ; ἆρα

7 1 παναθλία mAT : -άθλιος C || 2 καὶ μιαίφονον mAT : om. C || ᾤμην (cf. 8 1) BA : ᾠόμην CPZT ᾠώμην M ὡς ᾤμην V || 3 βιώσεσθαι mT : -σασθαι VA || 4 καὶ mAT : om. C || 5 χαλεπὸν mAT : χαροπόν C || 6 φορητόν mAT : -ήν B || μηδεπώποτε nos : μηδέπω VMBZAT μηδέποτε CP || 7 ἐμὲ δὲ mAT : ἐμὲ P || 8 ὑποθέμενος mAT : ἀποθ. B || 8 2 δουλεύω VC : καὶ δ. M. δ. δὲ BPZAT || 4 εἰπεῖν mAT : εἰπεῖν ὅτι M || 5 παραμυθεῖσθαι ταῦτα mAT : ταῦτα παρ. M || κεχωρισμένου VMBPAT : καὶ χωρ. Z om. C || 6 τὸ mAT : om. M || 7 ἡ mAT : οἱ M || 9 2 με CBPZT : μὲν VMA || 3 ὡς ᾤετο mAT : ᾤετο B || 6 ἔρημος CBPZA : ἔρ. καὶ VMT || βουλήμασι mAT : βουχολήμασι P || 7 ἐκκειμένη CBPZAT : ἐγκ. VM || ἀνεχομένη VCPZAT : ἀνασχ. B ἀντεχ. M || 10 1 ἐμή VMPZAT : ἐμοί CB || 2 ποῦ P : ποῖ mAT.

hélas ! cœur fier et libre qui n'a jamais connu que la servitude de l'amour ? Puisses-tu du moins être vivant et revoir ta Thisbé : car c'est le nom que tu me donneras, même si tu ne le veux pas [1]. »

III 1 Quand il entendit cela, Cnémon n'eut pas la force de rester plus longtemps. Il n'attendit pas la suite. Au commencement, il ne croyait pas avoir affaire à Thisbé, mais les dernières paroles ne lui permirent pas de douter que ce fût elle. Peu s'en fallut qu'il ne se laissât choir là, près de la porte. 2 A grand'peine il se retint de tomber. Il avait peur d'être surpris : les coqs chantaient pour la deuxième fois. Il s'éloigna en trébuchant ; tantôt il heurtait les pieds contre un obstacle, tantôt il allait soudain donner contre un mur ; ici c'était le dessus d'une porte ou quelque objet pendu au plafond sur quoi il se cognait la tête. Enfin, après bien des détours, il arrive dans la chambre où ils logeaient, et se laisse tomber comme une masse sur son lit. 3 Son corps tremblait, ses dents claquaient avec force [2]. Et il était en grand danger d'y rester, sans Calasiris, qui s'empressa, en le voyant dans cet état, de le réchauffer dans ses bras et de le ranimer par de bonnes paroles. Quand il eut quelque peu repris ses sens, Calasiris lui demanda des explications. « Je suis perdu, dit-il, elle est bien vivante cette scélérate de Thisbé. » Et il s'évanouit de nouveau.

1. Ces plaintes de Chariclée, surprises par Cnémon, ont peut-être été imitées par Achille Tatios qui (Ϛ XV, 4-XVI) fait surprendre par Thersandre et Satyrus des lamentations semblables de Leucippé.

2. Cf. Homère, *Iliade*, X, 374-6

ὁ δ'ἄρ' ἔστη τάρβησέν τε
βαμβαίνων — ἄραβος δὲ διὰ στόμα γίγνετ'ὀδόντων —
χλωρὸς ὑπαὶ δείους.

Plutarque (*Moralia*, 654 b) associe παλμός à ἄραβος (τὸν ἐκ τῆς συνουσίας ἄραβον καὶ παλμόν), si toutefois ἄραδον ne doit pas être lu au lieu de ἄραβον.

μὴ καὶ αὐτός, οἴμοι, δουλεύεις τὸ μόνον ἐλεύθερον καὶ ἀδούλωτον πλὴν ἔρωτος φρόνημα; ἀλλὰ σῴζοιό γε μόνον καὶ θεάσαιό ποτε Θίσβην τὴν σήν· τοῦτο γάρ με καλέσεις κἂν μὴ βουλόμενος. »

III 1 Οὐκέτι κατέχειν ἑαυτὸν ἐκαρτέρησεν ὁ Κνήμων ὡς τούτων ἤκουσεν οὐδὲ ὑπέμεινε τὴν τῶν ὑπολοίπων ἀκρόασιν, ἀλλ' ἐκ τῶν πρώτων ἕτερα ὑπονοήσας, ἐκ τῶν ἐπὶ τέλους τὴν Θίσβην εἶναι τῷ ὄντι πιστεύσας, ὀλίγου μὲν ἐδέησε καὶ κατενεχθῆναι παρ' αὐταῖς σχεδόν τι ταῖς θύραις· 2 ἀντίσχων δὲ χαλεπῶς καὶ δέει τοῦ μή πρός τινος ἁλῶναι (καὶ γὰρ καὶ ἀλεκτρυόνες ἤδη τὸ δεύτερον ᾖδον) ἀπέτρεχε σφαλλόμενος καὶ νῦν μὲν τὼ πόδε προσπταίων νῦν δὲ τοῖς τοίχοις ἀθρόον ἐμπίπτων, καὶ ἄρτι μὲν ὑπερθύροις ἄρτι δὲ σκεύεσιν εἴ πή τι τῆς ὀροφῆς ἤρτητο τὴν κεφαλὴν προσαράσσων ἐπὶ τὸ δωμάτιον οὗ κατήγοντο μετὰ πολλὴν τὴν πλάνην ἀφικόμενος ἀθρόον ἐπὶ τὴν εὐνὴν καταφέρεται· 3 καὶ αὐτῷ τὸ μὲν σῶμα παλμὸς εἶχε τῶν δὲ ὀδόντων ἄραβος πολὺς ἐγίνετο, καὶ τάχα ἂν καὶ εἰς ἔσχατον ἦλθε κινδύνου εἰ μὴ θᾶττον ὁ Καλάσιρις αἰσθόμενος ἔθαλπέ τε συνεχῶς καὶ λόγῳ παντοίως ἀνελάμβανεν. Ἐπεὶ δὲ μικρὸν ἀνέπνευσε τὴν αἰτίαν ἐξεμάνθανεν· ὁ δὲ « Ἀπόλωλά σοι » ἔφη· « ζῇ γὰρ ὡς ἀληθῶς ἡ κακίστη Θίσβη »· καὶ εἰπὼν αὖθις ἐξέθανε.

3 μὴ mAT : μοι P || οἴμοι mT : οἶμαι A om. C || 4 πλὴν ἔρωτος φρόνημα mAT : φρόν. πλ. ἔρ. C.

III 1 1 ἑαυτὸν ἐκαρτέρησεν ὁ Κνήμων VMPZAT : ἑαυτ. ὁ Κν. ἐκ. C ἐκ. ἑαυτ. ὁ Κν. B || 3 ὑπονοήσας VMBAT : ἐπον. Z ἐπιν. CP || ἐκ τῶν (2) codd. : ἐκ δὲ τῶν Coraes || 4 ὀλίγου Coraes : -ον codd. || 2 2 ἤδη mT : ᾖδον BA quod verbum post δεύτερον omittunt || 3 ἀπέτρεχε (-εν V) mAT : -ον M || 3-4 προσπταίων mAT : προσκρούων C || 4 τοίχοις mAT : τύχοις Z || 5 τι mAT : om. B || 3 1 παλμὸς mAT : -ὴν B || 2 πολὺς ἐγίνετο om. C || 3 κινδύνου mT : κίνδυνον CA || εἰ μὴ mAT : εἰμὶ P || 4 συνεχῶς nos : συνέχων codd. || 6 σοι ἔφη mT : σοι om. A ἔφη σοι P || ὡς m : om. BAT.

IV 1 Calasiris se donna bien du mal à essayer de le ranimer. Certes Cnémon était le jouet[1] d'une divinité, qui toujours se plait à se moquer et à s'amuser des hommes[2]. Elle tenait à lui faire payer de quelque dure épreuve les douces joies qu'il devait bientôt goûter, et à mêler la tristesse à son bonheur, montrant dans cette circonstance sa malignité habituelle. A moins que la nature humaine ne soit jamais capable d'une joie pure et sans mélange. 2 Ainsi Cnémon fuyait alors ce qu'il désirait plus que tout au monde et s'épouvantait de voir ce qui lui était si doux. Car la femme qui se lamentait n'était pas Thisbé mais Chariclée. 3 Voici ce qui lui était arrivé. Lorsque Thyamis eut été pris vivant et emmené prisonnier, l'île incendiée et évacuée par les Pâtres, Cnémon et Thermouthis, l'écuyer de Thyamis, traversèrent le lac à l'aurore, pour s'enquérir du sort que les ennemis avaient réservé au chef des brigands. Nous avons dit ce que fut leur voyage[3]. 4 Théagène et Chariclée, restés seuls dans la caverne, surent tirer profit de leur terrible situation pour passer de bien doux moments. Pour la première fois ils se trouvaient seuls, délivrés de tout importun. Ils se rassasièrent d'embrassements et de baisers sans contrainte ni retenue. 5 Plongés dans un oubli total, ils se tinrent longtemps enlacés si

1. C'est là une idée commune chez les anciens, depuis Homère chez qui les hommes ne sont que les instruments dont se servent les dieux pour vider leurs querelles. D'où cette conception païenne, génératrice de tristesse et de découragement, d'une divinité jalouse du bonheur humain et s'ingéniant à lui faire sentir son infériorité et à l'humilier. Cf. Plaute, *Captifs*, 22, enimvero di nos quasi pilas homines habent. (M.)

2. Pour χλεύην ποιεῖσθαι, cf. Ϛ III, 3 et *Anthologie palatine*, VII, 345, 3-4

μή μ', ὦ μάταιε ναῦτα, τὴν ἄκραν κάμπτων
χλεύην τε ποιεῦ καὶ γέλωτα καὶ λάσθην.

Pour παιδιὰν ποιεῖσθαι, cf. Ϛ X, 1 ; Achille Tatios, Δ IX, 5 (παιδιὰ γενέσθαι).

3. Cf. B XIX, 3 sqq.

IV 1 Καὶ ὁ Καλάσιρις αὖθις πράγματα εἶχεν ἐπιρρωννύναι πειρώμενος. Ἔπαιζε δὲ ἄρα τι τὸν Κνήμωνα δαιμόνιον, ὃ καὶ τὰ ἄλλα χλεύην ὡς ἐπίπαν τὰ ἀνθρώπεια καὶ παιδιὰν πεποίηται, καὶ οὐδὲ τῶν ἡδίστων ἀλύπως μετέχειν ἐπέτρεπεν ἀλλ' ὅτι μετ' ὀλίγον ἡσθήσεσθαι ἔμελλεν ἤδη τὸ ἀλγεινὸν ἐπέπλεκε, τάχα μὲν οὕτως ἔθος ὂν αὐτῷ καὶ νῦν ἐπιδεικνύμενον, τάχα δέ που καὶ τῆς ἀνθρώπων φύσεως ἀμιγὲς καὶ καθαρὸν τὸ χαῖρον οὐκ ἐπιδεχομένης. 2 Ὡς δὴ καὶ τότε ὁ Κνήμων ἔφευγέ τε τὰ πάντων μᾶλλον αἱρετὰ καὶ φοβερὰ τὰ ἥδιστα ὑπελάμβανεν, ἦν γὰρ οὐ Θίσβη τὸ θρηνοῦν γύναιον ἀλλὰ Χαρίκλεια. 3 Ἐγεγόνει δὲ τὰ περὶ αὐτὴν ὧδε· ἐπειδὴ γὰρ ὁ μὲν Θύαμις ἁλοὺς ἐζώγρητο καὶ εἴχετο αἰχμάλωτος ἡ δὲ νῆσος ἐνεπέπρηστο καὶ τῶν ἐνοίκων ἐκεκένωτο βουκόλων, ὁ μὲν Κνήμων καὶ Θέρμουθις ὁ τοῦ Θυάμιδος ὑπασπιστὴς ἕῳοι τὴν λίμνην διέπλευσαν ὅ τί ποτε τὸν λῄσταρχον ἔδρασαν οἱ πολέμιοι κατασκοπήσοντες· ἔσχε τε τὰ κατ' αὐτοὺς ὡς δὴ καὶ εἴρηται. 4 Μόνοι δὲ Θεαγένης καὶ Χαρίκλεια κατὰ τὸ σπήλαιον ὑπελείποντο τὸ ὑπερβάλλον τῶν παρόντων δεινῶν ἀγαθὸν μέγιστον τιθέμενοι· τότε γὰρ πρῶτον ἰδίᾳ καὶ παντὸς ἀπηλλαγμένοι τοῦ ὀχλήσοντος ἀλλήλοις ἐντυχόντες ἀπαραποδίστων καὶ ὁλοσχερῶν περιπλοκῶν τε καὶ φιλημάτων ἐνεπίμπλαντο. 5 Καὶ πάντων ἅμα εἰς λήθην ἐμπεσόντες

IV 1 2-3 δαιμόνιον (post τι B) mAT : καὶ δ. P || 3 χλεύην (-ειν A) ὡς ἐπίπαν mAT : ὡς ἐπ. χλ. C || 4 ἀλύπως μετέχειν mAT : μετ. ἀλ. C || 5 ἐπέτρεπεν mT (-τρεχεν A) : μετέτρ. C || ἡσθή (-ί- Z) σεσθαι mT : ἠθήσ. A ἡγήσ. B || 6 οὕτως VMCPAT : οὗτος B om. Z || 7 ἐπιδεικνύμενον mAT : -ος C || δέ mT : δή BA || ἀνθρώπων C : -ου mAT || 2 2 μᾶλλον mAT : καὶ μ. P || 3 1 ἐγεγόνει VMCZAT : γεγ. BP || 2 μὲν mAT : om. C || 3 ἐνεπέπρηστο VMCP : ἐμπέπρ. BZAT || 4 ἐκεκένωτο mT : ἐκέν. B κεκέν. A || Θέρμουθις VMCBAT : ὁ Θέρμ. PZ || 5 ἕῳοι mAT : -ον B || 4 1-2 ὑπελείποντο BZ : ὑπολείπονται VMCPAT || 3 μέγιστον τιθέμενοι mAT : τιθ. μέγ. C || τότε mAT : τῷ τε B || 4 ἀπηλλαγμένοι mAT : -ον B || ὀχλήσοντος codd. : -σαντος Bas. || 5 καὶ (1) mAT : τε καὶ C || περιπλοκῶν et φιλημάτων transpos. C || τε καὶ mAT : καὶ C || 5 1 ἐμπεσόντες mAT : -ων B.

étroitement que leurs deux corps semblaient n'en faire qu'un[1], se livrèrent jusqu'à satiété aux transports d'un amour qui restait pur et sans tâche, mêlant leurs chaudes et abondantes larmes et échangeant seulement de chastes baisers. Chariclée, en effet, dès qu'elle voyait sa vertu mise en péril par quelque tentative de son amant, réfrénait l'ardeur de Théagène, en lui rappelant ses serments. Et il n'avait point de peine à se contenir et à rester sage, car s'il était l'esclave de l'amour il était le maître de ses sens.
6 Enfin ils se rappelèrent ce qu'ils avaient à faire, et mirent fin à leurs transports à contre cœur et avant d'en être las. Théagène parla le premier : « Etre unis l'un à l'autre et atteindre ce bonheur auquel nous avons tout sacrifié, pour lequel nous avons affronté tous les dangers, c'est là notre vœu le plus cher ; puissions nous, grâce aux dieux de la Grèce, le réaliser un jour. **7** Mais la condition humaine est instable et changeante. Nous avons traversé et nous aurons sans doute à traverser beaucoup d'épreuves. Pour le moment il nous faut absolument aller au rendez-vous que nous a fixé Cnémon au village de Chemmis. Mais savons-nous ce qui nous attend pendant ce trajet long et infini, semble-t-il, que nous devons parcourir avant d'atteindre le pays désiré ? Convenons donc de certains signes de reconnaissance qui nous permettront de communiquer sans nous parler, tant que nous serons ensemble, et, s'il nous arrive d'être séparés, de nous chercher mutuellement. C'est une bonne précaution quand on court le risque de s'égarer, d'échanger avec ses amis quelque signe convenu, symbole de reconnaissance pour se retrouver au besoin. »

V **1** Chariclée agréa cette proposition. Ils décidèrent, s'ils venaient à être séparés, d'inscrire sur les temples ou les statues les plus remarquables, les hermès et les pierres

1. Cf. Xénophon d'Éphèse, A IX, 5 (συμφύντες ἀλλήλοις) et Héliodore, B VI, 3 8 où ἡνωμένοι exprime la même idée.

εἴχοντο ἐπὶ πλεῖστον ἀλλήλων οἱονεὶ συμπεφυκότες, ἁγνεύοντος μὲν ἔτι καὶ παρθενεύοντος ἔρωτος κορεννύμενοι δάκρυσι δὲ ὑγροῖς καὶ θερμοῖς εἰς ἀλλήλους κεραννύμενοι καὶ καθαροῖς μόνον μιγνύμενοι τοῖς φιλήμασιν· ἡ γὰρ Χαρίκλεια τὸν Θεαγένην εἴ τι παρακινοῦντα αἴσθοιτο καὶ ἀνδριζόμενον ὑπομνήσει τῶν ὅρκων ἀνέστελλεν, ὁ δὲ οὐ χαλεπῶς ἐπανήγετο καὶ σωφρονεῖν ῥᾳδίως ἠνείχετο ἔρωτος μὲν ἐλάττων ἡδονῆς δὲ κρείττων γινόμενος. **6** Ἐπεὶ δὲ ὀψέ ποτε τῶν πρακτέων εἰς ἔννοιαν ἐλθόντες δόξαι κόρον ἔχειν ἐβιάσθησαν, ἄρχεται ὁ Θεαγένης λόγων τοιῶνδε « Τὸ μὲν συνεῖναι ἡμᾶς ἀλλήλοις, ὦ Χαρίκλεια, καὶ τοῦτο ἔχειν ὃ πάντων τε προτιμότερον ἐποιησάμεθα καὶ δι' ὃ πάντα ὑπέστημεν, ἡμεῖς τε εὐχόμεθα θεοί τε Ἑλλήνιοι παρέχοιεν. **7** Ἐπεὶ δὲ ἀστάθμητόν τι τὸ ἀνθρώπειον καὶ ἄλλοτε πρὸς ἄλλα φερόμενον καὶ πολλὰ μὲν πεπόνθαμεν πολλὰ δὲ ἐλπίζομεν πρόκειται δὲ ἡμῖν κατὰ τὰ συγκείμενα πρὸς Κνήμωνα πάντως ἐπὶ Χέμμιν τὴν κώμην ἐπείγεσθαι καὶ ἄδηλον ἥτις ἡμᾶς διαδέξεται τύχη πολὺ δὲ καὶ ἄπειρον ὡς ἔοικε διάστημα τῆς ἐλπιζομένης ἡμῖν γῆς ὑπολείπεται, φέρε σύμβολά τινα ποιησώμεθα δι' ὧν ἀπόρρητά τε γνωριοῦμεν παρόντες καὶ εἰ χωρισθῆναί ποτε συμβαίνοι μαστεύσομεν ἀλλήλους. Ἀγαθὸν γὰρ πλάνης ἐφόδιον σύνθημα φιλικὸν εἰς ἀνεύρεσιν φυλαττόμενον. »

V **1** Ἐπῄνει ταῦτα ἡ Χαρίκλεια καὶ ἐδόκει ναοῖς ἐπιγράφειν, εἰ χωρισθεῖεν, ἢ ἀγάλμασιν ἐπισήμοις ἑρμαῖς τε

2-3 ἁγνεύοντος mAT : -ες P || 4 καὶ CPZ : τε καὶ VMBAT || εἰς mAT : πρὸς C || κεραννύμενοι mAT : κορεννύμ. P || 6 παρακινοῦντα mAT : -ος B || 8 σωφρονεῖν mAT : σοφρονῶν P || **6** 4 ἡμᾶς mAT : om. B || ἀλλήλοις mAT : om. C || 6 ἡμεῖς — παρέχοιεν mAT : θεοί τε ἑλλήνιοι παρέχοιεν καὶ ἡμεῖς εὐχόμεθα C || **7** 1 πρὸς mAT : εἰς Z || 2-3 ἐλπίζομεν mAT : -ωμεν V || 3 κατὰ mAT : καὶ P || 4 πάντως mAT : om. C || Χέμμιν VCZT : -ην PA χέμιν MB || καὶ mAT : καὶ γὰρ C || 8-9 μαστεύσομεν m : ωμεν BAT.

V **1** 1-2 ἐπιγράφειν mAT : ὑπογρ. C.

des carrefours[1] : « Le Pythien » pour Théagène ou « la Pythienne » pour Chariclée, « est parti, à droite ou à gauche, pour aller dans telle ville, village ou pays », en précisant le jour et l'heure. **2** Quand ils se retrouveraient, il leur suffirait de se voir, car aucune absence, si longue soit-elle, ne serait capable d'effacer les marques d'amour empreintes en leurs âmes. Toutefois, ils se montrèrent des marques de reconnaissance plus sensibles : Chariclée, l'anneau de son père qui avait été exposé avec elle, Théagène, la cicatrice au genou, d'une blessure que lui avait faite un sanglier à la chasse[2]. Comme emblêmes, pour sceller leurs communications, ils choisirent, l'une la torche, l'autre la palme. **3** Cela fait, ils retombèrent en pleurant dans les bras l'un de l'autre : les larmes, j'imagine, leur tenaient lieu de libations, et les baisers de serments. Une fois ces conventions faites, ils sortirent de la caverne. Sans toucher aux autres trésors qui y était renfermés, regardant comme impure cette richesse acquise par des vols, ils emportèrent seulement ceux qu'ils avaient eux-mêmes apportés de Delphes, et qui étaient devenus la proie des brigands. **4** Chariclée changea de vêtements. Elle déposa la robe sacrée, qu'elle venait de quitter, avec ses colliers et sa couronne, au fond d'un petit sac, en mettant par dessus, pour les dissimuler, des objets sans valeur. Elle confia à Théagène son arc et son carquois, agréable fardeau, car c'étaient les armes mêmes du dieu sous les ordres duquel il servait. A peine arrivés au lac, quand ils se disposaient déjà à monter sur une barque, ils apercoivent une troupe armée qui voguait vers l'île.

1. Les ἑρμαῖ étaient des piliers surmontés de la tête d'Hermès ou d'un autre dieu « terminalis », les λίθοι de simples bornes ou des amas de pierres à la bifurcation des routes. (M.)

2. L'idée que Théagène pourrait se faire reconnaître par sa cicatrice au genou est inspirée d'Homère, *Odyssée*, XIX, 392-4, où Ulysse révèle son identité à Euryclée en lui montrant la blessure que de sa blanche défense lui fit un jour un sanglier. *Cf.* Euripide, *Electre*, 572 sqq. Electre reconnaîtra son frère à la blessure qu'il se fit en poursuivant un faon.

καὶ λίθοις ἐπὶ τριόδων τὸν μὲν Θεαγένην « ὁ Πυθικὸς » τὴν δὲ Χαρίκλειαν « ἡ Πυθιὰς ἐπὶ δεξιὰ ἢ ἀριστερὰ πεπόρευται πόλιν ἐπὶ τήνδε ἢ κώμην ἢ ἔθνος », ἡμέραν καὶ ὥραν προσδιορίζοντας. 2 Εἰ δὲ εἰς ταὐτὸν γίνοιντο, ἀρκεῖν μὲν ἑτέρῳ τὸν ἕτερον καὶ μόνον ὀφθῆναι, οὐδένα γὰρ χρόνον εἶναι ὅσος ἀμαυρῶσαι αὐτοῖς τῶν ψυχῶν τὰ ἐρωτικὰ γνωρίσματα. Ὅμως δ' οὖν ἡ μὲν Χαρίκλεια τὸν συνεκκείμενον αὐτῇ πατρῷον ἐδείκνυ δακτύλιον οὐλὴν δὲ ἐπὶ τοῦ γόνατος ἐκ θήρας συὸς ὁ Θεαγένης, ἐκ δὲ λόγων σύμβολα ἡ μὲν λαμπάδα ὁ δὲ φοίνικα συνετίθεντο. 3 Ἐπὶ τούτοις αὖθις περιέβαλλον ἀλλήλους καὶ αὖθις ἔκλαιον ὥσπερ οἶμαι σπονδῶν τῶν δακρύων ἀπάρχοντες καὶ ὅρκια τὰ φιλήματα ποιούμενοι. Τούτων συγκειμένων ἀνεδύοντο τοῦ σπηλαίου κειμηλίων μὲν ἄλλων τῶν ἐναποκειμένων οὐδενὸς θιγόντες, τὸν γὰρ ἀπὸ σύλων πλοῦτον βέβηλον ἐδοκίμαζον, ἃ δὲ αὐτοὶ μὲν ἐκ Δελφῶν ἐπήγοντο οἱ λῃσταὶ δὲ αὐτῶν ἀφείλοντο ταῦτα συνεσκευάζοντο. 4 Ἡ Χαρίκλεια δὲ καὶ μετημφίασεν ἑαυτὴν ἐνθεμένη μὲν πηριδίῳ τινὶ τούς τε ὅρμους καὶ τὰ στέμματα καὶ τὴν ἱερὰν ἐσθῆτα, καὶ ὥστε λανθάνειν αὐτοὺς καὶ ἄλλα σκεύη τῶν εὐτελῶν ἐπιβαλοῦσα, τὸ δὲ τόξον καὶ τὴν φαρέτραν Θεαγένει φέρειν ἐγχειρίσασα, φόρτον ἥδιστον ἐκείνῳ καὶ θεοῦ τοῦ κρατοῦντος ὅπλον οἰκειότατον. Ἄρτι δὲ τῇ λίμνῃ πλησιάσαντες καὶ σκάφους ἐπιβήσεσθαι μέλλοντες ἔνοπλον ὁρῶσι πλῆθος ἐπὶ τὴν νῆσον περαιούμενον.

3 λίθοις CBPZAT : -ων VM || 4 ἢ ἀριστερὰ CPZA : ἢ ἐπ' ἀρ. VMT ἢ καὶ ἐπ' ἀρ. B || **2** 2 ἀρκεῖν CBPZT : -εῖ VMA || ἑτέρῳ CBPZAT : τῷ ἑτ. VM || 3 ὅσος nos (cf. Z XXIV, **4** 7) : ὡς ὃς B ὃς mAT || ἀμαυρῶσαι mAT : -ώσαι C || αὐτοῖς mAT : -ῶν C || τῶν ψυχῶν mAT : om. C || 5 συνεκκείμενον CBPZAT : συνεγκ. VM || **3** 2 αὖθις (1) CBPZAT : om. VM || καὶ αὖθις mAT : om. P || 5 μὲν CBPZAT : δὲ VM || 6 θιγόντες Coraes : θίγοντες (-ος A) codd., cf. B XXVIII, **5** 2 || σύλων mT : σκύλων PA || 7 ἐπήγοντο codd. : fort. ἐπηγάγοντο || 8 αὐτῶν CBPZAT : om. VM || **4** 4 καὶ ὥστε m : ὥστε BAT || 6 ἐκείνῳ CB : -ου VMPZAT || 8 σκάφους mAT : σκαφη B.

VI 1 Atterrés à cette vue, ils restèrent longtemps immobiles et stupides ; ils semblaient devenus insensibles aux coups du malheur qui les frappait sans répit. Enfin, au moment même où allaient aborder les nouveaux venus, Chariclée proposa de s'enfuir et de se cacher dans la caverne, où peut-être ils ne seraient pas découverts. Déjà elle courait, 2 mais Théagène l'arrêta. « Jusques à quand. dit-il, fuirons-nous la destinée qui nous poursuit partout ? Cédons au sort, et ne résistons plus au flot qui nous entraîne. Épargnons-nous des courses inutiles, une vie errante, et les insultes[1] dont la divinité ne cesse de nous harceler. 3 Ne vois-tu pas comment par ses soins nos épreuves sont l'une à l'autre enchaînées ? Après l'exil, après les périls de la mer, les dangers encore plus terribles de la terre. Aux batailles succèdent les brigands. De la captivité, elle ne nous a tirés que pour nous replonger dans la solitude ; et après nous avoir fait entrevoir la fuite et la délivrance, voici qu'elle nous livre à nos meurtriers[2]. C'est se jouer de nous, c'est faire de notre existence une pièce de théâtre, un véritable drame[3]. 4 Eh ! bien, que ne lui coupons-nous la trame de sa tragédie, en nous livrant à ceux qui veulent nous occire, de peur qu'elle ne prétende pousser son œuvre jusqu'à un dénouement exorbitant et ne nous oblige à nous tuer de nos propres mains. »

VII 1 Chariclée n'approuva pas entièrement ces paroles. Que le sort méritât les accusations de Théagène,

1. Du moment qu'un langage grossier était permis aux processions en l'honneur de Déméter et de Dionysos, πομπεία en est venu à signifier « insultes en paroles ou en gestes ». Cf. Démosthène, *Sur la Couronne*, 11 et Philostrate, *Vie des Sophistes*, II. 27. Πρόκλου τοῦ Ναυκρατίτου πομπείαν οὐ πρεσβευτικὴν ξυνθέντος ἐπὶ πάντας τοὺς παιδεύοντας Ἀθήνησι καὶ τὸν Ἱππόδρομον ἐγκαταλέξαντος τῷ λοιδορησμῷ τούτῳ....

2. Cf. les plaintes de Clitophon dans Achille Tatios, Δ IX, 5-7.

3. Cf. B XXIX, 4 7-8 et note à A I, 7 2 (tome I, p. 3.)

VI 1 Ἰλιγγιάσαντες οὖν πρὸς τὴν θέαν ἐπὶ πλεῖστον ἀχανεῖς εἱστήκεσαν οἷον ἀπαλγοῦντες πρὸς τὴν τύχην οὕτως ἐπαλλήλως ἐπηρεάζουσαν· ὀψὲ δ'οὖν ποτε καὶ μόνον οὐ προσορμιζομένων ἤδη τῶν ἐπιόντων ἀποδιδράσκειν ἡ Χαρίκλεια καὶ τῷ σπηλαίῳ κρύπτειν ἑαυτοὺς εἴ πη διαλάθοιεν ἠξίου καὶ ἅμα ἀπέτρεχεν. 2 Ἀλλ' ὁ Θεαγένης ἐπεῖχέ τε καὶ « Ἄχρι τίνος » ἔλεγε « φευξόμεθα τὴν πανταχοῦ διώκουσαν εἱμαρμένην; εἴξωμεν τῇ τύχῃ καὶ χωρήσωμεν ὁμόσε τῷ φέροντι· κερδήσωμεν ἄλην ἀνήνυτον καὶ πλάνητα βίον καὶ τὴν ἐπάλληλον τοῦ δαίμονος καθ' ἡμῶν πομπείαν. 3 Οὐχ ὁρᾷς ὡς φυγαῖς ἐπισυνάπτειν πειρατήρια καὶ τοῖς ἐκ θαλάττης ἀτόποις τὰ ἐκ γῆς φιλοτιμεῖται χαλεπώτερα, πολέμους ἄρτι λῃσταῖς μετ' ὀλίγον; Αἰχμαλώτους μικρῷ πρόσθεν εἶχεν, ἐρήμους αὖθις ἀπέδειξεν· ἀπαλλαγὴν καὶ φυγὴν ἐλευθέραν ὑπέθετο καὶ τοὺς ἀναιρήσοντας ἐπέστησε, τοιοῦτον παίζει καθ' ἡμῶν πόλεμον ὥσπερ σκηνὴν τὰ ἡμέτερα καὶ δρᾶμα πεποιημένος. 4 Τί οὖν οὐχ ὑποτέμνομεν αὐτοῦ τὴν τραγικὴν ταύτην ποίησιν καὶ τοῖς βουλομένοις ἀναιρεῖν ἐγχειρίζομεν; μή πη καὶ ὑπέρογκον τὸ τέλος τοῦ δράματος φιλοτιμούμενος καὶ αὐτόχειρας ἡμᾶς ἑαυτῶν ἐκβιάσηται γενέσθαι. »

VII 1 Τούτοις εἰρημένοις οὐ πᾶσιν ἡ Χαρίκλεια συνετίθετο, τὴν μὲν τύχην ἐν δίκῃ κακηγορεῖσθαι πρὸς αὐτοῦ

VI 1 2 εἱστήκεσαν CBT : -εισαν VMPZA vid. Introd. vol. I, p. LXII || ἀπαλγοῦντες mAT : ἐπ. C || 4 ἤδη mAT : om. C || 2 2 τε mAT : om. M || 3 εἴξωμεν mAT : ἥξ. P || 4 ὁμόσε mAT : om. M || ἄλην VMCZAT : ἄλλην BP || ἀνήνυτον mAT : -τα P || 5 πλάνητα mAT : πλάνη τὸν B || 5-6 τοῦ δαίμονος καθ' ἡμῶν mAT : καθ' ἡμ. τοῦ δαίμ. C || 3 1 ὁρᾷς mAT : ὅρα B || ὡς mAT : ἐν B || ἐπισυνάπτειν B : -ει mAT || 2 γῆς CBPZT : τῆς γῆς M φυγῆς VA || 3 χαλεπώτερα mT : om. A || πολέμους mA : -οις T -εμίοις B || λῃσταῖς mAT : -ὰς M || post ὀλίγον interpunximus ut πολέμους et λῃσταῖς ex ἐπισυνάπτειν pendeant || 4 μικρῷ mAT : -ῶν C || 4-5 ἀπέδειξεν mAT : ἐπέδ. B || 4 1-3 ὑποτέμνομεν — πη καὶ om. B || 1 τραγικὴν mAT : τραγ. αὐτοῦ V || 3 πη m : ποι T πω A || 4 ἐκβιάσηται VMPZT : -άσητε BA -άσῃ C.

VII 1 2 τύχην mAT : δίκην P || κακηγορεῖσθαι mAT : κατηγ. Z.

elle ne songeait pas à le nier. Mais se livrer volontairement aux ennemis, non, elle n'était pas de cet avis. Car il n'était pas évident qu'une fois pris ils seraient mis à mort. La divinité contre laquelle ils luttaient n'était pas assez bienveillante pour leur accorder une prompte délivrance de leurs malheurs. Et vraisemblablement elle préférerait leur garder la vie sauve pour les faire tomber dans la servitude. Et quelle mort ne serait pas moins amère que d'être livrés aux mains de cruels barbares et de subir leurs outrages indignes et infâmes ? « Évitons-les, dit-elle, par tous les moyens possibles ; l'expérience[1] du passé nous donne quelque espoir de réussir, car plus d'une fois déjà nous sommes sortis de situations plus désespérées. » **2** — « Faisons comme tu le veux », dit Théagène, et il la suivit, comme si elle l'eût traîné derrière elle. Mais ils n'arrivèrent pas assez tôt à la caverne. Tout occupés à regarder ceux qui venaient en face d'eux, ils n'avaient pas vu d'autres ennemis qui débarquaient sur un autre point de l'île, les enveloppant par derrière. Ils s'arrêtèrent tous deux, atterrés ; Chariclée se réfugia auprès de Théagène, voulant, s'il lui fallait mourir, que ce fût dans ses bras[2]. **3** Quelques-uns des agresseurs se précipitèrent prêts à frapper ; mais quand les jeunes gens eurent jeté sur eux leurs regards éblouissants, le cœur leur faillit, et leurs mains retombèrent. Car la beauté, semble-t-il, intimide même la violence barbare et la vue d'un objet aimable adoucit même l'œil d'un étranger[3].

1. L'usage du mot πεῖρα tel qu'on le trouve ici et Δ XVI, 9 6 justifie peut-être son emploi plus douteux A XXIX, 3 3 (voir note critique *ad loc.*).

2. L'idée est assez naturelle (cf. XXIV, 3 3-5). Comparer le mauvais goût avec lequel développe un pareil thème Achille Tatios (Γ V, 4) εἰ δὲ καὶ θηρίων ἡμᾶς βορὰν πέπρωται γενέσθαι, εἷς ἡμᾶς ἰχθὺς ἀναλωσάτω, μία γαστὴρ χωρησάτω, ἵνα καὶ ἐν ἰχθύσι κοινῇ ταφῶμεν.

3. Cf. A IV, 3 3-5 οὕτως εὐγενείας ἔμφασις καὶ κάλλους ὄψις καὶ ληστρικὸν ἦθος οἶδεν ὑποτάττειν καὶ κρατεῖν καὶ τῶν αὐχμηροτέρων δύναται. Cf. A III, 6, l'effet produit sur les brigands par la beauté de Théagène et de Chariclée.

φάσκουσα τὸ δὲ τοῖς πολεμίοις ἑκόντας ἑαυτοὺς ἐγχειρίζειν οὐκ ἐπαινοῦσα· μὴ γὰρ εἶναι πρόδηλον ὡς ἀναιρήσουσι λαβόντες (οὐ γὰρ οὕτω χρηστῷ τῷ δαίμονι προσπαλαίειν ὡς ταχεῖαν τῶν συμφορῶν ἀπαλλαγὴν συγχωρῆσαι), ἀλλ', ἐνδεχόμενον βουληθῆναι καὶ περισῴζειν ἑαυτοῖς εἰς δουλείαν (ὃ τίνος οὐκ ἂν γένοιτο θανάτου πικρότερον;), ὀλέθροις βαρβάροις ἐκκεῖσθαι πρὸς ὕβριν ἐπίρρητον καὶ δυσώνυμον, « ἣν πάντα τρόπον καὶ ὡς δυνατὸν ἐκκλίνωμεν, ἐπιτυχίας ἐλπίδα τὴν πεῖραν τῶν παρελθόντων ὑποθέμενοι, πολλάκις ἤδη καὶ ἐξ ἀπιστοτέρων περιγενόμενοι. » **2** « Ποιῶμεν ὡς βούλει » φήσας ὁ Θεαγένης εἵπετο ἡγουμένῃ καθάπερ ἑλκόμενος. Οὐ μὴν ἔφθησάν γε πρὸς τὸ σπήλαιον διελθόντες ἀλλ' ἕως τοὺς κατὰ πρόσωπον ἐπιόντας περιεσκόπουν ἔλαθον ὑπὸ μοίρας τῶν πολεμίων ἣ κατ' ἄλλο μέρος ἀπέβη τῆς νήσου κάτοπιν σαγηνευθέντες· καὶ οἱ μὲν ἐκπλαγέντες ἔστησαν ὑποδραμούσης τὸν Θεαγένην τῆς Χαρικλείας ὡς εἰ καὶ τεθνάναι δεήσειεν ἐν χερσὶ ταῖς ἐκείνου γίνοιτο. **3** Τῶν δὲ ἐπελθόντων ἐπανετείναντο μέν τινες ὡς πατάξοντες· ὡς δ' ἐπιβλέψαντες οἱ νέοι κατηύγασαν τοὺς ἐπιφερομένους ὤκλαζεν αὐτοῖς ὁ θυμὸς καὶ παρεῖντο αἱ δεξιαί, τοὺς γὰρ καλοὺς καὶ βάρβαροι χεῖρες ὡς ἔοικε δυσωποῦνται καὶ πρὸς τὴν ἐράσμιον θέαν καὶ ἀπρόσφυλος ὀφθαλμὸς ἡμεροῦται.

3 ἑκόντας mAT : om. Z || 5 οὐ mAT : οὐδὲ B || 5-6 προσπαλαίειν mAT : προπ. C || 7 ἑαυτοῖς CPZA²T : ἑαυτοὺς VMBA¹ || 8 ὃ VMCBAT : οὗ PZ || οὐκ mAT : om. B || 8-9 ὀλέθροις VMCA : ὀλεθρίοις BPZT, cf. VIII, **3** 5 || 9 ἐκκεῖσθαι mAT : om. C || ἐπίρρητον mAT : ἐπικατάρατον B || 10 ἐκκλίνωμεν VMPZA : -ομεν CB ἐκτείνωμεν T || 11 τὴν πεῖραν τῶν mA : τὴν (τῶν superscr.) πειρατῶν T τὴν χάριν τῶν C || 12 περιγενόμενοι VM : περιγιν. CBPZA παραγιν. T || **2** 2 ἔφθησαν (cf. Z I, **2** 2) mA : ἔφθασαν ZT || 3 διελθόντες mAT : εἰσελθ. P tum καὶ οἱ ··· ἔστησαν (5-6) at erasum || 7 ὡς mAT : καὶ ὡς C || **3** 1 ἐπελθόντων BPAT : ἐπανελθ. VMCZ || 2 δ' ἐπιβλέψαντες B : δέ τι βλ. mAT || οἱ νέοι mAT : om. C || 3 αὐτοῖς mAT : -οὺς B || 4 γὰρ CBPZAT : om. VM || 6 ἀπρόσφυλος VZ : -φιλος MCBPAT cf. Δ VIII, **5** 4 et vide Append. 2 (vol. I, p. LXXII) || ὀφθαλμὸς mAT : ὁ ὀφθ. B.

VIII 1 Ils se contentèrent de s'emparer d'eux et de les conduire à leur chef en grand hâte, chacun voulant être le premier à lui amener le plus beau butin. C'était d'ailleurs tout ce qu'ils devaient lui apporter. Aucun d'eux ne trouva autre chose, bien qu'ils eussent parcouru l'île entière d'un bout à l'autre, et qu'ils l'eussent pour ainsi dire enveloppée complètement du réseau de leurs armes. Elle avait été dévastée par le feu au cours de la lutte récente. Seule subsistait la caverne qu'ils ne virent pas[1]. 2 Ils emmenaient donc les captifs vers leur chef. Or, celui-ci n'était autre que Mitranès, lieutenant d'Oroondatès, le satrape du Grand Roi en Égypte. Moyennant une forte récompense, Nausiclès, on s'en souvient[2], l'avait déterminé à faire une descente dans l'île pour y rechercher Thisbé. 3 Quand Théagène et Chariclée[3], qui ne cessaient d'invoquer le secours des dieux, furent arrivés à proximité, Nausiclès, en les voyant, eut une inspiration digne d'un marchand[4] et d'un homme pratique. Il s'élance au-devant d'eux. « C'est bien Thisbé, s'écrie-t-il, celle que m'ont enlevée les misérables Pâtres. Je la tiens, grâce aux dieux et à toi, Mitranès. » 4 Il saisit Chariclée avec de grandes démonstrations de joie. Il engage Chariclée à se laisser appeler Thisbé, si elle veut avoir la vie sauve : ceci à voix basse et en grec, pour que les assistants ne comprennent pas. Sa ruse lui réussit. Chariclée, l'entendant parler grec et conjecturant que cet homme lui pouvait rendre service,

1. Cf. A XXXIII, 4 ; B II, 1 ; III, 1.

2. Cf. B XXIV, 2 où ἐπὶ χρήμασι μεγάλοις est écrit au lieu de ἐπὶ χρήμασι πολλοῖς.

3. En grec classique οἱ περί (ou ἀμφί) τινα désigne un groupe ou une personne et ses associés. Plus tard l'expression signifia seulement la personne nommément désignée (par ex. B I, 1 Lucien, *Vera Hist.*, II, 18 οἱ ἀμφ' Ἀρίστιππόν τε καὶ Ἐπίκουρον c.-à-d. Aristippe et Epicure ou encore Philostrate, *Vie d'Apollonius*, VI, 5 οἱ περὶ τὸν Δάμιν, c.-à-d. Damis, etc.). Assez étrange néanmoins est l'expression οἱ περὶ τὸν Θεαγένην signifiant Théagène et sa compagne. Cf. Z XI, 9 2 etc.

4. En vendant la belle Chariclée au satrape, Nausiclès réaliser un gain beaucoup plus avantageux qu'en lui cédant Thisbé. (M.)

VIII 1 Συλλαβόντες οὖν ἦγον ἐπὶ τὸν ἄρχοντα λίαν ἐσπουδακότες λαφύρων τὸ κάλλιστον πρῶτοι προσαγαγεῖν· ἔμελλον δὲ ἄρα καὶ μόνον προσφέρειν, ἄλλῳ γὰρ οὐδενὶ τῶν ἄλλων οὐδεὶς ἐπετύγχανεν ἐκ περάτων καὶ ταῦτα εἰς πέρατα τὴν νῆσον ἐπιδραμόντες καὶ ὥς ἄρκυσι τοῖς ὅπλοις πανταχόθεν πᾶσαν περιβαλόντες. Ἡ μὲν γὰρ ἄλλη πυρὶ πρὸς τοῦ προτέρου πολέμου κατηνάλωτο· μόνον δὲ λειπόμενον τὸ σπήλαιον ἠγνοεῖτο. 2 Καὶ οἱ μὲν οὕτως ἤγοντο ἐπὶ τὸν πολέμαρχον, ἦν δ' ἄρα Μιτράνης ὁ φρούραρχος Ὀροονδάτου τοῦ τῷ βασιλεῖ τῷ μεγάλῳ τὴν Αἴγυπτον σατραπεύοντος, ἐπὶ χρήμασι πολλοῖς ὑπὸ Ναυσικλέους, ὡς δεδήλωται, κατὰ ζήτησιν τῆς Θίσβης ἀφιγμένος ἐπὶ τὴν νῆσον. 3 Ὡς οὖν ἀγόμενοι πλησίον οἱ περὶ τὸν Θεαγένην ὤφθησαν θεοὺς σωτῆρας ἐπιβοώμενοι πολλάκις, ἐμπορικόν τι καὶ δραστήριον ἐννοήσας ὁ Ναυσικλῆς ἐξήλατό τε καὶ προσδραμὼν « Αὕτη ἐκείνη Θίσβη » κεκραγὼς ἔλεγεν « ἣν ἀφῃρέθην μὲν πρὸς τῶν ὀλέθρων βουκόλων ἔχω δὲ διὰ σέ, Μιτράνη, καὶ τοὺς θεούς. » 4 Ἐδράττετό τε τῆς Χαρικλείας καὶ χαίρειν εἰς ὑπερβολὴν ἐνεδείκνυτο καὶ τῇ Χαρικλείᾳ Θίσβην ὁμολογεῖν ἑαυτὴν εἰ βούλοιτο σῴζεσθαι παρεκελεύετο, ἠρέμα καὶ ἑλληνιστὶ παραφθεγγόμενος ὡς ἂν λανθάνοι τοὺς παρόντας· καὶ τοῦ σοφίσματος ἔτυχεν· ἡ γὰρ δὴ Χαρίκλεια γλώσσης τε ἑλληνίδος αἰσθομένη καί τι καὶ συνοῖσον ἀνύεσθαι πρὸς τοῦ ἀνδρὸς

VIII 1 2 πρῶτοι mAT : -τον B || 3 ἄλλῳ mAT : ἄλλο B || 4 οὐδεὶς post περάτων C || ἐπετύγχανεν mAT : ἐτύγχ. C || 6 πᾶσαν mAT : ταύτην C || περιβαλόντες VMBZAT : περιλαβ. P ἐπιλαβ. C || 7 πρὸς mAT : ἀπὸ Z || κατηνάλωτο CBPZT : καταν. VMA || 7-8 λειπόμενον superscr. T post σπήλαιον B || 2 2 ἦν δ' mAT : ἦν ὁ B || Μιτράνης mA : Μητρ. ZT ut saepius || 3 τῷ μεγάλῳ mAT : τοῦ μεγάλου B || 3 1 περὶ mAT : om. C || 3 Ναυσικλῆς mAT : Χαρικλῆς B || 4 τε mAT : τι Z || αὕτη VMBZAT : αὐτὴ CP || 5 ἀφῃρέθην mAT : -έθη B || ὀλέθρων Coraes, cf. VII, 1 8, Plut., *Sert.*, 6, Luc., *Iup. Trag.*, 43 et al. : ὀλεθρίων codd. (cf. Luc., *Dial. Mort.*, 2, 1; *Hist. conscr.*, 38) || 4 1 τε mAT : om. P || 2 ἐνεδείκνυτο mAT : ἐπεδ. B || 5 ἂν BT : ἢν CPZ ἦν VA om. M || λανθάνοι CBPZAT : -ειν VM || 6 τε CBPZAT : τῆς VM.

se prête à la combinaison ; et quand Mitranès lui demande
comment elle s'appelait, « Thisbé », répondit-elle. 5
Nausiclès alors court à Mitranès, lui baise plusieurs fois la tête. Il félicite de ses succès étonnants notre barbare qui se gonfle d'orgueil : valeureux guerrier qui a si souvent remporté la victoire, et qui vient aujourd'hui encore de terminer heureusement cette dernière expédition. L'homme, grisé par ces flatteries et trompé[1] par la déclaration de Chariclée, ne flaire pas la ruse, bien que frappé de la beauté de la jeune fille qui brillait[2] sous son pauvre vêtement, comme un rayon de lune à travers les nuages.
6 Mais la rapidité avec laquelle avait été ourdie la supercherie[3] en imposa à cet homme léger et ne lui laissa pas le temps de se reprendre. « Puisque cette femme est à toi, tiens, emmène-là », dit-il, en la remettant entre ses mains. L'insistance avec laquelle il la regardait montrait bien que, s'il renonçait à la jeune fille, c'était à regret et parce qu'il avait été payé d'avance[4]. « Quant à celui-ci, ajouta-t-il, en désignant Théagène, quel qu'il soit, il sera notre butin[5]. Qu'on me l'emmène sous bonne garde. Je l'enverrai à Babylone. Il est digne de servir à la table d'un roi. »

IX 1 Ces paroles échangées, ils traversèrent le lac et se séparèrent. Nausiclès rentra à Chemmis avec Chariclée. Mitranès se dirigea vers d'autres villages de son district[6], et sans attendre expédia Théagène, avec une lettre, à

1. Héliodore aime cette construction non classique de ἀπατᾶσθαι avec l'infinitif, par ex. A XV, 4 2 ; XXX, 6 4.

2. Διεκλάμπειν est employé dans un texte analogue B XXXI, 3 5.

3. Héliodore oppose la subtilité du grec à la crédulité du barbare. Sur les bons rapports entre les marchands grecs et les Égyptiens, cf. tome I, page 56, n. 1. (M.)

4. Πρόληψις au sens physique de « action de prendre d'avance » semble particulier à Héliodore (cf. Δ XVIII, 6 5 προλήψει τοῦ ὅρκου).

5. Le singulier λάφυρον n'apparait que tardivement dans la langue grecque ; cf. Achille Tatios, Δ XIII, 4 ὡς ἂν ἔχοι καὶ πρὸς ἐκεῖνον λάφυρον φέρειν.

6. Mitranès est en pays conquis, d'où le mot ὑπηκόων. (M.)

στοχαζομένη συνύφαινε τὸν σκοπὸν καὶ τῷ Μιτράνῃ πυνθανομένῳ τίς ποτε καλοῖτο Θίσβην ἑαυτὴν ὡμολόγει. 5 Τότε δὴ προσδραμὼν ἐφίλει τε πολλὰ τὴν κεφαλὴν τοῦ Μιτράνου καὶ τῆς τύχης ὑπερθαυμάζων ἐφύσα τὸν βάρβαρον ὡς ἄλλα τε πλεῖστα κατωρθωκότα ἐν πολέμοις καὶ δὴ καὶ τὴν παροῦσαν στρατείαν εὐδαιμόνως πεποιημένον. Ὁ δὲ χαυνωθεὶς τοῖς ἐπαίνοις καὶ ἅμα τὸ πρᾶγμα οὕτως ἔχειν ὑπὸ τοῦ ὀνόματος ἀπατηθεὶς ἐξεπέπληκτο μὲν τῆς ὥρας, ἀπ' εὐτελοῦς γὰρ καὶ ταῦτα τῆς ἐσθῆτος οἷον νέφους αὐγὴ σεληναίας διεξέλαμπεν· 6 ὅμως δ'οὖν τὸ κοῦφον τοῦ φρονήματος ἀπάτης ὀξύτητι συσχεθεὶς καὶ τὸν καιρὸν τῆς μεταμελείας προληφθεὶς « Ταύτην μὲν » ἔφη « σὴν οὖσαν ἀπολαβὼν ἄγε » (καὶ εἰπὼν ἐνεχείριζεν, ἀφορῶν τε εἰς αὐτὴν συνεχῶς καὶ ὅτι ἄκων καὶ προλήψει τοῦ μισθοῦ παραχωροίη τῆς κόρης ἐπισημαίνων) « οὑτοσὶ δέ, ὅστις ποτέ ἐστι » λέγων τὸν Θεαγένην « λάφυρον ἡμέτερον ἔστω καὶ ἑπέσθω φρουρούμενος, ἀναπεμφθησόμενος εἰς Βαβυλῶνα, τραπέζῃ γὰρ τῇ βασιλέως διακονεῖν ἐμπρέπει. »

IX 1 Τούτων εἰρημένων ἐπεραιοῦντο τὴν λίμνην καὶ χωρισθέντες ἀλλήλων ὁ μὲν εἰς τὴν Χέμμιν ὁ Ναυσικλῆς ἔχων τὴν Χαρίκλειαν ἔρχεται, Μιτράνης δὲ ἐπὶ ἑτέρας κώμας τῶν ὑπηκόων ἐκτραπεὶς οὐδὲν ὑπερθέμενος ἅμα γράμμασι τὸν Θεαγένην πρὸς Ὀροονδάτην ὄντα κατὰ τὴν

8 συνύφαινε VMPZA : συνέφ. C (ex συνύφ.) BT || τὸν σκοπον mAT : τῷ σκοπῷ M || 9 τίς mAT : τί P || 5 2 τῆς τύχης CBPZAT : τύχης VM || 4 καὶ δὴ καὶ B : καὶ mAT || εὐδαιμόνως mAT : εὐδαίμονα B || 4-5 πεποιημένον VMCBAT : -μένῳ P -μένος Z || 6 ἐξεπέπληκτο m : ἐκπέπληκτο AT (-ητο B) || 8 νέφους mAT : om. B || αὐγὴ mT : αὐγοῖς C αὐγῆς A || 6 1 δ'οὖν mAT : οὖν Z || 3 μεταμελείας mAT : μεταβολῆς C || προληφθεὶς mAT : προσλ. B || 4 μὲν CBPZAT : μὲν οὖν VM || ἀπολαβὼν ἄγε mAT : ἄγε ἀπολ. C || 5 ἄκων καὶ mAT : ἄκων C || 8 ἔστω mAT : ἔσται B || ἑπέσθω mAT : ἐπέστω P || φρουρούμενος mAT : φρ. καὶ P || 9 τῇ mA : τοῦ M τῇ τοῦ T.

IX 1 4 ἐκτραπεὶς mT : τραπεὶς BA || 5 Ὀροονδάτην mA (-δάντην C) : Ὀρρ. T.

Oroondatès qui se trouvait à Memphis[1]. 2 La missive était ainsi rédigée : « A Oroondatès, satrape, Mitranès son lieutenant. Voici un jeune Grec que j'ai fait prisonnier. Il est trop beau pour rester à mon service ; seul notre divin roi[2] mérite de voir et de posséder un tel serviteur[3]. Je te l'envoie, en te laissant l'honneur d'offrir à notre commun maître un présent si précieux et si magnifique, qui sera pour la cour royale une parure telle qu'elle n'en a jamais eue et n'en aura jamais. »

X 1 Tel était son message. Aux premières lueurs du jour, Calasiris, accompagné de Cnémon, alla trouver Nausiclès. Il avait hâte de savoir des nouvelles. Nausiclès, quand on lui demanda ce qu'il avait fait, raconta tout ce qui s'était passé : 2 comment il avait trouvé l'île déserte, sans y rencontrer personne d'abord ; comment il avait joué Mitranès et obtenu de lui, en la faisant passer pour Thisbé, une jeune fille qu'ils avaient fini par découvrir, s'estimant plus heureux de cette rencontre que d'avoir retrouvé la vraie Thisbé, car il y avait de l'une à l'autre la différence qui sépare un dieu d'un mortel. Telle était l'incroyable beauté de cette femme que des paroles ne sauraient en donner l'idée. Au reste, elle était là, il était facile de la leur montrer.

XI 1 Ce récit leur fit soupçonner la vérité. Ils le prièrent de faire venir au plus tôt la jeune fille. Cette beauté indescriptible ne pouvait convenir qu'à Chariclée.

1. Memphis était la capitale de la sixième satrapie. Elle resta la capitale de l'Égypte sous la domination romaine. (M.)

2. L'épithète θεός ne doit pas être entendue au sens littéral, comme dans l'expression ὁ θεός Καῖσαρ (César divinisé après sa mort). Elle implique seulement l'idée de puissance et de respect. (M.)

3. Les peuples soumis au roi de Perse lui envoyaient chaque année un tribut humain. Ainsi de l'Assyrie lui revenaient cinq cents eunuques ; les peuples au nord du Caucase envoyaient tous les cinq ans cent jeunes gens et autant de jeunes filles (Hérodote, III, 92 et 97). (M.)

Μέμφιν ἐξέπεμψεν. 2 Εἶχε δὲ ὧδε τὰ ἐπεσταλμένα· « Ὀροονδάτῃ σατράπῃ Μιτράνης φρούραρχος· Ἕλληνα νεανίσκον, ὑπεραίροντα τὴν ἐμὴν δεσποτείαν καὶ θεῷ βασιλεῖ τῷ μεγίστῳ μόνῳ καὶ φαίνεσθαι καὶ διακονεῖσθαι ἄξιον, αἰχμάλωτον εἰληφὼς πρός σε διεπεμψάμην, ἐκχωρῶν σοι τηλικοῦτο καὶ τοιοῦτο δῶρον τῷ κοινῷ δεσπότῃ προσάγειν οἷον ἡ βασίλειος αὐλὴ κόσμον οὔτε πρότερον εἶδεν οὔτε αὖθις ὄψεται. »

X 1 Ταῦτα μὲν ἐκεῖνος ἐπέστελλεν· οὔπω δὲ ἡμέρας ἀκριβῶς ὑποφαινούσης ὁ Καλάσιρις ἅμα τῷ Κνήμωνι παρὰ τὸν Ναυσικλέα σπεύδων μαθεῖν τι τῶν ἀγνοουμένων ἔρχεται καὶ πυνθανομένῳ τίνα εἴη διαπεπραγμένος ἅπαντα ὁ Ναυσικλῆς ἔλεγεν, 2 ὡς ἦλθεν ἐπὶ τὴν νῆσον, ὡς κατέλαβεν ἔρημον, ὡς οὐδενὶ τὰ πρῶτα συνέτυχεν, ὡς ἀπάτῃ τὸν Μιτράνην περιῆλθε καί τινα φανεῖσαν κόρην ὡς Θίσβην ἀπέλαβε, καὶ ὅτι βέλτιον εἴη διαπεπραγμένος ταύτης ἐπιτυχὼν ἢ ἐκείνην ἂν εὑρών· οὐ γὰρ μικρὸν εἶναι τὸ διάφορον ἀλλ' ὅσον ἄν τι γένοιτο θεοῦ πρὸς ἄνθρωπον, οὕτως οὐκ εἶναι τοῦ κάλλους ὑπερβολὴν οὐδὲ αὐτῷ δυνατὸν εἶναι τῷ λόγῳ φράζειν, καὶ ταῦτα ἐξὸν παροῦσαν ἐπιδεικνύναι.

XI 1 Ταῦτα ὡς ἤκουσαν ὑπόνοιαν εὐθὺς τῶν ἀληθῶν ἐλάμβανον ἱκέτευόν τε προστάττειν ὡς ὅτι τάχιστα παρεῖναι τὴν κόρην, τὸ γὰρ ἄφραστον κάλλος Χαρικλείας ἐγνώριζον. Ὡς δὲ ἤχθη καὶ τὰ πρῶτα κάτω νεύουσα καὶ τὸ πρό-

6 ἐξέπεμψεν CBA : -πεμπεν VMPZT || 2 1 ὧδε mAT : ὧδέ πως Z || 2 Ὀρ (Ὀρρ. T) οονδάτῃ (-δάντῃ C) mAT : -ην P || 3 νεανίσκον mT : νεανίαν A || δεσποτείαν mAT : -πόταν B || θεῷ mAT : θεῷ καὶ C || 4 μεγίστῳ VMCZAT : μεγάλῳ BP || 5 ἐκχωρῶν mAT : ἐκ χειρῶν C || 7 κόσμον CBPZAT : om. VM || εἶδεν mAT : οἶδεν B.

X 1 2 ἀκριβῶς mAT: ἐαρινῆς B || ὑποφαινούσης mAT : ἀποφ. M || 2 4 βέλτιον mAT : βελτίων Z || 5 ἂν εὑρών nos : ἀνευρών mAT εὑρών B || 6 τι BT : τις mA || 8 παροῦσαν mAT : -σα P.

XI 1 2 ὡς mAT : om. B.

Elle entra, la tête baissée, le visage voilé jusqu'aux sourcils. Nausiclès lui dit de ne pas avoir peur. Alors elle leva un peu la tête ; elle les vit et ils la virent, et leur surprise fut grande. Incontinent, ils se prirent tous à pleurer, et à pousser ensemble des sanglots[1], comme à un signal donné ou comme si on les avait frappés tous en même temps. **2** Et l'on n'entendait que des « O mon père », « O ma fille », « C'est bien Chariclée et non Thisbé[2] ». Nausiclès, ébahi, contemplait Calasiris qui serrait Chariclée dans ses bras en pleurant ; il ne savait que penser de cette scène de reconnaissance, digne du théâtre. Calasiris enfin lui dit, en lui donnant accolades et baisers **3** : « O le meilleur des hommes, voilà ton œuvre. Puissent les dieux, pour t'en récompenser, satisfaire tous tes désirs[3]. C'est toi qui m'as rendu ma fille que je n'espérais pas revoir jamais ; c'est toi qui m'as permis de contempler celle dont la vue m'est agréable entre toutes. Mais, ma fille, ma Chariclée, qu'as-tu fait de Théagène ? » Elle se mit à sangloter et resta un moment sans pouvoir répondre. « Il est prisonnier, dit-elle enfin. Il a été emmené par l'inconnu qui m'a livrée à cet homme. » **4** Calasiris alors pria Nausiclès de lui révéler ce qu'il savait de Théagène et de lui dire qui s'était emparé du jeune homme et où il l'emmenait. Nausiclès raconta tout. Il avait compris que ces jeunes gens étaient ceux dont le vieillard lui avait souvent parlé et à la recherche desquels il le voyait mener à

1. Le roman grec est très larmoyant. On pleure encore plus abondamment chez les successeurs d'Héliodore. Cf. Eumathe Z IX. (M.)

2. Bien que ce soit Cnémon qui s'exclame ainsi, il n'est pas vraisemblable qu'Héliodore ait mentionné son nom, puisqu'il n'a pas désigné ceux qui profèrent les autres exclamations. Aussi avons-nous rejeté les mots τοῦ Κνήμωνος que nous considérons comme une glose explicative.

3. Cf. Homère, *Odyssée*, VI, 180

σοὶ δὲ θεοὶ τόσα δοῖεν ὅσα φρεσὶ σῇσι μενοινᾷς.

Au lieu de ὄντα, on attendrait ἐστί. Peut-être Héliodore, se souvenant de l'expression homérique, avait-il écrit μενοινᾷς, dont la première syllabe serait tombée après γνώμην et le reste οινᾷς devenu ὄντα.

σωπον εἰς ὀφρὺν σκέπουσα τοῦ Ναυσικλέους θαρρεῖν παρακελευομένου μικρὸν ἀνένευσεν εἶδέ τε καὶ ὤφθη παρ' ἐλπίδας, ὀδυρμὸς ἅπασιν ἀθρόον ἀνεκινήθη καὶ ὥσπερ ἐξ ἑνὸς συνθήματος ἢ πληγῆς τῆς αὐτῆς ἀνωλόλυξαν. 2 Ἦν τε ἀκούειν ἐπὶ πλεῖστον « ὦ πάτερ » καὶ « ὦ θύγατερ » καὶ « ἀληθῶς Χαρίκλεια καὶ οὐχὶ Θίσβη » [τοῦ Κνήμωνος]. Ὁ δὲ Ναυσικλῆς ἐνεὸς ἐγεγόνει τόν τε Καλάσιριν ἐφ' ὅσον περιβαλὼν τὴν Χαρίκλειαν ἐδάκρυεν ἀφορῶν καὶ τίς ὁ καθάπερ ἐπὶ σκηνῆς ἀναγνωρισμὸς διαπορῶν, ἕως αὐτὸν ὁ Καλάσιρις ἐφ' ὅσον πλεῖστον ἅμα φιλήμασι κατασπασάμενος 3 « Ὦ βέλτιστε ἀνδρῶν » ἔλεγε « σοὶ δὲ ἀντὶ τούτων οἱ θεοὶ τοσαῦτα δοῖεν ὅσα κατὰ γνώμην ὄντα τὴν σὴν εἰς κόρον τελεσθῆναι. Σωτήρ μοι τῆς οὐδαμόθεν ἐλπισθείσης ἔτι θυγατρὸς γέγονας καὶ δέδωκας ἰδεῖν τὴν ἐμοὶ πάντων ἡδίστην θέαν. Ἀλλ' ὦ θύγατερ, ὦ Χαρίκλεια, Θεαγένην δὲ ποῦ κατέλιπες; » Ἀνωλόλυξε πρὸς τὴν ἐρώτησιν καὶ διαλιποῦσα μικρὸν « Αἰχμάλωτον » εἶπεν « ἄγει λαβὼν ὅστις ποτέ ἐστιν ὁ κἀμὲ τούτῳ παραδεδωκώς. » 4 Ἱκέτευεν οὖν ὁ Καλάσιρις τὸν Ναυσικλέα μηνύειν ἃ γινώσκει περὶ τοῦ Θεαγένους καὶ τίς μὲν ὁ νῦν δεσπόζων ὅποι δ' ἄγει λαβών. Ἔλεγε πάντα ὁ Ναυσικλῆς συνεὶς ἐκείνους εἶναι τούτους περὶ ὧν διείλεκτο πολλάκις πρὸς αὐτὸν ὁ πρεσβύτης καὶ ὧν κατὰ ζήτησιν ἀλώμενον ἐν

6 ἀνένευσεν mAT : ἀνέπν. P ‖ 6-7 ἐλπίδας mAT : -ίδα P ‖ 7 ἀνεκινήθη VMCZT : ἐκιν. BPA ‖ 8 ἀνωλόλυξαν mAT : om. P ‖ **2** 3 καὶ ἀληθῶς mAT : ἀληθῶς M ‖ καὶ (2) CBPZAT : om. VM ‖ οὐχὶ CBA : οὐχ ἡ VMPZT ‖ 2-3 τοῦ Κνήμωνος seclusimus ‖ 4 ἐνεός VMCZ (ἐνν. PT) : αὖος BA ‖ 5 περιβαλὼν VMCZAT : -λαβὼν BP ‖ ἐδάκρυεν BT : -υσεν mA ‖ ἀφορῶν codd. : ἐφορῶν Bourdelotii ed. male ‖ 6 ὁ mAT : οὐ P ‖ διαπορῶν mAT : ἀγνοῶν καὶ διαπ. M ‖ 7 πλεῖστον ἅμα mT : πλεῖστον M περιβαλὼν A ‖ **3** 2 οἱ θεοὶ mAT : θεοὶ Z ‖ ὄντα codd. : locus suspectus; exspectes ἐστὶ nisi forte verbum excidit ‖ 3 μοι CPZAT : μου VMB ‖ 4 ἔτι VMCPAT : ἐπὶ B om. Z ‖ 5 ἐμοὶ VCZT : ἐμὴν MBPA ‖ ἡδίστην mAT : ἥδιστον B ‖ 8 λαβὼν mAT : om. C ‖ **4** 1 τὸν Ναυσικλέα mAT : om. C ‖ 3 ὅποι mAT : ὅπη P ‖ 4-5 πρὸς αὐτὸν ὁ πρεσβύτης CBPZAT : ὁ πρ. πρὸς αὐτ. VM ‖ 5 ὧν mAT : ὃν M ‖ ἀλώμενον mAT : -ος B.

travers le monde une vie errante et désolée. **5** Mais il ajouta qu'ils n'en étaient guère avancés de connaître ces détails, car ils n'avaient rien et il serait bien étonnant[1] que Mitranès consentît, même pour une forte somme d'argent, à céder le jeune homme. « Nous sommes riches, dit Chariclée tout bas à Calasiris, promets la somme que tu voudras. Le collier que tu sais[2], je l'ai sauvé et je l'ai avec moi. »

XII **1** Ces paroles rassurèrent Calasiris; mais il eut peur que Nausiclès n'eût quelque soupçon de la vérité et des précieux objets que portait[3] Chariclée. Aussi lui dit-il : « Mon bon Nausiclès, le sage ne manque jamais de rien, car il n'a que des désirs à la mesure de ses moyens, et n'attend des dieux que ce qu'il sait convenable de leur demander. Aussi bien, dis-nous seulement où se trouve le maître de Théagène. Les dieux ne nous oublieront pas; ils nous fourniront tout ce que nous voudrons pour vaincre l'avarice des Perses. » **2** Nausiclès dit en souriant : « Je te croirai capable de devenir subitement riche et comme par enchantement[4], si tu commences par me payer la rançon de cette fille. Tu dois bien penser que les marchands n'aiment pas moins l'argent[5] que les Perses. » — « Je le sais bien, répartit Calasiris. Tu seras satisfait. Comment d'ailleurs refuser cela à un homme charitable

1. L'emploi adverbial de θαυμαστὸν εἰ, sans effet sur la construction de la phrase, est unique ; il est sans doute fondé sur le tour elliptique θαυμασίως ὡς, etc.

2. Cf. Δ VIII, 6. (M.)

3. Sur l'emploi de ἐπιφέρεσθαι cf. A III, 4 4 et la note critique *ad loc.*

4. La phrase ὥσπερ ἀπὸ μηχανῆς pour évoquer un évènement inattendu est proverbiale (par ex. Démosthène XL 59), et du moment que la métaphore est emprunté au théâtre, elle plait à Héliodore qui lui substitue ici καθάπερ ἐκ μηχανῆς. Cf. note à A I 7 (tome I, p. 3).

5. Φιλοπλούσιος qui ne se rencontre que chez les écrivains ecclésiastiques est une variante de φιλόπλουτος. Cependant C a tort de lui substituer l'adjectif normal φιλοχρήματος.

θρήνοις ἐγίνωσκε. 5 Προσετίθει δὲ μηδὲν αὐτοῖς εἶναι πλέον τῆς γνώσεως ἀνθρώποις ἀπορουμένοις, τοῦ Μιτράνου θαυμαστὸν εἰ καὶ ἐπὶ πολλοῖς ἂν αἱρησομένου χρήμασιν ἀφεῖναι τὸν νεανίσκον. « Ἔστιν ἡμῖν » ἔφη « χρήματα » λάθρα πρὸς τὸν Καλάσιριν ἡ Χαρίκλεια « καὶ ἐπάγγειλαι πλῆθος ὁπόσον βούλει· τὸν ὅρμον ὃν οἶσθα διασῴζω καὶ ἔχω φέρουσα. »

XII 1 Θαρσήσας οὖν πρὸς ταῦτα ὁ Καλάσιρις δεδιὼς δὲ μή τινα λάβοι τῶν ὄντων ὁ Ναυσικλῆς ὑπόνοιαν καὶ ὧν ἐπεφέρετο ἡ Χαρίκλεια « Ὦ ᾽γαθὲ Ναυσίκλεις » ἔφη « οὐκ ἔστιν ὅτε ἐνδεής ἐστιν ὁ σοφὸς ἀλλ' ὕπαρξιν ἔχει τὴν βούλησιν, τοσαῦτα λαμβάνων παρὰ τῶν κρειττόνων ὅσα καὶ αἰτεῖν οἶδε καλόν· ὥστε καὶ φράζε μόνον ὅπου ποτέ ἐστιν ὁ κρατῶν Θεαγένους, ὡς τό γε ἐκ τῶν θεῶν ἡμᾶς οὐ περιόψεται ἀλλ' ἐπαρκέσει πρὸς ὅσον ἂν βουληθῶμεν τὸ Περσικὸν φυγαδεῦσαι φιλοχρήματον. » 2 Ἐμειδίασε πρὸς ταῦτα ὁ Ναυσικλῆς καὶ « Τότε » ἔφη « δώσεις με πιστεύειν δύνασθαί σε καθάπερ ἐκ μηχανῆς ἀθρόον πλουτεῖν εἴπερ ἐμοὶ προτέρῳ τὰ ὑπὲρ τῆσδε λύτρα καταθεῖο· πάντως δὲ ἐννοεῖς ὡς τὸ Περσικὸν καὶ τὸ ἐμπορικὸν ἐν ἴσῳ φιλοπλούσιον. » « Οἶδα » εἶπεν ὁ Καλάσιρις « καὶ ἕξεις. Τί δὲ οὐ μέλλεις, φιλανθρωπίας οὐδὲν

6 ἐγίνωσκε mAT : ἔγνωκε P || 5 1 μηδὲν αὐτοῖς CBPZAT : αὐτοῖς μηδὲν VM || 3 θαυμαστὸν εἰ mire dictum = σχολῇ ut vid. || ἂν αἱρησομένου CBPZT : ἀναιρ. VMA (προελομένου λαβόντος V^{mg}) cf. XIX, 3 2-4 || 5 τὸν Καλάσιριν mAT : αὐτὸν B || ἐπάγγειλαι CBPZT (-γειλε A) : ἀπάγγ. V et M ubi superscriptum ἀπάγγελε unde ἀπάγγελλε Bas.

XII 1 2 λάβοι VCBZT : λάβῃ MPA || 3 ἐπεφέρετο codd. : ὑπεφ. Commelini ed. male || ἡ codd. : om. Bas. || 4 ἐνδεής ἐστιν Z : ἐστιν om. T ἐστὶν ἐνδ. CBPA ἐστὶν VM ἐνδεὴς post σοφὸς posito || 6 καλόν VMCBAT : καλῶν PZ (ἀντὶ ἐπικαλούμενος P^{mg}) || 9 φυγαδεῦσαι C : θεραπεῦσαι mAT || 2 3 με mAT : μοι M superscr. unde ἐμοὶ Bas. || 4 πλουτεῖν mAT : -ῶν B || 4-5 καταθεῖο CBPZ et V^{mg} : -θοῖο AT -θοῖς VM || 5 ἐννοεῖς mAT : -εῖν C || 6 φιλοπλούσιον mAT : φιλοχρήματον C.

qui va au-devant de mes désirs et qui spontanément m'offre de me rendre ma fille ? Mais il me faut auparavant faire quelques prières. » **3** « A ton aise, dit Nausiclès. Bien mieux, j'ai moi-même à offrir un sacrifice d'actions de grâces; célèbre-le toi-même, puisque tu es consacré aux dieux[1]. Tu leur demanderas de me faire devenir riche; quant à toi, tu n'auras qu'à ouvrir la main. » « Ne te moque pas, dit Calasiris; va seulement devant et prépare le sacrifice. Nous irons, quand tout sera prêt. »

XIII **1** Ainsi fut fait. Bientôt après on vint de la part de Nausiclès les prier d'aller tout de suite au sacrifice. Ils avaient eu le temps de s'entendre sur ce qu'ils avaient à faire. Aussi étaient-ils tout joyeux quand ils se mirent en route avec Nausiclès et tous ses invités, car le sacrifice était public. Chariclée avait consenti à accompagner la fille de Nausiclès et les autres femmes. Elle avait fini par céder à leurs instantes prières en songeant que ce serait une occasion de faire des prières pour Théagène. **2** Ils se rendirent au temple d'Hermès, à qui Nausiclès offrait ce sacrifice, car il avait une dévotion particulière pour le dieu du commerce et des marchands[2]. Dès que les victimes eurent été immolées, Calasiris observa un moment leurs entrailles et montra par ses jeux de physionomie[3] qu'il y lisait un avenir mêlé de plaisirs et de peines. Puis le voilà

1. Il doit y avoir ici une faute des manuscrits, et il n'est pas facile de voir la meilleure manière de corriger et de ponctuer la phrase. La conjecture de M. Lumb, que nous avons adoptée, est ingénieuse, mais peut-être Coray avait-il raison de supprimer le second θεοῖς — bien que sa façon de ponctuer la phrase soit certainement défectueuse (θύειν γὰρ μέλλω χαριστήρια, τοῖς θεοῖς ἐπεύχου παρὼν τοῖς ἱεροῖς).

2. L'épithète ἀγοραῖος est appliquée spécialement à Hermès dans le sens particulier de « patron du commerce » (par ex. Aristophane *Cavaliers* 297). Elle ne diffère pas sensiblement de ἐμπολαῖος (Héliod. emploie ἐμπορικός), pour lequel cf. Aristophane, *Acharniens* 816 et *Plutus* 1152 sqq. où cet attribut d'Hermès figure parmi plusieurs autres. Cf. XVI, 4 (p. 57, note 1).

3. On a déjà vu Calasiris, très expert comédien dans la scène (Δ V, 3 où il fait avouer à Chariclée son amour. (M.)

ἀπολιπὼν ἀλλὰ φθάνων τε τὰς ἡμετέρας παρακλήσεις καὶ τὴν ἀπόδοσιν τῆς θυγατρὸς αὐτεπάγγελτος ἐπινεύων ; εὐχῆς δὲ δεῖ μοι πρότερον. » 3 « Οὐδεὶς φθόνος » ἔφη ὁ Ναυσικλῆς « μᾶλλον δὲ εἰ δοκεῖ, θύειν γὰρ μέλλω χαριστήρια τοῖς θεοῖς, ἐπεύχου παρὼν τοῖς ἱεροῖς θεῖος καὶ τὸν πλοῦτον ἡμῖν μὲν αἴτει σαυτῷ δὲ λάμβανε. » « Μὴ παῖζε μηδ' ἄπιστος ἔσο » [ἔφη] πρὸς αὐτὸν ὁ Καλάσιρις « ἀλλ' ἡγοῦ καὶ εὐτρέπιζε τὰ πρὸς τὴν θυσίαν, ἡμεῖς δὲ παρεσόμεθα πάντων ἡτοιμασμένων. »

XIII 1 Ἐποίουν οὕτως καὶ μετ' οὐ πολὺ παρὰ τοῦ Ναυσικλέους ἥκων τις ἐκάλει σπεύδειν ἐπὶ τὴν θυσίαν. Οἱ δέ — τὰ πρακτέα γὰρ αὐτοῖς ἤδη συνέκειτο — χαίροντες ἐπορεύοντο, αὐτοὶ μὲν ἅμα τῷ Ναυσικλεῖ καὶ ἄλλῳ πλήθει τῶν κεκλημένων (δημοτελῆ γὰρ ηὐτρέπιστο τὴν θυσίαν) ἡ Χαρίκλεια δὲ σὺν τῇ θυγατρὶ τοῦ Ναυσικλέους καὶ γυναιξὶ ταῖς ἄλλαις ὅσαι παρηγοροῦσαι πολλὰ καὶ λιπαροῦσαι μόλις ἔπεισαν ἅμα βαδίζειν, τάχα οὐκ ἄν ποτε πεισθεῖσαν εἰ μὴ τῇ προφάσει τῆς θυσίας εἰς τὰς ὑπὲρ Θεαγένους εὐχὰς ἀποχρήσασθαι διενοήθη. 2 Ὡς δὲ ἐπὶ τὸν νεὼν τοῦ Ἑρμοῦ παρεγένοντο, τούτῳ γὰρ ἦγε τὴν θυσίαν Ναυσικλῆς ὡς ἀγοραίῳ τε καὶ ἐμπορικῷ διαφερόντως τῶν ἄλλων θεῶν αὐτὸν καθοσιούμενος, καὶ τὰ ἱερὰ τάχιστα τέθυτο, πρὸς βραχὺ τὰ σπλάγχνα ὁ Καλάσιρις ἐπιθεωρήσας καὶ ποικίλην δηλοῦσθαι τῶν μελλόντων συντυχίαν

8 ἀπολιπὼν CBPZT : -λείπων VMA || 3 1 οὐδεὶς mAT : οὐδεὶς δὲ C || 2 γὰρ mAT : μὲν P || μέλλω mAT : οὐ μέλλω B || 3 ἐπεύχου — θεῖος om. Z || θεῖος Lb : θεοῖς VCBPAT τοῖς θεοῖς (post παρὼν) M secl. Coraes || 4 τὸν πλοῦτον mAT : πλοῦτον Z || 5 ἔφη om. codd. : scribunt Bas. et edd. omnes || 6 τὰ mAT : om. B || τὴν mAT : om. P || 7 παρεσόμεθα mA : παρεπ. ZT || ἡτοιμασμένων mAT : ἡτοιμωμένων B.

XIII 1 1 οὕτως mAT : ὄντως B || 3 συνέκειτο CBPZAT : -κειντο VM || 8 μόλις m : μόγις BAT || 2 1 δὲ vel δ' CPZ : δ'οὖν VMBAT || 2 τούτῳ mAT : οὕτω B || 5 τέθυτο nos (cf. J. Jackson, *Class. Quart.*, 29, p. 54) : τε οὕτω codd. cf. XVI, 4 4 || πρὸς VMCBAT : καὶ πρὸς PZ.

qui porte les mains sur l'autel en murmurant des invocations, et faisant semblant d'extraire du feu ce qu'il avait pris soin d'apporter avec lui. « Voici, dit-il, Nausiclès, la rançon de Chariclée. Les dieux me chargent de te l'offrir. » **3** Et il lui remet un anneau royal, œuvre merveilleuse et divine. Il était en ambre ; au chaton brillait une améthyste d'Éthiopie, aussi large que l'œil d'une jeune fille, et beaucoup plus belle que les améthystes d'Espagne et de Bretagne. Celles-ci, en effet, d'un rouge pâle, faiblement colorées, rappellent les boutons de roses qui commencent à s'épanouir et à rougir aux rayons du soleil. **4** L'améthyste d'Éthiopie[1] est d'une eau très pure et lance, des profondeurs de la pierre, des feux d'une vivacité printanière. Si on la fait tourner dans sa main, elle jette un rayon doré, qui n'éblouit pas les yeux par une lueur trop ardente, mais les caresse de sa douce lumière. Aussi possède-t-elle une vertu plus efficace que celles d'Occident et ne fait pas mentir son nom. Celui qui la porte est vraiment préservé de l'ivresse[2], et, grâce à elle, reste sobre au milieu des festins.

XIV **1** Telles sont toujours les améthystes de l'Inde et d'Éthiopie, mais celle que Calasiris offrait à Nausiclès était encore beaucoup plus belle. C'était une intaille sur

1. Pline, *Histoire naturelle*, XXXVII, 40, dit que les plus belles améthystes viennent de l'Inde et ne fait même pas mention de l'Éthiopie parmi les autres pays producteurs de cette pierre. Il la signale seulement comme donnant une variété inférieure qu'il appelle hyacinthe (*ibid.*, 41-42). Il ne parle pas davantage de l'Espagne ni de la Bretagne, et ces pays ne semblent pas être mentionnés ailleurs à propos de l'améthyste.

2. Le sens de ἀμέθυσος « exempt d'ivresse » a été rejeté par les savants de l'antiquité, encore que leurs explications ne soient pas trop convaincantes. Cf. Plutarque, *Moralia*, 647 b.-c. οἱ τὴν ἀμέθυστον οἰόμενοι τῷ πρὸς τὰς οἰνώσεις βοηθεῖν αὐτήν τε καὶ τὴν ἐπώνυμον αὐτῆς λίθον οὕτω κεκλῆσθαι διαμαρτάνουσι· κέκληται γὰρ ἀπὸ τῆς χρόας ἑκατέρα· οὐ γάρ ἐστιν αὐτῆς τὸ φύλλον ἀκράτῳ, ἀλλ' ἀοίνῳ καὶ ὑδαρεῖ τὴν κρᾶσιν οἴνῳ προσεοικός. Pline (*loc cit.*) et Théophraste, *De Lapidibus*, V, 31 donnent des explications analogues.

ἡδέων τε καὶ λυπηρῶν ταῖς τοῦ προσώπου τροπαῖς ἐμφήνας, ἐπιβάλλει τὼ χεῖρε τοῖς βωμοῖς ἐπιφθεγγόμενος καὶ ὡς τῆς πυρᾶς δῆθεν σπασάμενος ἃ πάλαι ἐπεκομίζετο « Ταῦτά σοι » ἔφη « λύτρα Χαρικλείας, ὦ Ναυσίκλεις, οἱ θεοὶ δι' ἡμῶν προσάγουσι. » 3 Καὶ ἅμα ἐνεχείριζε δακτύλιόν τινα τῶν βασιλικῶν ὑπερφυές τι χρῆμα καὶ θεσπέσιον, τὸν μὲν κύκλον ἠλέκτρῳ διάδετον ἀμεθύσῳ δὲ Αἰθιοπικῇ τὴν σφενδόνην φλεγόμενον, μέγεθος μὲν ὅσον ὄμμα παρθενικὸν περιγραφῇ κάλλος δὲ μακρῷ τῆς Ἰβηρίδος τε καὶ Βρεττανίδος ὑπερφερούσῃ· ἡ μὲν γὰρ ἀδρανεῖ τῷ ἄνθει φοινίσσεται καὶ ῥόδῳ προσέοικεν ἐκ καλύκων ἄρτι πρὸς πέταλα σχιζομένῳ καὶ πρῶτον ἡλιακαῖς ἀκτῖσιν ἐρευθομένῳ. 4 Ἀμεθύσου δὲ Αἰθιοπίδος ἀκραιφνὴς μὲν καὶ ἐκ βάθους ἐαρινή τις ὥρα πυρσεύεται· εἰ δὲ κατέχων περιτρέποις ἀκτῖνα προσβάλλει χρυσῆν οὐκ ἀμαυροῦσαν τραχύτητι τὴν ὄψιν ἀλλὰ φαιδρότητι περιλάμπουσαν· οὐ μὴν ἀλλὰ καὶ δύναμις αὐτῇ γνησιωτέρα τῶν ἐκ δύσεων ἐγκαθίδρυται, οὐ γὰρ ἐπιψεύδεται τὴν προσηγορίαν ἀλλ' ἀληθῶς ἀμέθυσος τῷ φέροντι γίνεται, νηφάλιον ἐν τοῖς συμποσίοις διαφυλάττουσα.

XIV 1 Τοιαύτη μὲν καὶ πᾶσα ἐξ Ἰνδῶν τε καὶ Αἰθιόπων ἀμέθυσος· ἣν δὲ τότε τῷ Ναυσικλεῖ προσεκόμιζεν ὁ Καλάσιρις μακρῷ καὶ ταύτας ἐπλεονέκτει, γραφῇ γὰρ ἔξεστο καὶ εἰς μίμημα ζῴων ἐκεκοίλαντο. 2 Καὶ ἦν ἡ

8 ἐπιβάλλει mAT : -ω B || ἐπιφθεγγόμενος CBPZ : ἔτι φλεγομένοις VMAT ἐπιφλεγ. Z^{mg} || 9 ὡς mAT : ὡς ἀπὸ M || ἐπεκομίζετο mAT : ἐκομ. M || 10 σοι mAT : om. P || Ναυσίκλεις mAT : Χαρίκλεις B || 10-11 οἱ — προσάγουσι mAT : om. C || 3 2 καὶ VMBT : om. CPZA || 5 περιγραφῇ Naber : περιγράφει $VMCPZ^{mg}AT$ (περιεγρ. B) ἐπιγρ. Z || 6 Βρεττανίδος CZA : Βρεταν. VMBPT || ὑπερφερούσῃ Commelinus : -φέρουσα VM -φέρουσαν CBPZAT || ἀδρανεῖ mAT : ἀνδρ. P || 8 ἐρευθομένῳ mAT : ἐρασθησομ. B || 4 2 ἐαρινή τις mAT : ἐαρινότις B || περιτρέποις mT A superscr. : -εις MA || 3 τραχύτητι mAT : ταχ. B || 5 ἐγκαθίδρυται mAT : -υτο B || 7 νηφάλιον mAT : -εον B.

XIV 1 1 ἐξ mAT : ἡ ἐξ B || 2 τῷ mAT : τὸ P || 4 ἐκεκοίλαντο H. Richards : ἐκοιλαίνετο codd.

laquelle était gravée une scène animée. 2 On avait représenté un jeune pâtre en train de garder ses moutons. Debout, sur une pierre qui formait une légère saillie, pour surveiller ses bêtes, il faisait paître son troupeau au son d'une flûte traversière. Les moutons semblaient l'écouter et régler leur marche à travers le pâturage à la cadence de la flûte [1]. On eût dit qu'ils étaient chargés de toisons d'or : non pas que cet effet si gracieux fut l'œuvre de l'artiste, il était dû à la couleur même de l'améthyste dont les chauds reflets brillaient sur leur dos. 3 On voyait aussi les bondissements [2] légers des agneaux ; les uns en troupe montaient à l'assaut de la pierre, les autres s'amusaient à tourner autour du berger : évoluant d'un air grave autour de ce rocher, comme des figurants autour des tréteaux d'un théâtre rustique. D'autres gambadaient comme au soleil sous les feux brillants de l'améthyste et dans leurs bonds posaient seulement sur la pierre l'extrémité de leurs pieds. 4 Les plus âgés et les plus hardis semblaient vouloir sauter en dehors de l'améthyste, mais ils en étaient empêchés par le chaton, barrière d'or dont l'artiste avait entouré le troupeau et la pierre. Pierre véritable et non pas figurée. L'ouvrier s'était borné à rogner le bord de l'améthyste et avait représenté ainsi au naturel ce qu'il voulait montrer, jugeant inutile d'imiter une pierre sur une pierre [3]. Tel était cet anneau [4].

XV 1 Nausiclès, saisi d'admiration devant cette merveille, fut surtout heureux de voir une pierre si précieuse

1. D'après le contexte σύριγξ désigne ici non un flageolet mais bien une flûte traversière. (M.)

2. Cf. Longus, A IX, 1 σκιρτήματα ποιμνίων ἀρτιγεννήτων· ἄρνες ἐσκίρτων ἐν τοῖς ὄρεσι (M.)

3. Héliodore ne peut s'empêcher de terminer son tableau — d'ailleurs charmant — par un trait d'esprit. (M.)

4. Ces descriptions d'œuvres d'art étaient un des thèmes de la littérature contemporaine (par ex. Philostrate Εἰκόνες et Callistrate Ἐκφράσεις). Achille Tatios en est plus prodigue qu'Héliodore (par ex. Ach. Tat., A I, 2-13 ; B III ; B XI, 2-3 ; cf. la préface de *Daphnis et Chloé*). Les

γραφῇ, παιδαρίσκος ἐποίμαινε πρόβατα χαμαιζήλῳ μὲν πέτρᾳ πρὸς περιωπὴν ἐφεστὼς τὴν δὲ νομὴν τῇ ἀγέλῃ πλαγίοις αὐλήμασι διατάττων, τὰ δὲ ἐπείθετο ὡς ἐδόκει καὶ ἠνείχετο πρὸς τὰ ἐνδόσιμα τῆς σύριγγος ποιμαινόμενα. Εἶπεν ἄν τις αὐτὰ καὶ χρυσοῖς βεβριθέναι τοῖς μαλλοῖς, οὐ τῆς τέχνης τοῦτο χαριζομένης ἀλλ' οἰκεῖον ἐρύθημα τῆς ἀμεθύσου τοῖς νώτοις ἐπανθούσης. 3 Γέγραπτο καὶ ἀρνίων ἁπαλὰ σκιρτήματα καὶ οἱ μὲν ἀγεληδὸν ἐπὶ τὴν πέτραν ἀνατρέχοντες οἱ δὲ περὶ τὸν νομέα κύκλους ἀγερώχους ἐξελίττοντες ποιμενικὸν θέατρον ἐπεδείκνυσαν τὸν κρημνόν, ἄλλοι δὲ ὥσπερ ἡλίῳ τῇ φλογὶ τῆς ἀμεθύσου γανύμενοι ἅλμασιν ἀκρωνύχοις τὴν πέτραν ἐπέξεον. 4 Ὅσοι δὲ αὐτῶν πρωτόγονοί τε καὶ θρασύτεροι, καὶ ὑπεράλλεσθαι βουλομένοις τὸν κύκλον ἐῴκεσαν εἰργομένοις δὲ ὑπὸ τῆς τέχνης ὥσπερ εἰ μάνδραν χρυσῆν τὴν σφενδόνην αὐτοῖς τε καὶ τῇ πέτρᾳ περιβαλλούσης· ἡ δὲ ἦν πέτρα τῷ ὄντι καὶ οὐχὶ μίμημα, τῶν γὰρ ἄκρων τῆς λίθου μέρος εἰς τοῦτο περιγράψας ὁ τεχνίτης ἔδειξεν ἐκ τῆς ἀληθείας ὃ ἐβούλετο, περίεργον ἡγησάμενος λίθον ἐν λίθῳ σοφίζεσθαι· τοιοῦτος μὲν ὁ δακτύλιος.

XV 1 Ὁ δὲ Ναυσικλῆς ἐκπλαγείς τε ἅμα πρὸς τὸ παράδοξον καὶ πλέον ἡσθεὶς πρὸς τὸ πολύτιμον, οὐσίας

2 2 μὲν VMBT : om. P δὲ CA et Z ubi erasum est || 3 περιωπὴν mAT : τὴν π. P || ἐφεστὼς mAT : ἀφ. B || τὴν δὲ νομὴν τῇ ἀγέλῃ mAT : τῇ δὲ νομῇ τὴν ἀγέλην Z || 6 καὶ mAT : om. P || μαλλοῖς VCT : μαλοῖς MBPZA || 8 τῆς mAT : om. C || ἐπανθούσης codd. : -θιζούσης Hemsterhuys fort. recte cf. Luc., *Hist. Conscr.*, 13 || **3** 1 γέγραπτο CPZAT : ἐγέγρ. VMB || 2 καὶ (1) mAT : γὰρ καὶ C || ἀρνίων PA : -ειῶν mT || 3 ἀνατρέχοντες mAT : ἄνω τρέχ. B || 6 ἀκρωνύχοις CBPZT : ἀκρον. VMA || γανύμενοι : γαννύμ. codd. cf. Θ I, 3 || **4** 1 ὅσοι ··· πρωτόγονοι mAT : ὅσα ··· -γονα B || τε C : om. mAT || 1-2 καὶ θρασύτεροι mAT : om. B || 2 ὑπεράλλ (-άλ- PA) εσθαι codd. : -βαλέσθαι V[mg] || 3 εἰργομένοις mAT : -ης B || 4-5 περιβαλλούσης mT : -βαλούσης Z om. A || 5 πέτρα mAT : ἡ π. B || 5-6 τῶν γὰρ ἄκρων mAT : τὸ γὰρ ἄκρον B || 6 τῆς mAT : τοῦ C.

XV **1** 1 ἐκπλαγείς mAT : om. C || 2 πολύτιμον mAT : πολύτ. τῆς λίθου B.

qui valait bien à elle seule, pensait-il, toute une fortune. « Je plaisantais, mon bon Calasiris, dit-il ; c'était seulement pour parler que je réclamais une rançon. Mon intention était de te rendre ta fille sans te faire rien payer[1].
2 Mais, comme vous dites, il ne faut pas refuser les riches présents des dieux[2]. J'accepte donc cette pierre que le ciel m'envoie. Je suis sûr qu'elle me vient de Mercure, le meilleur et le plus bienveillant des dieux, qui me prouve une fois de plus sa générosité. C'est lui qui m'a fait parvenir ce présent que tu as trouvé à travers les flammes. Il n'en faut pas douter : on le voit bien aux feux dont il brille. D'ailleurs, à mon sens, il n'y a pas de gain plus honnête que celui qui, sans rien coûter à celui qui donne, enrichit celui qui reçoit. » 3 Telles furent ses paroles et sa conduite. Ensuite eut lieu le banquet auquel il invita tous les assistants. Il fit manger les femmes à part dans l'enceinte du temple, et les hommes dans le parvis. Quand ils furent rassasiés de bonne chère[3], et que les coupes eurent succédé aux mets, les hommes firent des libations et entonnèrent le chant du départ[4] en l'honneur de Dionysos, les femmes chantèrent en dansant un hymne d'actions de grâces à Déméter. Chariclée cependant, retirée à l'écart, s'occupait à prier les dieux de sauver Théagène et de le conserver.

XVI 1 Les convives commençaient à s'échauffer et chacun se divertissait à sa convenance. Nausiclès remplit une coupe d'eau pure et l'offrit à Calasiris, en disant :

paysages rustiques étaient aussi l'objet de descriptions soignées, par ex. *Daphnis et Chloé*, Δ II-III, Ach. Tat., A XV. Cf. Rohde, *Gr. Rom.*, pp. 512-3.

1. Cf. Homère, *Iliade*, I, 98

πρίν γ' ἀπὸ πατρὶ φίλῳ δόμεναι ἑλικώπιδα κούρην
ἀπριάτην ἀνάποινον....

2. Cf. Homère, *Iliade*, III, 65

οὔ τοι ἀπόβλητ' ἐστὶ θεῶν ἐρικυδέα δῶρα

3. Cf. Philoxène (*Saec.*, V-IV, B. C.) *Frag.*, 2, 37-8

ὅτε δ' ἤδη
βρώτυος ἠδὲ ποτᾶτος ἐς κόρον ἦμεν ἑταῖροι

4. Voir page 27 note 1 (Δ XVI, 8).

ὅλης τὴν λίθον ἰσοστάσιον κρίνων, « Ἐγὼ μὲν ἔπαιζον » εἶπεν « ὦ 'γαθὲ Καλάσιρι καὶ λόγος ἄλλως ἦν ἡ τῶν λύτρων αἴτησις, σκοπὸς δὲ ἀπριάτην σοι λύσασθαι τὴν θυγατέρα. 2 Ἐπεὶ δὲ οὐκ ἀπόβλητά ἐστιν, ὡς φατέ, θεῶν ἐρικυδέα δῶρα, δέχομαι τὴν θεόπεμπτον ταυτηνὶ λίθον πειθόμενος παρ' Ἑρμοῦ τοῦ καλλίστου καὶ ἀγαθωτάτου τῶν θεῶν ἥκειν μοι συνήθως καὶ τόδε τὸ εὕρημα διὰ τοῦ πυρός σοι τῷ ὄντι τὸ δῶρον διακονήσαντος· ὁρᾶν γοῦν πάρεστι τῇ φλογὶ περιλαμπόμενον. Καὶ ἄλλως κέρδος κρίνω κάλλιστον ὃ μὴ ζημιοῦν τὸν παρέχοντα εὐπορώτερον ἀποφαίνει τὸν λαμβάνοντα. » 3 Ταῦτα ὡς εἰπὼν ἐποίησεν, ἐπὶ τὴν εὐωχίαν αὐτόν τε καὶ τοὺς ἄλλους ἔτρεπεν, ἰδίᾳ μὲν ταῖς γυναιξὶ τὴν ἐνδοτέρω τοῦ ἱεροῦ χώραν ἀποκληρώσας τοὺς δὲ ἄνδρας ἐν τῷ προτεμενίσματι κατακλίνας· ἐπεὶ δὲ εὐφροσύνης τῆς ἐκ τῶν ἐδεσμάτων εἰς κόρον ᾖσαν καὶ τοῖς κρατῆρσιν αἱ τράπεζαι παρεχώρουν, οἱ μὲν ἄνδρες ἐμβατήρια τῷ Διονύσῳ καὶ ᾖδον καὶ ἔσπενδον αἱ δὲ γυναῖκες ὕμνον τῇ Δήμητρι χαριστήριον ἐχόρευον· ἡ Χαρίκλεια δὲ χωρισθεῖσα τὸ ἑαυτῆς ἔπραττεν, ηὔχετο Θεαγένει σῴζεσθαι κἀκεῖνον ἑαυτῇ φυλάττεσθαι.

XVI 1 Τοῦ πότου δὲ λαμπρῶς ἤδη βρυάζοντος καὶ ἄλλου πρὸς ἄλλο τι τῶν τερπόντων ἀποκλίναντος, ὕδατος

3 τὴν λίθον BZAT : τὸν λ. VMCP || 4 'γαθὲ mT : ἀγαθὲ ZA || ἄλλως (ἄλλος A) ἦν mAT : ἦν ἄλλως B || 5 σοι λύσασθαι mAT : συλήσασθαι P || 2 1 οὐκ ἀπόβλητα — δῶρα ex Hom. *Il.*, 3, 65 || ὡς φατέ (sc. οἱ Αἰγύπτιοι quorum, ut ait Calasiris (Γ XIII-XIV), fuit Homerus) VMPZAT : ὡς φατόν B om. C || 1-3 ἐρικυδέα — θεῶν om. B || 2 ταυτηνὶ VCPAT : ταύτην MZ || 3 Ἑρμοῦ VMCP et Z post corr. : ἐμοῦ ZAT || καλλίστου καὶ mAT : om. C || 4 σοι mAT : σε B || 5 τὸ δῶρον VCBPZ : δῶρον MT om. A || 6 ἄλλως VMCPAT : -ος BZ || κέρδος κρίνω CBPZAT : κρ. κέρδ. VM || 3 1 ἐποίησεν mA : ἐπιέναι T || 2 ἔτρεπεν CPZA : ἐπέτρεπεν VMB (-τρεψεν T) || 3 ἐνδοτέρω mAT : -τέραν C || 5 ᾖσαν nos : ἦσαν codd. || 6 ἐμβατήρια mAT : ἐν βακτηρίᾳ P || 7 Διονύσῳ mAT : -είσῳ P || ᾖδον mAT : εἶδον P || 8-9 χωρισθεῖσα mAT : om. C || 9 Θεαγένει A : -νη VMT -νην CPZ -νης B.

XVI 1 1 λαμπρῶς VMBZAT : λαβρῶς P καλῶς C || βρυάζοντος CPZA : βράζ. VMT βιάζ. B.

« Mon cher Calasiris, je bois à ta santé la liqueur chère aux chastes divinités des eaux[1], comme à toi ; nul contact avec Dionysos n'en a souillé la pureté[2]. De ton côté si tu nous versais[3] le récit que nous désirons entendre, ce serait nous régaler du plus délicieux des breuvages[4]. **2** Les femmes, tu les entends, occupent à danser le temps que nous passons à boire. Le récit de tes voyages serait, si tu le voulais, un excellent divertissement pour les convives, plus agréable que toutes les danses et musiques. Souvent je te l'ai demandé, tu le sais, et tu le différais toujours, parce que tu étais encore plongé dans tes malheurs. Mais maintenant l'occasion est belle, tu ne peux en souhaiter de meilleure : de tes enfants, ta fille du moins t'a été rendue, elle est sous tes yeux. Ton fils, tu le reverras, grâce aux dieux, dans peu de temps, surtout si tu te gardes de m'être désagréable par un nouveau refus » **3** Cnémon intervint alors : « Sois béni, dit-il à Nausiclès. Tu avais fait venir, pour égayer le banquet, toute sorte d'instruments de musique, et voici que tu les laisses de côté et te détournes de ces vulgaires plaisirs, impatient d'être initié aux mystères d'une existence dont le récit est un divin plaisir. **4** Tu me parais entrer admirablement dans l'esprit de la divinité, toi qui fais marcher de pair Hermès et Dionysos, et fais couler des flots de paroles délicieuses avec des flots de vin. J'ai déjà admiré la somptuosité du sacrifice que tu as organisé en l'honneur d'Hermès, mais quel plus bel hommage à ce dieu que de quêter pour lui auprès des

1. Il y a dans le texte grec un jeu de mots intraduisible, νύμφη signifiant à la fois « eau » et « nymphe ». (M.)

2. Sur l'abstinence du vin chez Calasiris cf. B XXIII, 1 et Γ XI, 2.

3. 'Αντιπροπίνειν, de même que προπίνειν, pouvait s'employer métaphoriquement avec un complément signifiant autre chose qu'un breuvage ; cf. Denys Chalchos, *Frag.* 1. 4 ἀοιδὰς ἀντιπρόπιθι et Athénée, 128 a.

4. Cf. Molière, *Femmes savantes*, acte III, sc. 2. Pour cette grande faim qu'à mes yeux on expose | un plat seul de huit vers me semble peu de chose. (M.)

ἀπαραχύτου φιάλην προτείνας ὁ Ναυσικλῆς « Ὦ 'γαθὲ Καλάσιρι » ἔφη « καθαράς σοι τὰς νύμφας ὥς σοι φίλον καὶ ἀκοινωνήτους τοῦ Διονύσου καὶ ἀληθῶς ἔτι νύμφας προπίνομεν· σὺ δὲ εἰ λόγους ἡμῖν οὓς ποθοῦμεν ἀντιπροπίνοις, ἀπὸ καλλίστων ἂν κρατήρων εὐωχοίης. 2 Τὰς μὲν γὰρ γυναῖκας ἀκούεις ὡς διατριβὴν τῷ πότῳ χορείαν ἐστήσαντο· ἡμῖν δὲ ἡ σὴ πλάνη κάλλιστα ἄν, εἰ βουληθείης, τὴν εὐωχίαν παραπέμποι χοροῦ τε γινομένη καὶ αὐλοῦ παντὸς ἡδίων, ἣν πολλάκις μοι διελθεῖν ὡς οἶσθα ὑπερθέμενος, ἐπειδή σε τὰ συμβεβηκότα ἐβάπτιζεν, οὐκ ἔστιν ὅπως ἂν ἐς καιρὸν βελτίονα τοῦ παρόντος φυλάξειας, ὅτε σου τῶν παίδων ἡ μὲν θυγατὴρ ἥδε σῴζεται καὶ ὁρᾶται ὁ παῖς δὲ ὅσον οὐδέπω σὺν θεοῖς ὀφθήσεται, καὶ μάλιστα εἴ με μὴ ἀνιάσεις ὑπερθέμενος καὶ πάλιν τὴν διήγησιν. » 3 « Ἀλλά σοι πλεῖστα ἀγαθὰ γένοιτο ὦ Ναυσίκλεις » ὑπολαβὼν ὁ Κνήμων « ὡς ἅπαν μουσικῆς ὄργανον εἰς τὸ συμπόσιον παρακεκληκὼς ἐκείνων μὲν τὸ παρὸν ὑπερορᾷς καὶ τοῖς δημωδεστέροις ἐκχωρεῖς, πραγμάτων δὲ μυστικῶν ὡς ἀληθῶς καὶ ἡδονῇ θείᾳ τῷ ὄντι συγκράτων φιληκόως ἔχεις. 4 Καί μοι δοκεῖς καὶ τοῦ δαιμονίου κάλλιστα συνιέναι τὸν Ἑρμῆν τῷ Διονύσῳ συγκαθιδρύων καὶ λόγων ἥδυσμα τῷ πότῳ συναναχέων· ὡς ἐγώ σου καὶ τὴν ἄλλην μὲν τῆς θυσίας πολυτέλειαν ἔχω θαυμάσας, οὐκ ἔστι δὲ ὅπως μᾶλλον ἄν τις τὸν Ἑρμῆν ἱλάσαιτο ἢ τὸ οἰκειότατον ἐκείνῳ

3 ἀπαραχύτου (ante ὕδατος P) mT : οὐ παρ. A ἀπαραλύτου B || 4-5 ὡς — νύμφας om. M || 6 ποθοῦμεν mAT : ἐποθ. C || 6-7 ἀντιπροπίνοις VMCBAT : ἄρτι προπ. Z προπίνεις P || **2** 3-4 ἡμῖν δὲ — παραπέμποι (-ει A) mAT : ἡμ. δὲ εἰ βουλ. κάλλ. ἂν τὴν εὐωχ. ἡ σὴ πλάνη παραπ. C || 4 γινομένη mAT : -ου B || 5 ὡς mAT : ἕως P || 7 σου m : σοι BAT || 9 μάλιστα mAT : μάλα P || 10 ἀνιάσεις VBT : -ῃς MCPZA || **3** 2 γένοιτο VMC : ἂν γέν. BPZAT γέν. ἂν ed. Comm. || ὑπολαβὼν mAT : add. ἔφη P || 3 ὡς m : ὃς PAT || 5-6 ἀληθῶς mAT : -ῶν C || **4** 2 τῷ Διονύσῳ mAT : τῷ om. B || ἥδυσμα VMCBAT : ἥδυσμά τι PZ || 3 σου mAT : σοι Z || 4 θυσίας T (Valckenaer, Toup) : οὐσίας mA || 5 ἄν τις mT (post Ἑρμῆν C) : ἄν τι A || οἰκειότατον mAT : -ότερον B || ἐκείνῳ mT : ἐκεῖνο P ἐκείνου A superscr.

convives ce qu'il aime particulièrement : des discours[1]. »
5 Calasiris se laissa convaincre, autant pour faire plaisir à Cnémon que pour obliger Nausiclès dont il pouvait avoir besoin plus tard. Il raconta tout, mais le début et ce qu'il avait déjà narré à Cnémon, il l'abrégea et le récapitula, en négligeant de propos délibéré tous les détails qu'il jugeait inutiles de faire connaître à Nausiclès. Quand il en fut à la partie neuve de son récit, il le continua en ces termes[2].

XVII 1 Ils s'étaient donc embarqués sur le bateau phénicien pour fuir loin de Delphes. La traversée fut d'abord aussi heureuse qu'ils le pouvaient souhaiter : un vent modéré soufflait en poupe et faisait avancer le navire. Ils arrivèrent au détroit de Calydon ; là ils furent fortement secoués, car la mer en cet endroit est toujours très agitée. 2 Cnémon pria le narrateur de s'étendre sur ce phénomène naturel et de dire s'il savait pourquoi la mer, dans ces parages, est continuellement houleuse et mauvaise. « La mer Ionienne, dit Calasiris[3], se resserre et s'étrangle pour passer dans le golfe de Crissa et court mêler ses eaux à celles de la mer Egée. Le courant est brisé par l'Isthme du Péloponèse. La Providence divine, je crois, a fait exprès de dresser cette barrière pour préserver le continent qui est en face des ravages de l'inon-

1. Hermès était, sans parler d'autres attributions, le dieu de l'éloquence et dans le grec post-classique on lui donne fréquemment l'épithète de λόγιος (Lucien, *Apologie*, 2 τῷ Λογίῳ θύσομεν), bien que cet usage soit condamné par le grammairien Phrynichos.

2. Cf. Homère, *Odyssée*, VIII, 499 sqq.

ὣς φάθ', ὁ δ'ὁρμηθεὶς θεοῦ ἄρχετο, φαῖνε δ'ἀοιδήν,
ἔνθεν ἑλὼν ὡς οἱ μὲν ἐϋσσέλμων ἐπὶ νηῶν
βάντες ἀπέπλειον....

Héliodore, par une anacoluthe parfaitement légitime, a fait suivre ὡς de l'infinitif.

3. Calasiris se plaît à fournir des renseignements géographiques à la prière de ses interlocuteurs. Ainsi, en B XXVIII, il explique le régime particulier des eaux du Nil.

λόγους εἰς εὐωχίαν ἐρανιζόμενος. » 5 Ἐπείθετο ὁ Καλάσιρις ἅμα μὲν τῷ Κνήμωνι χαριζόμενος ἅμα δὲ τὸν Ναυσικλέα τῶν μετὰ ταῦτα ἕνεκεν ὑποποιούμενος καὶ ἅπαντα ἔλεγε, τὰ μὲν πρῶτα καὶ ἤδη λεχθέντα πρὸς Κνήμωνα ἐπιτεμνόμενος καὶ ὡσπερεὶ κεφαλαιούμενος, καί τινα καὶ ἑκὼν ὑπερβαίνων ὅσα τὸν Ναυσικλέα γινώσκειν οὐ συμφέρειν ἐδοκίμαζε, τὰ δὲ ἔτι ἀδιήγητα καὶ ἐχόμενα τῶν εἰρημένων ἔνθεν ἑλών,

XVII 1 Ὡς ἐπειδὴ τῆς Φοινίσσης ὁλκάδος ἐπέβησαν τοὺς Δελφοὺς ἀποδράντες τὰ μὲν πρῶτα πλεῖν κατὰ γνώμην εὐκραεῖ τῷ πνεύματι καὶ ἐκ νώτων ὑποφερομένους, ἐπεὶ δὲ κατὰ τὸν Καλυδώνιον πορθμὸν γενέσθαι διαταραχθῆναι σφᾶς οὐ μικρῶς, ταραχώδει τὰ πολλὰ φύσει θαλάττῃ προστυχόντας. 2 Τοῦ δὲ Κνήμωνος μηδὲ τοῦτο παραλιπεῖν ἀξιοῦντος ἀλλὰ φράζειν εἴ τινα καταμεμαθήκοι τῆς ἐπιπολαζούσης τῷ τόπῳ τραχύτητος αἰτίαν, « Τὸ πέλαγος » ἔφη « τὸ Ἰόνιον ἐκ πολλῆς εὐρυχωρίας ἐνταῦθα στενούμενον καὶ καθάπερ διὰ στομίου τινὸς εἰς τὸν Κρισαῖον κόλπον εἰσχεόμενον ἐπιμίξαι τε πρὸς τὴν Αἰγαίαν θάλασσαν ἐπειγόμενον ὑπὸ τοῦ Πελοποννησίων ἰσθμοῦ τῆς πρόσω φορᾶς ἀνακόπτεται προμηθείᾳ κρειττόνων, ὡς ἔοικεν, ἐπικλύσαι τὴν ἀντίθετον προβολῇ τοῦ

6 ἐρανιζόμενος mAT : ἐρρ. M || 5 3 καὶ ἅπαντα CBPZAT : ἅπαντα VM || 4 ἤδη VMT : ἃ δὴ CBPZA || Κνήμωνα mT (-ονα A) : τὸν Κν. B || 5 ἐπιτεμνόμενος mAT : ὑποτ. P || καὶ (3) CBPZAT : om. VM || 8 ἑλὼν mAT : ἐλθὼν B.

XVII 1 1 τῆς mAT : τοῖς B || ὁλκ (ὀκλ- B) άδος mAT : νεὼς C || 2 πλεῖν mAT : ποιεῖν C || 3 νώτων m : νότων AT || ὑποφερομένους mAT : -μένῳ B || 5-6 ταραχώδει — προστυχόντας (-ες P) mAT : ταραχώδους τὰ π. φύσεως τῇ θαλ. προστ. C || 2 2-3 καταμεμαθήκοι mAT : μεμ. P || 4 Ἰόνιον VMPZT : Ἰώνιον BA Ἰωνικὸν C || 6 τὸν mAT : om. C || κρισαῖον CPZ[1] κρισσ. VMBZ[2]A κρησσ. T, cf. B. XXVI, 1 7 || 7 τοῦ Πελοποννησίων VMCZAT : τοῦ -ησίου P τῆς πελοπονήσου B (-ον- Z) || 8 τῆς πρόσω mAT : τῆς δὲ πρ. P || ἀνακόπτεται mAT : -εσθαι C || 9 ἐπικλύσαι mAT : add. γὰρ C || προβολῇ mA : προσβ. C προσβολὴν T.

dation. 3 L'eau refoulée revient naturellement en arrière dans le golfe et, quand elle parvient au passage resserré du détroit, rencontre les flots qui arrivent en sens inverse. Le heurt continuel de ces deux courants produit des vagues bouillonnantes et écumantes. » 4 Cette explication recueillit d'unanimes applaudissements ; c'était bien, au témoignage de tous, la véritable cause [1] du phénomène. « Nous franchîmes, reprit Calasiris, le détroit, et perdîmes de vues les îles Pointues. Il nous sembla apercevoir au loin le promontoire de Zacynthe, tel un sombre nuage courant sous nos yeux. Le pilote fit replier les voiles. 5 Nous lui demandâmes pourquoi il ralentissait la course du navire qui avançait si bien, poussé par un vent favorable. « Si nous voguions à pleines voiles, répondit-il, nous arriverions près de l'île vers la première veille. Nous risquerions, dans les ténèbres, de toucher un des écueils ou des récifs très nombreux sur cette côte. Il vaut mieux passer la nuit au large et, ne prenant que peu de vent, régler notre allure pour aborder seulement au jour. »

XVIII 1 Les événements, Nausiclès, ne firent pas mentir le pilote [2], car le soleil se levait déjà quand

1. J. Jackson (*Classical Quarterly*, 29 (1935), p. 105) voudrait écrire ἀλήθειαν εἶναι au lieu de ἀληθῆ εἶναι. La correction mérite peut-être d'être adoptée. Elle évite l'hiatus, et elle offre un parallèle exact avec Z IV, 1 τὴν ἀλήθειαν εἶναι πιστεύοντες.

2. Le texte traditionnel ταῦτα εἶπε μέν κτλ. donne un sens qui ne s'accorde pas avec le contexte. Le pilote voulait toucher terre à l'aurore, et le navire en effet jette l'ancre au lever du soleil. La leçon de PZA (ταῦτα οὐκ εἶπε μέν κτλ.) peut sembler étrange, elle n'en est pas moins réclamée par le sens et fondée sur la tournure courante οὐ τὸ μὲν τὸ δὲ οὔ, ἀλλὰ πᾶν. La première négation commande la phrase entière τὸ... οὔ, en corrélation avec ἀλλὰ, et pourrait se rendre par « il n'est pas vrai que... ». Cf. Euripide, *Phéniciennes*, 161-2

οὐ γὰρ τὸ μέν σοι βαρὺ κακῶν, τὸ δ'οὐ βαρύ,
ἀλλ' εἰς ἅπαντα δυστυχὴς ἔφυς.

Cf. Headlam dans son *Hérondas* VII, 23.

αὐχένος ἀποτειχιζόμενον. 3 Κἀκ τοῦδε παλιρροίας ὡς τὸ εἰκὸς γινομένης καὶ περὶ τόνδε τὸν πορθμὸν πλέον ἢ κατὰ τὸν ἄλλον κόλπον θλιβομένης, τοῦ ἐπιρρέοντος ἔτι τῷ ἀνατρέχοντι πολλάκις ἐμπίπτοντος, βρασμόν τε ἴσχει τὸ ὕδωρ και κῦμα φλεγμαῖνον ἐγείρει πρὸς τῆς ἀντιτυπίας εἰς κλύδωνα κορυφούμενον. » 4 Ἐπὶ τούτοις κρότου γενομένου καὶ ἐπαίνου τῶν παρόντων ἀληθῆ εἶναι μαρτυρούντων τὴν αἰτίαν, ὁ Καλάσιρις εἴχετο τῶν ἑξῆς « Ὑπερβαλόντες δὴ » λέγων « τὸν πορθμὸν καὶ νήσους Ὀξείας ἀποκρύψαντες τὴν Ζακυνθίων ἄκραν προσκοπεῖν ἀμφεβάλλομεν ὥσπερ ἀμυδρόν τι νέφος τὰς ὄψεις ἡμῖν ὑποδραμοῦσαν, καὶ ὁ κυβερνήτης τῶν ἱστίων παραστέλλειν ἐπέταττεν. 5 Ἡμῶν δὲ πυνθανομένων διότι παραλύει τὸ ῥόθιον τῆς νεὼς οὐριοδραμούσης « Ὅτι » ἔφη « πλησιστίῳ χρώμενοι τῷ πνεύματι περὶ πρώτην ἂν φυλακὴν τῇ νήσῳ προσορμίσαιμεν καὶ δέος προσοκεῖλαι σκοταίους τόποις ὑφάλοις τὰ πολλὰ καὶ κρημνώδεσι· καλὸν οὖν ἐννυκτερεῦσαι τῷ πελάγει καὶ τὸ πνεῦμα ὑφειμένως δέχεσθαι, συμμετρουμένους ὅσον ἂν γένοιτο αὔταρκες ἕωθεν ἡμᾶς τῇ γῇ προσπελάσαι. »

XVIII 1 Ταῦτα οὐκ εἶπε μὲν ὁ κυβερνήτης οὐκ ἐγένετο δέ, ὦ Ναυσίκλεις, ἀλλ' ἅμα ἥλιός τε ἀνίσχε καὶ ἡμεῖς

3 2 γινομένης mAT : γεν. C || 3-4 τοῦ ἐπιρρ (-ιρ- P) έοντος ἔτι (ἐπὶ A) — ἐμπίπτοντος mAT : τοῦ ἀνατρέχοντος ἔτι τῷ ἐπιρρέοντι πολλάκις ἐμπίπτοντι C || 4 βρασμόν mAT : θραυσμόν P || 5 χῦμα CBPZAT et V post corr. : καῦμα VM || 4 2-3 ἐπαίνου — αἰτίαν mAT : ἐπ. ἀλ. εἶναι μαρτ. τὴν τῶν παρ. αἰτ. C || 4 λέγων VMCZ : λέγω BPAT || πορθμὸν mAT : ἰσθμὸν C || 5 Ζακυνθίων mAT : -ύνθιον P || 6 ἡμῖν mA : ἡμῶν ZT || 7 τῶν ἱστίων BPA : τὸ ἱστίον VMCZT || 5 1 ἡμῶν mAT : ὑμῶν B || διότι παραλύει post νεὼς (2) C || παραλύει mT : -οι A || 2 ῥόθιον VMBAT : ὄρθιον PZ ὄρθριον C || 4 προσορμίσαιμεν mAT : -ωμεν P || σκοταίους VM : -αίοις BPZT -έοις CA || 6 ὑφειμένως CPZAT : ὑφιεμ. VMB || 7 συμμετρουμένους CBPZAT : -οις VM || ὅσον mAT : ὅσους B || αὔταρκες mAT : τὸ αὔτ. B.

XVIII 1 1 οὐκ εἶπε μὲν PZA : εἶπε μὲν VMCB μὲν εἶπε T || 2 ἀνίσχε VM (-ει B) : ἀνεῖχε CPZAT.

nous jetâmes l'ancre. 2 Les habitants de l'île qui avaient leur demeure près du port, lequel se trouve à quelque distance de la ville, accouraient vers nous, comme à un spectacle nouveau et étrange. On les voyait s'émerveillant devant ce navire d'une manœuvre si facile et dont la grandeur ne nuisait pas à la beauté. On reconnaissait bien là, disaient-il, la main des Phéniciens. Ils admiraient surtout la chance extraordinaire que nous avions eue de trouver un temps calme et de faire une facile et heureuse traversée en plein hiver lorsque les Pléiades étaient déjà couchées. 3 Le bateau n'était pas encore complètement amarré, que la plupart avaient déjà débarqué pour courir à la ville de Zacynthe et s'occuper de leur commerce. Quant à moi, j'avais entendu dire au pilote qu'ils devaient hiverner dans cette île ; je me mis donc en quête d'un logis sur le rivage même. Le bateau n'était pas pour nous une demeure convenable à cause du remue-ménage et de l'encombrement des matelots ; la ville n'offrait pas un asile sûr à nos jeunes fugitifs. 4 Au bout de quelques pas, je vois un vieux pêcheur[1] assis devant sa porte, qui raccommodait un filet. Je m'approche : « Bonjour, mon bon ami, dis-moi où l'on pourrait trouver à se loger. » — « Près d'ici à la pointe, me

1. Le fait que Xénophon d'Éphèse (dans son Livre V) a introduit un pêcheur pour fournir un abri provisoire à Habrocomas a conduit les éditeurs à affirmer un peu vite que l'un des deux auteurs a copié l'autre, et on prétend généralement que Xénophon a servi de modèle à Héliodore [M. Schnepf, *De imitationis ratione quae intercedit inter Heliodorum et Xen. Ephesium*, pp. 17-19. Rohde, *Gr. Rom.* p. 488, Dalmeyda, Xen. Eph. E I, 4]. Mais l'introduction d'un pêcheur est aussi naturelle dans un récit que dans l'autre, et il n'est pas raisonnable d'en déduire qu'il y a là imitation. En fait il n'y a rien de commun entre le Tyrrhénos d'Héliodore et l'Ægialeus de Xénophon, sinon qu'ils sont tous deux pêcheurs et ont tous deux perdu leur femme tout récemment (οὐ πρὸ πολλοῦ τέθνηκεν Hél. XVIII, 7 6 ; τέθνηκεν οὐ πρὸ πολλοῦ Xén. Eph. E, 1 9). Là, s'arrête la comparaison. Il y a loin du gai Tyrrhénos qui vit avec ses enfants au sombre Ægialeus absorbé dans la contemplation de la momie de sa femme.

ἄγκυραν καθίεμεν. 2 Οἱ δὲ τῆς νήσου περὶ τὸν ὅρμον οἰκοῦντες ἀπέχοντα οὐ πολὺ τῆς πόλεως καθάπερ ἐπί τι παράδοξον τὴν θέαν τὴν ἡμετέραν συνέρρεον, ἀγάμενοι μὲν ὡς ἐφαίνοντο καὶ τὸ τῆς ὁλκάδος εὐάγωγον εἰς κάλλος τε ἅμα καὶ μέγεθος † αἰρόμενον ἐκπεπονημένης †, Φοινίκιον τὸ φιλοτέχνημα γνωρίζειν λέγοντες, πλέον δὲ θαυμάζοντες ὡς παραλόγῳ τῇ τύχῃ χρησαμένους εὔδιόν τε καὶ ἀπήμονα πλοῦν ἐν χειμερίῳ τῇ ὥρᾳ καὶ Πλειάδων ἤδη δυομένων ἀνύσαντας. 3 Οἱ μὲν οὖν ἄλλοι σχεδόν τι πάντες ἔτι τῶν πρυμνησίων ἀναπτομένων ἀπολιπόντες τὴν ναῦν ἐπὶ τὸ ἄστυ τὴν Ζάκυνθον ἀγοράσοντες ἀνέτρεχον, ἐγὼ δέ, τοῦ κυβερνήτου γὰρ ἀκηκοὼς ἐτύγχανον ὡς χειμαδίῳ χρήσονται τῇ νήσῳ, καταγωγὴν σκεψόμενος αὐτοῦ που περὶ τὴν ἀκτὴν ἠρχόμην, τὴν μὲν ναῦν ὡς ἀπρεπὲς οἰκητήριον διὰ τὴν ναυτικὴν τύρβην, τὴν πόλιν δὲ ὡς οὐκ ἀσφαλὲς διὰ τὴν τῶν νέων φυγὴν παραιτούμενος. 4 Ὀλίγον οὖν ὅσον προήκων ὁρῶ πρεσβύτην ἁλιευτικὸν πρόσθεν τῶν θυρῶν αὐτοῦ καθήμενον καὶ δικτύου διερρωγότος βροχίδας ἀκεζόμενον. Πλησιάσας δὴ « Χαῖρε » εἶπον « ὦ βέλτιστε καὶ φράζε ὅποι τις ἂν τύχοι καταγωγῆς. » Ὁ δὲ « Περὶ τὴν πλησίον ἄκραν »

2 2 ἀπέχοντα VMCZAT : -ται B ἀπέχον P || 3 ἀγάμενοι mAT : ἀγώμ. B || 4 μὲν mAT : γὰρ B || ἐφαίνοντο codd. : -ετο Bas. || τὸ τῆς mAT : τῆς Z || 5 αἰρόμενον ἐκπεπονημένης codd. : vix sanum; vide Append. 2 (vol. I, p. LXXII) || 6 Φοινίκιον CBAT : -ειον VMPZ || 6-7 πλέον δὲ θαυμάζοντες CBPZAT et V^mg : om. VM || 8 καὶ (2) mAT : om. C || πλειάδων CBPA : πληϊάδ. VMZT || 9 ἀνύσαντας VBZAT : -τες MP : -τα C || **3** 2 ἀναπτομένων mT : ἁπτ. C ἀνασπωμένων A || 3 τὸ ἄστυ post Ζάκυνθον B || τὴν Ζάκυνθον mA : δὴ Ζάκ. T fort. secludenda || ἀγοράσοντες mT : -αντες CA || 3-4 ἀνέτρεχον mAT : ἀπ. C || 4 ἐγὼ mAT : ὑπὸ B || 5 χρήσονται mAT : -τες P || 6 ἠρχόμην mAT : ηὐχ. B || 7 ἀπρεπὲς mAT : εὐπρ. B || 8-9 παραιτούμενος mAT : ἐξαιτ. C || **4** 1 προήκων mAT : προσήκων B || 2 αὐτοῦ B : τῶν αὐτοῦ mAT || 3 βροχίδας mAT : -ίδα P || ἀκεζόμενον CBPZA (vid. Introd. vol. I, p. LXII) : ἀκεόμ. VMT ἀκούμ. Coraes || πλησιάσας mAT : παρρησ. B || δὴ mAT : δὲ B || 4 εἶπον mAT : εἰπὼν B || ὅποι mAT : ὅπη P || 5 τύχοι VMBZAT : τύχῃ CP.

répondit-il, sur un rocher à fleur d'eau, il s'est accroché et déchiré. » **5** « Ce n'est pas ce que je te demande, lui dis-je. Mais tu serais bien aimable et bien bon si tu voulais me recevoir chez-toi ou m'indiquer quelque autre logement. » « Non, reprend-il, ce n'est pas moi. Je n'étais pas sur la barque. Il n'y a pas de danger qu'il commette une pareille maladresse, ni que l'âge l'ait rendu bête à ce point, le vieux Tyrrhénos. C'est la faute de mes garçons qui, ne connaissant pas les écueils, ont jeté le filet où il ne fallait pas. » **6** Je finis par comprendre qu'il était un peu dur d'oreille ; je hausse le ton et lui crie : « Je te dis bonjour, nous sommes étrangers ; enseigne-moi l'endroit où nous pourrions loger. » — « Ah ! bonjour, me répondit-il, veux-tu rester avec nous ? A moins que tu ne sois de ces gens qui cherchent les vastes hôtels[1] et voyagent avec un nombreux domestique. » **7** Je lui déclarai que nous étions trois : mes deux enfants et moi. « Ce nombre me plait, reprit-il ; nous ne sommes qu'un de plus. J'ai aussi deux enfants qui vivent encore avec moi, les aînés sont mariés et chez eux. Le quatrième habitant de la maison est la nourrice des petits. Leur mère est morte il n'y a pas longtemps. N'hésite donc pas, mon cher ami ; sois assuré[2] que nous recevrons avec plaisir un homme en qui l'on reconnaît tout de suite une personne bien née. » **8** J'acceptai, et bientôt je revins accompagné de Théagène et de Chariclée. Tyrrhénos nous accueille avec joie et nous installe dans la partie la plus chaude de la maison. Nous passâmes d'abord assez agréa-

1. A côté de l'hospitalité offerte par les particuliers et d'auberges modestes, on voit que les voyageurs avaient à leur disposition de véritables hôtels. (M.)

2. Ἀμφιβάλλειν dans le sens de « douter » est fréquent chez Héliodore. Sur la construction avec ὡς et l'indicatif, cf. Elien, *Nature des animaux*, IX 33 ὡς δὲ καὶ ἥδε ἡ πόα σὸν δῶρόν ἐστιν οὐδὲ ἀμφιβάλλειν χρή. Mais, en XVII, 4 5, le verbe est suivi de l'infinitif, construction dont il ne semble pas y avoir d'autre exemple.

ἔφη « χοιράδι πέτρᾳ τῆς προτεραίας ἐνσχεθὲν διεσπάρακται. » 5 Κἀγὼ « Τοῦτο μὲν » ἔφην « οὐδὲν ἐδεόμην μαθεῖν, ὅμως δ' οὖν χρηστῶς ἂν ποιοίης καὶ φιλανθρώπως ἢ αὐτὸς ὑποδεχόμενος ἢ ἕτερον ὑφηγούμενος. » Καὶ ὃς « Οὐκ αὐτὸς » φησίν, « οὐ γὰρ συνέπλεον· μὴ γὰρ οὕτω ποτὲ σφαλείη μηδὲ ὑπὸ γήρως πιεσθείη Τυρρηνός, ἀλλ' ἐστὶ πταῖσμα τῶν παιδαρίων ἀπειρίᾳ τῶν ὑφάλων οὗ μὴ ἐχρῆν τὰ δίκτυα καθορμισάντων. » 6 Ὀψὲ δὴ οὖν συνεὶς ὡς παχύτερον ἔχει τῆς ἀκοῆς γεγωνότερον ἐμβοήσας « Χαίρειν κελεύω σοι » ἔφην « καὶ φράζειν ἡμῖν ξένοις οὖσι καταγωγήν. » « Ἀλλὰ καὶ αὐτὸς χαίροις » ἀπεκρίνατο « καὶ μένοις εἰ βούλοιο παρ' ἡμῖν, εἰ μή τις τυγχάνοις τῶν πολυκλίνους οἴκους ἐπιζητούντων ἢ θεραπείαν εἰς πλῆθος ἐπαγομένων. » 7 Ἐμοῦ δὲ εἰπόντος ὡς παῖδές εἰσί μοι δύο καὶ τρίτος ἐγώ, « Χαρίεν » ἔφη « τὸ σύμμετρον, ἑνὶ γὰρ πλείους ἡμᾶς εὑρήσετε· κἀμοὶ γὰρ παῖδές εἰσιν ἔτι δύο συσσιτούμενοι, οἱ προγενέστεροι δὲ γήμαντες οἴκου ἄρχουσι, καὶ τετάρτη τροφὸς ἡ τῶν παιδίων· ἡ γὰρ μήτηρ αὐτοῖς οὐ πρὸ πολλοῦ τέθνηκεν· ὥστε, ὦ λῷστε, μὴ μέλλε μηδὲ ἀμφίβαλλε ὡς χαίροντες ὑποδεξόμεθα ἄνδρα καὶ ἐκ πρώτης ἐντεύξεως εὐγένειαν ἐμφαίνοντα. » 8 Ἔπραττον οὕτω καὶ μετ' οὐ πολὺ σὺν τῷ Θεαγένει καὶ τῇ Χαρικλείᾳ παρόντα με ἄσμενος ὁ πρεσβύτης ὑποδέχεται καὶ μέρος τὸ ἀλεεινότερον ἀπεκλήρου

6 ἔφη mAT : om. C || ἐνσχεθὲν mAT : ἐνεχθὲν M || **5** 1 ἔφην οὐδὲν MC : οὐδὲν om. B οὐδὲν ἔφην VBZAT || 2 ὅμως mAT : ἅμα B || ποιοίης Coraes : ποιῇς MC ποιοῖς VBPZAT (cf. XX, **3** 5) || 5 Τυρρηνὸς : sic scribere solent VMPZA, Τυρρῖνος C Τιρρῖνος B Πυρρῖνος T. hic Τυρηνός Z Πυρρῖνος (τ superscripto) C || **6** 5 μένοις codd. : ἂν add. Ry. || 5-6 τυγχάνοις VCBZAT (M superscr.) : -εις MP || 7 ἐπαγομένων mAT : ἐπειγ. P || **7** 1 δὲ mAT : om. C || 3 εὑρήσετε mAT : -ατε B || 4 ἔτι mAT : om. Z || συσσιτούμενοι C : -οῦντες mAT || 5 οἴκου mAT : οἶκοι P || τετάρτη ante τροφὸς mT : post παιδίων BA || 5-6 παιδίων VMCBAT : παίδων PZ || 6 οὐ mAT : καὶ B || **7** ὡς χαίροντες CT (cf. Aelian., *N. A.*, 9, 33) : ὡς οὐ χαίρ. mA || **8** 2 παρόντα mAT : -ιόντα M || 2-3 πρεσβύτης C : Τυρρηνὸς mAT || 3 ἀλεεινότερον VMCAT : ἀλλ. Z ἐλ. BP.

ment la mauvaise saison[1]. Nous étions ensemble pendant la journée et ne nous séparions que pour dormir. Chariclée couchait avec la nourrice, Théagène et moi de notre côté, Tyrrhénos avec ses enfants dans une autre chambre. **9** Nous faisions table commune. Nous fournissions tout le reste ; Tyrrhénos apportait force poissons pour régaler ses convives, Il pêchait seul ordinairement. Mais il nous arrivait parfois de l'accompagner, pour occuper nos loisirs. Il connaissait toutes les ressources de son métier et savait varier sa pêche suivant les saisons. C'était merveille de voir son adresse et la quantité de poissons qu'il prenait[2] : si bien que beaucoup de gens attribuaient à la chance les heureux résultats de son habileté et de son expérience.

XIX **1** Mais il n'était pas possible, comme dit le proverbe, que des malheureux ne fussent pas toujours et partout malheureux[3]. La solitude même où vivait Chariclée ne la préservait pas des ennuis que lui valait sa beauté. Ce marchand de Tyr, couronné aux jeux Pythiques, notre compagnon de traversée, venait souvent me trouver à part ; il me fatiguait et me harcelait de ses prières ; me croyant le père, il me demandait de lui accorder la main de Chariclée. **2** Il se vantait fort, lui et sa famille qu'il disait illustre ; il me faisait le compte des richesses qu'il avait avec lui ;

1. Chez les épiques, l'épithète χειμέριος a le sens d'« hivernal ». Cf. Homère, *Odyssée*, V, 485 ὥρῃ χειμερίῃ. (M.)

2. L'usage fait par Héliodore des mots εὔβολος est πολύθηρος et à noter. Εὔβολος, qui signifie chance au lancement des dés, puis simplement chance, a été suggéré par le lancement des filets (cf. Oppien, *Halieutiques* III 71 εὔβολος ἔσσεται ἄγρη). — Πολύθηρος est employé par Euripide seulement pour qualifier νάπος (*Phéniciennes* 801) et Dictynna la chasseresse (*Hippolyte* 145). Ici il signifie une pêche abondante, θηρίον s'appliquant au poisson et θήρα à la pêche par une assimilation toute naturelle.

3. Cette sentence proverbiale rappelle κῦμα ἐπὶ κύματι (XX, 1 7). Il semble, d'après son aspect métrique, qu'Héliodore l'ait empruntée à un poète.

τῆς οἰκήσεως· καὶ πως οὐκ ἀηδῶς τὴν χειμέριον ὥραν τὰ πρῶτα διηνύομεν, τὰ μὲν ἄλλα συνδιημερεύοντες χωριζόμενοι δὲ ὅτε καθεύδειν ἔδει, σὺν τῇ τροφῷ μὲν ἡ Χαρίκλεια ἐγὼ δὲ ἰδίᾳ καὶ Θεαγένης, ὁ Τυρρηνὸς δὲ σὺν τοῖς αὐτοῦ παισὶ καθ' ἕτερον δωμάτιον ἀναπαυόμενος. 9 Ἡ τράπεζα δὲ ἡμῖν κοινὴ προὐτίθετο τὰ μὲν ἄλλα ἡμῶν παρεχόντων τοῦ Τυρρηνοῦ δὲ ὄψον ἄφθονον ἐκ θαλάττης τοὺς νέους ἑστιῶντος, τὰ μὲν καθ' ἑαυτὸν ἁλιεύοντος τὰ δὲ καὶ ἡμῶν ἔστιν ὅτε τὴν σχολὴν διατιθεμένων καὶ συνεφαπτομένων τῆς ἄγρας, ἣν ποικίλην τε καὶ πρὸς πᾶσαν ὥραν ἁρμόδιον ἐξήσκητο· καὶ ἦν εὔβολόν τι χρῆμα καὶ πολύθηρον ὥστε καὶ οἱ πολλοὶ τὴν ἐμπειρίαν αὐτῷ τῆς τέχνης εἰς εὐμένειαν τύχης προσῆπτον.

XIX 1 Ἀλλ' οὐ γὰρ ἦν, φασί, τοὺς δυστυχοῦντας μὴ οὐχὶ πανταχοῦ δυστυχεῖν οὐδὲ ἐπὶ τῆς ἐρημίας ἀνενόχλητον εἶχεν ἡ Χαρίκλεια τὸ κάλλος, ἀλλ' ὁ Τύριος ἐκεῖνος ἔμπορος ὁ Πυθιονίκης ᾧ συνεπλεύσαμεν ἰδίᾳ μοι προσιὼν ἠνώχλει πολλάκις καὶ ἀπέκναιε λιπαρῶν καὶ εἰς γάμον ὡς ἂν παρὰ πατρὸς αἰτῶν τὴν Χαρίκλειαν, 2 πολλὰ σεμνύνων ἑαυτὸν καὶ τοῦτο μὲν γένος ἔνδοξον καταλέγων τοῦτο δὲ τὸν παρόντα πλοῦτον καταριθμούμενος τήν τε

4 οἰκήσεως mA et B[mg] : οἰκίας BT || ἀηδῶς mAT : αιδῶς B || 5 συνδιημερεύοντες mAT : -ημεύοντες B || 5-6 χωριζόμενοι mAT : χαρ. C || 8 ἀναπαυόμενος CZ : -μενοι VMBPAT || 9 ἑστιῶντος (-ας Z) mAT : ἐσθιῶντος ante τοὺς νέους B || 6 ἦν mAT : ἦν καὶ B || 7 εὔβολόν VM : εὐβόλους B εὔβουλον CPZAT || 8 πολύθηρον (-θυρον B) mAT : πολυθήροις P || ὥστε mAT : ἅτε M || ἐμπειρίαν CBPZAT : ἐμπορίαν V -ειαν M. || αὐτῷ codd. αὐτοῦ Hirschig.

XIX 1 1 φασί ZT et M superscr. : φησί mA, cf. XX, 1 7 || 3 Τύριος VMPZAT : τύρρ. C τέρ. B || 4 ἔμπορος mAT : ὁ ἔμπ. C || ᾧ mAT : ὡς B || συνεπλεύσαμεν mAT : συνεκπλ. C || 5 ἠνώχλει VM : ὤχλει CBPZAT || ἀπέκναιε mAT : -κλαιε B tum ἀκηδιάσαι ἐποίει παρακαλῶν quae verba ut ἀπέκναιε λιπαρῶν interpretarentur haud dubie inserta sunt || καὶ εἰς γάμον mAT : om. B || 6 παρὰ mAT : περὶ B || 2 3 τήν τε mAT : τὴν δὲ P.

le bateau lui appartenait ainsi que la plupart des marchandises : or, pierres précieuses et étoffes de soie. Il ne manquait pas, pour achever de donner une bonne opinion de lui-même, de rappeler sa victoire de Delphes[1] et d'alléguer beaucoup d'autres raisons. **3** Je lui objectais la présente pauvreté où je me trouvais et l'impossibilité de donner ma fille à un homme qui demeurait à l'étranger et dans un pays si éloigné de l'Égypte. « Ne me parle plus de cela, père, me disait-il. Donne-la moi, elle-même sera à mes yeux la plus belle dot; cette fille vaut plus que tout l'or du monde. Votre pays et votre patrie deviendront les miens. Je renoncerai à mon voyage à Carthage, et je vous suivrai où vous voudrez. »

XX **1** Voyant que le Phénicien, loin de renoncer à son projet, s'échauffait à l'excès et ne laissait pas un seul jour[2] de venir m'importuner des mêmes propos, je pris le parti de l'amuser par des belles promesses. Je craignais qu'il n'en vînt, dans cette île, à quelque coup de force contre nous. Je promis de lui donner entière satisfaction, dès mon retour en Égypte. A peine m'étais-je débarrassé de lui pour un temps. Mais sur les flots du malheur[3], comme

1. Le masculin πυθιονίκης est régulier (1 4), comme l'est ὀλυμπιονίκης etc... ; mais πυθιονίκη (féminin), au sens de *victoire aux jeux pythiques* est un mot mal formé, pour lequel il n'y a pas de témoignage autorisé ; car dans Bacchylide (IV, 17), ὀλυμπιονίκας est probablement employé pour ὀλυμπιονίκας ὕμνους, et dans Antiphon le Sophiste (fr. 49 Diels), ὀλυμπιονῖκαι et πυθιονῖκαι peuvent être des adjectifs se rapportant à ἀγῶνες. Héliodore peut avoir risqué la forme féminine ; mais il est tentant de croire qu'ici, comme en Δ XVI, 7 5, il avait écrit τὴν Πυθοῖ νίκην.

2. P donne seul un texte admissible. Mais nous inclinons à croire que ἀλλ' des autres manuscrits, n'est pas une simple addition et qu'il représente quelque mot altéré (voir note critique).

3. Cf. Euripide, *Ion*, 927 sqq.

Κακῶν γὰρ ἄρτι κῦμ' ὑπεξαντλῶν φρενί,
πρύμνηθεν αἴρει μ' ἄλλο σῶν λόγων ὕπο,
οὓς ἐκβαλοῦσα τῶν παρεστώτων κακῶν
μετῆλθες ἄλλων πημάτων κακὰς ὁδούς. (M).

ὁλκάδα ὡς ἴδιον αὐτοῦ κτῆμα τυγχάνοι καὶ ὡς τοῦ πλείονος φόρτου τῶν ἀγωγίμων δεσπόζοι, χρυσοῦ τε ὄντων καὶ λίθων πολυταλάντων καὶ σηρικῆς ἐσθῆτος· οὐκ ὀλίγον δὲ εἰς εὐδοξίας προσθήκην καὶ τὴν Πυθιονίκην ὠνόμαζεν ἕτερά τε αὖ πολλὰ πρὸς τούτοις. 3 Ἐμοῦ δὲ τήν τε παροῦσαν πενίαν προβαλλομένου καὶ ὡς οὐκ ἄν ποτέ τῳ χώραν ἄλλην οἰκοῦντι καὶ ἔθνος ὃ τοσοῦτον κεχώρισται τῆς Αἰγυπτίων ἐκδοῦναι τὸ θυγάτριον αἱρησομένου « Πέπαυσο τούτων » ἔλεγεν « ὦ πάτερ, τὴν μὲν γὰρ προῖκα ἀπέχειν ἡγήσομαι πολλὰ τάλαντα καὶ πλοῦτον ὅλον τὴν κόρην, ἔθνος δὲ καὶ πατρίδα τὴν ὑμετέραν ἀλλάξομαι τῆς μὲν ἐπὶ Καρχηδονίους ὁρμῆς ἐκτραπεὶς ὑμῖν δὲ σύμπλους οἷ δὴ καὶ βούλεσθε γενόμενος. »

XX 1 Ὁρῶν δὴ τὸν Φοίνικα μὴ ἀνιέντα ἀλλ' εἰς ὑπερβολήν τε πρὸς τὸ βούλημα θερμαινόμενον καὶ ἡμέραν οὐδεμίαν τοῦ διοχλεῖν μοι περὶ τῶν αὐτῶν ἀπολειπόμενον, ἔγνων τὸ παρὸν ὑπερθέσθαι χρησταῖς ἐπαγγελίαις μὴ καὶ βίαιόν τι κατὰ τὴν νῆσον ὑποσταίημεν, καὶ ἅπαντα ποιήσειν ἐλθὼν εἰς τὴν Αἴγυπτον ἐπηγγελλόμην. Οὔπω δέ μου τοῦτον ἐπ' ὀλίγον ἀποσκευασαμένου κῦμα φασὶν ἐπὶ κύματι

4 τυγχάνοι mA : -ει PT || 5 δεσπόζοι CZ : -ει VMBPAT || 6 λίθων mAT : πλούτων P || σηρικῆς mAT : -ῶν C || ὀλίγον mAT : -ων Z || 7 τὴν Πυθιονίκην codd. (τὴν ἐν Πυθίᾳ νίκην V^mg) || 8 αὖ CBPZAT : ἂν VM || 3 2 ὡς mAT : om. B || τῳ P : τῷ VMCZAT om. B || 3 τοσοῦτον mT : τοσούτῳ BA || 4-5 πέπαυσο mAT : -σαι C || 5 ἔλεγεν mAT : post πάτερ B || 6 πολλὰ mAT : πολλὰ καὶ P καὶ π. Commelinus || πλοῦτον ὅλον (ὅλην T) τὴν κόρην mAT : πλ. ἔχειν τὴν κόρην ὅλον C || 7 ὑμετέραν VMCZ : ἡμ. BPAT || 8 καρ (καλ- B) χηδονίους mAT : καρχηδόνος M || ὑμῖν mAT : ἡμῖν B || σύμπλους mAT : καὶ σ. C || 9 οἷ Coraes : οὗ codd. || γενόμενος m : γιν. BAT.

XX 1 1 δὴ CPT : δὲ VMBA δὲ δὴ Z || 2 τε πρὸς mAT : om. C || ἡμέραν P : add. ἀλλ' mAT unde ἅμ' coni. Lb ἄλλως coni. Ry. || 3 διοχλεῖν mAT : διενοχ. M || 4 ἔγνων mAT : ἔγνω B || μὴ καὶ mA : μηδὲ καὶ B καὶ μὴ T || 6 οὔπω VMC : οὕτω BPZT et C^mg καὶ οὕτως A || 7 φασὶν BPZAT et M post corr. : φησὶν VMC cf. XIX, 1 1 || κύματι CBPZAT : κῦμα VM.

on dit, le destin me ballottait sans trêve. **2** Tyrrhénos, peu de jours après, me prit à part dans une anse du rivage, et me dit : « Calisiris, Poseïdon[1] et tous les dieux de la mer me sont témoins que je te considère comme un frère, et tes enfants comme les miens. Je suis venu te parler d'une affaire qui mijote ; c'est une histoire fort pénible, mais je n'ai pas le droit de la taire à celui qui partage mon foyer ; il faut absolument que tu sois mis au courant. **3** Une bande de pirates, postée dans un des replis qui sont sur le flanc de ce promontoire, surveille le navire phénicien[2] ; à tour de rôle des sentinelles épient son départ. Ouvre l'œil, prends garde et réfléchis bien à ce que tu dois faire. Car c'est à cause de toi ou plutôt de ta fille que ces gens-là méditent un de ces mauvais coups dont ils sont coutumiers. » **4** « Que les dieux, lui dis-je, t'accordent la digne récompense que mérite ce service. Mais comment, Tyrrhénos, as-tu surpris leurs intentions agressives ? » « Voici : mon métier m'a mis en relations avec ces hommes. Je leur fournis du poisson qu'ils me payent plus cher que les autres. **5** Hier, tandis que je levais mes nasses[3], le long de la falaise, les chef des pirates m'a abordé. « Sais-tu, me demanda-t-il, quand les Phéniciens doivent lever l'ancre ? » Je compris à cette question, qu'il méditait une

1. L'invocation à Poseïdon est doublement justifiée puisqu'il est le dieu des négociants et des pêcheurs. 'Ενάλιος est une des épithètes consacrées de Poseïdon. (M.)

2. Le rapprochement de ναυλοχεῖν et περιπτύσσειν laisse croire à une réminiscence d'Euripide, *Hécube*, 1015, αἵδ' 'Αχαιῶν ναύλοχοι περιπτυχαί. Ph. Neimke, *Quaestiones Heliodoreae*, bien que plusieurs des exemples cités soient fantaisistes, montre qu'Héliodore a subi l'influence du style d'Euripide. Cependant il ne donne pas la référence présente, que donne Coray. Sur l'emploi de ἐργαστήριον cf. ἐργαστήριον συκοφαντῶν « bande organisée de délateurs » (Démosthène, XXXIX, 2 et XL, 9). Τὰ πειρατικά est usité également dans le sens de bandes de pirates, par ex. chez Strabon, XIV, 5, 2 p. 668.

3. Oppien, *Halieutiques*, III, 85 et 341 décrit cet instrument de pêche, en forme de panier d'osier très allongé. (M.)

προσέβαλλεν ὁ δαίμων. 2 Ὁ γὰρ Τυρρηνὸς οὐ πολλαῖς ὕστερον ἡμέραις εἴς τινά με παρηγκωνισμένην ἀκτὴν παραλαβὼν « Ὦ Καλάσιρι » ἔφη « τὸν Ποσειδῶ σοι τὸν πελάγιον ἐπόμνυμι καὶ τοὺς ἄλλους ἐναλίους θεοὺς ἦ μὴν αὐτόν τε σὲ ὡς ἀδελφὸν παῖδάς τε τοὺς σοὺς ἴσα καὶ παισὶν ὁρᾶν τοῖς ἐμοῖς· ἥκω δή σοι φράσων ἐγειρόμενόν τι πρᾶγμα ἀνιαρὸν μὲν ἀλλ' ἐμοί τε σιωπῆσαι ἀθέμιτον ἑστίας ὑμῖν τῆς αὐτῆς κεκοινωνηκότι σοί τε γνῶναι πάντως ἀναγκαῖον. 3 Ναυλοχεῖ τὴν ὁλκάδα τὴν Φοίνισσαν πειρατικὸν ἐργαστήριον κατὰ τὴν περιπτύσσουσαν τῆσδε τῆς ἄκρας πλευρὰν ὑποκαθήμενον, σκοποῖς ἀμοιβαδὸν τὸν ἔκπλουν τῆς νεὼς ἐπιτηρούμενον. Ὅρα δὴ οὖν, φυλάττου καὶ λογίζου τί ἂν ποιοίης, σοῦ γὰρ δὴ ἕνεκεν μᾶλλον δὲ θυγατρὸς τῆς σῆς τὸ οὕτως ἀπηνὲς ἔργον ἐκείνοις δὲ σύνηθες διανοοῦνται. » 4 Κἀγὼ πρὸς αὐτὸν « Σὲ μὲν » ἔφην « ἀντὶ τούτων οἱ θεοὶ κατ' ἀξίαν ἀμείψαιντο· πόθεν δέ, ὦ Τυρρηνέ, συνείληφας τὴν ἐπιβουλήν ; » Καὶ ὅς « Ἀπὸ τῆς τέχνης » ἔφη « τοῖς ἀνδράσι γνωρίζομαι καὶ ὄψον αὐτοῖς προσκομίζων πλέον ἢ παρὰ τῶν ἄλλων τὸ τίμημα κομίζομαι. 5 Τῇ προτεραίᾳ δὴ κύρτους ἀναλεγομένῳ μοι περὶ τοὺς κρημνοὺς ἐντυχὼν ὁ λῄσταρχος « Πότε ἄρα οἱ Φοίνικες ἐξορμήσειν μέλλουσιν, εἴ γε πέπυσαι ; » διηρώτα, κἀγὼ συνιεὶς τὴν ἐνέδραν τοῦ ἐρωτήμα-

8 προσέβαλλεν mAT : -έβαλεν B ‖ **2** 1 γὰρ m : γάρ τοι BT γάρ μοι A ‖ Τυρρηνὸς mAT (vide ad XVIII, **5** 5) : Τυρρικός B ‖ 1-2 οὐ — ἡμέραις mAT : post παραλαβὼν C ‖ 3 Ποσειδῶ codd. : -να superscr. man. post. in Z ‖ 4 ἐν (εἰν- C) αλίους mAT : ἐνυαλ. B ‖ 5 τε σὲ mAT : σὲ B ‖ 5-6 παισὶν .. τοῖς ἐμοῖς codd. : exspectes παῖδας .. τοὺς ἐμοὺς sed cf. XXXIII, **1** 5 ‖ 6 σοι mAT : om. C ‖ 7 ἐμοί τε Coraes : ἐμοί γε CPA ἔμοιγε VMBZT ‖ 8 ὑμῖν VCPZA : ἡμῖν MBT ‖ **3** 1 Φοίνισσαν mT : -ισαν P -ισσα A ‖ 3 σκοποῖς mAT : σκηπτεῖς B ‖ 4 δὴ οὖν VMPZT : δὴ CBA ‖ 4-5 φυλάττου codd. : secl. Hirschig ‖ 5 ποιοίης Coraes : ποιῇς M ποιοῖς mAT cf. XVIII, **5** 2 ‖ **4** 2 ἔφην mAT : om. C ‖ 5 παρὰ mAT : περὶ B ‖ **5** 1 δὴ VMCZT : δὲ BPA ‖ 2 μοι VMBZAT : om. CP ‖ 3 πότε mAT : τότε B ‖ ἐξορμήσειν VMPZAT : -ίσειν CB ‖ 4 διηρώτα mAT : διερ. B ‖ συνιεὶς m : συνεὶς BAT ‖ ἐνέδραν mAT : ἕδραν B.

attaque. « Trachinos, lui répondis-je, je ne puis te le dire exactement. Je pense que ce sera au début du printemps. » 6 « Est-ce que la jeune fille qui est descendue chez toi doit partir avec eux ? « « Je ne sais. Mais pourquoi cette curiosité ? » « C'est que, me dit-il, je suis fou d'elle, pour l'avoir vue une fois. Je n'ai pas souvenir d'avoir jamais vu une pareille beauté, et pourtant, j'en ai fait des prisonnières et qui n'étaient pas laides ! ». 7 Je voulus insensiblement l'amener à me dévoiler toute sa pensée. « A quoi bon, lui dis-je, attaquer ces Phéniciens, quand tu peux sans verser le sang, et avant qu'elle ne soit en mer, l'enlever chez moi ? » « Les brigands eux-mêmes, dit-il, gardent un peu de conscience[1] et d'humanité envers les gens qu'ils connaissent. 8 C'est pourquoi je veux t'épargner les ennuis qu'on ne manquerait pas de te créer, quand on viendrait rechercher ce que tu as fait de tes hôtes. D'ailleurs, je prétends d'un seul coup réaliser deux affaires magnifiques : la prise d'un riche vaisseau et mon mariage avec cette jeune fille. Or, je suis sûr de manquer la première, si j'entreprends la seconde sur terre. Sans compter le danger d'une telle aventure, risquée si près de la ville. Sur le champ les habitants en seraient informés et se lanceraient à notre poursuite. » 9 Je le félicitai vivement de son bon sens et le quittai. Te voilà prévenu, ces maudits pirates méditent[2] une agression. Songe, je t'en prie, à te sauver toi et les tiens. »

1. L'emploi de τὸ συνειδός est récent. Il est même plus remarquable ϛ VII, 7 7 μετὰ ἀγαθοῦ τοῦ συνειδότος. Cf. Alciphron, I, 105.

2. Σκαιωρεῖσθαι n'est sans doute qu'une graphie récente et fausse pour σκευωρεῖσθαι. Ce dernier est fréquent chez Démosthène ; le premier ne se rencontre pas avant Héliodore. Σκευωρεῖσθαι est un déponent normal à sens actif (Démosthène, XXXII, 9), tandis que le grec récent emploie σκαιωρεῖν à l'actif (Procope, *de Aedificiis*, I, Proem. ἐπιβουλὴν σκαιωρεῖν, comme ici). Néanmoins Démosthène emploie une fois le participe parfait au sens passif (XLV, 5), et l'actif σκευωρεῖν se trouve dans Philon (2. 569 Mangey).

τος « Τὸ μὲν ἀκριβὲς » ἔφην, « ὦ Τραχῖνε, οὐκ ἔχω λέγειν, εἰς ἔαρ δὲ πρῶτον ἡγοῦμαι αὐτοὺς ἀφορμήσειν. » **6** « Ἆρ' οὖν » ἔφη « καὶ ἡ κόρη αὐτοῖς ἡ παρὰ σοὶ καταγομένη συμπλεύσεται ; » « Ἄδηλον μέν » εἶπον, « ἀλλὰ τί πολυπραγμονεῖς ; » « Ὅτι αὐτῆς » ἔφη « ἐρῶ μανικῶς ἅπαξ θεασάμενος· οὐ γὰρ οἶδα προστυχὼν τοιούτῳ κάλλει, πολλὰς καὶ ταῦτα καὶ οὐκ ἐξώρους αἰχμαλώτους ᾑρηκώς. » **7** Ὑπαγόμενος οὖν αὐτὸν ὥστε πᾶν ἀναπτύξαι τὸ βούλευμα « Τί οὖν » ἔφην « δεῖ σε συμπλέκεσθαι τοῖς Φοίνιξιν ἀλλὰ μὴ ἀναιμωτὶ καὶ πρὸ τῆς θαλάττης ἔχειν, ἐκ τῆς οἰκίας ἁρπάσαντα τῆς ἐμῆς ; » « Σῴζεται καὶ παρὰ λησταῖς » ἔφη « τι συνειδὸς καὶ πρὸς τοὺς γνωρίμους φιλάνθρωπον. **8** Σοῦ τε οὖν φείδομαι μὴ πραγμάτων πειραθείης τοὺς ξένους ἐπιζητούμενος, ἐγώ τε δι' ἑνὸς ἔργου δύο τὰ μέγιστα κτήσασθαι βούλομαι, τόν τε πλοῦτον τῆς νεὼς καὶ τὸν γάμον τῆς κόρης, ὧν θατέρου πάντως ἐστὶν ἀποτυχεῖν κατὰ γῆν ἐγχειροῦντα τὴν πρᾶξιν· καὶ ἄλλως οὐδὲ ἀκίνδυνον εἴ τι τούτων γίνοιτο πλησίον τῆς πόλεως, ἐκ τοῦ παραχρῆμα τῆς τε αἰσθήσεως καὶ τῆς ἐπιδιώξεως ἐσομένης. » **9** Πολλὰ δὴ τῆς συνέσεως αὐτὸν ἐπαινέσας ἐκείνου μὲν ἀπηλλαττόμην, σοὶ δὲ καταμηνύων τὴν σκευωρουμένην πρὸς τῶν ἀλαστόρων ἐπιβουλὴν ἱκετεύω φροντίδα ποιεῖσθαι τοῦ σαυτόν τε καὶ τοὺς σαυτοῦ διασῴζειν. »

6 ἀφορμή- (-ί- V)σειν VMA : -ῆσαι PZT -ίσαι C -ίζειν B || **6** 1 ἡ παρὰ mAT : εἰ παρὰ C || 5 οὐχ mAT : om. B || **7** 1 αὐτὸν mT : αὐτῷ BA || 2 βούλευμα m : -ημα BAT || 4 ἁρπ-(αἱπ- B)άσαντα CBPZAT : -αντι VM || 5 τι mAT : τὸ B || καὶ πρὸς PZ : πρὸς VMCBAT || **8** 3 τε VMP : δὲ CBZAT fort. recte, cf. Soph. *Trach.* 285-6, 333-4 et al., Philostr. *V. A.* I, 1 || κτή(κτί- P)σασθαι (post βούλομαι VM) mT : προσκτ. BA || 7 γίνοιτο CBPZAT : γέν. VM || **9** 1 δὴ VMBZAT : δὲ P μὲν δὴ C || 2-3 σκευωρουμένην VMPZAT : σκαιωρ. CB || 3 ἀλαστόρων mAT : ἀλλαστώρων B || 4 σαυτοῦ Hirschig : ἑαυτοῦ CZA σεαυτοῦ VMPBT.

XXI 1 Je m'en allais tout pensif après cette révélation ne sachant à quelle résolution m'arrêter[1]. Et voici que le hasard me fait rencontrer le marchand qui se met à chanter son antienne habituelle. Cette rencontre m'ouvrit un horizon nouveau et me suggéra[2] une solution. Je me gardai bien de lui rapporter tous les propos de Tyrrhénos. Je me contentai de lui raconter qu'un indigène avait l'intention d'enlever ma fille, et qu'il ne pouvait songer à lutter contre cet homme. 2 « J'aimerais mieux, lui dis-je, la fiancer[3] à toi, que je connais déjà, et qui as de la fortune. D'autant plus que tu m'as spontanément promis de venir habiter notre patrie, si tu obtenais sa main. Puisque ce projet te tient au cœur, il nous faut sans tarder partir d'ici et éviter quelque pénible surprise contre laquelle nous ne pourrions résister. » 3 Ces paroles le comblèrent de joie : « C'est parfait, père, me dit-il, en me venant baiser la tête. Et il me demanda quand je voulais partir. « La saison n'est pas encore propice à la navigation, ajouta-t-il, mais il suffirait d'aller mouiller dans un autre port où, à l'abri de l'agression projetée, nous attendrons que le printemps soit bien venu. » — 4 « Eh ! bien, répondis-je, si c'est à moi de donner des ordres, je désire que le départ ait lieu la nuit prochaine. » « C'est entendu », dit-il et il partit. Je revins à la maison. Sans rien dire à Tyrrhénos, j'avertis seulement mes enfants que nous devions nous rembarquer le soir même, à la nuit close[4]. Cette décision soudaine les

1. Sur cette expression, cf. Γ III, 1 ὁ Ναυσικλῆς μυρίας ἔστρεφε βουλάς et Elien, *Nature des Animaux*, X, 48 στρέφοντι δ'ἐν ἑαυτῷ βουλήν.

2. Τὸ ἐνδόσιμον veut dire littéralement « prélude d'un air musical » ou « entrée en matière d'un discours ». Héliodore aime cette expression et l'emploie aussi bien avec son sens propre (par ex. Γ II, 24 ; Δ III, 15 : E XIV, 25) que métaphoriquement (Δ XVI, 23).

3. Euripide (*Oreste*, 1079) use du mot κατεγγυῶ dans ce sens précis. (M.)

4. Cf. Plutarque, *Moralia*, 179 d περὶ ἑσπέραν βαθεῖαν et les expressions analogues νὺξ βαθεῖα, βαθὺς ὄρθρος, etc. (M.)

XXI 1 Ἀπῄειν κατηφὴς τούτων ἀκούσας καὶ παντοίας ἔστρεφον παρ' ἐμαυτῷ βουλὰς ἕως ἐκ ταὐτομάτου μοι πάλιν ἐντυχὼν ὁ ἔμπορος καὶ περὶ τῶν αὐτῶν διαλεγόμενος σκέμματός τινος ἐνδόσιμον παρεῖχεν· ἀποκρύπτων γὰρ τῶν παρὰ τοῦ Τυρρηνοῦ μηνυθέντων ἅπερ ἐβουλόμην, ἐκεῖνο μόνον τὸ μέρος ἐξέφαινον ὡς ἁρπάσαι τις τῶν ἐγχωρίων διανοεῖται τὴν κόρην πρὸς ὃν οὐκ ἔστιν ἀξιόμαχος ἀντιτάξασθαι. 2 « Ἐγὼ δὲ σοὶ μᾶλλον ἂν » ἔφην « ἑλοίμην αὐτὴν κατεγγυῆσαι διά τε τὴν προϋπάρχουσαν γνῶσιν διά τε τὴν περιουσίαν, καὶ πρὸ πάντων ὅτι τὴν ἡμετέραν οἰκεῖν, εἰ τοῦ γάμου τύχοις, ἔφθης ἐπαγγελλόμενος, ὥστε εἴ σοι πάντως φίλον σπουδαστέον ἡμῖν τὸν ἐνθένδε ἀπόπλουν πρίν τι καὶ πρὸς τὸ ἀκούσιον προληφθῆναι παθόντας. » 3 Ὑπερήσθη τούτων ἀκούσας καὶ « Εὖγε, ὦ πάτερ » ἔφη, καὶ ἅμα ἐφίλει προσιὼν τὴν κεφαλὴν ἐπυνθάνετό τε πότε ἀνάγεσθαι κελεύοιμι, καὶ γὰρ εἰ μηδέπω τῆς ὥρας εἶναι τὰ πλώιμα ἀλλ' ὑπάρχειν μεταστησαμένους εἰς ἕτερον ὅρμον ἐπιβουλῆς τε ἐκτὸς γενέσθαι τῆς ὑπονοουμένης καὶ τὸ ἀκριβὲς τοῦ ἔαρος περιμεῖναι. 4 « Οὐκοῦν » ἔφην « εἰ δὴ μέλλει τὸ ἐμὸν ἰσχύειν πρόσταγμα, τῆς ἐρχομένης ἂν βουλοίμην ἀποπλεῦσαι νυκτός ». Καὶ ὁ μὲν « Οὕτω γενήσεται » εἰπὼν ἀπεχώρει· ἐγὼ δὲ οἴκαδε ἐλθὼν πρὸς μὲν τὸν Τυρρηνὸν οὐδὲ ἓν πρὸς δὲ τοὺς παῖδας ἔφραζον ὡς μεθ' ἑσπέραν βαθεῖαν αὖθις ἐπιβαίνειν δεήσει τῆς ὁλκάδος· τῶν δὲ τὸ αἰφνίδιον θαυμα-

XXI **1** 1 καὶ VMBPA : om. CZT || 2 παρ' ἐμαυτῷ VMCZT et A post corr. : παρ' ἐμαυτοῦ BA κατ' ἐμαυτὸν P || 3 μοι mAT : μου Z || 4 σκέμματος mAT : -ατα C || ἐνδόσιμον mAT : -ιμα C || 5 μηνυθέντων mAT : μηνυμάτων B || 6 ἁρπάσαι mAT : ἀναρπ. B || 7 διανοεῖται mAT : -εῖτε V || 8 ἀξιόμαχος mAT : -ον P || **2** 2 τε mAT : om. B || 3 γνῶσιν VMBAT : γνώμην CPZ || περιουσίαν mAT : περιοῦσαν B || 4 οἰκεῖν mAT : εἰκεῖν P || τύχοις VMPZAT : -ῃς CB, cf. A XV, **8** 3 || 6 πρὸς mAT : εἰς M || τὸ mAT : om. B || **3** 4 πλώιμα CBZT : πλόϊμα VMPA || 6 ὑπονοουμένης mAT : ἐπιν. P || ἔαρος CBPZA : ἀέρος VMT || **4** 1 ἔφην VMBZAT : ἔφη CP || δὴ mAT : μὴ P || 2 ἐρχομένης BAT : ἀρχ. m. an melius ἐχομένης (cf. XXVII, **7** 7) ? || ἀποπλεῦσαι CBPZAT : πλεῦσαι VM || 4 μὲν mAT : om. B.

étonna et ils m'en demandèrent le motif. Je remis à plus tard les explications, et leur déclarai simplement : « Notre intérêt commande ce départ. »

XXII 1 Après un léger repas. nous nous retirâmes pour dormir. Je vis en songe un vieillard décharné ; cependant son manteau relevé laissait voir sur ses cuisses les restes d'une vigueur physique qui avait dû être grande dans sa jeunesse. Sa tête était couverte d'un casque. Son regard mobile respirait à la fois l'intelligence et la ruse. Il traînait la jambe et boitait, comme s'il avait été blessé[1]. 2 Il s'approcha de moi et me dit avec un sourire narquois : « Mon bon ami, tu es le seul qui n'ait fait aucun cas de moi. Tout ceux qui passent près de l'île des Céphaléniens ne manquent jamais de visiter ma maison et mettent beaucoup d'empressement à connaître ma gloire. Et toi, tu n'as pas même daigné m'adresser un simple bonjour, et pourtant tu étais mon voisin. 3 N'en doute pas, tu ne tarderas pas à en être puni ; tu passeras par les mêmes épreuves que moi-même : sur mer et sur terre des ennemis t'attendent. La jeune fille qui est avec toi, salue-la de la part de ma femme. Elle souhaite le bonheur à cette enfant qui préfère à tout la chasteté, et a le plaisir de lui annoncer que tout finira bien pour elle. » 4 Je me réveillai en sursaut, effrayé par cette vision. Je tremblais. Théagène me demanda ce que j'avais. « Je craignais, lui dis-je, que nous n'ayions manqué le départ du bateau ; c'est cette pensée qui m'a troublé à mon

1. Calasiris a reconnu Ulysse (5 5). La description dérive de différents passages d'Homère :

1) *Od.* XVIII, 74 :

οἵην ἐκ ῥακέων ὁ γέρων ἐπιγουνίδα φαίνει...

2) *ibid.* XIII, 332 :

οὕνεκ' ἐπητής ἐσσι καὶ ἀγχίνοος καὶ ἐχέφρων...

3) *Il.* XIX, 47-49 :

τὼ δὲ δύω σκάζοντε βάτην Ἄρεος θεράποντε,
Τυδεΐδης τε μενεπτόλεμος καὶ δῖος Ὀδυσσεύς,
ἔγχει ἐρειδομένω · ἔτι γὰρ ἔχον ἕλκεα λυγρά.

ζόντων καὶ τὴν αἰτίαν πυνθανομένων ὑπερεθέμην εἰσαῦθις ἐρεῖν, « νῦν δὲ οὕτω πραχθῆναι συμφέρει » ἔλεγον.

XXII 1 Ἐπεὶ δὲ δείπνου πρὸς ὀλίγον μεταλαβόντες εἰς ὕπνον ἐτράπημεν, ὄναρ μοί τις πρεσβύτης ἐφαίνετο τὰ μὲν ἄλλα κατεσκληκὼς ἐπιγουνίδα δέ, λείψανον τῆς ἐφ' ἡλικίας ἰσχύος, ἀνεσταλμένου ζώματος ὑποφαίνων, κυνῆν μὲν τῆς κεφαλῆς ἐπικείμενος ἀγχίνουν δὲ ἅμα καὶ πολύτροπον περισκοπούμενος καὶ οἷον ἐκ πληγῆς τινος μηρὸν σκάζοντα παρέλκων. 2 Πλησιάσας δή μοι καὶ σεσηρός τι μειδιάσας « Ὦ θαυμάσιε » ἔφη, « σὺ δὲ μόνος ἐν οὐδενὸς λόγου μέρει τέθεισαι τὰ καθ' ἡμᾶς, ἀλλὰ πάντων ὅσοι δὴ τὴν Κεφαλλήνων παρέπλευσαν οἶκόν τε τὸν ἡμέτερον ἐπισκεψαμένων καὶ δόξαν γνῶναι τὴν ἡμετέραν ἐν σπουδῇ θεμένων αὐτὸς οὕτως ὀλιγώρως ἔσχηκας ὡς μηδὲ τοῦτο δὴ τὸ κοινὸν προσειπεῖν, ἐν γειτόνων καὶ ταῦτα οἰκοῦντα. 3 Τοιγάρτοι τούτων ὑφέξεις οὐκ εἰς μακρὰν τὴν δίκην καὶ τῶν ὁμοίων ἐμοὶ παθῶν αἰσθήσῃ, θαλάττῃ τε ἅμα καὶ γῇ πολεμίοις ἐντυγχάνων· τὴν κόρην δὲ ἣν ἄγεις παρὰ τῆς ἐμῆς γαμετῆς πρόσειπε, χαίρειν γὰρ αὐτῇ φησι διότι πάντων ἐπίπροσθεν ἄγει τὴν σωφροσύνην καὶ τέλος αὐτῇ δεξιὸν εὐαγγελίζεται. » 4 Ἀνηλάμην ὑπὸ τῆς ὄψεως παλλόμενος καὶ τοῦ Θεαγένους ὅ τι πέπονθα ἐρομένου « Τάχα » ἔφην « ὠψίσθημεν τῆς ἀναγωγῆς καὶ τεθορύβημαι ἀφυπνίσας πρὸς τὴν ἔννοιαν· ἀλλ' αὐτός τε

7 ὑπερεθέμην mAT : ὑπερέμην B || 8 πραχθῆναι mAT : om. Z || συμφέρει PZAT : -ειν VMB τυγχάνει C.

XXII 1 1 μεταλαβόντες mAT : -ος B || 4 ζώματος codd. : τοῦ ζ. Coraes || 5 ἅμα mAT : ἄρα B || περισκοπούμενος mT (-ον A) : ἐπισχ. P || 2 2 τι mT : τις B om. A || 3 λόγου mT : om. A post μέρει C || 4 Κεφαλλήνων CPZT : Κεφαλήνων VMA -ίνων B || 7 ἐν γειτόνων Naber (ἐγγειτ. B) : ἐκ γειτ. mAT cf. A XVII, 3 4 et Luc. *Symp.* 22 et al. || 3 3 πολεμίοις mAT : -ους Z || 4 1 ἀνηλάμην VCPZAT : ἀνηλλάμην MB || 2-3 ἐρομένου mT : εἰρομ. A ἐρωμ. B || 4 ἀφυπνίσας (cf. Philostr. *Vit. Ap.* II, 36) mAT : -ήσας B -ισθεὶς coni. Coraes.

réveil. Mais lève-toi, prépare nos affaires. Je vais appeler Chariclée. » Ma fille arriva bientôt à mon appel. Tyrrhénos entendit, se leva, et demanda ce qui se passait. 5
« Nous faisons, lui dis-je, ce que tu nous a conseillé. Nous tâchons d'échapper à ceux qui nous guettent. Que les dieux te gardent ; tu en a usé avec nous le plus honnêtement du monde. Rends-nous un dernier service : vogue jusqu'à Ithaque et offre de notre part un sacrifice[1] à Ulysse ; demande lui d'apaiser le ressentiment qu'il a contre nous, puisqu'il s'est cru méprisé par nous. C'est lui-même qui s'est montré à moi cette nuit pour m'annoncer sa vengeance[2]. » Il me promit de le faire et nous accompagna jusqu'au bateau, en versant force larmes et en nous souhaitant une traversée heureuse et conforme à nos désirs.
6 Mais à quoi bon tous ces détails ennuyeux ? L'étoile du matin venait de se lever quand nous gagnâmes le large. Les matelots, d'abord opposés au départ, avaient fini par se laisser convaincre quand le marchand Tyrien leur eût déclaré qu'il voulait éviter une attaque de brigands dont on l'avait prévenu. Il ne croyait pas dire si vrai, en inventant ce prétexte. 7 Surpris par des vents violents, nous dûmes essuyer une tempête contre laquelle on ne pouvait lutter ; secoués par des vagues monstrueuses[3], nous faillîmes périr. Enfin, nous pûmes nous mettre à l'abri d'un promontoire de l'île de Crête. L'un des deux gouvernails avait été arraché et la plupart des vergues brisées. On décida de relâcher quelques jours dans l'île, pour réparer

1. Une sorte de culte était rendu à Ulysse dans son pays ainsi que dans les villes qu'il était censé avoir fondées. (M.)

2. Ulysse passait pour rancunier (cf. étymologie d'Ὀδυσσεύς : ὀδύσσομαι, s'irriter). (M.)

3. Cf. Homère, *Odyssée*, III, 288-290 τότε δὴ στυγερὴν ὁδὸν εὐρύοπα Ζεὺς | ἐφράσατο, λιγέων δ'ἀνέμων ἐπ'ἀϋτμένα χεῦε | κύματά τε τροφόεντα πελώρια, ἶσα ὄρεσσιν. Ce passage d'Homère appuie l'hypothèse de Jacobs pour combler une lacune chez Achille Tatios, qui (Γ II, 7) décrit la mer balayée par d'énormes vagues τὸ γὰρ κῦμα αἰρόμενον ὑψοῦ, ψαῦον αὐτῶν τῶν νεφῶν, πόρρωθεν μὲν πρὸς ἀντιπρόσωπον ἐφαίνετο τῷ σκάφει μέγεθος οἷον ⟨ὄρος⟩, προσιὸν δὲ βλέπων καταποθήσεσθαι τὴν ναῦν προσεδόκησας.

ἀνίστω κα τὰ ὄντα συσκευάζου τὴν Χαρίκλειάν τε ἐγὼ μετελεύσομαι. » Παρῆν ἡ παῖς ἐμοῦ τοῦτο σημήναντος καὶ ὁ Τυρρηνὸς αἰσθόμενος διανέστη καὶ τὸ γινόμενον ἐπυνθάνετο. 5 Κἀγὼ « Τὸ μὲν γινόμενον ἔστιν » ἔλεγον « ἡ σὴ συμβουλή· διαδρᾶναι πειρώμεθα τοὺς ἐπιβουλεύοντας· σὺ δὲ αὐτός τε σῴζοιο πρὸς τῶν θεῶν, ἀνδρῶν βέλτιστος περὶ ἡμᾶς γεγενημένος, καὶ τήνδε δίδου τελευταίαν χάριν· θῦε διαπλεύσας εἰς Ἰθάκην ὑπὲρ ἡμῶν Ὀδυσσεῖ καὶ αἴτει τῆς μήνιδος ἀνεῖναι τῆς καθ' ἡμῶν ἣν ἀγανακτεῖν ὡς παρεωραμένος τῇσδέ μοι τῆς νυκτὸς ἐπιφανεὶς ἐξηγόρευσεν. » Ἐπηγγέλλετο ποιήσειν οὕτω καὶ ἄχρι τῆς νεὼς παρέπεμπεν ἐπιδακρύων τε πλεῖστα καὶ τὸν πλοῦν ἡμῖν ἀπήμονά τε γενέσθαι καὶ κατὰ νοῦν ἐπευχόμενος. 6 Τί δεῖ μηκύνοντα ἐνοχλεῖν; ἄρτι φωσφόρου διαλάμψαντος ἀνηγόμεθα, πολλὰ μὲν τῶν ναυτῶν τὴν πρώτην ἐναντιουμένων τέλος δὲ πρὸς τοῦ Τυρίου τοῦ ἐμπόρου πεισθέντων λῃστρικὴν προαγορευθεῖσαν ἔφοδον διαδιδράσκειν εἰπόντος· καὶ ὁ μὲν ἐλάνθανεν τὰ ὄντα ὡς πλάσμα λέγων. 7 Ἡμεῖς δὲ πνεύμασι βιαίοις χρησάμενοι ζάλης τε ἀπροσμάχου καὶ κλύδωνος ἀφράστου πειραθέντες ἀπολέσθαι τε παρὰ μικρὸν ἐλθόντες εἴς ἄκραν τινὰ Κρητικὴν προσωκείλαμεν, τῶν τε πηδαλίων θάτερον ἀποβαλόντες καὶ τῆς κεραίας τὸ πλεῖστον συντρίψαντες· ἐδόκει οὖν ἐπισκευῆς τε ἕνεκεν τῆς ὁλκάδος καὶ ἡμῶν αὐτῶν ἀναλήψεως ἡμέρας τινὰς ἐπιμεῖναι ⟨ἐν⟩ τῇ νήσῳ. 8 Καὶ τούτων οὕτω γενομένων

5 ἀνίστω mAT : -στα Z ‖ τὰ ὄντα mAT : τὰ λοιπὰ γρά (φεται) τὰ ὄντα B ‖ 6 ἡ παῖς mAT : ὁ π. B ‖ **5** 1 τὸ μὲν mAT : μὲν τὸ C ‖ 2 συμβουλή mAT : -βολή C Bas. ‖ 5 αἴτει mAT : ἔτι B ‖ 7 παρεωραμένος mAT : παρρεωραμένον B ‖ 7-8 ἐξηγόρευσεν mAT : -ευεν P ‖ 8 ἐπηγγέλλετο VMCBAT : -έλετο PZ ‖ 10 ἀπήμονα mAT : ἐπίμονα B ‖ τε VMPZAT : om. CB ‖ καὶ mAT : om. Z ‖ **6** 4 Τυρίου VMCBAT : Τυρρ. PZ ‖ 5 προαγορευθεῖσαν m : προσαγ PAT ‖ διαδιδράσκειν mAT : διαδράσκειν C ‖ 6 καὶ mAT : om. B ‖ πλάσμα CBPZAT : -ματα VM ‖ **7** 4 προσωκείλαμεν mAT : ἐξωκ. C ‖ 6 ἕνεκεν m : ἕνεκα BAT ‖ 8 ἐν add. Hirschig ‖ **8** 1 γενομένων mT : γιν ZA.

le navire et se reposer. **8** Cela fait, ordre fut donné de repartir le premier jour de la nouvelle lune, après sa conjonction[1] avec le soleil. Nous mîmes à la voile, poussés maintenant nuit et jour par les zéphyrs printaniers qui commençaient à souffler. Le bateau cinglait vers l'Afrique. Le pilote affirmait que les vents favorables permettraient d'y arriver tout droit et sans escale et que, d'ailleurs, il avait hâte d'atteindre le continent et le sûr asile d'un port, car il croyait reconnaître dans le bateau qui apparaissait[2] derrière nous un brigantin[3] de pirates. **9** « Depuis que nous avons quitté le promontoire de Crète, disait-il, il nous suit à la trace et navigue constamment dans nos eaux, comme si un même élan l'attachait à notre sillage. Je me suis rendu compte qu'il conformait exactement ses mouvements aux nôtres, toutes les fois qu'à dessein je m'écartais du droit chemin. »

XXIII **1** Tandis qu'effrayés par ces paroles, les uns demandaient qu'on préparât la résistance, les autres, bien tranquilles, rappelaient que l'on voyait habituellement sur les mers les petits bateaux suivre les gros, sans doute par ce que ceux-ci dirigés par des pilotes plus expérimentés leur servent de guides. **2** Les discussions duraient encore et le jour était déjà avancé. C'était l'heure où le laboureur délie ses bœufs[4]. Le vent, jusque là assez fort, se calma et tomba peu à peu. Une brise douce et sans force agitait les voiles, mais était incapable des les gonfler. Enfin, ce fut le calme plat. Il semblait que le vent se fût couché en

1. Cf. Plutarque, *Moralia*, 269 c ὅτε κρύπτεται (σελήνη) σύνοδον ποιησαμένη πρὸς ἥλιον. (M.)

2. Le texte est douteux à raison de l'usage intransitif de ἀναφαίνειν et de la construction de ὑφορᾶσθαι avec l'infinitif.

3. L'ἀκάτιον était un vaisseau léger, manœuvré à la voile ou à la rame, utilisé par les pirates. Thucydide, IV, 67, parle d'un bateau de ce genre transporté sur un char par les Mégariens qui ourdissent une ruse contre les Athéniens. (M.)

4. Cf. B XIX, 6 1 et Δ VII, 10 4 avec la note (p. 13, note 1).

ὁ πλοῦς ἡμῖν αὖθις παρηγγέλλετο πρώτην ἡμέραν τῆς σεληναίας μετὰ τὴν πρὸς ἥλιον σύνοδον ἐπιλαμπούσης· καὶ ἀναχθέντες ἤδη ζεφύρων ἐαρινῶν ὑπηχούντων ἐφερόμεθα νύκτα τε καὶ ἡμέραν ἐπὶ τὴν Λιβύων γῆν τοῦ κυβερνήτου τὴν ὁλκάδα χειραγωγοῦντος· ἔφασκε γὰρ ἐνδέχεσθαι μὲν εὐθυβόλως καὶ διαμπὰξ περαιωθῆναι τὸ πέλαγος τοῦ πνεύματος ἐπιτρέποντος ἐπείγεσθαι δὲ λαβέσθαι τινὸς ἠπείρου καὶ ὅρμου, πειρατικὸν εἶναι τὸ ἐκ πρύμνης ἀναφαῖνον ἀκάτιον ὑφορώμενος. 9 « Ἐξ οὗ γὰρ » ἔφη « τῆς Κρητικῆς ἤραμεν ἄκρας ἕπεται κατ' ἴχνος καὶ ἀπαράλλακτον μεταθέει τὸν ἡμέτερον πλοῦν ὥσπερ τῆς αὐτῆς ὁρμῆς ἐξηρτημένον, ἐφώρασά τε πολλάκις συμπαραφερόμενον, ἐμοῦ τὴν ναῦν ἐξεπίτηδες ἔστιν ὅτε τοῦ εὐθέος παρατρέποντος. »

XXIII 1 Τούτων εἰρημένων οἱ μὲν ἐδήχθησαν καὶ πρὸς ἄμυναν εὐτρεπίζεσθαι παρῄνουν, οἱ δὲ ὀλιγώρως εἶχον, ἔθος εἶναι φάσκοντες ἐν τοῖς πελάγεσιν ἕπεσθαι ταῖς ὑπερόγκοις ναυσὶ τὰς βραχυτέρας, ὥσπερ ὑπὸ πλείονος ἐμπειρίας ὁδηγουμένας. 2 Ἔτι τούτων ἐπὶ θάτερα γυμναζομένων ἦν μὲν ἤδη τῆς ἡμέρας ὅτε ἀρότρου βοῦν ἐλευθεροῖ γηπόνος, ὁ δὲ ἄνεμος τῆς ἄγαν φορᾶς ὤκλαζε καὶ κατ' ὀλίγον ἐνδιδοὺς ἄπρακτός τε καὶ μαλακὸς τοῖς ἱστίοις ἐνέπιπτε καὶ σοβῶν μᾶλλον ἢ προωθῶν τὴν ὀθόνην τέλος καὶ εἰς γαλήνην ἐξενικήθη καθάπερ τῷ ἡλίῳ

1 ἐαρινῶν mT : -ὸν BA || ὑπηχούντων mT : ἐπηχ. Bas. A || 5 νύκτα mAT : -άν B || Λιβύων VMCZAT : Λικ. B Λίβων P || 8 ἐπιτρέποντος mAT : ἐπιτρύνοντος B cf. XXIV, 4 5 || 9-10 ἀναφαῖνον mAT : -φαίνων B || 10 ὑφορώμενος mAT : om. M || 9 2-3 ἀπαράλλακτον CBPZAT : -αλλάκτως VM || 4 ἐξηρτημένον mAT : -μένου C || 4-5 συμπαραφερόμενον VM[1]CPZA (καὶ συμπ. T) : συμπεριφ. M[2] (unde Bas.) B.

XXIII 1 1 εἰρημένων post τούτων C : post ἐδήχθησαν mAT || ἐδήχθησαν mAT : ἐδείχθ. B || καὶ mAT : om. B || 4 ταῖς mA : τοῖς T om. P || ταῖς ὑπερόγκοις ναῦσι τὰς βραχυτέρας mAT : τὰς βραχ. ναυσὶ ταῖς ὑπ. C || 5 ὁδηγουμένας codd. : -μέναις Bas. || 2 6 καὶ mAT : om. B || ἐξενικήθη codd. : ἐξεκινήθη M ante corr. et Bas.

même temps que le soleil, ou, pour mieux dire, qu'il voulût servir les desseins des pirates qui nous poursuivaient.
3 Leur brigantin, tant que le vent avait soutenu notre course, restait fort loin de notre gros vaisseau, naturellement, car nos voiles plus grandes offraient plus de prise au vent. Mais dès que la bonace eut assoupi les flots[1], et qu'il fallut recourir aux rames, ils nous atteignirent plus vite qu'on ne saurait dire. Tout l'équipage, j'imagine, était occupé à ramer et leur embarcation légère était plus docile à la rame.

XXIV 1 Ils étaient tout près. L'un de ceux qui s'étaient embarqués à Zacynthe avec nous s'écria : « C'est bien cela, mes amis. Nous sommes perdus. C'est une bande de pirates. Je reconnais le brigantin de Trachinos. » 2 Cette nouvelle bouleversa le navire, qui, en pleine bonace, fut secoué comme par une tempête. Tout n'était que cris et désordre, lamentations et courses en tous sens. Les uns se réfugiaient dans les cales ; les autres sur le pont s'encourageaient au combat ; d'autres conseillaient de sauter dans la chaloupe de secours et de s'enfuir. Trop lents à se décider, ils furent malgré eux engagés dans la lutte et obligés de saisir la première arme venue pour se défendre[2].
3 Chariclée et moi, embrassant Théagène hors de lui et tout bouillant de l'envie de se battre, nous avions grand' peine à le retenir. Chariclée voulait, disait-elle, le suivre jusque dans la mort et qu'une même épée, un même coup les fît périr dans un commun trépas[3]. Quant à moi, en

1. La mer devient dure, quand le vent se lève, et se calme, quand le vent tombe (cf. Virgile, *Enéide* I, 66). Un vent favorable apaise les flots (cf. Bacchylide, XII, 129) ; mais un vent violent, quand il tombe, a le même effet (cf. Sophocle, *Ajax*, 674-75 δεινῶν τ' ἄημα πνευμάτων ἐκοίμισε στένοντα πόντον ; Virgile, *Enéide*, III, 69).

2. Cf. A I, 4.

3. Cf. Achille Tatios, Γ V, 4 et Héliodore, E VII, 2 avec la note (page 46, n. 2).

συγκαταδυόμενος, ἢ ἀληθέστερον εἰπεῖν τοῖς ἐπιδιώκουσιν ὑπηρετούμενος. 3 Οἱ γὰρ κατὰ τὴν ἄκατον ἕως μὲν ἡμῖν ὁ πλοῦς ὑπήνεμος ἠνύετο μακρῷ τῆς· ὁλκάδος ὡς τὸ εἰκὸς ὑπελείποντο μείζοσι τοῖς ἱστίοις πλέον τὸ πνεῦμα δεχομένης· ἐπειδὴ δὲ τὴν θάλασσαν ἐστόρεσεν ἡ γαλήνη καὶ τὰς κώπας ἡ χρεία παρεκάλει, θᾶττον ἡμῖν ἢ ὥστε εἰπεῖν ἐπέστησαν ἅτε οἶμαι πρόσκωποί τε πάντες οἱ ἐμπλέοντες καὶ κοῦφον ἀκάτιον καὶ πρὸς εἰρεσίαν εὐπειθέστερον ἐλαύνοντες.

XXIV 1 Ἤδη δὲ πλησιαζόντων ἀνέκραγέ τις τῶν συνεμβεβηκότων ἀπὸ τῆς Ζακυνθίων « Τοῦτο ἐκεῖνο, ἄνδρες, ἀπολώλαμεν· πειρατικὸς ὁ στόλος, Τραχίνου γνωρίζω τὴν ἄκατον. » 2 Ἐσείσθη πρὸς τὴν ἀγγελίαν ἡ ὁλκὰς ἔν τε γαλήνῃ κλύδωνος ἐμπέπληστο θορύβοις ὀλολυγμοῖς διαδρομαῖς καταιγιζομένη, τῶν μὲν εἰς τὰ κοῖλα τῆς νεὼς καταδυομένων τῶν δὲ προμαχεῖν ἐπὶ τῶν ἰκρίων ἀλλήλοις παρακελευομένων τῶν δὲ εἰς τὸ σκάφος τὸ ὑπηρετικὸν ἅλλεσθαι καὶ διαδρᾶναι βουλευομένων· ἕως ἐν τῷ μέλλειν καὶ ἄκοντας αὐτοὺς προλαβὼν ἔστησεν ὁ πόλεμος, τῷ προστυχόντι πρὸς ἄμυναν ὁπλίσας. 3 Ἐγὼ δὲ καὶ ἡ Χαρίκλεια τῷ Θεαγένει περιφύντες ὅλον ἐνθουσιῶντα πρὸς τὴν μάχην καὶ ζέοντα μόλις ἐπείχομεν, ἡ μὲν ἵνα μηδὲ παρὰ τὸν θάνατον ὡς ἔφασκε χωρίζοιτο ξίφει δὲ ἑνὶ

3 3 ὑπελείποντο C : ἀπελείπ(-λίπ- Z)οντο (ex -ετο M) mAT || 4 ἐπειδή VCPZAT : ἐπεὶ MB || 5 ἢ B : om. mAT || 6 πρόσκωποί mT : -όν B πρόσκοποί A || 7 εἰρεσίαν mT : ἐρ. A ὑπηρ. B.

XXIV 1 2 συνεμβεβηκότων Coraes : συμβεβ. codd. (ἀντὶ πεπλευκότων V[mg] at sensus suspectus) || ἀπὸ τῆς Ζακυνθίων (cf. XXVI, 1 5, XXIX 5 5) VBPZA : ἀπὸ τῶν Ζακ. T ἀπὸ τῆς τῶν Ζακ. C Ζακυνθίων M || 4 τὴν ἄκατον mAT : τὸ ἀκάτιον C || 2 1 ἐσείσθη mAT : ἐπείσθη Z || 2 ὁλκὰς mAT : ὀρκὰς B || ἐμπέπληστο VMCBAT : ἐνεπέπλ. P ἐνέπλ. Z || 4 προμαχεῖν CZ : προσμ. BP πρὸς μάχην VMAT || 5 παρακελευομένων mAT : διακελ. C || 6 βουλευομένων mT : βουλομ. BA || 3 1 καὶ mAT : om. B || 2 ἐνθουσιῶντα mA : ἐνθεσ. V ἐλθουσ. T || 3 μόλις ἐπείχομεν mAT : ἐπ. μόλ. B.

apprenant que l'agresseur était Trachinos, je m'étais avisé d'un expédient qui nous pourrait plus tard tirer d'affaire :
4 ce qui arriva en effet. Les corsaires s'approchèrent et se mirent en travers de notre vaisseau. Ils voulaient essayer de s'en emparer sans coup férir[1]. Tournant en cercle autour de lui, sans l'attaquer encore, ils lui interdisaient tout mouvement. On eut dit une place investie et que l'on veut amener à composition. 5 « Malheureux, nous disaient-ils, quelle folie est la vôtre ! A quoi bon lever vos bras impuissants contre des forces qui dépassent à ce point les vôtres ! Pourquoi vous exposer à une mort certaine ? Nous voulons encore faire preuve d'humanité[2] envers vous. Nous vous permettons de descendre dans la chaloupe : sauvez-vous où vous voulez. » Telle fut leur proposition. Mais ceux de notre bateau, qui n'avaient encore vu qu'une lutte sans péril et une guerre sans effusion de sang, répondirent hardiment qu'ils n'en descendraient pas.

XXV 1 Mais un pirate, le plus audacieux[3], s'élança à l'abordage. Abattant à coups d'épée ceux qu'il rencontrait, il leur fit bien voir que la guerre se décide par le meurtre et par le sang. Tous les autres corsaires sautèrent sur le pont à la suite du premier. Les Phéniciens, alors, vinrent à résipiscence : se jetant aux genoux des ennemis ils les suppliaient de les épargner et leur promettaient de faire tout

1. L'adverbe de la langue épique ἀναιμωτί (*Iliade*, XVII, 497 etc., Apollonius de Rhodes, II, 986) était fréquemment employé par les auteurs de la période post-classique, par ex. Plutarque, *Moralia* 340 e et Lucien *passim*. A la fin de ce chapitre, Héliodore use de l'adjectif ἀναίμακτος d'où est dérivé l'adverbe rare ἀναιμακτί.

2. Φιλανθρωπεύομαι est ici employé absolument, tandis qu'il l'est avec un complément Θ II, 2 et Θ XXVII, 2. (M.)

3. Le superlatif τολμηρότατος a peu d'autorité dans la tradition manuscrite ; mais le comparatif serait vraiment étrange, et, en pareil cas (cf. Xén. *Cyrop.* V, 8, 6 ; Théocrite, XV 139) les éditeurs modernes ont sans doute raison en écrivant le superlatif.

καὶ πληγῇ μιᾷ τοῦ πάθους ὁμοίου κρινωνήσειεν, ἐγὼ δὲ ὡς Τραχῖνον εἶναι τὸν ἐπιόντα ἔγνων συνοῖσον πρὸς τὰ μέλλοντά τι προμηθούμενος. 4 Ὅπερ δὴ καὶ γενέσθαι συνέβη· πλησιάσαντες γὰρ οἱ λῃσταὶ καὶ ἐγκάρσιοι παρελαύνοντες ἀποπειρώμενοί τε εἴ πως ἀναιμωτὶ γένοιντο ἐγκρατεῖς τῆς ὁλκάδος ἔβαλλον μὲν οὐδέπω τοῖς δὲ εἰς κύκλον περίπλοις οὐδαμοῦ προβαίνειν ἐπέτρεπον ἐφκεσάν τε πολιορκοῦσι καὶ τὴν ναῦν ἐξ ὁμολογίας ἑλεῖν ἐσπουδακόσι. 5 Καὶ « Ὦ δυσδαίμονες » ἔφασαν « τί δή ποτε μαίνεσθε καὶ πρὸς οὕτως ἄμαχον καὶ ὑπερφέρουσαν ἰσχὺν ἐναντίας ἐπαίρετε χεῖρας καὶ πρόϋπτον ἀναρριπτεῖτε θάνατον ; ἔτι φιλανθρωπευόμεθα, ἐπιτρέπομεν ὑμᾶς εἰς τὸ ἐφόλκιον εἰσβῆναι, καὶ σῴζεθ' ἑαυτοὺς οἷ βούλεσθε. » Οἱ μὲν ταῦτα προὔτεινον· οἱ δὲ ἐπὶ τῆς ὁλκάδος ἕως μὲν ἀκίνδυνον μάχην καὶ πόλεμον ἀναίμακτον ἠγωνίζοντο θρασεῖς τε ἦσαν καὶ οὐκ ἂν ἔφασαν ἐκστῆναι.

XXV 1 Ἐπεὶ δέ τις τῶν λῃστῶν, ὁ τολμηρότατος, ἐναλάμενος εἰς τὴν ναῦν καὶ παίων τῷ ξίφει τοὺς προστυχόντας φόνῳ καὶ θανάτῳ κρίνεσθαι τὸν πόλεμον ἐδίδαξεν ἐφήλαντο δὲ καὶ οἱ λοιποὶ πάντες, τότε δὴ μετεμέλοντο οἱ Φοίνικες καὶ προσπεσόντες ἀπέχεσθαι σφῶν ἱκέτευον ἐφ

6 εἶναι CBPZAT : om. VM || ἔγνων mT : συνέγ. BA || 7 τι mAT : om. B || **4** 1 γενέσθαι CBPZAT : om. VM || 3 τε mAT : om. B || 5 ἐπέτρεπον mAT : ἐπέτρωνον B (cf. XXII, **8** 8) || 6 τε mT : δὲ BA || καὶ mAT : om. B || **5** 2 μαίνεσθε (ex -εσθαι CA) mAT : -εσθαι M || ὑπερφέρουσαν mAT : ὑπεραίρουσαν C || 3 ἐπαίρετε C : αἰρό(αἰρου- B) μενοι mAT || καὶ C : om. mAT || 4 ἐπιτρέπομεν ὑμᾶς C : ὑμ. ἐπιτρ. mAT || 5 σῴζεθ' ἑαυτοὺς nos : σῴζετε αὐτοὺς C σῴζειν ἑαυτ. mAT || οἷ mT : εἰ PA || βούλεσθε mT : -εσθαι VA || 7 ἀναίμακτον mAT : ἀνέμ. P || θρασεῖς mAT : θαρσ. C.

XXV **1** 1 τις mAT : τι Z || ὁ mAT : οὐ B || τολμηρότατος T : -ότερος mA -οτέρως Lb. || 2 ἐναλάμενος CPZA : ἐναλλάμ. B ἐναλλόμ. VMT || 4 ἐφήλαντο CBPZAT : ἀφήλ- (ἀφήλλ- M)αντο VM || μετεμέλοντο AT : -μέλλοντο VMB -μελοῦντο CPZ fort. recte (cf. A XIV, **5** 5).

ce qu'on leur commanderait. 2 Les corsaires, bien que déjà plongés dans le meurtre, — et l'on sait que la vue du sang retrempe l'ardeur guerrière, — sur l'ordre de Trachinos, et contre toute espérance, épargnèrent les suppliants. Ce fut une sorte de trêve ou plutôt une simple suspension d'armes [1] qui ne mettait pas fin à la lutte. Celle-ci, en réalité, continua, plus terrible encore, sous le nom fallacieux de paix et on leur imposa des conditions plus terribles que le combat lui-même. Il leur fut ordonné de sortir du bateau avec une méchante tunique seulement : c'était la mort pour qui transgresserait cet ordre. 3 Mais on vit bien que rien n'est plus cher à l'homme que la vie [2]. Les Phéniciens, dépouillés des richesses que leur promettait le navire, semblaient n'avoir rien perdu ; on eût dit au contraire des hommes qu'appelle un marché avantageux, tant ils étaient pressés de s'embarquer dans la chaloupe. C'était à qui arriverait le premier et mettrait le plus vite sa vie en sûreté.

XXVI 1 Au moment, où, dociles à l'ordre donné, nous passions devant Trachinos, il arrêta Chariclée. « Ce n'est pas contre toi, lui dit-il, mais pour toi que je me suis mis en campagne. Je te suis depuis longtemps, depuis que vous avez quitté Zacynthe. C'est à cause de toi que j'ai entrepris une traversée si longue et affronté de si grands dangers. Rassure-toi et apprends que tu partageras avec moi la possession de tous ces trésors. » 2 A ces mots, Chariclée, cette fine mouche [3], prompte à prendre le meilleur parti dans cette circonstance, docile à mes instructions,

1. Ἄσπονδος ἐκεχειρία désigne un armistice qui ne s'accompagne pas de garanties déterminées. Cf. Thucydide, V 32, Κορινθίοις δὲ ἀνοκωχὴ ἄσπονδος ἦν πρὸς Ἀθηναίους.

2. Cf. Euripide, *Alceste*, 301

ψυχῆς γὰρ οὐδέν ἐστι τιμιώτερον.

Les pirates au contraire font assez bon marché de leur vie. Cf. A XXXII, 4 οὕτως ἄρα λῃσταῖς καὶ ψυχῶν αὐτῶν ἐστι χρήματα προτιμότερα.

3. Cf. Théocrite, XV, 83 σοφόν τοι χρῆμ' ἄνθρωπος. (M.)

ᾧ τε τὰ προσταχθησόμενα ποιήσειν. 2 Οἱ δὲ καίπερ ἤδη φονῶντες, αἵματος γὰρ ὄψις φρονήματος γίνεται στόμωσις, ἐκ προστάγματος τοῦ Τραχίνου παρ' ἐλπίδα πᾶσαν ἐφείδοντο τῶν ὑποπεσόντων, ἐγίνετο δὲ ἄσπονδος ἐκεχειρία καὶ πόλεμος ἔργοις ὁ χαλεπώτατος εἰρήνης ὀνόματι νόθῳ παραλυόμενος, συνθήκης βαρυτέρας πλέον ἢ τῆς μάχης ὁριζομένης. Σὺν ἑνὶ γὰρ χιτωνίσκῳ τῆς ὁλκάδος ἐξίστασθαι προηγορεύετο καὶ θάνατος τῷ παραβαίνοντι διηπειλεῖτο. 3 Ἀλλ' ἔστιν ὡς ἔοικεν ἀνθρώποις ψυχὴ πάντων προτιμότερον· δι' ἣν καὶ τότε οἱ Φοίνικες ἐλπίδος πλούτου τῆς νεὼς ἀποσυλώμενοι, καθάπερ οὐ στερούμενοι κερδαίνειν δὲ μέλλοντες ὅστις πρότερος τὸν ἕτερον φθάσας ἐπιβαίη τοῦ σκάφους ἠπείγοντο, θᾶττον ἐν τῷ βεβαίῳ τοῦ περιεῖναι γενέσθαι πᾶς τις ἁμιλλώμενος.

XXVI 1 Ἐπεὶ δὲ καὶ ἡμεῖς τῷ δόγματι πειθόμενοι παρῄειμεν ὁ Τραχῖνος τῆς Χαρικλείας ἐπιλαβόμενος « Οὐδὲν » ἔφη « πρὸς σὲ ὅδε ὁ πόλεμος, ὦ φιλτάτη, ἀλλὰ διὰ σὲ γεγένηται καὶ σοὶ πάλαι καὶ ἐξ οὗ γε ἀπολελοίπατε τὴν Ζακυνθίων ἕπομαι, τοσοῦτον ἕνεκα σοῦ καὶ πέλαγος καὶ κίνδυνον ἀναδεξάμενος· ὥστε θάρσει καὶ ἴσθι δέσποινα σὺν ἡμῖν τῶνδε ἁπάντων ἐσομένη. » 2 Ταῦτα ἐκεῖνος μὲν ἔλεγεν, ἡ δέ (ἔστι γὰρ χρῆμα σοφώτατον) καιρὸν διαθέσθαι δραστήριος ἅμα δέ τι καὶ τῆς ἐμῆς ὑποθήκης

6 τε mT : γε P om. A || προσταχθησόμενα mAT : πραχθησ. P || 2 4 ἐγίνετο mAT : ἐγέν. M || ἐκεχειρία mAT : ἐκκεχ. B || 6 πλέον mAT : πλέως B || 3 2 προτιμότερον mAT : -οτέρα Z || ἐλπίδος CPZAT -ίδι VMB || 4 πρότερος VMBT : -ον CPZA || τὸν ἕτερον φθάσας post σκάφους (5) C || 5 ἠπείγοντο mT (ἐπ- A) : ἐπείγετο B.

XXVI 1 1 πειθόμενοι mAT : πειπειθ. M || 2 παρῄειμεν mAT : παρείημεν B || 3 ὅδε mAT : om. B || 4 σοὶ VMCBAT : σοῦ P σὺ Z || ἀπολελοίπατε mAT : λελ. Z || 5 τὴν Ζακυνθίων VMCBAT (cf. XXIV, 1 2) : τὴν Ζακύνθιον PZ || 5-6 τοσοῦτον ἔδοξα πέλαγος ἕνεκα σοῦ ὑπομεῖναι καὶ κίνδυνον· ὥστε κτλ. C || 6 ὥστε mAT : ὥστε καὶ B || 7 ἐσομένη mA : γενομ. T || 2 2 sic interpunximus || χρῆμα CT : τι χρῆμα mA || καιρὸν mAT : καὶ καιρὸν B || 3 δραστήριος VMBZT : -ον CPA || τι mAT : om. B.

dépouilla son regard de la morne tristesse dont l'avaient empreint les malheurs présents et se composa, avec effort, un visage riant et séduisant. « Je rends grâces au ciel, dit-elle, de t'avoir inspiré pour nous ces sentiments humains.
3 Si tu veux que je sois vraiment rassurée et d'une façon durable, donne-moi une première preuve de tes bonnes dispositions : sauve avec moi ce jeune homme, mon frère, et mon père, et ne permets pas qu'ils sortent du navire. Je ne pourrais vivre, si je suis séparée d'eux. » Et en disant cela, elle se jeta à ses genoux et les tint longtemps embrassés, suppliante. Trachinos, pour prolonger le plaisir de cet enlacement, faisait attendre sa réponse. 4 Mais enfin, ému par ses larmes et vaincu par son regard, il la releva, et lui dit : « Ton frère, je te l'accorde avec plaisir, car ce jeune homme m'apparaît plein de courage et capable de participer[1] à notre genre de vie. Quant à ce vieux, c'est un inutile fardeau[2], mais, pour te faire plaisir, qu'il reste. »

XXVII 1 Tandis que se déroulaient cette conversation et ces événements, le soleil arrivé à la fin de sa course se coucha, et ce fut le crépuscule, cette heure indécise entre le jour et la nuit[3]. La mer soudain s'irrita. Ce brusque changement était-il dû à des causes naturelles, ou à la

1. Συντελεῖν comme τελεῖν, suivi de εἰς et de l'accusatif est régulier en grec classique avec le sens de « appartenir à une classe ». La substitution du datif à l'accusatif avec εἰς est récente. Cf. Alciphron, III 35 (71) ἕτοιμός εἰμι τῷ χορῷ συντελεῖν.

2. Cf. Platon, *Théétète* 176 d οἴονται ἀκούειν ὅτι οὐ λῆροί εἰσι, γῆς ἄλλως ἄχθη. Ἄχθος dans le sens de « fardeau inutile » est fréquent, par ex. Homère, *Iliade* XVIII 104 ἀλλ' ἧμαι παρὰ νηυσὶν ἐτώσιον ἄχθος ἀρούρης. — On trouve le mot employé seul sans son complément habituel γῆς, par ex. Sophocle, *Electre* 1241 περισσὸν ἄχθος ἔνδον γυναικῶν ὂν ἀεί. L'expression était très usitée : cf. Lucien, *Apologie* 14, *Icaroménippe* 29 et Philon II 224 et 308 (Mangey).

3. Cf. Eschyle, *Choéphores* 64 ἐν μεταιχμίῳ σκότου.

ἀνύουσα, τὸ κατηφὲς ἐκ τῶν περιεστηκότων τοῦ βλέμματος ἀπεσκευασμένη καὶ πρὸς τὸ ἐπαγωγότερον ἐκβιασαμένη « Ἀλλὰ θεοῖς μὲν » ἔφη « χάρις τοῖς τὰ φιλανθρωπότερα περὶ ἡμῶν ἐπὶ νοῦν τὸν σὸν ἄγουσιν. 3 Εἰ δὲ βούλει με τῷ ὄντι θαρσοῦσαν καὶ ἔχειν καὶ μένειν, πρώτην δίδου ταύτην αἴσθησιν τῆς σῆς εὐνοίας· ἀδελφὸν τουτονὶ τὸν ἐμὸν καὶ πατέρα περίσῳζε μηδὲ ἐπίτρεπε τὴν ναῦν ἀπολιπεῖν, ὡς οὐκ ἔστιν ὅπως βιώσομαι τούτων χωριζομένων. » Καὶ ἅμα λέγουσα τοῖς γόνασι προσέπιπτεν καὶ εἴχετο ἐπὶ πλεῖστον ἱκετεύουσα, τοῦ Τραχίνου ταῖς περιπλοκαῖς ἐντρυφῶντος καὶ τὴν ὑπόσχεσιν ἐπίτηδες παρέλκοντος. 4 Ὡς δὲ ὑπό τε τῶν δακρύων πρὸς οἶκτον ἤγετο καὶ ὑπὸ τῶν βλεμμάτων πρὸς τὸ ὑπήκοον ἐδουλοῦτο, τὴν κόρην ἀναστήσας « Τὸν μὲν ἀδελφὸν » ἔφη « δωροῦμαί σοι καὶ μάλα χαίρων, ὁρῶ γὰρ νεανίσκον ἀνδρείας ἀνάμεστον καὶ βίῳ τῷ ἡμετέρῳ συντελεῖν ἐπιτήδειον· ὅδε δὲ ὁ πρεσβύτης, ἄχθος τηνάλλως, εἰς χάριν μόνην τὴν σὴν περιέστω. »

XXVII 1 Τούτων καὶ λεγομένων καὶ γινομένων ὁ μὲν ἥλιος ἀκριβῶς εἰς δυσμὰς περιελθὼν τὸ μεταίχμιον ἡμέρας καὶ νυκτὸς σκιόφως ἀπετέλεσεν, ἡ θάλασσα δὲ αἰφνίδιον ἐτραχύνετο τάχα μὲν τροπὴν ἐκ τοῦ καιροῦ

4 ἐκ P : om. mAT || 5 ἀπεσκευασμένη CPZ : ἀποσκευασαμ. VMBAT || 6 τοῖς mAT : τοὺς Z || 3 2 καὶ ἔχειν CBPZAT : ἔχειν VM || πρώτην mAT : πρώτην ἔφη M || 3 αἴσθησιν (-ισιν Z) mAT : αἴτησιν C || εὐνοίας mAT : ἐνν. C || 4 τὸν ἐμὸν mAT : om. P || 5 ἀπολιπεῖν VMBAT (-λειπεῖν Z) : -λείπειν CP || 5-6 χωριζομένων codd. : -μένη Francius || 6 προσέπιπτε mAT : προσέπτε B || 4 1 τε mAT : om. C || ἤγετο CB : ἤγχετο VPZT ἤρχετο MA || 2 ὑπὸ Bekker : πρὸς codd. || πρὸς mAT : om. P || 4 καὶ μάλα χαίρων mAT : om. C || 5 ἀνδρείας CBPZAT : ἀνδρίας VM || 6 δὲ mAT : om. B || ἄχθος mAT : ἄχθος μὲν P || τηνάλλως VA (τὴν ἄλλως Z) : τηνάλως MCPT -ος B || εἰς mAT : εἰς δὲ P || 7 περιέστω H. Richards : παρέστω mAT παιέστω B.

XXVII 1 1 καὶ γινομένων mAT : om. Z.

volonté du destin? Je ne sais. **2** On entendait d'abord le sourd grondement du vent[1] qui accourait et qui bientôt se précipita sur nous, violent et impétueux, jetant le trouble et l'effroi parmi les brigands que l'orage surprit, non pas dans leur brigantin qu'ils avaient laissé, mais dans le bateau marchand où ils étaient tous occupés au pillage et qu'ils ne savaient manœuvrer, à cause de ses grandes dimensions. **3** Chacun d'eux au hasard s'attribuait une part de la manœuvre, et improvisait un rôle avec autant de hardiesse que d'incompétence. Ceux-ci tiraient sur les voiles inconsidérément, ceux-là exerçaient leur maladresse sur les cordages. L'un s'occupait de la proue, sans y rien connaître, l'autre de la poupe et du timon. **4** Et si nous fûmes en un péril extrême, ce fut moins la faute de cette violente tempête qui n'avait pas atteint son paroxysme, que de l'inexpérience du pilote. Il tint bon tant que le jour nous éclaira de ses dernières lueurs. Mais il abandonna la partie[2] devant les ténèbres victorieuses. **5** Les corsaires étaient sur le point d'être submergés et noyés; quelques-uns tentèrent de regagner leur brigantin, mais ils y renoncèrent, à cause des vagues qui les repoussaient et sur le conseil de Trachinos : il leur montra qu'ils pourraient acheter mille brigantins s'ils sauvaient le bateau marchand avec tous ses trésors. **6** Enfin il coupa le câble qui reliait le brigantin à notre navire en leur expli-

1. Cf. Achille Tatios Γ II, 2 μυκᾶται δὲ βροντὴν οὐρανὸς καὶ τὸν ἀέρα γεμίζει βόμβος, ἀντεβόμβει δὲ κάτωθεν τῶν κυμάτων ἡ στάσις, μεταξὺ δὲ οὐρανοῦ καὶ θαλάσσης ἀνέμων ποικίλων ἐσύριζε ψόφος. La description d'Achille Tatios, bien que plus développée, est inspirée de celle d'Héliodore. Avec Héliodore 7 4-5 comparez Ach. Tat. 5 τρικυμίαι δὲ πολλαὶ καὶ πάντοθεν, αἱ μὲν κατὰ πρόσωπον αἱ δὲ κατ' οὐρὰν τῆς νηὸς ἀλλήλαις ἀντέπιπτον et 9 ὁ κυβερνήτης ἐκέλευε ῥίπτειν τὸν φόρτον.

2. Cf. A XXII, 4 4-6 τοῦ κυβερνήτου πρὸς τὸ ὑπερβάλλον κακὸν ἐνδόντος καὶ τῷ βιαίῳ τῆς ὁλκάδος ἐκστάντος καὶ τῇ τύχῃ κυβερνᾶν ἐπιτρέψαντος, et Achille Tatios Γ III, 1 τέλος ὁ κυβερνήτης ἀπειπὼν ῥίπτει μὲν τὰ πηδάλια ἐκ τῶν χειρῶν, ἀφίησι δὲ τὸ σκάφος τῇ θαλάσσῃ.

λαβοῦσα τάχα δέ που καὶ τύχης τινὸς βουλήματι μεταβληθεῖσα· 2 καὶ βόμβος ἀνέμου κατιόντος ἠκούετο καὶ ὅσον οὔπω πνεῦμα λάβρον τε καὶ βίαιον αὐτόθεν ἐμπεσὸν ἀπροσδοκήτου θορύβου τοὺς λῃστὰς ἐνεπεπλήκει, τὴν μὲν ἰδίαν ἄκατον ἀπολιπόντας κατὰ δὲ τὴν ὁλκάδα πρὸς τῇ διαρπαγῇ τοῦ φόρτου καταληφθέντας ὅπῃ τε χρήσονται τῷ μεγέθει τῆς νεὼς ἀπείρως ἔχοντας. 3 Τοιγάρτοι πᾶν μὲν ναυτιλίας μέρος ὑπὸ τοῦ προστυχόντος ἐσχεδιάζετο τέχνην δὲ ἄλλος ἄλλην αὐτοδίδακτος ἐθρασύνετο, τῶν μὲν τὰ ἱστία τεταραγμένως ἀνιμώντων τῶν δὲ τοὺς κάλως ἀπείρως κατανεμόντων, καὶ ὁ μέν τις τὴν πρῷραν ἀδοκίμαστος ἐκληροῦτο ὁ δὲ τὴν πρύμναν εἶχε καὶ τοὺς αὐχένας. 4 Οὐχ ἥκιστα γοῦν· ἡμᾶς εἰς τὸν ἔσχατον τῶν κινδύνων ἐνέβαλλεν οὐ τὸ βίαιον τοῦ κλύδωνος, οὔπω γὰρ ὁλοσχερῶς ἐκτετάρακτο, ἀλλὰ τὸ ἄτεχνον τοῦ κυβερνῶντος ἀντισχόντος μὲν ἐφ' ὅσον ἡμερινοῦ φωτὸς ἀπαύγασμα περιέλαμπεν ἀπειπόντος δὲ τοῦ σκότους ἐκνικήσαντος. 5 Ἤδη δὲ βαπτιζομένων καὶ καταδῦναι μικρὸν ἀπολειπόντων ἐπεχείρουν μὲν τὴν πρώτην ἔνιοι τῶν λῃστῶν εἰς τὴν ἰδίαν αὐτῶν μετεισβαίνειν ἄκατον, ἔπειτα ἐπεῖχον ὑπό τε τοῦ κλύδωνος ἐκκρουόμενοι καὶ τοῦ Τραχίνου πείθοντος ὡς μυρίοις σκάφεσιν εὐπορωτέροις ἐξέσται γενέσθαι τὴν ὁλκάδα καὶ τὸν ἐνόντα πλοῦτον διασῴζουσι· 6 καὶ τέλος καὶ τὸ καλώδιον ἐξ οὗ τῆς νεὼς ἐξήρτητο

5 που mAT : om. B || **2** 2 λάβρον mT : λαμπρόν BA || τε mAT : τι B || αὐτόθεν mAT : -θη Z || ἐμπεσόν mAT : ὑποπεσεῖν B || 3 ἐνεπεπλήκει VMPZ (B superscr.) : ἐμπεπλ. BAT ἐπεπλ. C || 5 καταληφθέντας mA (-ες P[1]) : καταλειφθ. BT || 6 τῆς mAT : τὴν Z || νεὼς mAT : νηός B || ἀπείρως mAT : om. B || **3** 2 ναυτιλίας mAT : -ηλίας B || 3 ἄλλος mA : -ως BT || αὐτοδίδακτος mAT : -διδάκτως B || 5 κάλως MCBT : κάλους PZA σκάλους V || **4** 2 ἐν(ἐπ- C) έβαλλεν CZA : ἐν (ἀν- B)έβαλεν VMBPT || οὐ post βίαιον iterum scr. C || 3 ἐκτετάρακτο CBT : ἐτετ. VMZA τετ. P || 4 ἐφ' ὅσον mAT : ἐφ' ἥσον B || **5** 1-2 ἀπολειπόντων VCBZ : ἀπολιπ. MPAT || 2 μὲν codd. : om. Bas. et edd. omnes || 3 μετεισβαίνειν mAT : μεταβ. B || 4 ὑπό mAT : ἐπί B || 5 εὐπορωτέροις CBPZAT : -ους VM || 6 ἐνόντα mAT : ἐνεόντα B || **6** 1 ἐξ οὗ mA : ὃ ἔξω T || ἐξήρτητο MC : ἤρτ. VBPZAT.

quant qu'ils n'avaient pas besoin de cet autre fléau qu'ils traînaient derrière eux. Il les exhortait à songer aussi à leur sécurité future. On ne manquerait pas de les soupçonner en les voyant aborder avec deux bateaux, et de rechercher ce qu'étaient devenus les passagers de l'un d'eux.
7 Il fut approuvé, et on le loua de ce geste doublement utile, pour l'avenir et pour le présent : en effet, ils se sentirent un peu soulagés dès qu'ils furent séparés du brigantin. Non pas qu'ils fussent complètement hors de danger. Les vagues énormes s'entrechoquaient ; ils durent jeter beaucoup de choses à la mer, furent exposés à toute sorte de périls et n'eurent pas un moment de répit pendant toute la nuit et la journée suivante. Vers le soir, nous abordâmes à l'embouchure du Nil Héracléotique,
8 et nous voilà, pauvres malheureux, débarqués sans l'avoir voulu sur cette terre d'Égypte. Tandis que les corsaires étaient joyeux, nous nous affligions et maudissions la mer de nous avoir sauvés. Au lieu de nous soustraire aux outrages en nous faisant périr, elle nous abandonnait à la terre plus redoutable qu'elle ; elle nous livrait au destin plus tragique que nous réservait une bande de brigands sans foi ni loi. **9** Nous en fîmes l'expérience, dès que ces scélérats eurent touché terre. Sous prétexte[1] d'offrir à Poseïdon un sacrifice d'actions de grâces, ils prirent dans le bateau du vin de Tyr et d'autres provisions et envoyèrent dans les bourgs du voisinage acheter des animaux. Ils munirent d'une forte somme d'argent les hommes chargés de cette commission et leur recommandèrent de payer sans marchander.

XXVIII **1** Ils revinrent bientôt poussant devant eux tout un troupeau de moutons et de porcs. Ceux qui étaient restés les reçurent, allumèrent le feu, écorchèrent les vic-

1. Cf. Ménandre cité par Athénée 146 e

ὡς θύουσι δ'οἱ τοιχωρύχοι,
κοίτας φέροντες σταμνία τ'οὐχὶ τῶν θεῶν
ἕνεκ' ἀλλ' ἑαυτῶν.

διέκοψεν ἄλλον χειμῶνα τοῦτον ἐφέλκεσθαι σφᾶς διατεινόμενος, καὶ ἅμα καὶ τοῦ μέλλοντος ἀσφαλοῦς προνοεῖν ὑφηγούμενος, εἶναι γὰρ ὕποπτον ἀμφοτέραις προσπλεῦσαί ποι ταῖς ναυσί, τῶν ἐμπλευσάντων θατέρᾳ πάντως ἐπιζητηθησομένων. 7 Ἐδόκει τε εἶναι πιθανὸς καὶ δυοῖν δι' ἑνὸς τὸ παρὸν εὐδοκιμεῖν, βραχείας ῥᾳστώνης αἰσθομένων ἐξ οὗ τὴν ἄκατον ἐχώρισεν, οὐ μὴν παντάπασι τῶν δεινῶν ἀπαλλαγέντων ἀλλὰ τρικυμίαις τε ἐπαλλήλοις ἐλαυνομένων καὶ πολλὰ τῆς νεὼς ἀποβαλλόντων καὶ κινδύνου πᾶν εἶδος ὑφισταμένων, ἕως, ἐκείνης τε τῆς νυκτὸς μόλις διαδραμούσης καὶ πρὸς τῆς ἐχομένης ἡμέρας, περὶ δείλην ἀκτῇ τινι κατὰ τὸ στόμιον τοῦ Νείλου τὸ Ἡρακλεωτικὸν προσωκείλαμεν
8 καὶ γῆς Αἰγυπτίας ἀβουλήτως οἱ δυσδαίμονες ἐπιβαίνομεν, οἱ μὲν ἄλλοι χαίροντες ἡμεῖς δὲ ἀνιώμενοι καὶ πολλὰ τῆς σωτηρίας τὴν θάλατταν ὀνειδίζοντες, ὡς ἀνυβρίστου θανάτου φθονήσασαν καὶ φοβερωτέρᾳ γῇ καὶ προσδοκίᾳ παραδοῦσαν ἀθέσμοις βουλήμασι λῃστῶν ἐκκειμένους. 9 Οἷα γὰρ καὶ ἐπεχείρουν οὔπω σχεδὸν τῆς γῆς ἐπιβεβηκότες οἱ ἀλιτήριοι· χαριστήρια δῆθεν Ποσειδῶνι θύειν βούλεσθαι φήσαντες οἶνον μὲν Τύριον καὶ ἄλλα ἄττα τῆς νεὼς ἐξεκόμιζον βοσκήματα δὲ ἐκ τῶν πέριξ χωρίων τοὺς ὠνησομένους ἀπέστελλον, ἀργύριόν τε ὅσον πλεῖστον ἐγχειρίσαντες καὶ τίμημα τὸ πρῶτον αἰτούμενον διδόναι κελεύσαντες.

XXVIII 1 Ὡς δὲ ἐκεῖνοί τε τάχιστα παρῆσαν ὅλην προβάτων ἀγέλην καὶ συῶν ἐλαύνοντες· οἵ τε κατὰ χώραν

2 σφᾶς mAT : om. C || 3 καὶ τοῦ VMBAT : τοῦ CPZ || 4-5 προσπλεῦσαί ποι m : πρ. σοι B προσπλεύσοιτο A προσπλεῦσαι T || 5 ἐμπλευσάντων mAT : ἐμπλεόντων B || 7 5 ἀποβαλλόντων m : — βαλόντων MAT || πᾶν mAT : παντὸς B || 6 νυκτὸς mAT : νηὸς B || 7 πρὸς (= πρὸς τούτοις) codd. : suspectum ; at cf. B XVII, 5 4 || ἐχομένης mA : ἐρχ. T || δείλην mAT : δήλαν B || 8 κατὰ τὸ mT : κατὰ ZA || 8 1 οἱ δυσδαίμονες mA : οἱ δεισιδαίμ. M προσβάλλοντες T || 5 λῃστῶν mAT : λῃστρικῶν C || 9 5 βοσκήματα mAT : -κίσματα Z || ὠνησομένους mAT : ὀνησ. P.

XXVIII 1 1 ἐκεῖνοι mAT : -ος P || 2 ἀγέλην καὶ συῶν mAT : καὶ συῶν ἀγ. M unde Bas. et edd. omnes.

times et préparèrent le banquet[1]. Trachinos me tira à l'écart pour que les autres n'entendissent pas. « Père, me dit-il, j'ai choisi ta fille pour en faire ma femme ; c'est le repas de noces[2], tu le vois, que je vais offrir aujourd'hui. Je célébrerai ainsi la plus charmante des fêtes tout en rendant mes devoirs à la divinité. 2 Je tenais à te prévenir pour que tu nous montres un visage plus gai pendant le festin, et que tu avertisses ta fille qui sera heureuse de savoir ce qui l'attend[3]. Il m'a paru bon de t'en parler d'avance, non pas que j'aie besoin de ton approbation, mon bon plaisir étant ma seule loi, mais, à mon sens, un mariage se présente sous de meilleurs auspices et il est plus conforme aux convenances quand le père ou la mère prépare la fiancée à recevoir plus volontiers son mari, par quelques conseils avant les noces. » Je l'approuvai et fis semblant d'être content et de remercier vivement les dieux qui m'avaient donné de voir le maître de ma fille devenir son époux.

XXIX 1 Je m'écartai un moment pour réfléchir à ce que je devais faire. Je revins et le priai, pour que les choses se fissent avec plus de cérémonie, de désigner le bateau comme chambre nuptiale de la jeune fille, et de défendre à quiconque d'y pénétrer et d'aller la déranger, pendant qu'elle s'occuperait de sa toilette de mariage et de tous les autres préparatifs que les convenances exigent et que les circonstances permettraient. « Il serait tout à fait

1. Cf. *Iliade* XXIII 166-7

πολλὰ δὲ ἴφια μῆλα καὶ εἰλίποδας ἕλικας βοῦς
πρόσθε πυρῆς ἔδερόν τε καὶ ἄμφεπον. (M.)

2. Cf. Aristophane, *Les Oiseaux* 132 μέλλω γὰρ ἑστιᾶν γάμους. (M.)

3. Il est évident que la traduction rend fidèlement la pensée de l'auteur. Mais il est douteux que le texte dans l'état où il est puisse avoir ce sens. D'après la position de la négation dans la phrase ὅπως μὴ αὐτός τε. . . . . ἥ τε παῖς on s'attend à ce que les deux propositions soient négatives. Or le sens exige que la seconde ne le soit pas. Il semble que la leçon μήτε αὐτὸς serait plus conforme à la syntaxe régulière que μὴ αὐτός τε.

μείναντες ὑποδεξάμενοι πυράν τε ἐξῆπτον καὶ τὰ θύματα δείραντες ηὐτρέπιζον τὴν εὐωχίαν, ὁ Τραχῖνος ἰδίᾳ με καὶ τῶν ἄλλων εἰς ἀνήκοον παραλαβὼν « Ὦ πάτερ » ἔφη, « θυγατέρα τὴν σὴν ἐμαυτῷ γαμετὴν ἐμνηστευσάμην καὶ τοὺς γάμους ὡς ὁρᾷς ἑστιᾶν μέλλω τήμερον, ἑορτῶν τὴν ἡδίστην θυσίᾳ τῇ τῶν θεῶν ἐπισυνάπτων. 2 Ὅπως οὖν μὴ αὐτός τε ἀνήκοος στυγνότερον συμποσιάζῃς ἥ τε παῖς διὰ σοῦ μαθοῦσα δέξηται χαίρουσα τὸ ἐσόμενον, ἐδικαίωσα προειπεῖν σοι τὴν ἐμαυτοῦ γνώμην, οὐ βεβαιωθῆναι παρά σου ταύτην βουλόμενος, ἔχω γάρ μοι κατεγγυῶσαν τὸ βούλημα τὴν ἐξουσίαν, ἀλλ' αἴσιον ἄλλως καὶ εὐπρεπὲς δοκιμάζων εὐπειθεστέραν εὐτρεπίσαι τὴν νύμφην, διὰ τοῦ φύντος προμαθοῦσαν τὸν γάμον. » Ἐπῄνουν τὰ εἰρημένα καὶ χαίρειν ἐνεδεικνύμην τοῖς τε θεοῖς χάριν ὁμολογεῖν ἥτις μεγίστη, τοῖς ἄνδρα τὸν δεσποτεύοντα τῆς θυγατρὸς ἀποφήνασιν.

XXIX 1 Ἀποχωρήσας τε μικρὸν καί τινα τῶν πρακτέων ἔννοιαν ἐπ' ἐμαυτοῦ φροντίσας, ἐπανελθὼν ἱκέτευον σεμνότερον τελεσθῆναι τὰ δρώμενα καὶ θάλαμον ἀποφῆναι τῇ κόρῃ τὴν ὁλκάδα, ἐπεισιέναι [δὲ] μηδένα μηδὲ διοχλεῖν κελεύσαντα ὡς ἂν καὶ κόσμου τοῦ νυμφικοῦ καὶ τῆς ἄλλης εὐπρεπείας ἐπιμεληθῆναι κατὰ καιρὸν ἐγγένοιτο « καὶ γὰρ

3 τε mAT : om. C || 4 ηὐτρέπιζον C : εὐτρέπ. mAT || τὴν CBPZAT : om. VM || 5 εἰς mAT : ὡς B || 6 ἐμνηστευσάμην mAT, cf. B XXIX, 3 5 : ἐμνήστευσα C || 7 τήμερον VMPZAT : σήμ. C τὴν σήμ. B || ἡδίστην mAT : ἰδ. Z || 8 θυσίᾳ mAT : -ίαν B || ἐπισυνάπτων mAT : -ον Z || 2 1-2 μὴ (om. A) αὐτός τε codd. : malimus μήτε αὐτὸς || 2 στυγνότερον mAT : -ος P || συμποσιάζῃς C : -οις mAT et C superscr. || 3 δέξηται post μαθοῦσα mAT : post χαίρουσα C || 5 μοι VMBAT : om. CPZ || 7 εὐπειθεστέραν m : -έστερον BAT || εὐτρεπίσαι C : — ίσθαι MBT ηὐτρεπίσθαι VPZA et M superscr. || 8 προμαθοῦσαν mAT : -οῦσα P.

XXIX 1 2 ἐπ' mAT : ἀπ' B || 4 δὲ secl. Coraes || διοχλεῖν CBPZ : ὀχλεῖν VMAT || 6 εὐπρεπείας mAT : ἐπιμελείας καὶ εὐπρ. M || ἐγγένοιτο mT : ἐγγίν. BA.

étrange, lui dis-je, qu'une jeune fille, fière de sa naissance et de sa fortune, et surtout destinée à devenir l'épouse de Trachinos, ne revêtît pas du moins les parures dont elle dispose puisque le temps et le lieu empêchent les pompes d'un cortège nuptial. » **2** Le visage de Trachinos s'épanouit[1] ; il se ferait un plaisir de me satisfaire, me dit-il. Il donna l'ordre à ses hommes d'aller immédiatement chercher dans le bateau tout ce dont ils avaient besoin ; personne, après, ne devrait s'en approcher. Ils firent tout ce qu'on leur avait commandé et apportèrent tables, coupes, tapis, tentures, ouvrages de Sidon et de Tyr[2]. Ils prenaient sans retenue tout ce qui pouvait servir à un banquet et transportaient pêle-mêle sur leurs épaules des trésors, fruit de tant de labeurs et de si longues épargnes, que le sort livrait aux insultes de convives dissolus et gloutons[3].
3 Prenant avec moi Théagène, j'allai trouver Chariclée. Je la trouvai toute en larmes. « Ma fille, c'est toujours la même chose, il n'y a rien là de nouveau pour toi. Mais sur quoi pleures-tu ? Sur le passé ou sur quelque malheur nouveau? » **4** « Tout m'afflige, dit-elle, et surtout la perspective des épreuves que me réservent Trachinos et ses redoutables bontés. Il est vraisemblable qu'il songe plus que jamais à me prouver son amitié, maintenant qu'il est tiré d'affaire. Car ordinairement un bonheur inespéré rend l'homme plus confiant et plus hardi dans ses entreprises. Eh bien ! Trachinos avec son détestable amour sera bien puni : ma mort le frustrera de ses espérances. Ce qui me désole c'est la pensée d'être séparée de toi et de Théagène avant de mourir. » **5** « Tu as deviné juste, lui dis-je. Trachinos, à la suite du sacrifice, veut faire du banquet sacré le repas de ses noces avec toi. Me croyant le père,

1. Cf. Plutarque, *Moralia* 412 e διακεχυμένους τοῖς προσώποις. (M.)

2. Les ouvrages de Tyr et de Sidon étaient renommés dès le temps d'Homère. Cf. *Iliade* VI 289-291 et XXIII 740 sqq.

3. L'adjectif ἄσωτος, litt. *perdu*, a subi la même évolution de sens que le mot français correspondant. Cf. *Tartufe* III, 6 « Traitez-moi de perfide, d'infâme, de *perdu* ».

ἂν εἴη πάντων ἀτοπώτατον τὴν εὐγενείᾳ καὶ πλούτῳ κομῶσαν καὶ τὸ μέγιστον Τραχίνου γαμετὴν ἐσομένην μηδὲ ἀφ' ὧν ἔξεστιν ἀβρύνεσθαι, εἰ καὶ τὰ λαμπρότερα τῆς γαμηλίου πομπῆς ὁ καιρὸς ἡμᾶς καὶ ὁ τόπος ἀφῄρηται. » 2 Διεχεῖτο πρὸς ταῦτα ὁ Τραχῖνος καὶ χαίρων οὕτω προστάξειν ἐπηγγέλλετο, καὶ προσέταξεν αὐτίκα πάντα κομισαμένους ὧν χρῄζοιεν τοῦ λοιποῦ τῇ νηὶ μὴ πλησιάζειν. Καὶ οἱ μὲν τὰ ἐντεταλμένα ἔπραττον, ἐξεφόρουν τραπέζας κρατῆρας τάπητας παραπετάσματα, Σιδωνίων ἔργα χειρῶν καὶ Τυρίων, τἆλλα οἷς δεῖπνον ὑπηρετεῖται πάντα ἀφειδῶς, καὶ ἐπὶ τῶν ὤμων ἀκόσμως ἐξετίθεντο, πλοῦτον ὃν πολλοὶ πόνοι καὶ φειδωλοὶ συνήθροισαν ἀσώτῳ συμποσίῳ τῆς τύχης ἐνυβρίσαι παραδούσης. 3 Ἐγὼ δὲ τὸν Θεαγένην παραλαβὼν καὶ παρὰ τὴν Χαρίκλειαν ἐλθὼν εὑρών τε δεδακρυμένην « Ὦ θύγατερ » ἔφην, « εἰωθότα μέν σοι καὶ οὐ ξένα· θρηνεῖς δ' οὖν ὅμως ἃ καὶ πρότερον ἤ τι καινότερον; » 4 Ἡ δὲ « Πάντα μὲν » ἔφη, « πρὸ πάντων δὲ τὰ προσδοκώμενα κατὰ τὴν ἐμοὶ Τραχίνου πολεμίαν εὔνοιαν ἣν εἰκὸς ἐκείνῳ τὸν καιρὸν ἐπιτεῖναι, φιλεῖ γὰρ εὐημερία παράλογος ὕβρεως ἔργα προκαλεῖσθαι. Τραχῖνος μὲν οὖν καὶ ὁ Τραχίνου στυγητὸς ἔρως οἰμώξεται, θανάτου μοι προλήψει περιγραφησόμενος, ἐμὲ δὲ ἥ τε σὴ ἔννοια καὶ ἡ Θεαγένους, εἰ πρὸ τοῦ τέλους χωρισθήσομαι, πρὸς θρήνους κατήγαγε. » 5 « Τὰ ὄντα » ἔφην « εἰκάζεις· ὁ γὰρ Τραχῖνος εἰς γάμον τὸν αὐτοῦ τε καὶ σὸν ἀπὸ τῆς

9 τὰ mAT : om. B || **2** 2 προστάξειν CPZA : προάξειν VM πράξειν T Bas. πως B || 3 πάντα mAT : om. C || κομισαμένους mAT : -άμενος P || 5 ἐντεταλμένα mAT : ἐνταλ. B || 6 τάπητας MBPAT et VZ^{mg} : -ιτας C ταπήτας Z ταπίδας V, cf. Z XIX **5** 4 || σιδωνίων (-ονίων V) mAT : σινδώνων B || 8 πολλοὶ mAT : οἱ π. P || 9 ἀσώτῳ (ἄσωτον B) συμποσίῳ (-ωσίῳ P) mAT : om. C || 10 παραδούσης mAT : -διδούσης B || **3** 3 δεδακρυμένην mAT : δακρυμ. V || 4 δ' οὖν ὅμως m : δ' ὅμως AT || **4** 2 κατὰ nos : καὶ codd. διὰ Coraes || ἐμοὶ mAT : ἐμὴν P || 3 εὔνοιαν mT : ἔνν. CA || 6 μοι mAT : om. P || ἔννοια mA : εὔν. ZT || 7 εἰ πρὸ CBP : ὑπό Z εἰ ὑπό VMT ὑπό του πρὸ A || τοῦ CBPAT : του VMZ || **5** 2 τε VMBZAT : om. CP || σὸν mAT : σοῦ B.

il m'a prévenu de ses intentions. Je savais depuis longtemps qu'il brûlait d'une folle passion pour toi : depuis une conversation que j'avais eue avec Tyrrhénos dans l'île de Zacynthe [1]. Je ne vous en avais rien dit pour que vous ne fussiez pas tourmentés d'avance par les malheurs qui nous menaçaient, alors surtout qu'on pouvait espérer échapper au guet-apens. **6** Mais, mes enfants, le Ciel ne nous l'a pas permis et nous voilà embarqués dans une terrible aventure [2]. Allons, il nous faut prendre une résolution généreuse et prompte, et faire face au danger [3] qui nous presse pour sauver notre honneur et notre liberté. Si nous échouons, une mort courageuse nous préservera de la honte et nous n'aurons pas tout perdu [4]. »

XXX **1** Ils me promirent de faire ce que je leur commanderais. Je leur donnai des instructions et les laissai se préparer. J'allai trouver le lieutenant de Trachinos, qui se nommait, je crois, Péloros [5]. Je lui dis que j'avais une communication très intéressante à lui faire. Il se déclara tout prêt à la recevoir et me tira à l'écart pour éviter qu'on nous entendît. « Voici, mon garçon, en deux mots, de quoi il s'agit. Le temps presse [6] et ne permet pas les longs discours. **2** Ma fille t'aime ; cela n'a rien d'étonnant, ta haute valeur l'a subjuguée. Mais elle soupçonne ton chef de préparer le banquet pour célébrer ses noces avec elle. En effet, il a laissé voir quelque chose de ses intentions. Il lui a donné

1. Cf. E XX, 2-9.

2. Cf. Démosthène, *Sur la Couronne* 248 ὁ δῆμος... ἐν αὐτοῖς τοῖς δεινοῖς καὶ φοβεροῖς ἐμβεβηκώς.

3. Cf. Denys d'Halicarnasse, *Antiquités romaines*, VI 74, 6 ὁμόσε τοῖς δεινοῖς ἐχωρήσαμεν, μέγιστον δὴ κίνδυνον ἀναρρίψαντες ἐκεῖνον....

4. Noter le parallélisme absolu et le caractère antithétique de cette phrase, où chaque terme a son correspondant et rime avec lui. (M.)

5. Péloros, c'est le Géant et Trachinos, le Rude. (M.)

6. Alciphron II 3 (I 24) dit dans un sens analogue μὴ δὴ περιίδῃς ἀγαθοὺς γείτονας εἰς στενὸν τοῦ καιροῦ φθειρομένους.

θυσίας μεταποιεῖ τὴν εὐωχίαν, ἐμοί τε ὡς πατρὶ τὴν βουλὴν ἐξηγόρευσεν, εἰδότι μὲν αὐτοῦ καὶ πάλαι τὴν ἐπὶ σοὶ μανιώδη κίνησιν ἐξ ὧν ὁ Τυρρηνός μοι κατὰ τὴν Ζακυνθίων διείλεκτο, σιωπῶντι δὲ πρὸς ὑμᾶς ὡς ἂν τοῖς μέλλουσιν ἀλγεινοῖς μὴ προκάμνοιτε τὰς γνώμας, ἐνδεχόμενον καὶ διαδρᾶναι τὴν ἐπιβουλήν. 6 Ἐπεὶ δέ, ὦ παῖδες, πρὸς τοῦτο μὲν ὁ δαίμων ἀντέπραξεν ἐν αὐτοῖς δὲ τοῖς δεινοῖς ἐμβεβήκαμεν, φέρε τι γενναῖον καὶ ἀπότομον ἐγχειρήσαντες ὁμόσε τῇ ἀκμῇ τοῦ κινδύνου χωρήσωμεν, ἢ τὸ εἶναι γενναίως καὶ ἐλευθέρως κατορθώσοντες ἢ τὸ τεθνάναι σωφρόνως καὶ ἀνδρείως κερδήσοντες. »

XXX 1 Ὡς δὲ ποιήσειν ὅτι ἂν κελεύω καθυπέσχοντο, ὑποθέμενος τὸ πρακτέον ἐκείνους μὲν ἀπολείπω διασκευαζομένους ἐπὶ δὲ τὸν δευτερεύοντα Τραχίνου λῃστήν, ἐκαλεῖτο δὲ οἶμαι Πέλωρος, ἀφικόμενος ἔχειν τι φράζειν αὐτῷ κερδαλεώτατον ἔλεγον· ἐκείνου δὲ ἑτοίμως ὑπακούσαντος καὶ οὗ μηδεὶς ἀκροάσεται παραγαγόντος « Ἀκούοις ἂν » ἔφην, « ὦ τέκνον, ἐπιτετμημένως· τὸ γὰρ στενὸν τοῦ καιροῦ πολυλογίαν οὐκ ἐπιδέχεται. 2 Ἐρᾷ σου θυγάτηρ ἡ ἐμή, καὶ θαυμαστὸν οὐδέν· ἡττήθη τοῦ βελτίονος· ὑφορᾶται δὲ τὸν λῄσταρχον ὡς εἰς γάμον παρασκευάζοντα τὸ συμπόσιον, καὶ γάρ τι καὶ τοιοῦτο ἐνέφηνεν, εὐπρεπέστε-

3 μεταποιεῖ mAT : -εῖται B || 4 μὲν mAT : om. B || 6 ὑμᾶς mAT : ἡμᾶς Z || 7 προκάμνοιτε mA : -κάμοιτε T -κάμετε P || 8 καὶ mAT : om. C || διαδρᾶναι mAT : -διδράναι B || 6 3 ἐγχειρήσαντες VMCZT : -ίσαντες BPA || 5 κατορθώσοντες Bekker : -σαντες codd. || 5-6 ἢ τὸ τεθνάναι — κερδήσοντες om. A || 6 κερδήσοντες Bekker : -σαντες codd.

XXX 1 2-3 διασκευαζομένους mAT : διασκεδαζ. B || 3 ἐπὶ mAT : ἐπεὶ B || 4 ἔχειν mAT et M superscr. : ἔχω M || 5 κερδαλεώτατον VCZT : -τερον MBPA || 6 παραγαγόντος VCPZAT : παράγοντος B παραγεγονότος M (γρ. -γαγόντος M[mg]) || ἀκούοις mAT : -εις B || 7 ἔφην mAT : ἔφη P || 8 οὐκ ἐπιδέχεται CBPZAT : οὐ δέχ. VM || 2 2 ἡττήθη mAT : εἰ ἡττ. B || 2-3 ὑφορᾶται mAT : -ᾶτε B || 3 παρασκευάζοντα mAT : -άζεσθαι C || 4 ἐνέφηνεν mAT : -φαινεν B.

l'ordre de se mettre en toilette. Vois donc comment tu pourrais empêcher cela et lui enlever ma fille. Elle déclare qu'elle mourra plutôt que d'épouser Trachinos. » 3 « Sois tranquille, me dit-il. Depuis longtemps, je l'aime moi aussi. J'attendais seulement une occasion favorable pour me déclarer. Trachinos de son plein gré me la donnera pour épouse ; il me doit[1] cette récompense pour être monté le premier à l'abordage du bateau ; sinon, je lui réserve des noces amères[2] et ce bras lui infligera le traitement qu'il mérite. » Je le quittai dès que j'eus entendu ces mots, sans m'attarder, afin de ne pas éveiller les soupçons. J'allai rassurer mes enfants, et leur dire que notre affaire était en bonne voie.

XXXI 1 Peu après nous étions à table. Lorsque je vis mes gens avinés et prêts aux actes de violence, je dis tout bas à Péloros, près duquel j'avais pris soin de m'installer : « As-tu vu comme la jeune fille s'est mise belle ? » — « Non » dit-il. — « Eh bien ! tu n'as qu'à aller dans le bateau, en secret, car, tu le sais, Trachinos a défendu d'y entrer. Tu y verras Artémis[3] en personne. Mais pour le moment contente-toi de regarder et sois sage, si tu ne veux pas attirer la mort sur toi et sur elle. » 2 Aussitôt, comme appelé par un besoin urgent, il se lève et secrètement court au bateau. Chariclée avait sa couronne de laurier et sa splendide robe brodée d'or[4] (elle avait revêtu ses habits sacrés, apportés de Delphes, et se trouvait ainsi parée pour la victoire ou pour le tombeau). Toutes ses

1. L'expression χρεωστεῖσθαί τι « avoir quelque droit à quelque chose » se retrouve dans Z VIII, 7 εἰπὼν τὸν παῖδα χρεωστεῖσθαι τὰ σύμβολα τῆς προφητείας Elle semble particulière à Héliodore, de même que le mot προεμβάτης. Cf. προεμβατήριον γέρας (XXXI, 3 2).

2. Cf. *Odyssée* I 266 πάντες κ' ὠκύμοροί τε γενοίατο πικρόγαμοί τε.

3. Cf. A II et les notes.

4. Ainsi nous était présentée Chariclée au début du roman. Nous avons ici seulement la raison d'un accoutrement aussi étrange sur une plage déserte. (M.)

ρον αὐτὴν κοσμηθῆναι προστάξας. Ὅρα δὴ πῶς ἂν τοῦτο διακρούσαιο καὶ σαυτῷ μᾶλλον τὴν παῖδα περιποιήσειας, φησὶ γὰρ ἀποθανεῖσθαι πρότερον ἢ Τραχίνῳ γαμηθήσεσθαι. » 3 Καὶ ὃς « Θάρσει » ἔφη· « πάλαι γάρ τοι καὶ αὐτὸς τῇ κόρῃ προσπεπονθὼς ἐφοδίου λαβέσθαι τινὸς ηὐχόμην, ὥστε ἢ παραχωρήσει μοι Τραχῖνος ἑκὼν εἰς τὰ πρωτεῖα τῆς νύμφης ἃ χρεωστοῦμαι προεμβάτης τῆς ὁλκάδος γεγονώς, ἢ πικρόγαμος ἔσται πρὸς τῆσδε τῆς δεξιᾶς ἃ προσήκει παθών. » Ἀπέτρεχον τούτων ἀκούσας ὡς μή τινα ἐγγενέσθαι ὑπόνοιαν, καὶ τοὺς παῖδας ἥκων ἐθάρρυνον, ὁδῷ βαδίζειν τὴν σκέψιν εὐαγγελιζόμενος.

XXXI 1 Ἐδειπνοῦμεν ὀλίγον ὕστερον καὶ ὅτε διαβεβρεγμένους ἤδη καὶ πρὸς τὸ ὑβριστικώτερον παραφερομένους ᾐσθόμην, ἠρέμα πρὸς τὸν Πέλωρον (ἐκείμην δὲ αὐτοῦ πλησίον ἐπιτηδεύσας) « Εἶδες » ἔφην « ὅπως ἡ κόρη κεκόσμηται; » Τοῦ δὲ « Οὐδαμῶς » εἰπόντος, « Καὶ μὴν ἔξεστιν » εἶπον « εἰ λάθρα παρέλθοις εἰς τὴν ναῦν· οἶσθα γὰρ ὡς καὶ τοῦτο διεκώλυσεν ὁ Τραχῖνος· αὐτὴν τὴν Ἄρτεμιν ὄψει προκαθημένην. Ἀλλ' ὅπως τὸ παρὸν θεάσῃ σωφρόνως, μὴ σαυτῷ τε κἀκείνῃ θάνατον προξενήσῃς. » 2 Ὁ δὲ μηδὲν μελλήσας ὥς τινος τῶν ἀναγκαίων ἐπείγοντος ἀνίσταται καὶ λαθὼν εἰστρέχει τε εἰς τὴν ὁλκάδα καὶ ἰδὼν τὴν Χαρίκλειαν δάφνης τε φέρουσαν ἐπὶ τῆς κεφαλῆς στέφανον καὶ χρυσοϋφεῖ στολῇ καταυγάζουσαν (τὴν γὰρ ἐκ Δελφῶν ἱερὰν ἐσθῆτα ἠμφίεστο ὡς ἢ νικη-

6 διακρούσαιο mAT : -οιο B || περιποιήσειας (cf. Δ VIII, 7 6 al.) VMBZAT : -ήσαιο P διϊσχυρίσῃς C || 3 1-2 καὶ αὐτός mAT : om. B || 4 τῆς νύμφης pessime positum videtur. vel eicere vel post ἑκὼν ponere vult Ry. || 5 τῆσδε τῆς δεξιᾶς mAT : τῆς δ. τῆσδε C || 7 ἐγγενέσθαι mAT : γεν. P || 8 βαδίζειν mAT : βαρύνειν B.

XXXI 1 2 ὑβριστικώτερον mAT : ὑβρικότερον B || 6 εἶπον CBPZAT : εἶπον ἰδεῖν αὐτὴν VM || 8 ὄψει mAT : ὄψιν C || 9 κἀκείνῃ mT : -ην Z -ης A || 2 1 μελλήσας CZAT : μελήσας VMBP || 3-4 τῆς κεφαλῆς mAT : τῇ κεφαλῇ M || 4 χρυσοϋφεῖ mT : -ῇ PA || στολῇ mT : -ὴν A om. B.

brillantes parures évoquaient le lit nuptial. A cette vue, naturellement, Péloros s'enflamme et brûle à la fois de désir et de jalousie. On pouvait lire dans ses yeux, dès qu'il revint, de furieux desseins. **3** A peine assis, il déclara : « La récompense qui m'est due pour être monté le premier à l'abordage, pourquoi ne l'ai-je pas reçue ? » — « Parce que tu ne l'as pas réclamée, dit Trachinos. D'ailleurs le partage du butin n'est pas encore fait. » — « Alors, reprit-il, je réclame la jeune captive. » — « Tout ce que tu voudras, répartit Trachinos, excepté elle. » Péloros s'écria aussitôt : « Tu enfreins la loi des pirates qui accorde, à celui qui est monté le premier sur un navire ennemi et qui s'est distingué en affrontant, avant tous, les dangers de la bataille, le privilège d'un libre choix. » — **4** « Je n'enfreins nullement cette loi, mon cher, riposta Trachinos ; je m'appuie seulement sur cette autre loi qui ordonne à l'inférieur de céder à son chef. J'ai conçu une passion pour cette jeune fille, je veux l'épouser. Je dois passer avant toi ; c'est justice. Si tu n'obéis pas, malheur à toi, cette coupe te châtiera. » — « Voyez-vous, dit Péloros, en regardant les convives, comment on récompense mes efforts [1] ? Ainsi chacun de vous sera un jour frustré du prix de ses droits, victime de cette loi tyrannique. »

1. La forme métrique de ὁρᾶτε τἀπίχειρα τῶν πόνων **ferait supposer qu'il y a là une citation de poète, bien que la phrase n'apparaisse dans aucun ouvrage et ne soit reproduite nulle part dans la littérature ancienne. Cf. ϛ XV, 4 10** γῆς ἐπ' ἐσχάτοις ὅροις; **(p. 110, note 3). La source la plus vraisemblable est la tragédie. Héliodore s'est familiarisé avec l'œuvre des trois grands tragiques, qu'il cite ou adapte fréquemment. Ainsi la comparaison des plaintes de Chariclée avec celles d'un rossignol est empruntée à Sophocle (voir p. 39 note 2) et la phrase** καιρίᾳ βεβλημένος **(XXXII, 2 4) est sans doute inspirée d'Eschyle,** ***Agamemnon*** **1343-5. Euripide, qu'il ne nomme d'ailleurs jamais, est mis plus que les autres à contribution, et cité plus ou moins exactement. Par ex. A VIII, 7 1-2** τί ταῦτα κινεῖς κἀναμοχλεύεις ; **Euripide,** ***Médée*** **1317** τί τάσδε κινεῖς κἀναμοχλεύεις πύλας ; **A XI, 5 8** ἀλλ' ὅπως ἀνὴρ ἔσῃ, **Eur.** ***Cyclope*****, 595 (Cf. Ph. Neimke,** ***Quaestiones Heliodoreae.*** **pp. 11 sqq.)**

τήριον ἢ ἐντάφιον ἐσομένην) καὶ τἄλλα περὶ αὐτὴν φαιδρυνόμενα καὶ σχῆμα παστάδος ἀπομιμούμενα, διακαίεται ὡς εἰκὸς τῇ θέᾳ, πόθου τε ὁμοῦ καὶ ζήλου προσπεσόντων, καὶ δῆλος ἦν αὐτόθεν ἐπανήκων ἀπὸ τοῦ βλέμματος ἐμμανές τι διανοούμενος. 3 Οὔπω γὰρ σχεδόν τι κατακλινεὶς « Ἐγὼ δὲ » ἔφη « τὸ γέρας τὸ προεμβατήριον τίνος ἕνεκεν οὐχὶ κομίζομαι ; » « Ὅτι » ἔφη ὁ Τραχῖνος « οὐκ ᾔτησας· ἀλλ' οὐδὲ νέμησις οὐδέπω προὐτέθη τῶν εἰλημμένων. » Καὶ ὃς « Οὐκοῦν αἰτῶ τὴν κόρην τὴν αἰχμάλωτον. » Τοῦ Τραχίνου δὲ « Παρ' αὐτὴν ὃ βούλει λάμβανε » εἰπόντος ὁ Πέλωρος ὑπολαβὼν « Καταλύεις οὖν τὸν λῃστρικὸν νόμον ὃς τῷ πρώτῳ νηὸς ἐπιβάντι πολεμίας καὶ τὸν ὑπὲρ πάντων ἀγῶνα προκινδυνεύσαντι τοῦ κατὰ βούλησιν ἐκλογὴν ἀπένειμεν. » 4 « Οὐ τοῦτον » εἶπεν ὁ Τραχῖνος, « ὦ βέλτιστε, καταλύω ἀλλ' ἑτέρῳ νόμῳ διισχυρίζομαι, τοὺς ὑπηκόους εἴκειν τοῖς ἄρχουσι κελεύοντι· πέπονθα δή τι πρὸς τὴν κόρην καὶ γαμετὴν ἐμαυτῷ λαμβάνων προτιμηθῆναι δικαιῶ, σὺ δὲ εἰ μὴ τὸ κελευόμενον πράττοις οὐκ εἰς μακρὰν οἰμώξῃ τῷδε τῷ κρατῆρι βαλλόμενος. » Ὁ δὲ Πέλωρος ἀπιδὼν εἰς τοὺς παρόντας « Ὁρᾶτε » ἔφη « τἀπίχειρα τῶν πόνων ; οὕτω καὶ ὑμῶν ἕκαστος τοῦ γέρως ποτὲ στερηθήσεται καὶ τοῦ τυραννικοῦ τούτου νόμου πειραθήσεται. »

8 ζήλου mAT : ξύλου B || 9-10 ἐμμανές τι mAT : ἐμμανέστατα C || **3** 1-2 κατακλινεὶς mA : -κλιθεὶς T (ἀντὶ κατακλιθεὶς V^{mg}) || 2 ἔφη mAT : ἔφην P || 3 ἕνεκεν mAT : om. C || οὐχὶ mAT : οὐ B || ὁ CBAT : om. VMPZ || 5 καὶ ὃς m : ὃς A om. BT || 6 παρ' αὐτὴν mAT : παρὰ ταύτην B quod melius censet Ry. || 7 ὑπολαβὼν mAT : λαβὼν B || 7-8 τὸν λῃστρικὸν νόμον CBPZAT : τὸν νόμον τὸν λῃστ. VM || 8 πρώτῳ CBPZA : πρῶτον VMT || νηὸς (-ὼς Z) ἐπιβάντι mAT : ἐπιβ. νηὸς M || τὸν mAT : τῶν B || 9 προκινδυνεύσαντι CBPZAT : κινδ. VM || τοῦ CPZA : τὴν VMBT || βούλησιν mAT : βούλην (sic) V || **4** 3 τοὺς ὑπηκόους CBPZAT : om. VM || 4 ἐμαυτῷ mAT : ἑαυτὴν B || λαμβάνων CBPZAT : -άνω VM || 5 πράττοις mAT : -εις M || 6 βαλλόμενος mAT : βουλόμ. P || δὲ m : δὴ AT || 9-10 καὶ τοῦ — πειραθήσεται (νόμου om. T) CPZAT : om. VMB.

XXXII 1 Et alors, Nausiclès, quel spectacle! Une mer soulevée tout à coup par un cyclône n'est pas plus agitée que cette tourbe de pirates se jetant les uns sur les autres dans une mêlée aveugle et indescriptible, sous l'empire de l'ivresse et de la fureur. Prenant parti pour Trachinos ou pour Péloros, ils soutenaient, les uns qu'il fallait respecter le chef, les autres que la loi est intangible; et c'était un beau vacarme. 2 Enfin Trachinos, dans un geste menaçant, lève sa coupe contre Péloros. Celui-ci était sur ses gardes; il prévient son adversaire et de son poignard lui perce le sein. Il tombe mortellement blessé[1] Les autres à leur tour commencent une lutte sans merci. Ils se jetaient les uns sur les autres et frappaient, sans épargner personne, les uns pour venger le chef, les autres pour défendre[2] Péloros et le droit. 3 On entendait comme un seul cri ininterrompu. Morceaux de bois, pierres, coupes, tisons, tables, telles étaient les armes dont ils se frappaient mutuellement[3]. Je m'étais retiré le plus loin possible sur une hauteur d'où, sans danger, je jouissais du spectacle. Théagène, lui aussi, participa au combat, ainsi que Chariclée. Suivant les dispositions prises, Théagène, depuis le début de la lutte, bataillait de son épée pour l'un des deux partis, et il paraissait absolument hors de lui. Chariclée, de son côté, quand elle vit que le combat avait éclaté, du bateau lançait d'une main sûre des flèches qui n'épargnaient que Théagène. 4 Elle ne les réservait pas à l'un des groupes de belligérants, mais abattait le premier venu. Invisible elle-même, elle distinguait aisément les ennemis éclairés par les lueurs

1. Καιρίᾳ βεβλημένος paraît une réminiscence d'Eschyle, *Agamemnon* 1343 et 1345 :

ὤμοι πέπληγμαι καιρίαν πληγὴν ἔσω
et ὤμοι μάλ' αὖθις δευτέραν πεπληγμένος.

2. Pour cet emploi de προασπίζειν avec le génitif voir Philostrate, *Heroicus* III 3 (p. 699) τὸν καλόν τε καὶ χρηστὸν 'Αντίλοχον ἀποκτεῖναι λέγεται προασπίζοντα τοῦ πατρὸς Νέστορος. (M.)

3. Cf. A XXII, 5 5 et XXX, 3 8 ὀλλύντων καὶ ὀλλυμένων, expression empruntée à l'*Iliade* IV 451.

XXXII 1 Τί ἦν ἰδεῖν τὸ ἐντεῦθεν, ὦ Ναυσίκλεις; θαλάττῃ προσείκασας ἂν τοὺς ἄνδρας αἰφνιδίῳ σπιλάδι κατασεισθέντας, οὕτως ἀλόγιστος ὁρμὴ πρὸς ἄφραστον αὐτοὺς ἤγειρε τάραχον, ἅτε οἴνῳ καὶ θυμῷ κατόχους γεγενημένους. Οἱ μὲν γὰρ ὡς τοῦτον οἱ δὲ ὡς ἐκεῖνον ἀποκλίναντες οἱ μὲν αἰδεῖσθαι τὸν ἄρχοντα οἱ δὲ μὴ καταλύεσθαι τὸν νόμον ἐθορύβουν. 2 Καὶ τέλος ὁ μὲν Τραχῖνος ἐπανατείνεται ὡς τῷ κρατῆρι πατάξων τὸν Πέλωρον, ὁ δέ, προπαρεσκεύαστο γάρ, ἐγχειριδίῳ φθάνει διελαύνων τὸν μαζόν. Καὶ ὁ μὲν ἔκειτο καιρίᾳ βεβλημένος, τοῖς λοιποῖς δὲ ἄσπονδος ἐτέτατο πόλεμος ἔπαιόν τε συμπεσόντες ἀλλήλους ἀφειδῶς, οἱ μὲν ὡς ἐπαμύνοντες τῷ ἄρχοντι οἱ δὲ ὡς τοῦ Πελώρου σὺν τῷ δικαίῳ προασπίζοντες. 3 Καὶ ἦν οἰμωγὴ μία ξύλοις λίθοις κρατῆρσι δαλοῖς τραπέζαις βαλλόντων καὶ βαλλομένων. Ἐγὼ δὲ ὡς πορρωτάτω χωρίσας ἐμαυτὸν ἐπί τινος λόφου θέαν ἀκίνδυνον ἐμαυτῷ κατένεμον. Οὐ μὴν οὐδὲ Θεαγένης ἀπόλεμος ἦν οὐδὲ ἡ Χαρίκλεια, τὰ γὰρ συγκείμενα πράττοντες ὁ μὲν ξιφήρης θατέρῳ τὰ πρῶτα μέρει συνεμάχει παντάπασιν ἐνθουσιῶντι προσεοικώς, ἡ δὲ ὡς συνερρωγότα τὸν πόλεμον εἶδεν ἀπὸ τῆς νεὼς ἐτόξευεν εὔσκοπά τε καὶ μόνου τοῦ Θεαγένους φειδόμενα. 4 Καὶ ἔβαλλεν οὐ καθ' ἓν τῆς μάχης μέρος, ἀλλ' ὅντινα πρῶτον ἴδοι τοῦτον ἀνήλισκεν, αὐτὴ μὲν οὐχ ὁρωμένη ἀλλὰ ῥᾳδίως πρὸς τὴν πυρκαϊὰν

XXXII 1 1-2 τὸ ἐντεῦθεν — ἂν τοὺς mT : om. A || 3 κατασεισθέντας codd. : exspectes κατασεισθείσῃ (Coraes) || 6 αἰδεῖσθαι mAT : αἰδεῖναι V || 2 2 ἐπανατείνεται BPZAT : -ετείνετο VMC || 3 φθάνει mAT : φάν B || 4 καιρίᾳ codd., cf. Herod. 3 64 ubi tamen accusativum voluit Blomfield : -ίαν Hirschig || βεβλημένος mAT : -μένως Z || 5 ἐτέτατο C : ἐκτέτ. VMA ἐτέτακτο PZ ἐκτετάρακτο BT || 6 ἀλλήλους (cf. Luc. *Symp.* 43) VMCPT : -οις BZA || 3 2 δαλοῖς mAT : δαλλοῖς C || βαλλόντων mAT : βαλόντων V || 4 οὐδὲ mAT : δὲ P || 5 ἡ CPZT : om. VMBA || 6 θατέρῳ mAT : -τέρα B || μέρει VMCZAT : μέρη BP || 8 νεὼς mAT : νηός C || εὔσκοπά mAT : ἄσκ. B || 9 φειδόμενα mAT : -ομένη C || 4 1 ἓν mT : ἑνός PA || 2 ὅντινα CBPAT (ὅτινα Z) : ὃν VM.

du grand feu qu'ils avaient allumé. Ceux-ci ignoraient d'où leur venait tant de mal. Quelques-uns soupçonnaient une main divine de leur jeter ces traits meurtriers. Ils furent tous abattus. Seul survivait Péloros engagé avec Théagène dans un combat singulier. C'était un homme fort courageux et qui s'était fait la main par des meurtres nombreux[1]. Chariclée ne pouvait plus aider son ami avec ses flèches[2]. L'envie de le secourir la torturait, mais elle avait peur de manquer son but, car maintenant ils en étaient venus aux mains et combattaient corps à corps. **5** Cependant Péloros à la fin succomba. Ne pouvant assister de ses mains son ami, Chariclée du moins l'aida de sa voix et lança ces mots : « Courage, mon bien aimé. » Dès lors, la supériorité de Théagène fut évidente. Le son de cette voix lui inspira courage et confiance, en lui révélant que le prix de la lutte était encore vivant[3]. **6** Avec une ardeur nouvelle, malgré les nombreuses blessures qui l'accablaient, il s'élança sur Péloros et lui asséna sur la tête un coup de sabre. Celui-ci l'évita, en faisant un écart. L'arme effleura légèrement l'épaule et trancha le bras à la jointure du coude[4]. Alors, il s'enfuit poursuivi par Théagène.

XXXIII **1** Je ne sais ce qui se passa ensuite. Je ne vis pas revenir Théagène, car je n'avais pas quitté la hauteur

1. Cf. Lucien, *Dialogues des courtisanes* 9, 5 μάτην ἐγὼ τοσούτοις φόνοις ἐγγεγυμνασμένος πάρειμι.

2. Expression strictement correcte, mais maladroite : δυναμένης a τοξείας pour sujet, tandis que le sujet de ὠδινούσης et de δεδοικυίας doit être Χαρικλείας, qui se tire de l'adjectif Χαρικλείου. Χαρικλείας (B) avec τοξείᾳ (Ry) arrangerait les choses, mais la corruption du mot en Χαρικλείου est improbable, et nous avons mieux aimé laisser le texte tel quel.

3. Comparer avec le récit de la victoire de Théagène sur Orménos (Δ IV, 1-2).

4. Cf. Homère, *Iliade* V 79-81

τὸν μὲν ἄρ' Εὐρύπολος, Εὐαίμονος ἀγλαὸς υἱός,
πρόσθεν ἕθεν φεύγοντα μεταδρομάδην ἔλασ' ὦμον,
φασγάνῳ ἀΐξας, ἀπὸ δ' ἔξεσε χεῖρα βαρεῖαν.

τοὺς ἐναντίους κατοπτεύουσα, τῶν δὲ ἀγνοούντων τὸ κακὸν καὶ δαιμονίους εἶναι τὰς πληγὰς ἐνίων ὑπονοούντων, ἕως τῶν ἄλλων πεσόντων μόνος ὁ Θεαγένης ὑπελείφθη τῷ Πελώρῳ μονομαχῶν, ἀνδρὶ τὰ πάντα γενναίῳ καὶ φόνοις ἐγγεγυμνασμένῳ παμπόλλοις, οὐδὲν οὐδὲ τῆς Χαρικλείου τοξείας ἐπαμύνειν ἔτι δυναμένης, ὠδινούσης μὲν εἰς τὴν βοήθειαν δεδοικυίας δὲ τὴν ἀποτυχίαν, αὐτοσχεδίου καὶ ἐν χερσὶ τῆς μάχης αὐτοῖς ὠθουμένης. **5** Οὐ μὴν εἰς τέλος γε ἀντέσχεν ὁ Πέλωρος· ὡς γὰρ ἀποροῦσα πρὸς τὴν ἐνέργειον συμμαχίαν ἡ Χαρίκλεια λόγον ἐπίκουρον τῷ Θεαγένει ἐτόξευσεν « Ἀνδρίζου, φίλτατε » βοήσασα, ἐνταῦθα ἤδη μακρῷ τὸν Πέλωρον ὑπερεῖχεν ὁ Θεαγένης ὥσπερ ἰσχὺν αὐτῷ καὶ θάρσος τῆς φωνῆς διακονούσης καὶ ὅτι τῆς μάχης περίεστι τὸ ἔπαθλον μηνυούσης. **6** Ἐγείρας γὰρ τὸ φρόνημα πολλοῖς ἤδη τοῖς τραύμασι πεπιεσμένος ἐφήλατό τε τῷ Πελώρῳ καὶ τῇ κεφαλῇ τὸ ἐγχειρίδιον ἐπιβαλὼν τῆς μὲν ἀπέτυχεν, ἐκείνου μικρὸν ἀποκλίναντος, ἄκρον δὲ τὸν ὦμον παραξέσας τὴν χεῖρα κατὰ τὴν συμβολὴν τοῦ ἀγκῶνος ἀπέκοπτε· κἀκ τοῦδε ὁ μὲν ἐτράπη πρὸς φυγήν, ὁ δὲ ἐδίωκε.

XXXIII **1** Καὶ τὰ μὲν ἄλλα τῶν μετὰ ταῦτα οὐκ ἔχω λέγειν πλὴν ὅτι γε ἐμὲ μὲν ἔλαθεν ἐπανελθὼν ἐγκατα-

4 κατοπτεύουσα mT : ἐποπτ. C ἀποπέμπουσα A || 5 δαιμονίους mAT : -ίῳ D || ὑπονοούντων mAT : ὑπολαβόντων C || 8 οὐδὲ CPZ : οὔτε MAT οὔτε V οὕτω B || Χαρικλείου mAT : -ας B bene si pro τοξείας scribas τοξείᾳ (Ry.) || 10 αὐτοσχεδίου ZT : -σχέδιον mA. an αὐτοσχεδὸν ? || 11 ὠθουμένης (-οις C) codd. sed vix sanum videtur || **5** 2-3 ἐνέργειον (-ιον T) codd. (vid. Introd. vol. I, p. LXII) : ἐνεργὸν Commelinus. an ἐν ἔργοις ? (Ry.) || 3 τῷ mAT : τὸν P || 4 ἐτόξευσεν CZ (-ευεν P) : διετόξευσεν VMBA (-ευεν T) || βοήσασα CBPZAT : ἐμβ. VM || 5 μακρῷ mAT : -ον B || 6 ὅτι mAT : om. B || 7 περίεστι mT : περιέστη BA || **6** 2 τοῖς mAT : om. Z || πεπιεσμένος Naber : -μένον codd. || ἐφήλατο mAT : ἐφήλλ. M || 3 τε mA : om. T μέσῳ (ον supra lineam) (sic) P || 5 συμβολὴν mAT : -βουλὴν B || 5-6 ἀγκῶνος mAT : αὐχένος C || 6 ἀπέκοπτε mAT : ἀπέτεμε Z || κἀκ (καὶ A) τοῦδε mAT : κἀκ τούτου δὲ M || ἐτράπη mAT : ἐπετρ. B || ὁ δὲ mAT : ἡ δὲ B.

où j'étais posté, ni osé, en pleine nuit, me hasarder dans les lieux où l'on se battait. Chariclée n'avait pas fait comme moi. J'aperçus, quand le jour fut venu, Théagène gisant, semblable à un mort et Chariclée assise à côté de lui, qui se lamentait et se montrait disposée à se tuer, n'eût été un faible espoir de voir le jeune homme échapper à la mort, qui retenait sa main. **2** Je n'eus pas le temps, hélas, d'aller leur demander des nouvelles, ni de soulager leur misère par mes consolations et de leur apporter les secours dont je pouvais disposer. Après les périls de la mer, les dangers de la terre[1], sans nous laisser un instant de répit, fondirent sur nous. Le jour venait d'apparaître. Je descendais de ma colline, quand je vis accourir une troupe de brigands Égyptiens qui me semblaient venir de la montagne qui s'étend près du rivage. Déjà, ils avaient pris les jeunes gens ; ils les emmenèrent bientôt après, en emportant tout ce qu'ils pouvaient des marchandises du bateau. **3** Et moi je me mis en vain à les suivre de loin en pleurant sur notre infortune. Je ne pouvais les défendre et j'estimais qu'il valait mieux ne pas aller les rejoindre, et me réserver en vue des secours que je pourrais leur apporter plus tard. J'en fus bien incapable[2]. Je ne pus, à cause de mon âge, suivre sur les pentes roides de la montagne la course des Égyptiens. Si j'ai, depuis, retrouvé ma fille, c'est à la faveur des dieux et à ta bonté, Nausiclès, que je le dois. Je n'y suis pour rien. Je n'ai pu les aider que de mes larmes et de mes lamentations sans fin[3]. » **4** Là-dessus, il se mit à pleurer et avec lui pleuraient les assistants[4], si bien que le banquet se changea en un concert de

1. Cf. E VI, **3** τοῖς ἐκ θαλάσσης ἀτόποις τὰ ἐκ γῆς φιλοτιμεῖται χαλεπώτερα.

2. Cf. Δ XI, **4** 4 avec la note (page 20, n. 1).

3. Cf. B XXII, **4** ὥσπερ τις ὄρνις..... εἰς ὦτα ἀνήμερα.... ἀνήνυτον ἱκετηρίαν τὸν μητρῷον προσάγουσα θρῆνον.

4. Cf. A XVIII, **1** καὶ ἅμα ἐδάκρυον· ἐδάκρυον δὲ καὶ οἱ ξένοι. Coray voudrait écrire ici ἐδάκρυον δὲ καὶ οἱ παρόντες, mais, bien que cette expression soit plus habituelle (cf. H VIII, **1**), on ne peut dire qu'elle s'impose.

μείναντα τῷ λόφῳ καὶ οὐ θαρσήσαντα τῆς νυκτὸς ἐπιμίξαι χωρίῳ πολεμουμένῳ, τὴν Χαρίκλειαν δὲ οὐδαμῶς· ἀλλ' εἶδον ἡμέρας γενομένης τὸν μὲν ἴσα καὶ νεκρῷ προκείμενον τὴν δὲ προσκαθημένην καὶ θρηνοῦσαν καὶ βούλεσθαι μὲν ἐπισφάττειν ἑαυτὴν ἐνδεικνυμένην ὑπὸ δὲ ὀλίγης ἐλπίδος τοῦ τάχα ἂν καὶ περιγενέσθαι τὸν νεανίσκον ἐπεχομένην. 2 Οὐδὲ ἔφθην ὁ δυσδαίμων εἰπεῖν τε καὶ μαθεῖν οὐδὲ ἐπικουφίσαι παραμυθίᾳ τὴν συμφορὰν οὐδὲ τὰ ἐνδεχόμενα ἐπιμεληθῆναι, τὰ ἐκ θαλάττης κακὰ τῶν ἐκ γῆς ἀδιαστάτως διαδεξαμένων. Ἄρτι γὰρ ἐμοῦ ὅτε ἡμέραν εἶδον τὸν λόφον κατιόντος, λῃστρικὸν Αἰγυπτίων πλῆθος ἐκ τοῦ ὑπερτείνοντος ὄρους, ὡς ἐῴκει, κατέτρεχεν, εἶχέ τε ἤδη τοὺς νέους καὶ ἀπῆγε μικρὸν ὕστερον, ὅσα φέρειν ἐδύνατο τῆς νεὼς ἐπικομιζόμενον. 3 Ἐγὼ δὲ τηνάλλως πόρρωθεν εἱπόμην ὀδυρόμενος τὰς ἐμαυτοῦ τε κἀκείνων τύχας οὔτε δὲ ἐπαμύνειν ἔχων οὔτε ἐπιμίγνυσθαι δοκιμάζων, εἰς ἐπικουρίας ἐλπίδα ἐμαυτὸν ταμιευόμενος. Οὐ μὴν ἐπήρκεσά γε, πόθεν ; ἀπολειφθεὶς μὲν τότε τοῦ γήρως ἐμποδίσαντος ἐν τοῖς ὀρθίοις συνεκδραμεῖν τοῖς Αἰγυπτίοις, ἐπί τε τοῦ παρόντος εἰς τὴν ἀνεύρεσιν τέως τῆς θυγατρὸς θεῶν μὲν εὐμενείᾳ σῇ δέ, ὦ Ναυσίκλεις, εὐνοίᾳ χρησάμενος, αὐτὸς δὲ οὐδὲν ἐρανισάμενος θρήνων δὲ μόνων τῶν ἐπ' αὐτῆς καὶ ὀδυρμῶν ἀφθόνων χαριζόμενος. » 4 Ἐπὶ τούτοις ἐδάκρυε μὲν αὐτὸς ἐδάκρυον δὲ οἱ παρόντες καὶ εἰς θρη-

XXXIII 1 5 γενομένης VMPZAT : ὡς γεν. B om. C || νεκρῷ codd. : -όν H. Richards sed cf. XX, 2 5 || 6 προσκαθημένην VMCPA : προκαθ. ZT καθ. B || 7 ὑπὸ mAT : ἐπὶ B || 2 3 κακὰ mAT : καὶ τὰ Z || 4 διαδεξαμένων mAT : ἐπιδ. C || ὅτε ἡμέραν P : καὶ ὅτε ἡμ. VMBZAT καὶ ὅτε καὶ μέρος C locus suspectus ; vide Append. 2 (vol. I, p. LXXII) || 5 λῃστρικὸν CPZT : -ῶν VMBA || αἰγυπτίων mT (ἐγαιπτ. A) : καὶ αἰγ. B || 7 ἐδύνατο CBPZT : ἠδ. VMA || 3 1 τηνάλλως CA (τὴν ἄλλως V) : τηνάλως MBPT (τὴν ἄλως Z) || 4 ἐμαυτὸν mAT : αὐτὸν C || 6 ὀρθίοις BPZAT (ὀρθρ. C) : ὀρθ. μέρεσι VM || τε codd. : δὲ Coraes fort. recte, cf. I XVIII, 1 || 7 ἀνεύρεσιν mT : ἀναίρ. BA || 8 σῇ mT : σοὶ C σὺ A || 9 δὲ mAT : om. C || μόνων VMCBAT : μόνον PZ || αὐτῆς A : -οῖς m -ὴν T || 10 ἀφθόνων mAT : -νίαν P || χαριζόμενος mAT : χαρισάμενος C.

gémissements non dépourvus d'une secrète volupté. On sait en effet que le vin porte aux larmes[1]. Nausiclès, enfin, pour encourager Calasiris, lui dit : « Père, tu peux être tranquille désormais. Ta fille est retrouvée. Ton fils, seule la nuit t'empêche de le revoir. Dès le jour, nous irons trouver Mitranès et nous mettrons tout en œuvre pour délivrer ton excellent Théagène. » — **5** « C'est mon plus cher désir, dit Calasiris. Mais il est temps de renvoyer tes convives. N'oublions pas la divinité ; faisons les libations finales pour remercier[2] les dieux. »

XXXIV **1** Les coupes circulèrent et le banquet s'acheva. Calasiris cherchait Chariclée ; il regarda défiler tous les convives et ne la trouva pas. Enfin, sur les indications d'une femme, il pénétra dans l'enceinte du temple et la trouva auprès de la statue dont elle embrassait les pieds. La longueur de sa prière et l'excès de sa douleur l'avaient plongée dans un profond sommeil. **2** Il pleura un moment et supplia le dieu de donner du bonheur à sa fille, puis il l'éveilla doucement et la ramena au logis, toute rougissante de s'être laissée surprendre par le sommeil. Elle se retira dans l'appartement des femmes, se coucha avec la fille de Nausiclès, mais les soucis qui l'accablaient la tinrent éveillée.

1. La pensée est juste (cf. note de Coray) mais est-elle originale ? Πρὸς δάκρυον οἶνος pourrait être une fin d'hexamètre et laisserait supposer un emprunt à un poète. Mais on ne retrouve l'idée dans aucun auteur ancien. Bourdelot écrit : *vinum et lacrimae saepissime iungi solent non solum propter madorem vini verum ob eas rationes quas medici Plinius Athenaeus alii reddunt.* Mais malheureusement il ne donne aucune référence.

2. Expression concise. L'épithète λυτήριος a ici le sens de *libérateur*. Elle se rapporte grammaticalement à σπονδῇ, mais elle s'applique aux dieux pour lesquels sont versées les libations. Calasiris songe aux dieux qui lui ont permis de retrouver, donc *sauver* sa fille et vont *délivrer* son fils. (M.)

νον ἡδονῇ τινι σύγκρατον μετεβέβλητο τὸ συμπόσιον, ἐπίφορον γάρ τι πρὸς δάκρυον οἶνος· ἕως ὁ Ναυσικλῆς ἐπιθαρσύνων τὸν Καλάσιριν « Ὦ πάτερ » ἔφη, « σὺ δὲ εἰς τὸ ἑξῆς γοῦν εὔθυμος εἶναι τὴν μὲν θυγατέρα ἤδη τήνδε κεκομισμένος τὸν παῖδα δὲ ἰδεῖν ὑπὸ τῆς νυκτὸς μόνης εἰργόμενος· εἰς ἕω γὰρ ἀφιξόμεθα πρὸς τὸν Μιτράνην καὶ πάντα τρόπον λύσασθαί σοι τὸν ἄριστον Θεαγένην πειρασόμεθα. » **5** « Βουλοίμην ἂν » εἶπεν ὁ Καλάσιρις· « νῦν δὲ ὥρα γε διαλύειν τὸ συμπόσιον· μνήμη τοῦ δαιμονίου γινέσθω καὶ τὰς λυτηρίους τις σπονδὰς περιαγέσθω. »

XXXIV **1** Ἐκ τούτου περιήγοντο μὲν αἱ σπονδαὶ διελύετο δὲ τὸ συμπόσιον· ὁ Καλάσιρις δὲ τὴν Χαρίκλειαν ἐσκοπεῖτο καὶ ὡς τὴν πάροδον τοῦ πλήθους παρατηρῶν οὐκ ἐφεύρισκεν, ὀψέ τινος γυναίου φράσαντος εἰς τὸ ἄδυτον παρελθὼν καταλαμβάνει τοῖς ἴχνεσι τοῦ ἀγάλματος προσπεφυκυῖαν καὶ εὐχῆς τε μακρᾷ παρολκῇ καὶ λύπης προσβολῇ πρὸς ὕπνον βαθὺν ὀλισθήσασαν. **2** Ἐπιδακρύσας οὖν ὀλίγα καὶ πρὸς τὰ βελτίονα τρέψαι τὰ κατ' αὐτὴν ἱκετεύσας τὸν θεὸν ἡσυχῇ τε ἀφυπνίσας ἦγεν εἰς τὴν καταγωγὴν ἐρυθριῶσαν ὡς ἐφαίνετο διότι λάθοι πρὸς τοῦ ὕπνου κεκρατημένη. Καὶ ἡ μὲν εἰς τὴν γυναικωνῖτιν χωρισθεῖσα σὺν τῷ θυγατρίῳ τε τοῦ Ναυσικλέους κατακλινεῖσα τὰς παρούσας ἀγρυπνίᾳ διετίθετο φροντίδας.

4 3 τινι mAT : τι P || μετεβέβλητο mAT : μεταβ. P || 4 οἶνος mAT : εἶδος C || 6 τὸ ἑξῆς CBPZT : τὸν ἑξῆς VM || εἶναι mA : εἶναι χρόνον M εἶναι καὶ T || μὲν mAT : δὲ B || 7 κεκομισμένος mT : κεκοσμημένος Z -μημένος A || δὲ mAT : om. P || **5** 2 μνήμη VMCZAT : μν. δὲ B καὶ μν. P || 2-3 δαιμονίου mAT : δαιμόνου B || 3 γινέσθω mAT : γεν. B || τις σπονδὰς Coraes : τῇ σπονδῇ codd.

XXXIV **1** 1-2 διελύετο CBPZAT : ἐλύετο VM || 4 ἐφεύρισκεν mAT : ἐφέβασκεν B || εἰς mAT : καὶ B || 6 παρολκῇ mAT : -ῆς P || **2** 2 βελτίονα mAT : βέλτιστα P || 3 ἀφυπνίσας mA : -νώσας T ὑπνώσας B || 5 γυναικωνῖτιν mT : -ωνίτην Z -ονίτην A || 6 τῷ θυγατρίῳ mAT : τῇ θυγατρὶ T || 6-7 κατακλινεῖσα mA : -κλιθεῖσα T || ἀγρυπνίᾳ mAT : -ίαν V.

LIVRE VI

I 1 Calasiris et Cnémon s'étaient retirés pour dormir dans une chambre de l'appartement des hommes. Ils y passèrent le reste de la nuit qui leur parut plus longue qu'ils n'auraient voulu et cependant plus courte qu'ils ne le craignaient, car le banquet et le long récit d'un charme inépuisable en avaient occupé la plus grande partie. Sans attendre que le jour fût tout à fait venu, ils allèrent trouver Nausiclès et le prièrent de leur dire en quel lieu il pensait que Théagène se trouvait et de les y conduire au plus vite. Sans hésiter, il partit avec eux pour leur montrer le chemin. Chariclée leur demandait avec instance de les accompagner. On l'obligea à rester ; Nausiclès lui affirma qu'ils ne s'éloignaient pas et qu'ils allaient tout de suite ramener Théagène[1]. 2 Ils la laissent seule, partagée entre le chagrin de cette séparation et l'espoir d'un avenir joyeux. A peine sortis du village, en longeant les rives du Nil, ils aperçurent un crocodile qui passa devant eux en rampant de leur droite à leur gauche et plongea avec force dans le courant du fleuve. Les autres ne virent dans ce spectacle familier rien de troublant ;

1. Le grec post-classique admettait que τε et καὶ étaient des particules interchangeables. De la locution οὔτε .... καὶ, au lieu du classique οὔτε .... τε, Héliodore fournit maint exemple (par ex. Z XXVI, 3 6-7 ; H V, 12 ; Θ IX, 1). Elle se trouve une fois chez Xénophon d'Ephèse (A XV, 1 οὔτε .... ἀλλὰ καί) et deux fois chez Longus (Δ XXVIII, 1 et 2). En dehors des romanciers, on en voit des exemples chez Elien, Alciphron et surtout Philostrate, par ex. *Vie d'Apoll.* VIII 7 = p. 303. 25 (Kayser) ἐγὼ μὲν οὔτ' ἐπαινῶ καὶ ἀκούων δέδια. Cf. Schmid, *Atticismus* IV 562 et Valley, *Über den Sprachgebrauch des Longus*, pp. 37-8.

ΒΙΒΛΙΟΝ ΕΚΤΟΝ

I 1 Ὁ δὲ Καλάσιρις καὶ ὁ Κνήμων κατά τι τοῦ ἀνδρῶνος ἑαυτοὺς ἀναπαύσαντες ἐπειδὴ τὸ λειπόμενον τῆς νυκτὸς βράδιον μὲν ἢ ἐβούλοντο θᾶττον δὲ ἢ ᾤοντο διέδραμεν, οἷα δὴ παρά τε τὴν εὐωχίαν καὶ τὸ ἀπροσκορὲς μῆκος τῶν διηγημάτων τῆς πλείστης παρωχηκυίας, οὐδὲ ἀκριβῶς ἡμέραν ἀναμείναντες ὡς τὸν Ναυσικλέα παραγίνονται καὶ φράζειν ὅπη τὸν Θεαγένην τυγχάνειν οἴοιτο καὶ ἄγειν ὡς ὅτι τάχιστα παρεκάλουν· ὁ δὲ ἐπείθετο καὶ ἀναλαβὼν ἦγεν. Ἡ Χαρίκλεια δὲ πολλὰ συνέπεσθαι ἱκετεύουσα μένειν κατὰ χώραν ἐβιάσθη, ὡς οὔτε πόρρω που ἀφίξονται καὶ αὐτίκα σὺν τῷ Θεαγένει ἥξουσι διεγγυωμένου τοῦ Ναυσικλέους. 2 Καὶ τὴν μὲν αὐτοῦ καταλείπουσι λύπης τε ἐπὶ τῷ χωρισμῷ καὶ χαρᾶς ἐπὶ τοῖς ἐλπιζομένοις ἐν μεταιχμίῳ σαλεύουσαν, αὐτοὶ δὲ ἄρτι τῆς κώμης ἐκτὸς γεγονότες καὶ τὰς ὄχθας τοῦ Νείλου παραμείβοντες κροκόδειλον ὁρῶσιν ἀπὸ τῶν δεξιῶν ἐπὶ θάτερα διερπύζοντα καὶ τῷ ῥείθρῳ τοῦ ποταμοῦ σὺν ὀξείᾳ τῇ ῥύμῃ καταδυόμενον. Οἱ μὲν δὴ ἄλλοι

Tit. αἰθιοπικῶν (-ὸν Z) βιβλίον ϛ VZ Ἡλιοδώρου αἰθιοπικῶν ἕκτον M ϛον C deest in B λόγος ἕκτος P Ἡλιοδώρου αἰθιοπικὸν βυβλίον λόγος ἕκτος A Ἡλιοδώρου Χαρικλείας λόγος ἕκτος T.

I 1 3 διέδραμεν VMBZAT (-μον P) : παρ. C ‖ 7 ὅπη C : ὅποι mAT ‖ τυγχάνειν C : διάγειν mAT ‖ 9 συνέπεσθαι CBPZAT : ἕπεσθαι VM ‖ ἱκετεύουσα mAT : βουλομένη P ‖ 10 που (ποῦ Z) mAT : ποι P ‖ καὶ CBPAT : καὶ ὡς VMZ ‖ 11 διεγγυωμένου mAT : ἐγγυωμένου C ‖ **2** 2 χαρᾶς mAT : χώρας B ‖ 4 ὄχθας mAT : ὀθόνας B ‖ κροκόδειλον mAT : κορκόδ. B ‖ 5 τῶν CBPZAT : om. VM ‖ διερπύζοντα VMCZAT : -ίζοντα BP

Calasiris toutefois déclara y voir le signe d'un obstacle qu'ils rencontreraient sur leur route. Cnémon, lui, fut épouvanté à cette vue. Encore n'avait-il pas distingué nettement l'animal[1] qui lui était apparu plutôt comme une ombre rampante et fuyante. Il s'en fallut de peu qu'il ne prît la fuite.
3 Nausiclès éclata de rire. « Cnémon, dit Calasiris, je te croyais peureux la nuit seulement et effrayé[2] par le moindre bruit dans les ténèbres[3]. Eh ! bien, je vois qu'en plein jour tu n'es pas moins courageux ! Ce ne sont plus des noms entendus qui te troublent, mais les spectacles les plus ordinaires et les moins effrayants. » « Quel est donc le dieu, dit Nausiclès, quel est le démon dont notre brave jeune homme[4] ne peut entendre prononcer le nom ? » 4 « Je ne sais si les dieux aussi, répondit Calasiris, ou les démons l'effrayent. En tout cas, un mortel, et, ce qui est pire, non pas un homme ou quelque fameux héros, mais une femme, et une femme que lui-même déclare morte, le fait frissonner d'effroi, quand il l'entend seulement nommer. La nuit où tu ramenas, mon cher ami, de chez les Pâtres Chariclée saine et sauve, ayant entendu je ne sais d'où ni comment nommer cette femme[5], il ne me laissa pas fermer l'œil une minute. A tout instant il pâmait de frayeur et j'avais bien du mal à le faire revenir. Si je ne craignais de le fâcher ou de l'épouvanter, je te le dirais maintenant ce nom,

1. Chez Héliodore, le crocodile figure simplement pour la couleur locale. Achille Tatios au contraire en parle longuement (Δ XIX) et en fait l'objet d'une de ces prolixes et minutieuses descriptions auxquelles il se plait. Voir note à E XIV, 4 (p. 54, note, 4).

2. Allusion à la scène racontée E II. (M.)

3. Ψοφοδεής était le titre d'une comédie de Ménandre. L'expression « avoir peur d'un bruit » marquait une peur nerveuse ou soudaine. Cf. Sophocle, *Limiers*, 139

τί μοι ψόφον φοβεῖσθε καὶ δειμαίνετε ;

et Frag. 58 (Nauck)

πάντα γάρ τοι τῷ φοβουμένῳ ψοφεῖ.

4. Cf. Aristophane *Les Nuées* 8 οὐδ' ὁ χρηστὸς οὑτοσὶ νεανίας. (M.)

5. Pour la forme de l'expression cf. A VIII, 5 7 ᾗ λέγω ταύτῃ βοτάνῃ χρησάμενος, qui confirme la leçon οὗ de Coray.

συνήθως τε καὶ ἀθορύβως τὸ ὀφθὲν ἦγον πλὴν ὅσον ὁ Καλάσιρις κώλυμά τι τῶν καθ' ὁδὸν ἐπισημαίνεσθαι προὔλεγεν, ὁ δὲ Κνήμων καὶ σφόδρα ἐπτοεῖτο πρὸς τὴν ὄψιν οὐδ' ἀκριβῶς αὐτῷ τοῦ ζῴου φανέντος ἀλλὰ σκιᾶς αὐτὸν πλέον χθαμαλῆς ὑποδραμούσης καὶ ὀλίγου ἔδει καὶ ὑποφεύγειν. 3 Ὁ δὴ Καλάσιρις ὅσον πλεῖστον τοῦ Ναυσικλέους ἐκγελῶντος « Ὦ Κνήμων » ἔφη, « ἐγὼ δὲ ᾤμην νύκτωρ σοι μόνον τὴν δειλίαν ἐνοχλεῖν καὶ πρὸς τοῦ σκότους σοι τὸ ψοφοδεὲς ἐπιγίνεσθαι, σὺ δὲ ἄρα καὶ μεθ' ἡμέραν ἦσθα λίαν, ὡς ἔοικε, τολμηρός· καὶ οὐκ ὀνόματά σοι μόνον ἀκουόμενα ἤδη δὲ καὶ θεάματα τῶν ἐν ποσὶ καὶ ἀδεᾶ τάραχον ἐμβάλλει. » « Καὶ τίνος θεῶν » ἔφη ὁ Ναυσικλῆς « ἢ τίνος δαιμόνων ἀκούων τὴν ἐπωνυμίαν ὁ χρηστὸς ἡμῖν οὗτος οὐκ ἀνέχεται; » 4 « Εἰ μὲν καὶ θεῶν » ἀπεκρίνατο « ἢ δαιμόνων, οὐκ ἔχω λέγειν· ἀνθρώπου δὲ καὶ ὃ πλέον οὐδὲ ἀνδρός τινος ἢ τῶν ἐπ' ἀνδρείᾳ βεβοημένων ἀλλὰ γυναικὸς καὶ ταύτης νεκρᾶς, ὡς αὐτός φησιν, εἴ τις λέγει τοὔνομα πέφρικε. Τῆς γοῦν νυκτὸς καθ' ἣν ἀπὸ τῶν βουκόλων ἐπέστης ἀνασῴζων ἡμῖν, ὦ 'γαθέ, τὴν Χαρίκλειαν οὐκ οἶδ' ὅπως ἢ ὅθεν οὗ λέγω τούτου παρακηκοὼς τοῦ ὀνόματος οὐδὲ ὅσον πρὸς βραχὺ γοῦν ὕπνου μοι μεταλαβεῖν ἐνέδωκε, συνεχὲς ὑπὸ τοῦ δέους ἐκθνήσκων καί μου πράγματα ἔχοντος ὥστε ἀναλαμβάνειν. Καὶ εἰ μὴ λυπεῖν αὐτὸν ἢ πτοεῖν ἔμελ-

7 συν. τὸ ὀφθ. καὶ ἀθορ. διῆγον C || 9 ἐπτοιεῖτο mAT : ἐποιεῖτο B || 11 ὑποδραμούσης mAT : ἀποδ. B || ὀλίγου Coraes : -ον codd. || **3** 1 δὴ mAT : δὲ P || 2 δὲ CBPZAT : om. VM μὲν Coraes || 3 μόνον mAT : -ως B || πρὸς mAT : πρὸ P || σκότους mAT : -ου P || 4 ψοφοδεὲς mT : ζοφῶδες A || ἦσθα post ἄρα C || 5 λίαν et τολμηρός codd. : οὐ λίαν vel ἀτόλ. coni. H. Richards ; at cf. B XI, **3** 2 || 5-6 τολμηρός — ἀδεᾶ om. B || **4** 1 καὶ mAT : om. P || 2 καὶ ὃ Coraes : ὃ (οἷ P) καὶ codd. || πλέον Coraes : πλεῖον codd. tum addunt ἐστὶ θαυμαστόν VM || 3 ἀνδρείᾳ CBPZAT : ἀνδρίᾳ VM || 4 λέγει mA : -οι BT || 6 ὦ 'γαθέ (ὦ ἀγαθέ BA) post ἡμῖν CBPZAT : post Χαρ. VM || 7-8 ὅθεν ἢ ὅπως παρακηκοὼς τοῦ ὀνόμ. τούτου οὐ λέγω οὐδὲ C || 7 οὗ Coraes : οὐ codd. || 8 ἐνέδωκε Coraes : ἐνδέδωκε codd. || 9 ἐκθνήσκων mAT : om. B || πράγματα mAT : -τος B || 10 ἀναλαμβάνειν mAT : -λαβεῖν B || πτοεῖν mAT : ποιεῖν B.

pour te faire rire davantage, Nausiclès. » Et il ajouta aussitôt : « Thisbé. »

II 1 Mais c'est Nausiclès qui n'avait plus envie de rire. En entendant cela, il se replia sur lui-même et resta longtemps dans de sombres réflexions. Il se demandait pour quelle raison le nom de Thisbé affectait à ce point Cnémon, et comment il la connaissait. Cnémon alors éclata de rire : « Mon bon Calasiris, dit-il, tu vois quelle est la vertu de ce nom et qu'il est un épouvantail[1], non pas pour moi seulement, comme tu le dis, mais pour Nausiclès aussi. Bien mieux : la situation est maintenant complètement retournée. Je ris, moi, car je sais qu'elle n'existe plus, tandis que notre vaillant[2] Nausiclès, qui riait si fort et se moquait des autres, a pris maintenant un air sombre... » 2 — « Il suffit, dit Nausiclès, tu as ta vengeance, Cnémon. Au nom des dieux de l'hospitalité et de l'amitié, au nom de l'accueil assez bienveillant, je crois, que vous avez reçu dans ma maison[3], dites-moi comment vous connaissez Thisbé, et si vraiment son nom vous fait peur, ou bien si vous avez voulu seulement vous moquer de moi ? » — « Cnémon, dit Calasiris, ce récit de tes aventures, que tu m'as souvent promis, et que jusqu'ici, sous des prétextes divers, tu as toujours différé, ce serait le moment de l'entreprendre. Tu ferais plaisir à Nausiclès et la fatigue du voyage nous serait moins pénible en la compagnie d'un

1. Μορμολυκεῖον, de même que μορμώ, désigne une terreur imaginaire, un épouvantail qui ne devrait impressionner que des enfants. Cf. Platon *Phédon* 77 e ἴσως ἔνι τις καὶ ἐν ἡμῖν παῖς ὅστις τὰ τοιαῦτα φοβεῖται· τοῦτον οὖν πειρώμεθα πείθειν μὴ δεδιέναι τὸν θάνατον ὥσπερ τὰ μορμολυκεῖα. De même le verbe μορμολύττεσθαι a le sens de « redouter sans raison » ; cf. Aristophane *Les Oiseaux* 1245.

2. Cf. Aristophane, *Grenouilles* 179 χρηστὸς εἶ καὶ γεννάδας. (M.)

3. Comme l'hospitalité était un devoir sacré, un serment prononcé sur les emblèmes de l'hospitalité était un engagement obligatoire ; cf. Archiloque Frag. 95 (Diehl) ὅρκον δ' ἐνοσφίσθης μέγαν ἅλας τε καὶ τράπεζαν. Les emblèmes eux-mêmes représentaient parfois le serment ; cf. Démosthène XIX 191. πότερ' οὖν τοὺς ἅλας παρέβαινον... ;

λον, εἶπον ἂν καὶ νῦν τοὔνομα, ὦ Ναυσίκλεις, ὡς ἂν πλέον γελῴης. » Καὶ ἅμα ἐπῆγε τὴν Θίσβην.

II 1 Καὶ ὁ Ναυσικλῆς ἐγέλα μὲν οὐκέτι συνεστάλη δὲ πρὸς τὴν ἀκοὴν καὶ σύννους ἐπὶ πλεῖστον εἱστήκει, διαπορῶν προφάσεως ἐκ ποίας ὁ Κνήμων ἢ τίνος κοινωνίας ἢ τί πεπόνθοι πρὸς τοὔνομα τῆς Θίσβης. Ἐξεκάγχασε δὴ πρὸς ταῦτα ὁ Κνήμων καὶ « Ὦ 'γαθὲ Καλάσιρι, ὁρᾷς » εἶπεν « ὅση τις τοῦ ὀνόματος ἡ δύναμις καὶ ὡς οὐκ ἐμοὶ μόνῳ μορμολυκεῖον, ὡς αὐτὸς φῄς, ἀλλ' ἤδη καὶ Ναυσικλεῖ γίνεται ; μᾶλλον δὲ καὶ ὁλοσχερὴς γέγονε τοῦ πάθους μετάστασις· καὶ τοὔμπαλιν ἐγὼ μὲν γελῶ, γινώσκων οὐκέτ' οὖσαν, ὁ δὲ γεννάδας ἡμῖν Ναυσικλῆς καὶ πολλῷ γέλωτι τῶν ἄλλων κατατωθάζων ἐστύγνακε. » 2 « Πέπαυσο » ἔφη ὁ Ναυσικλῆς· « καὶ ἅλις σοι τῆς εἰς ἐμὲ ἀμύνης, ὦ Κνήμων. Ἀλλὰ πρὸς ξενίων καὶ φιλίων θεῶν, πρὸς ἁλῶν καὶ τραπέζης ὧν, ὡς οἶμαι, φιλανθρώπων ἐν ἡμετέρου πεπείρασθε, πόθεν τὸ Θίσβης ὄνομα εἴτε γνωρίζετε εἴτε πεφόβησθε εἴτε παιδιὰν ἐμὲ πεποίησθε, καταμηνύσατε. » Καὶ ὁ Καλάσιρις « Σὸς » ἔφη « ὁ λόγος, ὦ Κνήμων, ὃν πολλάκις μοι διελθεῖν γνῶσίν τε τῶν κατὰ σεαυτὸν παρασχεῖν ἐπαγγειλάμενος εἰς δεῦρό τε ποικίλαις ἀεὶ διαδύσεσιν ὑπερθέμενος ἐν καιρῷ λέγοις ἂν τὸ παρόν, Ναυσικλεῖ τε ἅμα τῷδε χαριζόμενος καὶ ἡμῖν τὸν πόνον τῆς ὁδοιπορίας ἐπικουφίζων καὶ τῷ διηγήματι παρα-

11 καὶ νῦν mAT : om. C.

II 1 4 ἢ τὶ πεπόνθοι ante ἢ τίνος (3) C ‖ ἐξεκάγχασε MCPAT : ἐξεκάχχασε VBZ ‖ δὴ mAT : δὲ P ‖ 7 μόνῳ CBZAT : -ον VMP ‖ μορμολυκεῖον : μορμολύκειον mT -κιον ZA ‖ 8 καὶ mAT : om. C ‖ 9 γελῶ mAT : τελῶ C ‖ γινώσκων CPZ : γινώσκω γὰρ VMBAT ‖ 11 ἐστύγνακε CBPZAT : ἐτύγχανε VM ‖ 2 1 ἅλις mAT : ἄλλις V ‖ σοι CBPZAT : σου VM ‖ εἰς mAT : εἰ V ‖ 3-4 ἐν ἡμετέρου cf. Z XI, 7 7 et Kühner-Gerth I 269), VMCPA : ἐν ἡμετέρῳ Z ἐν ἡμετέροις T ὡς ἡμετέρων B ‖ 4-5 γνωρίζετε mAT : -εται Z et PA superscr. ‖ 5 ἐμὲ Commelinus (cf. X 1 2) : ἐμὴν mT ἐμοὶ PA ‖ 9 καιρῷ mAT : τῷ κ. B ‖ λέγοις mAT : λόγοις B ‖ 10 χαριζόμενος mAT : χωριζ. Z.

conteur. » 3 Sans se faire prier, Cnémon raconta, en la résumant[1], toute son histoire, telle qu'il l'avait déjà narrée à Théagène et à Chariclée. Il dit que sa patrie était Athènes, son père Aristippe, et que Démænété devenue sa belle-mère avait conçu pour lui un amour coupable et que, repoussée, elle lui avait tendu un piège, avec la complicité de Thisbé. Il expliqua ensuite comment il avait été banni de son pays, comme parricide, par un jugement du peuple ; comment, réfugié à Égine, il avait appris d'abord de Charias, un éphèbe de sa promotion, les circonstances de la mort de Démænété, trahie elle aussi par Thisbé ; de Nausiclès ensuite que son père avait eu tous ses biens confisqués, les parents de Démaenété, ligués contre lui, ayant fait croire au peuple qu'il était le meurtrier de sa femme, et que Thisbé s'était enfuie d'Athènes avec son amant, un marchand de Naukratis. 4 Enfin Cnémon leur dit que s'étant embarqué pour l'Égypte avec Anticlès à la recherche de Thisbé, qu'il désirait ramener à Athènes, afin de réhabiliter son père, et de punir cette coquine, après beaucoup de dangers et d'aventures, il avait fini par tomber aux mains des pirates. Il leur échappa, revint en Égypte et fut pris de nouveau par les Pâtres. C'est là qu'il avait rencontré Théagène et Chariclée, prisonniers eux aussi. Il leur

1. L'intrigue des *Ethiopiques* est compliquée. Après avoir présenté ses personnages en pleine action, Héliodore peut seulement expliquer ce qui s'est passé auparavant en faisant raconter à chacun d'eux à son tour sa propre histoire. Avec un instinct dramatique très sûr il insère naturellement ces récits dans la trame de son intrigue, et ceux qui s'y intéressent ne sont pas tous présents quand on les fait pour la première fois. Parfois il se contente de suggérer un résumé des événements (E XVI, 5) ; mais ailleurs (B XIV, 1-2 et ici même) il en donne un véritable sommaire en reprenant avec une économie remarquable ce qu'il a raconté et écrit précédemment. Ces sommaires étaient utiles pour faire connaître tel ou tel personnage et rappeler mainte action à la mémoire du lecteur. Les complaintes où les héros racontent leurs aventures pour les déplorer jouent un rôle identique (par ex. E II). Les faits ici résumés étaient racontés en détail A IX-XVII et B VIII, 4-IX.

πέμπων. » 3 Ἐπείθετο ὁ Κνήμων καὶ ἔλεγεν ἅπαντα ἐπιτέμνων ὅσα ἤδη τῷ Θεαγένει καὶ τῇ Χαρικλείᾳ προδιηγήσατο, τὴν πατρίδα ὡς Ἀθηναῖος, τὸν πατέρα ὡς Ἀρίστιππος, τὴν Δημαινέτην ὅτι μητρυιὰ γεγόνοι· διήει καὶ τὸν ἀθέμιτον ἐπ' αὐτῷ τῆς Δημαινέτης ἔρωτα καὶ ὡς ἀποτυγχάνουσα ἐπιβουλεύσειε, διάκονον εἰς τὴν ἐπιβουλὴν καθεῖσα τὴν Θίσβην· προσετίθει καὶ τὸν τρόπον καὶ ὅτι φυγαδευθείη τῆς ἐνεγκούσης, ὡς πατραλοίᾳ τοῦ δήμου ταύτην ζημίαν ἐπιθέντος, καὶ ὡς διάγοντι κατὰ τὴν Αἴγιναν πρῶτα μὲν Χαρίας τις τῶν συνεφήβων τὴν Δημαινέτην ὅτι τέθνηκε καὶ ὅπως ἐξαγγείλειε, τῆς Θίσβης κἀκείνῃ τὴν ἐπιβουλὴν συνθείσης, ἔπειτα Ἀντικλῆς ὅπως μὲν ὁ πατὴρ αὐτῷ δημεύσει τῶν ὄντων ὑποβληθείη, συστάντων ἐπ' αὐτὸν τῶν κατὰ γένος τῇ Δημαινέτῃ προσηκόντων καὶ πρὸς ὑπόνοιαν φόνου τὸν δῆμον κατ' αὐτοῦ κινησάντων, ὅπως δὲ ἡ Θίσβη τῶν Ἀθηνῶν ἀπέδρα σὺν τῷ ἐραστῇ τῷ ἐμπόρῳ τῷ Ναυκρατίτῃ. 4 Καὶ τέλος ἐπῆγεν ὁ Κνήμων ὅτι σὺν τῷ Ἀντικλεῖ κατὰ ζήτησιν τῆς Θίσβης ἐκπλεύσας ὡς ἐπὶ τὴν Αἴγυπτον εἰ δή πως ἀνευρὼν ἀγαγών τε εἰς τὰς Ἀθήνας λύσειε μὲν τῷ πατρὶ τὴν συκοφαντίαν τιμωρήσαιτο δὲ ἐκείνην, καὶ πολλοῖς μὲν ἄλλοις κινδύνοις πολλαῖς δὲ τύχαις τοὺς μεταξὺ χρόνους περιπεσὼν ἁλοὺς δὲ καὶ ὑπὸ καταποντιστῶν εἶτά πως διαδρὰς καὶ Αἰγύπτῳ προσορμισθεὶς αὖθις ὑπὸ τῶν βουκόλων ληφθείη ληστῶν· ἔνθα καὶ τὴν πρὸς Θεαγένην καὶ Χαρίκλειαν αὐτῷ γενέσθαι συντυχίαν, καὶ τὴν Θίσβης ἀναίρεσιν ἅμα καταλέγων καὶ τὰ ἐπὶ τού-

3 2 ἤδη mAT : δὴ B || 2-3 προδιηγήσατο mAT : διηγ. B || 3 τὴν πατρίδα om. C || ὡς Ἀθηναῖος CBPZAT : ὡς καὶ Ἀθ. VM || 4 τὴν CBPZAT : καὶ τὴν VM || γεγόνοι VC²BPZA : γεγόνει MC¹ (ἐγεγ- T) || διήει CBPZAT : καὶ δ. VM || 8 πατραλοίᾳ BA (-αλλοίᾳ T) : -οίου m || 9-10 Αἴγιναν mAT : Ἄργιναν B || 10 τις CBPZAT : om VM || 13 αὐτῷ mAT om. B || συστάντων mAT : στησάντων B || 14 γένος mAT : τὸ γ. B || 15 κατ' αὐτοῦ mAT : ἐπ' αὐτὸν C || 4 2 ὡς mT : om. A || 3 δὴ mAT : δεῖ P || 6 τοὺς μεταξὺ χρόνους mAT : τὸν μ. χρόνον C || 7 πως MCBT : πῶς VPZA || 8 ληστῶν codd. : secl. Hirsch. at cf. VII, 4 3 || 10 τὰ mAT : om. C.

raconta aussi la mort de Thisbé et le reste, jusqu'à ce qu'il fut arrivé aux événements connus de Calasiris et de Nausiclès.

III 1 Le récit achevé, Nausiclès, fort perplexe, se demandait s'il raconterait à son tour ses aventures avec Thisbé ou s'il devait différer ses confidences. Enfin, et non sans peine, il se retint de parler, parce qu'il jugea qu'il valait mieux ne rien dire. D'ailleurs, ils firent en chemin une rencontre qui l'en eût empêché. Ils avaient parcouru environ soixante stades et approchaient déjà du village où résidait Mitranès, quand ils rencontrèrent un ami de Nausiclès. Ils lui demandèrent où il allait si pressé. 2 « Nausiclès, dit-il, tu me demandes où je vais si vite, comme si tu ne savais pas que pour le moment je n'ai pas d'autre souci que d'obéir aux ordres d'Isias de Chemmis. C'est pour elle que je travaille la terre, c'est moi qui l'entretiens ; à cause d'elle je ne connais jamais le repos, ni le jour ni la nuit, ne lui refusant jamais mes services. Pourtant je ne retire que peine et fatigue, des corvées grandes ou petites que m'impose Isias. Maintenant je cours lui porter l'oiseau que voici, un flamant du Nil que ma bien-aimée m'a commandé. » 3 « Quelle charmante maîtresse tu as trouvée, dit Nausiclès. Comme elle est peu exigeante. Elle t'a chargé de lui rapporter un flamant quand elle aurait pu te réclamer le Phénix lui-même qui nous vient de l'Éthiopie ou de l'Inde[1] ! » — « C'est toujours comme cela, reprit-il, elle se moque de moi et

1. Le φοινικόπτερος (cf. Aristophane, *Les Oiseaux* 270 sqq.) était une proie des plus faciles. Le phénix, oiseau fabuleux, ne revenait que tous les cinq cents ans d'Arabie en Égypte pour enterrer son père à Héliopolis (Hérodote II 73). Achille Tatios adopte cette version et développe avec complaisance la légende, non sans l'agrémenter de quelques jeux de mots (Γ XXIV, 3-XXV). En mentionnant l'Inde comme une autre origine du phénix, Héliodore montre son érudition. Cf. Philostrate, *Vie d'Apollonius* III 49 τὸν φοίνικα δὲ τὸν ὄρνιν τὸν διὰ πεντακοσίων ἐτῶν ἐς Αἴγυπτον ἥκοντα πέτεσθαι μὲν ἐν τῇ Ἰνδικῇ τὸν χρόνον τοῦτον ... Cf. même auteur, *Lettres*, VIII.

τοις ἑξῆς ἄχρι τῶν γνωριζομένων τῷ τε Καλασίριδι καὶ τῷ Ναυσικλεῖ πάντων.

III 1 Ἐφ' οἷς ὁ Ναυσικλῆς μυρίας ἔστρεφε βουλὰς νῦν μὲν ἐξειπεῖν τὰ ἀμφ' αὐτῷ τε καὶ τῇ Θίσβῃ διανοούμενος νῦν δὲ εἰσαῦθις ὑπερθέσθαι κρίνων· καὶ τέλος μόγις ἐπέσχε, τὸ μέν τι αὐτὸς οὕτω δοκιμάζων τὸ δὲ καὶ ὑπὸ συντυχίας ἑτέρας ἐμποδισθείς. Ἄρτι γὰρ ἑξήκοντά που στάδια διανύσαντες καὶ ἤδη τῇ κώμῃ καθ' ἣν ὁ Μιτράνης διῆγε πλησιάζοντες γνωρίμῳ τινὶ τῶν Ναυσικλέους ἐντυγχάνουσι καὶ ὅποι προθυμοῖτο οὕτως ἐσπουδασμένως ἀνηρώτων. 2 Ὁ δὲ « Ὦ Ναυσίκλεις » ἔφη « τὴν ὁρμὴν ἐκπυνθάνῃ τὴν ἐμὴν ὥσπερ ἀγνοῶν ὅτι μοι τὸ παρὸν πάντα πρὸς ἕνα σπουδάζεται σκοπόν, ὅπως ἂν Ἰσιάδι τῇ Χεμμίτιδι τὰ προστταττόμενα ὑπηρετοίμην· ἐκείνῃ γεωργῶ, πάντα ἐκείνῃ πορίζω, δι' ἐκείνην ἀγρυπνῶ νύκτα τε καὶ ἡμέραν οὐδὲν ἀπαγορεύων — ἀλλά μοι ζημία καὶ μόχθος — ὅ ἂν μοι ἐπιτάττῃ μέγα ἢ μικρὸν Ἰσιὰς ἐκείνη· καὶ νυνὶ δὲ θέω ὄρνιν τινὰ τοῦτον, ὡς ὁρᾷς, Νειλῷον φοινικόπτερον τῆς φιλτάτης ἐπίταγμα κομίζων. » 3 « Ὡς εὐγνώμονι » ἔφη ὁ Ναυσικλῆς « ἐρωμένῃ συμπέπλεξαι καὶ ὡς μικρὰ λίαν αὐτῆς τὰ ἐπιτάγματα, εἴ γε φοινικόπτερον ἀλλ' οὐκ αὐτόν σοι τὸν φοίνικα τὸν ἐξ Αἰθιόπων ἢ Ἰνδῶν ὡς ἡμᾶς ἀφικνούμενον ὄρνιν ἐπέταξεν. » Καὶ ὃς « Ταῦτα μὲν ἐκείνη » ἔφη

III 1 2 αὐτῷ mAT : αὔτῷ P || 3 μόγις mA : μόλις BT || 4 τὸ μέν τι (καὶ τὸ μέν τι A) codd. : τὸ μέν τοι Bas. || οὕτω CBPZAT : om. VM || καὶ mAT : om. B || 5 που στάδια mAT : στ. που. C || 7 τινὶ τῶν VMBZT^{2} : τινὶ τῷ PAT^{1} τῷ C || 8 ὅποι BPZAT : ὅπου VM ὅτι C || 2 1 ἐκπυνθάνῃ mAT : ἐπυνθάνου B || 2 πάντα mAT (πάντα μοι M) : om. C || 3 Χεμμίτιδι CPZAT : Χαυ^{μ}ρίτιδι B Χεμμιάτιδι VM || 4 πάντα mAT : τὰ πάντα B || 6 ἀλλὰ mAT : ἀλλὴ P || μοι (2) Toup et Δ (vide Introd., vol. I, pp. XXV et XLIV : μὴ codd. || 7 ἐπιτάττῃ VM^{2}BZAT : -οι M^{1}P -ει C || Ἰσιὰς ἐκείνη. καὶ νυνὶ δὲ (δὲ om. A) codd. : Ἰσιάς. ἐκείνῃ καὶ νυνὶ Coraes, nec male || 3 3 οὐκ αὐτὸν mA : οὐ κατ' αὐτὸν BT || 4-5 τὸν ἐξ — ἀφικνούμενον om. T || 4 τὸν ἐξ VMZA : τῶν ἐξ CBP || ὡς mA : εἰς P || 5 ἐπέταξεν C : -ταττεν mT ὑπέτασσε A.

de mes services. Mais vous-mêmes, où allez-vous ? Quelle affaire vous appelle ? » **4** Ils lui répondirent « nous sommes pressés d'aller trouver Mitrane ». « Eh ! bien, dit-il, il est inutile de vous presser. Mitrane n'est pas ici pour le moment. Il est parti cette nuit en expédition contre les Pâtres du village de Bessa. Il avait envoyé à Oroondatès à Memphis un jeune Grec prisonnier ; de là, je crois qu'il devait être offert au Grand Roi. Les Bessains, conduits par Thyamis qu'ils viennent de choisir pour chef, ont enlevé ce jeune homme et le gardent prisonnier. »

IV **1** Il leur parlait encore tout en poursuivant sa course : « Il faut que j'aille au plus vite retrouver Isias, qui doit en ce moment épier mon retour de tous ses yeux [1]. J'ai peur, si je m'attardais, de quelque scène de jalousie [2]. Cette terrible femme, sans aucun motif, a toujours quelque accusation, grief ou reproche à imaginer contre moi. » Les autres demeurèrent longtemps tout interdits [3] à cette nouvelle. Quelle surprise ! Quelle déception ! **2** Ils finirent par se ressaisir quand Nausiclès eut déclaré qu'un contretemps passager et de courte durée ne devait pas les faire renoncer à leur entreprise. Pour le moment, il fallait retourner à Chemmis [4], examiner ce qu'il y avait à faire [5],

1. L'expression πολλοῖς περισκοπεῖ τοῖς ὀφθαλμοῖς est poétique ; cf. Callimaque, *Hymne à Artémis* 27

πολλὰς δὲ μάτην ἐτανύσσατο χεῖρας.

Coray propose ὅλοις au lieu de πολλοῖς en se référant à Achille Tatios Α V, 3 et Γ VIII, 7 ; mais les trois passages ne sont pas strictement comparables et en fait ὅλοις serait ici moins convenable que πολλοῖς.

2. Pour πρόσκρουσμα cf. Chariton Δ VI, 2 ἐγεγόνει γὰρ αὐτοῖς οὐκ ὀλίγα προσκρούσματα διὰ τὴν γειτνίασιν.

3. Ἀχανής se trouve dans Lucien, *Icaroménippe* 23 ἐγὼ δὲ ὡς τοῦτ' ἤκουσα, μικροῦ μὲν ἐξέθανον ὑπὸ τοῦ δέους, εἱστήκειν δὲ ὅμως ἀχανής. (M.)

4. Il y avait deux Chemmis, l'une grande ville dans le nome Thébaïque (Hérodote II 91) et l'île Chemmis (Hérodote II 156). (M.)

5. La tournure τῶν πρακτέων εἰς ἐπίσκεψιν ἐλθόντας serait plus cou-

« χλεύην ἐμὲ συνήθως καὶ τὰ ἐμὰ πεποίηται. Ἀλλὰ ποῖ δὴ καὶ ὑμεῖς καὶ ἐπὶ τίνα τὴν χρείαν ; » 4 Ὡς δὲ ὅτι « παρὰ τὸν Μιτράνην ἐσπουδάκαμεν » ἀπεκρίναντο, « Ἀλλὰ μάτην ὑμῖν » ἔφη « καὶ εἰς κενὸν ἡ σπουδή, Μιτράνου τὰ νῦν κατὰ χώραν οὐκ ὄντος ἀλλ' ἐπὶ τοὺς Βήσσαν τὴν κώμην ἐνοικοῦντας βουκόλους ταύτης τῆς νυκτὸς ἐκστρατεύσαντός, ὅτι δή τινα νεανίσκον αἰχμάλωτον Ἕλληνα πρὸς Ὀροονδάτην εἰς τὴν Μέμφιν ἀπεσταλκότος, ὡς ἂν ἐκεῖθεν οἶμαι βασιλεῖ τῷ μεγάλῳ δῶρον ἀναχθείη, Βησσαεῖς καὶ ὁ τούτων ἔναγχος ἀποδειχθεὶς ἔξαρχος Θύαμις ἐξ ἐπιδρομῆς ἑλόντες ἔχουσι. »

IV 1 Καὶ ὁ μὲν ἔτι λέγων παρέτρεχεν « Ἐμοὶ δὲ ἐπὶ τὴν Ἰσιάδα σπευστέον » εἰπών, « ἥ πού με νῦν πολλοῖς περισκοπεῖ τοῖς ὀφθαλμοῖς, μή δή τί μοι καὶ πρόσκρουσμα ἐρωτικὸν ἡ βραδύτης ἐνέγκῃ· δεινὴ δὲ ἐκείνη καὶ ἀπροφάσιστος αἰτίας ἐγκλήματά τε καὶ ἀκκισμοὺς ἀναπλάσαι κατ' ἐμοῦ. » Οἱ δὲ ὡς τούτων ἤκουσαν ἀχανεῖς ἐπὶ πλεῖστον εἱστήκεσαν πρὸς τοῦ ἀνελπίστου τῆς ἀποτυχίας τῶν προσδοκηθέντων. 2 Ἀλλ' ὀψέ ποτε αὐτοὺς ὁ Ναυσικλῆς ἀνελάμβανεν ὡς οὐ δέοι ⟨διὰ⟩ τὴν ἐπ' ὀλίγον καὶ πρὸς καιρὸν ἀποτυχίαν τέλεον ἀπεγνωκέναι [ἢ] τῶν ἐν χερσὶν ὑποτιθέμενος, ἀλλὰ νῦν μὲν χρῆναι εἰς τὴν Χέμμιν ἐπα-

7 ὑμεῖς mA²T : ἡμεῖς CA¹ || τὴν mAT : om. C || 4 2 παρὰ mAT : περὶ D || ἐσπουδάκαμεν C : -ασιν mT -όσιν A || 3 καὶ mAT : om. C || 4 τοὺς mAT : τὴν P || κώμην mAT : πόλιν B || 5 τῆς mAT : δὴ τῆς C || 8 ἀναχθείη BPA : ἀναδειχθείη VMCZT || καὶ VMPZAT : δὲ καὶ CB || 9 ἀποδειχθεὶς mT : ἀναδ. BA.

IV 1 1 παρέτρεχεν CBPA : ἀπ. VMZT || 2 σπευστέον BZ : σπευτέον VMCPT παστέον A || ἥ CPZA : ἣ BT εἰ VM || 3 περισκοπεῖ post ὀφθ. VM || πρόσκρουμα C || 4 ἐρωτικὸν post ἐνέγκῃ P || 4-5 ἀπροφάσιστος nos et A : -ασίστους mT ἀπροσίτους B || 5 καὶ ἀκκισμοὺς (ἀκισμοὺς A αἰκισμοὺς T) mAT : om. B || 6 ἀχανεῖς mAT : -ῆ B || 7 πρὸς mAT : πρὸ V || τῶν mAT : om. B || 2 2 οὐ mAT : om. B || διὰ add. Toup || ἐπ' ὀλίγον mAT : πρὸς ὀλ. C || 3 ἢ secl. Coraes || 4 ὑποτιθέμενος mAT : ὑποθέμ. B || μὲν mAT : om. C.

se préparer à un plus long voyage et partir à la recherche de Théagène, qu'il fût chez les Pâtres ou ailleurs, avec le ferme espoir qu'on le trouverait toujours. Déjà la Providence divine[1] avait mis sur leur chemin cet ami pour les prévenir du lieu où ils devaient aller chercher Théagène et les guider[2] d'une main sûre et en droite ligne[3] vers les Pâtres du villlage de Bessa.

V 1 Il n'eut pas de peine à les convaincre. Les renseignements qu'ils avaient reçus leur donnaient de l'espoir, en effet, et Cnémon, prenant à part Calasiris, le rassura, en lui affirmant que Thyamis sauverait certainement Théagène. Ils décidèrent donc de rentrer. Au retour, ils trouvent Chariclée, sur le seuil de la porte, qui épiait leur venue, en regardant au loin dans toutes les directions. 2 Quand elle vit que Théagène n'y était pas, elle poussa un cri de douleur : « O mon père[4], dit-elle, vous me revenez seuls comme vous êtes partis. Théagène est donc mort à ce que je vois. Si vous avez quelque chose à me dire, parlez vite, au nom des dieux, et n'aggravez pas mon malheur en différant[5] de me l'annoncer. C'est se mon-

rante (cf. E IV, 6 2) ; mais l'analogie avec les expressions ἐν ἀπορίᾳ ἔχεσθαι (Hérodote, Lysias, Platon) et κακοῖς, ὀργῇ, θυμῷ ἔχεσθαι (Homère, Hérodote) sont une justification suffisante sans doute du ἐν ἐπισκέψει ἐχομένους d'Héliodore.

1. L'expression ἀθεεί se trouve dans Homère, *Odyssée* XVIII 353

οὐκ ἀθεεὶ ὅδ' ἀνὴρ 'Οδυσήϊον ἐς δόμον ἵκει,

mais on ne la rencontre plus avant l'époque post-classique : *Daphnis et Chloé* B XXVI, 5 ἐς ὕπνον οὐκ ἀθεεὶ τοῦ στρατηγοῦ καταπεσόντος et dans Philostrate plusieurs fois. Mais en dehors des écrivains ecclésiastiques, on ne la trouve, à l'imitation d'Homère, qu'accompagnée d'une négation.

2. Cf. Euripide, *Electre* 112

σύντειν', ὤρα, ποδὸς ὁρμάν. (M.)

3. Cf. Δ IV, 1 4-5 καθάπερ βέλος ἐπὶ σκοπὸν ἐφέρετο.

4. L'emploi de ἀλλ' ἦ au début d'une interrogation est régulier (cf. J. D. Denniston, *Greek Particles* pp. 27-8). Héliodore en use d'une façon irrégulière Γ XI, 1 4 et XIII, 3 1.

5. Cf. E XXXIV, 1 6 εὐχῆς μακρᾶ παρολκῇ.

νιέναι τῶν δὲ πρακτέων ἐν ἐπισκέψει ἐχομένους καὶ ὡς πρὸς ἐκδημίαν πλείονα συνεσκευασμένους πρὸς τὴν τοῦ Θεαγένους ἐπιζήτησιν εἴτε παρὰ τοῖς βουκόλοις εἴτε καὶ παρ' ἄλλοις τισὶ πυνθάνοιντο τρέπεσθαι, ἀγαθὴν τῆς ἀνευρέσεως ἐλπίδα πανταχοῦ προβαλλομένους· ὡς καὶ νῦν οὐκ ἀθεεὶ γενέσθαι δοκεῖν τὸ δή τινι τῶν γνωρίμων ἐντυχόντας χειραγωγηθῆναι πρὸς τῶν ἀγγελθέντων ὅποι δεήσει τὸν Θεαγένην μαστεύειν τὴν ὁρμὴν τῆς πορείας οἷον ἐπὶ σκοπὸν τὴν βουκολικὴν κώμην τείνοντας.

V 1 Ταῦτα λέγων οὐ χαλεπῶς ἔπειθεν, ἅμα τε οἶμαι καὶ ἑτέρας ἐλπίδος τοῖς ἀγγελθεῖσι συναναφαινομένης καὶ τοῦ Κνήμωνος πρὸς τὸν Καλάσιριν ἰδίᾳ πάνυ θαρσεῖν ὡς ὁ Θύαμις περισώσειε τὸν Θεαγένην διισχυριζομένου. Ἐδόκει οὖν ἐπανιέναι καὶ ἐπανῄεσαν τήν τε Χαρίκλειαν ἐπὶ τοῖς προθύροις καταλαμβάνουσι πόρρωθεν αὐτοὺς καὶ ἐκ πάντων κλιμάτων περισκοποῦσαν. 2 Καὶ ὡς οὐδαμοῦ τὸν Θεαγένην σὺν αὐτοῖς ἑώρα λύγιόν τι ἀνακωκύουσα « Ἀλλ' ἦ μόνοι μοι » ἔφη, « ὦ πάτερ, καὶ οἵπερ ἐντεῦθεν ἐξωρμήκατε πάλιν ἐπάνιτε; Θεαγένης δὲ ἄρα ὡς ἔοικε τέθνηκεν. Εἴ τι φράζειν ἔχετε θᾶττον ἐξείπατε πρὸς θεῶν μηδὲ ἐπιτείνητέ μοι τὴν συμφορὰν παρολκῇ τῆς ἀγγελίας· ἔχει τι φιλάνθρω-

5 ἐχομένους codd. (cf. Thuc., 1, 25 et al.) : γενομένους Coraes || 6 συνεσκευασμένους mA : παρεσκ. C ἐσκ. T || 8 καὶ CPZAT : om. VMB || 10 τὸ δή VMCZA : τῷ δή BT οἱωδί P || 11 πρὸς mAT : παρὰ B || 12 οἷον mAT : ὥσπερ Z || 13 τείνοντας mAT : -αντας B.

V 1 1 οὐ mT : om. A || 2 ἀγγελθεῖσι mAT : ἐπαγγ. Z || 4-5 ἐδόκει οὖν mAT : ἐδόκουν B || 5 ἐπανῄεσαν mT : -ίεσαν BA || 6 καὶ mAT : om. C || 7 κλιμάτων VMZAT (κλημ. BP) : -άκων C || 2 2 σὺν (om. P) αὐτοῖς ἑώρα CBPZAT : ἑ. σὺν αὐτ. VM || λύγιον VMPZAT : λοίγιον CB λίγειον Coraes διωλύγιον Bast. vide Append., 2 (vol. I, p. LXXIV) || ἀνακωκύουσα VMCAT : -σασα BPZ || ἀλλ' ἦ T : ἀλλ' ἤ mA ἀλλ' ἢ V || 3 ἔφη ὦ πάτερ codd. : πάτερ ἔφη Bas. et edd. omnes || οἵπερ VMCBAT : οἵ (οἷ P) οιπερ PZ || 4 ἐπάνιτε mT (-ῄτε A) : -ίετε B || εἴ τι mT : ἤ τί BA || 6 παρολκῇ mAT : τῇ π. B || ἀγγελίας mAT : ἐπαγγ. C Bas. et edd. praeter Hirsch. (ἀπαγγ. Coraes, Bekker.)

trer charitable que de révéler brusquement une mauvaise nouvelle ; ainsi l'âme blessée jusqu'au vif connaît plus vite l'apaisement de sa douleur[1]. » 3 Pour couper court à ses mortelles inquiétudes, Cnémon lui dit : « Quelle fâcheuse manie tu as, Chariclée, tu es toujours portée à supposer le pire[2] et à imaginer ce qui, heureusement, n'est pas. Théagène vit encore, il est sauvé grâce aux dieux. » Il lui expliqua brièvement dans quelles circonstances et où il se trouvait. 4 « On voit bien à ta façon de parler, dit Calasiris à Cnémon, que tu n'as jamais aimé. Car tu saurais alors que tout, même les choses les plus inoffensives[3], est sujet de crainte pour les amoureux et qu'ils ne se fient qu'au témoignage de leurs yeux quand il s'agit de ce qu'ils aiment[4]. L'absence est pour leur âme aimante l'occasion d'inquiétudes angoissantes. Ils se persuadent, en effet, que seul un fâcheux empêchement peut les séparer de leur bien-aimé[5]. Aussi, mon cher, devons-nous excuser Chariclée. Elle présente tous les symptômes du mal d'amour. Entrons et voyons ce que nous avons à faire. »

VI 1 Il prit Chariclée par la main avec une sollicitude paternelle et la fit pénétrer dans la maison. Nausiclès qui voulait les distraire de leurs préoccupations et avait d'ailleurs un projet en tête, fit préparer un repas plus brillant que d'habitude. Il n'invita qu'eux seuls et sa fille dont il

1. La pensée est semblable à celle qui est exprimée Δ V, 7 πάθος γὰρ ἅπαν τὸ μὲν ὀξέως γινωσκόμενον εὐβοήθητον, τὸ δὲ χρόνῳ παραπεμπόμενον ἐγγὺς ἀνίατον.

2. Cf. Homère, *Iliade* I 106-7

μάντι κακῶν, οὔ πώ ποτέ μοι τὸ κρήγυον εἶπας·
αἰεί τοι τὰ κάκ' ἐστὶ φίλα φρεσὶ μαντεύεσθαι.

3. Cf. Platon, *Le Banquet* 198 a ἀδεὲς δέος δεδιέναι et la scholie.

4. Τὰ παιδικά signifie « un mignon » chez les classiques (Euripide *Le Cyclope*, 584, Xénophon, *Les Mémorables* II 1, 24 etc.) ; ici « l'être aimé » (cf. Philostrate, *Les Héroïques* II 7 (p. 679) ξυναλγεῖ γὰρ σφόδρα τοῖς τὰ ἐρωτικὰ ἀτυχοῦσι καὶ ὑποτίθεται αὐτοῖς ἐπῳδὰς καὶ τέχνας, αἳ τὰ παιδικὰ θέλξουσι. .) (M.).

5. Cf. A II, 4 4 οὐκ ἀνέχῃ δὲ ἄλλως οὐδὲ μετὰ θάνατον ἀποστατεῖν ἡμῶν.

πον ὀξεῖα δυστυχημάτων δήλωσις, τὴν ὁμόσε χώρησιν πρὸς τὸ δεινὸν τῇ ψυχῇ καὶ ταχεῖαν ἀπάλγησιν παρασκευάζουσα. » 3 Ὑποτεμνόμενος δὴ δυσφοροῦσαν ἄγαν ὁ Κνήμων « Ὡς ἐργῶδές σου τοῦτο » ἔφη « ὦ Χαρίκλεια· ἐπίφορός πως ἀεὶ τυγχάνεις τὰ χείρονα μαντεύεσθαι καὶ ψεύδη γε ἅμα, καλῶς κατὰ τοῦτο ποιοῦσα. Θεαγένης γοῦν ἔστι καὶ σῴζεται θεῶν βουλομένων »· καὶ ὅπως καὶ παρὰ τίσιν, ἐπιτεμὼν ἔλεγε. 4 Καὶ ὁ Καλάσιρις « Οὔπω ποτὲ ἠράσθης » εἶπεν « ἐξ ὧν λέγεις, ὦ Κνήμων· ἦ γὰρ ἂν ἔγνως ὡς καὶ τὰ ἀδεᾶ φοβερὰ τοῖς ἐρῶσι καὶ μόνοις ὀφθαλμοῖς μάρτυσι καταπιστεύουσιν ὑπὲρ τῶν παιδικῶν, ἡ δὲ ἐκείνων ἀπουσία δειλία τοῦτο ἤδη καὶ ἀγωνία ψυχαῖς ἐρωτικαῖς γίνεται· αἴτιον δέ, πεπείκασιν ἑαυτοὺς οὐκ ἄλλως πώποτε σφῶν ἀπολείπεσθαι τοὺς φιλτάτους μὴ οὐχὶ κωλύματος ἀηδοῦς ἐμποδίζοντος· ὥστε, ὦ φίλος, Χαρικλείᾳ μὲν ξυγγινώσκωμεν εὖ τὰ ἐρώτων πάθη καὶ ἀκριβῶς νοσούσῃ αὐτοὶ δὲ ἐντὸς θυρῶν γενόμενοι τῶν πρακτέων φροντίζωμεν. »

VI 1 Καὶ ἅμα λαβόμενος τῆς χειρὸς μετά δή τινος πατρικῆς θεραπείας εἰσῆγε τὴν Χαρίκλειαν. Ὁ δὲ Ναυσικλῆς τὸ ἐντεῦθεν ἀνεῖναι τῶν φροντίδων αὐτοὺς βουλόμενος καί τι καὶ ἕτερον πραγματευόμενος ἑστίασίν τε λαμπροτέραν ἢ κατὰ τὸ εἰωθὸς παρεσκεύασε καὶ μόνοις σὺν τῇ

7 ὀξεῖα mAT : καὶ ὀξ. C || δήλωσις VMPZAT : κήλωσις B om. C || 3 2 σου τοῦτο mAT : τοσοῦτο B || 3 πως mAT : τις P || ψεύδη mAT : ψευδῆ B || 4 καλῶς VMPZAT : om. CB || κατὰ mT : καὶ τὰ A om. C || ἔστι καὶ mAT : ἔστι P || 4 2 εἶπεν post ἠράσθης VZPT : om. CA post λέγεις M post ποτὲ B || 3 ἐρῶσι mT : ὁρῶσι BA || καὶ μόνοις ὀφθαλμοῖς mAT : ὀφθ. μόν. C || 4 καταπιστεύουσιν codd. : πιστ. Bas. et edd. ante Coraem || 6 δέ mAT : δὲ καὶ M || σφῶν mAT : om. P || 7 ἀηδοῦς mAT : -δῆ B || 8 ξυγγινώσκωμεν VMCZAT (-ομεν B) : συγγιγνώσκωμεν P || 9 εὖ mAT : ἐς P || ἐρώτων codd. : ἐρώντων Naber || 10 φροντίζωμεν mAT : -ομεν B.

VI 1 2 εἰσῆγε mAT : ἦγε P || δὲ VM : δὴ CBPZAT || 4 καί τι καὶ VMBZAT : καί τι CP || 4-5 λαμπροτέραν mAT : λαμπρὰν P || 5 τῇ mAT : om. P.

soigna particulièrement la toilette[1] et qui se montra richement parée. **2** Lorsqu'ils furent rassasiés, Nausiclès se mit à leur dire : « Les dieux me sont témoins, chers hôtes, qu'il me serait agréable de vous voir rester ici, si vous vouliez consentir à vivre désormais avec moi, et à partager et mes biens et tout ce que j'ai de plus cher. Je ne vous regarde plus désormais comme des hôtes de passage, mais comme des amis sincères et véritables ; et rien ne me sera pénible de ce que je ferai pour vous. Je suis prêt, si vous voulez retrouver vos familles, à aider vos recherches dans la mesure de mes moyens. **3** Mais, vous le savez bien, je suis un marchand, c'est le métier que je cultive[2], moi. De forts zéphyrs se sont mis à souffler depuis quelque temps, ouvrant la mer à la navigation. Ils promettent aux commerçants de faciles traversées. Mes affaires me réclament en quelque sorte et m'appellent en Grèce. Vous feriez bien à votre tour de me dire quelles sont vos intentions, pour que je puisse prendre mes dispositions d'après ce que vous avez résolu. »

VII **1** Après s'être recueilli un moment, Calasiris répondit : « Que ton départ s'accomplisse sous d'heureux auspices, Nausiclès. Qu'Hermès le Marchand et Poseïdon le Protecteur t'accompagnent et t'assistent[3] ; qu'ils te donnent toujours mer facile et bon vent, des ports d'un

1. Cf. A XVII, **1** 2-3 où Thisbé dit à Demaenété qu'elle prétend mettre en relations avec Cnémon : κόσμει σαυτήν· ἁβρότερον ἔχουσαν ἥκειν προσήκει.

2. L'emploi de γεωργεῖν au sens métaphorique est rare à l'époque classique ; cependant cf. Démosthène XXV 82 οὐκοῦν ἐν κρίσεσι καὶ ἀγῶσι καὶ πονηραῖς αἰτίαις ἅπαντας εἶναι βούλεται· ταῦτα γεωργεῖ, ταῦτ' ἐργάζεται. Au chapitre III, **2** 4 le verbe est probablement employé dans son sens littéral.

3. A E XIII, **2** Hermès est appelé ἀγοραῖος et ἐμπορικός. Pour κερδῷος cf. Lucien, *Timon* 41 ὦ Ζεῦ τεράστιε καὶ φίλοι Κορύβαντες καὶ Ἑρμῆ κερδῷε, πόθεν τοσοῦτον χρυσίον ; Poseïdon est appelé ἀσφάλειος (cf. Aristophane, *Les Acharniens* 682) sans doute pour détourner les coups possibles de sa dangereuse puissance.

θυγατρὶ τὸ συμπόσιον ἀφῆκεν ἁβροτέραν τε τοῦ εἰωθότος ὀφθῆναι τὴν παῖδα καλλωπίσας καὶ πολυτελέστερον κοσμήσας. 2 Κἀπειδὴ τῆς εὐωχίας ἱκανῶς ἔχειν ἐδόκει, λόγων πρὸς αὐτοὺς ἄρχεται τοιῶνδε « Ἐμοὶ » λέγων, « ὦ ξένοι, καὶ θεοὶ μάρτυρες τῶν λεχθησομένων, ἡδὺ μὲν καὶ εἴπερ αὐτοῦ τῇδε καὶ παρ' ἐμοὶ μένοντες ἐθέλοιτε τὸν πάντα διάγειν χρόνον ἐπὶ κοινοῖς μὲν τοῖς οὖσι κοινοῖς δὲ τοῖς φιλτάτοις, οὐ γὰρ ὡς ἐπιδήμους ξένους ἀλλὰ φίλους λοιπὸν εὔνους τε ἐμοὶ καὶ γνησίους νενομικὼς βάρος οὐδ' ὁτιοῦν ἅπαν τὸ εἰς ὑμᾶς ἐσόμενον ἡγήσομαι· ἕτοιμος δὲ καὶ τοὺς οἰκείους ἀναζητεῖν ὑμῖν βουλομένοις τὰ εἰς δύναμιν ἕως ἂν παρεῖναί με συμβαίνῃ συμπράττειν. 3 Ἀλλὰ ἴστε που καὶ αὐτοὶ πάντως ὅτι μοι βίος ἐστὶν ἐμπορικὸς καὶ ταύτην γεωργῶ τὴν τέχνην καὶ ὡς λαμπροὶ Ζέφυροι πάλαι καταπνέοντες ἀνέῳξαν μὲν εἰς ναυτιλίαν τὴν θάλατταν τὰ πλώιμα δὲ τοῖς ἐμπόροις εὐαγγελίζονται καί με καθάπερ κήρυγμα ἡ χρεία καλεῖ πρὸς τὴν εἰς Ἕλληνας ἐκδημίαν· δίκαια τοίνυν ἂν ποιοῖτε τί ποτε καὶ ὑμῖν βουλομένοις ἐστὶ κοινούμενοι, ὡς ἂν καὶ αὐτὸς πρὸς τὸν ὑμέτερον σκοπὸν τὰ κατ' ἐμαυτὸν διαθοίμην. »

VII 1 Μικρὸν δὴ ἐφησυχάσας τοῖς εἰρημένοις ὁ Καλάσιρις « Ὦ Ναυσίκλεις » ἔφη, « σοὶ μὲν ἐπ' αἰσίοις ὁ ἔκπλους στέλλοιτο καὶ Ἑρμῆς μὲν Κερδῷος Ποσειδῶν δὲ Ἀσφάλειος συνέμποροι καὶ πομποὶ γίνοιντο πᾶν μὲν ἐπὶ

6 ἀφῆκεν m : ἀνῆκεν ZAT || ἁβροτέραν VMCPAT : -ότερον Z -οτέροις B || εἰωθότος mAT : -ως C || 2 1 λόγων mAT : -ον P || 2 αὐτοὺς mAT : ἑαυτοὺς B || 3 καὶ θεοὶ CBZA : θεοὶ VMPT || 4 αὐτοῦ CBPZAT : -ὸν VM || ἐθέλοιτε mAT : ἐθέλοντα P || 4-5 διάγειν τὸν πάντα χρόνον B || 6 οὐ mAT : τοῦ P || 8 ὑμᾶς mAT : ἡμᾶς P || 10 συμβαίνῃ VMCA : -ει BPZ -οι T || συμπράττειν mAT : εἰσπ. C || 3 4 μὲν mAT : om. B || 5 πλώιμα (cf. E XXI, 3 4) B : πλόϊμα mAT || 7 δίκαια mAT : -ον C || 8 ὑμέτερον CAT (ex ἡμ. mut. P) : ἡμ. VMBZ || 9 διαθοίμην mAT : -οίειν P.

VII 1 1 δὴ m : δὲ PAT || ἐφησυχάσας mAT : ἡσυχ. P || 2 ὦ mAT : ὧν B || ἔφη mAT : om. C || 3 δὲ mAT : om. B || 4 ἀσφάλειος VMCZ : -ιος PAT ἀσφάλος B.

accès commode, des villes accueillantes aux commerçants. Tu nous as si bien traités dans ta maison ; tu nous accordes si aimablement notre congé, exact observateur des lois de l'hospitalité et de l'amitié [1]. **2** Mais s'il nous est dur de nous séparer de toi et de quitter une maison qui, grâce à tes soins, semblait devenue la nôtre, un devoir impérieux nous commande de faire tout le possible pour retrouver ce qui nous est le plus cher au monde. Je parle pour Chariclée et pour moi. Quant à Cnémon, quelles sont ses intentions ? Est-il disposé à nous faire cette grâce d'accompagner nos pas errants ? C'est à lui de le dire. »
3 Cnémon se disposait à répondre et ouvrait déjà la bouche pour parler, quand il se mit soudain à sangloter et à répandre un déluge de larmes qui lui obstruait la langue. Enfin, il reprit haleine [2], poussa un gémissement et déclara : « O destinée, dans quelles vicissitudes [3] sans trêve tu jettes les hommes ! Comme tu te plais à me ballotter [4] sur l'océan du malheur, moi et beaucoup d'autres ! **4** Tu m'as privé de ma famille et de la maison paternelle, éloigné de ma ville natale où se trouvait ce que j'avais de plus cher ; tu m'as jeté sur la terre d'Égypte après bien d'autres épreuves [5] ; tu m'as livré à ces brigands de Pâtres. Tu fis luire à mes yeux un rayon d'espoir en me donnant des compagnons d'infortune. Malheureux comme moi, c'étaient du moins des Grecs, et j'espérais bien vivre avec eux le reste de mes jours. Mais voici que cette consolation tu viens

1. Nausiclès a observé les lois de l'hospitalité telles qu'elles sont définies par Ménélas à Télémaque (*Odyssée* XV 74) χρὴ ξεῖνον παρεόντα φιλεῖν ἐθέλοντα δὲ πέμπειν.

2. Cf. A II, 4 1-2 πνεῦμα συλλεξάμενος καὶ βύθιόν τι ἀσθμήνας.

3. Κίνημα dans le sens de « vicissitudes » se trouve dans Isocrate, *Lettres* 10. (M.)

4. Sur παλίρροια dans ce sens figuré cf. Polybe I 83 2. Le mot est employé dans son sens littéral à E XVII, 3 1.

Sur l'idée cf. Δ IX, 1 et E IV, 7.

5. En accordant σιωπῶντα avec le complément direct de προσώκειλας, Héliodore fait un usage plutôt ridicule d'une expression consacrée ; par ex. Euripide, *Oreste* 16-18.

πέλαγος εὕρουν καὶ εὐήνεμον παραπέμποντες πάντα δὲ ὅρμον εὐλίμενον καὶ πᾶσαν πόλιν εὐπρόσοδον καὶ φιλέμπορον ἀποφαίνοντες, οὕτως ἡμᾶς καὶ παρόντας περιέποντι καὶ ἀπιέναι βουλομένους πέμποντι καὶ τοὺς ξενίους τε καὶ φιλίους θεσμοὺς ἀκριβοῦντι. 2 Ἀλλ' ἡμῖν ἀλγεινὸν μὲν ἴσως τὸ χωρίζεσθαι σοῦ τε καὶ οἰκίας τῆς σῆς ἣν ἰδίαν ἡμῶν ἡγεῖσθαι παρεσκεύασας, ἀναγκαῖον δὲ καὶ ἀπαραίτητον τῆς τῶν φιλτάτων ἀνευρέσεως παντοίως ἀντιλαμβάνεσθαι. Ἐμοὶ μὲν οὕτω καὶ Χαρικλείᾳ ταύτῃ, Κνήμωνι δὲ τίς ποτε ἡ γνώμη καὶ εἴτε συναλητεύειν ἡμῖν καὶ χαρίζεσθαι ἕτοιμος, εἴτε ἄλλῃ πῃ διέγνωκεν, αὐτὸς ἂν λέγοι παρών. »
3 Βουλόμενος δὴ ὁ Κνήμων πρὸς ταῦτα ἀποκρίνεσθαι καὶ μέλλων τι ἤδη καὶ φθέγγεσθαι ἔλυξέ τε αἰφνίδιον καὶ ἀθρόον αὐτῷ δάκρυ θερμὸν προχυθὲν ἐπεστόμιζε τὴν γλῶτταν ἕως ὀψέ ποτε τὸ πνεῦμα συλλεξάμενος καὶ ἐπιστενάξας « Ὦ πάσης » ἔφη « τροπῆς ἀνάμεστον καὶ ἀσταθμητότατον τύχης ἀνθρωπίνης κίνημα· ὅσην παλίρροιαν κακῶν ἐπί τε ἄλλων δὴ πολλῶν πολλάκις καὶ κατ' ἐμοῦ πεφιλοτίμησαι.
4 Γένους με καὶ οἰκίας πατρῴας ἐστέρησας, πατρίδος καὶ πόλεως τῆς τῶν φιλτάτων ἐξένωσας, Αἰγυπτίᾳ με γῇ πολλὰ τὰ μεταξὺ σιωπῶντα προσώκειλας, λῃσταῖς βουκόλοις παρέδωκας, μικράν τινα χρηστὴν ἐλπίδα ὑπέφηνας ἀνδρῶν συντυχίαν δυστυχῶν μὲν καὶ τούτων πλὴν ἀλλ' Ἑλλήνων πρυτανεύσασα, μεθ' ὧν τὸ λειπόμενον τοῦ χρόνου βιώσεσθαι ἤλπιζον, καὶ ταύτην ὡς ἔοικεν ὑποτέμνῃ τὴν παραμυθίαν.

8 καὶ ἀπιέναι — πέμποντι om. B || **2** 2 τε mAT : om. B || 5 τίς VCBZAT : τί MP || 6 εἴτε mAT : εἴ τι C || χαρίζεσθαι mAT : χωρίζ. P || 7 λέγοι mAT : λέγει V || **3** 1 ἀποκρίνεσθαι mAT : -ασθαι B || 2 ἤδη καὶ VMBAT : ἤδη CPZ || ἔλυξέ τε VMBZA : ἔληξέ τε T ἔλεξέ τι C ὠλολύξεται P (cf. IX, 1 3) || 3 δάκρυ CBPA : δάκρυον VMZT || ἐπεστόμιζε VMCZAT : ἀπεστ. BP || 6 ἀνθρωπίνης mAT : ἀνθρώποις B || παλ (παλλ- ZT) ίρροιαν mAT : πολύρροιαν B || 7 πεφιλοτίμησαι VMBZAT : -ται CP || **4** 1 με ZA : μὲν mT || ἐστέρησας — ἐξένωσας suppl. V in margine || ἐστέρησας mAT : ἀπεστ. P || post πατρίδος scribunt δὲ B τε M || 2 τῆς m : καὶ BAT || με mAT : μὲν P || 5 συντυχίαν mA : δυστ. T || 6 βιώσεσθαι mAT : βιῶσαι B.

encore de me l'arracher. 5 Où me tourner? Que faire? Abandonner Chariclée, quand elle n'a pas encore retrouvé Théagène? Quelle indignité, ô Terre, quel crime! Alors je dois la suivre et l'accompagner dans ses recherches? Si l'on était sûr de le retrouver, il serait beau de peiner, soutenu par l'espoir du succès. Mais l'avenir est incertain et l'entreprise difficile; et alors, qui peut savoir où et quand prendront fin pour moi ces courses vagabondes? 6 Pourquoi ne pas demander à votre indulgence et à celle des dieux protecteurs de l'amitié la permission de retourner dans ma patrie et dans ma famille, quand s'offre à moi l'occasion [1], visiblement ménagée par la providence divine, d'accompagner Nausiclès qui se dit prêt à partir pour la Grèce, et de donner à mon père, s'il lui est arrivé malheur, un successeur et un héritier de sa maison? Car, même si je ne dois pas recouvrer sa fortune, ce sera déjà un résultat beau et suffisant de sauver ma personne, seul reste de ma famille. 7 C'est ton pardon, Chariclée, que je sollicite surtout et que je voudrais obtenir. Accorde-le moi. Je t'accompagnerai jusqu'au pays des Pâtres, si Nausiclès, malgré qu'il soit pressé, veut bien attendre un peu. Si j'ai le bonheur de te rendre à Théagène, je me serai montré un fidèle gardien du dépôt que l'on m'a confié; je te quitterai tranquille sur l'avenir, la conscience en repos [2]. Si nous échouons, ce qu'aux dieux ne plaise, je serai excusable encore, car je ne t'abandonnerai pas seule [3],

1. Non sans hésitation nous avons suivi Coray en adoptant παραπεπτωκότος. Παραπίπτειν est évidemment régulier dans le sens voulu (Thucydide IV 23, 2 σκοποῦντες καιρὸν εἴ τις παραπέσοι ὥστε τοὺς ἄνδρας σῶσαι), et Chariclée, rappelant les paroles de Cnémon (9 4), dit τὴν δι' αὐτοῦ παραπεσοῦσαν, ὡς φῄς, πρόφασιν. D'autre part παρεμπίπτειν semble être employé dans le même sens parfois, mais rarement et surtout par les philosophes.

2. Cf. E XX, 7 4-6 et la note (p. 64, n. 1).

3. Ici et à B V, 2 4 les manuscrits s'accordent à prêter à Héliodore la construction de ὅτι (διότι) avec le participe. S'ils ont raison, la construction est due probablement à l'analogie avec ἅτε et le participe. Mais la chose n'est pas sûre et nous nous permettons d'émettre un doute pour l'un et l'autre passage.

5 Ποῖ γὰρ τράπωμαι; τί δέ με καὶ χρὴ πράττειν; καταλίπω Χαρίκλειαν οὔπω Θεαγένην ἀνευρηκυῖαν; ἀλλὰ δεινόν, ὦ γῆ, καὶ ἀθέμιτον· ἀλλ' ἕπεσθαί με χρὴ καὶ συναναζητεῖν; εἰ μὲν ἐπὶ προδήλῳ τῇ εὑρέσει, καλὸν τὸ μοχθεῖν ἐπ' ἐλπίδι τοῦ κατορθώσειν· εἰ δὲ ἄδηλον τὸ μέλλον καὶ πλέον τὸ δυσχερές, ἄδηλον ποῖ ποτε καὶ στήσεταί μοι τὰ τῆς ἄλης. 6 Τί δὲ οὐχὶ συγγνώμην παρ' ὑμῶν τε καὶ θεῶν φιλίων αἰτήσας νῦν γοῦν ποτε τῆς ἐπὶ τὴν πατρίδα καὶ τὸ γένος ἐπανόδου μνησθήσομαι, καιροῦ καὶ ταῦτα εἰς καλὸν ἔκ του θεῶν ὡς ἔοικε παραπεπτωκότος καὶ τουτουὶ Ναυσικλέους, ὡς ἔφη, εἰς Ἕλληνας ἀφήσειν μέλλοντος, μὴ δή μοί τι καὶ τοῦ πατρὸς ἐν τούτῳ παθόντος ἔρημος εἰς τὸ παντελὲς διαδόχου καὶ ἄκληρος ὁ οἶκος ἀπολειφθείη; καὶ γὰρ καὶ εἰ πένεσθαι μέλλοιμι, σῴζεσθαι γοῦν τι λείψανον δι' ἐμοῦ τῷ γένει καλὸν καὶ αὔταρκες. 7 Ἀλλ' ὦ Χαρίκλεια, σοὶ γὰρ προηγουμένως ἀπολογοῦμαι, καὶ συγγνώμην αἰτῶ καὶ δέομαι δός· ἄχρι μὲν τῶν βουκόλων ἕψομαι μικρὸν ἐπιμεῖναι Ναυσικλέα κἂν σφόδρα ἐπείγηται παρακαλέσας, εἴ πώς σε Θεαγένει παρὼν ἐγχειρίσας χρηστὸς μὲν παρακαταθήκης φύλαξ ἀποδειχθείην ἐπὶ χρησταῖς δὲ καὶ αὐτὸς ταῖς μελλούσαις ἐλπίσι μετὰ ἀγαθοῦ τοῦ συνειδότος χωριζοίμην· εἰ δὲ ἀποτύχοιμεν, ὃ μὴ γένοιτο, καὶ οὕτω συγγνωστὸς οὔτοι γε δὴ μόνην σε οὐδὲ τότε καταλιπὼν ἀλλ' ἀγαθὸν

5 1-2 καταλίπω CAT : -λείπω m ‖ 2 ἀνευρηκυῖαν VMCPAT : ἐνευρ. B εὑρ. Z ‖ 3 με mAT : om. B ‖ 4 ἐπ' mAT : om. Z ‖ 6 ἄδηλον VMPZAT : δῆλον CB ‖ ποῖ mAT : καὶ ποῖ M ‖ καὶ VCBZAT : om. MP ‖ **6** 3 μνησθήσομαι mA : μνήσομαι T ‖ 4 του VMCBAT : τοῦ Z τῶν P ‖ παραπεπτωκότος PA[2] : παρεμπεπτ. mT πεπτ. A[1] ‖ τουτουὶ mA : τουτουσὶ T τούτου τοῦ B ‖ 5 ὡς ἔφη mT : om. C ὡς ἔφην τὴν A ‖ μὴ δή mAT : μηδέ P ‖ 6 τι mAT : om. P ‖ 7 διαδόχου καὶ ἄκληρος mAT : καὶ ἄκλ. διαδ. C ‖ ἀπολειφθείη VMCZT : ὑπολ. BPA ‖ 8 τι mAT : om. C ‖ 9 καλὸν mAT : om. B ‖ **7** 3 βουκόλων mAT : βουλομένων B ‖ 4 ἐπείγηται mT : -ητε B -εται A ‖ 5 εἴ πως mAT : ὅπως B ‖ παρὼν CBPZAT : παρόντι VM ‖ 6 ἀποδειχθείην mAT (post corr. B) : -είη B[1] P ‖ δὲ mAT : οὖν Z ‖ 7-8 χωριζοίμην mA : χωρ. T ‖ 9 οὔτοι nos : ὅτι codd. ‖ γε CBPZAT : δὲ VM.

mais te laisserai entre les mains d'un excellent gardien, ton père Calasiris. » **8** Chariclée avait cru reconnaître à plus d'un signe, que Cnémon était épris de la fille de Nausiclès, car une personne qui aime est fort habile à découvrir ceux qui souffrent du même mal[1]. Les paroles de Nausiclès lui avaient laissé comprendre qu'il verrait sans déplaisir ce mariage, et que depuis longtemps il s'ingéniait à séduire[2] Cnémon et à attirer ce chaland dans sa boutique. D'ailleurs, il ne lui paraissait pas convenable de se mettre en route avec un compagnon aussi peu sûr que Cnémon. Elle lui répondit donc : « A ton aise[3]. Tu nous as rendu de bons services, je le reconnais[4] et je t'en remercie. Mais à l'avenir, rien ne t'oblige à t'occuper de nous et à participer à contre-cœur à des dangers qui ne t'intéressent pas. **9** Tu peux aller retrouver ton Athènes, ta famille et ta maison. Nausiclès, dis-tu, t'en offre l'occasion : ne la néglige pas. Nous irons, Calasiris et moi, luttant contre les événements, jusqu'au terme de nos recherches vagabondes. Et s'il ne se trouve aucun homme pour nous aider, les dieux nous accompagneront, nous en avons le ferme espoir. »

VIII **1** Nausiclès prit la parole et déclara : « Puisse Chariclée obtenir ce qu'elle désire et que les dieux l'accompagnent comme elle le demande. Elle est si énergique et si avisée[5]. Pour toi, Cnémon, ne te désole pas de ne pas ramener Thisbé à Athènes, puisque tu tiens l'homme,

1. La phrase a toute l'apparence d'un lieu commun. Sur l'expression ὀξὺς ὁ ἐρῶν φωράσαι cf. Δ I, **2** 8 ὀξὺς ἰδεῖν ὁ ἐρῶν τὸ ποθούμενον et Z VII, **5** 3 ὀξύ τι πρὸς ἐπίγνωσιν ἐρωτικῶν ὄψις.

2. Ce sens péjoratif de ἐμπορεύομαι est post-classique. Au contraire Héliodore emploie συνέμπορος (**9** 7) dans son sens normal de « compagnon de route ». (M.)

3 Cf. VIII, **1** 10 εἰ γὰρ σοὶ φίλον. Ce fragment de vers est peut-être inspiré d'Homère (par ex. *Odyssée* VII 320 εἴ πού τοι φίλον ἐστίν).

4. Sur χρεωστεῖσθαι cf. E XXX, **3** 4 (p. 78, note 1). Le sens est le même sauf que le sujet est une chose (χάρις), non une personne.

5. Remarquer le parallélisme de la phrase grecque. Le mot λῆμα,

σοι φύλακα καὶ πατέρα Καλάσιριν τουτονὶ παρακαταστήσας. » 8 Ἡ δὲ Χαρίκλεια τόν τε Κνήμωνα ἐκ πολλῶν ἤδη συμβάλλουσα τοῦ Ναυσικλέους ἐπὶ τὸ θυγάτριον ἐπτοημένον, ὀξὺς γαρ ὁ ἐρῶν φωράσαι τὸν ἀπὸ τῶν ἴσων παθῶν κεκρατημένον, καὶ τὸν Ναυσικλέα πρὸς τῶν ὑπ' αὐτοῦ λεχθέντων συνεῖσα ὡς ἀσμένῳ γένοιτο ἂν τὸ κῆδος καὶ πάλαι τοῦτο πραγματεύεται καὶ τὸν Κνήμωνα ἐμπορεύεται ποικίλως ἐφελκόμενος καὶ ἅμα οὐδὲ εὐπρεπῆ λοιπὸν τῆς ὁδοῦ κοινωνὸν οὐδὲ ἀνύποπτον ἡγουμένη τὸν Κνήμωνα « Ὡς δὴ σοὶ φίλον » ἔφη, « τῆς μὲν ἐπὶ τοῖς προϋπηργμένοις παρὰ σοῦ χρηστοῖς εἰς ἡμᾶς χάριτος κεχρεωστημένης καὶ ὁμολογουμένης, ἐπὶ δὲ τοῖς λειπομένοις οὐ πάντως ἐπούσης ἀνάγκης τὰ ἡμέτερα ἐκφροντίζειν οὐδὲ ἀλλοτρίαις τύχαις καὶ ἄκοντα συναποκινδυνεύειν. 9 Ἀλλὰ σὺ μὲν Ἀθήνας τε τὰς σὰς καὶ γένος καὶ οἶκον τὸν σὸν κομίσαιο, Ναυσικλέα τουτονὶ καὶ τὴν δι' αὐτοῦ παραπεσοῦσαν, ὡς φής, πρόφασιν μηδαμῶς παρωσάμενος· ἐγὼ δὲ καὶ Καλάσιρις πρὸς τὰ συμπίπτοντα μαχεσόμεθα ἕως ἂν τὸ τέλος τῆς πλάνης εὕρωμεν, εἰ καὶ ἀνθρώπων μηδεὶς συνεφάπτοιτο, θεοὺς συνεμπόρους ἔχειν καταπιστεύοντες. »

VIII 1 Ὑπολαβὼν δὲ πρὸς ταῦτα ὁ Ναυσικλῆς « Χαρικλείᾳ μὲν » ἔφη « κατ' εὐχὰς ἀποβαίη καὶ θεοὶ συνέμποροι κατὰ τὴν αὐτῆς αἴτησιν γίνοιντο καὶ τοὺς οἰκείους

8 1 ἡ δὲ m : ἡ δὴ AT || 2 ἐπὶ τὸ θυγάτριον τοῦ N. P || ἐπτοημένον PZAT : -ου VMCB || 3-4 ὀξὺς — Ναυσικλέα om. T || 3 τὸν ἀπὸ mA : τῶν ἀπὸ V || ἴσων mA : ἴσῳ B || 5 ἀσμένῳ mAT : -ως M || 6 πραγματεύηται et ἐμπορεύηται BZT || 9 ἔφη VMPZ : om. CBAT || 9-10 τοῖς προϋπηργμένοις (ὑπηργ. B) mA (-ηρμένοις T) : τῆς προϋπηργμένοις (-ης superscr.) C || 13 ἄκοντα MCBPAT : -ας VZ || συναποκινδυνεύειν VBPZAT : συγκινδ. M προκινδ. C || 9 3 κομίσαιο mAT : κομίσαι B || τὴν mAT : om. B || 4 μηδαμῶς CPZAT : οὐδαμῶς VMB || 5 μαχεσόμεθα CPZ : μαχησόμεθα VMBAT || 6 εἰ καὶ mAT : καὶ εἰ B || 7 συνεμπόρους θεοὺς P.

c'est moi-même, qui porte la responsabilité de son enlèvement et de sa fuite d'Athènes. Le marchand de Naukratis, l'amant de Thisbé, c'est moi. Ne te lamente pas non plus sur ta pauvreté. Tu crains d'être toujours réduit à mendier ton pain. Mais si bon te semble, je me ferai un plaisir de te ramener là-bas, où tu pourras jouir d'amples richesses et retrouver famille et patrie. Si tu as envie de te marier, je t'offre ma fille Nausiclée, avec la plus belle dot[1] que je pourrai lui donner, car de ton côté tu m'as paru un beau parti dès le jour où j'ai connu ta famille, ta maison et ta race. » **2** Cnémon n'eut pas un moment d'hésitation. Il accueillit avec empressement cette proposition inattendue et inespérée qui comblait enfin des vœux et des désirs qu'il croyait irréalisables. « J'accepte avec joie, dit-il, toutes tes offres. » En même temps il tendit la main ; Nausiclès lui remit sa fille et la déclara son épouse. Puis il invita tous les siens à entonner le chant nuptial et ouvrit lui-même la danse. Ainsi des noces improvisées[2] suivirent le banquet. **3** Tous se mirent à danser et à chanter ce mariage impromptu dans la maison qui resta illuminée toute la nuit par les torches nuptiales. Chariclée, seule, à l'écart, se retire dans sa chambre, ferme

avec l'acception d'énergie mise au service de bonnes intentions, est de la langue tragique (cf. Euripide, *passim*). (M.)

1. Il était d'usage, bien que non obligatoire légalement, que le père ou le tuteur d'une jeune fille lui remît une dot (προίξ, φερνή) à l'occasion de son mariage. Les économies apportées par le marié étaient proprement appelées ἕδνα et prenaient la forme de cadeaux de noces offerts par lui-même au moment du mariage (cf. Δ XV, 2). En appliquant le mot προίξ au marié, Héliodore use d'une expression impropre, mais il ne le fait sans doute pas par ignorance. Le balancement de la phrase lui a paru justifier cette impropriété. — *Mutatis mutandis* l'idée est une réminiscence de E XIX, 3, où le prétendant de Chariclée dit à Calasiris : « Donne-la moi ; elle-même sera à mes yeux la plus belle dot ; cette fille vaut plus que tout l'or du monde ».

2. Si αὐτοσχέδιος est employé par Homère avec une idée de lieu, ce n'est que bien plus tard, après l'époque classique, que s'est attachée au mot une idée de temps. Cf. l'expression française « sur le champ ». (M.)

κομίζοιτο, οὕτως οὖσα γενναία μὲν τὸ λῆμα συνετὴ δὲ τὸ φρόνημα. Σὺ δέ, ὦ Κνήμων, μήτε εἰ Θίσβην οὐκ ἄγεις εἰς τὰς Ἀθήνας ἄσχαλλε καὶ ταῦτα ἔχων ὑπόδικον ἐμὲ τουτονὶ τῆς κατ' ἐκείνην ἁρπαγῆς καὶ τῆς ἐκ τῶν Ἀθηνῶν ὑπεξαγωγῆς, ὁ γὰρ ἔμπορος ὁ Ναυκρατίτης ὁ Θίσβης ἐραστὴς οὗτος ἐγώ, μήτε πενίαν ὀδύρου πτωχεύσειν ἔτι προσδοκήσας· εἰ γάρ σοι φίλον ὡς καὶ ἐμοὶ φανείη, χρημάτων τε εὐπορήσεις συχνῶν οἶκόν τε ἀπολήψῃ καὶ πατρίδα τὴν σὴν ἐμοῦ κατάγοντος, γῆμαί τε βουλομένῳ θυγατέρα ταυτηνὶ τὴν ἐμὴν ἁρμόζω Ναυσίκλειαν, προῖκα ἐπιδιδοὺς αὐτὸς μὲν πλείστην ὅσην, τὴν παρὰ σοῦ δὲ πάλιν εἰληφέναι κρίνων ἐξ οὗ γένος καὶ οἶκον καὶ ἔθνος τὸ σὸν ἐγνώρισα. » 2
Πρὸς ταῦτα οὐδὲ πρὸς βραχὺ διαμελλήσας ὁ Κνήμων, ἀλλ' ἃ πάλαι δι' εὐχῆς τε καὶ ἐπιθυμίας ἔχων [ἃ] οὐκ ἤλπιζε, ταῦτα ὑπὲρ εὐχὴν ἀπροσδόκητα λαμβάνων « Ἅπαντα » ἔφη « δέδεγμαι, ἃ καταγγέλλεις, ἄσμενος »· καὶ ἅμα τὴν δεξιὰν προτείνοντι τὸ θυγάτριον ὁ Ναυσικλῆς ἐνεχείριζε καὶ κατηγγύα, καὶ τὸν ὑμέναιον ᾄδεσθαι πρὸς τῶν οἰκείων ἐγκελευσάμενος χορείας ἐν πρώτοις ἐξῆρχεν εἰς αὐτοσχέδιον γάμον τὸ παρὸν συμπόσιον ἀναδείξας. 3 Οἱ μὲν δὴ ἄλλοι πρὸς χοροῖς ἦσαν καὶ τὸν ὑμέναιον ἀπρόσκλητον ἐπὶ τοῖς θαλάμοις ἐκώμαζον καὶ γαμήλιος παννυχὶς τὴν οἰκίαν κατέλαμπεν, ἡ Χαρίκλεια δὲ χωρισθεῖσα μόνη τῶν ἄλλων

VIII 1 4 κομίζοιτο mAT : -οιντο Z ‖ οὖσα γενναία mAT : οὔσῃ γενναίᾳ Z ‖ λῆμα m : λῆμμα CAT ‖ συνετὴ mAT : -ετῇ Z ‖ 5 μήτε εἰ CBPZ (μήτε εἰς AT) : εἴτε VM ‖ 6 ταῦτα mAT : ταύτην C ‖ 7 ἐκ mAT : om. B ‖ 9-10 μήτε — προσδοκήσας CBPZAT : om. VM ‖ 9 πενίαν CBPZA : πτωχείαν T ‖ πτωχεύσειν CPZAT : -εύειν B ‖ ἔτι προσδοκήσας CPZAT : ἐπιπροσ. B ‖ 10 ὡς καὶ VMPZA : ὡς CB καὶ T ‖ τε mAT : om. C ‖ 13 ἁρμόζω VMPZ : -ων CBAT ‖ ἐπιδιδοὺς mAT : ἐπιδοὺς B ‖ 14 ὅσην mAT : om. C ‖ πάλιν mT : πάλαι A ‖ 2 1 διαμελλήσας T : -μελήσας mA ‖ 2 ἀλλ' ἃ V post corr. et Coraes : ἀλλὰ mAT ‖ πάλαι mAT : πάλιν B ‖ τε mAT : om. C ‖ ἔχων mAT : post εὐχῆς C ‖ ἃ secl. Coraes ‖ 3 ἀπροσδόκητα VCZAT (καὶ ἀπ. P) : -τον MB ‖ 4 δέδεγμαι mAT : δέομαι B ‖ καὶ ἅμα CBPZAT : ἅμα δὲ VM ‖ 5 προτείνοντι VCPZ : -αντι MBAT ‖ 3 3 γαμήλιος mAT : -ηλία B ‖ παννυχὶς VMCAT : πανυχὶς BPZ ‖ οἰκίαν mAT : -είαν Z.

solidement la porte et, sûre de n'être pas dérangée, se livre, telle une bacchante, à des transports de fureur et de désespoir ; elle dénoue ses cheveux avec rage, et déchire ses vêtements en s'écriant : « Allons, nous aussi, fêtons comme il convient le démon qui nous poursuit. Offrons-lui le chant de nos lamentations et la pantomime[1] de notre douleur. Que les ténèbres se répandent sur nous et pour que la nuit obscure[2] préside à cette fête, brisons cette lampe sur le sol. 4 Quoi ? Est-ce donc ici la couche nuptiale que le sort a dressée pour moi ? La chambre de mariage qu'il m'a préparée ? Seule et délaissée, je suis veuve, hélas ! de Théagène, qui n'est mon époux que de nom. Cnémon se marie ; Théagène erre par le monde, prisonnier et peut-être enchaîné. Encore m'estimerais-je heureuse, si seulement il était vivant. Nausiclée est mariée et me voici séparée d'elle, moi qui hier encore partageais sa couche. Chariclée est seule et abandonnée. 5 Et ce que je te reproche, ô ciel, ce n'est pas de les rendre heureux, qu'ils le soient autant qu'ils le désirent, mais de ne pas en user avec moi comme avec eux, et de multiplier à l'infini les péripéties de ma tragique existence qui dépasse en horreur tout ce que pourra inventer l'art du théâtre. Mais pourquoi importuner de mes plaintes la divinité ? Que sa volonté s'accomplisse. 6 Et toi, ô Théagène, mon tendre et unique souci, si j'apprends que tu n'es plus — que les dieux m'épargnent cette nouvelle[3], — je ne tarderai pas un instant à aller te rejoindre[4]. En attendant voici

1. Allusions aux danses mimiques exécutées par les personnages de la tragédie, quand ils récitaient des soli. Dans la tragédie latine ces soli mimiques remplacèrent les chœurs. (M.) Cf. Achille Tatios I, X, 3 (Ry.)

2. Cf. Simonide, *Fragments* 37. 8 (Bergk)

νυκτὶ ἀλαμπεῖ κυανέῳ τε δνόφῳ σταλείς.

Différentes corrections, il est vrai, ont été proposées pour ces vers ; voir édition Diehl (*Fragments* 13. 10-11).

3. Cf. VII, 7 8 εἰ δὲ ἀποτύχοιμεν, ὃ μὴ γένοιτο.

4. Cf. B IV, 4 5-6 ἐξέσται πάντως ἀλλήλοις συνεῖναι μετὰ γοῦν θάνατον εἰ καὶ ζῶσιν ὁ δαίμων οὐκ ἐπέτρεψε.

ἐπὶ τὸ σύνηθες ἔρχεται δωμάτιον καὶ τὰς θύρας εἰς τὸ ἀσφαλὲς ἐπικλεισαμένη πρὸς οὐδενός τε ὀχλεῖσθαι πιστεύουσα βάκχιόν τι οἰστρηθεῖσα τάς τε κόμας ἀφειδῶς λύεται καὶ θοιμάτιον περιρρηξαμένη « Φέρε » ἔφη « καὶ ἡμεῖς δαίμονι τῷ εἰληχότι χορεύσωμεν κατὰ τὸν ἐκείνου τρόπον· ᾄσωμεν αὐτῷ θρήνους καὶ γόους ὑπορχησώμεθα· ζόφος δὲ ἐπιχείσθω καὶ νὺξ ἀλαμπὴς ἡγείσθω τῶν δρωμένων, τοῦδε τοῦ λύχνου τῇ γῇ προσαραχθέντος. **4** Οἵας γὰρ δὴ καὶ ἐφ' ἡμῖν τὰς παστάδας ἐπήξατο· οἷον τὸν θάλαμον ἀνέδειξε· μόνην μὲν ἔχει με καὶ ἀνύμφευτον, τοῦ δὲ μέχρις ὀνόματος νυμφίου Θεαγένους, οἴμοι, χηρεύει. Κνήμων γαμεῖ, Θεαγένης δὲ ἀλητεύει καὶ ταῦτα αἰχμάλωτος ἢ τάχα καὶ δέσμιος· καὶ ταῦτα ἂν εἴη τὰ εὐτυχέστερα, σῴζοιτο μόνον. Ναυσίκλεια νυμφεύεται κἀμοῦ διέζευκται ἡ μέχρι τῆς παρελθούσης ὁμόκοιτος, Χαρίκλεια δὲ μόνη καὶ ἔρημος. **5** Καὶ οὐ τῶν ἐπ' ἐκείνοις ἡμῖν μέμψις, ὦ τύχη καὶ δαίμονες, ἀλλὰ καὶ πράττοιεν κατὰ γνώμην, τῶν δὲ καθ' ἡμᾶς ὅτι μὴ τούτοις ἡμῖν ἐξ ἴσου κέχρησθε. Οὕτω τὸ δρᾶμα τὸ περὶ ἡμᾶς εἰς ἄπειρον ἐμηκύνατε καὶ πᾶσαν λοιπὸν σκηνὴν ὑπερφθέγγεται. Ἀλλὰ τί ταῦτα ἀωρὶ θεηλατοῦμαι; τελείσθω καὶ τὰ ἑξῆς ὅπη τοῖς θεοῖς φίλον. **6** Ἀλλ' ὦ Θεάγενες, ὦ μόνη μοι γλυκεῖα φροντίς, εἰ μὲν τέθνηκας καὶ τοῦτο πεισθείην ὃ μήποτε γνοίην, τότε μέν σοι συνεῖναι οὐχ ὑπερθήσομαι· τὸ παρὸν δέ σοι τάσδε ἐπι-

6-7 πιστεύουσα CBPZAT : παραπιστ. VM || 7 βάκχιον mA[2] : -εῖον BA[1]T || τι om. C || κόμας mA : κώμας ZT || 8 θοιμάτιον VMCPAT (superscr. Z) : θυμ. BZ || 10 αὐτῷ mAT : -ὸν B || 11 ἐπιχείσθω B : ἐπιχείτω C[1]PZ ἐπηχείτω VMC[2]AT || 12 προσαραχθέντος CPZA : προσαρρ. VMBT || **4** 2 ἡμῖν mAT : ἡμᾶς C || 3 post ἀνύμφευτον addunt δαίμων ὁ εἰληχώς με V in marg. M in textu || 4 Θεαγένους mAT : om. M || χηρεύει CBPZAT : χορ. VM || 5 δὲ CBPZAT : τε VM || 7 σώζοιτο VMCZAT : εἰ σώζ. P σώζετε B || Ναυσίκλεια mAT : Ναυσ. δὲ P || ἡ mAT : om. Z || 8 ὁμόκοιτος mA : ὁμόστεγος T || μόνη CBPZAT : καὶ μόνη VM || **5** 1 ἡμῖν mAT : ὑμῖν Z || 2 ἀλλὰ καὶ mAT : ἀλλὰ B || 3 μὴ B : μηδὲ mAT || 4 περὶ mAT : ὑπὲρ B || 6 ὅπη VCBZ : ὅποι MPAT || τοῖς θεοῖς mAT : τῷ θεῷ P || **6** 2 τότε μὲν mAT : τὸ μὲν C.

les présents funèbres que je t'offre, — et elle s'arrachait les cheveux et les déposait sur le lit — ; voici les libations que versent pour toi des yeux qui te sont chers, — et un déluge de larmes inondait sa couche[1]. Mais si, ô bonheur, tu es encore vivant, viens, mon ami, en songe dormir à mon côté, en tout bien tout honneur, et en respectant, mon cher, la vierge que tu n'as pas encore légitimement épousée. Ah ! te voici, tu es dans mes bras, je crois te tenir et te contempler. »

IX 1 En même temps elle se jette sur le lit et l'embrasse étroitement, avec des sanglots et de profonds soupirs. Ce violent chagrin finit par étourdir son esprit et le voiler d'un brouillard. Insensiblement elle s'endormit. Il faisait grand jour qu'elle dormait encore. Calasiris, surpris de ne pas la voir à l'heure habituelle, vint la chercher jusque dans sa chambre. A force de frapper à la porte et de l'appeler, il la réveilla. 2 Chariclée, troublée par ce brusque réveil s'élança vers la porte dans l'état même où elle était, tira le verrou et ouvrit au vieillard. Celui-ci en voyant le désordre de sa toilette, sa tunique déchirée sur la poitrine, ses yeux encore gonflés et tous les signes de la fureur qui l'avait agitée avant son sommeil, en devina la

1. Cf. Z XIV, 6 7 sqq où, se lamentant sur la mort de Calasiris, Chariclée s'écrie ἀποσπένδω τῶν ἐμαυτῆς δακρύων καὶ ἐπιφέρω χοὰς ἐκ τῶν ἐμαυτῆς πλοκάμων. Dans l'un et l'autre passages, les cheveux coupés de la suppliante sont appelés χοαί, bien que χοαί, ainsi que σπονδαί, normalement appliqués à des pleurs, ne puissent strictement désigner que des offrandes liquides. Des boucles de cheveux étaient fréquemment offertes en même temps que des libations et il est possible que l'ensemble des offrandes fût parfois compris dans le terme χοαί ; cf. Euripide, *Oreste*, 113 καὶ λαβὲ χοὰς τάσδ' ἐν χεροῖν κόμας τ' ἐμάς et 117 Ἑλένη σ' ἀδελφὴ ταῖσδε δωρεῖται χοαῖς. Mais il est à coup sûr maladroit de diviser les offrandes en σπονδαί et en χοαί, et de comprendre dans les χοαί seulement des cheveux. L'emploi figuré de χοαί est plus admissible à B IV, 4. Cf. Achille Tatios Γ XVI, 5 λαβὲ οὖν, Λευκίππη, τὰς πρεπούσας σοι παρ' ἐμοῦ χοάς. Xénophon d'Éphèse use de χοὰς ἐπιφέρειν dans son sens littéral à E X, 3 et 5.

φέρω χοάς », καὶ ἅμα ἔτιλλε τὰς τρίχας καὶ ἐπὶ κλίνην ἐπέβαλλε, « καὶ τάσδε ἀποχέω τὰς σπονδὰς ἐκ τῶν σοι φίλων ὀφθαλμῶν », καὶ αὐτίκα διάβροχος ἦν ἡ στρωμνὴ τοῖς δάκρυσιν. « Εἴ δέ μοι περισῴζῃ καλῶς γε ποιῶν, δεῦρο καὶ συνανάπαυσαι φίλος, ὄναρ γοῦν ὀφθείς· φείδου δὲ καὶ τότε, ὦ 'γαθέ, καὶ φύλαττε νομίμῳ γάμῳ τὴν σὴν παρθένον· ἰδού σε καὶ περιπτύσσομαι, παρεῖναι καὶ ὁρᾶν ὑποτιθεμένη. »

IX 1 Καὶ ἅμα λέγουσα ῥίπτει κατὰ τῆς κλίνης ἐπὶ πρόσωπον ἑαυτὴν ἀθρόον καὶ περιχυθεῖσα περιέβαλλε λύζουσά τε καὶ βρύχιον ἀναστένουσα, ἕως αὐτὴν ὑπὸ τῆς ἄγαν λύπης ἀχλύς τε καὶ ἴλιγγος ὑποδραμὼν καὶ τὸ νοερὸν τῆς ψυχῆς ζοφώσας πρὸς ὕπνον ἔλαθεν ὑποφέρων καὶ εἰς ἡμέραν ἤδη λαμπρὰν κατέχων, ὥστε καὶ ὁ Καλάσιρις θαυμάζων καὶ παρά γε τὸ εἰωθὸς οὐχ ὁρωμένην ἐπιζητῶν ἐπὶ τὸν θάλαμον ἀφικόμενος ἔπαιέ τε σφοδρότερον τὰς θύρας καὶ ὀνομαστὶ συνεχῶς Χαρίκλειαν ἀνακαλῶν ἀφύπνιζεν.
2 Ἡ δὲ πρὸς τὸ αἰφνίδιον τῆς κλήσεως διεταράχθη τε καὶ ὡς κατελήφθη σχήματος ἐπὶ τὰς θύρας ὁρμήσασα τόν τε μοχλὸν παρήνεγκε καὶ πρὸς εἴσοδον τῷ πρεσβύτῃ διέστελλεν. Ὁ δὲ ὡς εἶδε τῆς τε κόμης τὸ ἄτακτον καὶ τὸν χιτῶνα κατερρωγότα περὶ τοῖς στήθεσι καὶ ὄμμα ἔτι κυμαῖνον καὶ τὸ πρὸ τῶν ὕπνων ἐμμανὲς ἐπισημαῖνον, συνίησι μὲν τὴν

4 τρίχας mAT : κόμας B || ἐπὶ κλίνην CBA (-ῃ VMPZ -ης T) : τῇ κλίνῃ Coraes fort. recte || 5 ἐπέβαλλε mAT : ἔβαλλε Z || τάσδε mAT : τάς γε P || ἀποχέω CBPA : ἐπιχ. VMZT || 7 δεῦρο καὶ mAT : δεῦρο B || 8 τότε mAT : τούτοις B || 9 παρθένον mAT (tum addunt μηδὲ καθ' ὕπνους συγγένῃ VM) : παρθενίαν B || 10 περιπτύσσομαι VMCAT : -πτύσομαι BPZ || ὑποτιθεμένη CBPZAT : ὑπονομίζουσα τιθεμένη VM.

IX 1 1-2 κατὰ — πρόσωπον om. C || 1 τῆς om. B || 2 ἑαυτὴν CBPZAT : αὐτὴν VM || 3 λύζουσα mT : ὀλολύζουσα P (ὀλω- A) cf. VII, 3 2) || ἕως CBZAT (ἕως ἂν P) : ὡς VM || 4 ἄγαν mAT : ἄγλος B || καὶ (1) mAT : om. B || 9 ἀφύπνιζεν mAT : ἐφ. B || 2 1 τε mAT : om. M || 5 κατερρωγότα mAT : διερρ. C ubi γρ. κατερρ. superscriptum || ἔτι κυμαῖνον VMBAT : ἐπικυμ. CPZ || 5-6 καὶ τὸ — ἐπισημαῖνον om. VM || 6 ἐπισημαῖνον BPZAT : ὑποσ. C.

cause. Il la ramena vers le lit, la fit asseoir, et l'enveloppa d'un manteau pour qu'elle eût meilleure façon. 3 « Qu'est-ce que cela signifie ? lui dit-il. Pourquoi te tourmenter ainsi sans mesure ? Pourquoi ce désespoir insensé ? Je ne te reconnais plus à cette heure, toi que j'ai toujours vue jusqu'ici supporter les épreuves avec autant de générosité que de sagesse. Quand cesseras-tu d'être aussi peu raisonnable ? Oublies-tu que la condition humaine[1] est instable et sujette à de brusques revirements[2] ? Pourquoi vouloir te perdre quand l'avenir te réserve sans doute des jours meilleurs ? Songe aussi à nous, mon enfant, épargne-toi, du moins pour Théagène, qui ne vivrait pas sans toi et pour qui tout le prix de la vie repose sur ton salut. » 4 Chariclée écoutait ces reproches en rougissant. Elle avait honte surtout de s'être laissée surprendre dans un pareil état. Elle garda longtemps le silence. Enfin cédant aux instances de Calasiris qui la pressait de répondre : « Oui, j'ai tort, dit-elle, mais je suis peut-être excusable, mon père. Car il n'y a rien de vulgaire[3], rien de capricieux dans la passion qui m'a malheureusement entraînée à de tels excès. J'aime, d'une ardeur toute pure et sage, un homme que je considère, bien qu'il ne m'ait pas encore connue, comme mon époux et cet homme est Théagène ! Son absence me désole, je me demande même avec une cruelle inquiétude s'il est encore vivant. » 5 « Rassure-toi, lui dit Calasiris. Les dieux te le rendront, s'il faut en croire, et il le faut, les promesses de l'oracle et la parole de cet homme qui nous

1. Cf. Philémon, *Fragments* 133 (Kock)

οὐκ ἂν δύναιο μὴ γενέσθαι, δέσποτα,
ἄνθρωπος ὢν ἄνθρωπος· ἄλλως οὖν βοᾷς·
τὸν ζῶντ' ἀνάγκη πόλλ' ἔχειν ἐστὶν κακά.

et 117 ἄνθρωπος εἶ δήπουθεν· οὐκ ἔστ' οὐδὲ εἷς
ᾧ μὴ κακόν τι γέγονεν ἢ γενήσεται.

2. Cf. VII, 3 ; E IV, 7 et Δ IX, 1 avec la note (p. 17, note 2).

3. Δημώδης s'appliquait parfois aux prostituées. Par ex. *Anthologie Palatine* VII 345 οὐκ ἦν ἐς ἄνδρας μάχλος οὐδὲ δημώδης. Chariclée affirme-t-elle que son amour pour Théagène n'est ni déshonnête ni illicite (νεωτερίζουσα) comme, par exemple, la passion d'Arsacé au livre VII et celle de Démaenété pour Cnémon au livre I ?

αἰτίαν ἀγαγὼν δὲ αὖθις ἐπὶ τὴν κλίνην καὶ καθίσας ἐφεσ-
τρίδα τε ἐπέβαλλε καὶ πρὸς τὸ εὔσχημον περιστείλας, 3
« Τί ταῦτα » ἔφη « Χαρίκλεια; τί λίαν οὕτω καὶ ἄμετρα
δυσφορεῖς; τί δὲ οὕτως ἐκφρόνως ἥττων γίνῃ τῶν προσ-
πιπτόντων; οὐδέ σε γνωρίζω τὸ παρόν, ἀεὶ γενναίαν καὶ
σώφρονα τύχας ἐνεγκεῖν τὸ πρόσθεν ἐγνωκώς. Οὐ παύσῃ
τῆς ἄγαν ταύτης ἀνοίας; οὐκ ἐννοήσεις ἄνθρωπος οὖσα,
πρᾶγμα ἀστάθμητον καὶ ὀξείας ῥοπὰς ἐφ' ἑκάτερα λαμβά-
νον; τί σαυτὴν προαναιρεῖς βελτιόνων ἴσως ἐλπίδων; φεῖ-
σαι καὶ ἡμῶν, ὦ τέκνον, φεῖσαι, εἰ μή γε σαυτῆς, ἀλλὰ γοῦν
Θεαγένους, ᾧ βίος ὁ σὺν σοὶ μόνος αἱρετὸς καὶ ἐπὶ σοὶ
σῳζομένῃ τὸ εἶναι κέρδος. » 4 Ἠρυθρία τούτων ἀκούουσα
ἡ Χαρίκλεια, καὶ πλέον ἐν οἵοις κατείληπτο ἐννοοῦσα· σιω-
πήσασά τε ἐπὶ πλεῖστον, ὡς ἐνέκειτο πρὸς τὴν ἀπόκρισιν
ὁ Καλάσιρις, « Ἀληθῆ μὲν » ἔφη « ἐπιτιμᾷς, ἀλλ' ἴσως
ἐμοὶ συγγνωστά, ὦ πάτερ· οὐ γάρ με δημώδης οὐδὲ νεωτε-
ρίζουσά τις ἐπιθυμία πρὸς ταῦτα ἐξάγει τὴν ἀθλίαν ἀλλὰ
καθαρός τε καὶ σωφρονῶν ἀπειράτου μὲν ἀλλ' ἔμοιγε ἀνδρὸς
πόθος καὶ τούτου Θεαγένους, λυποῦντος μὲν καὶ ὅτι μὴ
σύνεστι πλέον δὲ εἰ περίεστιν ἢ μή, φοβοῦντος. » 5
« Ἀλλὰ τούτου γε ἕνεκα θάρσει » ἔλεγεν ὁ Καλάσιρις, « ὡς
ὄντος ἐκείνου καὶ σοὶ συνεσομένου θεῶν νευόντων, εἴπερ
τι χρὴ τοῖς τε προθεσπισθεῖσι περὶ ὑμῶν (χρὴ δέ) πιστεύειν

7 αὖθις VMBZAT : om. CP || 8 ἐπέβαλλε mT : -βαλε MA || πρὸς mAT : om. B || **3** 2-3 προσπιπτόντων VMPZAT (πιπτ. B) : προσηκόντων C || 4 τὸ πρόσθεν mAT : καὶ τὸ π. Z || 6-7 λαμβάνον mAT : -άνων V (superscr. M) || 8 γοῦν CBPZAT : om. VM || 9 μόνος mAT : om. B || **4** 1 ἀκούουσα VCZ : -σασα MBPAT || 2 ἐν οἵοις m : ἐν οἷς T ἐννοίας A || 3 ἀπόκρισιν mAT : ὑπόκρ. B || 5 συγγνωστά mAT : -όν B || οὐ mAT : οὐδὲ C || με post δημώδης C || 6 ἐξάγει mAT : διεξάγει V (superscr. M) || 7 καθαρός VMBA : -ῶς CPZT || σωφρονῶν VMBA : -φρόνως CPZT || ἀνδρὸς mAT : νυμφίου C || 8 πόθος mAT : πάθος P || τούτου CBPZAT : τοῦτο VM || 9 δὲ εἰ mAT : δὲ ὅτι εἰ C || εἰ περίεστιν MC^{2} : εἴπερ ἔστιν VC^{1}BPZAT || **5** 2 θεῶν mAT : νεῶν B || νευόντων mAT : -σάντων P || 3 προθεσπισθεῖσι mA : -ίσμασι T || ὑμῶν VMPZT : ἡμῶν CBA.

annonça hier que Théagène a été pris par Thyamis, tandis qu'on l'emmenait à Memphis. S'il a été pris, il est certainement sauvé, car il a déjà eu avec Thyamis d'amicales relations. C'est donc le moment d'aller sans hésiter et le plus vite possible au village de Bessa chercher ton Théagène. Quant à moi, je retrouverai, outre Théagène, mon propre fils. Car tu sais bien que Thyamis est mon fils [1]. »

6 Chariclée devint songeuse et déclara : « Si Thyamis est ton fils, ton vrai fils, ton Thyamis à toi et non un autre, me voilà exposée à un terrible danger. » Surpris, Calasiris lui demanda de s'expliquer. « Tu sais, reprit-elle, que j'ai été prise par les Pâtres. Pendant que j'étais leur captive, Thyamis devint amoureux de moi, séduit par une beauté qui semble m'avoir été donnée pour mon malheur [2]. J'ai peur, si nous le rencontrons au cours de nos recherches, qu'en me voyant il ne reconnaisse son ancienne prisonnière, et ne me contraigne à un mariage qu'il me proposait alors et auquel je m'étais soustraite par d'habiles manœuvres. »

7 « Quelle que soit, reprit Calasiris, la véhémence de sa passion, elle ne saurait lui faire mépriser la présence et la vue de son père. Les regards de celui à qui il doit le jour auront assez d'empire sur lui pour le faire renonçer, si cette passion est véritable, à un amour coupable. D'ailleurs qui t'empêche de méditer quelque ruse pour prévenir les fâcheux événements que tu redoutes ? Je te sais fort habile à inventer, pour déjouer les entreprises, subterfuges et faux-fuyants. »

1. Calasiris a informé Cnémon (B XXV, 6 9) de sa parenté avec Thyamis, et il a pu en parler à Nausiclès en lui narrant ses aventures (E XVI, 5 4 sqq.). Chariclée, dont la réponse ne marque pas la surprise attendue, avait dû apprendre de quelqu'un le renseignement, mais le tenir pour faux.

2. C'est l'extraordinaire beauté de Chariclée qui avait décidé sa mère à l'exposer (Δ VIII, 8 6) et qui lui attire sans cesse d'indésirables prétendants (cf. E XVIII, 1). A ce sujet Plutarque dit (Stobée, LXV, 12). ἡ γυναικῶν εὐμορφία ἀφορμὴ τοῖς πάθεσι καὶ ταῖς ἐπιθυμίαις. Cf. Chariton, Ϛ VI, 4 et Xénophon d'Éphèse, E V, 5. Le thème de la beauté fatale est commun dans la littérature romantique ; et cf. Ben Jonson, *Volpone*, III, 6 : that unhappy crime of nature which you miscall my beauty.

καὶ τῷ διαγγείλαντι χθιζὸν ὡς εἴληπται ὑπὸ Θυάμιδος εἰς τὴν Μέμφιν ἀναπεμπόμενος. Εἰ δὲ εἴληπται, δῆλον ὡς καὶ σῴζεται φιλίας αὐτῷ πρὸς τὸν Θύαμιν καὶ γνώσεως προϋπαρχούσης. Καιρὸς δὴ μὴ μέλλειν, ἀλλὰ σπευστέον ὡς ἔνεστιν ἡμῖν τάχους ἐπὶ Βῆσσαν τὴν κώμην καὶ ἀναζητητέον σοὶ μὲν τὸν Θεαγένην ἐμοὶ δὲ πρὸς τούτῳ καὶ τὸν υἱόν· οἶσθά που πάντως προακηκουῖα παῖδα ἐμὸν εἶναι τὸν Θύαμιν. » 6 Καὶ ἡ Χαρίκλεια γενομένη σύννους « Εἰ μὲν δὴ » ἔφη « παῖς ἐστί σοι Θύαμις καὶ ἔστιν ὁ σὸς ἀλλὰ μὴ ἑτέρου καὶ ἄλλος, νῦν μὲν δὴ τὰ ἡμέτερα πρὸς κίνδυνον ἐλαύνει τὸν μέγιστον. » Θαυμάσαντος δὲ καὶ τὴν αἰτίαν ἐρομένου τοῦ Καλασίριδος « Οἶσθα » εἶπεν « ὡς αἰχμάλωτος ἐλήφθην ὑπὸ τῶν βουκόλων· ἐκεῖ τοίνυν καὶ τὸν Θύαμιν ἐπηγάγετο πρὸς τὸν κατ' ἐμοῦ πόθον ἡ δυστυχῶς μοι προσεῖναι δοκοῦσα τῶν ὄψεων ὥρα, καὶ δέος, εἰ ἀναζητοῦντες ἐντύχοιμεν, μὴ ὀφθεῖσαν ἐκείνην εἶναί με ταύτην ὑπομνησθείς, τὸν γάμον ὃν τότε μοι προτεινόμενον παρ' αὐτοῦ διεκρουσάμην ἐπινοίαις εἰς ἔργον ἄγειν βιάσηται. » 7 Καὶ ὁ Καλάσιρις « Μὴ οὕτω μέν ποτε » φησὶν « ἐπιθυμία κρατήσειεν ὡς καὶ τὴν πατρῴαν ὄψιν δρωμένην ὑπεροφθῆναι καὶ ὄμμα τοῦ φύντος μὴ καταιδέσαι τὸν παῖδα κολάσαι τὴν εἴπερ καὶ ἔστιν οὐκ ἔννομον ὄρεξιν· ὅμως δ'οὖν, κωλύει γὰρ οὐδέν, τί οὐχὶ καὶ μηχανήν τινα πρὸς περιγραφὴν τῶν φοβούντων ἐπινοεῖς; δεινὴ δέ τις ἔοικας εἶναι σοφιστεῦσαι κατὰ τῶν ἐπιχειρούντων διαδύσεις τε καὶ ὑπερθέσεις. »

5 εἴληπται mAT : εἶλαι C || 6 γνώσεως mA : γνωριμίας T || 6-7 προϋπαρχούσης mT : ὑπ. BA || 7 ἀλλὰ σπευστέον CZ (σπευτέον VMAT πευστέον B) : ἀλλ' ἀπιτέον P || 8 καὶ mAT : μὴ P || ἀναζητητέον mAT : -ήτητον B || 9 σοὶ mAT : σὺ Z || Θεαγένην CBPZAT : -γένη VM || τούτῳ mAT : -οις B || 10 προακηκουῖα mAT : -ήκοα B || 6 1 μὲν mAT : μὴ P || 2-3 ἀλλὰ μὴ ἑτέρου mAT : ἀλλὰ μὴ ἕτερος ἀλλὰ μὴ ἑτέρου C || 7 ἐπηγάγετο mA (ἐπήγαγε T) : ὑπ. M || πρός — πόθον om. C || τὸν VMPZAT : om. B || 9 ἐντύχοιμεν codd. et Bas : ἐκτ. Commelini ed. male || 10 τότε CBPZAT : ποτε VM || παρ' αὐτοῦ om. C || 11 διεκρουσάμην ἐπινοίαις mAT : ἐπιν. ἐκρουσ. C || 7 1 ποτε φησίν CBPZA : φησίν om. VM : φησί ποτε T || 3 ὄμμα codd. : ὄμματα Bas. || 6 ἔοικας mAT : ὡς ἔοικας B || εἶναι om. C.

X 1 Ces paroles déridèrent un peu Chariclée. « Je ne sais, dit-elle, si tu parles sérieusement ou si tu veux plaisanter. Mais laissons cela. J'avais concerté avec Théagène une ruse dont les événements ne nous ont pas permis d'user. Je veux y recourir maintenant ; puisse-t-elle mieux réussir. Quand nous voulûmes sortir de l'île des Pâtres, nous décidâmes de nous déguiser en mendiants misérables pour séjourner dans les villages et les villes. 2 Si tu le veux bien, déguisons nous ainsi et faisons les mendiants. Nous aurons moins à craindre les mauvaises rencontres. La misère, chez les gens de cette espèce, est une garantie de leur sécurité, et la pauvreté excite plutôt la pitié que la jalousie [1]. Nous nous procurerons plus facilement notre pain quotidien [2], car, en terre étrangère, on se montre peu disposé à vendre à qui ne connait personne, mais tout prêt à donner l'aumône à des pauvres dont on a pitié [3]. »

XI 1 Calasiris approuva la proposition et décida de partir sans tarder. Ils allèrent trouver Nausiclès et Cnémon et leur annoncèrent leur départ. Le surlendemain ils partaient. Ils n'avaient accepté ni la bête de somme qu'on voulait leur donner, ni aucun homme pour les accompagner. Nausiclès, Cnémon, et toute la maison leur firent la conduite. Nausiclée elle-même avait obtenu de son père, à force de le supplier, la permission de se mêler au cortège. Sa sympathie pour Chariclée l'avait emporté sur

1. La jalousie est un des nombreux maux qui s'attachent à la fortune. Cf. Philémon, *Fragments*, 92 (Kock)

ἀεὶ τὸ πλουτεῖν συμφορὰς πολλὰς ἔχει
φθόνον τ' ἐπήρειάν τε.....

2. La phrase se retrouve textuellement chez Thucydide, I, 2, 2 τῆς τε καθ' ἡμέραν ἀναγκαίου τροφῆς πανταχοῦ ἂν ἡγούμενοι ἐπικρατεῖν οὐ χαλεπῶς ἀπανίσταντο.

3. Le désir de faire une épigramme conduit Héliodore à écrire une phrase obscure sinon incorrecte, à cause de la construction différente des deux participes ἐλεοῦσιν et ἀγνοοῦσι. Elle eût été plus nette et plus claire, si les deux datifs se rapportaient aux mêmes personnes.

X 1 Ἀνείθη πρὸς ταῦτα μικρὸν ἡ Χαρίκλεια καὶ « Εἰ μὲν ἀληθεύεις » εἶπεν « ἢ παιδιάν με πεποίησαι, παρείσθω τὸ παρόν· ἐγὼ δὲ τέχνην ἅμα τῷ Θεαγένει μὲν καὶ πρότερον ἐπιχειρηθεῖσαν ὑπὸ δὲ τῆς τότε τύχης διακοπεῖσαν εἰσηγήσομαι καὶ νῦν ἐπ' ἀμείνοσι ταῖς τύχαις· τῆς γὰρ νήσου τῆς βουκολικῆς ἀποδρᾶναι διανοηθεῖσιν ἐδόκει τὴν ἐσθῆτα μεταμφιασαμένους ἐς τὸ λυπρότατον καὶ πτωχοῖς ἑαυτοὺς ἀπεικάσαντας οὕτως ἐπιμίγνυσθαι κώμαις τε καὶ πόλεσιν. 2 Εἰ δὴ συναρέσκει πλαττώμεθα τὸ σχῆμα καὶ πτωχεύωμεν, οὕτω γὰρ ἧττόν τε ἐπιβουλευσόμεθα πρὸς τῶν ἐντυγχανόντων — ἀσφάλεια γὰρ ἐν τοῖς τοιούτοις ἡ εὐτέλεια καὶ οἴκτου μᾶλλον ἢ φθόνου πέλας ἡ πενία — τῆς τε καθ' ἡμέραν ἀναγκαίου τροφῆς ῥᾷον εὐπορήσομεν, ξένῃ γὰρ ἐν γῇ τὸ μὲν ὤνιον σπάνιον τοῖς ἀγνοοῦσι τὸ δὲ αἰτούμενον εὐμετάδοτον τοῖς ἐλεοῦσιν. »

XI 1 Ἐπῄνει ταῦτα ὁ Καλάσιρις καὶ ἔχεσθαι τῆς ὁδοιπορίας ἐπέσπευδε, τοῖς τε περὶ τὸν Ναυσικλέα καὶ Κνήμωνα ἐντυγχάνοντες τήν τε ἔξοδον κοινωσάμενοι εἰς τρίτην ἐξώρμησαν, οὔτε ὑποζύγιον καίτοι διδόμενον οὔτε ἀνθρώπων οὐδένα συνέμπορον ἀνασχόμενοι, τοῦ τε Ναυσικλέους καὶ Κνήμωνος προπεμπόντων καὶ ἄλλου τῆς οἰκίας πλήθους· προέπεμπε δὲ καὶ ἡ Ναυσίκλεια πολλὰ τὸν πατέρα ἐπιτρέψαι καθικετεύσασα τῆς νυμφικῆς αἰδοῦς ὑπὸ φίλτρου

X 1 1 ἀνείθη VMZAT (ἀνείθι B) : ἀνέθη CP || μικρὸν CBPZAT : om. VM || ἡ mAT : καὶ ἡ B || εἰ μὲν mT : ἡ μὲν VA || 3-4 ἐγὼ — ἐπιχειρηθεῖσαν om. P || 3 μὲν καὶ VMBZAT : om. C || 4 ἐπιχειρηθεῖσαν CZAT : — ισθεῖσαν V (ησθ. MB) || τότε CBPZT : om. VMA || 6 διανοηθεῖσιν CBPT : δεηθεῖσιν VMA βουληθεῖσιν Z || 7 μεταμφιασαμένους mAT : -μένη B || λυπρότατον mAT : -τερον B || πτωχοῖς mT : -οῦς (*sic*) Z -οὺς A || 8 ἀπεικάσαντας mT : -ες BA || 2 1 πλαττώμεθα (πλατώμ. B) mAT : -όμεθα Z || 2 πτωχεύωμεν mT (-σωμεν A) : -εύομεν Z || ἐπιβουλευσόμεθα m : -σώμεθα A -θησόμεθα T || 3 ἐντυγχανόντων CBPAT : τυγχ. VMZ || 4 καὶ οἴκτου CBPZAT : οἴκτου τε VM || 5 ἀναγκαίου VMCPAT : -αῖον B -αίας Z || 7 ἐλεοῦσιν mT : ἐλθοῦσιν A.

XI 1 4-5 ἀνθρώπων mAT : ἄνθρωπον C || 8 καθικετεύσασα mA : -εύουσα BT.

la pudique réserve qui convient à une jeune épousée. 2 Lorsqu'ils eurent fait environ cinq stades, ils s'embrassèrent, les hommes entre eux, les femmes entre elles, se serrèrent les mains, en versant force larmes, puis se séparèrent en échangeant des souhaits de bonheur. Cnémon s'excusa de ne pas les accompagner parce qu'il était tout frais[1] marié. Il ajouta même, sans la moindre franchise, qu'il irait les rejoindre à la première occasion. Tandis que les autres retournaient à Chemmis, 3 le premier soin de Chariclée et de Calasiris fut de se déguiser en mendiants, avec de méchants haillons qu'ils avaient préparés. Puis Chariclée souilla son visage de suie et le barbouilla de boue ; elle posa sur sa tête un voile malpropre et déchiré qui pendait tout de travers sur son front et cachait un de ses yeux[2]. Elle avait sous le bras une besace qui semblait destinée à recueillir des bribes de viande, et des morceaux de pain, mais où elle avait serré en réalité sa robe sacrée et sa couronne de Delphes, ainsi que les souvenirs et les signes de reconnaissance légués par sa mère[3]. 4 Calasiris portait sur ses épaules le carquois de Chariclée. Il l'avait enveloppé d'une vieille peau de mouton usée et on eut dit un paquet quelconque. Il débanda l'arc qui se redressa aussitôt, et en fit un bâton. Des deux mains il s'ap-

1. Νεοπήκτους signifie « fraîchement caillés » (*Batrachomyomachie*, 38) et c'est le sens que nous avons retenu, car l'alliance de cette épithète avec θαλάμους si elle est osée, n'était pas pour effrayer Héliodore. Peut-être s'est-il souvenu d'un autre sens de πήγνυμι « bâtir solidement ». (M.)

2. Les manuscrits penchent légèrement pour le pluriel ; d'autre part, il est peut-être plus vraisemblable que le pluriel soit une erreur, au lieu du duel, plutôt que le contraire, et, à propos d'une expression semblable, τοῖν σκέλοιν est donné sans variantes (4 8).

3. Cf. X, 1 5 sqq., B XIX, 1 et E V, 4. Les lignes générales de cette description sont empruntées à Homère, *Odyssée*, XIII, 429 sqq. où Athénée transforme Ulysse en mendiant

> ἀμφὶ δέ μιν ῥάκος ἄλλο κακὸν βάλεν ἠδὲ χιτῶνα,
> ῥωγαλέα ῥυπόωντα, κακῷ μεμορυγμένα καπνῷ·
> ἀμφὶ δέ μιν μέγα δέρμα ταχείης ἕσσ' ἐλάφοιο
> ψιλόν· δῶκε δέ οἱ σκῆπτρον καὶ ἀεικέα πήρην,
> πυκνὰ ῥωγαλέην. (431-8).

τοῦ περὶ τὴν Χαρίκλειαν ἐκνικηθείσης. 2 Καὶ ὅσον πέντε σταδίους προελθόντες ἠσπάζοντό τε ἀλλήλους τὰ τελευταῖα κατὰ γένος καὶ τὰς δεξιὰς ἐνέβαλλον ἐπιδακρύσαντές τε ὅσον πλεῖστον καὶ ἐπὶ βελτίοσι χωρισθῆναι ταῖς τύχαις ἐπευξάμενοι, τοῦ Κνήμωνος δὲ καὶ συγγνώμην αἰτοῦντος εἰ μὴ συμπορεύοιτο νεοπήκτους ἔτι τοὺς θαλάμους ἔχων ἐπικαταλήψεσθαί τε εἰ καιρὸς γένοιτο πλαττομένου, διεχωρίσθησαν, οἱ μὲν ἐπὶ Χέμμιν· 3 ἡ Χαρίκλεια δὲ καὶ ὁ Καλάσιρις πρῶτα μὲν εἰς τὸ πτωχικὸν πλάσμα μετημφιέννυντο ῥάκεσιν ἑαυτοὺς προπαρεσκευασμένοις ἐξευτελίσαντες, ἔπειτα ἡ μὲν Χαρίκλεια τό τε πρόσωπον ἐνύβριζεν ἀσβόλου τε ἐντρίψει καὶ πηλοῦ καταχρίσει μολύνασα καὶ κρηδέμνου ῥυπῶντος τὸ κράσπεδον ἀπὸ μετώπου κατὰ θατέρου τοῖν ὀφθαλμοῖν εἰς ἄτακτον προκάλυμμα ἐπισοβοῦσα, πήραν τε ὑπὸ μάλης, οὑτωσὶ μὲν ἰδεῖν ψωμῶν τινῶν καὶ ἀκόλων δῆθεν ταμιεῖον χρειωδέστερον δὲ τῆς ἱερᾶς ἐκ Δελφῶν ἐσθῆτος καὶ τῶν στεμμάτων τῶν τε συνεκτεθέντων μητρῴων κειμηλίων καὶ γνωρισμάτων εἰς ὑποδοχήν, ἐξῆπτο. 4 Ὁ δὲ Καλάσιρις τὴν μὲν φαρέτραν τῆς Χαρικλείας τετρυχωμένοις κῳδίοις ἐνειλήσας, ὡς δή τι φορτίον ἕτερον ἐπὶ τῶν ὤμων ἐγκάρσιον ἔφερε, τὸ δὲ τόξον τῆς νευρᾶς παραλύσας ἐπειδὴ τάχιστα πρὸς τὸ

9 ἐκνικηθείσης B : -εῖσα mAT || **2** 2 σταδίους mAT : στάδια B || ἠσπάζοντο mAT : κατησπ. C || 3 ἐνέβαλλον m (ἐπέβ. T) : -βαλον PA || 4 τε CBPA : δὲ VMZT || ὅσον mAT : ὅσων V || ἐπὶ mAT : om. B || 5 δὲ mAT : om. C || 6 συμπορεύοιτο mAT : πορ. B || ἔτι VMBZAT : om. CP || 8 Χέμμιν mT (Χέμμην A) : τὴν Χ. P || **3** 1 ἡ mAT : om. B || Χαρίκλεια δὲ mAT : δὲ Χ. P || 2 τὸ CPT : om. VMBZA || 3 προπαρεσκευασμένοις (-μένοι B) mA : προπαρασκ. ZA || 3-4 ἐξευτελίσ (ησ- A) αντες mAT : ἐξατελίσαντες B || 4 ἔπειτα mAT : ἔπ. δὲ M || ἡ μὲν CBPZAT : ἡ M μὲν ἡ V || 5 ἐντρίψει mAT : ἐνθλίψει B || πηλοῦ καταχρίσει mT (-ήσει A) : om. B || μολύνασα mAT : -ουσα B || 6 ῥυπῶντος VMCPAT : ῥιπῶντος B ῥυποῦντος Z || 7 τοῖν ὀφθαλμοῖν VMZT : τῶν ὀφθαλμῶν CBPA || εἰς mAT : om. C || 7-8 ἐπισοβοῦσα (-αν P) mA : ἐπιβαλοῦσα T || 8 τε T Coraes : γε mA δὲ P || μάλης mAT : μασχάλης B || μὲν mAT : δὲ B || 9 χρειωδέστερον (-έστερου (*sic*) M) mAT : χρεωδ. B || δὲ mAT : om. C || 10 ἱερᾶς post ἐκ Δ. C || 12 ἐξῆπτο VMCZAT : -τον P -ται ut vid. B.

puyait lourdement sur lui, dès qu'il rencontrait quelqu'un, en se courbant plus que l'âge ne l'y contraignait et en traînant la jambe. Quelquefois même Chariclée le menait par la main.

XII 1 Lorsqu'ils eurent achevé de se costumer et de se grimer, ils se moquèrent un peu l'un de l'autre, en se félicitant plaisamment de jouer un personnage qui leur convenait si bien. Après avoir demandé à la divinité, arbitre de leur destinée, de ne jamais plus se montrer méchante et de se contenter de leurs misères passées, ils se remirent en route rapidement vers le bourg de Bessa, où ils espéraient trouver Théagène et Thyamis. Leur espoir fut déçu. 2 Comme ils approchaient du village, vers le coucher du soleil, ils virent un grand nombre d'hommes qui gisaient, tués depuis peu de temps. La plupart étaient des Perses qu'ils reconnurent à leur vêtement[1] et à leurs armes, quelques-uns des indigènes. Ils supposèrent qu'il y avait eu là quelque tragique rencontre. Mais ils ne pouvaient savoir quels en avaient été les acteurs. Ils parcouraient le champ couvert de cadavres et examinaient les morts, dans la crainte qu'il ne se trouvât parmi eux quelqu'un des leurs. Notre pauvre cœur, en effet, imagine volontiers le pire quand il s'agit de ceux qu'il aime[2]. Ils rencontrèrent une vieille femme qui tenait embrassé le cadavre

1. Hérodote (IV, 78) emploie le mot στολή en parlant des Scythes et en l'opposant à l'ἐσθής grec. Bien que par ce terme les Grecs eussent l'habitude d'appeler toute sorte de vêtement, il est permis de croire que l'auteur a songé spécialement au sens propre de στολή, qui désigne une robe ample et longue. On sait par Xénophon (*Cyropédie* VIII, 1, 40) que Cyrus en avait recommandé l'usage à ses sujets. (M.)

2. Cf. V, 4 τὰ ἀδεᾶ φοβερὰ τοῖς ἐρῶσι καὶ μόνοις ὀφθαλμοῖς μάρτυσι καταπιστεύουσιν ὑπὲρ τῶν παιδικῶν · ἡ δὲ ἐκείνων ἀπουσία δειλία τοῦτο ἤδη καὶ ἀγωνία ψυχαῖς ἐρωτικαῖς γίνεται. Entre δειλαί et δειναί il est difficile de choisir. Δειναί est certainement plus courant, tant pour le sens que pour la construction ; mais δειλαί est plus autorisé par les manuscrits et la proximité de δεινότερα ne laisse guère supposer que le mot ait été altéré.

εὐθύτερον ἀνεκάμφθη βακτηρίαν ταῖν χεροῖν ἐποιεῖτο πολύς τε αὐτῇ καὶ βαρὺς ἐμπίπτων, καὶ εἴ πή τισιν ἐντευξόμενος προΐδοι· κυφότητά τε πλέον ἐπετήδευεν ἢ τὸ γῆρας ἐπηνάγκαζε καὶ τοῖν σκέλοιν θάτερον παρεσύρετο, πρὸς τῆς Χαρικλείας ἔσθ' ὅτε χειραγωγούμενος.

XII 1 Κἀπειδὴ τὰ τῆς ὑποκρίσεως αὐτοῖς διηκρίβωτο, μικρὰ καὶ ἐπισκώψαντες εἰς ἀλλήλους καὶ ὡς πρέποι τὸ σχῆμα θάτερος θατέρῳ ἐπιχλευάσαντες τόν τε εἰληχότα δαίμονα στῆσαι τὰ δεινὰ μέχρι γοῦν τούτων καὶ ἀρκεσθῆναι παρακαλέσαντες, ἔσπευδον ἐπὶ Βῆσσαν τὴν κώμην οὗ τὸν Θεαγένην καὶ τὸν Θύαμιν εὑρήσειν ἐλπίσαντες ἀπετύγχανον. 2 Ἄρτι γὰρ τῇ Βήσσῃ περὶ δύσιν ἡλίου πλησιάζοντες πλῆθός τι κείμενον νεκρῶν ὁρῶσι νεοσφαγῶν, τῶν μὲν πλειόνων Περσῶν εἶναι τῇ στολῇ τε καὶ καθοπλίσει γνωριζομένων ὀλίγων δὲ τινῶν ἐγχωρίων· καὶ πολέμου μὲν εἶναι τὸ δρᾶμα εἴκαζον, τίνων δὲ ἢ πρὸς τίνας ἠπόρουν, ἕως ἐπιπαριόντες τοὺς νεκροὺς καὶ ἅμα περισκοποῦντες μή πού τις κεῖται καὶ τῶν οἰκείων — δειλαὶ γὰρ αἱ ψυχαὶ περὶ τοῖς φιλτάτοις τὰ δεινότερα μαντεύεσθαι — γυναίῳ προστυγχάνουσι πρεσβυτικῷ, σώματι τῶν ἐγχωρίων προσπεφυκότι καὶ παντοίους ἐγείροντι θρήνους. 3 Ἔγνωσαν οὖν

4 5 εὐθύτερον mT : ὀξύτερον B εὐθυμότερον A || ἐποιεῖτο (ποιεῖτο P) mA : -ήσατο T || 6 πη mA : ποι MT || 7 κυφότητα mA : κουφ. PT || ἢ mAT : ἦν P.

XII 1 1 ὑποκρίσεως mT : ἀποκρ. BA || 2 μικρὰ καὶ mAT : μ. μὲν P || εἰς mAT : ἐς C om. B || πρέποι BZA et V ex πρέπει corr. : -ει MPT πρέπ (*sic*) C || 3 ἐπιχλευάσαντες C : -άσας mAT || 4 μέχρι γοῦν mAT : μέχρις οὖν B || 6 εὑρήσειν ἐλπίσαντες mAT : ἐλπ. εὑρ. M et edd. omnes || 6-7 ἀπετύγχανον mAT : ἐπετ. B || 2 1-2 πλησιάζοντες mAT : -σαντες Z || 2 πλῆθος post νεκρῶν B || τι CPZT : om. VMBA || κείμενον CPZ : κειμένων VMBAT (post νεκρῶν VM) || ὁρῶσι νεοσφαγῶν CBPZAT : νε. ὁρ. VM || 3 τε CBPZAT : om. VM || 4 γνωριζομένων mAT : -ῳ C || πολέμου mA : πόλεμον ZT || 5 ἢ codd. : καὶ Bas. et edd. omnes || 7 δειλαὶ mAT : δειναὶ P (γρ. ῥᾴδιαι P[mg]) || 8 τοῖς φιλτάτοις mAT : τοὺς φιλτάτους B || 3 1 οὖν mAT : γοῦν Z.

d'un indigène et se lamentait sur tous les tons. **3** Ils crurent bon d'essayer de tirer de cette bonne vieille quelque renseignement. Ils s'arrêtèrent auprès d'elle et d'abord tentèrent de la consoler et d'apaiser son violent chagrin. Elle se laissa faire et Calasiris lui demanda en égyptien sur qui elle se lamentait et quel était ce combat ; elle raconta brièvement tout ce qui s'était passé. C'est sur son fils qu'elle pleurait et elle avait fait exprès de venir au milieu des morts, dans l'espoir d'être attaquée et tuée. En attendant, elle rendait les derniers devoirs à son enfant, en lui offrant ce qu'elle pouvait : des larmes et des lamentations[1].

XIII **1** Quant au combat, voici ce qu'elle en dit : « On emmenait un jeune étranger, d'une beauté et d'une taille remarquables, chez Oroondatès, le lieutenant général du Grand Roi dans la ville de Memphis. Il avait été envoyé, je crois, par Mitranès, commandant d'une garnison, qui l'avait fait prisonnier et avait eu l'idée, à ce qu'on dit[2], de l'offrir comme un don des plus précieux. Ceux de notre village (elle le leur montrait tout près) surprirent le convoi et enlevèrent le jeune homme, qu'ils connaissaient bien, affirmaient-ils. Je ne sais si c'était la vérité ou un simple prétexte. **2** Mitranès, naturellement irrité à cette nouvelle, part en expédition contre le village : il y a de cela deux jours. (Nos gens sont fort belliqueux ; ils vivent de brigandages et ne craignent nullement la mort[3]. Aussi que de femmes, avant moi, ils ont rendues veuves ou privées de leurs fils !). Dès qu'ils eurent vent de l'attaque de Mitranès, ils placèrent des postes en embuscade et quand l'ennemi se présenta, ils en eurent facilement raison. Tandis que les uns l'attaquaient en face, les

1. Cf. la description de l'inhumation de Thisbé, B XVIII, 2.

2. Le ὡς φασί rejeté ainsi à la fin de la phrase rappelle telle locution populaire dont la répétition dans les récits révèle la prudence, voire l'incrédulité paysannes. (M.).

3. Cf. A XXXII, 3-4 et la note à E XXV, 3 (page 71, n. 2).

ἐπιχειρεῖν τι παρὰ τῆς πρεσβύτιδος, εἰ οἷόν τε, ἐκμανθάνειν· καὶ παρακαθισάμενοι πρῶτα μὲν παραμυθεῖσθαί τε καὶ καταστέλλειν τὸν ἄγαν θρῆνον ἐπειρῶντο· ἔπειτα προσιεμένης, ὅντινα πενθοίη καὶ τίς ὁ πόλεμος ἠρώτων, τοῦ Καλασίριδος πρὸς τὸ γύναιον αἰγυπτιάζοντος. Ἡ δὲ ἔλεγεν ἅπαντα ἐπιτέμνουσα· ἐφ' υἱῷ μὲν εἶναι κειμένῳ τὸ πένθος καὶ ἐπιτετηδευκέναι τὴν εἰς τοὺς νεκροὺς ἄφιξιν εἴ πή τις διελάσας τοῦ ζῆν ἀπαλλάξειε, τέως μέντοι τὰ νομιζόμενα τῷ παιδὶ ἐκ τῶν ἐνόντων δακρύουσάν τε καὶ θρηνοῦσαν ἐπιφέρειν.

XIII 1 Τὸν πόλεμον δὲ ἔλεγεν ὧδε. « Ἦγετο ξένος νεανίας τις κάλλει τε καὶ μεγέθει διαφέρων ὡς Ὀροονδάτην τὸν μεγάλου βασιλέως ὕπαρχον εἰς τὴν Μέμφιν, ἀπέσταλτο δέ, οἶμαι, παρὰ Μιτράνου τοῦ φρουράρχου ληφθεὶς αἰχμάλωτος ὥς τι τῶν μεγίστων δῶρον ὥς φασι. Τοῦτον οἱ τῆς κώμης τῆς ἡμετέρας ταυτησί » δείξασα τὴν ἐχομένην « ἐπελθόντες ἀφείλοντο, γνωρίζειν εἴτ' οὖν ἀληθεύοντες εἴτε καὶ πρόφασιν πλάσαντες. 2 Ὁ δὴ Μιτράνης ταῦτα πυθόμενος καὶ κατὰ τὸ εἰκὸς ἀγανακτήσας ἐπιστρατεύει τῇ κώμῃ δυοῖν ταύταις πρότερον ἡμέραις. Καὶ (ἔστι γὰρ μαχιμώτατον ἡ κώμη γένος, βίον ἀεὶ τὴν λῃστείαν πεποιημένοι καὶ θανάτου παντὸς ὑπερόπται καὶ πολλὰς δὴ διὰ τοῦτο πολλάκις ἄλλας τε κἀμὲ τὸ παρὸν ἀνδρῶν τε καὶ παίδων χηρώσαντες), ἐπειδὴ τὴν ἔφοδον ἐσομένην ἐτεκμήραντο προλοχίζουσί τέ τινας ἐνέδρας καὶ δεξάμενοι τοὺς ἐναντίους ἐπικρατέστεροι γίνονται, οἱ μὲν

3 τε om. C || 4 τὸν ἄγαν θρῆνον BPA : τῶν ἄγαν θρήνων VMZT (addit τὸ πολύ C) || 4-5 προσιεμένης mAT : -οις C || 5 ἠρώτων mAT : ἠρώτα B || 9 τὰ om. B.

XIII 1 1 πόλεμον δὲ CPT : δὲ om. A δὲ π. VMBZ || 2 νεανίας mAT : -ίσκος C || 3 τὸν VBPZAT : τοῦ MC || 5 τι mAT : τις Z || δῶρον CBPAT : δώρων VMZ || 6 τῆς κώμης om. T || 7 ἀφείλοντο CBPZAT : om. VM || 8 πλάσαντες mAT : πλάσ. ἔλεγον M || 2 1 ὁ om. B || 2 πυθόμενος mAT : πιθ. P || 5-6 καὶ πολλὰς mAT : πολλὰς P || 7 χηρώσαντες VMCZAT : χειρ. BP || 8 τέ CBPZAT : om. VM.

autres, sortant de leurs cachettes, foncent par derrière sur les Perses surpris qu'ils épouvantent de leurs clameurs.
3 Mitranès tombe un des premiers. Avec lui tombent presque tous les autres, car ils étaient cernés de toutes parts et ne pouvaient fuir. Quelques-uns des nôtres tombent aussi, mais peu nombreux ; parmi eux, un destin cruel a voulu que fût mon fils. Le javelot d'un Perse lui a percé la poitrine, vous le voyez. Et maintenant, hélas ! je pleure sur son cadavre. Il me reste un autre fils, mais je vois bien qu'il me faudra le pleurer lui aussi, car il est parti hier avec le reste du village, en expédition contre Memphis. »
4 Calasiris lui ayant demandé quel était le motif de cette expédition, la vieille femme raconta ce que lui avait dit à ce sujet son fils survivant : « Les gens de Bessa avaient tué des soldats du Grand Roi et leur capitaine. Cette malheureuse affaire, ils le voyaient bien, ne pouvaient manquer de leur attirer les plus graves périls. Oroondatès, le lieutenant général qui réside à Memphis, disposait de nombreuses troupes ; dès qu'il serait mis au courant, il lui serait aisé de venir cerner le village et de se venger par le massacre général des habitants [1].
5 Il fallait donc risquer le tout pour le tout. Ils décidèrent de remédier [2], si possible, aux conséquences d'une première imprudence par une seconde entreprise

1. Σαγηνεύειν évoque la tactique particulière aux Perses pour s'emparer des ennemis. Hérodote, VI, 31, décrit ainsi la manière dont ils s'emparèrent des habitants de Chios, Lesbos et Ténedos : ἀνὴρ ἀνδρὸς ἁψάμενος τῆς χειρὸς ἐκ θαλάσσης τῆς βορηίης ἐπὶ τὴν νοτίην διήκουσι καὶ ἔπειτα διὰ πάσης τῆς νήσου διέρχονται ἐκθηρεύοντες τοὺς ἀνθρώπους.

2. Ἰάσασθαι donné par BT est certainement exact. L'expression μεγάλα τολμήματα μείζοσιν ἰάσασθαι dérive du proverbe κακὸν κακῷ ἰᾶσθαι qu'on trouve chez Hérodote, III, 53, Thucydide, V, 65, 3, Eschyle, *Fragments*, 349 (Nauck), Sophocle, *Fragments* 74 (Nauck) ; cf. Sophocle, *Ajax* 362-3 : μὴ κακὸν κακῷ διδοὺς ἄκος πλέον τὸ πῆμα τῆς ἄτης τίθει. Héliodore complique la phrase en ajoutant μεγάλα et μείζοσιν. Pour μείζοσιν cf. Plutarque, *Alcibiade*, 25, οὐχ ὁρῶν ἑτέραν διαφυγὴν ἐκ τῶν παρόντων ἐπεχείρησεν ἰᾶσθαι μείζονι κακῷ τὸ κακόν.

κατὰ στόμα ἐκ τοῦ εὐθέος μαχόμενοι οἱ δὲ κατόπιν ἐκ τῶν λόχων ἀπροφυλάκτοις σὺν βοῇ τοῖς Πέρσαις ἐπελθόντες. 3 Καὶ πίπτει μὲν ὁ Μιτράνης ἐν πρώτοις μαχόμενος πίπτουσι δὲ σὺν αὐτῷ σχεδόν τι πάντες, οἷα δὴ κυκλωθέντες καὶ οὐδὲ φυγῆς τόπων εὐμοιρήσαντες, πίπτουσι δὲ καὶ τῶν ἡμετέρων ὀλίγοι· καὶ γίνεται τῶν ὀλίγων βαρείᾳ βουλήσει δαίμονος καὶ παῖς ὁ ἐμός, βέλει Περσικῷ πρὸς τὰ στέρνα, ὡς ὁρᾶτε, βληθείς· καὶ νῦν ἡ ἀθλία τὸν μὲν θρηνῶ κείμενον, τὸν δὲ ἔτι μοι μόνον παῖδα λειπόμενον ἔοικα θρηνήσειν, ἐκστρατεύσαντος κἀκείνου τῇ προτεραίᾳ μετὰ τῶν λοιπῶν ἐπὶ τὴν Μεμφιτῶν πόλιν. » 4 Ἐπυνθάνετο καὶ τὴν αἰτίαν τῆς ἐκστρατείας ὁ Καλάσιρις· καὶ ἡ γραῦς, ἀκηκοέναι παρὰ τοῦ λειπομένου παιδὸς προστιθεῖσα, ἔλεγε διότι στρατιώτας βασιλείους καὶ φρούραρχον μεγάλου βασιλέως ἀνελόντες ἐπὶ μὴ πεπραγμένοις καλῶς εἶδον ἐκεῖνο καλῶς, μὴ εἰς μικρὸν αὐτοῖς ἀλλ' εἰς τὸν περὶ τῶν ὅλων κίνδυνον τὸ πρᾶγμα τελευτήσειν, Ὀροονδάτου τοῦ κατὰ τὴν Μέμφιν ὑπάρχου πλείστῃ τε χειρὶ πεφραγμένου καὶ αὐτίκα, εἰ πύθοιτο, κατὰ πρώτην ἔφοδον σαγηνεύσοντος τὴν κώμην καὶ πανωλεθρίᾳ τῶν ἐνοικούντων τὴν δίκην εἰσπράξοντος. 5 « Οἷα δὴ οὖν τὸν περὶ τῶν ὅλων ἀναρριπτοῦντες κίνδυνον, ἔγνωσαν μεγάλα τολμήματα μείζοσιν, εἰ δυνατόν, ἰάσασθαι καὶ φθῆναι τὴν Ὀροονδάτου παρα-

10 ἐκ C : καὶ ἐκ mA καὶ T || 11 λόχων mAT : λόγων P || **3** 1 μαχόμενος mT : μαχομένοις CA || 2 δὲ mAT : om. P || σὺν VM : καὶ σὺν CBPZAT || τι mAT : om. B || δὴ CBPZAT : δὲ VM || 3 τόπων VCB : -ον MPZAT || 5 παῖς CBPZ : ὁ παῖς VMAT || βέλει mAT : βέλος B || Περσικῷ post στέρνα B || 8 κἀκείνου CPZAT : ἐκείνου B οὖν κἀκ. VM || 9 Μεμφιτῶν mAT : Μέμφιν P || **4** 3 παρὰ mAT : περὶ B || 3 προστιθεῖσα mAT : προτ. B || 5 ἀνελόντες mAT : -άντες B || ἐπὶ mAT : ἐπεὶ C || 6 καλῶς mAT : om. C || περὶ τῶν mAT : om. C || 8 τὴν mT : om. CA || τε mA : τῇ T || 9 πρώτην mAT : τὴν πρ. P || σαγηνεύσοντος CBPZ : -εύσαντος VMA -εύοντος T || 10 καὶ mAT : om. P || πανωλεθρίᾳ mT : πανολ. BA || τὴν (2) CBPZAT : om. VM || 11 εἰσπράξοντος m : -αντος CAT || **5** 3 δυνατὸν VM : δύναιντο BPA (δύναιντ' CZT) || ἰάσασθαι BT : ὠνήσασθαι VMZA ὀνήσ. CP || φθῆναι mAT : φῆναι B.

plus téméraire encore, et, sans laisser à Oroondatès le temps de se préparer, de le surprendre et de l'enlever s'il se trouvait à Memphis. S'il était absent, occupé comme on le dit à guerroyer en Éthiopie, il leur serait plus facile de s'occuper d'une ville privée de défenseurs. Du même coup, ils écarteraient le péril qui les menaçait et ils rendraient un grand service à Thyamis, leur chef, en le rétablissant dans sa dignité de prophète[1], dont son frère plus jeune l'avait injustement dépossédé. S'ils échouaient, eh ! bien, ils périraient en combattant et ne connaîtraient ni la honte d'être pris ni les outrages et les tortures que les Perses leur réservent. **6** Mais vous, étrangers, où voulez-vous aller maintenant ? » — « Au village », répondit Calasiris. — « Ce serait dangereux, reprit-elle, à pareille heure et inconnus comme vous l'êtes, d'entrer en relations avec les habitants qui sont restés. » — « Si tu voulais, dit Calasiris, nous y conduire, nous n'aurions sans doute rien à craindre pour notre sécurité. » — « Je n'ai pas le temps, répondit la vieille, j'ai l'intention, pendant la nuit, de faire des sacrifices expiatoires. Mais, si vous y consentez, et d'ailleurs, vous ne pouvez faire autrement, ayez la patience d'aller m'attendre jusqu'au jour, en vous retirant un peu à l'écart de ce lieu encombré de cadavres[2]. Je vous conduirai alors au village et vous n'aurez rien à craindre sous ma protection. »

XIV **1** Calasiris traduisit toutes ces paroles à Chariclée. Puis tous deux s'éloignèrent. A peine sortis du champ de

1. Coray remarque avec raison que pour Héliodore ἱερωσύνη et προφητεία sont exactement synonymes ; par ex., τοῖς συμβόλοις τῆς ἱερωσύνης (Z VIII, 2 4) désigne précisément la même chose que τὰ σύμβολα τῆς προφητείας (Z VIII, 7 11). Mais sa critique sur cette phrase semble trop sévère. On en trouve une tout à fait analogue pour la tournure comme pour le sens en A XXXIII, 2 (Πετόσιρις) τὴν ἱερωσύνην τῆς προφητείας παρὰ τὸ πάτριον τὸν Θύαμιν παρελόμενος νεώτερος αὐτὸς ὤν, que Coray voudrait aussi modifier.

2. La phrase est sans doute imitée d'Homère, *Iliade*, VIII, 491 (X, 199) ἐν καθαρῷ, ὅθι δὴ νεκύων διεφαίνετο χῶρος.

σκευήν, ἀπροσδόκητοί τε ἐπεισπεσόντες ἢ προσανελεῖν κἀκεῖνον εἰ κατὰ τὴν Μέμφιν ὄντα καταλάβοιεν ἢ εἴπερ ἐκδημῶν τυγχάνοι, πολέμου τινὸς αὐτὸν ὥς φασιν Αἰθιοπικοῦ τανῦν ἀπασχολοῦντος, ῥᾳόν τε τὴν πόλιν παραστήσασθαι τῶν ὑπερμαχομένων ἔρημον καὶ αὐτοί τε ἐκτὸς κινδύνου γενέσθαι τὸ παρὸν καὶ προσκατορθῶσαι τῷ Θυάμιδι λῃστάρχῳ τῷ σφῶν τὴν τῆς προφητείας ἱερωσύνην, οὐ κατὰ νόμον παρ' ἀδελφοῦ νεωτέρου κατεχομένην, ἀνακομίσασθαι· ἢ εἴπερ καὶ ἀποτυγχάνειν συμβαίνοι, πολέμου γοῦν ἔργον μαχομένους γενέσθαι μηδὲ ἄλλως ἁλῶναι καὶ ταῖς Περσικαῖς αἰκίαις καὶ ὕβρεσιν ἐκκεῖσθαι. 6 'Αλλ' ὦ ξένοι, ποῖ δὴ τὸ νῦν ἀφίξεσθε ; » « Εἰς τὴν κώμην » ὁ Καλάσιρις εἶπεν. Ἡ δὲ « Οὐκ ἀσφαλὲς ὑμῖν » ἔφη « τῆς τε ὥρας ἀωρὶ καὶ οὐδὲ γνωριζομένοις ἐπιμίξαι τοῖς ὑπολειπομένοις. » « 'Αλλ' εἰ ξεναγοίης » ἔφη ὁ Καλάσιρις « οὐκ ἀπ' ἐλπίδος ἡμῖν καὶ τὰ τῆς ἀσφαλείας. » « Οὔ μοι καιρός » ἀπεκρίνατο ἡ πρεσβῦτις, « νυκτερινοὺς γάρ τινας ἐναγισμοὺς ἐπιτελέσαι μοι πρόκειται. 'Αλλ' εἰ δὴ φορητὸν ὑμῖν, ἐπάναγκες δὲ καὶ μὴ βουλομένοις, αὐτοῦ που καὶ τῶν νεκρῶν ἐν καθαρῷ μικρὸν ἀποχωρήσαντες τὴν μὲν νύκτα ἐγκαρτερήσατε τὴν ἕω δὲ ὑμῖν πρόξενος ἐγὼ τῆς ἀδείας ξεναγοῦσα γενήσομαι. »

XIV 1 Ταῦτα εἰπούσης ὁ Καλάσιρις ἅπαντα πρὸς τὴν Χαρίκλειαν φράσας καὶ παραλαβὼν μεθίστατο. Καὶ μικρὸν

4 ἐπεισπεσόντες mAT : ἐπιπεσ. B || 5 τὴν mAT : om. C || 6 αὐτὸν ὥς VMPZT : ὡς CB ὡς αὐτὸν A || 6-7 αἰθιοπικοῦ mAT : -ικὰ Z || 7-8 παραστήσασθαι mAT : καταστ. C || 9 τὸ παρὸν γενέσθαι B || προσκατορθῶσαι nos : -ώσειν m -ώσει A πρὸς κα lacuna T || 11 οὐ CBPZAT : καὶ οὐ VM || κατεχομένην mAT : κατασχ. B || 13 καὶ VMBAT : om. CPZ || 14 αἰκίαις mAT : αἰτίαις C || ἐκκεῖσθαι mAT : ἐκκειμένους C || 6 3 εἶπεν mAT : ἔφη B || ὑμῖν mA : ἡμῖν ZT || 4 γνωριζομένοις mAT : ξενιζ. B || 4-5 ἐπιμίξαι (-μεῖξαι Z) τοῖς ὑπολειπομένοις (ὑπολιπ. A) mAT : om. B || 5 εἰ mAT : εἰς B || 6 καὶ τὰ CBPZAT : κατὰ VM || 8 εἰ δὴ mT : ἤδη CA || 10 που καὶ mAT : που ἐκ P || ἀποχωρήσαντες CPT : ἀναχ. VMBZA || 11 τὴν ἕω mAT : τῇ ἕω P.

cadavres, ils trouvent un petit tertre. Là Calasiris se coucha, la tête sur le carquois. Chariclée resta assise sur sa besace.
2 La lune, qui venait de se lever, illuminait la terre d'une vive clarté. C'était le troisième jour après la pleine lune. Calasiris, épuisé par l'âge et la fatigue du voyage, s'endormit. Chariclée, que tenaient éveillée ses soucis, fut témoin d'une scène diabolique, familière aux Égyptiennes.
3 La vieille mère, pensant que nul ne la dérangerait, ni ne la verrait, commença par creuser un trou dans la terre [1]. A droite et à gauche elle alluma deux foyers, entre lesquels elle déposa le corps de son fils. Puis elle prit successivement sur un trépied placé à côté, trois coupes d'argile, qu'elle vida dans le trou : l'une était remplie de miel, la seconde de lait, la troisième de vin. Elle prit ensuite un gâteau de farine qui figurait un homme [2], le couronna de laurier et de fenouil et le jeta dans le trou. 4 Enfin, elle ramassa une épée, et, agitée de mouvements frénétiques, adressa à la lune des invocations dans une langue barbare et étrange. Elle se fit une incision au bras, recueillit le sang avec une branche de laurier et en aspergea le foyer. Après d'autres pratiques non moins étonnantes, elle se pencha sur le cadavre de son fils, lui murmura à l'oreille je ne sais quelles incantations, et cette sorcière parvint à

1. Le creusement d'une fosse, où étaient versées diverses libations, faisait partie des cérémonies accomplies pour évoquer les morts ; par ex. Homère, *Odyssée*, XI, 24 sqq.

ἐγὼ δ' ἄορ ὀξὺ ἐρυσσάμενος παρὰ μηροῦ
βόθρον ὄρυξ' ὅσσον τε πυγούσιον ἔνθα καὶ ἔνθα,
ἀμφ' αὐτῷ δὲ χοὴν χεόμην πᾶσιν νεκύεσσιν,
πρῶτα μελικρήτῳ, μετέπειτα δὲ ἡδέϊ οἴνῳ,
τὸ τρίτον αὖθ' ὕδατι· ἐπὶ δ' ἄλφιτα λευκὰ πάλυνον.

Cf. Pap. d'Oxyrhynchos, III, 412.

La sorcière de Bessa, comme Ulysse, fait trois libations, mais au lieu d'un gâteau de miel au lait, elle verse du lait et ajoute le πέμμα στεάτινον (voir la note suivante). Il n'y avait pas apparemment de rite consacré pour ces offrandes. Ainsi Atossa offre du lait, du miel, de l'eau et du vin, ainsi que des olives et des fleurs (Eschyle, *Les Perses*, 607 sqq.).

2. Il est possible que πέμμα στεάτινον εἰς ἀνδρὸς μίμημα πεπλασμένον soit emprunté à Hérodote, II, 47. De façon analogue, les Égyptiens, lors d'un sacrifice funéraire, offraient un pourceau à Séléné, οἱ δὲ

ὅσον τοὺς κειμένους ὑπερβάντες βουνῷ τινι χαμαιζήλῳ προστυγχάνουσι, κἀνταῦθα ὁ μὲν κατέκλινεν ἑαυτὸν τῇ κεφαλῇ τὴν φαρέτραν ὑποθέμενος, ἡ Χαρίκλεια δὲ καθῆστο τὴν πήραν εἰς καθέδραν ποιησαμένη. 2 Ἄρτι δὲ τῆς σεληναίας ἀνισχούσης καὶ φωτὶ λαμπρῷ τὰ πάντα καταυγαζούσης, τρίτη γὰρ μετὰ πανσέληνον ἐτύγχανεν, ὁ μὲν Καλάσιρις οἷα δὴ πρεσβυτικός τε ἄλλως καὶ πρὸς τῆς ὁδοιπορίας κεκοπωμένος ὕπνῳ κατείχετο, ἡ Χαρίκλεια δὲ ὑπὸ τῶν συνεχόντων φροντισμάτων διαγρυπνοῦσα σκηνῆς τινος οὐκ εὐαγοῦς μὲν ταῖς δὲ Αἰγυπτίαις ἐπιχωριαζούσης θεωρὸς ἐγίνετο. 3 Ἡ γὰρ πρεσβῦτις ἀνενοχλήτου καὶ ἀκατόπτου σχολῆς ἐπειλῆφθαι νομίσασα πρῶτα μὲν βόθρον ὠρύξατο, ἔπειτα πυρκαϊὰν ἐκ θατέρου μέρους ἐξῆψε καὶ μέσον ἀμφοῖν τὸν νεκρὸν τοῦ παιδὸς προθεμένη κρατῆρά τε ὀστρακοῦν ἔκ τινος παρακειμένου τρίποδος ἀνελομένη μέλιτος ἐπέχει τῷ βόθρῳ καὶ αὖθις ἐξ ἑτέρου γάλακτος, καὶ οἶνον ἐκ τρίτων ἐπέσπενδεν· εἶτα πέμμα στεάτινον εἰς ἀνδρὸς μίμημα πεπλασμένον δάφνῃ καὶ μαράθῳ καταστέψασα εἰς τὸν βόθρον ἐνέβαλλεν. 4 Ἐφ' ἅπασι δὲ ξίφος ἀνελομένη καὶ πρὸς τὸ ἐνθουσιῶδες σοβηθεῖσα καὶ πολλὰ πρὸς τὴν σεληναίαν βαρβάροις τε καὶ ξενίζουσι τὴν ἀκοὴν ὀνόμασι κατευξαμένη τὸν βραχίονα ἐντεμοῦσα καὶ δάφνης ἀκρέμονι τοῦ αἵματος ἀποψήσασα τὴν πυρκαϊὰν ἐπεψέκαζεν, ἄλλα τε ἄττα τερατευσαμένη πρὸς τούτοις ἐπὶ τὸν νεκρὸν τοῦ παιδὸς προσκύψασα καί τινα πρὸς τὸ οὖς ἐπᾴδουσα ἐξήγειρέ τε καὶ ὀρθὸν ἑστάναι τῇ μαγγανείᾳ κατην-

XIV **2** 2 λαμπρῷ mAT : λαμπροτάτῳ C || 3 τρίτη mAT : τρίτον B || 4 ἄλλως mAT : om. B || 5 ὁδοιπορίας mAT : πορείας P || 6 διαγρυπνοῦσα mAT : ἀγρ. P || **3** 1 πρεσβῦτις BA (-ύτις VMCPT) : -ύτης Z || 3 ἐκ θατέρου mAT : ἑκατέρου P || 6 τῷ βόθρῳ mAT : τῷ om. B || 7 οἶνον (οἶν M unde οἷον Bas) codd. : οἴνου Coraes || τρίτων CBPZAT : τρίτου VM || 8 δάφνῃ mAT : -ησι C || μαράθῳ PAT et M in μαλ. mut. : μαράθρῳ VB μαλάθρῳ CZ || 9 ἐνέβαλλεν CBZT : ἐνέβαλεν VMP (ἀνέβ. A) || **4** 4 ἐντεμοῦσα mAT : ἐκτ. B || 6-9 ἄλλα — κατηνάγκαζεν om. T || 6 τε VMBZA : om. CP || 7 προσκύψασα m : προκ. PA || 8 ὀρθὸν CPZ : ἀθρόον VMA νεκρὸν B.

le réveiller et à le faire se dresser sur ses pieds. 5 Chariclée, qui jusque-là avait assisté au spectacle non sans frayeur, ne put sans un frisson d'horreur contempler un tel prodige. Épouvantée, elle réveilla Calasiris pour qu'il vît, lui aussi, ce qui se passait. Ils étaient dans l'obscurité et invisibles. Ils distinguaient fort bien la scène, éclairée par la lueur des feux, et ils pouvaient même, à la faible distance où ils se trouvaient, comprendre les paroles de la vieille qui, maintenant, à haute et intelligible voix, interrogeait le cadavre. Elle lui demandait si son frère, le fils qui lui restait, reviendrait sain et sauf. 6 Aucune parole ne sortit de sa bouche, mais il fit un signe de tête que la mère pouvait interpréter comme une réponse favorable, puis s'affaissa soudain et s'allongea la face contre terre. Elle retourna le corps sur le dos et, loin de renoncer à obtenir une réponse claire, elle réitéra avec plus de force encore les moyens de contrainte qu'elle avait déjà employés, le harcelant de ses incantations, et bondissant l'épée à la main, tantôt vers le feu, tantôt vers la fosse. Elle le réveilla une seconde fois, et quand il se fut dressé, elle lui posa la même question et le contraignit à répondre, non point par des signes équivoques, mais par des paroles claires. 7 Tandis que la vieille se livrait à ces pratiques, Chariclée priait instamment Calasiris de s'approcher pour obtenir eux aussi une réponse au sujet de Théagène. Il refusa, déclarant que c'était là un spectacle

πένητες αὐτῶν ὑπ' ἀσθενείης βίου σταιτίνας πλάσαντες ὗς καὶ ὀπτήσαντες ταύτας θύουσι. De même les habitants de la Cyzique, à défaut de vache noire, σταιτίνην πλάσαντες τῷ βωμῷ παρέστησαν (Plutarque *Lucullus*, 10). Bien que la ressemblance des mots puisse prêter à une altération, on aurait tort d'écrire σταίτινον au lieu de στεάτινον chez Héliodore, comme d'ailleurs chez Ésope, 55 (Chambry). (ἀνὴρ πένης) ἐπειδὴ βοῶν ἠπόρει στεατίνους βοῦς ἑκατὸν πλάσας ἐπὶ τοῦ βωμοῦ θεὶς ὡλοκαύτωσεν. Soit par une évolution naturelle du sens, soit par une confusion de mots, στέαρ qui signifie proprement « graisse » était souvent employé à une époque plus récente à la place de σταῖς (= gâteau de froment). On n'en a pas d'exemple plus ancien qu'Aristote, mais Strabon fournit un éclaircissement intéressant (XVI p. 823) en employant στέαρ pour désigner le σταῖς d'Hérodote, II, 36.

ἀγκαζεν. 5 Ἡ Χαρίκλεια δὴ οὖν οὐδὲ τὰ πρῶτα ἀδεῶς κατοπτεύουσα τότε δὴ καὶ ὑπέφριττε καὶ πρὸς τῶν γινομένων ἀήθων ἐκδειματωθεῖσα τὸν Καλάσιριν ἀφύπνιζέ τε καὶ θεατὴν γενέσθαι τῶν δρωμένων παρεσκεύαζεν. Αὐτοὶ μὲν οὖν ἅτε ἐν σκότῳ διάγοντες οὐχ ἑωρῶντο, κατώπτευον δὲ τὰ ἐν τῷ φωτὶ καὶ πρὸς τῇ πυρκαϊᾷ ῥᾷον καὶ τῶν λεγομένων οὐ πόρρωθεν ὄντες ἐπηκροῶντο, τῆς γραὸς ἤδη καὶ γεγωνότερον ἐκπυνθανομένης παρὰ τοῦ νεκροῦ· καὶ ἦν ἡ πεῦσις εἴπερ ὁ ἀδελφὸς μὲν ἐκείνου παῖς δὲ αὐτῆς ὁ λειπόμενος ἐπανήξει περισωθείς. 6 Ὁ δὲ ἀπεκρίνατο μὲν οὐδὲν ἐπινεύσας δὲ μόνον καὶ τῇ μητρὶ τὰ κατὰ γνώμην ἐλπίζειν ἀμφιβόλως ἐνδοὺς κατηνέχθη τε ἀθρόον καὶ ἔκειτο ἐπὶ πρόσωπον. Ἡ δὲ ἐπέστρεφέ τε τὸ σῶμα πρὸς τὸ ὕπτιον καὶ οὐκ ἀνίει τὴν πεῦσιν ἀλλὰ βιαιοτέραις, ὡς ἐῴκει, ταῖς κατανάγκαις πολλὰ τοῖς ὠσὶν αὖθις ἐπᾴδουσα καὶ μεθαλλομένη ξιφήρης ἄρτι μὲν πρὸς τὴν πυρκαϊὰν ἄρτι δὲ ἐπὶ τὸν βόθρον ἐξήγειρέ τε αὖθις καὶ ὀρθωθέντος περὶ τῶν αὐτῶν ἐξεπυνθάνετο, μὴ νεύμασι μόνον ἀλλὰ καὶ φωνῇ τὴν μαντείαν ἀρισήμως δηλοῦν ἐπαναγκάζουσα. 7 Καὶ τῆς πρεσβύτιδος ἐν τούτοις οὔσης ἡ Χαρίκλεια πολλὰ τὸν Καλάσιριν καθικέτευε τοῖς γινομένοις πλησιάσαντας πυνθάνεσθαί τι καὶ αὐτοὺς περὶ τοῦ Θεαγένους, ὁ δὲ παρ-

5 3 ἀήθων mAT : ἀηδῶν P || ἐκδειματωθεῖσα mT : ἐκδημ. BA || ἀφύπνιζέ τε CBPZAT : ἀφυπνίζεται VM || 4 γενέσθαι mAT : γίν. C || αὐτοὶ mAT : -ὸς P || 5 κατώπτ(-όπτ-PZ)ευον mAT : τὸ κατοπτεῦον C || 6 τῷ mAT : om. V || 7 ἐπηκροῶντο mAT : ἀπ. B || 9 ὁ ἀδελφὸς VMBZA : ὁ om. CPT || ἐκείνου B : ὁ ἐκ. mAT || 10 περισωθείς mAT : σωθείς B || 6 2 τὰ VMCAT : τὸ Z τὴν BP || 3 ἐνδοὺς mAT : ἐνδιδοὺς C || 5 ἀνίει VCB¹PZA : ἀνήει MB² ἀνῆκε T || βιαιοτέραις Xylander : -οις mT βεβαιοτέροις M βιωτέροις A || 6 ταῖς Xylander : τοῖς codd. || κατανάγκαις Z (Xylander) : -οις CAT (superscr. P) -ης MP κατ' ἀνάγκης VB || ὠσὶν mAT : οὖσιν P || 8 ἐπὶ mAT : πρὸς B || 9 νεύμασι mAT : -ατι B || μόνον codd. : -οις Hirschig || ἀλλὰ καὶ mAT : ἀλλὰ B || 10 ἀρισήμως mA : -μοτάτως C (cf. 2 1) ἀριδήλως T || 7 1 τῆς mAT : om. P || πολλὰ VMBZAT : om. CP || 2 πλησιάσαντας mAT : -σοντα Z || 3 περὶ mAT : ὑπὲρ P.

impie et que, si les circonstances l'obligeaient à en être le témoin, un prophète ne devait ni prendre part, ni assister à de tels sortilèges. Les prophètes n'exercent leur art divinatoire qu'à l'aide de sacrifices rituels et de saintes prières, laissant les profanes ramper, au sens exact de ce mot, sur la terre et sur des cadavres pour exercer cette nécromancie[1] dont l'Égyptienne leur avait, par hasard, offert un exemple.

XV 1 Il parlait encore quand le cadavre, d'une voix sourde et rauque qui semblait sortir de la terre ou des profondeurs d'une caverne, prononça ces paroles : « J'ai eu pitié de toi jusqu'ici, ô ma mère, bien que tu fasses violence à la nature humaine, outrages les saintes lois des Parques et cherches à troubler ce qui est immuable, par ton art sacrilège. Je le supportais parce que les morts eux-mêmes gardent quelque respect pour leurs parents. 2 Mais tu me forces toi-même à y renoncer. Tu ne te contentes plus, comme au début, de pratiques impies. Ton audace diabolique maintenant ne connaît plus de bornes. Il ne te suffit pas que, par tes sortilèges, je me lève et fasse un signe de tête, tu veux faire parler un cadavre. Tu négliges de m'enterrer et m'empêches ainsi de me mêler aux autres âmes défuntes[2], car tu ne songes qu'à te servir de moi. Apprends donc ce que jusqu'ici j'hésitais à te révéler. 3 Ton fils ne reviendra pas sain et sauf,

1. Cf. Γ XVI, 3. ἡ μὲν γάρ τις (σοφία) ἐστὶ δημώδης καὶ ὡς ἄν τις εἴποι χαμαὶ ἐρχομένη καὶ περὶ σώματα νεκρῶν εἱλουμένη. Cependant ces pratiques, si abominables qu'elles soient, se révèlent efficaces, puisque le mort est capable de prédire exactement le sort réservé à Calasiris et à Chariclée.

2. Un mort ne peut rejoindre les autres ombres avant d'avoir été enseveli ; cf. B V, 2 6 διὰ τὸ ἄταφον ἴσως ὑπὸ νερτέρων εἰδώλων εἰργομένη. Clitophon (Achille Tatios, E XVI, 1-2), croyant que Leucippé est noyée, dit τάχα που περὶ τὴν ναῦν αὐτῆς εἱλεῖται τὸ εἴδωλον. Λέγουσι δὲ τὰς ἐν ὕδατι ψυχὰς ἀνῃρημένας μηδὲ εἰς ᾅδου καταβαίνειν ὅλως, ἀλλ' αὐτοῦ περὶ τὸ ὕδωρ ἔχειν τὴν πλάνην. Même idée chez Homère, *Iliade*, XXIII, 71 sqq.

ηγεῖτο· φάσκων καὶ τὴν θέαν οὐκ εὐαγῆ μὲν κατ' ἀνάγκην δ' οὖν ὅμως γενομένην ἀνέχεσθαι· εἶναι γὰρ οὐ προφητικὸν οὔτε ἐπιχειρεῖν οὔτε παρεῖναι ταῖς τοιαῖσδε πράξεσιν, ἀλλὰ τὸ μαντικὸν τούτοις μὲν ἐκ θυσιῶν ἐννόμων καὶ εὐχῶν καθαρῶν παραγίνεσθαι, τοῖς δὲ βεβήλοις καὶ περὶ γῆν τῷ ὄντι καὶ σώματα νεκρῶν εἱλουμένοις οὕτως ὡς τὴν Αἰγυπτίαν ὁρᾶν ἡ τοῦ καιροῦ περίπτωσις ἐνδέδωκε.

XV 1 Καὶ ἔτι λέγοντος ὁ νεκρὸς οἷον ἐκ μυχοῦ τινος ἢ σπηλαίου φαραγγώδους βαρύ τι καὶ δυσηχὲς ὑποτρύζων « Ἐγὼ μὲν » ἔφη « σοῦ τὰ πρῶτα ἐφειδόμην, ὦ μῆτερ, καὶ παρανομοῦσαν εἰς τὴν ἀνθρωπείαν φύσιν καὶ τοὺς ἐκ μοιρῶν θεσμοὺς ἐκβιαζομένην καὶ τὰ ἀκίνητα μαγγανείαις κινοῦσαν ἠνειχόμην, σῴζεται γὰρ ἡ περὶ τοὺς φύντας αἰδὼς ἐφ' ὅσον οἷόν τε καὶ ἐν τοῖς ἀποιχομένοις. 2 Ἀλλ' ἐπειδὴ καὶ ταύτην ἀναιρεῖς τὸ κατὰ σαυτὴν καὶ ἐλαύνεις οὐκ ἀθεμίτοις μόνον τὴν ἀρχὴν ἐπιχειρήσασα ἀλλ' ἤδη καὶ εἰς ἄπειρον τὸ ἀθέμιτον ἐπεξάγουσα, οὐκ ὀρθοῦσθαι μόνον καὶ νεύειν ἀλλὰ καὶ φθέγγεσθαι σῶμα νεκρὸν ἐκβιαζομένη κηδείας μὲν τῆς ἐμῆς ἀμελοῦσα καὶ ταῖς λοιπαῖς ἐπιμίγνυσθαι ψυχαῖς ἐμποδίζουσα χρείας δὲ μόνης γενομένη τῆς σῆς, ἄκουε ταῦθ' ἃ πάλαι σοι μηνύειν ἐφυλαττόμην. 3 Οὔτε ὁ παῖς σοι περισωθεὶς ἐπανήξει οὔτε αὐτὴ

4 τὴν mAT : τὰ B || εὐαγῆ mAT : ἐν. P || κατ' ἀνάγκην (καταν. ΓΖ) mAT : ἀνάγκῃ B || 5 οὐ mA : οὔτε ZT || 6 ἐπιχειρεῖν (cf. XV, 2 2) Coraes : ἐπιχαίρειν codd. || οὔτε παρεῖναι mAT : om. C || 8 παραγίνεσθαι mA : παραγεν. B ἐπεγίγν. T || 9 καὶ σώματα BPZA : καὶ σῶμα VMT om. C || νεκρῶν CBPZAT : -ὸν VM || 10 ὡς mAT : οὖν B.

XV 1 1 μυχοῦ VMCZAT : μιχοῦ P μοιχοῦ B || 2 ἢ mAT : καὶ B || δυσηχὲς mAT : -ηχθὲς P || ὑποτρύζων mAT : -τρίζων P quod Coraes *Od.*, 24, 6 collato legendum censuit || 3 ἔφη mAT : om. P || σοῦ (σου MA) mAT : σε B || πρῶτα mAT : πατρῷα P || 4 ἀνθρωπείαν mA : -πίαν Z. -πίνην T || 6 ἠνειχόμην mAT : ἐνειχ. P ἠνεχ. Bas male || 2 1 τὸ VMBPA : τῷ CZT || 3 ἐπεξάγουσα mAT : ὑπεξ. C || 4 ἀλλὰ καὶ mAT : ἀλλὰ B || 6 μόνης mA : μόνη P om. T || 6-7 γενομένη (cf. Z II, 3 4 et VII, 1 4) VCPT : -ης MBZA.

et toi-même, tu n'éviteras pas une mort sanglante. Tu as passé ton existence à exercer ces pratiques sacrilèges ; le sort réserve à tous ceux qui s'y livrent une mort violente, tu l'éprouveras bientôt toi-même : toi qui, au lieu de rechercher la solitude pour accomplir ces horribles mystères que doivent couvrir l'ombre et le silence, oses en public et devant de tels témoins, évoquer les secrets de la mort. **4** L'un d'eux sans doute est un prophète ; l'inconvénient est donc moindre, car il est assez sage pour n'en rien révéler[1]. D'ailleurs, le ciel le protège : ses deux fils sont sur le point de se livrer une lutte à mort et de se rencontrer en combat singulier ; il les en empêchera par sa présence, à condition de se hâter[2]. Mais ce qui est plus grave, une jeune fille voit et entend tout : pauvre petite, tourmentée d'amour, qui court le monde entier, pour ainsi dire, à la recherche de son amant. Avec lui, après mille épreuves, mille dangers, arrivée aux extrémités de la terre[3], elle mènera la vie brillante d'une reine. » **5** Il dit et retomba par terre. La vieille comprit que ces témoins étaient les étrangers. Telle qu'elle était, avec son épée, furieuse, elle s'élance sur eux en les cherchant dans tous les coins du champ couvert de cadavres où elle les supposait cachés pour l'épier. Son intention était de les tuer,

1. Cf. Nonnus, *Les Dionysiaques*, XLVII, 218-19

χείλεσι δ' ἀφθόγγοισιν ἐπεσφρηγίσσατο σιγὴν
εἰς χρόνον.

Le tour dont se sert Nonnus est plus correct, car à l'époque classique le complément direct de ἐπισφραγίζεσθαι marque l'impression produite, tandis que le complément indirect désigne la chose sur laquelle se fait l'impression ; par ex., Platon, *Le Politique*, 258 c. On trouve d'autres exemples, dans le grec post-classique, de la construction employée par Héliodore ; par ex., Philon, II, 353 (Mangey) (ἀριθμῷ) ᾧ τὰ γένη τῶν καθαρῶν ζώων ἐπισφραγίζεται.

2. Ces événements seront racontés à Z VI-VII. L'attention est ici appelée sur la hâte de Calasiris (τὸν Καλάσιριν) συντονωτέροις ἢ καθ' ἡλικίαν δρόμοις ἐπὶ τῷ φθῆναι τὴν εἰς τέλος αὐτῶν συμπλοκὴν καὶ τὸ γῆρας βιασάμενον (Z VI, 5 10 sqq.).

3. Le fragment de vers γῆς ἐπ' ἐσχάτοις ὅροις est sans doute emprunté à un tragique ; cf. E XXXI, 4 8 et la note (page 79, note 1).

τὸν ἀπὸ ξίφους ἐκφεύξῃ θάνατον ἀλλ' ἀεὶ δὴ τὸν σαυτῆς βίον ἐν οὕτως ἀθέσμοις πράξεσι καταναλώσασα τὴν ἀποκεκληρωμένην πᾶσι τοῖς τοιούτοις βιαίαν οὐκ εἰς μακρὰν ὑποστήσῃ τελευτήν, ἥτις πρὸς τοῖς ἄλλοις οὐδὲ ἐπὶ σαυτῆς τὰ οὕτως ἀπόρρητα καὶ σιγῇ καὶ σκότῳ φυλαττόμενα μυστήρια δρᾶν ὑπέμεινας, ἀλλ' ἤδη καὶ ἐπὶ μάρτυσι τοιούτοις τὰς τῶν κειμένων ἐξορχῇ τύχας· **4** ἑνὶ μὲν προφήτῃ — καὶ τοῦτο μὲν ἔλαττον, σοφὸς γὰρ τὰ τοιαῦτα σιγῇ πρὸς τὸ ἀνεκλάλητον ἐπισφραγίσασθαι καὶ ἄλλως θεοῖς φίλος· τοὺς γοῦν παῖδας εἰς τὸν δι' αἵματος ἀγῶνα καὶ ξιφήρεις καθισταμένους καὶ μονομαχήσειν μέλλοντας ἀποκωλύσει τε καὶ παύσει φανείς, εἴπερ ἐπισπεύσειεν — ἀλλ' ὃ δὴ βαρύτερον ὅτι καὶ κόρη τις τῶν ἐπ' ἐμοὶ γίνεται θεωρὸς καὶ πάντων ἐπακροᾶται, γύναιον ὑπ' ἔρωτος σεσοβημένον καὶ πᾶσαν ὡς εἰπεῖν ἐπὶ γῆν ἐρωμένου τινὸς ἕνεκεν ἀλώμενον, ᾧ μετὰ μυρίους μὲν μόχθους μυρίους δὲ κινδύνους γῆς ἐπ' ἐσχάτοις ὅροις τύχῃ σὺν λαμπρᾷ καὶ βασιλικῇ συμβιώσεται. » **5** Τούτων εἰρημένων ὁ μὲν ἔκειτο καταρραγείς, ἡ δὲ γραῦς συνεῖσα τοὺς ξένους εἶναι τοὺς κατασκόπους ὡς εἶχε σχήματος ξιφήρης τε καὶ ἐμμανὴς ἐπ' αὐτοὺς ἵεται καὶ κατὰ πᾶν μέρος τῶν κειμένων ἐφέρετο, τοῖς νεκροῖς ἐγκεκρύφθαι αὐτοὺς ὑποπτεύουσα γνώμην τε ποιουμένη διαχρήσασθαι εἰ ἀνεύροι ὡς ἐπιβούλως τε καὶ πρὸς

3 2 ἀπὸ mAT : ὑπὸ B || ἐκφεύξῃ mAT : -εύγῃ B || ἀλλ' ἀεὶ δὴ CZ : ἀλλ' ἀήδη BA ἀλλὰ ἠσδῆ V ἀλλὰ δὴ M ἀλλ' ἤδη PT ἀλλ' οἷα δὴ (Amyot) Coraes || 3-4 ἀποκεκληρωμένην mAT : ὑποκ. B || 7 ὑπέμεινας mAT : ὑπέμηνας Z || 7-8 τοιούτοις VBPZAT : τοῖς τ. C τούτοις M || 8 τὰς mAT : τοῖς B || **4** 3 ἄλλως mAT : ἄλλος B || 4 ξιφήρεις M²BP : -ήρη VM¹CZAT || 5 καθισταμένους mAT : -άμενος Z || μονομαχήσειν mAT : -μαχεῖν B || ἀποκωλύσει mAT : -σειν P || 6 παύσει mAT : -σειν P || ἀλλ' ὃ mAT : καὶ τὸ C || 6-7 βαρύτερον mAT : -τατον C || 8 ἐπακροᾶται mT : ἐπηκροᾶτο BA || 9 ὡς mA : om. Z ὡς ἔπος T || ἐπὶ (ὑπὸ C) γῆν (γῆς Z) post εἰπεῖν CBPAT : post τινὸς VMZ || 10-11 γῆς ἐπ' ἐσχάτοις ὅροις post συμβιώσεται C || **5** 2 δὲ γραῦς CBPAT : γρ. δὲ VMZ || 3 ἐπ' CBPZAT : πρὸς VM || 6 ἀνεύροι mAT : -ῃ B || ἐπιβούλως CBPZAT : -λω V -λους M.

pour avoir voulu traîtreusement contrarier par leur présence les effets de ses sortilèges. Elle allait ainsi égarée et furieuse, sans précautions, parmi les morts. Elle ne vit pas une lance brisée qui se dressait plantée en terre et qui lui perça l'aine. Elle tomba morte, et ainsi se trouva accomplie sans tarder la prédiction que lui avait faite son fils de ce juste châtiment.

ἐναντίου τοῖς αὐτῆς μαγγανεύμασι κατασκόπους γεγενημένους· ἕως ἀπερίσκεπτον ὑπὸ θυμοῦ τὴν κατὰ τοὺς νεκροὺς ἔρευναν ποιουμένη ἔλαθεν ὠρθωμένῳ κλάσματι δόρατος κατὰ τοῦ βουβῶνος περιπαρεῖσα. Καὶ ἡ μὲν ἔκειτο τὴν ἐκ τοῦ παιδὸς μαντείαν οὕτω παρὰ πόδας ἐν δίκῃ πληρώσασα.

7 ἐναντίου Coraes (cf. Θ XX, 4) : -ους mAT : -οις C || αὐτῆς VMCAT : οἷς BZ -οῦ P || 9 ποιουμένη mAT : ὑποπ. C || 10 ἡ mAT : εἰ P.

LIVRE VII

I 1 Calasiris et Chariclée, qui s'étaient vus exposés à un si grand danger, pour fuir cet épouvantable spectacle et en même temps pressés par les avertissements du mort, se mirent en route vers Memphis en toute hâte. Ils n'y étaient pas encore arrivés que déjà s'accomplissaient dans la ville les événements prédits par le cadavre. **2** Lorsque Thyamis arriva avec les brigands de Bessa, les habitants avaient eu à peine le temps de fermer les portes, avertis par un soldat de Mitranès, échappé à la bataille de Bessa[1], qui, prévoyant l'attaque, avait prévenu les gens de Memphis. Thyamis fit arrêter sa troupe et la mit au repos devant une partie des remparts. Elle avait besoin de se refaire, après une marche forcée. En même temps il montrait son intention d'assiéger la ville. **3** Les habitants, effrayés d'abord parce qu'ils avaient cru les ennemis très nombreux, se rassurèrent en constatant du haut des remparts qu'ils n'étaient pas en force. Ils s'empressèrent

1. Lorsque la sorcière de Bessa fait le récit de la bataille, elle dit que Mitranès lui-même a été tué avec presque tous ses hommes (πίπτει μὲν ὁ Μιτράνης ἐν πρώτοις μαχόμενος πίπτουσι δὲ σὺν αὐτῷ σχεδόν τι πάντες Ϛ XIII, 3) ; mais la phrase τινὸς τῶν ὑπὸ Μιτράνην διαδράντων (mAT) ferait supposer que Mitranès était parmi ceux qui ont échappé. C'est pourquoi nous avons adopté διαδράντος de B, bien qu'on puisse admettre qu'Héliodore ait employé le pluriel par inadvertance (voir page 36, note 2).

Bourdelot dit que le soldat messager de la nouvelle était Achéménès (cf. XIV, 3 sqq.). Cela est une erreur. Achéménès n'assistait pas à la bataille de Bessa. Il avait quitté l'escorte de Théagène quand celui-ci avait été délivré par Thyamis et ses amis (Ϛ III, 4; XIII, 1; Z XVI, 2; XXIV, 2).

ΒΙΒΛΙΟΝ ΕΒΔΟΜΟΝ

I **1** Ὁ δὲ Καλάσιρις καὶ ἡ Χαρίκλεια παρὰ τοσοῦτον ἐλθόντες κινδύνου καὶ ἅμα μὲν τῶν παρόντων φόβων ἐκτὸς ἑαυτοὺς ποιούμενοι ἅμα δὲ τῶν μαντευθέντων ἕνεκεν ἐπισπεύδοντες τῆς ἐπὶ τὴν Μέμφιν ὁδοῦ σπουδαιότερον εἴχοντο. Καὶ δὴ καὶ ἐπλησίαζον τῇ πόλει τῶν ἐκ τῆς νεκυίας μεμαντευμένων ἤδη κατ' αὐτὴν τελουμένων. **2** Ὡς γὰρ ὁ Θύαμις τὸ ἀπὸ τῆς Βήσσης ληστρικὸν ἐπάγων ἐφίστατο, οἱ μὲν κατὰ τὴν Μέμφιν ὀλίγον ὅσον ἔφθησαν τὰς πύλας ἐπικλεισάμενοι, στρατιώτου τινὸς τῶν ὑπὸ Μιτράνην διαδράντος τὴν κατὰ Βῆσσαν μάχην προϊδόντος τε τὴν ἔφοδον καὶ τοῖς ἐν τῷ ἄστει προμηνύσαντος· ὁ δὲ Θύαμις περί τι μέρος τοῦ τείχους τὰ ὅπλα καταθέσθαι κελεύσας διανέπαυέ τε ἅμα ἐκ συντόνου τῆς ὁδοιπορίας τὸν στρατὸν καὶ ὡς πολιορκήσων δῆθεν ἐποιεῖτο γνώμην. **3** Οἱ δὲ κατὰ τὴν πόλιν, πρότερον μὲν ὡς πλῆθος τὸ ἐπιὸν καταδείσαντες ἀπὸ δὲ τῆς ἐκ τῶν τειχῶν κατασκοπῆς ὀλίγους εἶναι τοὺς ἐπελθόντας καταγνόντες,

Tit. αἰθιοπικὸν βιϐλίον ζ̄ Z αἰθιοπικῶν βιϐλίον, λόγος Z V Ἡλιοδώρου αἰθιοπινῶν ζ^{ον} M ζ′ C deest in B λόγος ἕϐδομος P ἡλιοδώρου αἰθιοπικῶν βυϐλίον λόγος ἕϐδομος A Ἡλιοδώρου Χαρικλείας λόγος ἕϐδομος T.

I **1** 1 τοσοῦτον mAT : τοσούτου B || 2 ἐλθόντες mAT : τυχόντες B || 2-3 ἐκτὸς ἑαυτοὺς mT : ἑαυτοὺς ἐκτὸς A || 5 καὶ δὴ καὶ mAT : καὶ δὴ C || 6 μεμαντευμένων mAT : μαντευμάτων B || **2** 4 διαδράντος B (cf. ς XIII **3**) : -τῶν (o supra) C -των VMPZAT || Βῆσσαν CBPAT : τὴν Β. VMZ || 5 καὶ mAT : om. Z || 6 τείχους mAT : τοίχου M || 7 τῆς mAT : om. B || **3** 2 ἐκ VMPZAT : om. CB || 3 κατασκοπῆς mAT : ἐπισκοπῆς C.

de rassembler les quelques archers et cavaliers laissés pour garder la ville, et d'armer le peuple de ce qu'on put trouver, pour faire une sortie et tomber sur les ennemis. 4 Mais un vieillard, un des notables de la ville, les en dissuada. « Il serait juste, leur dit-il, puisqu'Oroondatès le satrape était absent, occupé pour le moment à guerroyer en Ethiopie, de ne rien faire sans avertir du moins sa femme Arsacé [1]. Son consentement faciliterait le rassemblement des soldats qui pourraient se trouver dans la ville et ceux-ci se battraient avec plus d'ardeur [2] ». Le conseil parut bon. Ils se dirigèrent tous vers le palais royal qui servait de résidence aux satrapes en l'absence du roi.

II 1 Arsacé était une grande et belle femme, fort entendue aux affaires [3], fière de sa naissance, car elle était la sœur du grand roi. Loin de mener une existence irréprochable, elle s'adonnait aux plaisirs illicites et avait des mœurs déréglées. Elle avait, entre autres méfaits, contribué à l'exil de Thyamis, obligé de quitter Memphis. 2 Calasiris, prévenu par la divinité de la rivalité qui devait s'élever entre ses fils, avait quitté secrètement Memphis.

1. Le personnage féminin d'Arsacé semble bien être de l'invention d'Héliodore, mais il se peut qu'il se soit souvenu, en créant son nom, d'Arsacès, le fondateur de l'empire des Parthes, et des Arsacides, ainsi que d'Arsamès, grand-père de Darius (Hérodote I, 209). D'après Suidas *s. v.* θεοκλυτήσαντες) Darius avait une fille nommée Arsamé.

2. Deux sens différents, mais également plausibles, sont donnés par les variantes συλλαμβάνοιμεν et συλλαμβάνοι, le premier étant un verbe transitif (= « rassembler ») avec το στρατιωτικόν pour complément, le second un verbe intransitif (= « porter secours ») avec τὸ στρατιωτικόν pour sujet. Nous avons préféré συλλαμβάνοιμεν pour trois raisons. 1° Le mot est apparemment employé dans le même sens à III, 1. 2° Il est plus autorisé par les manuscrits, car il est impliqué dans les leçons corrompues de C et de B. 3° En raison du passage inattendu de la forme indirecte à la forme directe un copiste a bien pu changer la première personne en une troisième personne (cf. E XXIV, 5).

3. Cf. E XXVI, 2 3 καιρὸν διαθέσθαι δραστήριος.

ὥρμησαν μὲν καὶ αὐτίκα τοὺς ἐγκαταλελειμμένους ὀλίγους εἰς φρουρὰν τῆς πόλεως τοξότας τε καὶ ἱππέας ἀναλαβόντες καὶ τὸν ἀστικὸν δῆμον τοῖς προστυχοῦσιν ἐξοπλίσαντες ἐξελθεῖν τε καὶ συμπεσεῖν εἰς μάχην τοῖς ἐναντίοις. 4 Πρεσβυτικοῦ δέ τινος καὶ τῶν ἐπὶ δόξης διακωλύσαντος καὶ ἐκδιδάξαντος διότι καὶ εἰ τὸν σατράπην Ὀροονδάτην ἀπεῖναι συμβαίνει τὰ νῦν, ἐπὶ τὸν Αἰθιοπικὸν ἐκστρατεύσαντα πόλεμον, ἀλλὰ Ἀρσάκῃ γοῦν τῇ ἐκείνου γαμετῇ δίκαιον πρότερον ἀνακοινοῦσθαι τὴν πρᾶξιν, ὡς ἂν μετὰ γνώμης τῆς ἐκείνης τὸ εὑρισκόμενον κατὰ τὴν πόλιν στρατιωτικὸν ῥᾷόν τε συλλαμβάνοιμεν καὶ προθυμότερον, ἐδόκει τε δὴ ταῦτα καλῶς εἰρῆσθαι καὶ ἐπὶ τὰ βασίλεια πάντες ὥρμησαν, ταῦτα ἐχόντων εἰς κατοίκησιν τῶν σατραπῶν βασιλέως μὴ παρόντος.

II 1 Ἡ δὲ Ἀρσάκη τὰ μὲν ἄλλα καλή τε ἦν καὶ μεγάλη καὶ συνεῖναι δραστήριος τό τε φρόνημα ἐξ εὐγενείας ὑπέρογκος καὶ οἷον εἰκὸς τὴν ἀδελφὴν βασιλέως τοῦ μεγάλου γεγονυῖαν, ἄλλως δὲ τὸν βίον ἐπίμωμος καὶ ἡδονῆς παρανόμου καὶ ἀκρατοῦς ἐλάττων· πρὸς γοῦν ἄλλοις καὶ τῷ Θυάμιδι παραιτία τῆς ἐκ Μέμφεώς ποτε φυγῆς ἐγεγόνει. 2 Ἄρτι γὰρ τοῦ μὲν Καλασίριδος διὰ τὰ ἐκ θεῶν αὐτῷ περὶ τῶν παίδων προθεσπισθέντα τῆς Μέμ-

6 ἀστικόν mAT : ἀστυκόν P || 7 συμπεσεῖν εἰς μάχην (εἰς τὴν μ. AT) τοῖς ἐναντίοις (τοῖς πολεμίοις B) mAT : διακωλῦσαι C || 4 2 εἰ MZ : εἰς VCBPAT || 4 ἐκστρατεύσαντα mT : -ος A -ευθέντα B || Ἀρσάκῃ (Ἀρσακα B) γοῦν mAT : καὶ Ἀρσ. οὖν M || 5 πρότερον mAT : om. C || ἀνακοινοῦσθαι mAT : κοιν. B || 6-7 κατὰ τὴν πόλιν mAT : ἐν τῇ πόλει C || 7 συλλαμβάνοιμεν Z et C post. corr. (συλλάβαμεν C συλλαβανόμενον B) : συλλαμβάνοι VMPAT. Cf. III, 1 10 || 8 τε δὴ CBA : δὲ δὴ ZT δὴ P δὲ VM || 9 πάντες mAT : om. C || 10 βασιλέως μὴ παρόντος mAT : μὴ παρ. βασ. P.

II 1 3 ὑπέρογκος mAT : -ον M || 3-4 βασιλέως τοῦ μεγάλου mAT : τοῦ μεγ. βασ. P || 4 ἄλλως mAT : -ος P || 5 ἄλλοις mAT : -ους P || 6 παραιτία mAT : -ίαν Z || ποτε mAT (primum post deinde ante ἐγεγ. M) : τότε Z || 2 1 γὰρ VMZAT : om. P μὲν B (C non legi potest) || μὲν VPZAT : om. MCB || 2 περὶ τῶν παίδων mAT : om. C || προθεσπισθέντα mAT : -ος B.

Il avait disparu. On le crut mort. Thyamis, étant l'aîné, fut appelé à la dignité de prophète. Tandis qu'il célébrait solennellement les sacrifices rituels, à l'occasion de son entrée en charge, Arsacé vit, dans le temple d'Isis, ce garçon charmant de grâce et de jeunesse, embelli encore par les parures dont il était revêtu pour cette cérémonie. Elle le regarda d'un œil impudique et par des signes de tête lui donna à comprendre ses honteux désirs. **3** Mais Thyamis ne s'en rendit nullement compte, car il était naturellement chaste et l'éducation avait entretenu en lui ces sages dispositions[1]. Aussi était-il loin de soupçonner le vrai motif d'une telle attitude. Occupé tout entier à célébrer les saints mystères[2], il pensa que ces gestes avaient quelque autre signification. **4** Son frère Pétosiris, jaloux de sa dignité de prophète, avait remarqué les mines provocantes d'Arsacé. Il vit dans cette coupable tentative l'occasion de perdre son frère. Il alla trouver secrètement Oroondatès, lui révéla la passion de sa femme, et ajouta que Thyamis s'y prêtait ; ce qui était pure calomnie[3]. **5** Le satrape se laissa facilement persuader. Il avait eu déjà plus d'une fois des soupçons sur elle. Il la laissa cependant tranquille, car il n'avait pas de preuve manifeste ; d'ailleurs la crainte et le respect de la famille royale l'obligeaient à supporter sans rien dire les soupçons qu'il pouvait avoir. Quant à Thyamis, il ne cessa de le menacer

1. La phrase φύσει τε καὶ ἐκ παίδων εὖ πεφυκὼς τὰ εἰς σωφροσύνην est sans doute correcte mais elle est malheureuse. Φύσει πεφυκώς est une tournure très grecque, par ex. Sophocle, *Philoclète* 79-80

ἔξοιδα, παῖ, φύσει σε μὴ πεφυκότα
τοιαῦτα φωνεῖν.

Mais Héliodore gâte cette expression en la combinant avec ἐκ παίδων πεφυκώς, alors que le participe n'a plus que le sens de ὤν.

2. Pour la construction τῶν ἱερῶν ὅλος γινόμενος, cf. VII, 1 5 ὅλοι τῆς ἀγωνίας ὄντες. Une telle expression semble fort correcte, mais le grec classique préfère ὅλος πρός τινι εἰμί, par ex. Démosthène XIX, 127 οὕτως ἔκφρων ἦν καὶ ὅλος πρὸς τῷ λήμματι καὶ τῷ δωροδοκήματι ὥστε πάντα ταῦτ' ἀνελὼν καὶ παριδὼν ᾤχετο.

3. Thyamis, chaste comme l'Hippolyte de Racine, est comme lui victime de dénonciations calomnieuses. (M.)

φεως ἑαυτὸν λάθρα πάντων ἐξοικίσαντος καὶ ἀφανοῦς ὄντος ἢ καὶ ἀπολωλέναι δοκοῦντος, τοῦ δὲ Θυάμιδος ὡς ἂν πρεσβυτέρου παιδὸς ἐπὶ τὴν προφητείαν κληθέντος καὶ τὰς εἰσιτηρίους θυσίας πανδημεὶ τελοῦντος, ἐντυχοῦσα κατὰ τὸν νεὼν τῆς Ἴσιδος ἡ Ἀρσάκη νεανίσκῳ χαρίεντι καὶ ἀκμάζοντι καὶ πρὸς τῆς ἐν χερσὶ πανηγύρεως πλέον ὡραϊσμένῳ ὀφθαλμούς τε ἐπέβαλλεν οὐ σώφρονας καὶ νεύματα τῶν αἰσχροτέρων αἰνίγματα. 3 Καὶ ταῦτα ὁ μὲν Θύαμις οὐδὲ κατὰ μικρὸν προσίετο, φύσει τε καὶ ἐκ παίδων εὖ πεφυκὼς τὰ εἰς σωφροσύνην, καὶ τὰ πρὸς ἐκείνης δρώμενα πόρρω τε ἦν ὡς ἐδρᾶτο ⟨τοῦ⟩ ὑποπτεύειν καὶ τυχὸν ἄλλως πως γίνεσθαι ὑπετίθετο τῶν ἱερῶν ὅλος γινόμενος. 4 Ὅ γε μὴν ἀδελφὸς αὐτῷ Πετόσιρις καὶ πάλαι ζηλοτυπίαν ἐπ' αὐτῷ νοσῶν τῆς ἱερωσύνης τάς τε προσβολὰς τῆς Ἀρσάκης παρατηρήσας, ἀφορμὴν εἰς ἐπιβουλὴν τοῦ ἀδελφοῦ τὴν ἐκείνης οὐκ ἔννομον πεῖραν ἐποιήσατο· καὶ τῷ Ὀροονδάτῃ λάθρα προσιὼν κατεμήνυεν οὐ τὴν ἐκείνης ὄρεξιν μόνον ἀλλ' ἤδη καὶ ὡς ὁ Θύαμις συγκατατίθοιτο προσεπιψευδόμενος. 5 Ὁ δὲ ῥᾳδίως ὑποπεισθεὶς ἐξ ὧν τὴν Ἀρσάκην προϋπώπτευε, τῇ μὲν κατ' οὐδὲν ἠνώχλει σαφῆ τε ἔλεγχον οὐκ ἔχων καὶ ἅμα φόβῳ καὶ αἰδοῖ τῇ περὶ τὸ βασίλειον γένος εἴ τι καὶ ὑπώπτευεν ἀνέχεσθαι βιαζόμενος. Τῷ μέντοι γε Θυάμιδι θάνατον ἐκ προρρήσεως συνεχῶς διαπειλῶν, οὐ πρότερον ἀνῆκεν ἄχρις οὗ τὸν μὲν

5 ἂν mAT : om. C || 6 εἰσι- (εἰση- C) τηρίους mAT : ἱκετηρ. Z || θυσίας mAT : εὐχὰς C || 7 νεὼν CBPZAT : νεὸν VM || νεανίσκῳ mAT : νεαν. τινὶ B || 8 καὶ πρὸς (πρὸ T) mAT : καὶ om. C || 9 ἐπέβαλλεν VCZ : -βαλεν MBPAT || **3** 1 ὁ mAT : om. M || 2-3 παίδων mAT : τῶν παίδων B παιδείας Hemsterhuys || 3 πεφυκὼς mAT : πεποιηκὼς P an πεφυλαχὼς ? (Ry.) || 4 τοῦ add. Coraes || **4** 1 αὐτῷ CBT : -οῦ VMPZ -ῶν A || πάλαι mAT : πάλιν B || 2 αὐτῷ mAT : -οῦ B || 3-4 τοῦ ἀδελφοῦ CBPT : τἀδ. M (τ'ἀδ. VZA) || 5 κατεμήνυεν mAT : -υσεν P || 6 ὁ mAT : om. Z || **5** 1 ὑποπεισθεὶς codd. : πεισθεὶς Bas. || 2 τῇ VMCT : τὴν BPZA || 3 φόβῳ mT : φόβῳ τε A || 6 συνεχῶς mAT : om. C || διαπειλῶν mAT : ἀπ. C || πρότερον ἀνῆκεν CBPZAT : προανῆκεν VM || τὸν μὲν mAT : τὸ μὲν P.

ouvertement de la mort, jusqu'à ce qu'il ait forcé celui-ci à s'expatrier et élevé Pétosiris à la dignité sacerdotale.

III 1 Voilà ce qui s'était passé autrefois. Arsacé, quand elle vit cette foule d'habitants accourir [1] chez elle, lui annoncer l'attaque ennemie dont elle était déjà informée, et lui demander de donner l'ordre aux soldats qui étaient restés [2] de faire une sortie avec eux, déclara qu'elle n'était pas disposée à donner un tel ordre, quand elle ne connaissait encore ni le nombre des ennemis, ni qui ils étaient ni d'où ils venaient, ni même le motif de leur agression. Ils devaient, d'abord, monter sur les remparts et de là tout observer ; après, avec l'aide des soldats royaux, ils pourraient prendre toutes mesures jugées possibles et utiles. 2 On approuva son conseil et le peuple aussitôt se rendit aux remparts [3]. Là Arsacé se fit dresser un pavillon de pourpre et d'or. Elle s'assit, richement parée, sur un trône élevé, entourée de ses gardes revêtus d'armures dorées. Elle fit montrer le caducée [4], symbole de pourparlers paci-

1. Héliodore use fréquemment de συρρεῖν dans ce sens, par ex. A VI, 1 3 δι' ὃ καὶ συρρεῖ ἐπ' αὐτὴν ὁ τοιοῦτος βίος, cf. B XXVII, 2 5 ; Δ XIX, 1 6 etc. Le fait qu'ailleurs il emploie toujours ce verbe à l'actif peut engager un éditeur à adopter la leçon de Z συρρέοντος ; mais l'aoriste est sans doute préférable au présent, et l'aoriste passif est autorisé par Xénophon, *Helléniques* II, 3, 18 φοβούμενοι... τὸν Θηραμένην μὴ συρρυείησαν πρὸς αὐτὸν οἱ πολῖται. D'ailleurs il est plus vraisemblable que la forme fréquente et courante συρρέοντος ait été substituée à συρρυέντος plutôt que l'inverse.

2. Τοῖς οὖσι τῶν στρατιωτῶν est une expression vraiment singulière, qui, si on veut absolument lui trouver un sens, devrait signifier « les soldats actuellement vivants » en les distinguant de ceux qui sont vus vivants (τοῖς φαινομένοις). Le contexte demanderait τοῖς παροῦσι ou τοῖς ἐνοῦσι, mais le texte est sans doute très corrompu.

3. Ici on notera une étroite similitude de vocabulaire et de style entre ce passage et I, 4. Sur l'emploi de συλλαμβάνειν, cf. page 113, note 2.

4. Le caducée était l'attribut ordinaire d'Hermès, messager des dieux. Il était devenu l'emblème des hérauts chargés de transmettre les messages, notamment les propositions d'armistice ou de paix. Il consistait

ἐφυγάδευσε τὸν Πετόσιριν δὲ εἰς τὴν προφητείαν ἐγκατέστησεν.

III 1 Ἀλλὰ ταῦτα μὲν χρόνοις ἐγεγόνει προτέροις, τότε δ'οὖν ἡ Ἀρσάκη, τοῦ πλήθους ἐπὶ τὴν οἴκησιν αὐτῆς συρρυέντος καὶ τήν τε ἔφοδον τῶν ἐναντίων δηλοῦντος (ἤδη καὶ αὐτὴ προῃσθημένη) καὶ τοῖς οὖσι τῶν στρατιωτῶν ἐπιτρέψαι συνεξελθεῖν αὐτοῖς αἰτοῦντος, οὐκ ἂν ἔφη ταῦτα προχείρως οὕτως ἐπιτρέψαι οὔπω μὲν τὸ πλῆθος τῶν πολεμίων ὅσον οὔπω δὲ οἵτινές εἰσιν ἢ πόθεν εἰδυῖα, καὶ πρός γε οὐδὲ τὴν πρόφασιν δι' ἣν ἐπεληλύθασι γινώσκουσα. Χρῆναι γὰρ ἄχρι τῶν τειχῶν διαβῆναι πρότερον καὶ ἅπαντα ἐκεῖθεν κατοπτεύσαντας καὶ ἄλλους συλλαβόντας οὕτω τοῖς δυνατοῖς καὶ λυσιτελοῦσιν ἐπιχειρεῖν.
2 Ἐδόκει καλῶς εἰρῆσθαι καὶ ὥρμησαν ὡς εἶχον ἐπὶ τὸ τεῖχος, ἔνθα σκηνὴν ὑπὸ ἁλουργοῖς καὶ χρυσοϋφέσι παραπετάσμασιν ἐκ προστάγματος ἡ Ἀρσάκη πηξαμένη πολυτελῶς τε ἑαυτὴν καλλωπίσασα καὶ ἐφ' ὑψηλῆς καθέδρας προκαθίσασα τούς τε σωματοφύλακας ἐν ὅπλοις ὑποχρύσοις περιστήσασα κηρύκειόν τε εἰς εἰρηνικῶν διαλέξεων

III 1 1 προτέροις mA : πρότερον T ἑτέροις C || 2 ἐπὶ τὴν οἴκησιν αὐτῆς mAT : ἐπ' αὐτὴν C || 3 συρρυέντος m : -ρέοντος ZT συρρυὲν A qui τὸ πλῆθος pro τοῦ πλήθους scribit || τε mAT : om. C || ἔφοδον mAT : ἄφιξιν C || 4 προῃσθημένη mT : -ομένη B προκαθημένη A || οὖσι codd. : vix sanum videtur || 5 ἐπιτρέψαι mAT : post αἰτοῦντος C || αὐτοῖς mAT : -οῦ B || 5-6 ἔφη ταῦτα προχείρως οὕτως VMZA : ταῦτα om. P ἔφη προχ. ταῦτα οὕτ. BT οὕτ. ταῦτα ἔφη προχ. C || 6 ἐπιτρέψαι CP : -ειν VMBZAT cf. B IX, 5 5 et Introd., vol. I, p. LXI || μὲν mAT : γὰρ B || 7 οἵτινες MT (οἵτ. P) : εἴ τινες VCBZA || εἰσιν mAT : om. C || 8 πρόφασιν mAT : πρόφ. ἐκείνων C || ἐπεληλύθασι mA : -θεσαν T ἐληλύθασι P || 9 γὰρ CP : οὖν VMZA γοῦν T om. B || 10 ἐκεῖθεν mT : om. ZA || κατοπτεύσαντας mAT : -σοντας B || ἄλλους VM : -ως CBPZAT, cf. I 4 || 11 λυσιτελοῦσιν mAT : -τελέσιν B || 2 1 ἐδόκει mAT : ἐδ. μὲν C || εἰρῆσθαι VMPZAT : ἔχειν CB || 2 ἁλουργοῖς (vel ἀλ.) mAT : -γέσι C cf. XIX, 1 4 et Γ IV, 2 2 || 3 ἡ Ἀρσάκη ante ἐκ προστάγματος C || 5 τούς τε σωματοφύλακας VMT : τούς τε (τοῦ τε PA) σώματος φύλ. CBPZA || 5-6 ὑποχρύσοις (cf. V, 3 7 et B VIII, 5 5) mA : περιχρ. T ἐπιχρ. Coraes.

fiques, et invita les chefs et les plus notable des ennemis à s'approcher des murs. **3** Lorsque Thyamis et Théagène, envoyés en députation, se furent arrêtés au pied du rempart, revêtus de toutes leurs armes mais la tête nue, le héraut fit cette déclaration : « Au nom d'Arsacé[1], femme d'Oroondatès, le premier des satrapes, et sœur du grand roi, qui êtes-vous ? que voulez-vous ? pourquoi cette agression téméraire ? » **4** Ils répondirent qu'ils étaient une troupe de Bessains. Thyamis déclara qui il était et expliqua que, dépossédé injustement de ses fonctions sacerdotales par une intrigue de son frère Pétosiris et d'Oroondatès[2], les Bessains venaient le rétablir dans son ancienne dignité. Si on lui restituait la prêtrise, la paix serait faite, et les Bessains rentreraient chez eux sans faire le moindre mal à personne. Sinon, ils s'en remettraient au sort des armes et des combats. **5** Si Arsacé avait quelque souci de son devoir, elle devait profiter de la circonstance pour se venger des lâches intrigues de Pétosiris contre elle et de ses accusations scélérates auprès d'Oroondatès, calomnies qui l'avaient rendue suspecte à son mari d'une passion adultère[3] et honteuse, et l'avaient contraint lui, Thyamis, à quitter sa patrie.

d'ordinaire en une branche d'olivier terminé par des guirlandes figurant des serpents, en souvenir sans doute des deux serpents qu'Hermès avait séparés à l'aide de son bâton. tandis qu'ils se battaient. (M.)

1. Arsacé emploie, pour s'adresser aux ennemis, la formule solennelle et protocolaire réservée aux princes (cf. Hérodote, *passim*), mais pour la justifier elle cite ses titres, et notamment celui de sœur du grand roi, qui seul peut l'autoriser à parler ainsi. (M.)

2. Les circonstances de cette intrigue sont racontées tout au long en II, 4 5. Des détails donnés dans le premier livre sur l'éviction de Thyamis par Pétosiris, il ne ressort pas qu'Oroondatès ait participé au complot. Cf. A XIX, 4 ἀποτυχὼν τῆς ἱερωσύνης μετὰ τὴν τοῦ πατρὸς ὑπαναχώρησιν, ἀδελφοῦ νεωτέρου ταύτην παρελέσθαι παρανομήσαντος, et A XXXIII, 2 οὗτος (Πετόσιρις) ἐπιβουλῇ τὴν ἱερωσύνην τῆς προφητείας παρὰ τὸ πάτριον τὸν Θύαμιν παρελόμενος νεώτερος αὐτὸς ὤν.

3. Παράνομος doit être entendu ici dans le sens précis de « contraire aux lois du mariage ». (M.)

σύμβολον ἀναδείξασα, τοὺς πρώτους καὶ ἐπιδόξους τῶν ἐναντίων πλησίον ἥκειν τοῦ τείχους προὔτρεπεν. **3** Ὡς δὲ ὁ Θύαμις καὶ ὁ Θεαγένης αἱρεθέντες ὑπὸ τοῦ πλήθους ἀφίκοντο καὶ ἔστησαν ὑπὸ τῷ τείχει τὰ μὲν ἄλλα ὡπλισμένοι γυμνοὶ δὲ τοῦ κράνους, ὁ κῆρυξ τάδε ἔλεγεν· « Ἀρσάκη λέγει πρὸς ὑμᾶς, Ὀροονδάτου μὲν τοῦ πρώτου σατράπου γυνὴ μεγάλου δὲ βασιλέως ἀδελφή, τί βουλόμενοι καὶ τίνες ὄντες ἢ τίνα αἰτίαν ἐπάγοντες τὴν ἔφοδον ἐτολμήσατε; » **4** Οἱ δὲ τὸ μὲν πλῆθος εἶναι Βησσαέων ἀπεκρίναντο ἑαυτὸν δὲ ὁ Θύαμις ὅστις εἴη, καὶ ὅτι παρανομηθεὶς ὑπό τε τοῦ ἀδελφοῦ Πετοσίριδος καὶ Ὀροονδάτου τῆς τε προφητείας ἐξ ἐπιβουλῆς ἀφαιρεθεὶς ἐπὶ ταύτην ὑπὸ Βησσαέων κατάγοιτο. Καὶ εἰ μὲν ἀπολαμβάνοι τὴν ἱερωσύνην εἰρήνην τε εἶναι καὶ Βησσαέας εἰς τὴν οἰκείαν ἐπανήξειν οὐδενὶ κατ' οὐδὲν λυμηναμένους, εἰ δὲ μή, πολέμῳ κριτῇ καὶ τοῖς ὅπλοις ἐπιτρέψειν. **5** Χρῆναι δὲ καὶ Ἀρσάκην, εἴπερ τι διανοεῖται τῶν προσηκόντων, εἰς καιρὸν τῆς εἰς αὐτὴν ἐπιβουλῆς ἐκ Πετοσίριδος τὴν ἄμυναν εἰσπράττεσθαι καὶ τῶν ἀθεμίτων διαβολῶν, ἃς ψευδῶς πρὸς Ὀροονδάτην ποιησάμενος, ἐκείνῃ μὲν πρὸς τὸν ἄνδρα παρανόμου καὶ αἰσχρᾶς ἐπιθυμίας ὑποψίαν αὐτῷ δὲ τὴν ἐκ τῆς πατρίδος φυγὴν ἐπιβεβληκὼς τυγχάνοι.

7 ἐπιδόξους mT : ἐπὶ δόξης BA (cf. Δ II, **1** 2) || 8 ἥκειν mAT : om. P || προὔτρεπεν CBPZAT : προέτρ. VM || **3** 2 Θύαμις ...Θεαγένης VMPZAT : Θεαγ. ...Θύαμ. CB || 3 τῷ τείχει mAT : τῷ om. C || 7 καὶ τίνες mAT : ἢ τίνες B || **4** 2 ἀπεκρίναντο VMCBAT : -ατο PZ || ἑαυτὸν mAT : -ῶν C || 3 τε τοῦ ἀδελφοῦ VMT : τε τἀδ. A (τε τ' ἀδ. Z) τε ἀδ. CB τοῦ ἀδ. P cf. II, **4** 4 || 5 ἀπολαμβάνοι VCZT : -άνει BP -άνη A -άνω M || 7 οἰκείαν VMCPT : οἰκίαν BZA, cf. XI, **3** 3 || οὐδενὶ VCBZAT : οὐδηὶ P οὐδὲν M || 8 δὲ mAT : δὴ Z || **5** 1 καὶ mAT : om. Z || 2 τῆς εἰς mAT : τὴν εἰς B || 3-4 διαβολῶν mAT : ἐπιβουλῶν P || 4 ἃς ψευδῶς mAT : ἀψευδῶς Z || ἐκείνῃ mAT : -ου B || 6 τῆς mAT : om. C || 6-7 ἐπιβεβληκὼς CBZAT : ἐπιβουλευκὼς P ἐπιβεβουλευκὼς VM || 7 τυγχάνοι mAT : -ανει C.

IV 1 Cette révélation troubla fort le peuple de Memphis, qui reconnaissait Thyamis dont la fuite surprenante était restée inexplicable. On commençait maintenant, d'après ses révélations, à en soupçonner la cause, et l'on ne doutait pas que Thyamis dît la vérité. Plus que tous les autres, Arsacé fut bouleversée. Son âme était en proie à mille pensées tumultueuses. 2 Irritée contre Pétosiris, elle songeait à ce qui s'était passé et méditait une vengeance [1]. Elle regardait Thyamis et Théagène, et son cœur épris de l'un et de l'autre était déchiré par ce double amour : amour renaissant pour le premier, passion nouvelle et plus ardente pour le second. Les assistants eux-mêmes s'aperçurent de son trouble. 3 Elle resta un moment silencieuse, puis se ressaisit, comme après une crise d'épilepsie [2], et déclara : « Cette guerre, mes bons amis, est une folie pour tous les Bessains et surtout pour vous, si jeunes, si aimables et de bonne famille selon toute apparence. Vous vous jetez, pour des brigands, au-devant d'un danger manifeste, incapables de résister au premier choc s'il vous faut livrer combat. Ne croyez pas les forces du Grand Roi si réduites, malgré l'absence du satrape,

1. La répétition de τὴν διάνοιαν par trois fois en un court passage laisse supposer une corruption de texte. Συνεχέθη τὴν διάνοιαν (1 6) et διεσπᾶτο τὴν διάνοιαν (2 4-5) étaient des tours normaux et réguliers, mais τὴν διάνοιαν ἀναπεμπάζουσα (2 3) comporte une tautologie et fait partie d'une phrase qui est difficile à interpréter. Ἀναπεμπάζειν, que le grec post-classique emploie fréquemment au lieu du classique ἀναπεμπάζεσθαι, est un verbe transitif et doit ici gouverner τὰ πάλαι συμβάντα, πρὸς étant un adverbe avec le sens de « en plus » (cf. B XVII, 5 4; E XXVII, 7 7). Dans une phrase telle que celle-ci, un accusatif adverbial (τὴν διάνοιαν) n'est guère acceptable, et nous avons corrigé par le datif τῇ διανοίᾳ (cf. ταῖς μνήμαις ἀναπεμπάζοντες Γ V, 5 5). Il est possible, toutefois, qu'Héliodore ait simplement écrit καὶ τὰ πάλαι συμβάντα ἀναπεμπάζουσα, et que πρὸς et τὴν διάνοιαν aient été ajoutés par quelque copiste distrait, persuadé que ἀναπεμπάζουσα était l'équivalent de ἀναπέμπουσα (cf. I XXXIII, 1 πρὸς τὸ ὅμοιον τῆς Χαρικλείας προκλήσεως τὸν νοῦν ἀναπέμπων). J. Jackson (*Classical Quarterly* 29 (1935) p. 109) propose τὴν ὑπόνοιαν et traduit « passant en revue ses soupçons à la lumière des événements passés ».

2. Ἐπίληψις est un terme de la langue médicale technique. Dans le langage courant, l'épilepsie est appelée ἱερὰ νόσος, par ex. Hérodote III, 33.

IV **1** Πρὸς ταῦτα διεταράχθη μὲν καὶ σύμπαν τὸ Μεμφιτῶν πλῆθος, τόν τε Θύαμιν ἀναγνωρίζοντες καὶ τῆς ἀπροσδοκήτου φυγῆς αὐτῷ τὴν αἰτίαν ἐν ἀρχῇ μὲν καὶ ἡνίκα ἐγίνετο ἀγνοήσαντες ἐκ δὲ τῶν λεχθέντων δι' ὑποψίας τε ἄγοντες καὶ ἀλήθειαν εἶναι πιστεύοντες· ἡ δὲ Ἀρσάκη πλέον ἢ σύμπαντες συνεχέθη τὴν διάνοιαν καὶ κλύδωνι φροντισμάτων περιεστοίχιστο. **2** Θυμοῦ μὲν ἐπὶ τὸν Πετόσιριν πεπληρωμένη καὶ πρὸς τὰ πάλαι συμβάντα τῇ διανοίᾳ ἀναπεμπάζουσα ὅπως ἂν τιμωρήσαιτο συνετάττετο, τὸν δὲ Θύαμιν ὁρῶσα καὶ αὖθις τὸν Θεαγένην διεσπᾶτο τὴν διάνοιαν καὶ ἐμερίζετο εἰς τὴν πρὸς ἑκάτερον ἐπιθυμίαν, ἔρωτα ἐπ' ἀμφοτέροις τὸν μὲν ἀνανεουμένη τὸν δὲ δριμύτερον ἄρτι τῇ ψυχῇ καταβαλλομένη, ὥστε οὐδὲ τοὺς περιεστηκότας ἔλαθεν ἀδημονοῦσα. **3** Πλὴν ἀλλὰ μικρὸν δὴ διαλιποῦσα καὶ ὥσπερ οἱ ἐξ ἐπιλήψεως ἑαυτὴν ἀναλαβοῦσα « Πολέμου μέν, ὦ βέλτιστοι » ἔφη, « μανίαν ἐνοσήσατε πάντες μὲν Βησσαεῖς οὐχ ἥκιστα δὲ ὑμεῖς, ἀκμαῖοι καὶ χαρίεντες οὕτω νεανίαι καὶ εὖ γεγονότες ὡς γινώσκω τε καὶ εἰκάζειν πάρεστιν, εἰς πρόυπτον κίνδυνον ὑπὲρ λῃστῶν καὶ ταῦτα ἑαυτοὺς καθέντες οὐδὲ πρὸς τὴν πρώτην προσβολήν εἰ μάχης δεήσειεν ἀρκέσοντες· μὴ γὰρ οὕτω τὰ τοῦ μεγάλου βασιλέως ἀσθενή-

IV **1** 2 τε mAT : om. Z || 6 ἢ mAT : ἢ καὶ P || συνεχέθη (cf. Δ XVIII, **3** 1) CA : -εσχέθη B -εχύθη VMPZT || τὴν mT : καὶ τὴν CA || **2** 1 θυμοῦ mAT : -ῷ B || μὲν mAT : δὲ B || 2 πεπληρωμένη B : πληρουμένη mAT || 3 τῇ διανοίᾳ nos (cf. Γ V, **5** 5) : τὴν διάνοιαν codd. τὴν ἀνίαν coni. Lb. et πρὸς (2) et τὴν διάνοιαν fortasse secludenda (Ry.) || 3-4 συνετάττετο Coraes : -έταττε codd. || 4 Θεαγένην mAT : -γένη V || 5 ἐμερίζετο mAT : διεμ. B || 6 ἐπ' mAT : ὑπ' C || ἀνανεουμένη M[1] CPZAT (-νευουμένη M[2]) : -νευομένη V -νεομένη B || 7 τῇ ψυχῇ CBPZAT : τὴν ψυχὴν VM || 8 ἔλαθεν mAT : διέλ. B || **3** 2 δὴ CBPZAT : om. VM || ὥσπερ οἱ (cf. Γ XI, **3** 2-3) mA : ὡς οἱ T ὥσπερ ὡς C ὡσπερεὶ Salmasius || 3 βέλτιστοι mAT : -τε B || 4 ἐνοσήσατε mT : ἐνοήσ. BA || 5 ὑμεῖς mAT : ἡμεῖς P || 6 γινώσκω VMPZAT : -ειν B -οντες C || τε mT : om. CA || 7 ὑπὲρ mAT : ὑπὸ P || καθέντες mAT : καταθέντες C || 8-9 ἀρκέσοντες mAT : ἐπαρκ. P || 9 τὰ τοῦ BA : τὰ mT.

que l'on ne puisse, avec les soldats restés ici, vous prendre tous au filet. 4 Mais, je pense qu'il est inutile de faire périr tant d'hommes pour un débat particulier où le public n'est nullement intéressé. Il faut[1], à mon sens, que les rivaux vident leur querelle entre eux, et acceptent le verdict des dieux et de la justice qui y mettra fin. Il me paraît donc juste et j'ordonne que les Bessains et les habitants de Memphis se tiennent tranquilles et renoncent à se battre sans raison. Ceux qui se disputent la dignité de prophète se rencontreront en combat singulier; le prix de la victoire sera la prêtrise[2]. »

V 1 Ces paroles d'Arsacé furent accueillies par tous ceux de la ville avec des cris de joie et des marques d'approbation. Ils soupçonnaient Pétosiris de menées scélérates, et chacun se réjouissait d'échapper à un danger évident et immédiat que d'autres allaient courir à leur place. 2 Les Bessains au contraire paraissaient, en général, mécontents et peu disposés à laisser leur chef s'exposer pour eux. Thyamis cependant obtint leur consentement : il leur fit valoir la faiblesse de Pétosiris et son inexpérience des armes, et il les rassura en disant qu'il abordait la

1. Si le texte ici n'est pas profondément altéré, comme le suppose judicieusement M. Rattenbury (cf. append. II, tome I, p. LXXV), on peut malgré tout expliquer l'expression μὴ οὐχὶ καί. Le verbe principal (οὐδὲν δεῖ) est négatif ; or, suivant l'usage classique, après un verbe principal négatif ou assimilé à un verbe négatif, la proposition complément à l'infinitif, quand elle est négative, est accompagnée de la double négation μὴ οὐ : ce qui est le cas dans le texte présent. Οὐδὲν οἶμαι δεῖ... μὴ οὐχὶ καὶ... doit s'entendre « il ne faut nullement, je pense,... ne pas... », ce qui revient à dire « et même il faut, je pense... » (M.)

2. Ce passage est peut-être inspiré d'Homère, *Iliade*, III 88-94

ἄλλους μὲν κέλεται Τρῶας καὶ πάντας Ἀχαιοὺς
τεύχεα κάλ' ἀποθέσθαι ἐπὶ χθονὶ πουλυβοτείρῃ,
αὐτὸν δ' ἐν μέσσῳ καὶ ἀρηΐφιλον Μενέλαον
οἴους ἀμφ' Ἑλένῃ καὶ κτήμασι πᾶσι μάχεσθαι.
ὁππότερος δέ κε νικήσῃ κρείσσων τε γένηται,
κτήμαθ' ἑλὼν εὖ πάντα γυναῖκά τε οἴκαδ' ἀγέσθω·
οἱ δ' ἄλλοι φιλότητα καὶ ὅρκια πιστὰ τάμωμεν.

σειεν ὡς, εἰ καὶ τὸν σατράπην ἀπεῖναι συμβαίνει, μὴ διὰ τῶν λειψάνων γοῦν τῆς ἐνταῦθα στρατιᾶς ἅπαντας ὑμᾶς σαγηνευθῆναι. 4 Ἀλλ' οὐδὲν οἶμαι δεῖ τρίβεσθαι τοὺς πολλούς, καὶ τῆς κατὰ τὴν ἔφοδον προφάσεως ἰδίας τινῶν οὔσης ἀλλ' οὐ δημοσίας οὐδὲ κοινῆς, μὴ οὐχὶ καὶ ἰδίᾳ τὴν ἀμφισβήτησιν κρίνεσθαι καὶ πέρας τὸ ἐκ θεῶν τε καὶ δίκης αὐτῆς ὁρισθησόμενον ἐκδέχεσθαι. Δοκεῖ δή μοι » ἔφη « καὶ προστάττω τοὺς μὲν ἄλλους Μεμφιτῶν τε καὶ Βησσαέων ἡσύχους εἶναι μηδὲ ἀπροφάσιστον ἀλλήλοις ἐπιφέρειν πόλεμον, τοὺς δὲ τῆς προφητείας ἀμφισβητοῦντας πρὸς ἀλλήλους μονομαχήσαντας ἔπαθλον τῷ νικῶντι προθέσθαι τὴν ἱερωσύνην. »

V 1 Ταῦτα τῆς Ἀρσάκης εἰπούσης οἱ μὲν κατὰ τὴν πόλιν ἅπαντες ἀνεβόησαν καὶ τὰ εἰρημένα ἐπῄνουν, ἅμα μὲν εἰς ὑποψίαν μοχθηρᾶς προαιρέσεως κατὰ τοῦ Πετοσίριδος κεκινημένοι ἅμα δὲ καὶ τὸν ἐν ὀφθαλμοῖς καὶ ὅσον οὔπω προσδοκώμενον κίνδυνον αὐτός τις ἕκαστος εἰς τὸν δι' ἑτέρων ἀγῶνα διώσασθαι δοκιμάζων. 2 Οἱ πολλοὶ δὲ Βησσαέων ἐῴκεσαν οὐκ ἀρεσκομένοις οὐδὲ ἐκδοῦναι προκινδυνεύειν σφῶν τὸν ἔξαρχον βουλομένοις, ἄχρις ⟨οὗ⟩ ὁ Θύαμις ἔπεισε συγκαταθέσθαι, τό τε ἀσθενὲς καὶ τὴν εἰς πολέμους ἀπειρίαν τοῦ Πετοσίριδος καταμηνύων καὶ ὡς ἐκ πολλοῦ τοῦ περιόντος ἔσται ἑαυτῷ τὰ τῆς μάχης

10 τὸν σατράπην mAT : τὸν om. P || 11 γοῦν mAT : αὐτῶν C || στρατιᾶς MA : -είας mT || ὑμᾶς VMZT : ἡμᾶς CBPA || 12 σαγηνευθῆναι mAT : -ευθέντας C || 4 2 ἰδίας P : ἰδίᾳ mAT || 3 τινῶν mAT : τινὸς P || οὐ mT : οὐδὲ BA || οὐδὲ κοινῆς codd. fort. corruptum, vid. append. II, vol. I, p. LXXV || 5 ἐκδέχεσθαι mAT : δέχ. C || 6 καὶ προστάττω VMPZAT : καὶ ἀποστ. B om. C || 7 τε mAT : om. C || 10 προθέσθαι VMPZAT : προτίθ. B προστίθ. C.

V 1 1 οἱ μὲν mAT : εἰ μὲν B || 3 εἰς mAT : καὶ εἰς C || ὑποψίαν CBPZAT : -ίας VM || 5 προσδοκώμενον κίνδυνον mAT : προορῶντες κίνδ. προσδ. C || εἰς τὸν mAT : τῶν C || 6 διώσασθαι VMPZAT : διασώσ. CB || 2 3 οὗ addidimus, cf. II, 5 6 et XXVII, 6 3 || 5 τοῦ Πετ. mAT : καὶ τοῦ Πετ. B || ὡς mAT : om. B || 6 ἐκ mAT : om. C || ἑαυτῷ : αὐτῷ codd.

lutte avec de grands avantages. C'est précisément, semble-t-il, cette supériorité de Thyamis qui avait déterminé Arsacé à proposer ce combat singulier. Elle pensait ainsi atteindre, sans en avoir l'air, le but qu'elle visait ; un excellent moyen s'offrait à elle de se venger de Pétosiris, en l'exposant aux coups d'un adversaire beaucoup plus vaillant que lui.
3 On mit un empressement merveilleux à exécuter ses ordres. Thyamis, plein d'entrain, provoquait son frère à une lutte immédiate, tandis qu'avec allégresse il achevait de s'armer [1]. Théagène lui prodiguait ses encouragements, lui posait sur la tête son casque surmonté d'un beau panache et étincelant d'or, et pour plus de sûreté il laçait lui-même le reste de son armure. On dut, au contraire, sur l'ordre d'Arsacé, pousser Pétosiris hors des murs, malgré ses cris et ses prières, et l'armer de force [2]. 4 A sa vue, Thyamis dit à Théagène : « Ne vois-tu pas mon cher, comme il tremble de peur ? » — « Je le vois bien répondit-il. Mais quelles sont tes intentions ? Ce n'est pas là un ennemi ordinaire ; c'est un frère que tu as devant toi. » « Tu as raison, reprit Thyamis, et tu as parfaitement deviné ma pensée. Je suis décidé à le vaincre, si la divinité le veut, mais non à le tuer. La colère et le ressentiment des outrages reçus n'ont pas, je l'espère, assez d'empire sur moi pour que j'aille me souiller du meurtre d'un homme né du même sein que moi, et acheter du

1. Coray compare la phrase ἐν κόσμῳ τῷ γινομένῳ avec χάριν τὴν γινομένην (VIII, 4 3) et donne au participe le sens de προσήκων ou ὀφειλόμενος. L'explication est acceptable pour ce passage, cependant en VIII, 4 3, c'est l'aoriste γενομένην qui sans doute est la bonne leçon (voir note critique *ad loc.*).

2. Comparer cette scène où l'on voit Pétosiris poussé de force au combat avec celle où les prétendants contraignent le mendiant Irus à lutter avec Ulysse, Homère, *Oydssée* XVIII, 75-7

Ἴρῳ δὲ κακῶς ὠρίνετο θυμός·
ἀλλὰ καὶ ὣς δρηστῆρες ἄγον ζώσαντες ἀνάγκῃ
δειδιότα· σάρκες δὲ περιτρομέοντο μέλεσσιν.

Du moment que εἰς παραίτησιν est l'équivalent d'un adjectif qualificatif, il est normal qu'il soit relié à πολλά par καί (cf. πολλὰ καὶ ἐξ ἐναντίων VII, 3 5).

ἐπιθαρσύνων, ἅπερ ὡς ἔοικε καὶ ἡ Ἀρσάκη λαβοῦσα ἐνθύμιον τὴν μονομαχίαν προὔθηκεν, ἀνύποπτον ἑαυτῇ κατορθωθήσεσθαι τὸν σκοπὸν συνορῶσα καὶ ὡς ὁ Πετόσιρις ἀραρότως αὐτῇ δίκην ὑφέξει πρὸς πολλῷ γενναιότερον τὸν Θύαμιν διαγωνιζόμενος. 3 Ἦν οὖν καὶ λόγου θᾶττον ὁρᾶν τὰ τῆς προστάξεως περαινόμενα, τοῦ Θυάμιδος προθυμίᾳ πάσῃ τὴν πρόκλησιν ἐπισπεύδοντος καὶ τὰ λειπόμενα τῶν ὅπλων ἐν κόσμῳ τῷ γινομένῳ καὶ γεγηθότως ἀναλαμβάνοντος, πολλὰ καὶ τοῦ Θεαγένους ἐπιθαρσύνοντος καὶ τό τε κράνος τῇ κεφαλῇ περιτιθέντος εὔλοφόν τε καὶ ὑποχρύσῳ μαρμαρυγῇ πυρσευόμενον καὶ τἄλλα τῶν ὅπλων πρὸς τὸ ἀσφαλὲς διαδέοντος, τοῦ δὲ Πετοσίριδος καὶ ὑπ' ἀνάγκης πυλῶν τε ἐκτὸς ἐκ προστάγματος τῆς Ἀρσάκης ὠθουμένου (πολλά τε καὶ εἰς παραίτησιν βοῶντος) καὶ πρὸς βίαν ἐξοπλιζομένου. 4 Θεασάμενος δὲ αὐτὸν ὁ Θύαμις « Ὦ 'γαθέ » ἔφη « Θεάγενες, οὐχ ὁρᾷς ὅπως τῷ δέει πάλλεται ὁ Πετόσιρις ; » « Ὁρῶ » ἔφη, « ἀλλὰ πῶς χρήσῃ τοῖς προκειμένοις ; οὐ γὰρ ἁπλῶς πολέμιος ἀλλὰ καὶ ἀδελφὸς ὁ ἐναντίος. » Ὁ δὲ « Εὖ λέγεις » εἶπε « καὶ τοῦ σκοποῦ τῆς ἐμῆς διανοίας ἐστοχασμένως. Νικῆσαι δὴ οὖν θεοῦ νεύοντος, οὐκ ἀποκτεῖναι προῄρημαι· μὴ γὰρ οὕτω ποτὲ ὀργὴ καὶ μῆνις ἐφ' οἷς προπέπονθα κρατήσειεν ὡς αἵματος αὐταδέλφου καὶ φόνου μιάσματος ὁμογαστρίου ἄμυναν μὲν

8 μονομαχίαν mAT : μοναρχίαν P || 8-10 κατορθωθήσεσθαι — αὐτῇ om. P || 10 ὑφέξει mAT : -ειν C || πρὸς πολλῷ mAT : προπολλῷ Z || 3 2 προστάξεως VMCBAT : προτ. Z προτάσεως P || περαινόμενα mAT : -όμενος P || 4 τῷ γινομένῳ BPZAT : τῶν -μένων VMC || καὶ CBPZAT : om. VM || 5 ἐπιθαρσ (-θαρρ- P) ύνοντος mAT : θαρσ. C || 6 τό τε mAT : τῷ τε Z || περιτιθέντος CBPAT (περιτεθ. Z) : περιθέντος VM || 9 τε VMCZAT : γε P om. B || τῆς Ἀρσάκης codd. : καὶ τῆς Ἀρσ. ed. Comm. || 10 τε καὶ CBPZAT (cf. VII, 3 5) : τε VM || 4 1 δὲ mAT : om. C || 3 ὁρῶ mAT : ὁρῶ δὲ B || 7 ἐστοχασμένως VMBZAT : -μένος CPA || δὴ οὖν VMBZAT : δεῖ οὖν C δ' οὖν P || 9 προπέπονθα VMCPAT : προσπ. B προπένθα Z || 10 φόνου μιάσματος CBAT : φ. καὶ μ. VMPZ.

sang d'un frère la vengeance[1] d'une injure passée et la conquête de futurs honneurs. » 5 « C'est là, dit Théagène, parler en homme de cœur et qui connait bien les affections de la nature. Mais n'as-tu pas quelque recommandation à me faire ? » « Ce combat, dit-il, sera un jeu pour moi. Cependant la fortune réserve souvent des surprises aux hommes[2]. Si je l'emporte, tu viendras habiter avec moi dans la ville et partager mon sort. Si mes espérances sont trompées, tu prendras le commandement des Bessains qui te sont tout dévoués, et tu mèneras une vie de luttes et de brigandages, jusqu'à ce que Dieu t'ouvre la voie vers un avenir meilleur. »

VI 1 La dessus, ils s'embrassèrent avec des larmes et des baisers. Théagène resta là, tout armé, pour observer[3] ce qui allait se passer. Arsacé, sans qu'il s'en doutât, pouvait se repaître de sa vue et, par ses regards du moins, satisfaire sa passion. 2 Thyamis s'élança contre Pétosiris qui, loin de soutenir le choc, fit demi-tour dès qu'il vit s'avancer son adversaire, et se dirigea vers les portes pour se réfugier dans la ville. Peine perdue. Les sentinelles qui gardaient les issues le repoussèrent et ceux qui étaient sur les remparts défendaient de le laisser passer en quel-

1. Ἄμυνα a ici le sens de « vengeance » et non pas celui bien plus fréquent de « défense » puisqu'il s'agit d'événements passés. Cf. VII, 5 3 τὴν ἄμυναν εἰσπράττεσθαι où le mot, s'appliquant d'ailleurs aux mêmes injustices exercées autrefois par Pétosiris, a la même signification de « vengeance réparatrice ». (M.) — Les mots ἐπὶ τοῖς παρελθοῦσι et ἐπὶ τοῖς μέλλουσιν doivent être construits directement, non avec ἀλλάξασθαι, mais avec ἄμυναν et τιμήν.

2. Cf. Sophocle, *Ajax* 131-2

ὡς ἡμέρα κλίνει τε κἀνάγει πάλιν
ἅπαντα τἀνθρώπεια.

3. La répétition du verbe περισκοπεῖν à deux lignes d'intervalle ne peut être que l'effet d'une négligence, assez rare chez un écrivain aussi attentif qu'Héliodore. (M.)

ἐπὶ τοῖς παρελθοῦσι τιμὴν δέ τινα ἐπὶ τοῖς μέλλουσιν ἀλλάξασθαι. » **5** « Γενναίου τὰ ῥήματα » ἔφη ὁ Θεαγένης « καὶ γνωρίζοντος εὖ τὴν φύσιν· ἀλλ' ἐμοὶ δῆτα τί παραφυλάττειν ἐπιστέλλεις ; » Καὶ ὃς « Ὁ μὲν προκείμενος ἀγὼν εὐκαταφρόνητος, ἀλλ' ἐπειδὴ πολλὰ καὶ παράδοξα πολλάκις αἱ κατ' ἀνθρώπους τύχαι καινουργοῦσιν, εἰ μὲν κρατοίην συνεισελεύσῃ τε εἰς τὸ ἄστυ καὶ συνοικήσεις ἐπὶ τοῖς ὁμοίοις· εἰ δέ τι τῶν παρ' ἐλπίδας ἀποβαίνοι, Βησσαέων ἡγήσῃ τούτων εὔνοιαν πρός σε πολλὴν ἐχόντων καὶ τὸν ληστρικὸν διαθλήσεις βίον ἕως ἄν τι τέλος τῶν κατά σε δεξιώτερον ὑποφήνῃ θεός. »

VI **1** Ἐπὶ τούτοις ἠσπάζοντό τε ἀλλήλους σὺν δάκρυσιν ἅμα καὶ φιλήμασι καὶ ὁ μὲν αὐτοῦ καθῆστο ὡς εἶχε περισκοπῶν τὸ μέλλον· καὶ τῇ Ἀρσάκῃ παρεῖχεν οὐκ εἰδὼς ἐντρυφᾶν αὐτοῦ τῇ θέᾳ παντοίως αὐτὸν περισκοπούσῃ καὶ τοῖς ὀφθαλμοῖς τέως ἀπολαύειν τῆς ἐπιθυμίας ἐπιτρεπούσῃ. **2** Ὁ δὲ Θύαμις ἐπὶ τὸν Πετόσιριν ὥρμησεν, οὐ μὴν ὑπέστη γε ἐκεῖνος τὴν ἔφοδον ἀλλὰ παρὰ τὴν πρώτην κίνησιν εἰς φυγὴν τραπεὶς ἐπὶ τὰς πύλας ἵετο εἰσφρῆσαι εἰς τὸ ἄστυ προθυμούμενος. Ἀλλ' ἤνυέ τε οὐδέν, ὑπὸ τῶν ἐφεστώτων ταῖς πύλαις ἀποκρουόμενος, καί, τῶν ἐπὶ τοῦ τείχους μὴ παραδέχεσθαι καθ' ὃ μέρος

5 1 ὁ mAT : om. C || 3 ἐπιστέλλεις mAT : -ῃ C || 4-5 παράδοξα mAT : παραδόξου B || 5 πολλάκις mAT : om. C || 6 κρατοίην P : ἐγκρατ. mAT || συνεισελεύσῃ τε mA : -εύσηται Z συνελεύσῃ τε T || 7 εἰ δέ τι τῶν παρ' mAT : εἰ μὲν B || 8-9 εὔνοιαν — καὶ τὸν om. Z || 8 πρός σε post πολλὴν P || 9 ληστρικὸν mAT : -ῶν Z || 10 ὑποφήνῃ mAT : ἀποφ. B.

VI **1** 1 ἠσπάζοντο mAT : -ετο B || σὺν mAT : καὶ σὺν Z || 3 τῇ mAT : om. B || 5-6 καὶ τοῖς — ἐπιτρεπούσῃ om. P || **2** 2 μὴν codd. : μὲν ed. Comm. || ὑπέστη (ἐπ. B) mAT : ὑπέστησέ P || παρὰ VMCZAT : περὶ B om. P || 3 κίνησιν mAT : ἔφοδον B || εἰς φυγὴν codd. : om. Bas. || 4 ἵετο B : εἰς τὸ CZAT ἔβει εἰς τὸ P om. VM || εἰσφρῆσαι mT : ἐπεισφ. B εἰσφορῆσαι A || ἤνυέ (vel -έν) τε codd. : ἤνυέ γε Coraes ἠνύετο Bekker ; sed nil mutandum, nam τε et καὶ (6) ἤνυε et ἀπεδίδρασκε (7) copulant || 5 ἀποκρουόμενος mAT : κρουόμ. B.

qu'endroit qu'il se présentât. Il se mit alors à fuir de toute sa vitesse, en tournant autour de la ville, après avoir jeté ses armes. **3** Théagène le suivit, anxieux au sujet du sort de Thyamis et curieux de voir toutes les péripéties de la lutte. Mais il était sans armes, pour qu'on ne pût le soupçonner de vouloir prêter main forte à Thyamis. Il avait déposé son bouclier et sa lance à l'endroit où il s'était assis sous les yeux d'Arsacé, lui laissant contempler ses armes à défaut de sa personne, et s'était mis à courir derrière eux. Thyamis ne pouvait atteindre Pétosiris, qui n'avait pas d'ailleurs une grande avance. Il semblait à chaque instant sur le point d'être pris, mais s'échappait toujours, et distançait naturellement, lui qui était sans armes, Thyamis qui courait tout armé [1]. **4** Jusqu'à deux fois ils firent ainsi le tour des remparts. Ils allaient achever le troisième tour [2], lorsque Thyamis brandissant sa lance dans le dos de son frère le menaça de le frapper, s'il ne s'arrêtait pas. Le peuple, rangé sur le mur comme sur les gradins d'un théâtre, suivait des yeux cette lutte. C'est alors qu'un dieu, ou le hasard qui préside aux actions humaines, par un coup de théâtre inattendu qui venait compliquer d'un nouveau drame celui qui se jouait déjà,
5 fit apparaître Calasiris au moment voulu pour qu'il prît part à cette course tragique et fût le déplorable témoin de la lutte mortelle qui se déroulait entre ses deux fils. Ce père, qui avait affronté tant d'épreuves et tout essayé, jusqu'à s'imposer l'exil et une vie vagabonde à travers les

1. Il n'est guère douteux qu'Héliodore, en décrivant la poursuite de Peitosiris par Thyamis, se souvient de la scène dans laquelle Homère, nous montre Hector fuyant devant Achille autour des murs de Troie (*Iliade* XXII, 136 sqq.) ; mais l'imitation n'a rien de servile. Avec οὔτε ἁλισκομένου..... προσεοικότος comparez les vers 199-201

ὡς δ' ἐν ὀνείρῳ οὐ δύναται φεύγοντα διώκειν·
οὔτ' ἄρ' ὁ τὸν δύναται ὑποφεύγειν οὔθ' ὁ διώκειν·
ὣς ὁ τὸν οὐ δύνατο μάρψαι ποσίν, οὐδ' ὃς ἀλύξαι.

2. Chez Homère le dénouement de la poursuite a lieu au commencement du quatrième tour — ἀλλ' ὅτε δὴ τὸ τέταρτον (208). Héliodore, peut-être pour se différencier de son modèle, le place à la fin du troi-

ὁρμήσειεν ἐπικελευομένων, ἀπεδίδρασκε δὴ τέως, ὡς εἶχε τάχους, περὶ τὸν κύκλον τοῦ ἄστεως, ἤδη καὶ τὰ ὅπλα ἀποβαλών. **3** Συμπαρέθει δὲ κατόπιν καὶ ὁ Θεαγένης ὑπεραγωνιῶν τε τοῦ Θυάμιδος καὶ τῶν γινομένων μὴ πάντα ὁρᾶν οὐ φέρων· οὐ μὴν ἔνοπλός γε, τοῦ μή τινα λαβεῖν ὑπόνοιαν ὡς τῷ Θυάμιδι τοῦ ἔργου συνεφαψόμενος, ἀλλ' ἔνθα καθῆστο τοῦ τείχους ὑπ' ὄψει τῆς Ἀρσάκης τὴν ἀσπίδα καὶ τὸ δόρυ καταθέμενος καὶ ταῦτα περισκοπεῖν αὐτῇ πάλιν ἀνθ' ἑαυτοῦ παρασχὼν συμπαρωμάρτει τοῖς δρόμοις, οὔτε ἁλισκομένου τοῦ Πετοσίριδος οὔτε κατὰ πολὺ τῇ φυγῇ φθάνοντος ἀλλ' ἀεὶ ληφθησομένῳ προσεοικότος καὶ τοσοῦτον ὑπεκφεύγοντος ὅσον εἰκὸς ἦν τοῦ ἀνόπλου καθυστερεῖν ὡπλισμένον τὸν Θύαμιν. **4** Εἰς ἅπαξ μὲν οὖν καὶ δεύτερον οὕτω περιήλασαν τὸ τεῖχος· ἀλλ' ὅτε δὴ τρίτος αὐτοῖς ἠνύετο κύκλος, ἤδη τὸ δόρυ τοῦ Θυάμιδος κατὰ τῶν μεταφρένων τοῦ ἀδελφοῦ κατασείοντος καὶ μένειν ἢ βεβλήσεσθαι διαπειλοῦντος (ἡ πόλις δὲ ὥσπερ ἐκ θεάτρου περιεστῶσα τοῦ τείχους ἠθλοθέτει τὴν θέαν), τότε δή πως εἴτε τι δαιμόνιον εἴτε τύχη τις τὰ ἀνθρώπεια βραβεύουσα καινὸν ἐπεισόδιον ἐπετραγῴδει τοῖς δρωμένοις, ὥσπερ εἰς ἀνταγώνισμα δράματος ἀρχὴν ἄλλου παρεισφέρουσα, **5** καὶ τὸν Καλάσιριν εἰς ἡμέραν καὶ ὥραν ἐκείνην ὥσπερ ἐκ μηχανῆς σύνδρομόν τε καὶ οὐκ εὐτυχῆ θεωρὸν τῷ περὶ ψυχῆς ἀγῶνι τῶν παίδων ἐφίστησι, πολλὰ μὲν ἀνατλάντα καὶ πάντα μηχανησάμενον φυγάς τε ἑαυτῷ καὶ ἄλας ξενικὰς ἐπιβαλόντα, εἴ

7 ἐπικελευομένων mAT : -όμενον Z ‖ τέως nos : τε codd. secl. Bekker et Hirschig ‖ **3** 1 δὲ mAT : τε C ‖ 3 οὐ φέρων CBPZAT : μὴ φ. VM ‖ 11 καθυστερεῖν mAT : -ιστορεῖν P ‖ **4** 3 ὅτε δὴ CBPZAT : ὅτε ὁ VM ὅτε δὴ ὁ Coraes ‖ 4 τοῦ ἀδελφοῦ CBT : τἀδ. VMPA (τ' ἀδ.) Z ‖ 5 ἢ mAT : εἰ Z ‖ βεβλήσεσθαι CB : βεβλῆσθαι VMPZAT cf. B XIII, **3** 4 ‖ 6 ὥσπερ VMCAT : ὡς BPZ ‖ ἐκ mAT : ἐν P ‖ 7 πως mAT : πας Z ‖ τι CBPZAT : om. VM ‖ τις mAT : om. B ‖ 10 παρεισφέρουσα mAT : ἐπιφέρ. C ‖ **5** 1 εἰς mAT : ὡς B ‖ 3 περὶ mAT : τῆς B ‖ 5 ἄλας : ἅλας BPA ἄλλας VMCZT.

pays étrangers, pour échapper à un spectacle aussi odieux, un implacable destin le contraignait à voir ce que les dieux lui avaient prédit un jour. En voyant de loin cette poursuite, averti par les prédictions qui lui avaient été faites, il comprit qu'il s'agissait de ses enfants, et, faisant violence à sa vieillesse, se mit à courir avec une ardeur qu'on n'eut pas attendue d'un homme aussi âgé[1], pour les rattraper avant qu'ils n'en vinssent aux mains.

VII 1 Il les avait rejoints et maintenant courait à côté d'eux. « Que faites vous, Thyamis et Pétosiris ? » ne cessait-il de leur crier. « Que faites vous mes enfants ? » leur répétait-il. Mais ils ne reconnaissaient pas leur père à cause des haillons de mendiant dont il était couvert, et tout à leur lutte[2], croyant avoir affaire à un vagabond ou à un insensé, ils ne l'écoutaient pas. Parmi les spectateurs qui se trouvaient sur les remparts, les uns s'étonnaient de voir avec quelle insouciance il se jetait entre les combattants, les autres riaient à la vue de ce fou lancé dans une course inutile. 2 Mais le vieillard, ayant compris que son sordide accoutrement le rendait méconnaissable, se dépouilla de ses haillons, détacha et laissa pendre sa chevelure à la manière des prêtres, jeta le fardeau qu'il portait sur les épaules et le bâton qu'il avait à la main. Il s'arrêta devant eux et leur apparut avec une majesté vénérable et sacerdotale. Il s'agenouilla lentement et tendit vers eux ses mains suppliantes : « O mes enfants, dit-il en pleurant et d'une voix gémissante, c'est moi Calasiris, votre père.

sième. Le texte est incertain. En raison du parallélisme avec Homère ἀλλ' ὅτε δὴ semble préférable à ἀλλ' ὅτε ὁ. Coray, sans raison convaincante, propose ἀλλ' ὅτε δὴ ὁ, bien qu'il brise ainsi le rythme dactylique, ordinairement évité par Héliodore, sauf quand il cite. D'ailleurs, sans qu'il y ait là une citation, l'auteur a pu reprendre ce fragment de vers pour rappeler Homère.

1. Cf. Δ XXI, 3 4 sqq. εἶδες ἂν καὶ πρεσβύτου πρὸς τὸ γῆρας μάχην καὶ ὥσπερ ἕλκουσαν τὸ σῶμα τὴν διάνοιαν καὶ ὀνειδιζομένην τὴν ἀσθένειαν ὑπὸ τῆς προθυμίας.

2. Cf. II, 3 5 (page 114, note 2).

πως ἐκκλίνειε τὴν οὕτως ἀπηνῆ θέαν, ἐκνικηθέντα δὲ ὑπὸ τῆς εἱμαρμένης καὶ ἰδεῖν ἃ πάλαι αὐτῷ οἱ θεοὶ προεθέσπισαν συνελαθέντα, πόρρωθεν μὲν τὰ τῆς διώξεως προκατοπτεύσαντα ἐκ δὲ τῶν πολλάκις προρρηθέντων τοὺς παῖδας εἶναι τοὺς ἑαυτοῦ συννοήσαντα καὶ συντονωτέροις ἢ καθ' ἡλικίαν δρόμοις ἐπὶ τῷ φθῆναι τὴν εἰς τέλος αὐτῶν συμπλοκὴν καὶ τὸ γῆρας βιασάμενον.

VII 1 Ὡς δ' οὖν ἐπέστη καὶ πλησίον ἤδη συμπαρέθει « Τί ταῦτα, ὦ Θύαμι καὶ Πετόσιρι ; » συνεχῶς ἐβόα· « τί ταῦτα, ὦ παῖδες ; » ἀνεκάλει πολλάκις. Οἱ δὲ οὐδέπω τὴν πατρῴαν ἀναγνωρίζοντες ὄψιν, τοῦ μὲν ἔτι τοῖς πτωχικοῖς ἠμφιεσμένου ῥάκεσιν αὐτοὶ δὲ ὅλοι τῆς ἀγωνίας ὄντες, ὥς τινα τῶν ἀγυρτῶν ἢ καὶ ἄλλως ἐξεστηκότων παρήμειβον· τῶν δὲ ἐπὶ τοῦ τείχους οἱ μὲν ἐθαύμαζον ὡς ἀφειδοῦντα αὑτοῦ καὶ εἰς ξιφήρεις ἐμβάλλοντα οἱ δὲ ὡς παραπλῆγα καὶ μάτην φερόμενον ἐγέλων. 2 Ἀλλ' ὅτε συνεὶς ὁ πρεσβύτης ὑπὸ τῆς εὐτελείας τοῦ σχήματος ἑαυτὸν οὐ γνωριζόμενον ἐγυμνώθη μὲν τῶν ἐπιβεβλημένων ῥακῶν τὴν δὲ ἱερὰν κόμην ἄδετον οὖσαν καθῆκε καὶ τὸ κατ' ὤμων φορτίον καὶ τὴν ἐν χερσὶ βακτηρίαν ἀπορρίψας ἔστη κατὰ πρόσωπον καὶ ὤφθη γεραρός τε καὶ ἱεροπρεπής, ὑπώκλασέ τε ἠρέμα καὶ τὰς χεῖρας εἰς ἱκετηρίαν προτείνας « Ὦ τέκνα » σὺν δάκρυσιν ἀνωλόλυξεν « οὗτος ἐγὼ Καλάσιρις, οὗτος ἐγὼ πατὴρ ὁ ὑμέτερος. Αὐτοῦ στῆτε

6 ἐκνικηθέντα VMZAT (-τος BP) : ἐκκινηθ. C || 8 συνελαθέντα mAT : συνελθόντα P || 9 προκατοπτεύσαντα VMPZAT (-εύαντα B) : -εύσοντα C || 10 ἑαυτοῦ P : σαυτοῦ T αὐτοῦ mA || 11 τῷ φθῆναι mA : τὸ φθ. ZT.

VII 1 1 συμπαρέθει (-εις P) mAT : παρ. C || 2-3 ὦ Θύαμι — ταῦτα om. VM || 4 ἀναγνωρίζοντες B : γνωρ. mAT at C litteris γνω scriptis deficit, cf. Introd. vol. I, p. XXXVIII. ab hoc loco usque ad Θ XIII, 3 m = codicum VMBPZ vel omnium vel uno excepto consensus || 6 καὶ BPZAT : om. VM || 7 τῶν δὲ mAT : οἱ δὲ B || 8 εἰς VMZAT : εἰ P ὡς B || 2 4 κόμην mAT : κώμην Z || ἄδετον mAT : ἄδεκτον P || 5 ὤμων VPZT : ὦμον MBA || 7 ὑπώκλασέ VMPA : ὑπόκλ. Z ὑπέκλ. T ἐπώκλαζε B || 8 ἀνωλόλυξεν VMZT : ἀνολόλ. P ἀνολώλ. A ἀνωλόλυζεν B || 9 αὐτοῦ mAT : αὐτοῦ τε B.

Arrêtez-vous et mettez fin à cette lutte insensée et fatale ; votre père est devant vous, respectez celui qui vous a donné le jour. » 3 Interdits et sur le point de défaillir, ils se jetèrent tous deux aux pieds de leur père et embrassèrent ses genoux, après l'avoir attentivement regardé pour être sûrs de ne pas se tromper [1]. Non, ce n'était pas une vision. C'était bien leur père qu'ils avaient devant eux. Plusieurs sentiments contraires les agitaient : la joie de voir leur père sain et sauf, quand ils le croyaient perdu ; la gêne et la honte d'être surpris en un pareil moment ; l'incertitude angoissante de ce qui allait se passer. 4 Les habitants étonnés, immobiles et sans voix regardaient stupéfaits sans comprendre et pareils à des statues [2], quand se se montra sur la scène un nouveau personnage : Chariclée. 5 Attachée aux pas de Calasiris elle avait reconnu de loin Théagène : les amants, en effet, ont le regard fort prompt à reconnaître celui qu'ils aiment et souvent la démarche, l'attitude seules d'un inconnu, même de loin et par derrière, leur donnent, par une certaine ressemblance, l'illusion de les voir eux mêmes. Frappée par cette vue, elle s'élance avec fureur vers Théagène, l'embrasse étroitement, s'attache à son cou et incapable de parler le salue de ses gémissements et de ses pleurs. 6 Mais lui, naturellement, en voyant ce visage sale qu'elle s'était ingéniée à enlaidir, ces vêtements usés et déchirés, la prit pour une mendiante et une véritable vagabonde [3]. Il l'écartait et

1. La conjecture de Coray substituant διηκρίβουν à διηκριβοῦντο est acceptable paléographiquement et l'on pourrait rapprocher ce passage de XV, 3 1 ἐπειρᾶτο διακριβοῦν τοὺς ὁρωμένους. D'autre part le moyen n'est pas sans précédent, et Héliodore, d'une façon générale, manifeste une prédilection pour la forme moyenne des verbes dont la forme active est plus usitée, par ex. εὐτρεπίζεσθαι (E XIII, 1 5), ὑπηρετεῖσθαι (Λ XV, 2 8), etc.

2. Cf. Aristophane, *Les Grenouilles* 536-7

γεγραμμένην
εἰκόν' ἑστάναι, λαβόνθ' ἓν
σχῆμα.

3. Le déguisement de Chariclée et de Calasiris a été décrit en Ϛ XI, 3 sqq. (M.)

καὶ τὴν ἐκ μοιρῶν μανίαν στήσατε, τὸν φύντα καὶ ἔχοντες καὶ αἰδεσθέντες », **3** τότε οἱ μὲν παρείθησαν καὶ κατενεχθῆναι μικρὸν ἀπολιπόντες προσέπιπτον ἄμφω τῷ πατρὶ καὶ τοῖς γόνασι περιφύντες πρῶτα μὲν ἀτενέστερον ἐνορῶντες διηκριβοῦντο τὸν ἀναγνωρισμόν, ὡς δὲ οὐ φάσμα τὴν ὄψιν ἀλήθειαν δὲ ἐγνώρισαν, πολλὰ ἅμα καὶ ἐξ ἐναντίων ἔπασχον· ἥδοντο ἐπὶ τῷ φύντι σωζομένῳ παρ' ἐλπίδας, ἐφ' ᾗ κατελαμβάνοντο πράξει καὶ ἠνιῶντο καὶ ᾐσχύνοντο, τῆς ἀδηλίας τῶν ἀποβησομένων εἰς ἀγωνίαν καθίσταντο. **4** Καὶ ταῦτα ἔτι τῶν ἐκ τῆς πόλεως θαυμαζόντων καὶ λεγόντων μὲν οὐδὲν οὐδὲ πραττόντων, ὥσπερ δὲ ἀχανῶν ὑπ' ἀγνοίας καὶ τοῖς γεγραμμένοις παραπλησίων πρὸς μόνην τὴν θέαν ἐπτοημένων, ἕτερον ἐγίνετο παρεγκύκλημα τοῦ δράματος — ἡ Χαρίκλεια. **5** Κατ' ἴχνος γὰρ ἐφεπομένη τοῦ Καλασίριδος καὶ πόρρωθεν ἀναγνωρίσασα τὸν Θεαγένην, ὀξὺ γάρ τι πρὸς ἐπίγνωσιν ἐρωτικῶν ὄψις καὶ κίνημα πολλάκις καὶ σχῆμα μόνον κἂν πόρρωθεν ᾖ κἂν ἐκ νώτων τῆς ὁμοιότητος τὴν φαντασίαν παρέστησεν, ὥσπερ οἰστρηθεῖσα ὑπὸ ὄψεως ἐμμανὴς ἐπ' αὐτὸν ἵεται καὶ περιφῦσα τοῦ αὐχένος ἀπρὶξ εἴχετο καὶ ἐξήρτητο καὶ γοεροῖς τισι κατησπάζετο θρήνοις. **6** Ὁ δὲ οἷον εἰκὸς ὄψιν τε ῥυπῶσαν καὶ πρὸς τὸ αἰσχρότερον ἐπιτετηδευμένην ἰδὼν καὶ ἐσθῆτα τετρυχωμένην καὶ κατερρωγυῖαν, ὥσπερ τινὰ τῶν ἀγειρουσῶν καὶ ἀληθῶς ἀλῆτιν διωθεῖτο καὶ παρηγκωνίζετο· καὶ τέλος

3 2 ἄμφω BPZAT : ἅμα VM || 4 διηκριβοῦντο codd. : -κρίβουν (cf. XV, **3** 1) Coraes ; at cf. Plato, *Theaet*, 184 d || φάσμα BPZAT : φάσματα VM || 5 καὶ mAT : om. B || 7 κατελαμβάνοντο mA (καταλ. P) : -λάμβανον T || **4** 3 παραπλησίων m : -πλησίον Z -πλήσιον T -πλησίως A || 4 ἐπτοημένων mAT : -μένον Z || παρεγκύκλημα mAT : παρακύκλ. B || 5 Χαρίκλεια mAT : Χαρ. δὲ B || **5** 1 γὰρ PZAT : om. VMB || ἐφεπομένη mAT : ἑπομ. B || 2 Θεαγένην mAT : -γένη Z || 3 τι mAT : τε B || ὄψις mT : ἡ ὄψις A || 3-4 πολλάκις post κίνημα mT : post σχῆμα A || 4 ᾖ κἂν mT (ἢ κἂν Bas. et edd. praeter Coraem-Bekker) : ἦν B ἦκαν A || ἐκ νώτων mAT : ἐκνώντων B || 5 οἰστρηθεῖσα mAT : οἰστρωθ. B || 7 γοεροῖς mAT : -ῶς V || **6** 2 ἰδὼν VM : om. BPZAT, cf. XI, **9** 1.

la repoussait. Mais comme elle ne le lâchait pas, pour se débarrasser de cette importune qui l'empêchait de voir ce que faisait Calasiris, il lui donna un soufflet. 7 « O Pythien, lui dit-elle tout bas, ne te souviens-tu pas du flambeau[1] ? » Théagène frappé par ces mots se rappela que le flambeau était un signe de reconnaissance convenu entre eux. Il la regarda attentivement et les yeux de Chariclée, comme des rayons sortis d'un nuage, l'éblouirent de leur clarté. Il la prit amoureusement dans ses bras. Toute la foule était accourue à l'endroit du rempart où était assise Arsacé[2], qui, le cœur déjà enflé de jalousie, regardait Chariclée, tandis que se déroulaient ces scènes merveilleuses.

VIII 1 Ainsi prit fin cette guerre impie et fratricide, cette lutte qui semblait ne devoir s'achever que dans le sang. La tragédie avait un dénouement heureux. Un père voit ses enfants armés l'un contre l'autre s'affronter dans un combat singulier, et, sous ses yeux vont périr ceux à qui il a donné le jour. Mais voici que sous son égide[3], la paix renaît entre eux. En vain, il avait fui pour échapper à l'irrévocable décision du destin : au moment opportun il était revenu, pour son bonheur, assister aux événements prévus par le sort[4]. 2 Des fils retrouvaient leur père après dix ans d'absence et de voyages. Celui qui avait été la cause de leur sanglante rivalité au sujet

1. Cf. E V, 1. Théagène et Chariclée ont convenu, en se séparant, d'inscrire sur les murs, les statues et les hermès, elle, ἡ Πυθιάς, lui, ὁ Πυθικός ; et dans le cas où, se retrouvant, ils risqueraient de ne pas se reconnaître, Chariclée prononcerait le mot λαμπάς et Théagène le mot φοῖνιξ.

2. Bien que les manuscrits où se trouve inclus μέρος lui donnent une position inadmissible, il n'est pas douteux que le mot répond au sens de la phrase. Non seulement on peut lire en I XXX, 3 (καθ' ὃ μέρος ὁ Ὑδάσπης προὐκαθέζετο) un tour exactement parallèle, mais l'expression καθ' ὃ μέρος est fréquente chez Héliodore, par ex. B V, 3 5 ; H IX, 11 ; Θ IV, 3, etc.

3. Αὐτός est confirmé, malgré T et Coray, par 2 3 αὐτοὶ μικρὸν ὕστερον κατέστεφον.

4. Cf. B XXV, 5 ; Ϛ XV, 4.

ἐπειδὴ οὐ μεθίει, ὡς ἐνοχλοῦσαν καὶ τῇ θέᾳ τῶν ἀμφὶ Καλάσιριν ἐμποδὼν ἱσταμένην καὶ διερράπισεν. 7 Ἡ δὲ « Ὦ Πύθιε » ἔφη πρὸς αὐτὸν ἠρέμα « οὐδὲ τοῦ λαμπαδίου μέμνησαι ; » Καὶ τότε ὁ Θεαγένης ὥσπερ βέλει τῷ ῥήματι βληθεὶς καὶ τῶν συγκειμένων αὐτοῖς συμβόλων τὸ λαμπάδιον γνωρίσας, ἐνατενίσας τε καὶ ταῖς βολαῖς τῶν ὀφθαλμῶν τῆς Χαρικλείας ὥσπερ ὑπ' ἀκτῖνος ἐκ νεφῶν διαττούσης καταυγασθείς, περιέβαλλέ τε καὶ ἐνηγκαλίζετο. Καὶ τέλος τὸ πρὸς τῷ τείχει σύμπαν καθ' ὃ προκαθῆστο ἡ Ἀρσάκη, διοιδουμένη καὶ οὐκ ἄνευ ζηλοτυπίας ἤδη τὴν Χαρίκλειαν θεωμένη, σκηνογραφικῆς ἐπληροῦτο θαυματουργίας.

VIII 1 Λέλυτο μὲν ἄθεσμος ἀδελφῶν πόλεμος καὶ ἀγὼν ὁ δι' αἵματος κριθήσεσθαι προσδοκώμενος εἰς κωμικὸν ἐκ τραγικοῦ τὸ τέλος κατέστρεφε. Πατὴρ τοὺς παῖδας ξιφήρεις ἐπ' ἀλλήλους καὶ μονομαχοῦντας θεασάμενος καὶ τὸν παρὰ τοσοῦτον τῶν τέκνων θάνατον ἐν ὀφθαλμοῖς τοῖς γεννήσασι δυστυχῆσαι κινδυνεύσας εἰρήνης αὐτὸς ἐγίνετο πρύτανις, διαδρᾶναι μὲν τὸ προωρισμένον ἐκ μοιρῶν ἀδυνατήσας εἰς καιρὸν δὲ ἐπιστῆναι τοῖς ἀποκεκληρωμένοις εὐτυχήσας. 2 Παῖδες τὸν φύντα μετὰ δεκαετοῦς ἄλης χρόνον ἐκομίζοντο καὶ τὸν αἴτιον τῆς ἐπὶ τῇ προφητείᾳ

5 μεθίει mT : -ίη Z -είη A || τῇ θέᾳ BPZAT : τῆς θέας VM || τῶν mT : τὸν ZA || 6 ἱσταμένην mAT : -μένη B || καὶ mA : om. ZT || 7 1 ἡ δὲ mAT : ὁ δὲ M || 3 ὁ Θεαγένης BPZAT : ὁ om. VM || βέλει mAT : βούλει B || 3-4 τῷ ῥήματι mAT : τῶν ῥημάτων B || 6 ἐκ νεφῶν post ἀκτῖνος BT : post ὥσπερ mA || 7 καταυγασθείς mAT : κατασταθείς P || περιέβαλλέ m : -βαλέ BT ἐπέβαλέ A || ἐνηγκαλίζετο mT : ἠγκ. BA || 8 τὸ πρὸς mT : τῷ πρὸς ZA || καθ' ὃ BPZAT : μέρος καθ' ὃ VM fort. καθ' ὃ μέρος scribendum, cf. I XXX, 3 et al. (Ry.) || 10 σκηνογραφικῆς VMZAT : -φισῆς P -φίας B.

VIII 1 1 ἄθεσμος mT : ὁ ἄθ. PA || 2 κριθήσεσθαι mAT : θήσεσθαι Z || 4 καὶ μονομαχοῦντας mAT : καὶ om. B || καὶ τὸν (τῶν T) BPZAT : καὶ ὁ τὸν VM || 5 τῶν τέκνων BPZAT : τῶν om. VM || 6 αὐτὸς mA : -οῖς T quod coni. Coraes || ἐγίνετο mT : ἐγέν. ZA || 2 1 μετὰ mAT : om. B.

de la prêtrise, ils le couronnèrent bientôt après de leurs propres mains et l'accompagnèrent orné des insignes qu'ils lui avaient rendus. Mais pour tous le bouquet du spectacle c'était la scène amoureuse que jouaient, dans ce drame, Chariclée et Théagène[1]. Ces deux personnages, si beaux, si aimables, qui s'étaient retrouvés contre toute espérance, attiraient plus que tout le reste les regards des habitants. **3** La foule s'était répandue hors du mur par les portes et remplissait la plaine. Tous les âges y étaient représentés. Les jeunes gens à peine arrivés à l'âge d'homme accouraient auprès de Théagène. Autour de Thyamis se groupaient les hommes faits[2], dans la force de l'âge, qui avaient pu le connaître autrefois. Les jeunes filles de Memphis, celles qui songaient déjà au mariage, entouraient Chariclée. Quant aux vieillards et aux prêtres, ils escortaient tous Calasiris. Une sorte de procession se forma spontanément. **4** Thyamis avait renvoyé les Bessains, en les remerciant de leur dévouement et en promettant de leur envoyer bientôt, à la pleine lune, cent bœufs, mille moutons et pour chacun d'eux une somme de dix drachmes. Il avait passé son cou sous le bras de son père, pour l'aider à marcher et soutenir les pas chan-

1. Les deux noms sont peut-être interpolés. Τὸ ἐρωτικὸν μέρος τοῦ δράματος rappelle πατήρ (1 3) et παῖδες (2 1) et les scènes précédemment décrites.

2. Il y a ici une analogie superficielle entre cette phrase et celle de I XXIII, 4 τὴν μὲν ἡλικίαν ἄρτι τὸν μείρακα παραλλάττων, δεκάδα ἐτῶν πρὸς ἑβδομάδι πληρῶν. A propos de εἰς ἄνδρας παραλλάττοντος, il n'y a pas ici de difficulté (cf. Achille Tatios Δ XIX, 1), mais τοὺς ἄνδρας ὁλοκλήρως πληρούσης implique un emploi de πληροῦν dont on ne trouve l'équivalent ni dans ce passage ni dans aucun autre. Πληροῦν se trouve à deux reprises dans le proche contexte (3 2 et 4 6) et il est possible que ce soit ces deux mots qui, grâce à l'analogie de la terminaison de ὁλοκλήρως, aient entraîné la substitution fautive de πληρούσης à un autre participe plus convenable. Le terme correct appelé par le contexte serait τελούσῃ; qui implique d'ailleurs quelque altération de τοὺς ἄνδρας. A la place du tour régulier εἰς ἄνδρας, il serait sans doute mieux d'écrire τοῖς ἀνδράσιν, non seulement parce que ce mot peut plus facile-

καὶ μέχρις αἵματος στάσεως αὐτοὶ μικρὸν ὕστερον κατέστεφον καὶ τοῖς [τε] συμβόλοις τῆς ἱερωσύνης ἀναδοῦντες παρέπεμπον. Ἐφ' ἅπασι τὸ ἐρωτικὸν μέρος τοῦ δράματος ἡ Χαρίκλεια καὶ ὁ Θεαγένης ἐπήκμαζεν, ὡραῖοι καὶ χαρίεντες οὕτω νέοι παρ' ἐλπίδα πᾶσαν ἀλλήλους ἀπειληφότες καὶ πλέον τῶν ἄλλων εἰς τὴν ἐφ' ἑαυτοὺς θέαν τὴν πόλιν ἐπιστρέφοντες. 3 Ἐξεχέθη γοῦν πᾶσα διὰ πυλῶν καὶ τὸ προκείμενον πεδίον ἐπλήρου διὰ πάσης ἡλικίας, τοῦ μὲν ἐφηβεύοντος τῆς πόλεως καὶ εἰς ἄνδρας ἄρτι παραλλάττοντος τῷ Θεαγένει προστρέχοντος, τῷ δὲ Θυάμιδι τῆς ἀκμαζούσης ἡλικίας καὶ † τοὺς ἄνδρας ὁλοκλήρως πληρούσης † καί τι καὶ ἀναγνωρίζειν τὸν Θύαμιν ἐχούσης· τὸ δὲ παρθενεῦον τοῦ ἄστεως καὶ νυμφῶνας ἤδη φανταζόμενον τὴν Χαρίκλειαν περιεῖπε, πρεσβυτικὸν δὲ καὶ ἱερὸν ἅπαν γένος ἐδορυφόρει τὸν Καλάσιριν. 4 Καὶ πομπή τις ἱεροπρεπὴς αὐτοσχέδιος ἐστέλλετο, τοὺς μὲν Βησσαέας τοῦ Θυάμιδος ἀποπέμψαντος καὶ χάριν τε τὴν γενομένην ὑπὲρ τῆς προθυμίας ὁμολογήσαντος καὶ βοῦς μὲν ἑκατὸν χίλια δὲ πρόβατα καὶ δραχμὰς ἑκάστῳ δέκα μικρὸν ὕστερον καὶ εἰς πληρουμένην τὴν σελήνην ἀποστέλλειν ἐπαγγειλαμένου, τὸν αὐχένα δὲ ὑπάγοντος ταῖς χερσὶ τοῦ πατρὸς καὶ τὴν πορείαν ἐπικουφίζοντος καὶ τὴν βάσιν τοῦ πρεσ-

4 τε secl. Bekker tacite || 5 τὸ BZAT : τὸ δὲ P δὲ τὸ VM || ἐρωτικὸν VMZAT : ἱερατικὸν BP || 5-6 ἡ Χαρίκλεια καὶ ὁ Θεαγένης codd. : an secludenda ? cf. E XI, 2 (Ry.) || 6 ἐπήκμαζεν (-ξεν B) mAT : -ον P || 3 1 ἐξεχέθη (cf. IV, 1 6 et al.) BPZ : -χύθη VMAT || 2 ἐπλήρου διὰ πάσης ἡλικίας codd. : ἐπλήρουν ἅπασαι ἡλικίαι Lb. || 3 ἐφηβεύοντος mAT : εὐφηβοντος B || ἄρτι mAT : ἄρα B || 4 τῷ Θεαγένει mAT : ὦ Θεαγ. P || Θυάμιδι τῆς mAT : Θύαμι διατῆς Z || 5-6 τοὺς ἄνδρας ὁλοκλήρως (-ους BZ et P[1]) πληρούσης (-ας P) codd. : εἰς ἄνδρας ὁλοκλήρως τελούσης coni. Ry. || 6 καί τι καὶ mAT : καί τι P || 7-8 φανταζόμενον mAT : -όμενα B || 4 2 Βησσαέας (cf. III, 4 6) Coraes : Βησσ (Βισυ- Z) αεῖς codd. || 3 ἀποπέμψαντος mAT : ὑποπ. B || τε mAT : δὲ B || γενομένην mAT : γιγν. P || 4 προθυμίας mAT : θυμηδίας B || ὁμολογήσαντος mAT : -σαντα Z || 5 δραχμὰς MBPAT : δραγμὰς VZ || 6 καὶ εἰς BPZAT : εἰς VM || ἀποστέλλειν mAT : -στείλειν M -στελεῖν Coraes.

celants du vieillard dont la joie soudaine et imprévue avait un peu brisé les forces. **5** De l'autre côté, Pétosiris en faisait autant. Et le vieillard ainsi escorté, à la lueur des flambeaux s'en allait au temple d'Isis [1], parmi les applaudissements et les acclamations, au son des syrinx et des flûtes sacrées qui faisaient danser la folâtre [2] jeunesse. **6** Arsacé elle-même suivit le mouvement général. Entourée de sa garde particulière, elle allait à part en un cortége pompeux et orgueilleux ; couverte de bijoux et d'or, elle pénétra dans le temple d'Isis, sous prétexte de faire comme tous les autres habitants ; mais en réalité, seul Théagène l'y attirait et nul ne mettait plus de complaisance à contempler le jeune homme. Son plaisir [3] toutefois était gâté par la présence de Chariclée. Théagène la conduisait en la tenant par le bras, et il lui frayait un chemin à travers la foule. Les flèches [4] aiguës de la jalousie entraient dans le cœur d'Arsacé. **7** Calasiris arrivé dans le sanctuaire se prosterna, embrassa les pieds de la statue et resta longtemps dans cette attitude, presque mort. Les assistants le ranimèrent. A grand peine, il put se tenir debout et offrir à la déesse des libations et des prières. Il enleva de sa tête la couronne sacerdotale et la posa sur la tête de Thyamis, en déclarant à la foule qu'il était trop vieux maintenant et qu'il prévoyait sa fin prochaine, que l'aîné de ses fils

ment se transformer en τοὺς ἄνδρας, mais aussi parce qu'Héliodore adopte cette construction post-classique en E XXVI, 4 5 où il emploie συντελεῖν dans un sens analogue (voir page 72, note 1). Cf. *Mélanges offerts à M. Octave Navarre*, p. 366.

1. Ὑπὸ suivi du datif, dans le sens de « avec un accompagnement de », est d'un emploi courant dans la langue grecque. Cf. Hésiode, *Le bouclier d'Hercule*, 282 ὑπ' ὀρχηθμῷ καὶ ἀοιδῇ. (M.)

2. Bien que l'hypothèse qui fait venir ἀγέρωχος de ἄγαν et ἐρωή soit loin d'être prouvée, il reste certain que, dans l'usage, l'épithète implique souvent l'idée d'*élan impétueux* qu'implique cette étymologie. (M.)

3. Τὸ ἡδόμενον = τὴν ἡδονήν. Voir page 9, note 2.

4. L'image est très fréquente chez les poètes grecs. Cf. par exemple Euripide, *Hippolyte*, 39

κέντροις ἔρωτος ἡ τάλαιν' ἀπόλλυται. (M.)

θύτου πρὸς τὸ παρ' ἐλπίδα χαῖρον ἠρέμα παραλυομένην ἐφεδράζοντος. 5 Ἐποίει δὲ ταὐτὸν ἐκ θατέρων καὶ ὁ Πετόσιρις καὶ ὑπὸ λάμπασιν ἡμμέναις ἐπὶ τὸν νεὼν τῆς Ἴσιδος κατήγετο ὁ πρεσβύτης, ὑπὸ κρότῳ καὶ εὐφημίᾳ πολλῇ δορυφορούμενος, πολλῶν ἅμα συρίγγων καὶ αὐλῶν ἱερῶν ἐπηχούντων καὶ πρὸς χορούς τὸ ἀγέρωχον τῆς ἡλικίας ἐκβακχευόντων. 6 Οὐ μὴν οὐδὲ ἡ Ἀρσάκη κατόπιν ἐλείπετο τῶν δρωμένων, ἀλλ' ἴδιον δορυφόρημα καὶ πομπείαν καθ' ἑαυτὴν ὑπέρογκόν τινα σοβοῦσα ὅρμους καὶ πολὺν χρυσὸν ἐνέβαλεν εἰς τὸ Ἰσεῖον, οὑτωσὶ μὲν δοκεῖν δι' ἅπερ καὶ ἡ λοιπὴ πόλις, ἐκ μόνου δὲ τοῦ Θεαγένους τὸν ὀφθαλμὸν ἀναρτήσασα καὶ πλέον τῶν ἄλλων τῆς ἐκείνου θέας ἐμφορουμένη, οὐ μὴν ἔχουσά γε καθαρὸν τὸ ἡδόμενον· ἀλλὰ τὴν Χαρίκλειαν ὁ Θεαγένης ἐξ ὠλένης χειραγωγῶν καὶ τὴν ὀχλικὴν ἐπιφορὰν ἀναστέλλων δριμύ τι τῇ Ἀρσάκῃ ζηλοτυπίας κέντρον ἐνέβαλλεν. 7 Ὡς οὖν ἐντὸς ἐγεγόνει τῶν ἀνακτόρων ὁ Καλάσιρις ῥίπτει μὲν ἑαυτὸν ἐπὶ πρόσωπον τοῖς δὲ ἴχνεσι προσφὺς τοῦ ἀγάλματος ὡρῶν τε ἐπὶ πλεῖστον οὕτως ἔχων ὀλίγου μὲν καὶ ἐκθανεῖν ἐδέησεν. Ἀναλαβόντων δὲ τῶν περιεστώτων μόλις διαναστὰς καὶ σπείσας τε τῇ θεῷ καὶ κατευξάμενος, ἀφελὼν τῆς ἑαυτοῦ κεφαλῆς τὸν τῆς ἱερωσύνης στέφανον τὸν παῖδα τὸν Θύαμιν κατέστεφεν, αὐτὸς μὲν ἤδη γηραιός τε εἶναι πρὸς τὸ πλῆθος εἰπὼν καὶ ἄλλως προορᾶν τὴν

9 ἐλπίδα mAT : -ας P || 5 2 ὑπὸ mAT : ἀπὸ B || νεὼν mAT : νεὸν Z || 5 τὸ VMT : τὸν PA τῶν Z γὰρ B || 6 1 ἡ Ἀρσάκη mAT : ἡ om. B || 2 δορυφόρημα mT (δωρυφ. A) : τὸ δορυφ. B || 3 ὅρμους BPZAT : om. VM || 4 πολὺν mAT : πολύν τινα P || τὸ mAT : τὸν B || Ἰσεῖον VA (-ίον M) : Ἴσειον T (-ιον BPZ) || οὑτωσὶ mT : οὕτως εἰ BA || 7-8 τὸ ἡδόμενον BPZAT : τὸ ἐνθύμημα ἡδ. VM || 9 ἀναστέλλων mAT : -ειν Z || 10 ἐνέβαλλεν VBAT : -βαλεν MPZ || 7 2 οὖν mT : γοῦν A || ἐντὸς mAT et M post corr. : ἐκτὸς M unde Bas. || 4 πλεῖστον (an μέρος subaudiendum cf. XII, 2 2 ?) codd. : in πλείστων mutaverunt PT || 5 ἐκθανεῖν mAT : ἐκθάλλειν P || περιεστώτων mAT : -εστηκότων B || 6 σπείσας (πείσας B) τε MBT (σπείσατε V) : σπείσασθαι τε Z σπείσας καὶ A σπείσας P || καὶ (2) mT : om. ZA.

devait, selon la loi, recevoir les insignes de la prêtrise [1] et qu'il possédait d'ailleurs les qualités morales et la vigueur physique que réclame l'exercice des fonctions sacerdotales [2].

IX 1 Le peuple par ses acclamations montra qu'il approuvait la conduite de Calasiris. Celui-ci se retira, avec ses fils et Théagène, dans la partie du temple destinée au logement des prêtres. Les autres rentrèrent chacun chez soi. Arsacé ne pouvait se décider à partir ; elle revint plusieurs fois, comme pour faire encore ses dévotions. Quand, enfin, elle quitta le temple, ce ne fut pas sans se retourner vers Théagène aussi longtemps qu'elle put le voir. 2 Rentrée au palais royal, elle se dirigea droit vers sa chambre, se jeta sur son lit, tout habillée, et resta étendue sans prononcer un mot. Cette femme voluptueuse et effrontée s'était enflammée, à la vue de l'irrésistible Théagène, d'une passion plus vive que toutes celles qu'elle avait éprouvées jusque là. 3 Toute la nuit elle demeura sur son lit, se tournant sans cesse [3], et poussant à tout moment de profonds gémissements. Tantôt elle se dressait,

1. Sur l'emploi de χρεωστεῖσθαι, cf. E XXX, 3 4 (page 78, note 1).

2. Les prêtres égyptiens formaient une caste à part, et les fonctions sacerdotales étaient héréditaires. Cf. Hérodote II, 37 ἱρᾶται δὲ οὐκ εἷς ἑκάστου τῶν θεῶν ἀλλὰ πολλοί, τῶν εἷς ἐστι ἀρχιέρεως· ἐπεὰν δέ τις ἀποθάνῃ, τούτου ὁ παῖς ἀντικατίσταται. — Le mot λειτουργία désignait en Grèce un service public bien déterminé, qui n'était pas spécifiquement d'ordre religieux. Plus tard, il s'appliqua, accompagné d'un qualificatif (πρὸς θεούς, τῶν θεῶν) au service du culte, et les écrivains ecclésiastiques l'employaient dans ce sens absolument. (M.)

3. La description de la nuit agitée d'Arsacé est une réminiscence d'Homère, *Iliade* XXIV, 3-12. Le poète nous dit que la pensée de Patrocle empêche Achille de dormir

ἐστρέφετ' ἔνθα καὶ ἔνθα (5)...
ἄλλοτ' ἐπὶ πλευρὰς κατακείμενος, ἄλλοτε δ' αὖτε
ὕπτιος, ἄλλοτε δὲ πρηνής· τότε δ' ὀρθὸς ἀναστὰς
δινεύεσκ' ἀλύων παρὰ θῖν' ἁλός. (10-12).

τελευταίαν πλησιάζουσαν, τὸν δὲ παῖδα πρεσβύτερον ὄντα τοῦ γένους χρεωστεῖσθαί τε τὰ σύμβολα τῆς προφητείας ἐκ τοῦ νόμου καὶ ἱκανῶς γε ἔχειν ψυχῆς τε ἅμα καὶ σώματος πρὸς τὰς τῆς ἱερωσύνης λειτουργίας.

IX 1 Ἐκβοήσαντος δὲ πρὸς ταῦτα τοῦ δήμου καὶ συγκατατίθεσθαι διὰ τῶν ἐπαίνων παραδηλοῦντος, αὐτὸς μὲν τοῦ νεὼ μέρος τι καταλαβὼν ὃ δὴ τοῖς προφητεύουσιν ἀποκεκλήρωτο τούς τε παῖδας ἔχων ἅμα καὶ τοὺς περὶ τὸν Θεαγένην ἐγκατέμεινεν· οἱ λοιποὶ δὲ εἰς οἴκησιν ἕκαστος τὴν ἑαυτῶν ἀπεχώρουν· ἀπεχώρει δὲ καὶ ἡ Ἀρσάκη μόλις μὲν καὶ πολλάκις ἀναστρέφουσα καὶ πλείονι θεραπείᾳ δῆθεν τῇ περὶ τὴν θεὸν ἐναλύουσα πλὴν ἀλλ' ἀπεχώρει γε ὀψέ ποτε καὶ θαμὰ πρὸς τὸν Θεαγένην ἕως ἐξῆν ἐπιστρέφουσα. 2 Ἐπεὶ δ' οὖν εἰς τὴν βασίλειον αὐλὴν ἦλθε, διαμπὰξ ἐπὶ τὸν θάλαμον ἵεται καὶ καταβαλοῦσα ἑαυτὴν ἐπὶ τῆς κλίνης ὡς εἶχε σχήματος ἔκειτο ἄναυδος, γύναιον καὶ ἄλλως πρὸς ἄσεμνον ἡδονὴν ἐπίφορον τότε δὲ πλέον ὑπὸ θέας ἀμάχου τῆς Θεαγένους καὶ τὰς πώποτε εἰς πεῖραν ἐλθούσας ὄψεις ὑπερπαιούσης ἀνακαόμενον. 3 Παννύχιος γοῦν ἔκειτο, πυκνὰ μὲν πρὸς ἑκατέραν πλευρὰν τὸ σῶμα διαστρέφουσα πυκνὰ δὲ καὶ βύθιον ἐπιστένουσα καὶ

10 τελευταίαν (-έαν Z) mAT : τελευτὴν M || 12 γε nos : τε codd. om. Bas. introduxit Commelinus secl. Coraes || 13 τῆς BAT : om. m.

IX 1 1 ἐκβοήσαντος mA : -ησάντων PT || δὲ mAT : δὴ B || 2 παραδηλοῦντος B : -ούντων mAT || 3 ὃ mAT : ᾗ B || 6 ἑαυτῶν mAT : -οῦ P || 7 ἀναστρέφουσα mAT : ἀνατρέφ. P || θεραπείᾳ mAT : -είαν B || 8 τῇ mAT : τὴν τὴν B || τὴν mT et A post corr. : τὸν VA || ἐναλύουσα VMZAT : ἀναλ. BP || γε BPZAT : om. VM || 9 τὸν mAT : τὴν P || ἐπιστρέφουσα (-αν P) mAT : ἀναστρ. B || 2 1 βασίλειον mAT : βασιλέως B || ἦλθε BPZAT : προῆλθε VM || 2 ἵεται (cf. VII, 5 6) BPZAT : ἵετο VM || 4 τότε δὲ BPA : τότε VMZT || 5 τῆς mAT : τοῦ P || πώποτε mAT : μὴ πώποτε P || 5-6 εἰς πεῖραν (bis A, εἰς σπεῖραν V) ἐλθούσας mAT : ἐλθ. εἰς πεῖραν P || 6 ἀνακαόμενον mA : ἀνακαιόμ. Z ἀνακκόμ. T || 3 1-2 παννύχιος VMZAT : -ιον P παννῦ (*sic*) B || 2 γοῦν mAT : οὖν P || 3 διαστρέφουσα codd. : στρέφ. Coraes || ἐπιστένουσα mT : ἐπιστενάζ. BA,

tantôt elle se laissait retomber sur le lit, quittait unę partie de ses vêtements et se rejetait soudain sur sa couche. Elle appelait parfois son esclave, sans raison, et la renvoyait, sans lui rien commander. 4 Bref, cet amour allait insensiblement dégénérer en folie, n'eût été la vieille Cybèle, femme de chambre d'Arsacé et complice de ses amours[1], qui entra enfin dans la chambre, où elle voyait tout ce qui se passait, à la lueur d'une lampe qui éclairait l'amoureuse Arsacé, non moins brillante qu'elle. 5 « Qu'est-ce donc, ô maîtresse ? Quelle est cette nouvelle passion ? Quelle est celui dont la vue tourmente mà petite fille ? Qui donc est assez présomptueux et insensé pour résister à ta beauté, et ne pas regarder comme un bonheur l'amour que tu lui offres, et pour dédaigner ces complaisantes faveurs ? Dis-le moi seulement, ma chère petite. Il n'y a cœur de fer[2] que je n'arrive à séduire. Dis-le moi, et tu auras sans faute ce que tu désires. Je pense t'avoir donné assez souvent des preuves de mon talent. »

X 1 Elle continua sa chanson, aux pieds[3] de sa maîtresse qu'elle harcelait de flatteries et de questions pour

1. Cybèle joue le rôle d'entremetteuse auprès d'Arsacé. Le cas est fréquent dans les légendes anciennes d'une nourrice qui reste au service de la jeune fille qu'elle a élevée, et favorise les amours de sa maîtresse, par ex. la nourrice de Phèdre (Euripide, *Hippolyte*) et celle de Myrrha (Ovide, *Métamorphoses* X, 298 sqq.).

2. Cf. Δ IV, 3 6 sqq., τίς οὕτως ἀδαμάντινος ἢ σιδηροῦς τὴν καρδίαν ὡς μὴ θέλγεσθαι; Voir page 6, note 2.

3. Mitscherlich propose τοῖς ὠσί au lieu de τοῖς ποσί en s'appuyant sur Ϛ XIV, 6 6 πολλὰ τοῖς ὠσὶν ἐπᾴδουσα. Mais la structure de la phrase montre qu'une expression est nécessaire avec προσκνυζωμένη pour faire pendant au second terme de cette phrase terminé par un autre participe (ἐπαγομένη), et deux passages de Philostrate prouvent le bien-fondé de τοῖς ποσί : *Les Héroïques*, p. 662 (κύων) περίεισί με προσκνυζώμενος τοῖς ποσί et *Vie d'Apollonius* V, 42 (λέων) προσελθὼν τῷ 'Απολλονίῳ καθημένῳ ἐς τὸ ἱερὸν τοῖς τε γόνασιν αὐτοῦ προσεκνυζᾶτο καί.... Il est vrai que le verbe ne se trouve pas ailleurs appliqué à des êtres humains, mais il marque ainsi avec d'autant plus de force la servilité de Cybèle.

νῦν μὲν ὀρθουμένη νῦν δὲ ὀκλάζουσα ἐπὶ τῆς στρωμνῆς καὶ τῆς ἐσθῆτος ἑαυτὴν κατὰ μέρος ἀπογυμνοῦσα καὶ αὖθις ἀθρόον ἐπὶ τὴν εὐνὴν καταφέρουσα καί ποτε καὶ παιδίσκην ἀπροφασίστως προσκαλέσασα αὖθις ἀπέπεμπεν οὐδὲν ἐπιστείλασα. 4 Καὶ ἁπλῶς εἰς μανίαν λοιπὸν ἐλάνθανεν ὁ ἔρως ὑποφερόμενος, ἕως δή τις πρεσβῦτις ὄνομα Κυβέλη τῶν θαλαμηπόλων καὶ συνήθως τὰ ἐρωτικὰ τῇ Ἀρσάκῃ διακονουμένων εἰσδραμοῦσα εἰς τὸν θάλαμον, ἔλαθε γὰρ αὐτὴν οὐδ' ὁτιοῦν τῶν γινομένων ἅτε λύχνου φαίνοντος καὶ οἷον συνεξάπτοντος τῇ Ἀρσάκῃ τὸν ἔρωτα, 5 « Τί ταῦτα » ἔλεγεν « ὦ δέσποινα ; τί σε νέον ἢ καινὸν ἀλγύνει πάθος ; τίς πάλιν ὀφθεὶς τὴν ἐμὴν διαταράττει τροφίμην ; τίς οὕτως ἀλαζὼν καὶ ἔκφρων ὡς τοῦ κατὰ σὲ τοσούτου κάλλους μὴ ἡττῆσθαι μηδὲ εὐδαιμονίαν ἡγεῖσθαι τὴν σὴν ἐράσμιον ὁμιλίαν ἀλλὰ νεῦμα τὸ σὸν καὶ βουλὴν ὑπερφρονεῖν ; Ἔξειπε μόνον, ὦ γλυκύτατον ἐμοὶ παιδίον· οὐδεὶς οὕτως ἀδαμάντινος ὡς μὴ τοῖς ἡμετέροις ἁλῶναι θελγήτροις· ἔξειπε καὶ οὐκ ἂν φθάνοις ἀνύουσα τὰ κατὰ γνώμην. Ἔργοις δὲ οἶμαι πολλάκις τὴν πεῖραν εἴληφας. »

X 1 Ἡ μὲν ταῦτα καὶ ὅμοια ἕτερα κατεπῇδε πολλὰ τοῖς ποσὶ τῆς Ἀρσάκης προσκνυζωμένη καὶ παντοίαις

4 νῦν δὲ mAT : ναῦς δὲ B || τῆς στρμωνῆς mAT : τῆς om. B || 5 τῆς ἐσθῆτος (αἰσθ. P) BPZAT : τῆς om. VM || ἀπογυμνοῦσα mAT : ὑπογ. Z || 7 προσκαλέσασα mAT : προκ. P || 7-8 ἐπιστείλασα m : ἀποστ. B ἐπιτείλ. AT || 4 1 λοιπὸν post μανίαν mT : om. A post ἐλάνθανεν M || 2 Κυβέλη mA : Κιβέλη B Κυβέλλη (ut semper) T || 3 τῶν (bis B) mAT : καὶ τῶν P || 4 αὐτὴν mAT : αὐτῇ P || 5 λύχνου mAT : λίχνου B || 5 2 τί σε mAT : τίς σε Z || νέον ἢ καινὸν codd. : fortasse νέον ἱκᾶνον Lb. ἢ καινὸν secl. Hirschig ; at cf. X, 2 5 || 4 οὕτως mAT : οὗτος Z || τοσούτου mAT : τοιούτου P || 5-6 ἐράσμιον mA : ἐρασμίαν T, cf. XIX, 7 6 || 9 φθάνοις (-οι B) codd. : ὑστερήσῃς Bas. ex M qui γρ. οὐκ ἂν ὑστερήσῃς superscr. ; οὐκ ἂν ὑστερήσῃς ποιοῦσα τὰ κατὰ γνώμην V[mg].

X 1 1 ὅμοια ἕτερα mA : ἕτ. ὅμ. P ἕτ. οἷα T || κατεπῇδε mAT : κατῇδε B || 2 ποσὶ codd. (cf. Philostr., *Heroic*, 662, *V. A.*, v. 42) : ὠσὶ Mitscherlich || προσκνυζωμένη VM[1] (-ομένη M[2]ZA) : -κνιζομένη BPT.

tirer d'elle un aveu. Arsacé, après un moment de silence, lui dit : « Je suis touchée, mère, comme jamais je ne l'ai été. Souvent tu m'as rendu service dans de telles circonstances, mais cette fois je ne sais si tu pourras réussir. **2** La bataille qui a failli se livrer aujourd'hui devant les remparts n'est pas allée jusqu'à l'effusion du sang ; une paix soudaine a réconcilié les adversaires. Mais pour moi, elle a été le signal d'une autre lutte plus sérieuse, et je porte, non dans mes membres mais au fond du cœur, une blessure. Celui qui me l'a faite, c'est le jeune homme que j'ai vu, pour mon malheur, courir aux côtés de Thyamis pendant le combat singulier. **3** Tu vois certainement, mère, qui je veux dire. Car il brillait entre tous par sa beauté nonpareille[1] ; même une âme rustique et insensible aux belles choses l'eût remarqué, à plus forte raison toi, qui es une connaisseuse. Maintenant, ma chère, tu sais mon mal, c'est à toi de mettre tout en œuvre[2] et de faire appel à ta vieille expérience de séductrice consommée[3], si tu veux sauver ta maîtresse. Car je ne pourrais plus vivre, si je ne l'ai à tout prix. » **4** — « Je connais ce jeune homme, dit la vieille. Il est large de poitrine et d'épaules. Il porte la tête droite et fière, et domine tous les autres de sa haute taille. Ses yeux sont bleus, son regard est à la fois tendre et farouche ; ses cheveux descendent en

1. L'emploi ici de καταστράπτειν n'est pas exactement pareil à celui qui en est fait dans une phrase analogue en A XXI, 3 5. Là πλέον ἢ πρότερον αὐτὸν τῷ κάλλει καταστράψασα signifie « elle l'éblouit par sa beauté comme par un éclair » (cf. I IX, 3) ; ici le sens est « il éclipsait les autres en beauté comme un éclair ». Le même verbe est employé dans un tout autre sens en Θ XIV, 1, où ἀργυροῖς τε καὶ ἐπιχρύσοις τοῖς ὅπλοις τὸ πεδίον καταστράπτων signifie « illuminant la plaine d'armes d'or et d'argent comme d'un éclair ».

2. On trouve plus ordinairement πᾶν χρῆμα κινεῖν (Hérodote V, 96) ou πᾶσαν μηχανὴν προσφέρειν (Euripide, *Iphigénie en Tauride* 112). Cf. H V, 8 πάντα κίνει, πᾶσαν εὕρισκε μηχανήν. Mais cf. B XXIV, 3 7 πᾶσαν ἐγείρει καὶ κινεῖ μηχανήν.

3. Cf. B XXXIII, 6 5 σοφίαν τινὰ καὶ ἴυγγα κίνησον ἐπ' αὐτὴν Αἰγυπτίαν. Sur l'emploi métaphorique de ἴυγξ « charme amoureux », cf. II V,

κολακείαις ἐξειπεῖν τὸ πάθος ἐπαγομένη. Ἡ δὲ μικρὸν ἐφησυχάσασα « Βέβλημαι » εἶπεν « ὦ μῆτερ ὡς οὔπω πρότερον καὶ πολλὰ δὴ πρὸς σοῦ καὶ πολλάκις εὖ παθοῦσα ἐν ὁμοίαις ταῖς χρείαις οὐκ οἶδα εἰ καὶ νῦν ἔξω κατορθοῦσαν. 2 Ὁ γάρ τοι πόλεμος ὁ πρὸ τῶν τειχῶν τήμερον ὀλίγου μὲν συγκροτηθεὶς ἀθρόον δὲ κατασταλεὶς τοῖς μὲν ἄλλοις ἀναίμακτος ἀπεφάνθη καὶ εἰς εἰρήνην κατέστρεψεν, ἐμοὶ δὲ ἀρχή τις ἀληθεστέρου πολέμου καὶ τραῦμα οὐ μέρους μόνον ἢ μέλους ἀλλὰ καὶ ψυχῆς αὐτῆς γέγονε, τὸν ξένον ἐκεῖνον νεανίαν τὸν τῷ Θυάμιδι κατὰ τὴν μονομαχίαν παραθέοντα οὐκ εὐτυχῶς ἐπιδείξας.
3 Οἶσθά που πάντως, ὦ μητέριον, ὃν λέγω· οὐ γὰρ μικρῷ τῷ μέσῳ τοὺς ἄλλους τῷ κάλλει κατήστραπτεν οὔθ' ὥστε καὶ ἄγροικόν τινα λαθεῖν καὶ τῶν καλῶν ἀνέραστον, μή τί γε δὴ σὲ καὶ τὴν σὴν πολυπειρίαν. Ὥστε, ὦ φιλτάτη, τὸ μὲν βέλος τοὐμὸν ἔγνωκας, ὥρα δέ σοι κινεῖν πᾶσαν μηχανὴν πᾶσαν πρεσβυτικὴν ἴυγγα καὶ αἱμυλίαν, εἴπερ δὴ βούλει σοι περιεῖναι τὴν τροφίμην· ὡς οὐκ ἔστιν ὅπως βιώσομαι μὴ πάντως ἐκείνου τυγχάνουσα. »
4 « Γινώσκω » ἔφη « τὸν νεανίαν » ἡ γραῦς. « Εὐρύς τις ἦν τὰ στέρνα καὶ τοὺς ὤμους καὶ τὸν αὐχένα ὄρθιον καὶ ἐλεύθερον ὑπὲρ τοὺς ἄλλους αἴρων καὶ εἰς κορυφὴν τοὺς ἅπαντας ὑπερέχων γλαυκιῶν τὸ βλέμμα καὶ ἐραστὸν ἅμα

3 ἐπαγομένη BPZA : ἐπειγ. VMT || 4 ἐφησυχάσασα mAT : ἐπισυχ. P || εἶπεν mAT : ἔφην B || 5 πρός σοῦ VMPA : πρὸ σοῦ B προσοῦ Z προτοῦ T || καὶ πολλάκις mAT : καὶ om. B || **2** 1 ὁ γάρ mAT : οὐ γάρ B || 2 ὀλίγου mA : -ον T οὐ λῆγον B || 5 μέρους μόνον ἢ μέλους codd. : suspexit Coraes μέλους μόνον [ἢ μέλους] Hirschig ; at cf. IX, **5** 2 || **3** 1 μητέριον BPAT (cf. μαμμίδιον et Κυβέλιον infra) : μῆτερ VMZ || ὃν mT : ὃ P om. A || οὐ mAT : οὐδὲ Z || 2 οὔθ' codd. cf., Θ II, **3** et vid. Introd., Vol. I, p. LXII : οὐδ' Bekker || 3 ὥστε mAT : ὅστε Z || λαθεῖν mAT : μαθεῖν B || 4 μή τί VBPAT : μήτοι M μήτε Z || 6 αἱμυλίαν mAT : -ύλοις B || 7 τροφίμην mT (-ήμην A) : στροφ. B || 8 πάντως mAT : -ας Z || **4** 1 εὐρύς τις mAT : εὐρότης Z || 4 γλαυκιῶν m : -κιόων A γλαυκὸν T || ἐραστὸν codd. : ἐπέραστον Coraes, cf. XII, **4** 11.

longues boucles et ses joues sont ornées d'une barbe naissante et blonde. C'est sur lui que j'ai vu se précipiter soudain une femme étrangère, assez jolie mais impudente, à ce qu'il m'a semblé, qui s'attachait à lui et le tenait enlacé. C'est bien lui dont tu veux parler, maîtresse ? » —
5 « C'est lui, petite mère. Tu m'as rappelé bien à propos l'attitude scandaleuse de cette misérable, une échappée de mauvais lieu, et des plus communes, à la beauté fardée, hardie et prétentieuse[1]. Cependant elle a plus de chance que moi d'être tombée sur un pareil amant. » A ces mots, la vieille réprima un sourire qui lui fit grimacer les lèvres. « Rassure-toi, maîtresse. Jusqu'ici l'étranger l'a crue belle. Si j'arrive à lui faire connaître et toi et ta beauté, il laissera, comme on dit, le cuivre pour l'or[2] et enverra promener cette petite courtisane qui aura beau faire des grâces, car toutes ses manières ne lui serviront de rien. »
— 6 « Si tu fais cela, ma chère petite Cybèle, d'un seul coup tu m'auras guérie de deux maladies : mon amour en le satisfaisant, ma jalousie, en m'en délivrant. » — « Je ferai tout mon possible, reprit la vieille. Allons, remet-

7 μεγάλην εἰς πειθὼ κέκτηται πρὸς ἄνδρας ἴυγγα τὰ γυναικεῖα καὶ σύνοικα βλέμματα et Sophocle, *Fragm.*, 433 (Nauck)

τοίαν Πέλοψ ἴυγγα θηρατηρίαν
ἔρωτος ἀστραπήν τιν' ὀμμάτων ἔχει.

1. La phrase est une suite d'injures, imméritées évidemment, mais provoquées par la jalousie. Le texte est sans doute intact. Si la phrase est brusque et heurtée, ce peut être intentionnel pour peindre l'état d'âme agité d'Arsacé. Pour le sens de οἴκημα, cf. Achille Tatios II VIII, 11 τάχα δὲ καὶ συνεκάθευδες, ἱερεῦ, οἴκημα τὸ ἱερὸν ποιήσας, mais cet emploi est également classique, par ex. Hérodote II, 121 ε'. La beauté dont Chariclée est si fière est insignifiante (μικρῷ), commune (τῶν πολλῶν), et elle est non pas naturelle mais artificielle (ἐπιτετηδευμένῳ). Φαντάζεσθαι dans le sens de ἐπαίρεσθαι se trouve chez Hérodote VII, 10 ὁρᾷς τὰ ὑπερέχοντα ζῷα ὡς κεραυνοῖ ὁ θεὸς οὐδὲ ἐᾷ φαντάζεσθαι ; suivi bientôt de οὐ γὰρ ἐᾷ φρονεῖν μέγα ὁ θεὸς ἄλλον ἢ ἑωυτόν. Cf. φαντασία en XII, 3 3 (voir page 134, note 4).

2. Homère, *Iliade* VI, 235-6

τεύχ' ἄμειβε
χρύσεα χαλκείων ἑκατόμβοι' ἐννεαβοίων.

Le verbe ἀλλάττεσθαι est ici substitué au verbe d'Homère ἀμείβειν, qui est conservé en Θ II, 1.

καὶ γοργὸν προσβλέπων, ὁ καταβόστρυχός που πάντως ἐκεῖνος τὴν παρειὰν ἄρτι ξανθῷ τῷ ἰούλῳ περιστέφων, ᾧ γύναιόν τι ξενικὸν οὐκ ἄωρον μὲν ἄλλως δὲ ἰταμόν, ὡς ἐδόκει, προσδραμὸν αἰφνίδιον περιέφυ καὶ περιπλακὲν ἐξήρτητο· ἦ οὐ τοῦτον λέγεις, ὦ δέσποινα; » 5 « Τοῦτον » ἔφη « μαμμίδιον· εὖ γάρ με καὶ τὸ παράσημον ὑπέμνησας, τὴν ἀλιτήριον ἐκείνην καὶ τῶν ἀπ' οἰκήματος ἐπὶ μικρῷ καὶ τῶν πολλῶν καὶ ἐπιτετηδευμένῳ κάλλει μέγα μὲν φανταζομένη, πλὴν ἀλλ' ἐμοῦ γε δὴ εὐτυχοῦσαν πλέον, ἣ τοιοῦτον κεκλήρωται τὸν ἐρώμενον. » Βραχὺ δὴ πρὸς ταῦτα καὶ σεσηρὸς ὑπομειδιάσασα ἡ πρεσβῦτις « Θάρσει » ἔφη « ὦ δέσποινα· εἰς τὴν τήμερον ἐκείνη καλὴ τῷ ξένῳ νενόμισται, εἰ δὲ σοὶ καὶ τῷ σῷ κάλλει προσσχεῖν αὐτὸν ἀνύσαιμι χρυσᾶ, φασί, χαλκῶν ἀλλάξεται, ὡς ἑταιρίδιον τὸ ἐθελάστειον ἐκεῖνο καὶ μάτην θρυπτόμενον παραγκωνισάμενος. » 6 « Εἰ γὰρ οὕτω ποιήσειας, Κυβέλιον φίλτατον· δυεῖν δι' ἑνός μοι γενήσῃ νόσων ἰατρός, ἔρωτός τε καὶ ζηλοτυπίας, τὸν μὲν ἐμπλήσασα τῆς δὲ ἀπαλλάξασα. » Καὶ ἡ « Γενήσεται » εἶπεν « τό γε ἐπ' ἐμοί. Σὺ δέ μοι σαυτὴν ἀναλαμβάνειν καὶ τὸ παρὸν ἡσυ-

5 καταβόστρυχός mAT : κατὰ βόστρυχας B || 6 ἄρτι mAT : ἄρτῳ P || περιστέφων VMAT : -στρέφων BPZ || 7 ἄωρον mAT : ὥρον Z || 8 περιπλακὲν mAT : πλακὲν P || 9 τοῦτον mAT : τοσοῦτον B || 5 2 ὑπέμνησας (ex ὑπομεμνήσας P) mAT : ἐπέμν. B || 3 τῶν (τὸν P) ἀπ' οἰκήματος VMPT (τῶν ἀποικ. BA) : τῶν ἀποικημάτων Z || 4 μικρῷ BP : μακρῷ VMZAT || καὶ τῶν πολλῶν codd. : κτητῶν πορνῶν coni. Lb. || καὶ (om. T) ἐπιτετηδευμένῳ mAT : καὶ ἐπιτηδευομένῳ P || 5 μὲν mT : om. A || δὴ εὐτυχοῦσαν VM : διευτυχοῦσαν BT -οῦσα PZA || 6 ἣ VMPAT : ἢ BZ εἰ Coraes || τοιοῦτον mAT : τοσ. P || 8 ἔφη mAT : om. B || 9 νενόμισται mAT : νενόηται P || προσσχεῖν B : προστυχεῖν mAT || 10 χρυσᾶ — ἑταιρί[om. Z || χαλκῶν BAT : -είων VMP, cf. Θ II, 1; at fort. melius χρυσᾶ in χρύσεα mutato χαλκείων scribere, ut auctor ipsissima Homeri verba (*Il.*, 6, 236) protulerit. vide Append., II, Vol. I, p. LXVII || 11 ἐθελάστειον mAT : ἐθελέστ. P || 6 1 ποιήσειας BPZAT : -σεις VM || 2 δυεῖν (cf. Lobeck ad Phryn., p. 211) VBAT : δυοῖν MPZ || 3 τὸν μὲν Coraes : τοῦ μὲν codd. || τῆς δὲ mAT : τοῦ δὲ V || 4 ἡ : ἢ VPA ἦ T εἰ MBZ || εἶπεν mA : om. MT.

tons-nous ; pas d'inquiétude pour le moment ; qu'on n'aille pas à l'avance se laisser abattre et se décourager. Bon espoir [1]. »

XI 1 Elle dit, emporta la lampe, ferma la porte de la chambre et partit. Au petit jour, avec un eunuque du palais et une servante, qu'elle avait chargée de prendre des gâteaux et autres offrandes, elle se dirigea vers le temple d'Isis. 2 Arrivée devant les portes, elle déclara qu'elle désirait offrir un sacrifice à la déesse, au nom de sa maîtresse Arsacé, qui voulait conjurer les menaces d'un songe effrayant [2]. Un gardien l'en empêcha et la renvoya. « Le temple, lui dit-il, est plongé dans le deuil. 3 Le prophète Calasiris, rentré chez lui après une longue absence, avait offert hier soir à ses intimes un brillant festin pendant lequel il s'était montré joyeux et plein d'entrain. Le repas fini, il fit des libations et adressa de longues prières à la déesse. 4 Puis il dit à ses enfants qu'ils ne le verraient plus désormais. Il leur recommanda de veiller avant tout sur les jeunes Grecs qu'il avait amenés avec lui et de les aider de tout leur pouvoir à réaliser leurs projets. Il alla

1. Il ne paraît pas douteux que le romancier, en créant le personnage d'Arsacé et celui de la nourrice, se soit souvenu de l'*Hippolyte* d'Euripide, auteur qui manifestement lui était très familier. Mais il a sensiblement modifié les données du drame. Si Théagène rappelle Hippolyte, il n'a pas comme ce dernier un farouche dédain pour l'amour. La nourrice d'Arsacé est plus cynique et plus familière que celle de Phèdre. Cette dernière offre beaucoup plus de résistance au mal et aux séductions de l'amour que l'héroïne d'Héliodore. Enfin, et ce point est capital, le romancier apporte un élément nouveau : la jalousie ; élément que retiendra Racine pour sa tragédie de *Phèdre* en y introduisant Aricie. D'ailleurs on ne trouve dans la scène familière, bourgeoise, du romancier aucune trace de la haute poésie qui baigne les deux tragédies. (M.)

2. C'était la coutume de faire des sacrifices propitiatoires après de mauvais rêves. C'est ainsi que Clytemnestre envoie Chrysothémis sur la tombe d'Agamemnon (Sophocle, *Electre* 406 sqq.) ; cf. Euripide, *Iphigénie en Tauride* 42 sqq. et Tibulle I, 5 13-14

ipse procuravi ne possent saeva nocere
somnia, ter sancta deveneranda mola.

χάζειν μηδὲ δυσθυμοῦσα προαποκάμνειν ἀλλ' εὔελπις εἶναι. »

XI 1 Ταῦτ' εἶπε καὶ ἀφελοῦσα τὸν λύχνον ἐπικλεισαμένη τε τοῦ θαλάμου τὰς θύρας ἐξώρμησεν. Οὔπω δὲ ἀκριβῶς ἡμέρας ἐπησθημένη τῶν τε βασιλείων εὐνούχων ἕνα παραλαβοῦσα καὶ ἄλλην θεράπαιναν ἅμα ποπάνοις καὶ ἑτέροις δή τισι θύμασιν ἕπεσθαι προστάξασα ἐπὶ τὸ Ἰσεῖον ἔσπευδεν. 2 Ὡς δὲ τοῖς προθύροις ἐπέστη θυσίαν ἄγειν τῇ θεῷ λέγουσα ὑπὲρ τῆς δεσποίνης Ἀρσάκης, ἔκ τινῶν ὀνειράτων τεταραγμένης καὶ ἐξιλεώσασθαι τὰ ὀφθέντα βουλομένης, τῶν νεωκόρων τις διεκώλυέ τε καὶ ἀπέπεμπε, κατηφείας τὰ περὶ τὸ ἱερὸν ἐμπεπλῆσθαι φάσκων. 3 Τὸν γὰρ δὴ προφήτην τὸν Καλάσιριν μακροῖς χρόνοις εἰς τὴν οἰκείαν ἐπανήκοντα ἑστιαθῆναι μὲν λαμπρῶς ἅμα τοῖς φιλτάτοις κατὰ τὴν ἑσπέραν καὶ πρὸς πᾶσαν ἄνεσιν καὶ ψυχαγωγίαν ἑαυτὸν ἐκδοῦναι· μετὰ δὲ τὴν εὐωχίαν σπεῖσαί τε καὶ πολλὰ ἐπεύξασθαι τῇ θεῷ, 4 καὶ τοῖς παισὶν εἰπόντα ὡς ἄχρι τοῦ παρόντος ὄψονται τὸν πατέρα, καὶ πολλὰ ἐπισκήψαντα τῶν σὺν αὐτῷ νέων Ἑλλήνων ἀφιγμένων ὡς ἔνι μάλιστα προνοεῖν καὶ ἐν οἷς ἂν βουλομένοις

6 μηδὲ δυσθυμοῦσα Coraes (cf. Γ XVII, 5 6) : μηδὲ δυσθυμοῦσαν mA μηδὲ θυμ. B μηδ' ἀθυμ. T || προαποκάμνειν VMBA : προσαπ. PZT || εὔελπις PZA : -ιν VMBT.

XI 1 2 τε mAT : om. Z || οὔπω mAT : οὕτω P || 3 ἐπησθημένη mT : ἐπισθ. P ἐπιστησαμένη A tum οὔπω δὲ ἀκριβῶς iterum scribit B || 5 τισι mAT : τίθησι P || θύμασιν mT : θυμιάμασιν A || προστάξασα mAT : -τάξας M || Ἰσεῖον cf. VIII, 6 4, Dio Cass., 66, 24 et al.: Ἴσειον VMT (-ιον PZA) ἴδιον B || 2 2 λέγουσα mAT : μέλλουσα P || τῆς mAT : om. B || 3 ὀνειράτων mAT : χειράτων B || 3-4 καὶ ἐξιλ. — βουλομένης mAT : om. B || 4 νεωκόρων mT : νεοκόρων (ut saepius) ZA || τις διεκώλυέ τε mAT : διεκώλυέ τις P || 5 ἱερὸν mAT : ἴδιον B || 3 3 οἰκείαν VMB : οἰκίαν PZAT, cf. III, 4 7 || 5-6 σπεῖσαι mAT : πεῖσαι B || 6 τε mAT : om. P || 4 2 τοῦ παρόντος codd. : του παρόντες Lb. || 3 ἐπισκήψαντα VMT (ἐπισκέψ. P) : -οντα Z -αντι B -αντος A || 4 καὶ ἐν mAT : καὶ om. B.

ensuite se coucher. Soit que l'excès de la joie, en dilatant par des spasmes violents les voies respiratoires [1], ait brisé en peu de temps son corps usé par l'âge, soit que les dieux lui aient accordé une fin qu'il leur demandait, au chant du coq [2] on le trouva mort. Ses fils, inquiets des déclarations du vieillard, l'avaient veillé toute la nuit. **5** « Et maintenant, ajouta le gardien, nous avons envoyé chercher tous les prêtres et prophètes [3] de la ville, pour lui faire des funérailles conformes aux usages et traditions. Il faut vous éloigner. Car, pendant sept jours, seules peuvent offrir des sacrifices et même entrer dans le temple les personnes préposées au service divin [4]. » — **6** « Mais alors, reprit Cybèle, où logeront les étrangers dont tu parlais? » — « Dans une maison, près du temple, que Thyamis, le nouveau prophète, a fait aménager pour eux avec soin. Tiens, les voici qui viennent. Dociles à la loi, ils sont en train de quitter les lieux saints. » **7** Cybèle vit là une occasion de saisir son gibier. « Eh bien! dit-elle, ô sacristain très cher aux dieux, il y a moyen pour toi de faire plaisir à ces étrangers, en même temps qu'à nous et surtout à Arsacé, la sœur du Grand Roi. Tu sais combien elle aime les Grecs et avec quel empressement elle accueille des hôtes.

1. L'expression οἱ πνευματικοὶ πόροι semble appartenir à la langue médicale. Quant aux verbes ἀνεθέντων et χαλασθέντων, ils marquent une extension excessive des voies respiratoires qui provoque la distension et le relâchement des tissus. (M.)

2. Cf. Longus Γ III 3 3 περὶ ᾠδὰς ἀλεκτρυόνων. (M.)

3. La phrase προφητικόν τε καὶ ἱερατικὸν γένος paraît bien désigner une seule et même caste : celle des prêtres, qui étaient en même temps prophètes. (M.)

4. Cf. Lucien, *La déesse syrienne* 52. Quand un prêtre de Cybèle vient à mourir, ses collègues emportent son corps et l'enterrent hors de l'enceinte de la ville. Ils rentrent ensuite chez eux et se tiennent éloignés du temple pendant sept jours, φυλάξαντες δὲ ἑπτὰ ἡμερέων ἀριθμὸν οὕτως ἐς τὸ ἱρὸν ἐσέρχονται.

αὐτοῖς γένηται τὰ δυνατὰ συμπράττειν, κατακλίναντά τε ἑαυτὸν καὶ εἴτε διὰ τὸ τῆς χαρᾶς μέγεθος τῶν πνευματικῶν πόρων εἰς ὑπερβολὴν ἀνεθέντων καὶ χαλασθέντων, οἷα δὴ γηραιοῦ τοῦ σώματος ἀθρόον διαφορηθέντος, εἴτε καὶ θεῶν αἰτήσαντι τοῦτο παρασχομένων, εἰς ἀλεκτρυόνων ᾠδὰς τετελευτηκότα γνωσθῆναι, τῶν παίδων ἐξ ὧν προὔλεγεν ὁ πρεσβύτης παννύχιον παρατηρούντων. **5** « Καὶ νῦν » ἔφη « διεπεμψάμεθα τοὺς μετακαλέσοντας τὸ λοιπὸν τῶν κατὰ τὴν πόλιν προφητικόν τε καὶ ἱερατικὸν γένος, ὡς ἂν τὰ νομιζόμενα ἐπ' αὐτῷ τῆς κηδείας κατὰ τὸν πάτριον νόμον τελοῖεν. Ἀποχωρητέον οὖν ὑμῖν, οὐ γὰρ θέμις μὴ ὅτι γε θύειν ἀλλ' οὐδὲ ἐπιβαίνειν τοῦ νεὼ πλὴν τοῖς ἱερωμένοις ἑπτὰ τούτων ὅλων τῶν ἐχομένων ἡμερῶν. » **6** « Πῶς οὖν οἱ ξένοι διάξουσιν οὓς ἔφασκες ; » ἡ Κυβέλη. Καὶ ὃς « Καταγώγιον αὐτοῖς εὐτρεπισθῆναι πλησίον καὶ ἔξω που περὶ τὸν νεὼν ὁ νέος προφήτης ὁ Θύαμις ἐπέστειλε, καὶ ὡς ὁρᾷς αὐτοί γε οὗτοι προσίασι τῷ νόμῳ πειθόμενοι καὶ ἐξοικίζοντες ἑαυτοὺς τῶν ἱερῶν τὸ παρόν. » **7** Ἡ δὴ Κυβέλη τὴν ξυντυχίαν ἅρπαγμα καὶ ὥσπερ ἄγρας ἀρχὴν ποιησαμένη « Οὐκοῦν » ἔφη « ὦ νεωκόρων θεοφιλέστατε, καιρὸς τούς τε ξένους καὶ ἡμᾶς ἅμα εὖ ποιεῖν, μᾶλλον δὲ Ἀρσάκην μεγάλου βασιλέως ἀδελφήν· οἶσθα γὰρ ὡς φιλέλλην τέ ἐστι καὶ δεξιόν τι χρῆμα περὶ ξένων ὑπο-

5 γένηται B : γίνεται (γίγν. P) m γίνηται AT || 6 ἑαυτὸν T : αὐτὸν mA || 7 ἀνεθέντων mAT : ἀναθ. B || καὶ χαλασθέντων mAT : om. B || 8 διαφορηθέντος mAT : -φθαρέντος Z || 9 τοῦτο mAT : τούτῳ B || ἀλεκτρυόνων mAT : -ιόνων B || 10 γνωσθῆναι mAT : γνωρισθῆναι B || **5** 2 μετακαλέσοντας VMPZAT : -σαντας BZ Bas. || 3 προφητικὸν BPZAT : -ῶν VM || ἱερατικὸν BPZAT : -ῶν VM || 5 νόμον mAT : om. P || ὑμῖν mT : ἡμῖν PA || 7 ὅλων mAT : om. B || **6** 1 διάξουσιν mAT : διασώζουσιν B || οὓς PZA : οὗτοι T om. VMB || ἔφασκες nos (cf. XIII, **2** 5) : ἔφασκεν codd. possis ἔφη quoque addere || 2-3 πλησίον Coraes : πλεῖστον codd. πόρρω κατὰ πολὺ V^{mg} || 3 ἔξω που mAT : ἐξόπου P || 4 προσίασι M^2BPZAT : προίασι VM^1 || 5 ἱερῶν mAT : ἱρῶν M || **7** 1 δὴ mT : δὲ PA || τὴν ξυντυχίαν mAT : τῇ ξυντυχίᾳ B || 3 ἅμα VPZAT : om. MB.

Dis à ces jeunes gens que, par ordre de Thyamis, c'est chez nous qu'on leur a préparé un appartement. » **8** Le gardien accéda à la demande de Cybèle dont il ne soupçonnait nullement les secrets desseins[1]. Il croyait rendre service ainsi aux étrangers en les introduisant dans la demeure du satrape, en même temps qu'il satisfaisait ceux qui lui demandaient cette grâce, sans dommage ni danger pour personne[2]. **9** Quand il vit s'approcher Théagène et Chariclée, dans la désolation et les larmes : « Il est défendu, leur dit-il, par nos usages, on vous en a pourtant avertis, de pleurer et lamenter un prophète. Nous devons l'accompagner au tombeau avec joie et en le félicitant[3] d'être entré dans une autre vie meilleure et plus heureuse[4] : ainsi le prescrit notre sainte et divine loi. **10** Vous êtes néanmoins excusables, car c'est votre père, comme vous dites, que vous pleurez, votre protecteur et votre seule espérance. Mais il ne faut pas vous désespérer complètement. Thyamis, on le voit bien, n'a pas seulement hérité de la prêtrise, mais aussi de la bienveillance que son père vous témoignait. En effet, son premier soin a été de donner des ordres pour qu'on s'occupe de vous. On vous a préparé un logement splendide, tel que pourraient le souhaiter les plus heureux des gens du pays, et non des étrangers dont la situation actuelle ne parait pas brillante. Suivez cette

1. Βυσσοδομεύειν est un terme de la langue épique inusité en prose avant l'époque post-classique.

2. Le verbe καθικετεύειν, qu'Héliodore emploie à plusieurs reprises dans son sens normal (par ex. ϛ XIV, 7 2), ne semble pas avoir de sens ici. Nous n'avons pas, cependant, pu trouver nous-mêmes de solution à cette difficulté et nous voyons qu'aucune solution satisfaisante n'a été proposée. Καταθήσειν de P donnerait bien le sens voulu, mais il n'y a pas de raison pour admettre qu'Héliodore l'ait écrit.

3. Ces mots sont empruntés à la dernière ligne d'un fragment bien connu d'Euripide (449 Nauck)

> ἐχρῆν γὰρ ἡμᾶς σύλλογον ποιουμένους
> τὸν φύντα θρηνεῖν εἰς ὅσ' ἔρχεται κακά,
> τὸν δ' αὖ θανόντα καὶ πόνων πεπαυμένον
> χαίροντας εὐφημοῦντας ἐκπέμπειν δόμων.

4. Cf. B XXIV, 6 1 ταύτης εἰς ἑτέραν λῆξιν ἀναλυθείσης.

δοχήν. Λέγε οὖν πρὸς τοὺς νέους ὡς κατὰ πρόσταγμα τοῦ Θυάμιδος ἐν ἡμετέρου τὸ καταγώγιον αὐτοῖς ηὐτρέπισται. » 8 Ἐποίησεν οὕτως ὁ νεωκόρος, οὐδὲν τῶν βυσσοδομευομένων ὑπὸ τῆς Κυβέλης ὑποτοπήσας, ἀλλ' εὐεργετήσειν τε οἰόμενος τοὺς ξένους εἰ πρόξενος αὐτοῖς αὐλῆς σατραπικῆς γένοιτο καὶ ἅμα τοῖς αἰτοῦσι τὴν χάριν, ἀβλαβῆ καὶ ταῦτα οὖσαν καὶ ἀζήμιον, † καθικετεύσειν †. 9 Κατηφεῖς δὲ καὶ δεδακρυμένους ἰδὼν πλησιάσαντας τοὺς περὶ τὸν Θεαγένην ὁ νεωκόρος « Οὐκ ἔννομα μὲν » ἔφη « οὐδὲ συγκεχωρημένα ἐκ τῶν πατρίων διαπράττεσθε, καὶ ταῦτα προαπηγορευμένον ὑμῖν, ὀδυρόμενοι καὶ θρηνοῦντες ἄνδρα προφήτην, ὃν χαίροντας καὶ εὐφημοῦντας ἐκπέμπειν ὡς τῆς βελτίονος μετειληχότα λήξεως καὶ πρὸς τῶν κρειττόνων κεκληρωμένον ὁ θεῖος καὶ ἱερὸς παρεγγυᾷ λόγος· πλὴν ἀλλὰ συγγνωστὰ μὲν ὑμῖν πατέρα, ὥς φατε, καὶ κηδεμόνα καὶ ἐλπίδα τὴν μόνην ἀποβεβληκόσιν. 10 Οὐ μὴν ἀθυμητέα παντάπασιν, ὁ γὰρ Θύαμις οὐ τῆς ἱερωσύνης μόνον τῆς ἐκείνου ἔοικεν εἶναι διάδοχος ἀλλὰ καὶ τῆς περὶ ὑμᾶς διαθέσεως. Τὰ γοῦν πρῶτα προνοηθῆναι ὑμῶν ἐπέστειλε καὶ καταγώγιον ὑμῖν ηὐτρέπισται λαμπρὸν καὶ οἷον εὔξαιτ' ἄν τις καὶ εὐδαιμόνων καὶ ἐγχωρίων, μή τί γε δὴ ξένων καὶ εὐτελέστερον τὸ νυνὶ πράτ-

6 κατὰ πρόσταγμα codd. : κατὰ τὸ πρ. Amyot || 7 ἡμετέρου codd. cf. ς II, 2 4 : -έρῳ Coraes || 8 1-2 βυσσοθυμευομένων T Bas. : βυσσοδευομ. M βυσσευομ. VBZA βυσσομ. P || 5 καθικετεύσειν VMB (καθικεύσειν ἀντὶ καθικετεύσειν (*sic*) A) : καθηκετεύσαι Z καθικέτευεν T καταθήσειν P || 9 1 δὲ mAT : δὴ B || ἰδὼν πλησιάσαντας nos : πλησ. ἰδὼν T πλησ. πλησιάσας ἰδὼν B πλησιάσαντας mA ὁρῶν post νεώκορος addere voluit Toup at cf. VII, 6 2 || 2 τοὺς περὶ mAT : τὰ περὶ B || ὁ νεώκορος (νεόκ. ZA) mAT : post ἔφη P || 4 προ (προσ- B) απηγορευμένον mA et T superscr. : -μένων ZT || ὑμῖν mAT : ἡμῖν P || 8-9 ὑμῖν (ἡμῖν B) πατέρα ὥς φατε BPAT : ὑμῖν ὥς φατε πατέρα VM τὰ πέρα ὑμῖν ὥς φατε Z || 9-10 ἀποβεβληκόσι mAT : ὑποβ. B || 10 2 μόνον post ἱερωσύνης VM : post ἐκείνου BPZAT || 3 ὑμᾶς VMZAT : ἡμᾶς BP || πρῶτα mAT : om. B || 5 καὶ ἐγχωρίων mAT : καὶ om. B. || 6 μή τί mA : μήτοι MT || εὐτελέστερον Toup : -εστέρων codd. || τὸ νυνὶ BPAT : τὸν νυνὶ Z τῶν νυνὶ V τῶν νῦν M.

femme (il leur montrait Cybèle), regardez-la comme votre mère ; c'est elle qui doit vous conduire. Faites ce qu'elle vous dira. »

XII 1 Ils obéirent à l'ordre du gardien, avec la passivité de gens dont un malheur imprévu a engourdi[1] l'esprit. Ils étaient d'ailleurs bien aises d'avoir un endroit où ils pourraient tout de suite se retirer et se réfugier. Certes, ils se fussent pourtant gardés d'y aller, s'ils avaient pu prévoir la tragédie qui se jouerait dans cette demeure trop magnifique et les malheurs[2] qui les y attendaient. 2 Le sort qui s'acharnait contre eux, après leur avoir accordé quelques heures de répit et laissé goûter une joie éphémère, leur infligea bientôt de nouvelles épreuves[3], et les livra, esclaves pour ainsi dire volontaires, à leur ennemie. Sous couleur de leur offrir une généreuse hospitalité, il faisait de ces étrangers jeunes et sans défiance des prisonniers. Tant il est difficile aux voyageurs de ne pas être comme des aveugles dans les pays étrangers qu'ils ne connaissent pas. 3 Quand ils furent arrivés au palais du satrape et se trouvèrent devant l'entrée magnifique, plus imposante et plus haute que celle des maisons particulières, en présence des gardes et de la foule des serviteurs[4], ils regardaient, étonnés et troublés, cette demeure qui convenait si peu à leur infortune présente. Ils suivirent néanmoins Cybèle qui multipliait ses exhortations et ses encouragements, les appelant sans cesse ses petits enfants, ses chers amis, et les assurant qu'ils n'auraient qu'à se louer

1. Βυθίζω appartient à la langue post-classique. Dans le sens métaphorique qu'il emploie ici on le retrouve chez les écrivains ecclésiastiques. (M.)

2. L'expression πρὸς κακοῦ γενησόμενον s'éclaire si on songe au sens propre de πρό; avec le génitif (= « dans la direction de », « en faveur de »). Cf. Hérodote I, 124. (M.)

3. Cf. E XIX, 1 1 οὐ γὰρ ἦν, φασὶ, τοὺς δυστυχοῦντας μὴ οὐχὶ πανταχοῦ δυστυχεῖν.

4. Φαντασία signifie apparemment « faste ostentatoire ». Cf. Polybe XXXII, 12, 6 ἡ κατὰ τὴν εὐγένειαν φαντασία, et l'emploi de φαντάζεσθαι en X, 5 5 (page 130, note 1).

τειν δοκούντων. Ἕπεσθε δὴ κοινὴν ὑμῶν μητέρα τήνδε νομίσαντες » δείξας τὴν Κυβέλην « καὶ ξεναγούσῃ πείθεσθε. »

XII 1 Ταῦτα ἐκεῖνος μὲν ἔλεγεν ἐποίουν δὲ οἱ περὶ τὸν Θεαγένην, τὸ μέν τι πρὸς τῶν παρ' ἐλπίδα προσπεπτωκότων βεβυθισμένοι τὴν διάνοιαν τὸ δὲ ἀγαπῶντες ὅπου δὴ τὸ παρὸν καταγωγῆς τε καὶ καταφυγῆς τυχεῖν, φυλαξάμενοι ἄν, ὡς τὸ εἰκός, εἰ τὸ τραγικὸν τῆς οἰκήσεως καὶ ὑπέρογκον καὶ πρὸς κακοῦ γενησόμενον αὐτοῖς ὑπείδοντο. 2 Νυνὶ δὲ ἡ τὰ κατ' αὐτοὺς ἀθλοθετοῦσα τύχη πρὸς ὀλίγων ὡρῶν μέρος ἀναπαύσασα καὶ εἰς χαρὰν ἐφήμερον ἀνεῖσα, παραχρῆμα τὰ λυποῦντα ἐπισυνῆπτε καὶ δεσμώτας ὥσπερ αὐθαιρέτους τῇ πολεμίᾳ προσῆγε, δι' ὀνόματος φιλανθρώπου ξενίας νέους καὶ ξένους καὶ ἀπείρους τοῦ μέλλοντος αἰχμαλωτίζουσα· οὕτως ἄρα ὁ πλανήτης βίος οἷον τυφλότητα τὴν ἄγνοιαν ἐπιβάλλει τοῖς ξενιτεύουσιν. 3 Οὗτοι γοῦν ἐπειδὴ τάχιστα παρῆλθον εἰς τὰ σατραπεῖα προπυλαίοις τε ἐντυχόντες ὑπερόγκοις καὶ πλέον ἢ κατὰ ἰδιωτικὴν οἴκησιν ἐξηρμένοις φαντασίας τε δορυφόρων καὶ κόμπου τῆς ἄλλης θεραπείας ἐμπεπλησμένοις, ἐθαύμαζον μὲν καὶ διεταράττοντο τῆς παρούσης κατ' αὐτοὺς τύχης τὴν οἴκησιν ὑπερέχουσαν ὁρῶντες· εἵποντο δ' οὖν τῇ Κυβέλῃ πολλὰ προτρεπομένῃ καὶ θαρσεῖν παρακελευομένῃ καὶ τεκνία συνεχῶς καὶ φιλτάτους ἀνακαλούσῃ καὶ

7 ἕπεσθε VMBT : -σθαι PZA || ὑμῶν MPT (ὑμῖν A) : ἡμῶν VBZ || μητέρα τήνδε mA : τήνδε μητ. BT.

XII 1 2 τῶν mAT : τὸν Z || 4 καταφυγῆς mAT : φυγῆς Z || 4-5 φυλαξάμενοι BPZAT : -όμενοι VM || 5 εἰ mAT : εἰς B || 6-7 ὑπείδοντο mAT : ἀπείδ. B || 2 1 ἀθλοθετοῦσα mAT : ἀθληθ. B || 2 πρὸς mAT : καὶ πρὸς B || ὀλίγων BPZAT : -ον VM || ὡρῶν mT : ὁρῶν P ἡμερῶν A || 2-3 ἐφήμερον mAT : εὐήμ. B || 3 τὰ mAT : om. B || 3 3 φαντασίας mAT : -ία P || 4 ἐμπεπλησμένοις mAT : ἐμπιπλασμ. B || 8 καὶ τεκνία — ἀνακαλούσῃ BPZAT : om. VM.

de la réception qui leur était réservée. **4** Enfin, elle les fit entrer dans l'appartement privé où elle logeait à l'écart des autres, congédia tout le monde et seule à seuls, assise auprès d'eux, leur tint ce langage : « Mes enfants, je connais la cause de votre détresse actuelle[1]. Je sais que vous pleurez la perte du prophète Calasiris, qui vous tenait lieu de père. Vous feriez bien de me dire qui vous êtes et d'où vous venez. Je n'ignore pas que vous êtes Grecs et, à vous voir, il est permis de supposer que vous êtes de bonne famille. La noblesse de votre visage, votre distinction et votre charmante beauté prouvent une haute naissance. **5** Mais de quelle partie de la Grèce, de quelle ville êtes-vous ? Quelles circonstances vous ont amenés jusqu'ici ? Je voudrais bien le savoir. Dites-le moi, dans votre propre intérêt, pour que je puisse donner des renseignements sur vous à ma maîtresse Arsacé, la sœur du Grand Roi, et la femme d'Oroondatès le plus grand des satrapes. Elle aime les Grecs ; c'est une personne pleine de délicatesse et bienveillante envers les étrangers[2]. Vous connaissant, elle vous traitera avec plus d'égards et comme vous le méritez. **6** Vous aurez pour confidente une femme qui n'est pas une étrangère pour vous. Je suis Grecque, moi aussi, et Lesbienne[3]. Je suis venue ici comme captive. J'y mène une existence plus heureuse que dans mon pays. Je suis tout

1. Τῆς κατειληφυίας ὑμᾶς κατηφείας est un véritable jeu de mots ; cf. Δ VI, **5** 5, etc.

2. Il n'est pas douteux que φίλαβρος peint exactement un des traits du caractère d'Arsacé (cf. XIX, **7** 6 sqq. τὸ ἦθος ὡς ἐράσμιός τε καὶ εὐόμιλος καὶ χαίρουσα τοῖς ἁβροτέροις καὶ ἀγερωχοτέροις τῶν νέων) ; mais l'épithète s'accorde-t-elle bien ici avec celle de φιλέλληνα et de ξένων εὐεργέτις ? Puisque ἄνθρωπος se contractait régulièrement en ανος dans les manuscrits, il est possible que φίλαβρον soit une leçon erronée au lieu de φιλανον = φιλάνθρωπον.

3. Cf. Α VIII, **6** 3 sqq. où Cnémon se présente à Théagène et à Chariclée dans des termes analogues Ἕλληνας ὄντας οἰκτείρω καὶ αὐτὸς Ἕλλην γεγονώς. Si Héliodore choisit Lesbos, patrie de Sapho, comme lieu de naissance de Cybèle, c'est évidemment parce que son office principal est de servir les amours de sa maîtresse.

ὡς εὐθύμους χρὴ προσδοκᾶν τὰ διαδεξόμενα παρεγγυώσῃ. 4 Καὶ τέλος ἐπειδήπερ αὐτοὺς εἰς τὸ δωμάτιον οὗ κατήγετο ἡ πρεσβῦτις ἀνακεχωρηκός πως καὶ ἰδιάζον ἐγκατέστησε, μεταστησαμένη τοὺς παρόντας καὶ μόνη παρακαθισαμένη « Ὦ τέκνα » ἔλεγε « τῆς μὲν κατειληφυίας ὑμᾶς κατηφείας τὸ παρὸν τὴν αἰτίαν ἔγνων καὶ ὡς ὁ προφήτης ὑμᾶς ὁ Καλάσιρις τελευτήσας λελύπηκεν, ἐν πατρὸς ὑμῖν χώρᾳ γεγονώς· δίκαια δ' ἂν ποιοῖτε καὶ οἵτινες ἢ πόθεν ἔστε λέγοντες. Ὅτι μὲν γὰρ Ἕλληνες καὶ τοῦτο ἔγνων καὶ ὅτι τῶν εὖ γεγονότων πάρεστι τοῖς ὁρωμένοις τεκμαίρεσθαι, βλέμμα γὰρ οὕτω λαμπρὸν καὶ εὐσχήμων ὄψις ἅμα καὶ ἐπέραστος εὐγενείας ἔμφασιν παρίστησιν. 5 Ἀλλὰ τῆς ποίας Ἑλλάδος ἢ πόλεως τίνος καὶ τίνες ὄντες ἢ ὅπως δεῦρο πλανηθέντες ἀφίκεσθε βουλομένῃ μοι μαθεῖν ὑπὲρ συνοίσοντος τοῦ ὑμετέρου κατείπατε, ὡς ἂν καὶ πρὸς δέσποιναν τὴν ἐμὴν Ἀρσάκην τὴν μεγάλου μὲν βασιλέως ἀδελφὴν Ὀροονδάτῃ δὲ τῷ μεγίστῳ σατραπῶν συνοικοῦσαν φιλέλληνά τε καὶ φίλαβρον καὶ ξένων εὐεργέτιν ἔχοιμι τὰ καθ' ὑμᾶς ἐξαγγέλλειν, ὑπὲρ τοῦ καὶ μετὰ πλείονος ὑμᾶς καὶ τῆς χρεωστουμένης τιμῆς ὀφθῆναι. 6 Ἐρεῖτε δὲ πρὸς γυναῖκα οὐ παντάπασιν ἀλλοτρίαν ὑμῖν· εἰμὶ γάρ τοι καὶ αὐτὴ τὸ γένος Ἑλληνὶς καὶ Λεσβία τὴν πόλιν, ὑπ' αἰχμαλωσίας μὲν ἀχθεῖσα δεῦρο πράττουσα δὲ τῶν οἴκοι βέλτιον· εἰμὶ γάρ τοι τῇ δεσποίνῃ

9 εὐθύμους nos : εὔθυμα codd. || 4 2-3 ἐγκατέστησε mAT : ἐκατ. P || 3 μεταστησαμένη mAT : μετασησ. Z || τοὺς — παρακαθισαμένη (-ησαμένη B) mAT : om. P || 4 τέκνα mAT : τέκνον Z || 5 ὡς ὁ mAT : ὁ om. B || 7 χώρᾳ mAT : μοίρᾳ T || 8 ἢ πόθεν mAT : καὶ πόθεν P || 10-11 εὐσχήμων VMB : εὔσχημον PZAT || 11 ὄψις mAT : ὄψιν P || ἐπέραστος mAT : -ον P || 5 1-2 καὶ τίνες VBPZAT : ἢ τίνες (-ος B) MB || 2 ἢ ὅπως mAT : καὶ ὅπως M || ἀφίκεσθε mAT : ἐφίκ. P || 3 μοι mAT : om. B || ὑμετέρου mAT : ἡμ. Z || 4-5 τὴν μεγάλου VMZT (τὴν μεγάλην P) : τοῦ μεγ. BA || 5 μὲν VMPZ : om. BAT || 6 φίλαβρον mAT : φίλαυρον B φιλάνθρωπον coni. Ry. || 7 εὐεργέτιν VMBAT et P post corr. : -έτην PZ || ἔχοιμι mAT : ἀνέχοιμι Z || ὑμᾶς mT : ἡμᾶς BA || 6 1 πρὸς BPZAT : καὶ πρὸς VM || 2 τοι BPZAT : om. VM || 4 τοι mA : om. T fort. recte.

pour ma maîtresse. Elle ne respire, si l'on peut dire, que par moi, ne voit que par mes yeux[1] ; je suis[2] son esprit, ses oreilles, son tout. Je lui fais connaître les honnêtes gens, et suis la fidèle confidente de tous ses secrets[3]. » 7 Théagène rapprochait les paroles de Cybèle de l'attitude qu'avait eue la veille à son égard Arsacé. Il se rappelait l'insistance et l'impudeur de ses regards, et les signes réitérés qu'elle lui avait donnés de ses honteux désirs. Il n'augurait de tout cela rien de bon pour l'avenir. Il allait répondre à la vieille, quand Chariclée lui dit doucement à l'oreille : « Souviens-toi de ta sœur, dans ce que tu vas dire. »

XIII 1 Il comprit l'avertissement[4]. « Mère, dit-il, nous sommes bien de race grecque comme on te l'a appris. Nous sommes frère et sœur. Nos parents ont été pris par des brigands. Partis à lenr recherche, nous avons été encore plus malheureux qu'eux, car nous sommes tombés sur des hommes plus cruels, qui nous ont dépouillés de toute notre fortune, qui était considérable. Nous avons réussi à grand' peine à sauver notre vie. La chance nous fit rencontrer le bienheureux Calasiris avec lequel nous sommes venus ici avec l'intention de vivre désormais avec lui. Et maintenant nous voici seuls et abandonnés, privés de tout et même de celui que nous regardions comme un père et qui l'était vraiment pour nous. 2 Telle est notre situation. Nous te remercions vivement de ta cordiale réception et de ton hospitalité. Mais tu nous ferais encore plus

1. Cf. les relations d'Aristippe avec Demaenété ὅλην ἐκείνην καὶ ἔπνει καὶ ἔβλεπεν (A IX, 2 9). Le grec post-classique emploie communément ἀναπνεῖν dans ce sens, au lieu du simple πνεῖν.

2. Si les classiques sous-entendent parfois εἶναι avec τυγχάνω, quand l'attribut est adjectif, il appartient à Héliodore d'aller plus loin et de supprimer εἶναι avec des noms comme attributs. (M.)

3. Cf. XX, 2 6 πάντα ἀπόρρητα διὰ χειρὸς ἐχούσης et XXVI, 2 3 οἶδα ὡς τὸ πιστὸν ἔχει (ἡ Κυβέλη) φυλακῆς τῶν ἀπορρήτων.

4. Chariclée a usé de cette supercherie en répondant à Thyamis (A XXII, 2) et Théagène a convenu que la ruse était habile (A XXV, 6 1-2 τὸ ἀδελφόν με σαυτῆς ἀναπλάττειν σοφὸν εἰς ὑπερβολήν).

τὰ πάντα καὶ μόνον οὐκ ἀναπνεῖ με καὶ ὁρᾷ, καὶ νοῦς ἐκείνῃ καὶ ὦτα καὶ πάντα τυγχάνω, τοὺς καλοὺς αὐτῇ κἀγαθοὺς γνωρίζουσα ἀεὶ καὶ τὸ πιστὸν αὐτῇ διὰ πάντων ἀπορρήτων φυλάττουσα. » 7 Τοῦ δὴ Θεαγένους τὰ εἰρημένα παρὰ τῆς Κυβέλης τοῖς πεπραγμένοις τῇ προτεραίᾳ παρὰ τῆς Ἀρσάκης παράλληλα καθ' ἑαυτὸν ἀντεξετάζοντος, καὶ ὡς ἀτενὲς αὐτῷ καὶ ἰταμὸν συνεχές τε καὶ τῶν ἀπρεπεστέρων δηλωτικὸν προσέβλεπεν ἐννοοῦντος καὶ ἀγαθὸν οὐδὲν ἐπὶ τοῖς μέλλουσι καταμαντευομένου, μέλλοντός τε ἤδη τι λέγειν πρὸς τὴν πρεσβῦτιν, ἠρέμα προσκύψασα πρὸς τὸ οὖς ἡ Χαρίκλεια « Τῆς ἀδελφῆς » ἔφη « μέμνησο ἐφ' οἷς ἂν λέγῃς. »

XIII 1 Συνεὶς οὖν τὸ δηλούμενον « Ὦ μῆτερ » ἔφη « τὸ μὲν Ἕλληνας εἶναι καὶ αὐτή που μαθοῦσα τυγχάνεις. Ἀδελφοὶ δὲ ὄντες πατέρων ὑπὸ λησταῖς ἁλόντων ἐπὶ ζήτησιν ἐξορμήσαντες χαλεπωτέραις ἐκείνων τύχαις κεχρήμεθα, ὠμοτέροις ἀνδράσι περιπεσόντες καὶ πάντων μὲν τῶν ὄντων, πολλὰ δὲ ἦν, ἀποσυληθέντες μόλις δὲ αὐτοὶ περισωθέντες καὶ κατά τι δεξιὸν βούλημα δαίμονος τῇ πρὸς τὸν ἥρωα Καλάσιριν συντυχίᾳ χρησάμενοι ἀφιγμένοι τε ἐνταῦθα ὡς τὸ λοιπὸν τοῦ χρόνου μετ' αὐτοῦ βιωσόμενοι, νῦν ὡς ὁρᾷς πάντων ἔρημοι καὶ μόνοι περιλελείμμεθα, τὸν δοκοῦντα καὶ ὄντα πατέρα μετὰ τῶν ἄλλων προσαπολωλεκότες. 2 Τὰ μὲν δὴ καθ' ἡμᾶς ταῦτα· σοὶ δὲ πλείστη μὲν χάρις καὶ τῆς νῦν δεξιώσεως καὶ

5 καὶ νοῦς BPZAT : ἀλλὰ καὶ νοῦς VM || 7-8 καὶ τὸ πιστὸν — φυλάττουσα BPAT : om. VMZ || 7 πάντων codd. (om. VMZ) : πάντων τῶν Hirschig at cf. XX, 2 6 || 7 1 δὴ mAT : δὲ P || 5 ἐννοοῦντος mAT : -οῦντες Z || 5-6 ἀγαθὸν mAT : ἀληθὲς B || 7 τε mAT : γε P || 7-8 προσκύψασα mA (προκ. T) : -κύψας P || 9 λέγῃς VAT : λέγοις MBP λέγεις Z.

XIII 1 2 καὶ αὐτὴ mAT : αὐτὸ B || 4 τύχαις mAT : ταῖς τύχαις B bene at cf. ὠμοτέροις ἀνδράσι || 5 κεχρήμεθα VMB ἐκεχρ. PZAT || 7 καὶ κατά mAT : καὶ om. P || 10 βιωσόμενοι VMPAT : -άμενοι BZ || πάντων mAT : τούτων P || 11 πατέρα mAT : om. P || 2 2 τῆς νῦν mAT : τῆς om. B.

plaisir, si tu nous procurais une demeure où nous puissions vivre seuls et à l'écart, au lieu de nous introduire [1], comme tu nous l'offrais si généreusement, auprès d'Arsacé, et de mêler à une existence si brillante et si heureuse la vie obscure d'étrangers vagabonds [2]. On ne doit, tu le sais bien, connaître et fréquenter que les gens de même condition que soi-même [3]. »

XIV 1 Cybèle, à ce discours, ne put s'empêcher de montrer, par l'épanouissement de son visage, la vive satisfaction qu'elle éprouvait de savoir qu'ils étaient frère et sœur. Elle songeait que Chariclée ne serait nullement gênante pour les amours d'Arsacé. 2 « Beau jeune homme, dit-elle, tu ne parlerais pas ainsi d'Arsacé, si tu connaissais cette femme. Elle sait s'accommoder de toute situation, et se plait particulièrement à protéger ceux que le sort traite injustement. Bien qu'elle soit de race persane, elle aime beaucoup la Grèce [4] et elle se plait et s'empresse auprès de ceux qui en viennent. Les mœurs et la compagnie des Grecs lui plaisent infiniment. N'ayez donc aucune inquiétude. Toi, tu seras traité avec tous les égards qui sont dûs à un homme, et ta sœur deviendra la suivante [5] et la compagne d'Arsacé. 3 Mais, quels noms dois-je lui annoncer ? » Ils répondirent qu'ils s'appelaient Théagène et Chariclée. Elle leur dit de l'attendre là, et courut auprès d'Arsacé, après avoir recommandé à la vieille con-

1. Cf. XII, 6 6-7 τοὺς καλοὺς αὐτῇ κἀγαθοὺς γνωρίζουσα ἀεί.... (M.)

2. Cf. XII, 3 5-6 διεταράττοντο τῆς παρούσης κατ' αὐτοὺς τύχης τὴν οἴκησιν ὑπερέχουσαν ὁρῶντες.

3. L'idée rappelle le proverbe familier
αἰεὶ τὸν ὅμοιον ἄγει θεὸς ὡς τὸν ὅμοιον (Homère, *Odyssée* XVII, 218). Cf. Aristote, *Ethique à Nicomaque* 1165 b 17 εἴρηται δ' ὅτι τὸ ὅμοιον τῷ ὁμοίῳ φίλον. Calasiris, dans le même esprit, invoquait l'excuse de la pauvreté pour refuser au nom de Chariclée les propositions de mariage faites par le marchand tyrien : τὴν παροῦσαν πενίαν προβαλλομένου (E XIX, 3 1).

4. Cybèle a déjà noté cette prédilection — vraie ou supposée — d'Arsacé pour les Grecs. Cf. XII, 5 6. (M.)

5. Le sens étroit de συμπαίστρια est celui de « compagne de

ξεναγίας· χαρίσαιο δ' ἂν πλέον εἰ καθ' ἑαυτοὺς ἡμῖν διάγειν τε καὶ λανθάνειν παράσχοις, τὴν εὐεργεσίαν ἣν ἀρτίως ἔφασκες, τὸ γνωρίζειν ἡμᾶς πρὸς Ἀρσάκην, ὑπερθεμένη, μηδὲ ἐπεισάγοις οὕτω λαμπρᾷ καὶ εὐδαίμονι τύχῃ ξένον καὶ ἀλήτην καὶ στυγνάζοντα βίον. Τὰς γὰρ δὴ γνώσεις καὶ τὰς ἐντεύξεις ἐκ τῶν ὁμοίων, ὡς οἶσθα, γίνεσθαι καλόν. »

XIV 1 Οὐκ ἐκαρτέρησεν ἡ Κυβέλη τούτων εἰρημένων ἀλλὰ καὶ τῇ διαχύσει τοῦ προσώπου κατάδηλος ἐγεγόνει σφόδρα ὑπερησθεῖσα πρὸς τὴν ἀκοὴν τῶν ἀδελφῶν, ἐνθυμουμένη μηδὲν κώλυμα μηδὲ ἐμπόδιον ἕξειν πρὸς τὰ ἐρωτικὰ τῆς Ἀρσάκης τὴν Χαρίκλειαν. 2 Καὶ « Ὦ κάλλιστε νεανιῶν » ἔφη « οὐκ ἂν εἴποις ταῦτα περὶ Ἀρσάκης ἐπειδὰν εἰς πεῖραν ἔλθῃς τῆς γυναικός· κοινόν τι χρῆμά ἐστι πρὸς πᾶσαν τύχην καὶ πλέον ἐπίκουρος γίνεται τοῖς παρ' ἀξίαν ἔλαττον πράττουσι· καὶ Περσὶς οὖσα τὸ γένος σφόδρα ἑλληνίζει τὴν γνώμην χαίρουσα καὶ προστρέχουσα τοῖς ἐντεῦθεν, ἦθός τε καὶ ὁμιλίαν τὴν Ἑλληνικὴν εἰς ὑπερβολὴν ἠγάπηκε. Θαρσεῖτε οὖν, ὡς σὺ μὲν ὅσα εἰς ἄνδρας καθήκει πράξων καὶ τιμηθησόμενος, ἀδελφὴ δὲ ἡ σὴ συμπαίστριά τε καὶ συνόμιλος ἐσομένη. 3 Ἀλλὰ τίνα ὑμῶν ὀνόματα χρὴ προσαγγέλλειν ; » Ὡς δὲ ὅτι Θεαγένην καὶ Χαρίκλειαν ἤκουσεν, « αὐτοῦ με περιμένειν » εἰποῦσα ὡς τὴν Ἀρσάκην ἀπέτρεχεν, ἐπιστείλασα πρότε-

3 ξεναγίας mAT : ξεναγωγίας B || 4 τε καὶ mAT : τὸ καὶ Z || παράσχοις mAT : παρέχοις B || 5 τὸ B : καὶ τὸ mAT || 6 ἐπεισάγοις mAT : -ης M.

XIV 1 2 ἀλλὰ καὶ mAT : καὶ om. P || 3 πρὸς BPZAT : εἰς VM || 2 2 νεανιῶν mAT : -ικῶν P || Ἀρσάκης mAT : τῆς Ἀρσ. B || 3 ἔλθῃς MT (superscr. A) : ἔλθοις VBPZA (superscr. M) fort. recte ; cf. ἕως ἂν et optat. A, X, 4 6 et al. || 4 τύχην mAT : τύχης Z || 5 ἔλαττον BPZAT : ἔλαττόν τι VM || 6 προστρέχουσα (cf. XIX, 7 9 et A IX, 4 6) codd. : προσέχουσα Hirschig || 7 τοῖς ἐντεῦθεν mAT : τοῖς οἷοι νῦν ὑμεῖς ἢ τοῖς ἐντεῦθεν P || 8 ὡς σὺ μὲν mAT : ὡς σύστερον B || 9 καθήκει mAT : ἧκοι M || δὲ BPZAT : τε VM.

cierge de ne laisser entrer personne et d'empêcher les jeunes gens de sortir. « Pas même ton fils Achéménès [1], s'il revient? demanda la concierge. Peu après ton départ pour le temple, il est sorti. Il allait se faire soigner les yeux [2], dont, tu le sais, il souffre encore un peu. » — « Pas même lui, répondit Cybèle. Ferme la porte, garde la clef et dis que je l'ai emportée. » **4** Ainsi fut fait. A peine Cybèle se fut-elle éloignée que Théagène et Chariclée, profitant de leur solitude [3], se mirent à se lamenter et à déplorer leur misère qui leur inspirait des propos et des réflexions à peu près identiques [4]. Et ils ne cessaient de s'interpeller en gémissant : « O Théagène ! » « O Chariclée ! » « Quel est donc le nouveau malheur qui a fondu sur nous? » disait l'un. « Quelles épreuves nous attendent ? » reprenait l'autre. Et chaque fois, c'étaient des embrassements, des larmes et des baisers. **5** Enfin, le souvenir de Calasiris qui venait de mourir leur tira des pleurs, surtout à Chariclée, qui depuis un plus long temps le connaissait, et avait bénéficié davantage de ses soins et de ses bontés. « O Calasiris, s'écriait-elle en sanglotant. Je n'ai plus le droit d'user de ce doux nom de père, puisque le sort jaloux s'est fait un jeu de me priver de cette joie, à

jeux » (cf. Aristophane, *Les Grenouilles* 411). Mais ici je pense qu'il faut entendre le mot dans le sens plus large et plus admissible de « confidente appelée à distraire sa maîtresse » et non pas de complice de ses jeux, Cybèle ayant déjà, sinon ce titre, du moins la fonction. (M.)

1. On sait le soin avec lequel Héliodore choisit le nom de ses personnages pour donner à son récit la couleur locale. Le nom d'Achéménès est spécifiquement persan. Achéménès en effet est l'ancêtre des Rois Perses et le fondateur de la noble famille des Achéménides.

2. Sans doute chez un spécialiste. Car, dit Hérodote (II 84), μιῆς νούσου ἕκαστος ἰητρός ἐστι καὶ οὐ πλεόνων. Πάντα δ' ἰητρῶν ἐστι πλέα· οἱ μὲν γὰρ ὀφθαλμῶν ἰητροὶ κατεστέασι, οἱ δὲ κεφαλῆς, οἱ δὲ ὀδόντων, οἱ δὲ τῶν κατὰ νηδύν, οἱ δὲ τῶν ἀφανέων νούσων. (M.)

3. Cf. A VIII, 1 τὴν ἐρημίαν τῶν ὀχλησόντων εὐπορίαν εἰς θρήνους οἱ περὶ τὴν κόρην ἐλάμβανον.

4. Cf. E XI, 1 7 ὥσπερ ἐξ ἑνὸς συνθήματος ἢ πληγῆς τῆς αὐτῆς ἀνωλόλυξαν.

ρον πρὸς τὴν θυρωρόν — ἦν δὲ καὶ αὕτη γραῦς — εἴ τις βούλοιτο παρεισιέναι μηδαμῶς ἐπιτρέπειν ἀλλὰ μηδὲ ἐξιέναι ποι συγχωρεῖν τοῖς νέοις. Τῆς δὲ « Μηδ' ἂν ὁ παῖς ὁ σὸς Ἀχαιμένης παραγένηται ; » ἐρωτησάσης « ἄρτι γὰρ καὶ μετὰ τὴν σὴν εἰς τὸν νεὼν πρόοδον ἐξελήλυθεν ἐναλειψόμενος τὼ ὀφθαλμώ· οἶσθα γὰρ ὡς φέρει τι μικρὸν ἔτι κακώσεως. » « Μηδὲ ἐκεῖνος » ἀπεκρίνατο « ἀλλ' ἐπικλεισαμένη τὰς θύρας καὶ τὴν κλεῖν αὐτὴ κατέχουσα φάσκε ἐμὲ κομίζειν. » 4 Οὕτως ἐγένετο καὶ οὔπω τι σχεδὸν τῆς Κυβέλης χωρισθείσης καιρὸν ἡ μόνωσις τῷ Θεαγένει καὶ τῇ Χαρικλείᾳ θρήνων τε καὶ ὑπομνήσεως τῶν καθ' ἑαυτοὺς ὑπηγόρευεν, ἀπὸ τῶν αὐτῶν τε σχεδόν τι ῥημάτων καὶ νοημάτων ἀπωλοφύραντο, ἡ μὲν « ὦ Θεάγενες » ὁ δὲ « ὦ Χαρίκλεια » συνεχῶς ἐπιστένοντες, καὶ ὁ μὲν « τίς ἄρα τύχη πάλιν κατείληφεν ἡμᾶς ; » ἡ δὲ « ὁποίοις ποτὲ ἄρα συντευξόμεθα πράγμασι ; » καὶ ἐφ' ἑκάστῳ συνησπάζοντο ἀλλήλους καὶ δακρύσαντες ἀνάπαλιν ἐφίλουν. 5 Καὶ τέλος τοῦ Καλασίριδος ὑπομνησθέντες εἰς πένθος τὸ ἐκείνου τοὺς θρήνους κατέστρεφον καὶ πλέον ἡ Χαρίκλεια, ἅτε καὶ πλείονι τῷ χρόνῳ μείζονος τῆς ἀπ' αὐτοῦ σπουδῆς τε καὶ εὐνοίας πεπειραμένη καὶ « Ὦ τὸν Καλάσιριν » ἀνεκάλει κωκύουσα, « τὸ γὰρ χρηστότατον ὄνομα καλεῖν ἀπεστέρημαι πατέρα, τοῦ δαίμονος παντα-

3 5 αὕτη VMT : αὐτὴ BPA Bas. αὐτῇ Z || εἴ τις mT : ἥτις BA || 6 παρεισιέναι mT : παριέναι A προσιέναι P || 9 σὴν mAT : om. P || 10 ἐναλειψόμενος (ἐναληψ. P) mAT : ἀμειψ. B || τὼ ὀφθαλμὼ M post corr. et T : τῷ ὀφθαλμῷ mA || 12 αὐτὴ (-ῇ Z) mAT : αὐτὴν B || 13 ἐμὲ BPZAT : ἐμοὶ VM || 4 1 ἐγένετο mT : ἐγίν. BA || 2 τι mAT : τοι M || χωρι (χωρη- B) σθείσης mAT : -εῖσα P || 4 ὑπηγόρευεν mAT : ὑπαγ. B || ἀπὸ mA : καὶ ἀπὸ T || 4-5 τε σχεδόν τι VMP : σχεδόν τι BZT τι σχεδὸν A || 5 νοημάτων mAT : ὀνομάτων B || ἀπωλοφύραντο BZT (ἀπολοφύραντος A) : -οντο VMP || 7 πάλιν BPZA (ἡμᾶς πάλιν κατείλ. T) : om. VM || 8 ποτὲ PZAT : τε VMB || συντευξόμεθα mAT : -άμεθα B || 9 ἑκάστῳ mT : -οις A ἑκατέροις B || ἀλλήλους mAT : -οις B || 5 3 μείζονος mAT : om. P || ἀπ' VM : ὑπ' BP ἐπ' ZAT || 4 εὐνοίας mAT : ἐννοίας Z || 5 χρηστότατον BPA : -ότερον T χρηστὸν VMZ ἀρεστότατον Lb.

chaque fois qu'elle m'était offerte. **6** Celui qui m'a donné le jour, je ne l'ai pas connu. Celui qui avait adopté Chariclée, hélas ! je l'ai trahi. Un autre m'avait recueillie, élevée et sauvée, je l'ai perdu, et le droit même de pleurer selon l'usage sur son cadavre m'est refusé par la caste des prophètes[1]. Eh ! bien, ô mon protecteur et mon sauveur, et j'ajouterai : ô mon père, en dépit du sort, du moins en ce lieu et comme je le puis, je t'offre les libations de mes larmes et le présent de ma chevelure. » Et, ce disant, elle allait s'arracher les cheveux[2]. **7** Mais Théagène l'en empêcha ; il lui tenait les mains et la suppliait de n'en rien faire. Cependant elle continuait ses plaintes tragiques[3] : « A quoi bon vivre encore ?[4] Quel espoir s'offre à nos yeux ? Celui qui nous guidait sur la terre étrangère et soutenait nos pas errants, celui qui devait nous ramener dans notre patrie et nous rendre à nos parents, notre consolation dans l'infortune, notre recours et notre sauveur dans les difficultés, notre seule planche de salut, Calasiris, n'est plus, et nous voilà comme un malheureux attelage privé de son conducteur et désemparé dans un pays inconnu. **8** Tous les chemins sur la terre et sur l'eau sont interdits à notre ignorance. Elle nous a quittés cette âme sainte et bonne[5], sage et vénérable, à qui il n'a pas été donné de voir le couronnement de ses bienfaits. »

1. Cf. XI, 9 2 sqq. οὐκ ἔννομα .... διαπράττεσθε ..... ὀδυρόμενοι καὶ θρηνοῦντες ἄνδρα προφήτην.

2. Cf. Ϛ VIII, 6 et page 98, note 1.

3. Le verbe ἐπιτραγῳδεῖν, usuel chez Héliodore, révèle, sans parler de souvenirs précis, le souci qu'a notre romancier d'imiter les auteurs tragiques. Epopée, théâtre tragique et comique, exotisme : tels sont les éléments principaux qui entrent dans la composition de ce genre nouveau, le roman. (M.)

4. Cf. Euripide, *Hécube* 349 τί γάρ με δεῖ ζῆν ; mais, bien qu'Héliodore cite souvent ou imite Euripide (voir page 79, note 1), il n'y a pas lieu de supposer qu'une phrase aussi commune ait été empruntée à ce poète.

5. Sur μείλιχος dans un texte analogue cf. *Iliade* XVII, 671-2

πᾶσιν γὰρ ἐπίστατο μείλιχος εἶναι
ζωὸς ἐών· νῦν αὖ θάνατος καὶ μοῖρα κιχάνει

χόθεν μοι τὴν τοῦ πατρὸς προσηγορίαν περικόψαι φιλονεικήσαντος. **6** Τὸν μὲν φύσει γεννήσαντα οὐκ ἔγνωκα, τὸν δὲ θέμενον Χαρικλέα, οἴμοι, προδέδωκα, τὸν δὲ διαδεξάμενον καὶ τρέφοντα καὶ περισῴζοντα ἀπολώλεκα, καὶ οὐδὲ θρηνῆσαι τὰ νενομισμένα ἔτι κειμένῳ τῷ πτώματι πρὸς τοῦ προφητικοῦ συγκεχώρημαι. Ἀλλ' ἰδού σοι, τροφεῦ καὶ σῶτερ, προσθήσω δὲ καὶ πάτερ κἂν ὁ δαίμων μὴ βούληται, ἔνθα γοῦν ἔξεστι καὶ ὡς ἔξεστιν ἀποσπένδω τῶν ἐμαυτῆς δακρύων καὶ ἐπιφέρω χοὰς ἐκ τῶν ἐμαυτῆς πλοκάμων. » Καὶ ἅμα ἀπεσπάραττεν ὡς ὅτι πλείστας τῶν ἑαυτῆς τριχῶν. **7** Καὶ ὁ μὲν Θεαγένης ἐπεῖχεν ἐπιλαμβανόμενος σὺν ἱκεσίαις τῶν χειρῶν, ἡ δὲ ἐπετραγῴδει « Τί γὰρ καὶ δεῖ ζῆν ἔτι ; » λέγουσα, « εἰς ποίαν ἀφορῶντας ἐλπίδα ; ὁ χειραγωγὸς τῆς ξένης, ἡ βακτηρία τῆς πλάνης, ὁ ξεναγὸς τῆς ἐπὶ τὴν ἐνεγκοῦσαν, ὁ τῶν φύντων ἀναγνωρισμός, ἡ παραψυχὴ τῶν δυστυχημάτων, ἡ εὐπορία καὶ λύσις τῶν ἀμηχάνων, ἡ πάντων τῶν καθ' ἡμᾶς ἄγκυρα Καλάσιρις ἀπόλωλε, τὴν ἀθλίαν ἡμᾶς ξυνωρίδα πηρὸν ὥσπερ τῶν πρακτέων ἐπὶ τῆς ἀλλοδαπῆς καταλιπών. **8** Πᾶσα μὲν ἡμῖν ὁδοιπορία πᾶσα δὲ ναυτιλία ὑπ' ἀγνωσίας ὑποτέτμηται· οἴχεται ἡ σεμνὴ καὶ μείλιχος, ἡ σοφὴ καὶ πολιὰ τῷ ὄντι φρήν, τῶν εἰς ἡμᾶς εὐεργεσιῶν οὔτε αὐτὴ τέλος εὑραμένη. »

6 2 θέμενον BPZAT : ποιησάμενόν με θετὴν θυγατέρα VM || προδέδωκα mAT : -κε B || δὲ διαδεξάμενον M : δὲ om. mAT || 3 ἀπολώλεκα mAT : -κεν B || 4 πτώματι mAT : παραπτ. Z || 6 προσθήσω mAT : προθ. B || 8 ἐπιφέρω mAT : περιφ. P || ἐκ mAT : om. B || 9 ὅτι mAT : ἔτι P || **7** 1-2 ἐπιλαμβανόμενος mAT : ἐπιλαβόμ. Z || 3 καὶ δεῖ ζῆν BT : καὶ ζῆν δεῖ VPZA δεῖ καὶ ζῆν M || 5 ξεναγὸς mT : ξεναγωγός PA, cf. XIII, **2** 3 || 7 ἀμηχάνων BPZAT : ἀτυχημάτων VM || πάντων τῶν BPZAT : πάντων VM || 8 πηρὸν BPA : -οὺς VM πατὴρ Z om. T spatio relicto || **8** 1 ναυτιλία VMZT : -ηλία BPA || 2 μείλιχος BPZAT : -ίχιος VM, cf. Γ III, **6** 2 || 3 εἰς mAT : om. Z || οὔτε codd. : οὐδὲ Bekker at cf. I IV, **6** et Introd. vol. I, p. LXII || 4 εὑραμένη Coraes : ἀραμ. codd.

XV 1 Tandis que Chariclée poussait ces plaintes et d'autres semblables, auxquelles Théagène joignait ses propres lamentations, qu'il modérait cependant pour ménager Chariclée, survient Achéménès. Il trouve la porte fermée à clef, et demande à la concierge ce que cela signifie. 2 Elle lui répond que c'est sa mère qui a fermé ainsi. Il s'approche de la porte, fort intrigué. Il entend les plaintes de Chariclée, se penche, regarde par le trou de la serrure [1], voit ce qui se passe, et demande à la concierge quels sont les gens qui se trouvent à l'intérieur. Celle-ci déclare qu'elle n'en sait rien, sinon qu'un jeune homme et une jeune fille, des étrangers, suppose-t-elle, viennent d'être amenés ici par sa mère. 3 Il se pencha de nouveau et chercha à distinguer les personnages qu'il voyait. Chariclée lui était totalement inconnue ; néanmoins sa beauté le frappait d'admiration, et il se figurait quelle merveille elle devait offrir aux regards, quand elle ne pleurait pas. L'admiration insensiblement l'entraînait vers l'amour. Quant à Théagène, il croyait le reconnaître d'une manière obscure et confuse. 4 Achéménès était encore occupé à regarder, lorsque survint Cybèle qui revenait de faire son rapport sur les jeunes gens. Elle avait vivement félicité Arsacé de sa chance. Le sort lui offrait spontanément ce que toute l'habileté et toutes les ruses du monde ne sauraient procurer : un amant à la maison, qui vous voit et que l'on voit en toute sécurité. 5 Elle avait ajouté

1. Cf. Lucien, *L'âne* 52 διά τινος ὀπῆς τῆς θύρας δείκνυσί με ἔνδον τῇ μείρακι συνευναζόμενον. — Le verbe διοιγνύναι, en tout cas au parfait, ne convient pas au texte, pour une porte qui était incontestablement fermée à clef. Aussi avons-nous adopté διενήνεκτο, bien que la façon dont était assurée la fermeture de la porte ne soit pas parfaitement claire. Il semble que les verrous (τὰ κλεῖθρα) étaient maintenus en position par une chaîne (ἅλυσις), dont l'extrémité était passée par un trou pratiqué dans la porte (ὀπῶν καθ' ἃς διενήνεκτο), et qui ne pouvait être relâchée que par la clé (XIV, 3 12). Achille Tatios décrit les minutieuses précautions prises par la mère de Leucippé ἡ μήτηρ ἔκλειεν ἔνδοθεν τὴν ἐπὶ τοῦ στενωποῦ θύραν· ἔξωθεν δέ τις ἕτερος ἐπέκλειε καὶ τὰς κλεῖς ἔβαλλε διὰ τῆς ὀπῆς· ἡ δὲ λαβοῦσα ἐφύλαττε καὶ περὶ

XV 1 Καὶ τοιαῦτα ἔτι καὶ ἕτερα πρὸς τούτοις ἐλεεινῶς ὀδυρομένης καὶ τοῦ Θεαγένους τὰ μὲν συνεξαίροντος τοῖς παρ' ἑαυτοῦ τὸν θρῆνον τὰ δὲ φειδοῖ τῆς Χαρικλείας καταστέλλοντος, ἐφίσταται ὁ Ἀχαιμένης καὶ τὰς θύρας τοῖς κλείθροις ἐναπειλημμένας καταλαβὼν « Τί ταῦτα ; » τὴν θυρωρὸν ἠρώτα. 2 Ὡς δὲ τῆς αὐτοῦ μητρὸς εἶναι τὸ ἔργον ἔμαθε, προσεστὼς ταῖς θύραις καὶ τὴν αἰτίαν διαπορῶν ᾔσθετο τῆς Χαρικλείας ὀδυρομένης καὶ διακύψας διὰ τῶν ὀπῶν καθ' ἃς διενήνεκτο τῶν κλείθρων ἡ ἄλυσις εἶδέ τε τὰ γινόμενα καὶ αὖθις τὴν θυρωρὸν οἵτινες εἰσὶν οἱ ἔνδον ἠρώτα. Ἡ δὲ τὰ μὲν ἄλλα οὐκ [ἔχειν] εἰδέναι ἔλεγεν, ὅτι δὲ κόρη καὶ νεανίας ξένοι τινὲς ὡς ἔχοι εἰκάζειν ἀρτίως παρὰ τῆς αὐτοῦ μητρὸς ἐσῳκισμένοι. 3 Ὁ δὲ αὖθις διακύψας ἐπειρᾶτο διακριβοῦν τοὺς δρωμένους. Τὴν μὲν δὴ Χαρίκλειαν παντάπασιν ἀγνοῶν ὅμως τοῦ κάλλους ὑπερεθαύμαζε καὶ τίς ἂν ὀφθείη καὶ ποία μὴ θρηνοῦσα ἐνενόει καὶ τὸ θαῦμα λανθάνον εἰς ἐρωτικὸν πάθος αὐτὸν κατέφερε· τὸν δὲ Θεαγένην ἀμυδρῶς τε καὶ ἀμφιβόλως γνωρίζειν ἐφαντάζετο. 4 Καὶ προσκειμένου τῇ σκέψει τοῦ Ἀχαιμένους ἐφίσταται ἀναστρέψασα ἡ Κυβέλη πάντα μὲν τὰ κατὰ τοὺς νέους ὡς ἐγεγόνει διαγγείλασα πολλὰ δὲ τῆς εὐτυχίας τὴν Ἀρσάκην μακαρίσασα, ὑφ' ἧς αὐτῇ τοσοῦτον ἐκ ταὐτομάτου κατώρθωται ὃ βουλαῖς μυρίαις καὶ μηχαναῖς οὐκ ἄν τις ἤλπισεν, ὡς καὶ σύνοικον ἔχειν τὸν ἐρώμενον ἐπ' ἀδείας δρῶντα καὶ δρώμενον, 5 καὶ πολλοῖς τοιούτοις τὴν Ἀρσάκην φυσήσασα

XV 1 1 ἔτι καὶ mT : om. A || 2 ὀδυρομένης VMZAT : -μένη BP || 4 Ἀχαιμένης mAT : χαιμ. Z || 2 1 δὲ τῆς BPZAT : δὲ καὶ τῆς VM || αὐτοῦ : αὐτοῦ mAT αὐτῆς B || 2 προσεστὼς M post corr. : προεστὼς mAT παρεστὼς B || 4 διενήνεκτο H. Richards : διήνοικτο codd. || 5 τε mAT : om. B || 6 ἔχειν seclusimus || 7 ἔχοι VPAT : ἔχει MB ἔχω Z || 8 ἀρτίως mAT : αἰτίως B || 3 1 ὁ δὲ mAT : ἡ δὲ B || 3 μὴ mAT : ἡ Z || 4 2 σκέψει mAT : σκέπῃ B || ἐφίσταται mAT : -ατο B || ἀναστρέψασα mAT : ἀνατρ. P || 4-5 1 μακαρίσασα — τὴν Ἀρσάκην om. P || 7 ἐρώμενον VMZAT : ὁρώμ. B || 7-8 ἐπ' ἀδείας — δρώμενον VBZAT : om. M (P).

beaucoup d'autres réflexions de ce genre, propres à enflammer Arsacé qui brûlait maintenant d'aller contempler Théagène. Elle la retint à grand'peine. Elle voulait que sa maîtresse se montrât à ce jeune homme, non pas le teint pali et les yeux gonflés par l'insomnie [1], mais quand une journée de repos lui aurait rendu sa beauté habituelle. Après avoir ainsi encouragé Arsacé, et l'avoir rassurée sur l'heureux succès de ses espérances, elle lui avait fait ses recommandations sur la conduite à tenir et sur la manière de recevoir ses hôtes.

XVI 1 Quand elle fut de retour : « Qu'est-ce que tu épies, mon garçon ? » dit-elle — « Les étrangers qui sont dans la maison. Qui sont-ils ? D'où viennent-ils ? » — « C'est défendu, mon fils. Tais-toi, garde cela pour toi, n'en parle à personne, et mêle-toi le moins possible à eux. C'est un ordre de ma maîtresse. » Il s'éloigna sans discuter, persuadé que Théagène était encore quelque amant destiné à l'usage d'Arsacé. 2 Et en s'éloignant, il se disait à lui-même : « N'est-ce pas cet homme qu'hier le commandant Mitranès m'avait confié pour le conduire vers Oroondatès, et l'envoyer au Grand Roi, et que les Bessains et Thyamis m'ont enlevé, au péril de ma vie, quand j'ai réussi à m'échapper, seul de toute l'escorte [2] ? 3 A moins que mes yeux ne me trompent ? Mais je vais mieux et j'ai retrouvé à peu près ma vue ordinaire. D'ailleurs j'ai entendu dire que Thyamis était ici hier et

τὴν ἔω καλέσασα τὸν εἰς τοῦτο ἐπιτεταγμένον διέβαλλε πάλιν τὰς κλεῖς ὅπως ἀνοίξειε (B XIX, 5).

1. Cf. Δ VII, 7 4 sqq. κυλοιδιᾷ μὲν τοὺς ὀφθαλμοὺς καὶ τὸ βλέμμα διέρριπται καὶ τὸ πρόσωπον ὠχριᾷ.... καὶ ἀπροφάσιστον ἀγρυπνίαν ὑφίσταται. Voir page 12, note 2. Κυλοιδιᾶν est mis en rapport avec l'idée d'amour par Théocrite I, 37-8

οἱ δ' ὑπ' ἔρωτος
δηθὰ κυλοιδιόωντες ἐτώσια μοχθίζοντι.

2. Cf. XXIV, 2 7 ὡς μόλις αὐτὸς διαδράσειε. Cet épisode n'est jamais raconté en détail, mais il est brièvement rapporté par l'ami de Nausiclès (Γ III, 4) et par la sorcière de Bessa (Ϛ XIII, 1). Hélio-

μόλις τε ἐπειγομένην πρὸς τὴν θέαν τοῦ Θεαγένους ἐπισχοῦσα καὶ ὡς οὐ βούλοιτο αὐτὴν ὠχριῶσαν καὶ κυλοιδιῶσαν πρὸς τῆς ἀγρυπνίας ὀφθῆναι τῷ νεανίᾳ ἀναπαυσαμένην δὲ τὴν παροῦσαν ἡμέραν καὶ ἀναλαβοῦσαν τὸ σύνηθες κάλλος, καὶ πολλοῖς τοιούτοις εὔθυμον αὐτὴν καὶ τῶν κατὰ γνώμην εὔελπιν παρασκευάσασα ἅ τε προσήκει πράττειν καὶ ὅπως προσφέρεσθαι τοῖς ξένοις παρεγγυήσασα.

XVI 1 Ἐπεὶ δ'οὖν ἐπέστη « Τί πολυπραγμονεῖς, ὦ τέκνον ; » ἔλεγεν. Ὁ δὲ « Τοὺς ἔνδον » ἔφη « ξένους οἵτινές εἰσιν ἢ πόθεν. » « Οὐ θέμις, ὦ παῖ » πρὸς αὐτὸν ἡ Κυβέλη, « ἀλλ' ἐχεμύθει καὶ κατὰ σαυτὸν ἔχε καὶ μηδενὶ φράζε μηδὲ ἐπιμίγνυσο τὰ πολλὰ τοῖς ξένοις· οὕτω γὰρ δέδοκται τῇ δεσποίνῃ. » Ἐκεῖνος μὲν οὖν ἀπῄει ῥᾷστα τῇ μητρὶ πεπεισμένος σύνηθές τι καὶ ἀφροδίσιον διακόνημα τῇ Ἀρσάκῃ τὸν Θεαγένην ὑποτοπήσας. 2 Καὶ ἀπιὼν « Οὐχ οὗτός ἐστι » πρὸς ἑαυτὸν ἔλεγεν « ὃν ἐγὼ πρώην παρὰ Μιτράνου τοῦ φρουράρχου παραλαβὼν ὥστε ἄγειν πρὸς Ὀροονδάτην ἀναπεμφθησόμενον βασιλεῖ τῷ μεγάλῳ, ὑπὸ Βησσαέων τε καὶ Θυάμιδος ἀφῃρέθην μικροῦ καὶ τὸν περὶ τοῦ ζῆν ὑποστὰς κίνδυνον καὶ μόνος ἐκ τῶν ἀγόντων διαδρᾶναι δυνηθείς ; 3 Μὴ ἄρα σφάλλουσί με οἱ ὀφθαλμοί ; ἀλλὰ ῥᾷον μὲν ἔχω καὶ διαβλέπω σχεδόν τι λοιπὸν συνήθως. Καὶ μὴν καὶ τὸν Θύαμιν ἀκήκοα παρεῖναι τῇ προ-

5 3 ὡς οὐ (οὐ post add. T) mAT : ὅσα Z || 4 τῷ νεανίᾳ mT (idem ex τὸν νεανίαν mut. A) : τὸν νεανία (*sic*) Z || 6 εὔθυμον VMBAT : εὔθιμον P εὐθυμῶν Z || 8 προσφέρεσθαι mAT : προυφέρ. V.

XVI **1** 1 ἐπεὶ δ' οὖν mAT : ἐπειδὰν Z || 5 ἐπιμίγνυσο mAT : -υσε P || 6 δέδοχται mAT : δέδεχται P || τῇ δεσποίνῃ mAT : τῆς δεσποίνης P || ῥᾷστα mAT : ῥᾷον τὰ B || 7 τι καὶ mA : τε καὶ T || διακόνημα mAT : διακόνη P || **2** 2 ἑαυτόν mAT : αὐτόν P || ἔλεγεν post ἑαυτὸν BPZAT : post ἐστι VM || 3 παρὰ mAT : κατὰ P || 5 ὑπὸ PZ : παρὰ VMBAT || τε καὶ mAT : τὰ καὶ Z || **3** 1 οἱ ὀφθαλμοὶ mAT : οἱ om. B || 2 μὲν ἔχω BT : ἔχω μὲν mA || διαβλέπω mA : ἀναβλ. (cf. Plato, *Phaedrus*, 243 B) T || τι mAT : τοι M.

qu'après un combat singulier avec son frère, il avait recouvré le sacerdoce. Oui, c'est bien cet homme. Mais pour le moment, ne disons à personne que je l'ai reconnu et tâchons de savoir quelles sont à l'égard des étrangers les intentions de Madame. » Tel fut son soliloque [1].

XVII 1 Cybèle, en entrant à l'improviste auprès des jeunes gens, aperçut des traces de leur chagrin. Au bruit de la porte qui s'ouvrait, ils s'étaient ressaisis et avaient repris au plus vite leur aspect et leur visage habituels, mais ils n'avaient pu tromper la vieille qui vit leurs yeux noyés de larmes [2]. 2 Elle s'écria : « Mes doux enfants, est-ce le moment de pleurer, quand vous avez sujet d'être joyeux, de vous féliciter de votre bonne fortune [3] ? Arsacé est animée envers vous des meilleurs sentiments, tels que vous pouvez les souhaiter. Vous pourrez lui être présentés dès demain, elle y consent, et en attendant, elle vous comble de prévenances et de soins. Allons, chassez-moi ce chagrin sot et puéril en vérité. C'est le moment de filer doux et de se montrer souples et obéissants aux volontés d'Arsacé. » 3 « C'est, dit Théagène, la pensée de la mort de Calasiris qui nous désolait, et, en nous remémorant sa bienveillance paternelle dont nous voici privés, nous ne pouvons retenir nos pleurs. » « Quelle plaisante-

dore fait preuve d'un sûr instinct dramatique en nous révélant seulement ici qu'Achéménès faisait partie de l'escorte et sait utiliser le fait pour mener à bien son intrigue contre Théagène.

1. Il peut sembler superflu qu'Héliodore après avoir spécifié au début de ce monologue qu'Achéménès se parlait à lui-même πρὸς ἑαυτὸν ἔλεγεν (2 2) donne le même renseignement et dans les mêmes termes. (M.) Mais, en réalité, l'emploi de μέν et δέ, pour conclure un épisode et en introduire un autre, explique de telles répétitions.

2. Cf. Γ V, 6 3-4 où ἐπιπλανᾶσθαι est employé avec l'accusatif μυρίον εἶδος ἐν ὀλίγῳ τῷ χρόνῳ τὰς ὄψεις ἀμφοῖν ἐπεπλανήθη.

3. Sur la forme générale de l'expression cf. Δ XIV, 1 3 sqq. ὅτε σε ἐχρῆν ἐστέφθαι καὶ χαίρειν ...... τότε σκυθρωπὸς καὶ σύννους καὶ μόνον οὐ θρηνεῖς.

τεραίᾳ καὶ διαμονομαχήσαντα πρὸς τὸν ἀδελφὸν ἀνακεκομίσθαι τὴν ἱερωσύνην· οὗτος ἄρα ἐκεῖνός ἐστιν. Ἀλλὰ τὸ παρὸν σιγητέον τὸν ἀναγνωρισμὸν ἅμα δὲ παρατηρητέον τίς ποτε ἡ περὶ τοὺς ξένους διάνοια τῆς δεσποίνης. » Ὁ μὲν ταῦτα πρὸς ἑαυτόν.

XVII 1 Ἡ δὲ Κυβέλη πρὸς τοὺς νέους εἰσδραμοῦσα ἴχνη τῶν θρήνων κατελάμβανε· πρὸς γὰρ τὸν ψόφον τῶν θυρῶν ἀνοιγομένων κατέστελλον μὲν ἑαυτοὺς καὶ πρὸς τὸ σύνηθες σχῆμα καὶ βλέμμα διαπλάττειν ἔσπευδον· οὐ μὴν ἔλαθόν γε τὴν πρεσβῦτιν, τῶν δακρύων ἔτι τοῖς ὄμμασιν ἐπιπλανωμένων. 2 Ἀναβοήσασα οὖν « Ὦ γλυκύτατα τέκνα » ἔλεγε, « τί ταῦτα ἀωρὶ θρηνεῖτε ἡνίκα προσήκει χαίρειν, ἡνίκα εὐδαιμονίζειν ἑαυτοὺς τῆς δεξιᾶς τύχης, Ἀρσάκης τὰ κάλλιστα καὶ τὰ κατ' εὐχὰς ἐφ' ὑμῖν διανοουμένης καὶ ὀφθῆναί τε ὑμᾶς εἰς τὴν ἑξῆς ἐπινευσάσης καὶ τὸ παρὸν πᾶσαν δεξίωσιν καὶ θεραπείαν ὑμῖν ἀποκληρωσάσης ; Ἀλλ' ἀπορριπτέον μὲν ὑμῖν τοὺς ληρώδεις τούτους καὶ μειρακιώδεις τῷ ὄντι θρήνους, ὥρα δὲ καὶ ῥυθμίζειν ἑαυτοὺς εἴκειν τε καὶ ὑπηρετεῖσθαι τοῖς Ἀρσάκης βουλήμασι. » 3 Καὶ ὁ Θεαγένης « Μνήμη » ἔφη « ὦ μῆτερ, τῆς Καλασίριδος τελευτῆς εἰς λύπην ἡμᾶς ἀνεκίνησε καὶ τὸ πατρικὸν ἐκείνου περὶ ἡμᾶς βούλημα ἀποβεβληκότας εἰς δάκρυα κατήγαγεν. » « Ὕθλοι » ἔφη

7-8 ὁ μὲν mAT : ἡ μὲν B.

XVII 1 2 ἴχνη mAT : ἴχνοι B || τῶν θρήνων mAT : τε τῶν νέων M || κατελάμβανε mT : -έλαβε A || 4 σχῆμα καὶ βλέμμα BPZAT : βλ. καὶ σχ. VM || διαπλάττειν mA : διαπράττειν BT || ἔσπευδον BPZAT : διέσπ. VM || 5 ἔλαθόν mAT : -έν B || γε mAT : τε B || 2 1 ἀναβοήσασα BPZAT : -ήσας VM || οὖν BPA : γοῦν VMZT || 4 ἐφ' ὑμῖν VBA : εὐφ' ὑμῖν P εὐφημεῖν Z ὑμῖν MT || 4-5 διανοουμένης mAT : -νοούσης B || 6 δεξίωσιν mAT : -ίασιν Z || 7 μὲν BPZT : om. VMA || ὑμῖν mAT : om. Z || 8 μειρακιώδεις (μιρ- P) mAT : -κώδεις Z || ὥρα Coraes : ὁρᾶν codd. || δὲ mAT : τε B || 3 1 ὁ Θεαγένης mAT : ὦ Θεαγ. M || 3 ἀνεκίνησε mAT : ἐνεχ. P || 4 ὕθλοι BPZAT : ὕθλος VM || ἔφη mAT : om. P.

rie ! reprit-elle. Calasiris, qui n'était pas votre père, était vieux [1]. Il a cédé à la commune loi de la nature et de l'âge. Tout dépend pour toi d'une seule personne : puissance, richesse et toutes les délices que permet une jeunesse épanouie, en un mot, ton bonheur est en elle, incline-toi devant Arsacé. Laisse-toi seulement faire ; c'est moi qui te dirai comment il faudra te rendre auprès d'elle et la voir, quand elle l'aura prescrit, et la manière de s'y prendre pour exécuter ses ordres. Elle a, tu le sais, le caractère haut et fier d'une reine, exaltée par sa jeunesse et sa beauté, qui ne supporte pas qu'on résiste à ses désirs. »

XVIII 1 A ces paroles Théagène ne répondit pas. Il songeait aux propositions odieuses et aux menaces que révélait un tel langage. Bientôt se présentèrent des eunuques qui apportaient dans de la vaisselle d'or les prétendus restes de la table du satrape qui en vérité étaient des mets d'une recherche et d'une délicatesse incomparables. « Voici, dirent-ils, ce que Madame envoie à ses hôtes pour les honorer et leur donner une première marque de son estime [2]. » Ils déposèrent les plats devant les jeunes gens et s'éloignèrent aussitôt. 2 Devant les insistances de Cybèle et pour ne pas avoir l'air de répondre par un refus insolent à tant de prévenances, ils goûtèrent légèrement à ce qui était servi. La même cérémonie recommença le soir et les jours suivants. Or le lendemain, vers la première heure du jour, les mêmes eunuques se présentèrent à Théagène : « Tu es appelé par Madame, heureux jeune

1. La construction de la phrase est brisée par les mots Καλάσιρις καί. Il est possible qu'ils soient une glose marginale qui s'est indûment glissée dans le texte. Cf. VIII, 2 6 et E XI, 2 3.

2. Arsace se conforme à l'usage des Perses (cf. XIX, 5 3) qui envoyaient des mets de leur propre table aux personnes qu'ils voulaient honorer. Cyrus donnait l'ordre de distribuer de ce qu'on lui servait en quantité suffisante pour plusieurs repas ὅσα δὲ παρατεθείη ταῦτα πάντα, πλὴν οἷς αὐτὸς καὶ οἱ σύνδειπνοι χρήσαιντο, διεδίδου οἷς ἀεὶ βούλοιτο τῶν φίλων μνήμην ἐνδείκνυσθαι ἢ φιλοφροσύνην· διέπεμπε δὲ

« ταῦτα — Καλάσιρις καὶ πατὴρ τις προσποιητός, πρεσβύτης τῇ κοινῇ φύσει καὶ τῷ χρόνῳ τῆς ἡλικίας εἶξας. Πάντα σοι πάρεστι δι' ἑνός, προστασία πλοῦτος τρυφὴ καὶ ἀπόλαυσις τῆς ἐφ' ἡλικίας ἀκμῆς, καὶ ἁπλῶς τύχην σαυτοῦ νόμιζε καὶ προσκύνει τὴν Ἀρσάκην. 4 Μόνον ἐμοὶ πείθεσθε πῶς μὲν αὐτῇ προσιτέον καὶ ὀπτέον ὅταν τοῦτο ἐπιτρέψῃ, πῶς δὲ χρηστέον καὶ ὑπουργητέον ὅταν τι προστάττῃ· τὸ γὰρ φρόνημα, ὡς οἶσθα, μέγα καὶ ὑπέρογκον καὶ βασίλειον νεότητι καὶ κάλλει προσεξαιρόμενον καὶ ὑπεροφθῆναι εἴ τι κελεύοι μὴ ἀνεχόμενον. »

XVIII 1 Πρὸς ταῦτα σιγήσαντος τοῦ Θεαγένους καὶ καθ' ἑαυτὸν ὡς ἀηδῶν τινῶν καὶ μοχθηρῶν ἔστι δηλωτικὰ ἐννοοῦντος, ὀλίγον ὕστερον εὐνοῦχοι παρῆσαν λείψανα μὲν δῆθεν τῆς σατραπικῆς τραπέζης ἐπὶ χρυσῶν τῶν σκευῶν κομίζοντες πᾶσαν δὲ πολυτέλειαν καὶ χλιδὴν ὑπεραίροντα καὶ « Τούτοις » εἰπόντες « ἡ δέσποινα δεξιοῦται καὶ τιμᾷ τὸ παρὸν τοὺς ξένους » καὶ παραθέμενοι τοῖς νέοις παραχρῆμα ἀπεχώρουν. 2 Οἱ δὲ ἅμα μὲν τῆς Κυβέλης προτρεπούσης ἅμα δὲ προορῶντες μὴ δοκεῖν ἐνυβρίζειν τὴν δεξίωσιν ἀπεγεύοντο πρὸς βραχὺ τῶν παρακειμένων· καὶ τοῦτο καὶ εἰς ἑσπέραν ἐγίνετο καὶ κατὰ τὰς ἄλλας λοιπὸν ἡμέρας. Τῇ δ' οὖν ἑξῆς κατὰ πρώτην που τῆς ἡμέρας ὥραν οἱ συνήθεις εὐνοῦχοι παρόντες ὡς τὸν Θεαγένην « Μετακέκλησαι, ὦ μακάριε,

5 Καλάσιρις καὶ codd. : καὶ secl. Hirschig ; an Καλάσιρις quoque secludendum ? (Ry.) || 7 πάρεστι mAT : πάρεστην (*sic*) Z || 9 σαυτοῦ VMBA : -ὴν ZT αὐτοῦ P || 4 2 πείθεσθε VMBAT et P post corr. : -εσθαι P[1] Z || 3 τοῦτο mAT : τούτοις B || 4 προστάττῃ mAT : πράττῃ B || 6 προσεξαιρόμενον VMPAT : -ούμενον BZ.

XVIII 1 2 ἔστι VMPA : om. B post δηλωτικὰ T ἔτι Z || 2 3 ἐνυβρίζειν τὴν δεξίωσιν (cf. E XXIX, 2 8-10) mAT : τὴν δεξ. om. P || 4 τοῦτο καὶ mT : τοῦτο BA || ἑσπέραν mA : -ας PT || 7 παρόντες mAT : πάντες B || ὡς mAT : εἰς B || μετακέκλησαι mAT : κατακ. B.

homme, dirent-ils; nous sommes chargés de t'amener en sa présence. Viens jouir d'une faveur qu'elle accorde à peu de personnes et bien rarement. » **3** Il resta immobile un moment, puis, comme un homme à qui l'on fait violence, il se leva : « A-t-elle prescrit, leur demanda-t-il, que j'y aille seul ou accompagné de ma sœur que voici? » — « Seul. La jeune fille sera présentée à part. En ce moment, Arsacé a auprès d'elle quelques hauts dignitaires perses. D'ailleurs, il est d'usage de recevoir séparément les hommes et les femmes. » Théagène se pencha sur Chariclée et lui dit tout bas : « Ceci n'est ni beau ni franc. » Elle lui répondit qu'il fallait, non pas résister, mais céder au début et faire semblant d'être disposé à agir selon sa volonté [1]. Il suivit donc ses guides.

XIX **1** Ceux-ci lui donnaient des instructions sur la manière de se présenter, d'adresser la parole à Arsacé, et lui rappelaient qu'il était d'usage de se prosterner en entrant. Théagène ne fit aucune réflexion. Il entra et la trouva assise sur un trône, vêtue d'une robe pourpre brodée d'or, pompeusement parée de riches bracelets et d'une tiare superbe, voluptueusement fardée et peinte. Des gardes se tenaient debout à côté d'elle, et de chaque côté du trône étaient assis les hauts dignitaires. Théagène ne fut pas ému. **2** Il parut avoir oublié le conseil que lui avait donné Chariclée de feindre une respectueuse docilité, et se redressa

καὶ τούτοις οἷς ἀγασθείη ἢ ἐν φυλακαῖς ἢ ἐν θεραπείαις ἢ ἐν αἱστισινοῦν πράξεσι.... (Xénophon, *Cyropédie* VIII, 2 3). (Ry.) — Cf. aussi Xénophon, *Anabase* I 9 25 Κῦρος γὰρ ἔπεμπε βίκους οἴνου ἡμιδεεῖς πολλάκις, ὁπότε πάνυ ἡδὺν λάβοι, λέγων ὅτι οὔπω δὴ πολλοῦ χρόνου τούτου ἡδίονι οἴνῳ ἐπιτύχοι· τοῦτο οὖν σοι ἔπεμψε καὶ δεῖταί σου τήμερον τοῦτον ἐκπιεῖν σὺν οἷς μάλιστα φιλεῖς. Πολλάκις δὲ χῆνας ἡμιβρώτους ἔπεμπε καὶ ἄρτων ἡμίσεα καὶ ἄλλα τοιαῦτα, ἐπιλέγειν κελεύων τὸν φέροντα· τούτοις ἥσθη Κῦρος, βούλεται οὖν καὶ σὲ τούτων γεύσασθαι. (M.)

1. Telle était la tactique employée par Chariclée elle-même à l'égard de l'impétueux Thyamis (A XXVI, 3). (M.)

πρὸς τῆς δεσποίνης » ἔλεγον « καὶ ὀφθῆναί σε προστετάγμεθα· καὶ ἧκε τῆς εὐτυχίας ἀπολαύσων ἧς ὀλίγοις δὴ καὶ ὀλιγάκις μεταδίδωσιν. » 3 Ὁ δὲ μικρὸν ἐφησυχάσας καὶ οἷον πρὸς βίαν ἑλκόμενος διανέστη τε καὶ « Μόνον δέ με ἥκειν ἐπέσταλται » πρὸς αὐτοὺς ἔλεγεν « ἢ καὶ ἀδελφὴν ταυτηνὶ τὴν ἐμήν ; » Τῶν δὲ ὅτι μόνον ἀποκριναμένων, ἐκείνην δὲ καθ' ἑαυτὴν ὀφθήσεσθαι, νυνὶ γὰρ συμπαρεῖναι τῇ Ἀρσάκῃ τῶν ἐν τέλει τινὰς Περσῶν καὶ ἄλλως ἔθος εἶναι ἀνδράσι μὲν ἰδίᾳ γυναιξὶ δὲ καθ' ἕτερον καιρὸν χρηματίζειν, προσκύψας ὁ Θεαγένης « Οὔτε καλὰ ταῦτα οὔτε ἀνύποπτα » πρὸς τὴν Χαρίκλειαν ἠρέμα εἰπών, ἀντακούσας δὲ ὡς δεήσει μὴ ἀντιβαίνειν ἀλλὰ συντρέχειν τὴν πρώτην καὶ ἐνδείκνυσθαι ὡς πάντα πρὸς νοῦν τὸν ἐκείνης ποιήσοντα, εἵπετο τοῖς ἄγουσι.

XIX 1 Καὶ ὅπως δεήσει τὴν ἔντευξιν ποιεῖσθαι καὶ τὸν τρόπον τῆς προσηγορίας ὑφηγουμένοις καὶ ὡς ἔθος προσκυνεῖν τοὺς εἰσιόντας οὐδὲν μὲν ἀπεκρίνατο· εἰσελθὼν δὲ καὶ προκαθημένην ἐφ' ὑψηλοῦ καταλαβὼν ἁλουργῷ μὲν καὶ χρυσοπάστῳ τῇ ἐσθῆτι φαιδρυνομένην ὅρμων δὲ πολυτελείᾳ καὶ τιάρας ἀξιώματι μεγαλαυχουμένην καὶ παντοίᾳ κομμωτικῇ πρὸς τὸ ἁβρότερον ἐξηνθισμένην δορυφόρων τε παρεστώτων καὶ τῶν ἐπὶ δόξης ἑκατέρωθεν προέδρων παρακαθημένων, οὐκ ἔπτηξε τὸ φρόνημα, 2 ἀλλ', ὥσπερ τῶν συγκειμένων αὐτῷ πρὸς τὴν Χαρίκλειαν ὑπὲρ τῆς θεραπευτικῆς ὑποκρίσεως ἐπιλελησμένος, ἀντεξανέστη

8 σε mAT : τε Z || **3** 2 ἑλκόμενος mAT : -μενοι B || 3 ἐπέσταλται mAT : ἀπέστ. B || αὐτοὺς mAT : ἑαυτοὺς B || 4 ὅτι mAT : om. Z || 6 γὰρ BPZAT : δὲ VM || 8 προσκύψας VMBAT : προκ. PZ || 10 δεήσει mAT : -σοι M || 12 ποιήσοντα MBPAT : -σαντα VZ.

XIX **1** 1-2 καὶ τὸν — ὑφηγουμένοις om. M || 2 τῆς VZAT : τις B τὰ P || ὑφηγουμένοις PAT : -ους V -ούμενος BZ || 4 προκαθημένην mAT : -μένη P || ἁλουργῷ m : -γεῖ BAT, cf. III, **2** 2 || 8 παρεστώτων BZAT (-οτων P) : ἐμπαρ. VM συμπαρ. Bekker || ἐπὶ δοξης (cf. I, **4** 1 et al.) BPZAT : ἐπιδόξων (cf. III, **2** 7 et al.) VM || 9 παρακαθημένων mAT : προκαθ. M.

avec une grande fierté à la vue de cet appareil fastueux étalé par des Persans. Sans ployer le genou, sans courber l'échine, la tête haute, il dit : « Je te salue, femme de sang royal, Arsacé. » Les assistants indignés murmuraient qu'en refusant de se prosterner Théagène avait fait acte de séditieux, et s'était montré audacieux et insolent. Mais Arsacé déclara en souriant : « Pardonnez à un ignorant, à un étranger, à un Grec, en somme, qui a contracté dans son pays la fâcheuse habitude de nous mépriser[1]. » **3** En même temps, malgré les protestations des assistants, elle enleva sa tiare, ce qui est pour les Perses la manière de rendre un salut. « Rassure-toi, étranger, lui dit-elle par l'intermédiaire d'un interprète, car elle comprenait le grec mais ne le parlait pas. Dis-moi si tu as besoin de quelque chose : tu l'auras. » Puis elle le renvoya en faisant signe aux ennuques de l'accompagner. **4** Il partit escorté de gardes. Achéménès en le revoyant le reconnut plus sûrement. Cet excès d'honneur dont il était l'objet l'étonnait, et il en soupçonnait bien le motif, mais il n'en disait rien, fidèle à la résolution qu'il avait prise. **5** Arsacé offrit un festin aux seigneurs perses, sous couleur de leur faire honneur comme elle en avait l'habitude, mais en réalité pour fêter sa rencontre avec Théagène[2]. Cette fois, elle fit porter aux jeunes gens non seulement une part des mets servis à sa table, mais aussi des tapis et des couvertures brodées, chefs d'œuvre de Sidon et de Lydie[3]. **6** Elle

1. C'était l'usage en Orient pour un inférieur de se prosterner devant ses supérieurs (cf. Hérodote I, 134, 1 ; III, 86, 2) ; mais cette pratique répugnait tout spécialement aux Grecs (cf. Hérodote VII, 136, 1 ἀνάγκην σφι προσφερόντων προσκυνέειν βασιλέα προσπίπτοντας οὐκ ἔφασαν ὠθεόμενοι ὑπ' αὐτῶν ἐπὶ κεφαλὴν ποιήσειν ταῦτα οὐδαμά· οὔτε γὰρ σφίσι ἐν νόμῳ εἶναι ἄνθρωπον προσκυνέειν οὔτε κατὰ ταῦτα ἥκειν.

2. Cf. Achille Tatios A VI, 1 οἱ μὲν δὴ ἄλλοι τῇ γαστρὶ μετρήσαντες τὴν ἡδονήν. ἐγὼ δὲ τὴν εὐωχίαν ἐν τοῖς ὀφθαλμοῖς φέρων.

3. Cf. E XXIX, 2 5 sqq. (page 76, note 2). Nous avons adopté τάπητας de P parce que les manuscrits accréditent cette forme dans l'autre passage. Mais bien que τάπης soit la forme la plus ancienne, δάπις aussi bien que τάπις étaient courants à l'époque post-classique, et il est impossible de déterminer quelle forme a employée Héliodore

πλέον εἰς μεγαλοφροσύνην πρὸς τὸ ἀλαζονικὸν τῆς Περ-
σικῆς θέας, καὶ οὔτε ὀκλάσας οὔτε προσκυνήσας ἀλλ'
ἀπ' ὀρθῆς τῆς κεφαλῆς « Χαῖρε » ἔφη « βασίλειον αἷμα
Ἀρσάκη. » Τῶν δὲ παρόντων ἀγανακτούντων καὶ θροῦν τινα
ὅτι μὴ προσεκύνησε καταστασιαστικὸν τοῦ Θεαγένους ὡς
τολμηροῦ καὶ θρασέος ἀφιέντων, ἡ Ἀρσάκη μειδιάσασα
« Σύγγνωτε » εἶπεν « ὡς ἀπείρῳ καὶ ξένῳ καὶ τὸ ὅλον
Ἕλληνι καὶ τὴν ἐκεῖθεν ὑπεροψίαν καθ' ἡμῶν νοσοῦντι. »
3 Καὶ ἅμα καὶ τῆς κεφαλῆς τὴν τιάραν ἀφεῖλε, πολλὰ τῶν
παρόντων κωλυόντων — τοῦ γὰρ ἀμείβεσθαι τὸν ἀσπασά-
μενον σύμβολον τοῦτο πεποίηνται Πέρσαι — καὶ « Θάρσει,
ὦ ξένε » εἰποῦσα διὰ τοῦ ἑρμηνέως, συνιεῖσα γὰρ τὴν
Ἑλλάδα γλῶτταν οὐκ ἐφθέγγετο, « καὶ λέγε τίνος χρῄζεις,
ὡς οὐκ ἀποτευξόμενος » ἀπέπεμπε, νεύματι τοῦτο πρὸς
τοὺς εὐνούχους ἐπισημήνασα. 4 Παρεπέμπετο δὴ μετὰ
δορυφορίας καὶ ὁ Ἀχαιμένης αὖθις θεασάμενος ἐγνώριζε
μὲν ἀκριβέστερον καὶ τῆς ἄγαν εἰς αὐτὸν τιμῆς τὴν αἰτίαν
ὑποπτεύων ἐθαύμαζεν, ἐσίγα δ' οὖν ὅμως τὰ δεδογμένα
πράττων. 5 Ἡ δὲ Ἀρσάκη τοὺς ἐν τέλει Περσῶν ἑστιά-
σασα, δῆθεν μὲν ὡς συνήθως ἐκείνους τιμῶσα ἀληθέστε-
ρον δὲ τὴν πρὸς Θεαγένην ἔντευξιν εὐωχίαν ἄγουσα, οὐ
μοίρας μόνον κατὰ τὸ εἰωθὸς τῶν ἐδεσμάτων τοῖς περὶ
τὸν Θεαγένην ἀπέστειλεν ἀλλὰ καὶ τάπητάς τινας καὶ
στρωμνὰς πεποικιλμένας Σιδωνίας τε καὶ Λυδίας ἔργα

2 8 καταστασιαστικὸν mA (κατασιαστ. Z) : ἀστικὸν κατὰ T || 9 θρα-
έος mT : -έως ZA || 11 Ἕλληνι mAT : Ἕλλην Z || **3** 1 ἅμα καὶ mT
ἅμα BA || 2-3 τοῦ γὰρ — Πέρσαι (ἀσπασμένον P σύμβολον om. V)
mAT : τοῦτο γὰρ πεποίηνται Πέρσαι τοῦ τὸν ἀσπασάμενον ἀμείβεσθαι
M || 4 συνιεῖσα PZAT : συνεῖσα VMB || 5 χρῄζεις MB : -οις VPZAT ||
6 αποτευξόμενος mAT : -άμενος B || τοῦτο mAT : τούτου B || **4** 1 δὴ
mAT : δὲ M || 2 Ἀχαιμένης mAT : -μενίδης M || **5** 1 τέλει mAT :
τέλη P || ἑστιάσασα mAT : ἑστιῶσα P || 2 συνήθως mAT : -ους Z || 3 δὲ
mAT : om. B || 5 ἀπέστειλεν BP : -στελλεν VMZAT || τάπητας (cf. E
XXIX, 2 6) P : δάπιδας (δαπίζας Z) mAT || 6 σιδωνίας mT (σιδον. A) :
σινδόνας B.

leur envoya également des esclaves pour leur service personnel, à Chariclée une jeune fille, à Théagène un jeune garçon, tous deux de race ionienne, et encore adolescents. Souvent elle sollicitait Cybèle de se hâter et d'atteindre au plus vite le but qu'elle s'était proposé (car elle ne pouvait plus maîtriser son désir), et, avec une ardeur sans cesse en éveil, d'assiéger Théagène de tous les côtés[1]. **7** Sans doute elle ne déclarait pas ouvertement les intentions d'Arsacé, mais, par des circonlocutions et des sous-entendus[2], elle s'efforçait d'amener le jeune homme à les comprendre. Elle vantait la bienveillance de sa maîtresse à son égard, et sous d'honnêtes prétextes lui donnait l'occasion de voir sa beauté, non seulement celle qui est apparente mais celle que cachent les vêtements. Elle disait sa nature aimante, son affabilité, et sa complaisance pour les jeunes gens tendres et vigoureux[3]. En un mot, elle tâchait, par tous ses discours, d'éprouver s'il était sensible aux plaisirs de l'amour. **8** Théagène louait lui aussi la bienveillance d'Arsacé, ses bons sentiments à l'égard des Grecs et toutes ses autres qualités du même genre ; il se disait très touché de telles dispositions. Quant aux propositions inconvenantes, comme s'il ne les avait pas comprises dès le début, à dessein il passait sur elles. La vieille étouffait de dépit et avait le cœur ulcéré. Car elle ne doutait pas qu'il comprît ses insinuations, et elle le voyait dédaigner et repousser toutes les avances. **9** Arsacé devenait insupportable, la harcelait, lui répétant toujours qu'elle ne pouvait plus attendre, ni endurer, et la mettait en demeure de tenir

1. Le verbe ἐκπεριιέναι, que Xénophon emploie (*Cynégétique* 6, 10) en parlant de la chasse, évoque fort bien Cybèle en train de « rabattre » Théagène, son gibier, pour sa maîtresse.

2. Cf. XXIII, 4 3-4 οὐδὲ ἐκ περιόδων οὐδὲ κυκλούμενον τοῖς λόγοις.

3. Cf. Achille Tatios ϛ XII, 2 τὴν ἡλικίαν οἷός ἐστιν εἶδες, ὅτι νέος καὶ καλός, ὃ μάλιστα τέρπει γυναῖκα.

χειρός. 6 Συναπέστειλε δὲ καὶ ἀνδράποδα ὑπηρετησόμενα, κόριον μὲν τῇ Χαρικλείᾳ παιδάριον δὲ τῷ Θεαγένει τὸ μὲν γένος Ἰωνικὰ τὴν δὲ ἡλικίαν ἥβης ἐντός, πολλὰ τὴν Κυβέλην παρακαλέσασα ἐπισπεύδειν καὶ ὡς ὅτι τάχιστα διανύειν τὸν σκοπόν (οὐ γὰρ ἔτι φέρειν τὸ πάθος οἶδεν) οὐδὲ αὐτὴν ἀνιεῖσαν ἀλλὰ παντοίως ἐκπεριιοῦσαν τὸν Θεαγένην. 7 Προδήλως μὲν γὰρ οὐκ ἐξέφαινε τὸ βούλημα τῆς Ἀρσάκης κύκλῳ δὲ καὶ δι' αἰνιγμάτων εἰς τὸ συνιέναι προσβιβάζουσα καὶ τήν τε περὶ αὐτὸν φιλοφροσύνην τῆς δεσποίνης μεγαλύνουσα καὶ τὸ κάλλος, οὐ τὸ φαινόμενον μόνον ἀλλὰ καὶ τὸ ἐντὸς ἐσθῆτος, μετά τινων εὐλόγων προφάσεων ὑπ' ὄψιν ἄγουσα, καὶ τὸ ἦθος ὡς ἐράσμιός τε καὶ εὐόμιλος καὶ χαίρουσα τοῖς ἁβροτέροις καὶ ἀγερωχοτέροις τῶν νέων καὶ ὅλως ἀπόπειραν ἐν οἷς διεξῄει λαμβάνουσα εἰ προστρέχει τοῖς ἐπαφροδίτοις. 8 Καὶ ὁ Θεαγένης τὸ μὲν τῆς φιλοφροσύνης καὶ ὡς φιλέλλην τὸ ἦθος καὶ ὅσα τοιαῦτα συνεπῄνει καὶ χάριν ὡμολόγει, τὰ δὲ ἐπαγωγὰ τῶν ἀτοπωτέρων ὡς ἂν μηδὲ συνιεὶς τὴν ἀρχὴν ἑκὼν ὑπερέβαινε. Πνιγμὸς τοίνυν εἶχε τὴν γραῦν καὶ οἷον ἔλυζε τὴν καρδίαν στοχαζομένη μὲν ὡς συνίησι τῆς προαγωγείας ἀπαυθαδιαζόμενον δὲ καὶ διωθούμενον ὁρῶσα τὴν πεῖραν. 9 Καὶ τὴν Ἀρσάκην οὐκέτι φέρειν οἵα τε ἦν δι' ὄχλου γινομένην καὶ καρτερεῖν οὐκέτι δύνασθαι λέγουσαν καὶ τὴν ἐπαγγελίαν ἀπαιτοῦσαν ἣν ἄλλοτε ἄλλαις

6 1 συναπέστειλε B : -στελλε mAT || 2 τῷ Θεαγένει (-η Z) mAT : τὸν Θεαγ. P || 4 ὅτι mAT : τι B || 5 οἶδεν BA : οὐδὲν mT || 6 ἐκπεριιοῦσαν B : ἐκπεριοῦσαν mAT (ἐκπεριεργχομένην καὶ πρὸς πιθανότητα ἕλκουσαν V^mg) || τὸν Θεαγένην (-η V) mAT : τῷ Θεαγένη Z || **7** 1 βούλημα (cf. XXVI, **2** 5) PT : -ευμα mA || 2 αἰν (ἐν- Z) ιγμάτων mAT : αἰγμάτων B || 3 προσβιβάζουσα MBPA (προβ. T) : προσβιάζουσα VZ || 6 ἐράσμιός (cf. IX, **5** 5) B : -ασμία PZT -άσμιόν VMA || 7 εὐόμιλος BPZAT : -ον VM || 9 προστρέχει mAT : -ων B || **8** 3 συνεπῄνει mAT : -επῄειν P || χάριν mA : χ. ἔχειν PT || 6 προαγωγείας (-ίας PAT) mAT : προσαγ. B || 7 ἀπ (ἐπ -B) αυθαδιαζόμενον (cf. XXVI, **2** 5) mAT : -διζόμενον P || **9** 1 οἵα Coraes : οἷα codd. || ἦν mAT : om. M || 3 ἄλλαις VMPT : ἄλλως Z ἄλλοις A ἄλλα B.

sa promesse, mais Cybèle inventait toujours quelque nouvelle raison pour en différer l'exécution : un jour, elle disait le jeune homme décidé mais paralysé par la crainte, une autre fois elle imaginait quelque indisposition imprévue.

XX 1 Cinq ou six jours s'écoulèrent ainsi. Arsacé avait déjà fait venir Chariclée une fois ou deux et, pour faire plaisir à Théagène, l'avait reçue avec honneur et bienveillance. Enfin, obligée d'en venir à des confidences plus directes, Cybèle déclara tout crûment à Théagène l'amour d'Arsacé et lui promit une infinité de biens [1], s'il se montrait complaisant. 2 « Quelle est, ajouta-t-elle, cette timidité ? A-t-on jamais vu pareille sauvagerie ? Un homme, si jeune et beau et vigoureux, repousser une femme digne de lui et qui languit d'amour pour lui ; négliger une proie qui s'offre et une affaire si avantageuse [2], qui, d'ailleurs, ne comporte aucun risque ! Son mari est absent. C'est moi, sa nourrice, la confidente de tous ses secrets, qui procure cette rencontre. De ton côté, il n'y a aucun empêchement : tu n'as ni fiancée, ni femme. 3 Et pourtant, beaucoup ne se sont pas arrêtés à de tels obstacles. C'étaient des gens intelligents. Ils avaient compris que, sans nuire aux leurs, ils y gagneraient pour eux-mêmes un accroissement de leur fortune et les satisfactions du plaisir ». 4 Elle en vint à mêler des menaces à ses exhortations. « Les grandes dames, disait-elle, qui aiment les jeunes gens, deviennent amères et vindicatives, quand elles sont déçues [3], et punissent à bon droit ceux qui leur

1. Cf. XVII, 3 7-8. Πολλὰ καὶ μυρία est une phrase singulière, et Hirschig a peut-être raison de rejeter πολλά. En distinguant μύρια (= 10.000) de μυρία (= très nombreux) les lexicographes anciens expliquent parfois ce dernier par πολλά (par ex. Suidas, μυρία : πολλά, ἀναρίθμητα, μύρια δὲ ὁ ἀριθμός).

2. Cf. Δ VI, 5 5.

3. Héliodore en a déjà fourni un exemple dans les accusations calomnieuses de Démænété contre Cnémon (Α X, 3 sqq.). Cf. Juvénal 10, 328-9.

προφάσεσιν ὑπερετίθετο ἡ Κυβέλη, νῦν μὲν βουλόμενον ἀποδειλιᾶν τὸν νεανίαν φάσκουσα νῦν δε ἀνωμαλίαν τινὰ προσπεπτωκέναι πλαττομένη.

XX 1 Καὶ πέμπτης που λοιπὸν καὶ ἕκτης ἡμέρας παρῳχηκυίας ἤδη καὶ τὴν Χαρίκλειαν τῆς Ἀρσάκης ἅπαξ που καὶ δεύτερον προσκεκλημένης καὶ εἰς τὸ τῷ Θεαγένει κεχαρισμένον μετὰ τιμῆς καὶ φιλοφροσύνης ἑωρακυίας ἀναγκάζεται καὶ λευκότερον διαλεχθῆναι τῷ Θεαγένει καὶ τὸν ἔρωτα ἀπαρακαλύπτως ἐξηγόρευε, πολλὰ καὶ μυρία ἀγαθὰ συγκατατιθεμένῳ διεγγυωμένη καὶ 2 « Τίς ἡ ἀτολμία ; » προστιθεῖσα « τί δὲ τὸ ἀναφρόδιτον ; νέος οὕτω καὶ καλὸς καὶ ἀκμαῖος γυναῖκα ὁμοίαν καὶ προστετηκυῖαν ἀπωθεῖται καὶ οὐχ ἅρπαγμα οὐδὲ ἕρμαιον ποιεῖται τὸ πρᾶγμα δέους μὲν οὐδενὸς ἐπόντος τῇ πράξει μήτε τἀνδρὸς παρόντος κἀμοῦ τῆς θρεψαμένης καὶ πάντα ἀπόρρητα διὰ χειρὸς ἐχούσης τὴν ὁμιλίαν διακονούσης, μήτε σοί τινος ἐπόντος κωλύματος, οὐ νύμφης οὐ γαμετῆς παρούσης. 3 Καίτοι καὶ τούτων ὑπερεῖδον πολλοὶ πολλάκις ὅσοι δὴ νοῦν ἔχοντες τοὺς μὲν οἰκείους ἔγνωσαν οὐδὲν ἐκ τούτου καταβλάψειν αὑτοὺς δὲ ὠφελήσειν κτήσεως χρημάτων προσγενομένης καὶ τῶν καθ' ἡδονὴν ἀπολαύσεων. » 4 Τελευτῶσα δὲ καὶ ἀπειλήν τινα κατεμίγνυ τοῖς λεγομένοις « Αἱ χρησταὶ » λέγουσα « καὶ φιλόνεοι γυναῖκες ἀμείλικτοι γίνονται καὶ βαρυμήνιδες ἀποτυγχάνουσαι καὶ τοὺς ὑπερόπτας ὡς ὑβριστὰς εἰκότως ἀμύνον-

4 ὑπερετίθετο mAT : ὑπερτ. B || 5 ἀποδειλιᾶν post βουλόμενον mT : post νεανίαν A || 6 πλαττομένη mAT : πραττομένης B.

XX 1 1 λοιπὸν mAT : om. Z || 3 τὸ τῷ Θεαγένει VM : τῷ Θεαγ. Z τὸ Θεαγ. T τὸν Θεαγένην BPA || 6 πολλὰ mT : ἄλλα A secl. Hirschig fort. recte || 2 2 ἀτολμία PAT (εὐτ. B) : ἀποτολ. Z ἀποδειλία V ἀποδειλίασις M || 4 ποιεῖται mAT (γρ. ποι. M[mg]) : ἡγεῖται M || 6 τἀνδρὸς Coraes : ἀνδρὸς codd. || ἀπόρρητα codd. : τἀπόρρ. Bekker at cf. XII, 6 7-8 || 3 3 αὑτοὺς T : αὐτοὺς mA || 4 προσγενομένης m (προγ. A) : -γινομένης ZT || 4 2 λέγουσα mAT : -αι P || 3-4 ἀποτυγχάνουσαι mAT : -ουσι Z.

font l'injure de les repousser. Celle-ci, ne l'oublie pas, est une femme de race perse et de sang royal ; ce sont les termes mêmes dont tu l'as saluée [1]. La grande puissance et la force publique dont elle dispose lui permettent de récompenser la bonne volonté et de châtier une résistance, en toute sûreté. Et toi, tu es un étranger, isolé et sans protecteur. **5** Épargne-toi ; épargne-la aussi. Elle mérite ta pitié, car si elle est en faute, c'est bien toi qui l'as rendue à ce point folle d'amour. Prends garde à une vengeance [2] amoureuse, méfie-toi du courroux d'une amante méprisée. J'en sais plus d'un qui s'en est repenti. Je connais mieux que toi les affaires d'amour. Ces cheveux blancs, que tu vois, ont été bien souvent les témoins de luttes pareilles. Mais, d'homme à ce point intraitable et farouche, je n'en ai jamais vu. » **6** Elle s'adressa ensuite à Chariclée, devant laquelle elle était obligée de parler, et avait eu le front de tenir un pareil langage : « Encourage-le de ton côté, ma fille, cet homme que je ne sais vraiment de quel nom appeler, ton frère. Tu bénéficieras, toi aussi, de cette affaire. Tu n'en seras pas moins aimée et tu y gagneras plus d'honneurs, des biens à satiété et un brillant mariage. Tout cela peut séduire même des gens déjà heureux, à plus forte raison des étrangers actuellement dénués de tout [3]. »

XXI **1** Chariclée, la lèvre ironique [4] et l'œil ardent, répondit : « Le plus désirable et le meilleur eût été que cette tout excellente Arsacé ne tombât pas dans un pareil

1. « Je te salue, femme de sang royal, Arsacé » (XIX, 2).

2. Le mot μῆνις, usité surtout dans la langue épique et par les tragiques, s'applique ordinairement à la colère vengeresse d'une divinité. Sans doute la nourrice veut-elle implicitement assimiler la puissance redoutable d'Arsacé à celle d'une déesse. (M.)

3. Cf. XI, 10 5 sqq. (καταγώγιον) οἷον εὔξαιτ' ἄν τις καὶ εὐδαιμόνων καὶ ἐγχωρίων, μή τί γε δὴ ξένων καὶ εὐτελέστερον τὸ νυνὶ πράττειν δοκούντων.

4. Σεσηρός τι . . . . ὑποβλέψασα est une alliance de mots audacieuse, σεσηρός ne pouvant évoquer qu'une contraction de la bouche, sous le coup d'une forte émotion. (M.)

ται. Ταύτην δὲ ὅτι καὶ Περσὶς τὸ γένος ἐννόει καὶ ὡς βασίλειον αἷμα — τοῦτο δὴ τὸ τῆς σῆς προσρήσεως — καὶ ὡς πολλὴν ἐξουσίαν καὶ δύναμιν περιβέβληται, ὑφ' ἧς αὐτῇ καὶ τιμῆσαι τὸν εὔνουν καὶ κολάσαι τὸν ἐναντιούμενον ἐπ' ἀδείας, σὺ δὲ καὶ ξένος καὶ ἔρημος καὶ ὁ προστησόμενος οὐδείς. 5 Φεῖσαι τὸ μέρος καὶ σαυτοῦ φεῖσαι κἀκείνης· ἀξία δέ ἐστι παρὰ σοῦ φειδοῦς, εἰς τἄδικα διὰ τὸν σὸν πόθον οὕτως ἐκμεμηνυῖα. Εὐλαβήθητι καὶ μῆνιν ἐρωτικὴν φύλαξαι καὶ τὸ ἐκ τῆς ὑπεροψίας νεμεσητόν· πολλοὺς οἶδα μεταμεληθέντας, πεῖραν ἔχω σοῦ μᾶλλον τῶν Ἀφροδίτης, ἡ πολιὰ θρὶξ ἣν ὁρᾷς αὕτη πολλοῖς τοιούτοις ἐνήθλησεν ἀλλ' οὕτως ἄτεγκτον καὶ ἀνήμερον οὐκ ἔγνωκα. » 6 Καὶ ἀποστρέψασα τὸν λόγον πρὸς τὴν Χαρίκλειαν, ὑπ' ἀνάγκης γὰρ κἀκείνης εἰς ἐπήκοον ἀπεθάρσησε τὰ τοιαῦτα διαλέγεσθαι, « Συμπαρακάλεσον » ἔφη « ὦ θύγατερ, καὶ σὺ τὸν οὐκ οἶδ' ὅντινα προσείπω προσηκόντως ἀδελφόν σου τοῦτον. Συνοίσει καὶ σοὶ τὸ πρᾶγμα· οὐκ ἔλαττον ἀγαπηθήσῃ, πλέον τιμηθήσῃ· πλουτήσεις εἰς κόρον, γάμου σοι προνοήσει λαμπροῦ. Ζηλωτὰ δὲ ταῦτα καὶ εὖ πράττουσι, μή τί γε δὴ ξένοις καὶ ἐν ἐνδείᾳ τὸ παρὸν ἐξεταζομένοις. »

XXI 1 Ἡ δὲ Χαρίκλεια σεσηρός τι καὶ κατεσμυγμένον ὑποβλέψασα « Εὐκτὸν μὲν ἦν » ἔφη « καὶ κάλλιστον μηδὲν

6 σῆς mAT : om. B || προσρήσεως m : προρρήσ. BAT || 9 σὺ mAT : τὸ Z || προστησόμενος codd. : προσθησ. ed. Comm. || 5 2 σοῦ mT : σοὶ BA || τἄδικα διὰ nos : τὰ δίκαια codd. || 2-3 τὸν σὸν πόθον B : τῶν σῶν ποθων mAT || 3 ἐκμεμηνυῖα mAT : -υῖαν M || 4 φύλαξαι VMPAT : φυλάξαι BZ || 5 τῶν mA : τῆς PT || 7 ἄτεγκτον VMAT : ἄτεκτον BPZ || 6 2 ἐπήκοον mAT : ὑπ. V || ἀπεθάρσησε BAT : ἀπεθάρρησε m || 4 καὶ σὺ mAT : om. B || τὸν οὐκ mAT : τὸν ἀκατάδεκτον οὐκ P || ὅντινα mAT : ὅτινα Z || 5 σοὶ VMZAT : σὺ BP (σὲ superscr. B) || 7 σοι mAT : σου V || 8 μή τί VBZA : μήτοι MPT.

XXI 1 1 τι BPZAT : om. VM || κατεσμυγμένον VMP : κατεσμιγ BA κατεμυγ. ZT || 2 εὐκτὸν mT : ἐκτὸν Z εὔτακτον A.

état. Au moins devait-elle ensuite s'endurcir à supporter son mal. Mais puisqu'elle est victime d'une faiblesse humaine [1], incapable de résister à ce que tu dis, et de maîtriser sa passion, je conseillerais moi aussi à Théagène de ne pas se dérober, s'il n'y avait rien à craindre pour lui, par exemple de s'attirer inconsciemment quelque méchante affaire, à lui comme à elle, le jour où la lumière se ferait et où leurs déportements viendraient à la connaissance du satrape. » **2** A ces mots, Cybèle se précipita sur Chariclée qu'elle embrassa et couvrit de baisers : « Bravo, mon enfant, tu as pitié d'une malheureuse, femme comme toi [2], et tu te préoccupes de la sûreté de ton frère. Mais sois tranquille à ce sujet : le soleil lui-même, comme on dit, n'y verra rien [3]. » — « Cela suffit pour le moment, dit Théagène, laisse-nous réfléchir. » **3** Cybèle partit immédiatement. « Théagène, dit alors Chariclée, même dans les succès que le sort nous réserve, il y a plus d'infortune pour nous que d'apparente félicité. Toutefois, les gens avisés savent tirer parti même du malheur et en faire sortir tout le bien qu'il peut comporter. Je ne sais si tu as l'intention de mener cette affaire jusqu'au bout, et d'ailleurs je ne m'y opposerais pas absolument, s'il n'y a pour nous d'autre moyen de nous sauver [4]. **4** Mais si tu as la bonne inspiration de juger inconvenantes de telles

1. L'expression ἀνθρώπινόν τι παθεῖν est couramment employée quand il s'agit d'amour, par ex. Achille Tatios E XXVII, 2 ὡς οὖν με ἔλυσε καὶ περιέβαλε κλαίουσα, ἔπαθόν τι ἀνθρώπινον (cf. VII, 7) et Hérodien V, 6, 2 (Héliogabale justifiait son mariage avec une vestale φήσας ἀνθρώπινόν τι πεπονθέναι πάθος· ἔρωτι γὰρ τῆς κόρης ἑαλωκέναι). Mais on en use aussi pour d'autres sentiments humains (Xénophon, *Cyropédie* V, 4 19 ; Lucien, *Sur un appartement* 21) et pour désigner la mort (Flinders Petrie Papyri Vol. 3, I 9-10; cf. John Rylands Greek Papyri Vol. 2, 153, 39).

2. Cf. Achille Tatios E XVII, 3 ἐλέησόν με, ἔφη, δέσποινα, γυνὴ γυναῖκα et XXII, 6 δέομαι δέ σου γυναικὸς γυνὴ τὴν αὐτὴν δέησιν ἣν καὶ σύ μου χθὲς ἐδεήθης.

3. Le proverbe est naturel, car le soleil voyait tout, πανόπτης (par ex. Eschyle, *Prométhée* 91).

4. Cf. A II, 4 6-7 ἐν σοὶ τὰ ἐμὰ σῴζεσθαί τε καὶ μή.

τοιοῦτον ὑποστῆναι τὴν πάντα ἀρίστην Ἀρσάκην· εἰ δὲ μή, δευτέρα γοῦν ἐγκρατείᾳ φέρειν τὸ πάθος. Ἀλλ' ἐπειδή τι πέπονθεν ἀνθρώπινον καὶ νενίκηται, ὡς φῄς, καὶ ἥττων ἐστὶ τῆς ἐπιθυμίας, συμβουλεύσαιμ' ἂν καὶ αὐτὴ Θεαγένει τούτῳ τὴν πρᾶξιν, εἰ τὸ ἀσφαλὲς αὐτῷ προσείη, μὴ ἀρνεῖσθαι· μὴ δέ τι λάθῃ κακὸν αὐτός τε ἑαυτὸν κἀκείνην ἐργασάμενος, εἰ ταῦτα εἰς φῶς ἔλθοι καὶ γνοίη ποθὲν τὸ παράνομον τῶν δεδραμένων ὁ σατράπης. » 2 Ἀνήλατο πρὸς τοὺς λόγους ἡ Κυβέλη καὶ περιπτύξασα καὶ φιλήσασα πολλὰ τὴν Χαρίκλειαν « Εὖγε » ἔφη « ὦ τέκνον, ὅτι καὶ γυναῖκα ὁμοίαν σοι τὴν φύσιν ἠλέησας καὶ τῆς ἀσφαλείας τἀδελφοῦ πεφρόντικας· ἀλλὰ τούτου γε ἕνεκα θάρσει, ὡς οὐδ' ὁ ἥλιος, τοῦτο δὴ τὸ τοῦ λόγου, γνώσεται. » « Πέπαυσο τὸ παρόν » ἔφη ὁ Θεαγένης « καὶ ἔνδος ἡμῖν εἰς ἐπίσκεψιν. » 3 Ἐξελθούσης δὲ παραχρῆμα τῆς Κυβέλης « Ὦ Θεάγενες » ἔλεγεν ἡ Χαρίκλεια « ὁ μὲν δαίμων τοιαῦτα ἡμῖν προξενεῖ τὰ εὐτυχήματα ἐν οἷς πλέον ἐστὶ τὸ κακῶς πράττειν τῆς δοκούσης εὐπραγίας· πλὴν ἀλλὰ συνετῶν γέ ἐστι καὶ τὰ δυστυχήματα ἐκ τῶν ἐνόντων πρὸς τὸ βέλτιστον διατίθεσθαι. Εἰ μὲν οὖν ἔχεις γνώμην καὶ τελείως δρᾶσαι τὸ ἔργον οὐκ ἔχω λέγειν· καίτοι γε οὐκ ἂν σφόδρα διενεχθεῖσα εἰ πάντως ἡμῖν ἐν τούτῳ τὸ σῴζεσθαι καὶ μὴ περιλείπεται. 4 Εἰ δὲ εὖ ποιῶν ἄτοπον δοκιμά-

3 εἰ mAT : ἢ Z || 4 δεύτερα B ut vid. et Coraes : δευτέρᾳ mAT || ἐγκρατείᾳ codd. et Bas. : ἐγκράτεια ed. Comm. || 5 φῄς mT : σὺ φῄς A || 6 συμβουλεύσαιμ' ἂν mAT : -λεῦσαι μὲν Z || 7 εἰ τὸ MPZAT : εἰς τὸ VB || 8 μὴ δέ nos et T : μὴ δή m μὴ δ' εἴ A || τι mAT : τοι V || λάθῃ nos cf. **5** 8 et al. : λάθοι codd. || κακὸν (κκὸν P) mAT : om. B || 9 ἐργασάμενος B : -όμενος mAT || 10 δεδραμένων Z : -ασμένων mAT, cf. H V, **2** et I XXXVIII, **1** || **2** 2 ἡ Κυβ. mAT : καὶ ἡ Κυβ. Z || 4 σοι mAT : om. B || 7 ἔνδος mAT : ἔνδον Z || **3** 3 προξενεῖ mAT : -οῖ B || εὐτυχήματα mAT : ἐντ. V || 4 τὸ κακῶς BPZAT : καὶ τὸ κακῶς VM || πλὴν mAT : om. B || 5 συνετῶν mAT : -όν B || 6 βέλτιστον BPAT : -τιον VMZ || γνώμην H. Richards : -ης codd. || 8 τὸ σώζεσθαι mT : τοῦ σώζ. Z σώζ. A || 9 περιλείπεται mAT : -πεσθαι B || **4** 1 ἄτοπον mAT : εὔτοπον B.

propositions, ne néglige pas cependant de feindre un consentement. Entretiens par des promesses les désirs de cette femme barbare ; par des atermoiements, préviens les effets d'une soudaine vengeance qu'elle pourrait exercer contre nous, adoucissant par l'espoir et amollissant par de bonnes paroles l'ardeur de son ressentiment. Peut-être le temps ainsi gagné nous apportera-t-il quelque expédient, s'il plaît aux dieux [1]. Mais, ne va pas, Théagène, te prendre au jeu et te laisser entraîner à une vilaine action. »
5 Théagène sourit : « Je vois bien, dit-il, que même au milieu du danger, tu souffres encore de ce mal si féminin : la jalousie. Quant à moi, sache qu'il m'est impossible même de feindre de telles choses. Car faire ce qui est mal et le dire est également inconvenant [2]. Du reste, à décourager Arsacé, nous gagnerions au moins qu'elle ne nous importunerait plus. Si je dois en pâtir, eh ! bien, le sort et ma raison m'ont déjà préparé, au cours d'une existence si souvent éprouvée, à accepter les événements. » — « Prends bien garde, tu vas nous mettre dans une terrible situation », répliqua simplement Chariclée.

XXII 1 Tandis qu'ils se livraient à ces considérations, Cybèle, revenue auprès d'Arsacé, avait ranimé son espérance abattue, en lui disant que les choses prenaient une tournure plus favorable et que Théagène s'était montré mieux disposé. Puis elle rentra chez elle et ne s'occupa pas d'eux de toute la soirée. Pendant la nuit, elle invita instamment Chariclée, qui depuis le début partageait son lit, à seconder ses efforts, et le lendemain matin elle demanda à Théagène quelle décision il avait prise. 2 La réponse fut clairement négative et il affirma qu'il ne fallait

1. Les idées sont analogues à celles qu'exprime Chariclée quand elle explique comment elle veut se dérober à l'offre de mariage de Thyamis, A XXVI, 3-4 λόγος εἴκων καὶ πρὸς τὸ βούλημα συντρέχων τὴν πρώτην καὶ ζέουσαν φορὰν ἔστειλε καὶ τὸ κάτοξυ τῆς ὀρέξεως τῷ ἡδεῖ τῆς ἐπαγγελίας κατεύνασε ..... τοῖς λόγοις ἐμαυτὴν ἐξεδόμην, θεοῖς τὰ ἑξῆς ἐπιτρέψασα ..... πολλὰ μία ἡμέρα καὶ δύο πολλάκις ἔδοσαν τῶν εἰς σωτηρίαν.

2. Cf. Δ X, 2 6 et la note (page 18, note 1).

ζεις τὸ αἰτούμενον ἀλλὰ σύ γε πλάττου τὸ συγκατατίθεσθαι καὶ τρέφων ἐπαγγελίαις τῆς βαρβάρου τὴν ὄρεξιν ὑπερθέσεσιν ὑπότεμνε τὸ πρὸς ὀξύ τι καθ' ἡμῶν βουλεύσασθαι, ἐφηδύνων ἐλπίδι καὶ καταμαλάττων ὑποσχέσει τοῦ θυμοῦ τὸ φλεγμαῖνον· εἰκός τινα καὶ λύσιν θεῶν βουλήσει τὸν μεταξὺ χρόνον ἀποτεκεῖν. Ἀλλ' ὦ Θεάγενες, ὅπως μὴ ἐκ τῆς μελέτης εἰς τὸ αἰσχρὸν τοῦ ἔργου κατολισθήσῃς. » 5 Μειδιάσας οὖν ὁ Θεαγένης « Ἀλλὰ σύ γε οὐδὲ ἐν τοῖς δεινοῖς » ἔφη « τὴν γυναικῶν ἔμφυτον νόσον ζηλοτυπίαν ἐκπέφευγας, ἐμὲ δὲ ἴσθι μηδὲ πλάσασθαι τὰ τοιαῦτα δύνασθαι· ποιεῖν γὰρ τὰ αἰσχρὰ καὶ λέγειν ὁμοίως ἀπρεπές· καὶ ἄλλως τὸ ἀπογνῶναι τὴν Ἀρσάκην αὐτόθεν φέρει τι χαρίεν, τὸ μηκέτι διοχλεῖν ἡμῖν. Εἰ δὲ πάσχειν τι δέοι, φέρειν τὰ προσπίπτοντα ἤδη με πολλάκις ἥ τε τύχη καὶ ἡ γνώμη παρεσκεύασε. » « Μὴ λάθῃς εἰς μέγα κακὸν ἡμᾶς ἐμβάλλων » εἰποῦσα ἡ Χαρίκλεια ἐσιώπησε.

XXII 1 Καὶ τούτων ἐν ταύτῃ τῇ σκέψει διαγόντων ἡ Κυβέλη πάλιν ἀναπτερώσασα τὴν Ἀρσάκην καὶ ὡς τὰ δεξιώτερα χρὴ προσδοκᾶν εἰποῦσα, ἐνδεδεῖχθαι γάρ τι τὸν Θεαγένην τοιοῦτον, ἐπανῆλθεν εἰς τὸ αὐτῆς δωμάτιον. Κἀκείνην διαλιποῦσα τὴν ἑσπέραν καὶ πολλὰ διὰ τῆς νυκτὸς ὁμόκοιτον οὖσαν ἐξ ἀρχῆς τὴν Χαρίκλειαν παρακαλέσασα συμπράττειν εἰς ἕω πάλιν ἠρώτα τὸν Θεαγένην τίνα εἴη τὰ δεδογμένα. 2 Ἀπειπόντος δὲ λαμ-

2 γε A et Coraes : τε mT || πλάττου mAT : πλήττου P || 4 ὑπερθέσεσιν BT : -θέσιν (*sic*) A -θέσει m || 5 ἐλπίδι mA : -ίσι T || ὑποσχέσει mA : -έσεσι T || 8 ἔργου mAT : χρόνου B || 8-9 κατολισθησῃς (-είσης B) codd. : -λίσθῃς Hirschig at cf. Γ IV, **3** 4 et Introd., vol. I, p. LXII || **5** 4 καὶ λέγειν mAT : λέγειν Z || 6-7 φέρει — δέοι om. A || 6 τι χαρίεν VMBT : τὸ χαρ. PZ || τὸ μηκέτι mT : καὶ μηκ. P || ἡμῖν mT : om. P || 7 τι δέοι mT : δέοι Z || 9 ἐμβάλλων mA : ἐμβαλών PT.

XXII **1** 3 ἐνδεδεῖχθαι mAT : -δέχθαι B || 4 αὐτῆς MT : αὑτῆς (post δωμάτιον P) mA || 7 ἕω mAT : ἕως P || **2** 1 δὲ Coraes : δὴ codd.

absolument pas compter sur lui. Triste, Cybèle retourna vers Arsacé, et lui apprit la farouche résolution de Théagène. Alors celle-ci donna l'ordre de jeter[1] la vieille à la porte, entra dans sa chambre, et là, étendue sur le lit, elle se mit à se meurtrir elle-même. **3** A peine Cybèle fut-elle en dehors de l'appartement des femmes que son fils Achéménès la vit désolée et en larmes : « N'est-il pas arrivé quelque fâcheux événement, ma mère, quelque malheur? Est-ce qu'une mauvaise nouvelle serait venue affliger Madame? Est-ce une défaite que de l'armée on est venu annoncer? Les Éthiopiens, dans la guerre actuelle, donneraient-ils du fil à retordre à notre maître Oroondatès[2]? » **4** Il multipliait les questions de ce genre. Mais elle continua son chemin en lui disant : « Tu n'es qu'un bavard. » Et lui, toujours aussi obstiné, la suivait, lui tenait les mains, la caressait et la suppliait de dire à son fils la cause de son chagrin.

XXIII **1** Elle le prit par la main et l'emmena dans un coin du jardin. « A un autre, dit-elle, je n'aurais pas raconté mes malheurs, ni ceux de Madame. Mais elle est en pleine détresse et moi-même je suis en danger de mort, car je le vois bien, la furieuse colère d'Arsacé retombera sur moi. Je suis donc obligée de parler. Peut-être trouveras-tu un moyen de sauver celle qui t'a enfantée à la lumière[3]

1. L'expression ἐπὶ κεφαλὴν (= avec violence et sans ménagement) est couramment jointe aux verbes ὠθέω ou ἐξωθέω (par ex. Lucien *Timon* 44, Hérodote, VII, 136, etc.). (M.)

2. Cf. I, 4 2-4 καὶ εἰ τὸν σατράπην 'Οροονδάτην ἀπεῖναι συμβαίνει τὰ νῦν, ἐπὶ τὸν Αἰθιοπικὸν ἐκστρατεύσαντα πόλεμον. A ce moment-là la situation militaire d'Oroondatès n'était guère brillante, mais la nouvelle des difficultés qu'il rencontrait n'a pas encore touché Arsacé.

3. Le verbe composé προάγειν, avec cette signification d'amener à la lumière du jour, est confirmé par Pollux, qui, parmi maints synonymes de γονεῖς cite οἱ γεννήσαντες et οἱ προαγαγόντες εἰς φῶς (III, 8) et également, entre autres synonymes de πατήρ il fait figurer ὁ προαγαγὼν εἰς φῶς (III. 9). Il ne fait pas mention, il est vrai, de ἡ προαγαγοῦσα εἰς φῶς comme synonyme de μήτηρ.

πρῶς καὶ παντοίως τὸ προσδοκᾶν ἀποφήσαντος, σύννους ἐπὶ τὴν Ἀρσάκην ἀπέδραμεν. Ἡ δέ, ὡς τὸ ἀπηνὲς παρὰ Θεαγένους ἐξήγγειλεν ἡ Κυβέλη, τὴν γραῦν ἐπὶ κεφαλὴν ἐξωσθῆναι προστάξασα εἰσδραμοῦσά τε εἰς τὸν θάλαμον ἔκειτο ἐπὶ τῆς εὐνῆς ἑαυτὴν σπαράττουσα. 3 Καὶ ἄρτι τῆς γυναικωνίτιδος ἐκτὸς γεγονυῖαν τὴν Κυβέλην ἰδὼν ὁ υἱὸς Ἀχαιμένης κατηφῆ τε καὶ δεδακρυμένην « Μή τι ἄτοπον μή τι πονηρόν, ὦ μῆτερ, προσπέπτωκεν ; » ἠρώτα « μή τις ἀγγελία τὴν δέσποιναν ἠνίακε ; μή τι δυστύχημα ἀπὸ στρατοπέδου προσήγγελται ; μή τι καταπονοῦσι κατὰ τὸν ἐνεστῶτα πόλεμον Αἰθίοπες τὸν δεσπότην Ὀροονδάτην ; » 4 Καὶ πολλὰ τοιαῦτα εἰπὼν ἠρώτα· ἡ δὲ « Ἀδολεσχεῖς » εἰποῦσα ἀπέτρεχεν· ὁ δὲ οὐδέν τι μᾶλλον ἀνιεὶς ἀλλὰ παρακολουθῶν καὶ τῶν χειρῶν λαμβανόμενος καὶ κατασπαζόμενος ἐξαγορεύειν πρὸς παῖδα τὸν ἴδιον τὰ λυποῦντα ἱκέτευε.

XXIII 1 Λαβοῦσα δὴ αὐτὸν καὶ εἴς τι μέρος τοῦ παραδείσου χωρισθεῖσα « Ἄλλῳ μὲν οὐκ ἂν » ἔφη « ἐξεῖπον τὰ ἐμαυτῆς τε καὶ δεσποίνης κακά· ἐπεὶ δὲ ἐκείνη τε ἐν τῷ παντὶ σαλεύει κἀγὼ τὸν περὶ τοῦ ζῆν προσδοκῶ κίνδυνον, οἶδα γὰρ ὡς ἡ Ἀρσάκης ἀνία καὶ μανία εἰς ἐμὲ ἀποσκήψει, λέγειν ἀναγκάζομαι εἴ δή τινα καὶ ἐπικουρίαν τῇ γεννησάσῃ καὶ εἰς φῶς προαγαγούσῃ καὶ τουτοισὶ

2 προσδοκᾶν mAT : -εῖς B || ἀποφήσαντος V : ἀποφήναντος mAT || σύννους mAT : σύνους P || 3-4 ἡ δὲ ὡς — ἐξήγγειλεν ἡ Κυβέλη nos : ἡ Κυβέλη, καὶ ὡς — ἐξήγγειλεν codd. vide Append. II, vol. I, p. LXXVI || 4 κεφαλὴν VMZT : -ῆς BPA || 5 ἐξωσθῆναι mT (-εῖναι A) : ἐξωθ. B || 3 6 στρατοπέδου (-παίδου P) codd. : τοῦ στρατ. Coraes || 7 Αἰθίοπες BPZAT : -ιόπων VM || τὸν δεσπότην BPZAT : τὸν om. VM || 4 1 ἡ δὲ mAT : ὁ δὲ B || 2 ἀνιεὶς B : -ίει VPZAT -ήει M || 3 λαμβανόμενος B : λαβόμ. mAT.

XXIII 1 1 λαβοῦσα mAT : λαθ. P || δὴ mAT : δεῖ P || 2-3 ἐξεῖπον VMBAT : -εῖπεν Z -είπω P || 3 τε καὶ mAT : τὸ καὶ Z || 4 τε PZAT : om. VMB || 5 ἀνία καὶ μανία mAT : μανία καὶ ἀνία Z || 6 εἰ B : μὴ mAT || 7 προαγαγούσῃ (-οῦσι P) nos cf. Pollux, III, 8 et 9 ; προσαγαγ. BT προαγ. A προσαγ. Z παραγ. VM || τουτοισὶ VA : -οισὶν MBPT -οῖσιν Z.

et nourrie de ses mamelles. 2 Madame aime le jeune homme qui est chez nous, non pas d'un amour tolérable et ordinaire, mais d'un amour incurable, que jusqu'ici nous espérions voir satisfait : mais notre attente a été déçue [1]. Et voilà pourquoi on avait tant d'égards pour ces étrangers et on leur faisait toutes sortes de politesses [2]. 3 Mais ce nigaud, cet insolent, ce cruel a repoussé nos propositions. Elle en mourra, je le vois bien, et me fera périr, pour l'avoir leurrée de fausses promesses. Telle est la situation, mon enfant. Si tu peux me secourir, viens à mon aide. Sinon, prépare-toi à enterrer ta mère. » 4 « Et quelle sera ma récompense ? ma mère. Car ce n'est pas le moment de faire des façons avec toi ni d'employer des circonlocutions et des détours [3] pour te promettre mon aide, quand je te vois si affligée et prête à rendre l'âme. » — « Tout ce que tu voudras, tu peux y compter, répondit Cybèle. Elle t'a déjà fait grand échanson [4], par égard pour moi. Songes-tu à quelque distinction plus haute ? Tu n'as qu'à le dire. De l'argent, tu en recevras à ne pas pouvoir le compter, si tu sauves cette malheureuse. » 5 — « Depuis longtemps, ma mère, je me doutais de cela, et j'avais compris, mais j'attendais, sans rien dire, la suite des événements. Je ne réclame ni honneurs, ni richesse. Cette jeune fille que l'on dit sœur de Théagène, que Madame me la donne en mariage, et tous ses désirs seront satisfaits. J'aime cette jeune fille, ô ma

1. Sur cet emploi de ἀπατᾶσθαι cf. E VIII, 5 6 (page 48, note 1).

2. Les deux mots φιλοφροσύνη et δεξίωσις allaient volontiers de pair, se complétant l'un l'autre. Cf. Lucien, *Images*, 21 δεξιώσεις καὶ φιλοφροσύνας φιλοφρονεῖσθαι τοσούτῳ ἡδίους τοῖς προσομιλοῦσιν ὅσῳ καὶ παρὰ μείζονος ὅμως γινόμεναι οὐδὲν τραγικὸν ἐμφαίνουσιν. (M.)

3. Cf. XIX, 7 2-3 κύκλῳ δὲ καὶ δι' αἰνιγμάτων εἰς τὸ συνιέναι προσβιβάζουσα.

4. Il apparaît, d'après XXVII, 7 4 où le pluriel est employé, que les ἀρχιοινοχόοι constituaient une classe, et qu'Achéménès partageait avec d'autres le titre et les fonctions.

ἐκθρεψαμένη σε τοῖς μαζοῖς ἐπινοήσειας. **2** Ἐρᾷ τοῦ νέου τοῦ παρ' ἡμῖν ἡ δέσποινα καὶ ἐρᾷ οὐ φορητόν τινα οὐδὲ νενομισμένον ἀλλὰ ἀνίατον ἔρωτα καὶ ὃν εἰς δεῦρο κατορθώσειν ἐγώ τε κἀκείνη μάτην ἠπατώμεθα. Καὶ αὗται ἦσαν αἱ πολλαὶ φιλοφροσύναι καὶ ποικίλαι δεξιώσεις αἱ περὶ τοὺς ξένους. **3** Ἐπεὶ δὲ εὐήθης τις καὶ θρασὺς καὶ ἀπηνὴς ὢν ὁ νεανίας ἀπεῖπε τὰ πρὸς ἡμᾶς, οὐδὲ ἐκείνην οἶδα βιωσομένην καὶ ἐμαυτὴν ἀναιρησομένην ὡς χλευάσασαν ταῖς ἐπαγγελίαις καὶ διαψευσαμένην. Ταῦτα ἔστιν, ὦ παῖ, καὶ εἰ μὲν ἔχεις τι βοηθεῖν σύμπραττε· εἰ δὲ μή, τελευτήσασαν τὴν μητέρα κήδευε. » **4** Καὶ ὃς « Μισθὸς δέ μοι τίς ἔσται » ἔφη « ὦ μῆτερ ; οὐ γάρ μοι καιρὸς θρύπτεσθαι πρός σε οὐδὲ ἐκ περιόδων οὐδὲ κυκλούμενον τοῖς λόγοις τὴν βοήθειαν ἐπαγγέλλεσθαι πρὸς οὕτως ἀγωνιῶσαν καὶ ἐγγὺς λειποψυχοῦσαν. » « Πᾶν ὅ τι βούλει » ἔφη « προσδόκα » ἡ Κυβέλη. « Ἀρχιοινοχόον μὲν γάρ σε καὶ νῦν εἰς ἐμὴν τιμὴν πεποίηται· εἰ δέ τι μεῖζον ἀξίωμα περινοεῖς, ἀπάγγελλε· πλούτου γὰρ οὐδὲ ἀριθμὸς ἔσται ὅσον ἂν κομίσαιο, σωτὴρ τῆς ἀθλίας γενόμενος. » **5** « Πάλαι ταῦτα » ἔφη « δι' ὑποψίας ἔχων, ὦ μῆτερ, ἐγὼ καὶ συνιεὶς ἐσιώπων, τὸ μέλλον ἀπεκδεχόμενος. Ἀλλ' οὐδὲ ἀξιώματος οὐδὲ πλούτου μεταποιοῦμαι· τὴν δὲ κόρην τὴν ἀδελφὴν λεγομένην τοῦ Θεαγένους εἴ μοι πρὸς γάμον ἐκδοίη, πάντα αὐτῇ τὰ κατὰ γνώμην πεπράξεται· ἐρῶ δέ, ὦ μῆτερ, τῆς

2 3 ἀλλὰ ἀνίατον ἔρωτα m : ἀλλὰ καὶ ἀν. ἔρ. A ἔρωτα ἀλλ' ἀνίατον T || 5 ἦσαν mAT : om. B || ποικίλαι δεξιώσεις mAT : δεξ. ποικ. B || 5-6 αἱ περὶ mAT : αἱ om. B || **3** 1 ἐπεὶ δὲ mAT : ἐπειδὴ P || 2 ὢν post ἀπηνὴς mT : post θρασὺς A || ἀπεῖπε mAT : ἐπ. B || οὐδὲ codd., cf. Γ XIV, 1 4 || 3 καὶ ἐμαυτὴν ἀναιρησομένην mAT : om. B || 3-4 ὡς — διαψευσαμένην om. VMZ || 4 χλευάσασαν BAT : -σασα P || διαψευσαμένην PAT : διαθρεψαμ. B || **4** 2 οὐ γάρ mAT : σὺ γάρ Z || 4 ἐπαγγέλεσθαι VBZT (ἀπ. A) : -γέλεσθαι MP || 9 κομίσαιο mAT : νομ. B || **5** 2 ἔφη post ταῦτα mAT : post μῆτερ P || ἔχων post ὑποψίας mAT : post ταῦτα P || συνιεὶς mAT : συνεὶς Z Bas. || 4 μεταποιοῦμαι VMBAT : -πονοῦμαι Z -ποιούμενος P || 6 τὰ κατὰ mT : τὰ om. ZA.

mère, éperdument. Madame sait par son expérience personnelle[1] ce qu'est une violente passion. Il est juste qu'elle vienne en aide à un homme qui souffre de la même maladie qu'elle et qui, de plus, lui promet un succès qui lui tient à cœur. » **6** — « Ne t'inquiète[2] pas, dit Cybèle. Madame, on ne peut en douter, reconnaîtra les services de son bienfaiteur et de son sauveur. D'ailleurs nous arriverions peut-être nous-mêmes à décider la jeune fille. Mais, par quel moyen, dis-moi, nous viendras-tu en aide ? » — « Je ne le dirai pas avant que Madame ne se soit engagée par serment à me donner la jeune fille. Et toi, garde-toi bien de la pressentir, car je la trouve un peu hautaine[3] et fière, et j'aurais peur que, sans le vouloir, tu me gâtes tout. » — **7** « C'est bien entendu, » dit-elle, et elle s'en fut dans la chambre d'Arsacé. Elle se jeta à ses genoux et lui dit : « Courage, tout s'arrange, grâce aux dieux. Fais venir seulement mon fils Achéménès. » — « Qu'on l'appelle, dit Arsacé. J'espère que tu ne veux pas me tromper encore une fois. »

XXIV **1** Achéménès fut introduit. Arsacé, mise au courant par la vieille, jura qu'elle lui ferait épouser la sœur de Théagène. « Madame, dit-il, que Théagène, qui est votre esclave, cesse désormais de faire le renchéri avec sa maitresse. » — **2** » Que dis-tu là ? » lui de-

1. L'adjectif ἴδιος remplace parfois le génitif du pronom réfléchi ἑαυτοῦ, ἑαυτῶν. L'expression ἐκ τῶν ἰδίων, employée ici par Héliodore, semble dérivée de cet usage, et n'a pas d'autre sens que « par elle-même et par elle seule », sans avoir besoin d'une autre personne (ἀλλότριος). Cf. XXIV, 1 5. (M.)

2. Le verbe ἀμφιβάλλω est employé dans un sens analogue, mais avec un complément en E XVIII, 7 7 μηδὲ ἀμφίβαλλε ὡς χαίροντες ὑποδεξόμεθα. Voir page 60, note 2.

3. L'adverbe ἄνω, qui ne peut désigner qu'une attitude physique, est construit hardiment avec φρονοῦσαν. Mais cette audace s'explique par l'usage très classique de l'adverbe faisant fonction d'adjectif : d'où la liberté de cette construction à première vue si étrange. (M.)

κόρης οὐχὶ μετρίως, ὥστε ἐκ τῶν ἰδίων γινώσκουσα τὸ πάθος ἡ δέσποινα καὶ ὅσον τι καὶ οἷόν ἐστι δικαίως ἂν καὶ αὐτὴ συμπράττοι τῷ ταὐτὰ νοσοῦντι, καὶ ἄλλως τοσοῦτον κατόρθωμα ἐπαγγελλομένῳ. » 6 « Μηδὲν ἀμφίβαλλε » εἶπεν ἡ Κυβέλη· « ἥ τε γὰρ δέσποινα δώσει τὴν χάριν ἀνενδοιάστως εὐεργέτῃ σοι καὶ σωτῆρι γεγενημένῳ καὶ ἄλλως τάχα ἂν καὶ καθ' ἑαυτοὺς πείσαιμεν τὴν κόρην. Ἀλλὰ τίς ὁ τρόπος εἰπὲ τῆς βοηθείας ; » « Οὐκ ἂν εἴποιμι » ἔφη, « πρὶν ὅρκοις ἐμπεδωθῆναί μοι τὴν ἐπαγγελίαν παρὰ τῆς δεσποίνης. Σὺ δὲ μὴ ἀποπειραθῇς τὴν ἀρχὴν τῆς κόρης, ὁρῶ γάρ πως κἀκείνην ἄνω τε καὶ μέγα φρονοῦσαν, μὴ καὶ λάθῃς τὸ πρᾶγμα διαστρέφουσα. » 7 « Πάντα γενήσεται » εἰποῦσα εἰσέδραμεν εἰς τὸν θάλαμον ὡς τὴν Ἀρσάκην καὶ προσπεσοῦσα τοῖς γόνασιν « Εὔθυμος ἔσο » ἔφη· « πάντα σοι θεῶν βουλήσει κατορθοῦται· τὸν παῖδα μόνον τὸν ἐμὸν Ἀχαιμένην εἰσκληθῆναι πρόσταξον. » « Εἰσκεκλήσθω » εἶπεν ἡ Ἀρσάκη « εἰ μή τί με πάλιν ἀπατᾶν μέλλεις. »

XXIV 1 Εἰσῆλθεν ὁ Ἀχαιμένης καὶ πάντα διελθούσης τῆς πρεσβύτιδος ἐπώμοσεν ἡ Ἀρσάκη παρέξειν τὸν γάμον τῆς ἀδελφῆς Θεαγένους. Ὁ δὲ Ἀχαιμένης « Δέσποινα » ἔφη « πεπαύσθω λοιπὸν Θεαγένης, δοῦλος ὤν, [καὶ] θρυπτόμενος κατὰ δεσποίνης ἰδίας. » 2 « Καὶ πῶς τοῦτο λέγεις ; »

9 συμπράττοι mA : -ῃ T -ειν B || ταὐτὰ M (ταυτὰ T) : ταῦτα mA et Bas. || ἄλλως mAT : -ος Z || 6 1 μηδὲν VM : μηδὲ BPZAT || ἀμφίβαλλε VPT : -βαλε MBZA || 4 καὶ καθ' mT : καὶ om. A || πείσαιμεν mAT : πεῖσαι μὲν Z || 7 μὴ BPA : μηδὲ VMZT || 8 πως mAT : om. P || καὶ μέγα φρονοῦσαν BPZAT : φρον. καὶ μέγα VM || 7 2 εἰσέδραμεν mAT : -ον M || 6 εἰσκεκλήσθω (-είσθω Z) mAT : εἰσκληθήτω P || 7 μέλλεις coni. Bekker : μέλλοις VMZAT μέλοις B (P superscr.) θέλοις P.

XXIV 1 2 παρέξειν codd. : παράξειν Bas. unde πράξειν Commelinus et edd. omnes || 3 δὲ BZA : δὴ VMPT || 4 καὶ seclusimus : καὶ ταῦτα (cum δοῦλος ὤν) coni. H. Richards || 2 1 τοῦτο (post λέγεις T) BPZAT : οὕτω VM.

manda-t-elle. Alors il raconta tout. Théagène, régulièrement fait prisonnier à la guerre, avait été emmené comme captif. Mitranès l'avait envoyé à Oroondatès pour l'expédier ensuite au Grand Roi. Lui-même, Achéménès, chargé de l'accompagner, s'était vu enlever son prisonnier par une audacieuse embuscade des Bessains et de Thyamis, à laquelle il avait à grand'peine échappé. Pour finir, il montra à Arsacé la lettre de Mitranès à Oroondatès, qu'il avait pris soin d'apporter, et proposa, s'il était besoin d'autres preuves, de citer Mitranès en témoignage. **3** A cette révélation, Arsacé commença à respirer : sans tarder un instant, elle sort de sa chambre et se rend dans la salle où elle avait l'habitude de donner audience, assise sur un trône, et donne l'ordre d'amener Théagène. Il est introduit. Elle lui demande s'il connaît Achéménès, qu'elle montre debout à ses côtés. Il répondit : oui. Elle lui demanda alors : « N'est-il pas vrai que, fait prisonnier, c'est à lui qu'on t'a confié pour t'emmener ? » **4** Il le reconnut également. « Sache donc que tu es notre esclave, reprit-elle. Tu feras ton devoir de serviteur et tu nous obéiras aux moindres signes, bon gré mal gré. Quant à ta sœur, je la destine en mariage à l'homme que voici, qui occupe le premier rang [1] dans ma maison, tant à cause de sa mère que des bons services qu'il me rend lui-même. Le mariage sera célébré dès qu'on aura pu fixer un jour et achever les préparatifs d'une fête brillante. » **5** Théagène, blessé au vif par ces paroles [2], jugea bon de ne pas

1. Φέρεσθαι τὰ πρῶτα, τὰ δεύτερα, etc., signifie « obtenir pour soi le premier, le second rang en quelque chose ». La métaphore est empruntée aux tournois athlétiques ; cf. Homère, *Iliade*, XXIII, 537-8

ἀλλ' ἄγε δὴ οἱ δῶμεν ἀέθλιον, ὡς ἐπιεικές,
δεύτερ'· ἀτὰρ τὰ πρῶτα φερέσθω Τυδέος υἱός.

Cf. un passage tout à fait similaire chez Hérodote VIII, 104 Ἑρμότιμον γένος μὲν ἐόντα Πηδασέα φερόμενον δὲ οὐ τὰ δεύτερα τῶν εὐνούχων παρὰ βασιλεῖ.

2. L'authenticité du texte est confirmée par maints passages analogues, par ex. A II, 5 3 ὥσπερ ὑπὸ πρηστῆρος τῆς ὄψεως βληθέντες, et A XXIII, 2 3 ὑπὸ τῶν λόγων ὥσπερ τινὸς σειρῆνος κεκηλημένος

ἐρωτώσης ἅπαντα ἐξηγόρευεν· ὡς πολέμου νόμῳ ληφθείη καὶ γένοιτο αἰχμάλωτος ὁ Θεαγένης, ὡς Μιτράνης ἐκπέμψειεν αὐτὸν πρὸς Ὀροονδάτην ἀναπεμφθησόμενον βασιλεῖ τῷ μεγάλῳ, ὡς αὐτὸς ἵνα ἄγοι παραλαβὼν ἀπολέσειεν ἔφοδον Βησσαέων καὶ Θυάμιδος κατατολμησάντων, ὡς μόλις αὐτὸς διαδράσειε καὶ ἐπὶ πᾶσι τὸ γράμμα τὸ Μιτράνου πρὸς Ὀροονδάτην προηυτρεπισμένος ἐπεδείκνυε τῇ Ἀρσάκῃ, καὶ εἰ προσδέοιτο καὶ ἑτέρων ἀποδείξεων ἕξειν μαρτυροῦντα καὶ τὸν Θύαμιν. 3 Ἀνέπνει πρὸς ταῦτα ἡ Ἀρσάκη· καὶ οὐδὲν ὅσον μελλήσασα πρόεισί τε τοῦ θαλάμου καὶ εἰς τὸν οἶκον οὗ προκαθημένη χρηματίζειν εἰώθει παρελθοῦσα ἄγεσθαι τὸν Θεαγένην ἐκέλευσεν. Ἐπεὶ δὲ ἤχθη ἐπηρώτα εἰ γνωρίζει τὸν Ἀχαιμένην, ἑστῶτα πλησίον ἐπιδεικνύουσα· τοῦ δὲ φήσαντος « Οὔκουν καὶ αἰχμάλωτον ἦγέ σε παραλαβών ; » αὖθις ἠρώτα. 4 Συμφήσαντος δὲ καὶ τοῦτο τοῦ Θεαγένους « Δοῦλος τοίνυν ἡμέτερος ὢν ἴσθι· καὶ σὺ μὲν πράξεις τὰ τῶν οἰκετῶν, τοῖς ἡμετέροις νεύμασι καὶ ἄκων ἑπόμενος, ἀδελφὴν δὲ τὴν σὴν Ἀχαιμένει τῷδε πρὸς γάμον κατεγγυῶ τὰ πρῶτα φερομένῳ παρ' ἡμῖν τῆς τε μητρὸς ἕνεκεν καὶ τῆς ἄλλης αὐτοῦ περὶ ἡμᾶς εὐνοίας, ὑπερθεμένη τοσοῦτον ὅσον ἡμέραν προορίσαι καὶ τὰ πρὸς τὴν εὐωχίαν λαμπρότερον εὐτρεπισθῆναι. » 5 Ὁ δὲ Θεαγένης ἐβέβλητο μὲν ὡς ὑπὸ τρώσεως τῶν λόγων· ἔγνω δ' οὖν μὴ ὁμόσε χωρεῖν ἀλλὰ

2 ἐρωτώσης mT : -τησάσης Bas. A || 7 γράμμα τὸ PZ : γρ. τοῦ VMBAT || 8 προηυτρεπισμένος Coraes : προευτρ. codd. || 9 εἰ mAT : εἰς P || καὶ (2) mAT : om. P || **3** 2 οὐδὲν VM : οὐδὲ BPZT οὐδ' A || μελλήσασα VMZT : μελήσ. BPA || 5 ἐπεὶ δὲ BPZAT : ἐπειδὴ VM || ἐπηρώτα mAT : ἠρώτα M || 6 ἐπιδεικνύουσα BPT : -νῦσα VMA -νύσα Z || οὔκουν nos : οὐκοῦν codd. || καὶ B : ὅτι καὶ mAT || 7 ἦγέ σε mA : σε ἦγε PT || **4** 2 δὲ BPZT : δὴ A om. VM || 3 ὢν BPZAT : om. VM || τὰ τῶν B : τὰ mAT || τοῖς BPZA : om. T τοῖς μὲν VM || 5 Ἀχαιμένει mAT : -μένῃ B || τῷδε mAT : τόδε Z || πρὸς γάμον mAT : om. P || κατεγγυῶ BPZT : ἐγγυῶ VM προσεγγυῶ A || 7 ἡμέραν mAT : ἡμερῶν Z || **5** 1 ἐβέβλητο mT : βέβλ. A || 2 τρώσεως VMZ : -σεων PAT -σων B.

résister et de se dérober à cette attaque sauvage. « Dieu merci, maîtresse, dit-il, nous qui appartenons aux plus nobles familles, nous avons du moins cette chance, parmi tous nos malheurs, de ne connaître l'esclavage qu'auprès de toi, qui nous a traités avec tant de douceur et de bonté, quand nous n'étions que des inconnus et des étrangers. **6** Quant à ma sœur, elle n'est pas prisonnière, ni par conséquent esclave. Cependant elle est toute disposée à te servir et à accepter le rang qu'il te plaira de lui assigner. Réfléchis donc et fais ce que tu jugeras à propos [1]. » — « Qu'il soit placé, dit Arsacé, parmi les officiers de bouche. Achéménès l'instruira des fonctions d'échanson, et ainsi il se préparera de loin au service du roi. »

XXV **1** Ils se retirèrent alors tous deux. Théagène triste et l'air songeur se demandait ce qu'il allait faire, tandis qu'Achéménès, sarcastique, l'accablait de railleries [2]. « Eh ! le voilà notre homme qui naguère montrait un si fier dédain, qui ne savait pas ployer le cou, qui était seul libre, qui ne pouvait se résoudre à baisser la tête pour adorer [3]. Tu t'inclineras peut-être bien maintenant, si tu ne veux pas que mes poings t'apprennent à te tenir courbé. » **2** Arsacé renvoya tous les autres assistants et resta seule avec Cybèle. « Maintenant, lui dit-elle, il n'y a plus de prétexte à invoquer. Va dire à ce jeune présomptueux que, s'il m'obéit et se conforme à mes intentions, il obtiendra la liberté, et vivra dans la plus large

La façon dont en use Hirschig avec cette locution est pleine d'inconséquence ; en A II, 5 il retranche τῆς ὄψεως, ici il écrit ὑπὸ τῶν λόγων, en A XXIII, 2 il n'apporte pas de changement.

1. Pour le sens, il est difficile de choisir entre βουλευσαμένης, en corrélation avec σ'ρευμένης et gouvernant κεκλῆσθαι, et βουλευσαμένη, rattaché à πρᾶττε et ayant pour sujet Arsacé. Mais tous les manuscrits sans exception donnent le nominatif, et le génitif n'est pas une conjecture mais une faute, toujours reproduite, de la première édition.

2. Καταμωκᾶσθαι appartient au grec post-classique. Il était employé soit avec le génitif, comme ici, soit avec l'accusatif, par ex. Achille Tatios B XX, 3 ἐπειδὴ καταμωκᾷ μου καὶ τοὔνομα.

3. Cf. XIX, 2 et la note (page 145, note 1).

καθάπερ θηρίου τὴν ὁρμὴν ἐκκλῖναι καὶ « Ὦ δέσποινα » ἔλεγε « θεοῖς χάρις ὅτι εὐγενείας τὰ πρῶτα ὄντες ταῦτα γοῦν ὡς ἐν δυστυχήμασιν εὐπραγοῦμεν, τὸ μὴ ἄλλοις σοὶ δὲ δουλεύειν ἢ καὶ ἀλλοτρίους εἶναι δοκοῦντας καὶ ξένους οὕτως ἡμέρως τε καὶ φιλοφρόνως ἑώρας. 6 Ἀδελφῆς δὲ τῆς ἐμῆς ἕνεκεν, αἰχμαλώτου μὲν οὐκ οὔσης οὐδὲ διὰ τοῦτο δούλης αἱρουμένης δέ σε θεραπεύειν καὶ κεκλῆσθαι τὸ σοὶ καθ' ἡδονήν, βουλευσαμένη πράττε τοῦθ' ὅπερ ἂν ἔχειν ὀρθῶς δοκιμάζῃς. » Ἡ δὲ Ἀρσάκη « Κατατετάχθω » ἔφη « ἐν τοῖς τραπεζοκόμοις καὶ οἰνοχοεῖν πρὸς Ἀχαιμένους ἐκδιδασκέσθω, πρὸς τὴν βασιλικὴν διακονίαν πόρρωθεν προεθιζόμενος. »

XXV 1 Ἐξῄεσαν οὖν σύννους μὲν ὁ Θεαγένης καὶ τῶν πρακτέων εἰς ἐπίσκεψιν τὸ βλέμμα ἐπιστρέφων, ἐγγελῶν δὲ ὁ Ἀχαιμένης καὶ τοῦ Θεαγένους καταμωκώμενος « ὁ σοβαρὸς ἡμῖν ἀρτίως » λέγων « καὶ ὑπερήφανος, ὁ τὸν αὐχένα ἄκαμπτος καὶ μόνος ἐλεύθερος, ὁ τὴν κεφαλὴν νεύειν εἰς τὸ προσκυνεῖν οὐκ ἀνεχόμενος, νῦν που τάχα κλινεῖς ἢ καὶ κονδύλοις ὑφέξεις αὐτὴν παιδαγωγούμενος. »
2 Ἡ δὲ Ἀρσάκη τοὺς ἄλλους ἀποπέμψασα πρὸς μόνην τὴν Κυβέλην « Νῦν μὲν δὴ » ἔφη « ὦ Κυβέλη πᾶσα περιῄρηται πρόφασις καὶ λέγε ἐλθοῦσα πρὸς τὸν ὑπερήφανον ὡς πειθόμενος μὲν ἡμῖν καὶ τὰ κατὰ νοῦν τὸν ἡμέτερον

3 θηρίου mAT : -ίον B || 4 ὅτι mAT : ὅτι καὶ Z || 5 τὸ μὴ VMBA : τῷ μὴ PZ τοῖς μὴ T || 6 ἢ VM : ἡ BPZAT || 7 φιλοφρόνως mAT : φιλοξένως P || **6** 1 δὲ mAT : καὶ Z || 3 αἱρουμένης VMBAT : αἱρομ. Z ἐρωμ. P || σε VBZAT : σοι P om. M || 4 τὸ mAT : τῷ P || βουλευσαμένη codd. : -ης Bas. et edd. omnes || 5 δοκιμάζῃς mA : -εις ZT || 6 οἰνοχοεῖν mAT : οἰχοεῖν B ||.

XXV **1** 2 ἐπίσκεψιν mAT : -βλεψιν B || 4 λέγων mAT : om. B || 5 κεφαλὴν mAT : om. B || 6 προσκυνεῖν mAT : προσνοεῖν V || οὐκ mA : μὴ PT || που BPZAT : ποι V (M superscr.) πη M || 7 ὑφέξεις αὐτὴν nos : ὑφέξῃ (-ει T) ταύτην codd. || **2** 2 μὲν δὴ mA : μὲν om. M δὴ om. T || 3 ἐλθοῦσα mAT : εἰσελθ. P || 4 τὰ κατὰ VZAT : τὰ om. MBP, cf. XXIII, **5** 6.

abondance. Mais s'il s'obstine au contraire dans sa résistance, il aura affaire à une amante dédaignée et à une maîtresse irritée ; il sera traité comme le dernier et le plus vil des esclaves, et subira toute sorte de châtiments. »

3 Cybèle alla signifier à Théagène ces volontés d'Arsacé. Elle y ajouta ses exhortations personnelles, et lui dit tout ce qui lui parut utile pour le décider. Théagène la pria d'attendre un moment. Resté seul avec Chariclée, il s'écria : 4 « C'en est fait de nous, Chariclée. Toutes les amarres, comme on dit, sont coupées, toute ancre d'espérance est définitivement arrachée [1]. Et nous avons perdu jusqu'au nom d'hommes libres qui nous restait dans notre malheur. Nous voici retombés dans l'esclavage (il expliqua dans quelles conditions). Nous voici désormais exposés aux outrages de ces barbares ; il nous faut subir les caprices de nos maîtres ou nous compter au nombre des condamnés. 5 Encore cela serait-il supportable. Mais le plus terrible, c'est qu'Arsacé a promis ta main à Achéménès, fils de Cybèle. Mais cela ne sera pas, ou du moins je ne le verrai pas, je le jure, tant que je vivrai et que j'aurai une épée ou une arme quelconque pour l'empêcher. 6 Que faire ? quel moyen inventer pour éviter ces unions odieuses, la mienne avec Arsacé, la tienne avec Achéménès ? » — « Un seul, dit Chariclée ; En consentant à la tienne, tu empêcheras la mienne [2]. » —

1. Πεῖσμα est le câble de la poupe avec lequel on amarrait solidement un navire au rivage pour qu'il soit en sûreté. Sur l'emploi métaphorique du mot cf. Philostrate, *Vie d'Apollonius* V, 29 ἐκ σοῦ πεῖσμα ἐγὼ βάλλομαι L'emploi métaphorique de ἄγκυρα est courant ; voir page 33, note 3.

2. La ponctuation traditionnelle de cette phrase est μίαν κατανεύσας, τὴν ἑτέραν τὴν κατ' ἐμὲ διακωλύσεις, auquel cas σύνοδον doit être compris aussi bien avec μίαν qu'avec τὴν ἑτέραν. Cette interprétation est possible, mais l'expression serait bien maladroite et l'emploi de μίαν en corrélation avec τὴν ἑτέραν paraît impropre. Aussi avons-nous arrêté la phrase à μίαν, ce qui fait que ce mot (= μίαν μηχανήν) est la réponse à la question précédemment posée τίνα (χρὴ) μηχανὴν ἐπινοεῖν ; Alors τὴν ἑτέραν (σύνοδον), qui signifie τὴν κατὰ σέ, s'oppose à τὴν κατ' ἐμέ.

πράττων ἐλευθερίας τε μεθέξει καὶ ἀφθόνως ὡς ἐν εὐπορίᾳ βιώσεται, τοῖς δὲ ἐναντίοις ἐπιμένων ἐρωμένης τε ὑπερφρονουμένης καὶ δεσποίνης ἅμα ἀγανακτούσης αἰσθήσεται, δουλείαν μὲν τὴν ἐσχάτην καὶ ἀτιμοτάτην ὑπηρετησόμενος κολάσεως δὲ πᾶν εἶδος ὑποστησόμενος. » 3 Ἦλθεν ἡ Κυβέλη καὶ ἀπήγγειλε τὰ παρὰ τῆς Ἀρσάκης, πολλὰ καὶ παρ' ἑαυτῆς εἰς προτροπὴν τῶν φαινομένων λυσιτελεῖν προστιθεῖσα. Ὁ δὴ Θεαγένης ὀλίγον ἐπιμεῖναι παρακαλέσας μόνος τε πρὸς τὴν Χαρίκλειαν ἰδιάσας « Οἴχεται τὰ καθ' ἡμᾶς » ἔφη « Χαρίκλεια. 4 Πᾶν, τοῦτο δὴ τὸ τοῦ λόγου, πεῖσμα διέρρηκται, πᾶσα ἐλπίδος ἄγκυρα καὶ παντοίως ἀνέσπασται καὶ οὐδὲ μετ' ὀνόματος γοῦν ἐλευθέρου δυστυχοῦμεν ἀλλὰ δοῦλοι γεγόναμεν αὖθις » (καὶ ὅπως προσετίθει) « καὶ βαρβαρικαῖς λοιπὸν ἐκκείμεθα αἰκίαις, ἢ πράττοντες τὰ δοκοῦντα τοῖς δεσποτεύουσιν ἢ τοῖς κατακρίτοις ἐναριθμούμενοι. 5 Καὶ ταῦτα μὲν ἔτι φορητά, τὸ δὲ πάντων βαρύτατον Ἀχαιμένει τῷ Κυβέλης υἱεῖ πρὸς γάμον ἐκδώσειν ἡ Ἀρσάκη σε κατεπηγγείλατο· καὶ τοῦτο μὲν ὅτι μὴ ἔσται ἢ γινόμενον οὐκ ὄψομαι δῆλον, ἕως ἂν ὁ βίος ξιφῶν τε καὶ ἀμυντηρίων εὐπορῇ. 6 Τί δὲ χρὴ πράττειν ἢ τίνα μηχανὴν ἐπινοεῖν ὥστε διακρούσασθαι τήν τε ἐμὴν πρὸς Ἀρσάκην καὶ τὴν σὴν πρὸς Ἀχαιμένην ἀπευκτὴν σύνοδον ; » « Μίαν » ἔφη πρὸς αὐτὸν ἡ Χαρίκλεια· « κατανεύσας τὴν ἑτέραν, τὴν κατ' ἐμὲ διακωλύ

5 ὡς Z : om. mAT || 7 δεσποίνης mAT : δέσποινα B || 9 κολάσεως — ὑποστησόμενος (ἀποστ. B) mAT : om. P || **3** 2 παρὰ mAT : περὶ V || 3 λυσιτελεῖν BPZAT (ante φαινομένων B) : -τελῆ VM || 4-5 παρακαλέσας mAT : -κελεύσας B || 5 μόνος — ἰδιάσας mAT : om. Z || 6 Χαρίκλεια mAT : ἡ Χαρ. B || **4** 1 τοῦτο δὴ BPAT (τοῦ δὴ Z) ; δὴ τοῦτο VM || 2 καὶ BPZAT : om. VM || 2-3 παντοίως VMBAT : -ων PZ || 5 προσετίθει mAT : -τεθει Z || 6 δεσποτεύουσιν mT : δεσπόταις A || τοῖς κατακρίτοις mAT : τοῖς om. P || **5** 1 ἔτι BAT : ἐστι P ἔφη VMZ || 2 Ἀχαιμένει VMBAT : -μένη PZ || 4 γινόμενον VMBA (γιγν. T) : γεν. Z γενομένου P || 5 εὐπορῇ VMAT : -εῖ Z -εῖν BP || **6** 4 αὐτὸν mAT : -ὴν P || 5 ἑτέραν mAT : ἑτέρα Z.

7 « Ne dis pas cela, malheureuse ! Le sort, qui s'acharne contre nous, n'aura jamais assez de force, je l'espère, pour me contraindre, moi qui ai toujours respecté Chariclée, à me souiller d'un commerce illicite avec une autre femme. Mais je crois avoir trouvé un remède efficace [1]. Car nécessité est mère d'invention [2]. » Il s'en fut vers Cybèle et lui dit : « Va dire à Madame que je voudrais la voir seule et sans témoin. »

XXVI 1 La vieille crut que c'était fait et que Théagène avait succombé. Elle alla prévenir Arsacé qui lui dit d'amener le jeune homme après dîner ; ce qu'elle fit. Après avoir recommandé aux familiers de Madame de ne pas la déranger et de ne pas faire de bruit autour de la chambre seule éclairée par une lampe, tout le reste de l'appartement étant dans l'obscurité, ce qui permettait de ne pas être vu, elle le fit entrer et se disposait à sortir.
2 Mais il la retint : « Que Cybèle, maîtresse, assiste pour le moment à notre entretien. Je sais qu'elle est la fidèle confidente de tes secrets [3]. » Il ajouta, en prenant les mains d'Arsacé : « Maîtresse, ce n'était pas de ma part arrogance, ni mépris de tes volontés, si j'ai différé jusqu'ici d'exécuter tes ordres. Je me demandais seulement comment je pourrais le faire en toute sécurité. Mais du moment qu'une heureuse fortune m'a rendu ton esclave, tu peux compter plus que jamais sur mon entière soumission. 3 Je te demanderai seulement

1. L'adjectif δραστήριος (= efficace) appliqué aux choses est familier aux poètes tragiques, par ex. Eschyle *Les Sept contre Thèbes*, 1041

θάρσει· παρέσται μηχανὴ δραστήριος. (M.)

2. Il est douteux que le grec classique ait employé le mot ἀνάγκη dans ce sens. Le proverbe « Nécessité est mère d'invention » est exprimé plus correctement par Euripide, *Fragm*. 715 (Nauck)

χρεία διδάσκει, κἂν βραδύς τις ᾖ, σοφόν.

3. Théagène reprend presque textuellement les expressions dont s'était servie Cybèle elle-même pour dire au jeune homme toute la confiance que mettait en elle sa maîtresse (XII, 6 7-8 τὸ πιστὸν αὐτῇ διὰ πάντων ἀπορρήτων φυλάττουσα). (M.)

σεις. » 7 « Εὐφήμησον » ἔφη· « μὴ γὰρ οὕτως ἡ δαίμονος τοῦ ἡμετέρου βαρύτης ἰσχύσειεν ὥστε με τὸν Χαρικλείας ἀπείρατον ἄλλης ὁμιλίᾳ παρανόμως μιανθῆναι. Ἀλλά τι δραστήριον ἐπινενοηκέναι μοι δοκῶ· εὑρέτις ἄρα ἐπιλογισμῶν ἡ ἀνάγκη. » Καὶ ἅμα πρὸς τὴν Κυβέλην μεταστὰς « Ἀπάγγελλε » εἶπε « τῇ δεσποίνῃ βούλεσθαί με μόνῃ καὶ ἰδίᾳ τῶν ἄλλων ἐντυχεῖν. »

XXVI 1 Τοῦτ' ἐκεῖνο νομίσασα εἶναι ἡ πρεσβῦτις καὶ ὑποπεπτωκέναι τὸν Θεαγένην ἀπήγγειλέ τε πρὸς τὴν Ἀρσάκην καὶ μετὰ δεῖπνον ἄγειν τὸν νεανίαν ἀκούσασα οὕτως ἔπραττε. Καὶ ἡσυχίαν παρασχεῖν τῇ δεσποίνῃ τοὺς παρεδρεύοντας κελεύσασα καὶ μὴ παρενοχλεῖν τοῖς περὶ τὸν θάλαμον, παρεισῆγε τὸν Θεαγένην, τῶν μὲν ἄλλων οἷα δὴ νυκτὸς ὑπὸ σκότους κατεχομένων καὶ λαθεῖν παρεχόντων μόνον δὲ τὸν θάλαμον λύχνου καταυγάζοντος, καὶ εἰσάγουσα ὑπέστελλεν ἑαυτήν. 2 Ἀλλ' ὁ Θεαγένης ἐπεῖχέ τε « Παρέστω καὶ ἡ Κυβέλη τὸ παρόν, ὦ δέσποινα » εἰπών, « οἶδα ὡς τὸ πιστὸν ἔχει φυλακῆς τῶν ἀπορρήτων »· καὶ ἅμα τῶν χειρῶν τῆς Ἀρσάκης λαβόμενος « Ὦ δέσποινα » ἔλεγεν « οὔτε πρότερον ἀπαυθαδιαζόμενος πρὸς τὸ βούλημα τὸ σὸν ὑπερεθέμην τὸ κελευόμενον ἀλλ' ὅπως ἂν ἀσφαλῶς γένοιτο πρυτανευόμενος· νῦν τε ἐπειδή με καὶ δοῦλον τάχα καλῶς ποιοῦσα ἡ τύχη σὸν ἀπέφηνε, πολὺ πλέον εἰς πάντα ἕτοιμος εἴκειν. 3 Ἕν μοι μόνον παρα-

7 3 ὁμιλίᾳ P : -ίας mAT || 4 εὑρέτις : -ετὶς VMBAT -ετὴς PZ || 5 ἐπιλογισμῶν PZ : ἐστὶ λογισμῶν VMBA ἐπιλογ. ἐστιν T, cf. XXIX, **1** 4 || 6 με mAT : μοι B.

XXVI **1** 1 εἶναι post νομίσασα mAT : post πρεσβῦτις P || 2-3 ἀπήγγειλε — Ἀρσάκην mAT : om. B || 8 εἰσάγουσα mAT : -αν B || **2** 1 ἐπεῖχε VMPAT : ἀπ. BZ || τε BA : om. mT || 2 καὶ ἡ mT : καὶ BA || 2-4 εἰπὼν — ὦ δέσποινα om. B || 5 ἀπαυθαδιαζόμενος ZT (-ον B) : ἀπαυθ- (αὐθ. P) αδιζόμενος VMPA, cf. XIX, **8** 7 || 5-6 βούλημα mAT : -ευμα B || 6 ἀλλ' ὅπως mT : ἀλλὰ πῶς BA || 7 τε mA (τέ με M) : δὲ T || 8 σὸν mAT : om. B.

d'ajouter une seule faveur à toutes celles si précieuses que tu m'as promises : renonce au mariage d'Achéménès avec Chariclée. Pour ne rien dire du reste, voici une jeune fille qui peut se flatter d'une haute naissance : l'unir à un domestique [1] serait une honte. Autrement, je jure par le soleil, le plus beau des dieux, et par tous les dieux, que je ne cèderai pas à tes désirs. Et, s'il est fait quelque violence à Chariclée, tu me verras auparavant me tuer sous tes yeux. » 4 « N'en doute pas, reprit Arsacé, je ne veux te refuser aucune grâce, moi qui suis prête à me donner à toi. Mais je suis déjà engagée et j'ai juré de donner ta sœur à Achéménès. » — « Parfaitement, maîtresse, donne-lui ma sœur, si j'en ai une. Mais ma légitime fiancée, je devrais dire ma femme, tu ne voudras pas, j'en suis sûr, la donner. Et même si tu le voulais, tu ne le feras pas. » 5 « Que dis-tu ? » — « La vérité. Chariclée n'est pas ma sœur ; elle est, comme je viens de le dire, ma fiancée. Ainsi tu es déliée de ton serment. D'ailleurs tu peux t'en assurer d'une façon plus certaine, en célébrant, quand tu le jugeras bon, mon mariage avec elle. » 6 Bien que piquée de jalousie [2], en apprenant que Chariclée était sa fiancée et non sa sœur, Arsacé déclara : « Soit, nous donnerons une autre femme à Achéménès pour le consoler. » « Je ferai moi aussi ce que tu voudras, puisque cette question est réglée », dit Théagène et il s'avançait pour lui baiser les mains. Mais elle se pencha et lui offrant la bouche au lieu des mains, le baisa. 7 Théagène partit sans avoir rendu

1. Οἰκότριψ désigne proprement un esclave né et élevé dans la maison de son maître. C'est un terme de mépris et les auteurs classiques l'emploient comme une injure, par ex. Aristophane, *Les fêtes de Cérès* 426 οἰκότριψ Εὐριπίδης et Démosthène XIII, 24 νῦν δ', ὦ ἄνδρες Ἀθηναῖοι, φθόρους ἀνθρώπους οἰκοτρίβων οἰκότριβας, τιμὴν ὥσπερ ἄλλου του τῶν ὠνίων λαμβάνοντες, ποιεῖσθε πολίτας.

2. Pour le sens de κνίζειν « piquer de jalousie » cf. Alciphron IV, 5 (I, 32) ἀλλ' ἔοικας κνίσαι τὸν Ὑπερείδην βεβουλῆσθαι ὡς ἔλαττόν σοι νῦν προσέχοντα. Κνίζειν et ὑποκνίζειν étaient souvent employés pour désigner les tourments de l'amour.

σχέσθαι νεῦσον, καίτοι πολλὰ καὶ μεγάλα ὑποσχομένη· ἄπειπε τὸν γάμον Ἀχαιμένει τὸν Χαρικλείας· τῶν γὰρ ἄλλων σιωπωμένων, τὴν εὐγενείᾳ τῇ μεγίστῃ κομῶσαν οἰκότριβι συνοικεῖν ἀθέμιτον· ἢ ἐπόμνυμί σοι θεῶν τὸν κάλλιστον ἥλιον καὶ θεοὺς τοὺς ἄλλους ὡς οὔτε ὑπείξω τῷ σῷ βουλήματι καὶ εἰ γένοιτό τι πρὸς βίαν εἰς τὴν Χαρίκλειαν ἐπόψει με πρότερον ἐμαυτὸν διαχρησάμενον. » 4 Καὶ ἡ Ἀρσάκη « Μὴ ἀπίστει » ἔφη « βούλεσθαί με πάντα σοι χαρίζεσθαι, ἥτις καὶ ἐμαυτὴν ἕτοιμος ἐκδιδόναι· ἀλλὰ προληφθεῖσα ἐπώμοσα ἐκδώσειν Ἀχαιμένει τὴν σὴν ἀδελφήν. » « Εὖ » ἔφη « ὦ δέσποινα· τὴν ἀδελφὴν τοίνυν ἥτις ἐστὶν ἐκδίδου· μνηστὴν δὲ τὴν ἐμὴν καὶ νύμφην καὶ τί γὰρ ἄλλο ἢ γαμετὴν οὔτε θελήσεις, εὖ οἶδα, οὔτε θέλουσα ἐκδώσεις. » 5 « Πῶς » ἔφη « λέγεις ; » Ὁ δὲ « Τὰ ὄντα » ἀπεκρίνατο· « οὐ γὰρ ἀδελφὴν ἔχω τὴν Χαρίκλειαν ἀλλὰ νύμφην ὥσπερ ἔλεγον, ὡς λελύσθαι μέν σοι τὸν ὅρκον ἐξεῖναι δέ, εἰ βούλοιο, καὶ ἄλλην ἔχειν ἀπόδειξιν τοὺς γάμους, ὅταν κρίνῃς, ἐμοῦ τε κἀκείνης εὐωχοῦσαν. » 6 Ὑπεκνίσθη μὲν νύμφην οὐκ ἀδελφὴν εἶναι τὴν Χαρίκλειαν οὐκ ἄνευ ζηλοτυπίας ἀκούσασα, πλὴν ἀλλ' « Ἔσται οὕτως » εἶπεν ἡ Ἀρσάκη « καὶ Ἀχαιμένην ἡμεῖς ἑτέρῳ γάμῳ παραμυθησόμεθα. » « Ἔσται καὶ τὰ παρ' ἐμοῦ » φησι « πρὸς σὲ » ὁ Θεαγένης « τούτων διακριθέντων »· καὶ ἅμα προσῄει ὡς τὰς χεῖρας φιλήσων. 7 Ἡ δὲ προσκύψασα καὶ

3 3 ἄπειπε mAT : ἄπειτε Z || 4 εὐγενείᾳ mT et Z post corr. : εὐγένειαν ZA || κομῶσαν mAT (ex κωμ. P) : κωμ. B || οἰκότριβι m (-ότριβη V -οτρίβη A) : -ότριβον T || 5 σοι mAT : σε B || 6 οὔτε mAT : οὐδέ τε P || 8 πρότερον mAT : πρῶτον B || διαχρησάμενον mA : διαχειρισάμ. T cf. A XII, **2** 8 || **4** 2 με mAT : μοι Z || πάντα mAT : ἅπαντα B || σοι mAT, om. B || 5 εὖ ἔφη mAT : εὖ ἂν ἔχει (ἔχοι superscr.) P εὖγ' ἔφη Ry. || τοίνυν : mAT : om. P || ἥτις codd. : εἴ τις Coraes || 7 θελήσεις BPZAT : θελ. ἐκδοῦναι VM || **5** 3 ὡς (cf. H IX, **16**) mT : ὥστε A || 5 εὐωχοῦσαν ZT : -οῦσα VMBA -ούσα P possis -ούσῃ scribere || **6** 1-3 ὑπεκνίσθη — ἀκούσασα om. B || 1 ὑπεκνίσθη (-ην A) VMPAT : ὑπεκίσθη Z || 2 οὐκ ἀδελφὴν — ἄνευ om. Z || 5 ἔσται καὶ mAT : ἔστεκται P || τὰ παρ' B : τὰ om. mAT || φησι m : om. BA post σὲ T || **7** 1 προσκύψασα BZ : προκ. VMPAT.

le baiser. Dès qu'il le put, il raconta tout ce qui s'était passé à Chariclée. Certains détails éveillèrent la jalousie de la jeune fille. Il ne manqua pas d'expliquer pourquoi il avait fait cette promesse déshonnête, et comment d'un seul coup il avait obtenu plusieurs résultats. **8** Le mariage avec Achéménès, grâce à ses menaces, était rompu. Il avait trouvé une bonne raison pour échapper présentement aux instances amoureuses d'Arsacé. Enfin et c'était là le point capital, on pouvait prévoir qu'Achéménès brouillerait les cartes, furieux de ne pas obtenir ce qu'il espérait, et irrité de se voir supplanté par Théagène dans les grâces d'Arsacé [1]. **9** « Il sera mis au courant de tout, ajoutait Théagène, par sa mère que j'ai eu la précaution de faire assister à l'entretien. Je voulais qu'elle aille le répéter à Achéménès, et qu'elle soit témoin que mon entrevue avec Arsacé s'était passée uniquement en paroles. Sans doute la conscience de n'avoir pas commis de faute suffit à l'homme qui peut compter sur les récompenses divines. Cependant il est bon de convaincre de son innocence ceux avec qui l'on vit, afin de bannir toute équivoque qui troublerait cette vie éphémère [2]. **10** Il est infiniment probable, dit encore Théagène, qu'Achéménès cherchera à se venger d'Arsacé, quand cet homme né dans l'esclavage (et l'on sait la haine que nourrit, en général, l'inférieur pour son maître) se sentira offensé et lésé par la violation d'un serment et apprendra que d'autres lui sont préférés. Témoin des pires turpitudes, il n'a pas à chercher bien loin une occasion de la prendre au

1. Pour la forme générale de la phrase cf. A XVII, 5 4-5.

2. Ἐπίκαιρος dans le sens de « temporaire » n'est guère admissible ici. Peut-être l'annotateur qui a écrit ἐπίκηρον au-dessus de la ligne en M avait-il raison. — Pour l'idée cf. Euripide, *Médée* 533-544 et Plutarque, *Moralia* 539 e-f, un homme public doit faire connaître ses mérites ; πειθομένους γὰρ ἅμα καὶ φιλοῦντας ἡδὺ καὶ ῥᾴδιον ὠφελεῖν, πρὸς δ' ὑποψίαν καὶ διαβολὴν οὐκ ἔστι χρήσασθαι τῇ ἀρετῇ.

τὸ στόμα ἀντὶ τῶν χειρῶν προβαλοῦσα ἐφίλησε καὶ ἐξῆλθεν ὁ Θεαγένης φιληθείς, οὐ μὴν αὐτός γε φιλήσας· καὶ τῇ Χαρικλείᾳ καιροῦ λαβόμενος ἅπαντα ἐξεῖπεν, οὐκ ἄνευ ζηλοτυπίας οὐδὲ ἐκείνης ἔνια μανθανούσης· καὶ τῶν ἀτόπων τῆς ἐπαγγελίας τὸν σκοπὸν προσέθηκεν καὶ ὡς πολλὰ δι' ἑνὸς ἀνύοιτο. 8 « Ἀχαιμένει τε γὰρ ὁ γάμος διασεσόβηται καὶ τῇ κατ' Ἀρσάκην ἐπιθυμίᾳ πρόφασις τὸ παρὸν ὑπερθέσεως ἐπινενόηται· καὶ τὸ δὴ κεφάλαιον ὡς εἰκὸς τὸν Ἀχαιμένην ἅπαντα ταραχῆς ἐμπλήσειν, ἀνιώμενον μὲν ἐφ' οἷς ἀποτυγχάνει προσδοκήσας ἀγανακτοῦντα δὲ ἐφ' οἷς ἠλάττωται παρὰ τῇ Ἀρσάκῃ διὰ τὴν εἰς ἐμὲ χάριν. 9 Οὐ γὰρ δὴ λήσεται αὐτὸν οὐδὲν τῆς μητρὸς ἐξαγορευούσης, ἣν ἐπίτηδες παρεῖναι τοῖς λεγομένοις προὐνόησα, μηνυθῆναί τε ταῦτα τῷ Ἀχαιμένει βουλόμενος καὶ μάρτυρα τῆς ἄχρι λόγων πρὸς τὴν Ἀρσάκην ὁμιλίας ποιούμενος. Ἀρκεῖ μὲν γὰρ ἴσως καὶ τὸ μηδὲν ἑαυτῷ συνειδότα φαῦλον εὐμενείᾳ τῇ παρὰ τῶν κρειττόνων ἐπελπίζειν· καλὸν δὲ καὶ ἀνθρώπων τοὺς συνόντας πείθοντα σὺν παρρησίᾳ τὸν ἐπίκαιρον τοῦτον βίον διάγειν. » 10 Προσετίθει δὲ κἀκεῖνα, ὡς σφόδρα χρὴ προσδοκᾶν καὶ ἐπιβουλεύσειν τῇ Ἀρσάκῃ τὸν Ἀχαιμένην, ἄνδρα δοῦλον μὲν τὴν τύχην (ἀντίθετον δὲ ὡς ἐπίπαν τῷ κρατοῦντι τὸ κρατούμενον), ἀδικούμενον δὲ καὶ εἰς ὅρκους ἀθετούμενον ἐρῶντα δὲ καὶ ἄλλους ἑαυτοῦ προτετιμῆσθαι πυθόμενον, συνειδότα δὲ τὰ πάντων αἴσχιστα καὶ παρανομώτατα καὶ οὐδὲν εἰς

2 τὸ στόμα BPZAT : στόμα VM || τῶν χειρῶν mAT : τῶν om. P || 5-6 τῶν ἀτόπων BPZAT : τὸν ἄτοπον VM || 6 τὸν σκοπὸν BPZAT : τὸν om. VM || **8** 1 τε γὰρ B : τε om. mAT || 1-2 ὁ γάμος διασεσόβηται codd. : διασ. ὁ γάμος Bas. et edd. omnes || 3 ὑπερθέσεως mAT : ὑποθ. B || 4 μὲν mAT : om. Z || 5 προσδοκήσας mAT : -δοκίας B || δὲ mAT : om. M || **9** 1 οὐδὲν mAT : οὐδὲ Z || 2-3 προὐνόησα BPZAT : -νοησάμην VM || 3 ταῦτα mAT : om. B || 5 ἑαυτῷ BPZAT : αὐτῷ VM || συνειδότα mAT : -δέναι M || 6 ἐπελπίζειν mT : ἐλπ. PA || 8 ἐπίκαιρον codd. : ἐπίκηρον superscr. M quod fort. melius || **10** 2 δὲ mT : om. BA || 2-3 ἐπιβουλεύσειν BPZT : -εύειν VMA || 4 δὲ mAT : γὰρ P || 5 ἐρῶντα Coraes : ὁρῶντα codd. || 6 πυθόμενον Coraes : πειθόμ. codd.

piège. Bien souvent[1] on n'hésite pas à recourir à la calomnie pour satisfaire une rancune. Mais, il a sous la main, sans rien inventer, le moyen de se venger. »

XXVII 1 Théagène continua longtemps à discourir ainsi et rassura quelque peu Chariclée. Le lendemain Achéménès l'emmena pour servir à table, selon l'ordre d'Arsacé. Elle lui avait envoyé un riche vêtement perse. Il s'en revêtit et il dut, non sans un certain plaisir, se parer de chaînes d'or et de colliers de pierres précieuses[2]. 2 Achéménès s'apprêtait à lui montrer comment il devait s'acquitter de ses fonctions d'échanson. Mais Théagène se dirigea de lui-même vers un des trépieds porte-coupes et y prit une des plus belles : « Je n'ai nul besoin de maîtres, déclara-t-il, je saurai bien tout seul servir Madame; c'est bien facile et il n'y a pas là de quoi se vanter. Mon cher, si ta condition te met dans la nécessité de connaître le service, moi je n'ai qu'à m'inspirer de mon instinct et des circonstances pour savoir ce que j'ai à faire. » 3 Ce disant, il remplit la coupe d'un délicieux mélange et la porta à Arsacé d'un pas dégagé, en la tenant du bout des doigts[3]. Le breuvage anima celle-ci de nouveaux transports : tout en buvant elle fixait les yeux sur Théagène et elle se rassasiait d'amour plus que de vin. Au lieu

1. Cf. XX, 3 1-2 τούτων ὑπερεῖδον πολλοὶ πολλάκις.

2. Cf. Hérodote III, 20 ἔπεμπε αὐτοὺς ἐς τοὺς Αἰθίοπας... δῶρα φέροντας πορφύρεόν τε εἷμα καὶ χρύσεον στρεπτὸν περιαυχένιον...

3. Si ἐποχεῖσθαι = « être porté » est courant, l'actif ἐποχεῖν ne se trouve nulle part. Z écrit ἐπέχων dont se sert Homère pour dire : portant une coupe aux lèvres (par ex. *Iliade* XXII, 494); mais le verbe ne convient pas ici. Il est vraisemblable que ἐποχῶν est exact et qu'il se réfère à un emploi exactement semblable de ὀχεῖν par Xénophon (*Cyropédie* I, 3, 8) : οἱ δὲ τῶν βασιλέων τούτων οἰνοχόοι κομψῶς τε οἰνοχοοῦσι καὶ καθαρείως ἐγχέουσι καὶ διδόασι τοῖς τρισὶ δακτύλοις ὀχοῦντες τὴν φιάλην καὶ προσφέρουσιν ὡς ἂν ἐνδοῖεν τὸ ἔκπωμα εὐληπτότατα τῷ μέλλοντι πίνειν.

τὴν ἐπιβουλὴν πλάσασθαι δεόμενον, οἷα δὴ πολλοὶ πολλάκις ἀνιαθέντες ἐτόλμησαν, ἀλλὰ καὶ ἐκ τῶν ἀληθῶν ἔχοντα πρόχειρον τὴν ἄμυναν.

XXVII 1 Τοιαῦτα πολλὰ διελθὼν πρὸς τὴν Χαρίκλειαν καὶ τὰ μέτρια θαρσεῖν παρασκευάσας, εἰς τὴν ἑξῆς ὑπηρετησόμενος ταῖς τραπέζαις ὑπὸ τοῦ Ἀχαιμένους ἤγετο, προστεταγμένον τοῦτο παρὰ τῆς Ἀρσάκης· καὶ ἐσθῆτα Περσικὴν τῶν πολυτελῶν ἀποστειλάσης ταύτην τε μετημφιέννυτο καὶ στρεπτοῖς τε χρυσοῖς καὶ περιαυχενίοις λιθοκολλήτοις ἑκών τε τὸ μέρος καὶ ἄκων ἐκοσμεῖτο. 2 Καὶ τοῦ Ἀχαιμένους ἀποδεικνύναι τι καὶ ὑφηγεῖσθαι τῶν οἰνοχοϊκῶν πειρωμένου προσδραμὼν ὁ Θεαγένης ἑνὶ τῶν κυλικοφόρων τριπόδων καὶ φιάλην τῶν πολυτίμων ἀνελόμενος « Οὐδὲν » ἔφη « δέομαι διδασκάλων, ἀλλ' αὐτοδίδακτος ὑπουργήσω τῇ δεσποίνῃ τὰ οὕτω ῥᾷστα μὴ θρυπτόμενος· σὲ μὲν γάρ, ὦ βέλτιστε, ἡ τύχη εἰδέναι τὰ τοιαῦτα καταναγκάζει, ἐμοὶ δὲ ἡ φύσις τὰ πρακτέα καὶ ὁ καιρὸς ὑπαγορεύει. » 3 Καὶ ἅμα προσέφερε τῇ Ἀρσάκῃ προσηνὲς κερασάμενος εὔρυθμόν τέ τι καὶ ἄκροις τοῖς δακτύλοις ἐποχῶν τὴν φιάλην. Ἐκείνην μὲν οὖν πλέον ἢ πρότερον τὸ ποτὸν ἐξεβάκχευσεν, ἐπιρροφοῦσάν τε ἅμα καὶ ἀκλινῶς εἰς τὸν Θεαγένην ἀτενίζουσαν καὶ τοῦ ἔρωτος πλέον ἢ τοῦ

8 δεόμενον mAT : -όμενα P.

XXVII 1 1 πολλὰ mAT : -οὺς B || 2 παρασκευάσας BPZAT : παρακελεύσας VM || 5 περσικὴν τῶν πολυτελῶν BPZAT : τῶν πολυτ. περσ. VM || ταύτην τε mT : τε om. BA || 6 στρεπτοῖς mAT : τρεπ. B || τε χρυσοῖς VPZAT : καὶ χρ. M τε καὶ χρ. B || καὶ περιαυχενίοις mAT : ὑπεριαυχ. Z || 6-7 λιθοκολλήτοις (cf. Θ XXIII, 4, Ι XXXII, 4) T : λιθοκόλλοις (-κόλοις B) mA || 2 2 ἀποδεικνύναι B : ὑποδ. mAT || τι BPZAT : om. VM || ὑφηγεῖσθαι B : ἀφηγ. mAT || 4 πολυτίμων (cf. Θ XXIII, 4) mT : -τιμήτων A || ἀνελόμενος mAT : ἀφελ. P || 7 τύχη codd. : τέχνη coni. Naber || τὰ τοιαῦτα mAT : τὰ om. Z || 8 ἐμοὶ VBZAT : ἐμὲ MP || δὲ ἡ mAT : δὲ καὶ ἡ M || 3 2 εὔρυθμόν VMAT (-οιθμόν Z -ιθμόν P) : εὔρυθμός B || 3 ἐποχῶν mAT (cf. ὀχεῖν Xen., *Cyrop.*, 1, 3, 8) : ἐπέχων Z || οὖν BPAT : om. VMZ || πλέον mAT : πρώην B || 4 ἐπιρροφοῦσαν mAT : -οῦσα P || 5 ἀτενίζουσαν (-ουσα P) mT : ἐνατενίζ. A, cf. VII, 7 5.

d'épuiser la coupe, elle y laissa exprès quelques gouttes, comme pour les offrir à Théagène. **4** Cette attitude blessa Achéménès et le remplit de rage et de jalousie. Si bien qu'Arsacé elle-même remarqua ses regards courroucés et les réflexions qu'il murmurait[1] à l'oreille des assistants. Le repas achevé, Théagène dit à Arsacé : « La première grâce que je te demande, maîtresse, c'est de ne revêtir ce vêtement qu'au moment du service. » Arsacé y consentit. Il reprit ses habits ordinaires et partit, **5** accompagné d'Achéménès qui lui reprochait abondamment sa désinvolture, ses façons de jeune étourdi, sur lesquelles pour une première fois Madame avait pu fermer les yeux parce qu'il était étranger et novice, « mais, ajouta-t-il, si tu persistes à faire l'arrogant[2], tu t'en repentiras. C'est par amitié que je te préviens, et surtout parce que je dois bientôt entrer dans ta famille et épouser ta sœur, ainsi que Madame me l'a promis. » **6** Tandis qu'il continuait à le chapitrer ainsi, Théagène, sans avoir l'air d'écouter, avançait tête basse. Ils rencontrèrent Cybèle qui allait mettre au lit sa maîtresse pour la sieste. Elle remarqua l'air sombre de son fils et lui en demanda la cause. **7** « C'est ce jeune étranger, dit-il. Il nous a supplantés. Arrivé d'hier[3], on en a fait un échanson. Nous autres, qui depuis longtemps servons à table et offrons le vin, il nous

1. Le composé διαγογγύζειν se trouve rarement en dehors des Septante et du Nouveau Testament, tandis que le simple γογγύζειν est d'un emploi plus fréquent. Selon Phrynichus le grammairien, γογγύζειν et ses dérivés étaient des mots ioniens, dont les équivalents en pur dialecte attique étaient τονθορύζειν, etc... — Au lieu des accusatifs, la syntaxe classique exigerait ὑποβλέψας et διαγογγύσας, mais cf. page 21, note 1.

2. Cf. Δ VII, 2 2 βλακῶδες βαίνων. Le mot βλακώδης qui signifiait chez les classiques « mou, lâche » a pris postérieurement le sens de « dédaigneux ». (M.)

3. Le mot habituellement joint à χθές dans ce sens était πρώην. Peut-être χθὲς καὶ τήμερον donnent-ils plus de force et de solennité à l'annonce d'une nouvelle. Νῦν et τήμερον étant à peu près synonymes, on peut comparer Sophocle, *Antigone* 456 :

> οὐ γάρ τι νῦν γε κἀχθές, ἀλλ' ἀεί ποτε
> ζῇ ταῦτα.

κράματος ἕλκουσαν καὶ τὴν φιάλην ἐπίτηδες οὐκ ἐκπίνουσαν ἀλλὰ σὺν τέχνῃ καὶ διὰ μικροῦ τοῦ λειψάνου τῷ Θεαγένει προπίνουσαν. **4** Ἀντιτέτρωτο δὲ ἐκ θατέρων ὁ Ἀχαιμένης καὶ ὀργῆς ἅμα καὶ ζηλοτυπίας ἐμπλησθείς, ὥς μηδὲ λανθάνειν τὴν Ἀρσάκην, ὑποβλέψαντά τε καί τι πρὸς τοὺς παρόντας ἠρέμα διαγογγύσαντα. Ἤδη δὲ διαλυομένου τοῦ συμποσίου « Πρώτην αἰτῶ χάριν, ὦ δέσποινα » ἔφη ὁ Θεαγένης « ὑπηρετοῦντά με μόνον ἀμφιέννυσθαι ταύτῃ τῇ στολῇ κέλευσον. » Ὡς δὲ ἐπένευσεν ἡ Ἀρσάκη τὰ συνήθη μεταμφιασάμενος ἐξῄει. **5** Συνεξῄει δὲ καὶ ὁ Ἀχαιμένης, πολλὰ τῆς προπετείας τὸν Θεαγένην ὀνειδίζων καὶ ὡς μειρακιῶδες εἴη τὸ πρόχειρον καὶ ὡς τὴν μὲν πρώτην ἡ δέσποινα τὸ ξένον καὶ ἄπειρον ὑπερεῖδεν, εἰ δὲ ἐπιμένοι βλακευόμενος οὐ χαιρήσει καὶ ὅτι φίλος ὢν ταῦτα συμβουλεύοι μᾶλλον δὲ ὀλίγον ὕστερον καὶ εἰς γένος συναφθησόμενος καὶ ἀδελφῆς τῆς ἐκείνου καθ' ὑπόσχεσιν τῆς δεσποίνης ἀνὴρ ἐσόμενος. **6** Καὶ πολλὰ τοιαῦτα ἐκεῖνος μὲν ἔλεγεν, ὁ δὲ οὐδὲ ἀκούοντι προσεοικὼς κάτω νεύσας ἀντιπαρῄει, μέχρις οὗ συνέβαλεν αὐτοῖς ἡ Κυβέλη κατευνάσαι τὴν δέσποιναν τὸ μεσημβρινὸν ἐπειγομένη. Καὶ ἰδοῦσα σκυθρωπὸν τὸν υἱὸν ἠρώτα τὴν αἰτίαν. **7** Ὁ δὲ « Τὸ ξένον μειράκιον » ἔφη « προτετίμηται ἡμῶν, καὶ χθὲς καὶ τήμερον παρεισδεδυκὸς οἰνοχοεῖν ἐπιτέτραπται καὶ τοῖς ἀρχιτρι-

7 τοῦ λειψάνου mAT : τοῦ om. B || **4** 2 καὶ ὀργῆς BPZA : ὀργῆς VM ὀργῆς τε T || 3 ὑποβλέψαντά mAT : -κλέψαντα B || τε mAT : δὲ B || καί τι mA : καὶ τι καὶ T || τοὺς mAT : om. P || 4 διαγογγύσαντα mAT : -ίσαντα B || **5** 1 δὲ mT : δὲ αὐτῷ A || 3 μὲν mAT : om. B || 4 τὸ ξένον Naber : τὸν ξένον codd. || ἐπιμένοι BPZA (-μένῃ T) : ἐπιμένοις V ἐπιμένεις M || 5 χαιρήσει Coraes : χαρήσῃ codd., cf. H V, 2 || 5-6 συμβουλεύοι mAT : -εύω Z || 6 καὶ εἰς mAT : καὶ om. Z || **6** 1 μὲν post ἐκεῖνος BPZAT : post πολλὰ VM || 2 κάτω νεύσας m : κατανεύσας AT || 3 οὗ mAT : οὖν B || συνέβαλεν MP (-έλαβεν A) : συνέβαλλεν VBZT || αὐτοῖς PZA (-ῆς B) : αὐτοὺς VMT || κατευνάσαι mT (-νάσασα A) : κατανεῦσαι B || **7** 2 ἔφη mAT : om. B || ἡμῶν VMBAT (et P post corr.) : ἡμῖν PZ || 3 ἐπιτέτραπται mAT : -το B || καὶ τοῖς VM : τοῖς BPZAT.

envoie promener, tend la coupe[1] à Madame et se tient à côté de sa Majesté[2], nous écartant du coude et ne nous laissant plus qu un vain titre. **8** Qu'il soit plus en faveur que nous et admis dans l'intimité de Madame, grâce à notre silence coupable et à notre complicité, passe encore, si fâcheux que soit un tel procédé. Mais on pourrait du moins éviter de nous offenser, nous, serviteurs dévoués et honnêtes, quand on se permet de tels écarts. »

XXVIII 1 « Mais nous parlerons de cela une autre fois[3]. Pour le moment, ma mère, c'est ma fiancée, ma toute charmante Chariclée que je voudrais voir, pour tâcher de guérir par sa douce vue mon cœur ulcéré. » — **2** « Quelle fiancée ? mon enfant, reprit Cybèle Tu m'as l'air, en t'irritant pour des motifs si légers, d'ignorer les injures bien plus graves dont tu es victime Tu n'épouses plus Chariclée. » — « Que dis-tu là ? s'écria-t-il. Ne suis-je pas digne d'épouser une esclave comme moi ? Qu'y a-t-il donc? » – « C'est notre faute, dit-elle, c'est la faute de notre fidèle et coupable complaisance pour Arsacé. **3** Nous lui avons sacrifié notre sécurité, nous avons, pour servir sa passion, exposé notre existence, nous avons tout

1. La φιάλη était une coupe sans pied et sans manche, et se différenciait ainsi de la κύλιξ qui comportait un pied et des anses. (M.)

2. Βασιλικοῦ σώματος est une expression emphatique pour désigner « la personne royale ». Le mot σῶμα par lui-même n'avait rien d'honorifique ; il pouvait s'appliquer, dans ce sens de « personne », à n'importe qui et même à des esclaves, même sans épithète (cf. Polybe 12, 16, 5), emploi blâmé d'ailleurs par Pollux 3, 78. (M.)

3. Cf. A III, 3 5-6 τὰ δὲ περὶ τὴν κόρην καὶ τὸν νεανίαν ἐν δευτέροις πράξειν ἔμελλον et Aristophane, *Les Grenouilles* 336

ἀλλὰ πρὸς τοῦτον μὲν ἡμῖν ἐστιν ὕστερος λόγος.

L'expression proverbiale δεύτερος πλοῦς (cf. A XV, 8 6) comporte un emploi analogue de δεύτερος.

κλίνοις ἡμῖν καὶ ἀρχιοινοχόοις πολλὰ χαίρειν φράσαν ὀρέγει φιάλην καὶ παρίσταται πλησίον βασιλικοῦ σώματος τὸ μέχρις ὀνόματος ἡμῶν ἀξίωμα παραγκωνισάμενον. 8 Καὶ τὸ μὲν τοῦτον τιμᾶσθαι μετέχοντα καὶ τῶν μειζόνων καὶ κοινωνοῦντα καὶ τῶν ἀπορρητοτέρων διότι γε κακῶς ποιοῦντες ἡμεῖς σιωπῶμεν καὶ συμπράττομεν ἧττόν ἐστι δεινόν, καίπερ ὂν δεινόν· ἀλλ' ἐκεῖνό γε ἐξῆν, ἄνευ ὕβρεως τῆς εἰς ἡμᾶς τοὺς συνεργοὺς καὶ ὑπουργοὺς τῶν καλῶν πράξεων τὰ τοιαῦτα γίνεσθαι. »

XXVIII 1 « Καὶ περὶ μὲν τούτων δεύτερος λόγος· τὸ δὲ παρόν, ὦ μῆτερ, τὴν μνηστὴν ἐβουλόμην τὴν τὰ πάντα ἐμοὶ γλυκυτάτην Χαρίκλειαν ἰδεῖν, εἴ πως τὸ δεδηγμένον τῆς ψυχῆς τῇ θέᾳ τῇ ἐκείνης διαιτῆσαι δυνηθείην. » 2 Καὶ ἡ Κυβέλη « Ποίαν μνηστήν, ὦ τέκνον; ἔοικάς μοι τὰ σμικρότατα τῶν κατὰ σαυτὸν ἀγανακτεῖν, τὰ μείζονα δὲ ἀγνοῶν λανθάνειν. Οὐκέτι λαμβάνεις πρὸς γάμον τὴν Χαρίκλειαν. » « Τί » ἔφη « λέγεις; » ἀναβοήσας « Οὐκ εἰμὶ ἄξιος γαμεῖν ὁμόδουλον ἐμαυτοῦ; διὰ τί, ὦ μῆτερ; » « Δι' ἡμᾶς » ἔφη « καὶ τὴν ἡμετέραν παράνομον περὶ Ἀρσάκην εὔνοιαν τε καὶ πίστιν. 3 Ἐπειδὴ γὰρ ἐκείνην καὶ τῆς ἑαυτῶν ἀσφαλείας προτιμήσαντες καὶ τὴν ἐκείνης ἐπιθυμίαν καὶ τῆς ἡμετέρας σωτηρίας ἐπίπροσθεν ἀγαγόντες ἅπαντα καθ' ἡδονὴν συνεπράξαμεν, ἅπαξ που παρεισελθὼν εἰς

4 ἡμῖν mAT : ἡμῶν Z || ἀρχιοινοχόοις BPZT (ἀρχινοχ A) : οἰνοχ. VM || φράσαν m (φοράσαν Z) : -σας A -σασαν T || 6 ἡμῶν ἀξίωμα BPZAT : ἀξ. ἡμῶν VM || παραγκωνισάμενον B : -ος mAT || 8 2-3 καὶ κοινωνοῦντα (κοινον. V) mAT : καὶ om. P || 3 γε BPA et T post καλῶς (*sic*) : καὶ VM om. Z || 5 γε mAT : τε B || τῆς εἰς mA : τὴν εἰς Z τῶν εἰς T || 6 συνεργοὺς καὶ ὑπουργοὺς mAT : ὑπ. καὶ συν. M Bas. unde edd. omnes.

XXVIII 1 4 τῇ ἐκείνης BPZAT : τῇ om. VM || 2 2 ποίαν VMBT : ποῖαν (*sic*) A ποίον (*sic*) Z ποία P || 2-3 σμικρότατα (μικρ. B) codd. : an -ότερα ? || 5 εἰμὶ mAT : εἰ μὴ Z || 6 ἐμαυτοῦ BPZT : ἑαυτοῦ VMA || 3 3 ἀγαγόντες AT : ἄγοντες m.

fait pour favoriser son caprice, et la première fois que notre fier et brillant amant est introduit dans sa chambre, il lui suffit de se montrer, pour la persuader de violer les serments que l'on t'avait faits, et de lui promettre la main de Chariclée, qu'il prétend sa fiancée et non pas sa sœur. » — « 4 Et elle lui a fait cette promesse, ma mère? » « — Oui, mon petit, j'étais présente et je l'ai entendue. Les noces seront célébrées magnifiquement d'ici peu de jours. Quant à toi, elle a promis de te donner une autre femme. »
5 A cette nouvelle, Achéménès poussa un profond gémissement et dit, en se tordant les mains : « Eh! bien, moi, je leur réserve à tous des noces amères[1]. Aide-moi seulement à faire différer le mariage le temps nécessaire. Si l'on me demande, dis que je suis malade à la campagne, à la suite d'une chute. 6 Ah! notre fier galant appelle sa sœur une fiancée! Comme s'il n'était pas facile de voir qu'il a forgé ce mensonge uniquement pour m'écarter d'elle. Car l'embrasser, la baiser, comme il le fait couramment, et même coucher avec elle, voilà une belle preuve qu'elle est sa fiancée et non pas sa sœur[2]! Quant à moi, je vais m'occuper de cela, c'est mon affaire et celle des serments et des dieux qui ont été offensés. »

XXIX 1 Il dit; et enflammé de colère, de jalousie et de dépit amoureux (sentiments capables de troubler l'esprit d'un barbare plus encore que de tout autre homme),

1. Cf. E XXX, 3 5. Héliodore se souvient peut-être du vers d'Euripide, *Médée* 399, ou Médée, en parlant du mariage de Jason et de la fille de Créon, dit

πικροὺς δ' ἐγώ σφιν καὶ λυγροὺς θήσω γάμους.

2. L'interprétation de cette phrase est difficile. En admettant que le sens général soit « s'il l'embrassait, la baisait et même couchait avec elle, ce serait une preuve évidente qu'elle est sa fiancée et non pas sa sœur », καθάπερ δὴ καὶ νῦν n'a pas de sens. La conjecture de Coray καθάπερ δίκαιον νύμφην est ingénieuse, cependant nous avons préféré une correction plus simple. La liaison des idées n'en reste pas moins obscure et la phrase ne sonne pas juste. La remarque serait bien plus piquante, si

τὸν θάλαμον ὁ γεννάδας οὗτος καὶ λαμπρῶς αὐτῆς ἐρώμενος καὶ μόνον ὀφθεὶς ἀναπέπεικε παραβῆναι μὲν τοὺς πρὸς σὲ γεγενημένους ὅρκους ἑαυτῷ δὲ κατεγγυᾶν τὴν Χαρίκλειαν, οὐκ ἀδελφὴν ἀλλὰ μνηστὴν εἶναι διατεινόμενος. »
4 « Καὶ ἐπήγγελται ταῦτα ἐκείνη, ὦ μῆτερ ; » « Ἐπήγγελται, παιδίον » ἀπεκρίνατο ἡ Κυβέλη « παρούσης ἐμοῦ καὶ ἀκουούσης καὶ τοὺς γάμους αὐτῶν ἑστιάσει λαμπρῶς ὀλίγαις ὕστερον ἡμέραις· σοὶ δὲ ἄλλην σύνοικον εἶναι ἐπήγγελτο. » 5 Βαρὺ δή τι πρὸς ταῦτα ἀνοιμώξας ὁ Ἀχαιμένης καὶ τὼ χεῖρε διατρίψας « Ἐγὼ » ἔφη « πικρογάμους θήσω σύμπαντας· μόνον μοι σύμπραττε τὴν εἰς χρόνον σύμμετρον τῶν γάμων ὑπέρθεσιν καὶ εἴ τις ἐπιζητοίη, κακοῦσθαί με κατ' ἀγρόν που συμπεσόντα ἀπάγγελλε.
6 Μνηστὴν ὁ γεννάδας ὀνομάζει τὴν ἀδελφήν, ὥσπερ οὐ συνιέντων ἐπὶ διακρούσει μόνῃ τῇ ἐμῇ ταῦτα πράττεσθαι· εἰ γὰρ περιβάλλοι, εἰ γὰρ φιλοίη καθάπερ δὴ κοινόν, εἰ καὶ συγκαθεύδοι, καθαρός τις ἔλεγχος ὅτι μὴ ἀδελφὴ μνηστὴ δέ ἐστιν. Ἐμοὶ μελήσει ταῦτα καὶ ὅρκοις καὶ θεοῖς τοῖς παραβαθεῖσι. »

XXIX 1 Ταῦτα εἶπε καὶ ὑπ' ὀργῆς ἅμα καὶ ζηλοτυπίας καὶ ἔρωτος καὶ ἀποτυχίας οἰστρηθείς, ἱκανῶν καὶ ἄλλον τινὰ διαταράξαι πραγμάτων, μή τί γε δὴ βάρβαρον,

5 λαμπρῶς P : -ὸς mAT || αὐτῆς BPZAT : om. VM || 6 καὶ μόνον (cf. Δ XIX, 5 6 et al.) M : καὶ μόνος mAT || 7 κατεγγυᾶν mAT : -εγχυᾶν B || 4 1-2 ἐπήγγελται (2) BPZAT : -το VM || 3 αὐτῶν VM : τε αὐτῶν BPZA τε ἑαυτῶν T || ἑστιάσει mAT : -ειν B || λαμπρῶς mAT : om. P || 4 ἄλλην σύνοικον (-εῖν P) εἶναι BP : ἄλλῃ (ἀλλὰ T) συνοικεῖν εἶναι τῆς σῆς VZAT ἄλλῃ συνοικεῖν εἶναι ἀντὶ ταύτης M ; quid scripserit Heliodorus nescimus || 5 ἐπήγγελτο P (ἀπ- B) : ἐπηγγέλλετο VMZA -γείλατο T || 5 1 δή τι m : τι δὴ AT || 2 τὼ VMBAT : τὸ PZ || 3 μοι mAT : om. P || 5 που mAT : om. M || 6 2 διακρούσει mT (-ῃ A) : -ροάσει B || μόνῃ mAT : om. M qui tamen μόνον post ταῦτα scribit || ἐμῇ mAT : ἐμοὶ P || 2-3 πράττεσθαι codd. : πλάτ. Hirschig || 3 δὴ κοινόν nos : δὴ καὶ νῦν BPZAT νῦν VM δίκαιον νύμφην Coraes || 4 ὅτι mAT : ὁ B ||.

XXIX 1 3 μή τι mA : μήτοι MT.

il accueillit sans réfléchir une idée qui lui était venue, et suivit sans hésitation son premier mouvement. **2** Le soir venu, il réussit à s'emparer d'un cheval arménien, un de ceux qui étaient gardés à l'écurie, et réservés au satrape pour les parades et les fêtes solennelles. Il s'élança à bride abattue vers Oroondatès qui se trouvait alors à Thèbes la Grande, où il préparait une expédition contre les Ethiopiens et concentrait un matériel de guerre complet et toutes sortes de troupes, en vue d'une attaque prochaine.

l'apodose était une interrogation (καθαρός; τίς) au lieu d'être une affirmation — « s'il se conduisait habituellement comme un amant, quelle preuve y a-t-il là qu'il n'est pas après tout sa sœur ? » Cela peindrait beaucoup mieux l'attitude soupçonneuse d'Achéménès, mais la position de τίς serait si étrange, que de nouvelles corrections du texte deviendraient nécessaires.

τὴν προσπεσοῦσαν ἔννοιαν ἐπιλογισμῷ μὴ διακρίνας ἐκ δὲ τῆς πρώτης ὁρμῆς κρατύνας, 2 ἑσπέρας ἐπελθούσης ἵππον τε Ἀρμένιον τῶν εἰς πομπὰς καὶ πανηγύρεις τῷ σατράπῃ φατνιζομένων ὑφελέσθαι δυνηθείς, ἀφιππάσατο ὡς τὸν Ὀροονδάτην κατὰ Θήβας τότε τὰς μεγάλας τὴν ἐπ' Αἰθίοπας συγκροτοῦντα στρατείαν καὶ πᾶν εἶδος πολέμου καὶ χεῖρα παντοίαν ἀθροίζοντα καὶ τὴν ἐπ' αὐτοὺς ἔξοδον ἤδη συσκευαζόμενον.

4 ἔννοιαν MPAT : εὔν. VBZ || ἐπιλογισμῷ (cf. XXV, 7 5) nos : ἐπὶ λογ. BPZAT οὐχ ἐπὶ λογ. VM || μὴ BA : om. mT || 2 2 τῶν εἰς VMBAT : τὸν εἰς PZ || 3 φατνιζομένων mA : φατνιαζ. PT || ἀφιππάσατο mAT : ἀφίπτατο B || 4 ὡς τὸν mAT : εἰς τὸν P || 5 Αἰθίοπας (-ωπας Z) VMZAT : Αἰθιοπίας BP.

TABLE DES MATIÈRES

Ce volume,
le quatre-vingt-onzième
de la série grecque
de la Collection des Universités de France,
publié aux Éditions Les Belles Lettres,
a été achevé d'imprimer
en décembre 2025
par La Manufacture Imprimeur
52205 Langres Cedex, France

N° d'édition : 11400
N° d'impression : 250878/9
Dépôt légal : décembre 2025